朱启钤初探

程存洁 编著

上

《广州大典》与广州历史文化研究资助专项 2013GZY07

文物出版社

目录

引言

朱启连，字跂惠，别名棣垞，萧山朱氏，因其父朱夏（字荔衫）仕粤，落籍广东番禺，为番禺（今广州市）人。朱启连是中国近代资产阶级革命家和思想家朱执信的父亲。朱启连生于一八五三年，学问渊博，工五七言，善草隶书，好雅琴，妙达声律，对古文学有深入的研习。番禺陶邵学曾高度评价：『岭南自阮文达公开府后，士治经守博士，法文尚丽偶，儒秀之盛，名轶中州，独古文学衰绝，且数百年未有兴者。君自以意求得之，凡唐宋以来数十家，为文之术……时岭南言古文者，当推本于君。……义宁陈公宝箴伟君之业，叹为异材。……邵学尝评君性行似元结，文学似陈师道，艺术似姜夔，非今之士所有也。』① 朱启连在诗文方面的成就，清人杨锐评价：『无一语不经酝酿而成，一洗近时浅易粗犷之习。』清人陈良玉评价：『宕往似北宋名家』。陈宝箴的评价是：『峻洁幽峭抑复宕放，自喜朱霞天半，文如其人，并世得此，盖寡矣。』朱启连的自评是：『清而薄，如僧厨之粥也；挺而弱，如盆山之竹也；黝而削，如羸夫之肉也；莹而确，如碔砆之玉也。』在岭南琴学研究方面，朱启连亦有重要贡献。据《棣垞集》卷二《琴词有序》记载：『余从乙未习琴，每有口占之句，即为友人书扇，亦多忘矣。今年复蹈故习，汇录存之，非一时之作，故不加铨次耳。丁酉十月《乐府遗文》十二篇。』朱启连在琴学方面的学术成果有《琴说》二卷和《琴谱》若干卷。据称，朱启连甚至『能以琴音辨人浮沉』。一八九九年冬，朱启连染病去世。逾年，『汪莘伯伯序以其遗稿寄予于端州。既因其自定者粗为编校，得诗百余篇、文六十余首，其少作及他文不欲自存者，又另编之，凡为正、外集若干卷。』② 此正、外集即指已刊印之线装本《棣垞集》四卷和《棣垞外集》三卷。

以往，受资料局限，学术界对朱启连的研究不多。近年来，我在整理馆藏文物资料时，意外地发现一批清人手写稿本。这批稿本有《海坡稿》（内收录有《海坡稿》、《棣华诗屋吟草》、《棣华诗屋词稿》和《棣华诗屋杂文》）一册、《远暇室日记》残本三册、《重编类纂目录》一册、《粤东钱谷事例类编》残本三册（残存『四 粜补（捐粜奖叙附）』、『五 市廛 粮食』、『六 营造 捐助』）、上一至十（含上一《地方官员委署章程》、上二《粤东盐政杂录》、上三《限期总制 刺字汇纂》、上四、上五、上六、上七、上八、上九、上十《养廉报销 地丁奏销 开矿章程》）等十册，共计有十八册。在这批稿本当中，除《重编类纂目录》一册的封面上写有『癸巳年六月』即公元一八九三年外，其余稿本均没有写明具体的写作时间。根据下文的研究和判断，《海坡稿》、《棣华诗屋吟草》、《棣华诗屋词稿》、《棣华诗屋杂文》和《远暇室日记》残本为朱启连本人撰写的诗词杂文、日记等手写稿本，《重编类纂目录》为朱启连编辑的文学名篇目录，其余的手写本则为朱启连及其同事或因工作需要而抄录的有关清朝官府文书和广东经济史料内容。这批清朝广东经济史料和官府文书稿本应与朱启连任职幕府的经历有关。据《棣垞集》卷三《与乔茂萱书》和《致张尚书书》记载，朱启连早年入额勒精额的幕府逾半年，光绪五年又『侍先师督院幕中』，光绪十年再入张之洞幕府两个多月。梁鼎芬倡修《番禺县续志》卷二十三也提到，朱启连『初以家贫，橐笔佐有司治官府文书，尝一入总督张文襄公幕中。』梁鼎芬与朱启连为同时期人，彼此很熟。可见，这批清朝广东经济史料和官府文书应是朱启连供职幕府时的手抄本。

朱启连手写稿本，是一批十分稀见的广东地方档案及文书资料。这批资料涵盖了清代中后期广东的政治、经济、社会、军事、地方行政事务等多方面的丰富内容，对于清代广东历史与社会文化研究具有很高的价值。其中的日记及诗词杂文，生动具体地反映了朱执信家庭的生活状况以及先辈的社会交往；经济史料和官府文书收录的内容十分丰富，包括有乾隆至光绪年间有关粤东的粜补、市廛、粮食、营造、捐助以及粤东的盐政、开矿、灾情、地方官员委署、养廉报销、地丁奏销等方面的内容。

以下我将对这批手稿本按诗词杂文稿本、《远暇室日记》残稿本、《重编类纂目录》稿本、朱启连等人手抄稿本等四大类分别作介绍，不足之处，敬请方家批评指正。

① 《棣垞集》卷首《朱君家传》。

② 光绪二十六年七月番禺陶邵学记于星岩精舍之《棣垞集跋》。

一、诗词杂文稿本研究

朱启连诗词杂文未刊稿是指《海坡稿》（内收录有《海坡稿》、《棣华诗屋吟草》、《棣华诗屋词稿》和《棣华诗屋杂文》）一册。这册手写稿本既没有留下作者姓名，也没有写明创作时间。从所写内容判断，我们认为这册手写稿本是朱启连生前所写的部分诗词杂文稿。它不仅丰富了朱启连传世诗词杂文，而且从中可窥知朱启连严谨的治学精神，弥足珍贵。

（一）朱启连诗词杂文未刊稿之介绍

新发现的朱启连诗词杂文未刊稿为线装本，纵二十三点九厘米，横十二点九厘米，厚零点七厘米，小楷体，收录的内容有《海坡稿》、《棣华诗屋吟草》、《棣华诗屋词稿》和《棣华诗屋杂文》等四十八篇诗词杂文。其中有二十一篇诗词杂文经修订完善，已被收进刊印本《棣垞集》和《棣垞外集》，另二十七篇未见收录和刊印，为佚文。现将手写稿本中各篇是否被收录《棣垞集》和《棣垞外集》的情况叙述如下：

诗词杂文未刊稿

《海坡稿》

1．追和厉太鸿秦淮怀古四首（见《棣垞外集》卷一）
2．盐船行（未收录）
3．七星岩用竹垞韵（见《棣垞外集》卷一）
4．拟杜少陵排律四首（具用原韵）·冬日洛城北谒元元皇帝庙（未收录）
5．送杨六判官使西蕃（未收录）
6．行次昭陵（未收录）
7．喜闻官军已临贼境（未收录）

8. 拟李太白望鹦鹉洲怀祢衡（见《棣垞集》卷一）
9. 拟李太白望终南山寄紫阁隐者（见《棣垞集》卷一）
10. 珠江秋柳词（未收录）
11. 题陶渊明采菊图（未收录）
12. 食脍（见《棣垞外集》卷一）

《棣华诗屋吟草》

13. 冬夜读书作（未收录）
14. 邻儿（未收录）
15. 侠客（未收录）
16. 火锅联句（见《棣垞外集》卷一）
17. 题谢晓渠司马（绍曾）二十图卷为司马之弟星曹太令（镜澄）作大令方官合浦（应酬作耳第以心力颇耗未忍遽删）（见《棣垞外集》卷一）
18. 雨（未收录）
19. 山阴章吉甫（见《棣垞集》卷一《廉州遇章吉甫（端）山阴人》）
20. 春日雨中（未收录）
21. 桃花（未收录）
22. 拟古（见《棣垞集》卷一）
23. 拟艳歌行（未收录）
24. 短歌行（见《棣垞外集》卷一）
25. 偶成二绝句（未收录）
26. 别筵同穆叔作（未收录）
27. 席上有赠六首（未收录）
28. 八月二十一日发廉州，舟小热闷殊甚（见《棣垞集》卷一）
29. 舟中柬穆叔（见《棣垞集》卷一《舟中柬俞星垣（熙）》）
30. 去船埠十里许两宿（未收录）
31. 雨中过句漏洞（见《棣垞集》卷一）
32. 忽尔（未收录）
33. 秋叶落叶，有声戛然……为赋一章（未收录）
34. 辛巳开岁五日立春（未收录）
35. 便向（未收录）
36. 读杜季瑛遗书（见《棣垞集》卷一）

《棣华诗屋词稿》

37. 高阳台（见《棣坨外集》卷一）

38. 摸鱼儿（庚辰除夕赋示内子）（未收录）

《棣华诗屋杂文》

39. 新燕赋（未收录）

40. 雷葛赋并序（见《棣坨外集》卷二）

41. 读孙子（未收录）

42. 读吴子（未收录）

43. 读伊洛渊源录（见《棣坨外集》卷二）

44. 读亭林文集（见《棣坨外集》卷二）

45. 藏山堂铭（见《棣坨外集》卷二）

46. 祭瑞南星太守（瑞昌）文代（见《棣坨外集》卷三）

47. 与陶兰田少甫兄弟书（未收录）

48. 与陈朗山儒学书（见《棣坨外集》卷三）

在这册手写稿本中，随处可见有反复修改的痕迹，且书眉处还留下大量题字，为修改陈述了相关理由和意见。

（二）未见刊印的诗词杂文

在未见刊印的二十七篇诗词杂文里，《海坡稿》有七篇、《棣华诗屋吟草》有十五篇、《棣华诗屋词稿》有一篇、《棣华诗屋杂文》有四篇。现将这批佚文整理抄录如下：

《海坡稿》

1. 盐船行

船人生小波中住，性命艰虞作商贾。未知江海有风浪，但愿天日无霖雨。洪涛如山春天来，颠风吹空高崔巍。篙师榜人色不动，大艅小舶连樯开。往尽南海头，归来东关泊。资本费却千黄金，我曹以此代耕作。君不见人生行路难，折阅往往皆无端。能令生理八口活，敢望身手一夕安。昨者关前正鸣觿，不知何因关吏怒。如飞一棹傍我船，不辨官私强携取。官私纵有辨，船人奈若何。从来公门少推恕，谁耐鞭扑甘骂呵。弃去勿复道，官已贯汝多。岂无捆盐私卖者，巨舰为群蔽空下。枪刀霜雪排两舷，直向官船驶如马。吁嗟乎，私盐盗卖繁有徒，官盐亏负不敢辞。惟当卖船得钱去，窜身色役提举司。公然捉船谁我欺，盐船盐船空尔为。

2. 拟杜少陵排律四首（具用原韵）·冬日洛城北谒元元皇帝庙

运会神尧出，诒谋柱史长。明禋严俎豆，典祀载旗常。祖述千秋远，仙居万象旁。紫宫胪岳渎，青气接岐梁。近作东都客，频瞻上国光。本支推一姓，礼法准当王。永想骑牛日，何心逐鹿场。子孙承黻冕，道德俨宫墙。藻壁看成画，祠官肃按行。飞腾车盖动，精采衮衣扬。绘景标前殿，灵风散积霜。门犹开众妙，尘不涴虚床。五圣同瞻拜，重檐自翕皇。贞符如可托，苦县旧名乡。（在书眉处，有两行竖写的红色批语：『此诗风格未遒，似可删去』。）

3. 送杨六判官使西蕃

群盗牛毛起，秋风战马寒。夷庭思助顺，天使莫辞难。衔命承新诏，轻装别旧欢。祖筵添陫恻，驿路望平安。大旆悠扬发，穹庐礼数宽。归时应内擢，去日暂推官。壮志高乘障，清才捷倚鞍。诗成千骑待，檄就万人看。觱篥闻边吹，葡萄入汉盘。鸣沙驼背稳，踏雪马蹄干。万里随持节，三霄待举翰。故人遥拭目，期尔上扶抟。（在书眉处，有三行竖写的批语：『起四语健甚。完坚』，『驿路句太滑，宜改』。）

4. 行次昭陵

茧足荒山里，风尘一老夫。艰难家国事，洒落帝王都。此地余弓剑，兴朝有典谟。河山输日角，星斗拱天衢。我武光周室，人文用鲁儒。尊亲联血气，职贡辇崎岖。大业犹承曩，遗黎久未苏。汗痕存石马，爝火犯洪炉。蚁聚方凭穴，龙归合在湖。旌旗京县复，冠珮太常趋。展谒悲穷叟，威灵沐晚途。欃枪收六极，歌颂偏陬隅。（在书眉处，有三行竖写的红色批语：『此诗通首无懈句，弱当可存之作，警动。』）

5. 喜闻官军已临贼境

露布飞驰驿，云麾伺铲壕。传闻从父老，歼戮聚逋逃。两载沉元鼎，频年敝战袍。谁能洗兵马，此复建旌旄。长子天潢胄，营门雪垒高。黑云环抱日，赤帜远翻涛。鼠伏愁清旦，狐鸣失偶曹。自然归扫荡，慎勿厌辛劳。将帅陈金钺，偏裨授玉韬。合围圆压阵，誓众出横刀。勇气皆吞貉，沉机为钓鳌。定斋熊耳甲，待纪管城豪。往事衣冠尽，浮生丧乱遭。銮舆艰翊卫，宫阙足腥臊。岂意清明会，无忘缔造牢。势成临陕洛，喜极动岷洮。雪耻花门意，前锋柘羯操。胡儿请鍪面，蕃剑砺吹毛。计日铙歌发，临风鼓角号。依然陵庙地，归及荐春醪。

6．珠江秋柳词

江干依旧碧丝丝，惜别犹堪折一枝。比似江南柳如是，只怜生已不同时。著书庐外雨濛濛，柳宿曾分第几宫。此树婆娑生意尽，风流偏忆老渔翁。白板长桥缕缕霜，旧人犹解说招郎。只令憔悴春风态，一曲烟花泪万行。罢钓归来各系船，攀条谁惜袅秋烟。等闲让与沙鸥岸，苇叶芦花又一年。

7．题陶渊明采菊图

贞士励岁晚，孤芳辞阳春。三径未荒芜，聊复岸葛巾。游氛日已散，白露清无尘。幸免簪组束，偶与澹泊邻。霜气压东篱，恐有送酒人。闲居爱九日，风物清以美。岂无徂运悲，所重岁寒始。颓龄孰可制，迁化固其理。食菊求长生，安得长不死。鼎鼎百年内，悠悠欲谁恃。为谢殷参军，空怀孟长史。闻昔商山翁，紫芝歌复采。灵根日应长，古节今安在。落英慨已秋，况值山河改。寂寂桃源里，高风契千载。寒花将贻谁，素心知有待。荣悴云有定，青松何足奇。桐叶下庭幽，盛衰岂无时。我爱傅延年，凌秋擢霜枝。芳芬惜不发，郁为贞秀姿。花作义熙色，民乃怀葛遗。其人与菊化，墨妙为传之。一咏南山句，此意堪长思。

《棣华诗屋吟草》

1．冬夜读书作

客去窗寒夜如水，明者孤灯净者（萤然在窗）几。眼前但觉一事无，纸上更呼古人起。忽闻空际微有（腷膊窗外）声，侧耳已是鸡三鸣。抛书一夜鼾声重，无数古人来入梦。

2．邻儿

四壁皆虫鸣，一灯澹无焰。邻儿夜读书，听久意未厌。百感谁能穷，迢递入幽念。忆我为儿日，画荻代铅椠。（汝父才患多，平生福犹欠。文成冠耆宿，诗出惊坛坫。杀青尔其勤，斑白衰已验。）蹉跎忽少壮，荣名两难占。只今江海士，谁复下针砭。蓼莪心已哀，文藻才空掞。旧业废巾箱，生涯负书剑。分携涕泪多，孤笑颜容敛。以我悲贱贫，况彼居华瞻。邻儿勤诵读，所生当无忝。（在书眉处，有三行竖写的红色批语：『画荻句独不足代母教二字。』）

3．侠客

宝刀名马气如神，酒后恩仇快绝伦。世上应无不平事，吾徒要是有心人。千秋剧季谁（论）知己，万里幽燕判此身。际会明时贱奇士，曼胡缨合弃风尘。

4．雨

作出春阴色，低檐似梦天。暝深云叶厚，风细雨丝绵。送榼谁倾酿，评花欲破禅。冲泥应少伴，只觉客心悬。

5．春日雨中

微雨趁轻风，风定雨亦止。晨禽乍如慕，古木相向喜。时闻滴檐响，静入方塘水。藓色侵坏墙，旅愁与之似。积雨散成雾，日向雾外生。远近但白晓，安能辨阴晴。连林暝色中，溪鸟时一鸣。却坐吮柔翰，绘此无人声。（在书眉处，有八行竖写的批语：『全首静深似无不称（完坚）。』『结二句是郊岛诗，与上六句不甚相称，然自是意系词头佳句也。』『向字拙，当作朝日或微日，亦可。完坚。』）

6．桃花

朝日照桃花，桃花落谁家。东风吹不定，飘荡一株斜。飘荡情何已，芳华逝川水。隈墙舞更回，扑地飞仍起。飞舞乱空中，高低势不同。依依芳草绿，点点美人红。美人怨迟暮，桃根复桃树。只缘风信催，坐使红（年）华误。风信几多番，落英何太繁。徒然九子索，枉是七星幡。七星亦非昨，漂摇当户落。春惟别树多，命是佳人薄。薄命欲何如，红窗感独居。花朝才几日，飞瓣入空除。除空少行迹，独自成相忆。为泥何足道，只恐令君惜。（在书眉处，有五行竖写的批语：『此首词繁于意，可删。完坚。』『几句纤而□。』『风信催几字亦非大诗句法。』）

7．拟艳歌行

高客四向坐，杯盘杂笙竽。饮君无算爵，听妾歌巴歈。鹍弦四五拨，转面回轻躯。乍如呖呖莺，又若累累珠。是时江上月，尚在东南隅。云影亦已淡，星光亦已孤。歌声散无际，恰与微风俱。良久月中天，水色相萦纡。低徊始罢曲，更劝白玉壶。佳客颠倒醉，豪客纵横呼。妾心自分明，客意皆欢娱。沉吟锦绣段，披拂貂襜褕。未知可君意，安敢托区区。（在书眉处，有四行竖写的批语：『可删』。『呖呖莺三字未足驯』。『不甚入古。』）

8．偶成二绝句

榑桑枝挂日车红，谁信天池路更东。合是江南沉昭略，只将年少薄王融。已负文章十载迟，飘零且复觅师资。论才我欲推文墨，只似邱公未进时。

9．别筵同穆叔作

珠情琼思总飘萧，曲里闻君折柳条。片月影回才子座，碧空晴卷美人箫。霜前征棹归明日，江上秋衾忆（梦）此宵。细草寒烟更何限，酒阑休唱白云谣。（在书眉处，有三行竖写的批语：『可删』。『片月二句恶劣』。）

10．席上有赠六首

萧萧木叶下江波，终日微吟更短歌。不待晓风闻按拍，昨宵残醉已无多。漫赋星河夜坐篇，只身羁旅不知年。何论明月清风价，只费人间四万钱。芙蓉三醉晚烟深，咫尺秋江不可寻。岂独为君悲晚嫁，过时欢乐总伤心。（东坡芙蓉诗凄凉似贫女嫁晚惊衰早）。碧云红叶两依依，肠断西风各自飞。万转千回仍细问，几时迎著雁南归。旗亭旧曲不知名，暗转珠喉倚笛声。漂泊天涯谁听得，江干花片泪盈盈。似我年华亦可悲，鸳鸯诗句得名迟。他时杨柳亭边唱，此是黄河远上词。

11．去船埠十里许雨宿

客途无念心（别想），但祝开晴昊。况及东方星，百里山舆道。欻逢雷雨愁，偏入江湖抱。潇洒初向昏，凄其遂连早。谁知一雨后，得晴秋更好。烟中摇岸山，沙外粘天草。推衾（褰帷）舒远望，昨梦纷如埽。试将诗笔拈，已逐秋风老。

12．忽尔

忽尔人间世，胡然物外游。龙蛇伏光景，鶺蟀几春秋。逼仄伤时意，艰难乞食忧。何当逐邹衍，环海问瀛洲。

秋来落叶，有声戛然，因风盘（回）旋，飒沓弥甚，夫既辞本根，自就枯槁，便合默尔，何尚鸣为，清雨倏来，沾渍重叠，已脱未脱，万叶俱暗，是可快也，为赋一章。

庭柯坠枯叶，**鏦**铮触阶阴。得风尚狂走，扰扰不自任。幽窗厌秋响，脱（秃）木悲霜林。幸比一雨洗，快我五夜心。凝云压万瓦，庭院皆愔愔。唯有蟋蟀声，旦夕偕微吟。双烟凌紫霞，寂坐帘钩沉。（在书眉处，有一行竖写的批语：『愔愔二字未妥』。）

13．辛巳开岁五日立春

世事有反覆，吾生当富豪。千金赎死药，百炼脍肝刀。赤日谁能射，青云不敢高。君看腊寒尽，已是换春袍。

14．便向

便向东风倚画栏，布裘仍是十分寒。侯门灼灼春如海，只作低檐曝背看。

《棣华诗屋词稿》

1．摸鱼儿（庚辰除夕赋示内子）

总尊前烛花双照，相看犹似羁旅。寻常已觉春无味，何况新年情绪。君且住，君若醉眠时，细把流光数，雏莺旧侣，应忆得年时，柳消花息，谁道遽如许，深宵里，无复漏签谯鼓，与君重检前句，恼公词与亲卿意，狼籍墨痕无数，空自语，甚爆竹声中，断送华年去，闲愁处所，但只有寒花，未嫌枯淡，依旧镇相与。（在书眉处，有六行竖写的批语：『新年情绪四字未能深入一层，故上句亦稳不起。眠时字音调略欠蕴藉。』）

《棣华诗屋杂文》

1．新燕赋

梨梦初晓，桃花始春；莺黄尚浅，鸭绿才匀。见东风之双翦，数韶光之几旬。于时社赛春前，泥香雨毕；蝶阶试粉，蜂房欲蜜；棠院迷离，杏梁萧瑟。待之子兮不来，窣帘波兮终日。几处画楼飞，谁家旧垒归；暝色连珠箔，秋痕认玉衣。一片夕阳垂柳外，寻常门巷亦依依。冲烟尚怯，因风微颤；恍惚汉宫，钗头曾见。带雨歌涩，偎檐舞轻；旧时王谢，总是关情。翩鸿乍惊，缟鹤相对；罗浮洛滨，翻飞汝态。枝头暮雨，酒畔花晴；吴娘雪儿，呢喃汝声。碧波兮始生，绿芜兮未平。问前秋兮作客，度辽海兮几程。汉水春犹浅，梁园草正萋；年年社前后，容易见双栖。双栖旧是黄金屋，啄草衔花看不足；玳瑁梁空独自来，当时谁信人如玉。

2．读孙子

兵可言乎，言之而败者几人矣，然则不可言乎，求诸前世之载，攻取战克，与孙子所言又往往而合，不有言焉。吾又乌从而征之，（呜呼，是在善读者。）夫两势相拒，两力相搏，有至变者焉，有不变者焉，治乱强弱，虚实劳逸，主客攻守，此不变者也。孙子能言也。治可使乱，乱亦可使治，弱可使强，强亦可使弱，以至虚实劳逸主客攻守皆然，此至变者也。孙子所不能言也，善读者知其所能言以持其不变，知其所不能言以穷其至变，则孙子矣。虽然非天下之智勇俱备，而又有至仁之术者，其孰能与于斯。（其又奚言焉，其又奚不言焉，不善读者于孙子所言，犹泥而不通，所不能言则昧昧耳，夫所处之时不同而事会或异，虽使颇牧为将，仪秦主谋，抵掌奋舌以明其成败得失之故，欲尽言其变，何可得欤。）

3．读吴子

兵事之变不可穷，故孙子详其正者，略其变者，而欲穷其变，又莫如吴子。吴子言，兵详于变而略于正，然则孙吴并称。吴以辅孙之不及与教弈者，攻守之道，示其机于二三路之间而止耳，而所蕴者广矣，覆其局为之变，至于数十百变不可穷也，而岂出夫向者二三路之外耶，然而学弈者必自善变始，变而后通，通而后神，此吴子之志也。唐李卫公问对一书，乃出伪撰，然至今存者，非以师吴子之意，而可为善变之助哉。

4．与陶兰田少甫兄弟书

仆生而无慧，读书作文，懵如也，然意甚欲之；读唐宋人之文，盖食忘其时，寝不知安者有焉。观于今世之文，其不满吾意何其多也，窃不自量。然知其难也，其始也有定志，其继也有定力，其终也乃有定位，虽然定志则难。今学者去文从质，以质为实学，以文为虚器，一人倡之，千百人和之。仆尝笑，今之古文，非古文也，乃今质也。语虽刻，意者其学愈博，去古益远，不文滋甚，声气横出，乃有迫一世古文，驱之令质之心，不受驱迫有几人哉。故曰：定志尤难。李习之不与郊籍侯喜辈为诗，毛会侯绝笔不为诗者十余年，姚姬传作词而工，或闻之喜语人曰：吾不畏姬传矣。爱多而易工，姬传立罢去，不作古人之专，如此，此其所以难也。夫作文者，既违之所当，为尔寂寂，又禁吾心所甚爱，而决去之，守一不变。嘻其艰哉。此之谓定力。今之议者，其夸者既曰：文人不足为矣，愿者复望为畏途，以为为之而不可能，能之而不可传，此可谓，驷马高车，荣于执御者，已忠孝至行也。匹夫匹妇，感激奋发，一其志，专其力，则足以格幽，明回天地，泐金石为其外之夺之也。虽贤知之士，未见其有成焉。文章之境，遥遥不可稽，其程其悬，而待人之赴之者则固，各有定分，小以成小，大以成大，特患气馁不至耳。虽愚暗之士，未见有学焉无所得者也。此曰位位定而文成矣，愿与足下以志帅气，勉之而已矣。（在书眉处，有数行竖写的批语：『此篇格力直进唐贤，不落南宋已后』。『此篇立意与愚见多不合，聊志一二，窃附诤友之谊，至谓□各事而专治古文，窃恐亦如今之诸时文者迷其本原，虽极工，亦不过古文中之古文而已』。『质字谈何容易，必如史迁陈寿方当此称。今之为文，可谓韡而已矣。』）

（三）从已刊印的二十一篇诗词杂文看朱启连的治学态度

诗词杂文未刊稿中，有二十一篇已被收录到刊印本《棣垞集》和《棣垞外集》。从诗词杂文未刊稿本，到刊印本，这二十一篇诗词杂文有不少修改，从用字、用词，精心推敲，反复修改，从中我们可以看出朱启连一丝不苟的治学态度。比如：

1．《海坡稿》里收录的手稿《追和厉太鸿秦淮怀古四首》，上有作者反复修改的痕迹，而『从来烟月归尘劫，剩有春秋纪圣安』句中的『归』字，在刊印本《棣垞外集》卷一又被改用『悲』字。在该首诗的书眉处，还有数行竖写的批语：『玉溪嫡派。今壬学义山者则能解此，即宋人西崑酬倡集中亦无此好语。完坚。凄咽欲绝。』

2．在《海坡稿》收录的手稿《七星岩用竹垞韵》一文的书眉处写有：『沵稳亦似竹垞。完坚』。『警切』。该稿被收录进《棣垞外集》卷一。

3．《海坡稿》里收录的手稿《拟李太白望鹦鹉洲怀祢衡》，在《棣垞集》卷一，标题改为《拟李诗望鹦鹉洲怀祢衡》。在手写稿本中，我们看到有改动的地方，如『悲风吹落日，呜咽吴（改为「淡此空」）江水。千秋（改为「中有」）作赋魂，幽怨（改为「呜咽」）犹未已。（增加了「王纲愤不振，炎精痛将毁」一句。）托命公卿间，谁能（改为「只办」）白眼视。为我谢穆生，何必辱钳市。大儿既（改为「已」）碌碌，死公安足齿（改为「若辈胡为酒」）。惜哉杀士名（改为「环才处乱世，不死亦偶尔」），独贻阿瞒耻（改为「独怪曹阿瞒」）。矫首有余慨（改为「奸雄」），魏王亦才士。』而后被收录在《棣垞集》卷一里，却又刊用了改动前的文字。

4．《海坡稿》里收录的手稿《拟李太白望终南山寄紫阁隐者》，在《棣垞集》卷一里，标题改为《拟李诗望终南山寄紫阁隐者》。在诗词杂文未刊稿中，我们看到有改动的地方，如『若人閟奇音（改为「音迹」）……廻岩但苍翠（改为「崷崪」）。』并在该首诗的书眉处，还有数行竖写的批语：『当仍用「奇音」二字，如作「音迹」便拙甚矣。完坚。』而后被收录在《棣垞集》卷一里，则又刊用了改动前的文字。

5．在《海坡稿》收录的手稿《食脍》，有改动的地方，如『北方吹面（改为「作意」）寒，南食贵心惬』，而在刊印本《棣垞外集》卷一里仍然刊用了改动前的文字，且在『赪鲂贯微颊』句后遗漏了诗词杂文未刊稿本里的一句『鲛鲻及鲷鲈，刀匕连箸梜』，又在『姜芥堆稠叠』句后多添了『太羹先铛炉，小设随箸梜』一句，将诗词杂文未刊稿里的『灶下忙厨妾』中的『忙』字改成『役』字，『奁盎香潜接』中的『潜』字改成『暗』字，『下箸百钱辄』中的『下箸』改为『请益』。

6. 在《棣华诗屋吟草》收录的手稿《火锅联句》中，『北风倏已厉』句中的『倏』字，被刊印本《棣垞外集》卷一改为『候』字；诗词杂文未刊稿中原已改为『何能暖肠胃，稍觉变呼吸』句，却被刊印本《棣垞外集》卷一沿用改前的『遂令判寒喧，斗觉变呼吸』句。《棣垞外集》卷一『放著槃未空』句中的『著』字和『畦菜溯乡邑』句中的『畦』应为误字，根据诗词杂文未刊稿，可知是『箸』字和『鲑』字。在该诗的书眉处，还有四行竖写的批语：『闽人郑方坤有此作，五古最工，载杭大宗《榕城诗话》。』

7. 《棣华诗屋吟草》收录的手稿《题谢晓渠司马（绍曾）二十图卷为司马之弟星曹大令（镜澄）作大令方官合浦（应酬作耳，第以心力颇耗，未忍遽删）》，在刊印本《棣垞外集》卷一里，标题改为《谢星曹大令（镜澄）属题其兄晓渠牧（绍曾）二十图卷时大令方官合浦》。《棣垞外集》卷一『画省推清派』句中的『派』字、『幕辨叩钟莛』句中的『辨』和『途穷失建瓴、护持遗老在』句中的『途』『在』字，以及『黔山又转軨』句中的『转』字均为误字，根据诗词杂文未刊稿，可知是『第』、『辩』和『援』『意』及『展』字。《棣垞外集》卷一还将诗词杂文未刊稿中的『百里更迁邢』之『更』字改成『又』字，『横绡虽远寄，宦辙几曾停』句改成『缠绡绡远寄，流转辙谁停。』

8. 《棣华诗屋吟草》收录的手稿《山阴章吉甫（端）相遇廉州一年许，偶于友人座中排说家世，乃予从母之子也。君家回乡时，予因未生，两地悬绝，音旬阔疏，无意话旧，乃忆斯谊，重怀明发孤生之感，不能自已作此以赠之》，在刊印本《棣垞集》卷一里，标题改为《廉州遇章吉甫（端）山阴人》。诗词杂文未刊稿里保留了『姊妹若而人』和『姊妹共四人』、『万事有分阙』和『人事有分睽』两种说法，刊印本选择了『姊妹若而人』和『万事有分阙』。诗词杂文未刊稿写『坐（遂）令两堂上』，并在书眉处写有批语：『两堂上三字不辞』，而刊印本则改成『坐令两荆枝』。诗词杂文未刊稿里写成『嗟余少薄祜，母爱未忍嗔，回思少小日，嬉戏慈颜嗔，』刊印本则改成『回思少小日，母爱未忍嗔』。诗词杂文未刊稿里写成『定胜汝曹顽（劣），嬉戏走踆踆，婉娈弄石珉』，刊印本则改成『定胜汝曹劣，嬉戏走踆踆』。诗词杂文未刊稿里有『相见道名姓，然疑几逡遁』和『始复重惊询』句，刊印本则无。诗词杂文未刊稿里写成『契阔三十年』，刊印本则改成『契阔二十年』。诗词杂文未刊稿里已将『奔走披棘榛』句改成『奔走披荆榛』，而刊印本仍保留『奔走披棘榛』。诗词杂文未刊稿里写成『岭峤重沈沦（来臻），脱非尊酒（邸舍）会。本是（已作）分镳尘，当面起太行』，而刊印本则改成『岭峤重来臻，脱非尊酒会。几是分镳尘，当面起太行』。诗词杂文未刊稿里已将『频闻君来日』句改成『君来知几日』，而刊印本则仍采录『频闻君来日』句。诗词杂文未刊稿里写了『独立（岁暮）尘颜皴』『功名判（分）埋堙』，而刊印本则采录『独立尘颜皴』『功名判埋堙』。诗词杂文未刊稿里已将『腾身奋德骥』句改成『清音和鸣鹤』句，并在书眉处写明『腾身句矫揉』，还在该首诗末的书眉处写下『收束全篇太华力』句。

9．在《棣华诗屋吟草》收录的手稿《拟古》中，『功烈（名）贵少（及）时』句和『得免（古人）惧我遗』句，在刊印本《棣垞集》卷一里写成『功烈贵壮时』和『得免惧我遗』。诗词杂文未刊稿里，在『狐因隐穴残……颠陨亦汝惜』句，作者不仅在该句每一个字下用红点标注，而且在书眉处写下『风格似陈子昂』一句；又在『英豪贵一决，俗士计两全』句每一个字下，用黑点标注，且在书眉处写下『沉俊可爱惊快（完坚）』一句。

10．在《棣华诗屋吟草》收录的手稿《短歌行》中，『拔剑欲斩还复休』句，在刊印本《棣垞外集》卷一里被改成『起坐欲断还复休』句。诗词杂文未刊稿的书眉处，还写有『奇姿纵横，飞行绝迹。剑字仍算□□』。

11．《棣华诗屋吟草》收录的手稿《八月二十一日发廉州，舟小热闷殊甚，凌晓帆二，尹邀过旅廨，谈饮竟夕，次早追及登舟，再宿，至常乐，赋谢兼示别意二首》，在刊印本《棣垞集》卷一里，标题改为《戊寅八月二十一日发廉州二首》。在诗词杂文未刊稿的书眉处，写有『风骨道上的是四十贤人』和『五六二语高俊，似初唐。』

12．《棣华诗屋吟草》收录的手稿《舟中柬穆叔》，在刊印本《棣垞集》卷一里，标题改为《舟中柬俞星垣（熙）》。

13．在《棣华诗屋吟草》收录的手稿《雨中过句漏洞》中，『我来手携六尺筇』句中的『携』字和『千林无声歇蛩蛩』句中的『蛩』，在刊印本《棣垞集》卷一里写成『扶』和『蚓』字。在诗词杂文未刊稿的书眉处写有『蛩字句不应入韵』。诗词杂文未刊稿该诗开头处的书眉处写有『通首气格深稳颇异，凡近日是杰作。完坚。』在该诗的末尾也写有『是日雨后颇寒』等字。

14．《棣华诗屋吟草》收录的手稿《读杜季瑛遗诗（无锡人，咸丰已巳广州英吉利之变，君城中炮死，年仅二十有五，遗诗二百余首）》。在刊印本《棣垞集》卷一里，标题改为《读杜季英（隽）遗诗（无锡人，咸丰丁巳岛夷犯广州，中炮死，年仅二十有五）》。诗词杂文未刊稿该诗书眉处写有『沉痛』二字。

15．在《棣华诗屋词稿》收录的手稿《高阳台（十二月十三日偕陶子政汪莘伯景湖菊坡精舍看梅有会而作）》，在刊印本《棣垞外集》卷一里，标题改为《高阳台（庚辰冬粤秀山探梅）》。诗词杂文未刊稿写道：『南雪都非，西园几换，梅花何事还开，』还在书眉处写道：『清空之竹』。刊印本将『何』字改成了『底』字。诗词杂文未刊稿继续写道：『便解寻香，冷蜂犹自疑猜，春风除却何郎笔，算无人肯费诗才，镇相逢不是孤山，不（那）是瑶台。』并在书眉处写道：『应仍用「不」字为佳』。刊印本将『镇』字改成了『恁』字。

16．在《棣华诗屋杂文》收录的手稿《雷葛赋并序》中，『而雷州之产，乃以入贡，或者为之幸矣』句中的『为之』二字，到刊印本《棣垞外集》卷二里则被删掉。诗词杂文未刊稿写『彼绵绵之葛藟兮』和『献鲛绡于海人兮』，刊印本则将『彼』和『鲛』字改成了『使』和『鲮』字。

17．《棣华诗屋杂文》收录的手稿《读伊洛渊源录》一文，被刊印本《棣垞外集》卷二刊印。诗词杂文未刊稿的书眉处写有『持平之论』和『此篇文境平远，持论深细，自是杰作』等语。

18．在《棣华诗屋杂文》收录的手稿《读亭林文集》一文中，『而先生所为文』、『灭裂踳駮』、『先生经学为近代最』句中的『为』、『踳』、『经』字，被刊印本《棣垞外集》卷二改成『属』、『蹐』、『之』字。诗词杂文未刊稿『又有谓龚芝麓为醇而能肆』一句中的『为』字，被刊印本《棣垞外集》卷二省去。诗词杂文未刊稿里有一段：『而其间沿用当时文体，如祭攒宫文上梁文之属，又或与亲故书，事有难言者，往往杂出骈骊，文不必工，事或无谓，而猥存之，存之要亦别有深意者耶。』这一段在诗词杂文未刊稿里被注明删去，并在书眉处写道：『此自潘次耕所搜辑，非先生有意存也。』

19．在《棣华诗屋杂文》收录的手稿《藏山堂铭并序》一文中，『除讲堂西偏以皮所刻经部及群书之板』、『禅素寒山深豹』句中的『皮』、『禅』字，被刊印本《棣垞外集》卷二改成『及』、『懽』字。在诗词杂文未刊稿该文结尾处，『启秀山房为学海堂藏书板处』一句被划掉，但很重要，使人们知道学海堂的藏书之处。诗词杂文未刊稿的书眉处写道：『简练名贵，系能画样本竹石者』；『动气直达』；『序文虽劲可爱，铭词尚乏简古，宜更改之。完坚。』『二字出禅宗语录，亦与此题引用不合。』

20．《棣华诗屋杂文》收录的手稿《祭瑞南星太守（瑞昌）文代》一文，被刊印本《棣垞外集》卷三刊印。诗词杂文未刊稿的书眉处写有：『此文简净，颇为完善，然既出代作，似不当存，继古人有五，亦不足法也。完坚。』『虽是应酬文字，而笔意踈宕，绝无繁缛甜熟之气，极是难得。』

21．《棣华诗屋杂文》收录的手稿《与陈朗山儒学书》一文，被刊印本《棣垞集》卷三以《与陈朗山书》一名刊印。诗词杂文未刊稿写『读先生东莞赠汪先生诗一章』，刊印本省去『一章』二字。诗词杂文未刊稿写『后读学海堂集，有先生诗数十首』，刊印本省去『有』字。诗词杂文未刊稿写『迫而视之，怵于心而炫于目』，刊印本省去了这一句。诗词杂文未刊稿原有『虽宋元名家，何以过之』一句，后被划掉，并在书眉处题写『此语诚太逾量。君子称：人不可不慎也，宜改之。』『妄易数语，未知有当否。完坚。』诗词杂文未刊稿写『见之私卒，卒未有因也』，刊印本省去『卒卒』二字。诗词杂文未刊稿原有『年益长，家益贫，思七尺躯，无寸长可谋食者，庶几阮公之余膏活我穷乏乎，于是始作诗。先生主讲学海堂，方以诗倡提后学，虽亦得见，时辄以诗投之。继知先生为学海堂学长，因作诗投堂中，投学海堂。幼而失学，诗顾朱始复解也，而先生奖借过量。』后被划掉，并在书眉处题写『此处叙事欠简净，且文气亦凡下。』诗词杂文未刊稿原有『一日遂有此才不凡之誉』一句，刊印本录用时改成『继而先生见启连诗有此才不凡之誉』。诗词杂文未刊稿写『客廉州，孟尝三舍之中，独抑郁而谁语』，而刊印本省去了『孟尝三舍之中，独抑郁而谁语』一句。诗词杂文未刊稿写『获教甚深，且许为改定旧稿』，而刊印本省去了『且许为改定旧稿』一句。

（四）诗词杂文未刊稿的完成时间考

朱启连的学术成就，早已获得当朝人的认可，这既与他本人自幼喜爱诗词古文和刻苦学习有关，也与他的家学渊源有关。他的父亲名夏，字荔衫，善作诗。朱启连在《先府君遗诗跋》一文中写道：『此先君子荔衫府君之遗诗也。启连不肖，不能读父之书，摩挲手泽而扬其清芬。自府君殁后，于今十有八年，所遗诗文稿，散佚殆尽。抚心自维，负疚滋大。府君少时，矢志通显，因习帖括之学，无昼夜以攻。……乃始作诗，自道光己亥讫咸丰丁巳，积十余年，著有《松云书室诗稿》，未及手订而殁。殁甫半岁，而英夷变作，全稿毁焉。今所存者惟己亥至癸卯五年中所得《电阳倡和集》、《海门吟草》、《断肠吟》各一卷，皆生平最不经意之作也。仲兄启运于兵燹患难之中辛苦护持，遂以仅存焉。今年冬桂倪君云臞谋刊《风义录》，以与府君有文字交，征其诗于启连，将以附刻卷末。』① 朱启连年青时，又曾学幕于汪芙生。汪爱其才，以次女汪若昭妻之。汪若昭读书通大义，能作诗。妻弟汪兆铨，字莘伯，清代举人，熟文史学，通政治。家学背景对朱启连亦有极大的影响。

新发现的这册朱启连手写稿本，虽然没有标明具体的完成时间，但是我们从手写稿本里留下的珠丝马迹，可以推断这册手写稿本的最后完成时间应在辛巳年八月，即公元一八八一年，因为在这册手写稿本的末尾，留有两段当朝人的题跋，一段为陈良玉所写：

文极宕往，大似北宋名家，迥然近时文字，佩服佩服。愚弟陈良玉读并识。合读大著，诗与文迥绝恒蹊，而私所最心持者，尤在散文，盖既知考据之不足为文，而尤在绝玄科习，习举之学较时人更易为力，从此日进无疆，为之不已，不独凌跨宋元已也。辛巳六月梅窝蹇叟读竟并识。

陈良玉，字朗山，汉军旗人，广州驻防。道光丁酉举人，官广西知县，著有《梅窝诗抄词抄》。

另一段为文廷式所写：

是揭曼硕、虞道园集中合作，信斯文之若水，乃斯人之如玉仲言，七召之言，愿以持赠，此近世清寸之挺出者，钦佩。无似聊有献疑，经加弹射，特惠子之知我，故敢服也。

辛巳八月廷式读毕谨记。

文廷式（一八五六——一九零四年），近代词人，字道希，号云阁，江西萍乡人，出生在广东潮州，少长岭南，为陈澧入室弟子。题跋中所提『揭曼硕』为元代著名诗人、史学家，『虞集』（一二七二——一三四八），字伯生，号道园，四川仁寿人，元代著名学者。

从上引两段题跋，可知在辛巳年即公元一八八一年前朱启连已完成了这册诗词杂文未刊稿，并交与他的两位好友指正。其实，在诗词杂文未刊稿里保留的最后一篇文章是《与陈朗山儒学书》一文，该文写道：

启连弱冠，游于外舅汪先生之门，即读先生东莞赠汪先生诗一章，意此岂古人乎，何以能此作也。后读学海堂集，有先生诗数十首，徐铁孙、张南山外，殆无比焉。最后读《梅窝诗钞》，其思深沉而句奇重，迫而视之，怵于心而炫于目，信乎古之作者矣。（诗词杂文未刊稿原有『虽宋元名家，何以过之』一句，后被划掉，并在书眉处写『此语诚太逾量。君子称：人不可不慎也，宜改之。』『妄易数语，未知有当否。完坚。』）叹息仰慕，怀愿见之私，卒卒未有因也。（诗词杂文未刊稿原有『年益长，家益贫，思七尺躯，无寸长可谋食者，庶几阮公之余膏活我穷乏乎，于是始作诗。先生主讲学海堂，方以诗倡提后学，虽亦得见，时辄以诗投之。继知先生为学海堂学长，因作诗投堂中，投学海堂。幼而失学，诗顾朱始复解也，而先生奖借过量。』后被划掉，并在书眉处题写『此处叙事欠简净，且文气亦凡下。』）一日遂有此才不凡之誉，私心窃喜。未几，客廉州，孟尝三舍之中，独抑郁而谁语，始读古今诗以自娱。读之既久，胸中似欲有言，乃试笔为之，为之近百余首，心知其未也，且欲置之矣，归广州一年，当己卯之冬，复以秦淮怀古诗，见知于先生，所以誉之加厚。韩退之曰：内不足者，急于人知。启连其敢蹈古之明诫，以急先生之知哉，诚以大雅不作而先生诱致之殷，乃至偻陋如启连者，犹得蒙一二之余惠，为可感而可敬也。盖五六年愿见之私，至是不能已于一谒也。得侍之日虽浅，而获教甚深，且许为改定旧稿。今谨删次所作诗词杂文为一帙，手录呈上，伏冀鉴其悃悃，加斧绳焉。启连于诗，盖非资禀之近，彊为之者也。平心而察之，或意至而笔不及，及矣而词不深，或词且深矣，而意又不能显。此数病者，必居一焉。静观所作，殆无完诗，往往因以自废。虽然师友提携，不敢诬也。

从上文得知，新发现的这册诗词杂文未刊稿即是朱启连自己『删次所作诗词杂文为一帙』的本子。这册稿本在送给陈朗山和文廷式审阅前，已经得到过汪谷庵先生答应『改定旧稿』之许诺。这册诗词杂文未刊稿收集的内容基本上是朱启连二十九岁前所创作的诗词杂文。可以说，这册诗词杂文未刊稿最后完成的时间是朱启连二十九岁时，即一八八一年。

附录：

《海坡稿》

《棣华诗屋吟草》

《棣华诗屋词稿》

《棣华诗屋杂文》

① 《棣垞外集》卷二《先府君遗诗跋》。

海坡稿

進和厲太鴻秦淮懷古四首

[redacted]

鍾山王氣鬱盤桓，有客登臨感萬端。末路功名如獄賊，（紛〻南渡舊衣冠，淮料殘棋一局看。）

先朝那勝本龍蟠，樓臺烟月歸塵劫，翻成有春秋紀聖安。

萊門雨花臺畔路，白雲長為故宮寒。（惆悵西　上望孝陵松柏總摧殘）

小朝廷已足欷歔，更遣紛紛只歲餘。（偷安）黨論爭迎秦相鹿，

飢軍猶厭武昌魚。難憑鎖鑰千尋浪，若問兵戈一紙書。

語極頓挫

賅括

上溪摘派

今之學蘇山者 [illegible]
解此即宋人所[illegible]
酬唱集中不一[illegible]
好理宜[illegible]

凄咽欲絕

[illegible]梅花樹下[illegible]衣冠遺[illegible]何如
尚憶湖邊選莫愁，輕車細馬一時收。但稽南部煙花籍，
[illegible]東風燕子樓。玉樹臨春誇越豔，金鞭沙市看吳鉤。
依然采石磯前水，相送降旗出石頭。
未門竹沒大功[illegible]漁洋燕子[illegible]來舊話長
[illegible]盡更盡幾滄桑，舊事重徵客意[illegible]，柳色自攀瓜步雨，
笛聲偏傍板橋霜。淒清玉匣[illegible]藏[illegible]地，想像宮車墮馬妝。
唯有小長干畔塔，夕陽無語閱興亡
[illegible]種興亡[illegible]煙[illegible]日影[illegible]王

鹽船行

船人生小波中住、性命艱虞作商賈、未知江海有風浪、但願天日無霖雨、洪濤如山春天來、顛風吹空高崔巍、篙師樀人色不動、大䑸小船連檣開、維盡南海頭、歸來東關泊、資本費却千黃金、我曹以此代耕作、君不見吁嗟人生行路難、折閱往往皆無端、能令生理八口活、敢望身手一夕安、昨者關前正鳴艪、不知何因關吏怒、如飛一棹儻我船不辨官私強攜取。官私縱有辨船人奈若何從來公門少推恕誰耐鞭撲甘罵呵棄去勿復道官已貫汝多豈無捆鹽私賣者巨艦為犀蔽空下槍刀霜雪排兩舷直向官船駛如馬吁嗟乎私鹽盜賣繁有徒官鹽虧負不敢辭惟當賣船得錢去羸身色役提舉司公然提船誰我欺鹽船鹽船空爾為。

七星巖用竹垞韻

游穆谷松竹庵 空壁

靈蹤愜幽探鑿空足真賞仰觀糾蔓枝攢背指迷篠簜崩雲一罅入析磴千盤杻尋異徑屢窮叩寂僧猶訪笙籟起呼噏鐘鼓列疇曩履聲清客慮泉溜蓄山響鬼斧何時聞神鵠或非妄臺擬嵩山（邱）高樂是鈞天廣未須謝埃壒且以詫徒黨

聲切

擬杜少陵排律四首 俱用原韻

冬日洛城北謁元元皇帝廟

此詩風骨未遒，似可刪去

運會神堯出。詒謀柱史長。明禋嚴俎豆。典祀載旂常。祖述千秋遠。仙居萬象分。紫宮臚嶽瀆。青氣接岐梁。近遹（作）東都闕（若）。頻瞻上國光。本支推一姓。禮法準當王。永想騎牛日。何心逐鹿場。子孫承黻冕。道德儼宮牆。藻辟看成畫。祠官肅按行。飛騰車蓋動。精采袞衣揚。繪景標前殿。靈風散積霜。門猶開衆妙。塵不涴虛牀。五聖空（同）瞻拜。重簷自舊皇。貞符如可託。苦縣舊名鄉。

送楊六判官使西蕃

起四語健甚 定望

驛[illegible]

宜改

羣盜牛毛起，秋風戰馬寒。尽庭思助順，天使莫辭難。銜命承新詔，輕裝別舊歡。祖筵添悱惻，驛路望平安。大旆悠揚發，垂衣（穹廬）禮數寬。歸時應（内擢）屬國，去日暫推官。壯志高秉障，清才捷倚鞍。詩成千騎待，檄就萬人看。籌策關邊吹，葡萄入漢盤。銜（鳴沙）寒車（駝背穩）足遠，踏雪馬蹄乾。萬里隨持節，三霄待舉翰。故人遙拭目，期爾上扶摶。

此詩通首甚懈力弱當再存之作警動

行次昭陵

蹁足荒山裏。風塵一老夫。艱難家國事。灑落帝王都。此地餘弓劍。興朝有典謨。河山。輸日。角星斗。拱天衢。我武光周室。人文用魯儒。尊親聯血氣。職貢輦崎嶇。大業猶承纘。遺黎久未蘇。汗痕存石馬。爝火祀洪鑪。蟻聚方憑穴。龍歸合在湖。旌旂京縣復。冠珮太常趨。展謁悲窮叟。威靈沐晚途。欃槍收六極。歌頌徧陬隅。

喜聞官軍已臨賊境

露布飛馳驛雲麾伺剿壕傳聞從父老殲戮聚逋逃兩
載沈元鼎頻年澈戰袍誰能洗兵馬此復建旌旄長子
天潢冑營門雪壘高罷雲環抱日赤幟遠翻濤鼠伏愁
清旦狐鳴失偶曹自然歸埽蕩慎勿壓〔厭〕辛勞將帥陳金
鉞偏裨授玉韜合圍圓壓陣誓衆出横刀勇氣皆吞貉
沈機為釣鼇定齊熊耳甲待紀管城豪往事衣冠盡浮

生喪亂遭鑾輿艱翊衛宮闕足腥臊豈意清明會無忘
締造牢勢成臨陝洛喜極動岷洮雪恥花門意前鋒柘
羯操胡兒請猘面蓄劍礪吹毛計日鐃歌發臨風鼓角
號依然陵廟地歸及薦春醪

擬李太白望鸚鵡洲懷禰衡。

悲風吹落日。（此空）淚鴻嗚咽吳江水。中有千秋作賦魂。幽怨猶未已。託
（鴈咽）（賢王徊憤不振。夫精情將）
命公卿間。何雖只必能辯辱鉗市為我謝穆生。何必辱鉗市。大兒
（白眼視）

龍琴瑟九公起題惜散盡名獨賦阿瞞取蹯負者（旁改：有情……不見……何怪吉阿瞞）

餘慨（名雄）魏王亦才士。

○擬李太白望終南山寄紫閣隱者。

當仍用奇音二字為佳，奇韻便拙甚矣。宜望

秀色不可攬，山中知有人。若人顧奇音（韻），山意亦自珍。迴巖但蒼（嶠峰）翠，積雪無冬春。我欲棲層巔，抽簪謝緇塵。結束萬古懷，猨鶴相與鄰。儻亦怡隱篇，白雲聊可親。

珠江秋柳詞

江干依舊碧絲絲，惜別猶堪折一枝。比似江南柳如是，只憐生已不同時。

著書廬外雨濛濛，柳宿曾分第幾宮。此樹婆娑生意盡，風流偏憶老漁翁。

白板長橋縷縷霜，舊人猶解說抬郎。祇令憔悴春風態，一曲烟花淚萬行。

罷釣歸來各繫船，攀條誰惜裊秋烟。等閒讓與沙鷗岍。

葺葉廬花又一年

題陶淵明采菊圖

貞士勵歲晚，託辭陽春。三徑未荒蕪，聊復岸葛巾。游氣日夜散，晶露清無塵。幸免簪組束，偶與澹泊鄰。霜氣壓東籬，恐有送酒人。

閒居愛九日，風物清以美。豈無徂運悲，所重歲寒始。積齡孰可制，適（違化）固（其）殊理。食菊求長生，安得長不死。斯（紛紛）華

皆用原作字樣
隊 室堅

百年內。悠悠欲誰恃。為謝殷參軍。空懷孟長史。
闇昔商山芝。秦氏笑史採。靈根日應長。當節安在落
英慨已秋。況值日河改。寂寂桃源裏。高風契千載。寒花
將貽誰。素心知有待。
榮悴云有定。青松何足奇。欄葉下庭幽。霜衰豈無時。我
愛傅延年。凌秋擢霜枝。芳芬惜不發。鬱為貞秀姿。花作
義熙色。民乃懷舊遺。其人與菊化。墨妙為傳之。一詠南

錦旋方運鮮堂
優成裡

山中忙意遠長思

。食膾。

北風吹面寒。南食貴心愜。膾夾方請命召師添告捷。元

作意　選　鮮夾　達鮮　免

鯽星細鱗。赬魴貫繳頰。鮫鯔及鯛鱸。刀匕連箸挾。電剖

爭豪芒。雲累鋪妥貼。縷解疑未殊。縠鮮詎容捻。封寸聲

切

初歌。腥膻味光協。鹽豉羅紛綸。薑芥堆稠疊。薄尊樧逝

羅　調　更　齊中集吟儔

厨中饋忙厨宴。半酣羅珍羞。雙擎出銀楪。橙絲勻更拌。

竈下

饡盎香潛接瑩瑩潤如玉屑屑輕比藥凝眸雪糝清冰
齒霜痕浹稟恐成王餘飛或化仙蝶分甘一坐徧下箸
百錢輒截肪失芳腴烹鮮費調燮饞吻飽猶戀寒威醉
逾厭繼進徵豆粥滌腥仗蓴荄畫本仿淋泄造法從苞
膝欲借任公綸姑置馮生鋏擊筑尋屠沽操刀結游俠
爲斫東溟鯨且臛西海鮫

棣華詩屋吟草

冬夜讀書作

客去窗寒夜如水，明看孤燈淡看几，眼前但覺一事無，
紙上欲呼古人起，忽聞空際微有聲，側耳已是雞三鳴。
拋書一嘆夜軒靜，無數古人來入夢。

張有是秀山門徑

鄰兒

四壁皆蟲鳴，一燈澹無燄，鄰兒讀書樂，聽久意未厭，百

畫荻句稍不是代母教二字

感誰能窮、追遞入幽念、憶我為兒日、畫荻代鉛槧、沒父才患多平生福猶欠文成冠耆宿詩出驚壇坫教青爾其勤斑白衰已驗蹉跎忽少壯°榮功名兩難占°祇今江海士、誰復下鍼砭、蓼莪心已哀、文藻才空挨、舊業廢巾箱、生涯負書劍、分攜涕淚多、孤笑顏容斂、以我悲賤貧、況彼居華贍、鄰兒勤誦讀、所生當無忝、

俠客

寶刀名馬氣如神，酒後悲歌快絕倫。世上應無不平事，吾徒要是有心人。千秋劇季誰知己，萬里幽燕判此身。際會明時賤奇士，曼胡纓合棄風塵。

閩人鄭方坤有此作五古最工載杭大宗榕城詩話

火鍋聯句。

客情感羈孤，食味仰供給。連啟

在野鴻雁嗸，閉戶龍蛇蟄。山陰俞思穆穆叔

一飯飽粗糲，重裘煖（凍）徙（堪）襲。連啟

北風倏已厲，南食近稍習。穆思

所悲羹炙殘，未免齒牙澀。連啟

遂（何）令（能）剝（煖）寒（腸）暄（胃）。

斗稍覺變呼吸。紅坭爍鑪火。白炭溶雪汁。頮鐺足能支。似

醲醴耳堪執。穆思 情同羊鼻欣。鉄始獅首熠。銀絲斫淞膾。

玉椀饜瓊粒。蒓美固可茇。豆煎豈其泣。連啟 放箸槃未空。

揚湯沸仍急。穆思 晨飲添酒態。春溫上衣褶。連啟 彈鋏且勿

歌。列鼎嗟何及。穆思 意量輕萬鍾。歲月重三十。連啟 傾身謀

飲啄。微沫自霑溼。穆思 豈不飢寒解其如感喟集。連啟 酸醎異

土宜。鮭菜遡鄉邑。穆思 蕪筍登園蔬。鱸魚釣溪笠。連啟 會當

楹聯

鈍鄉某歸祥湖入趕

「題謝曉渠司馬紹曾二十圖卷為司馬之弟星曹大令鏡澄作大令方官合浦（應酬作耳第以心力頗耗未忍遽刪）

畫省推清第、名宗富德馨、東山華胄遠、南埜世家聲、季子交州牧、丰裁止水渟、珠回鮫室琲、花笑蜜官標、述祖詩高詠、賢兄耳熟聆、牂牁沿薄宦、僑寓憶髫齡、（此段引入）著作蕪城賦、詒謀太學經、選樓梁苑入、琴散廣陵聽、壯志期高遠、行蹤度杳冥、鄉山踰旭嶺、客路指滄溟、穗石初嘗刲、蓉江旋迓舲、賢書名早列、兵燹歲無甯、開道還借計、長才阻發硎、詞鋒收匣劍、幕辯叩鐘莛、編踏三山月、迴瞻五嶺星、十年渾夢寐、孤立尚竛竮、此段第一二三四五六七圖 去亦唱從軍樂、頻書克敵銘、盾磨馳露布、麈捷告臨汀、薦牘青緗解、浮槎黑水腥、由來諳吏治、豈但悉兵形、此段第八九圖 奉

此段用重須發揮作一條不足

諸猺全箐分特館垩鄉豐荒天有杞絶塞玉為屏藪澤多犀鼠榛蕪閱爝螢翻城苗衆憑舉燧朗溪焚晝夜兼攻守風烟合晦暝黃羆當道卧白馬誓師刑糧絶猶憑堞援窮失建瓴護持遺老意恢復壯心零飛蜀歸彭蠡張帆過洞庭重勞軍府簡餞食楚江萍此段第十一十二十三圖庾嶺方脩屐黔山又展輪羨莊桃李茂麈目芰荷醒異俗觀龍卯窮鄉唉烏鴉一麈纏借寇百里更遷邢講學

開壇坫，鋒車觀闕廷，重來城北壕，無恙竹西亭，釣艇瓜洲渡，香醪下若醽，兵戈成老大，山水故清泠，此段第十四十五十六十七十八圖 出宰仍銅鼓，之官越阪陘，泉拕甘梗白，蹬暗柳湖青，楊慎調鉛録，陽明玩易廳，勞生餘道路，上壽集輜軿，廿、幅、編年體千、秋、乞、畫靈。覽、圖、思、季、稚、馳、札問原鴒。此段第十九二十圖 別久憐晜弟。書来感僕伶。横綃雖遠寄，宦轍幾留停，壎奏絃

二句太平

二遷霄塵人
丁六天下帅
溫

歌浛簫吹玉漏沉，雲追二陸隽，廣重雙丁，碾底松千
尺，腰閒帶萬釘，相將繩祖武，閣像啟麟高，
雨。
作出春陰色，低簷似夢天，暝深雲葉厚。風細雨絲縣，送
榼誰傾醺，評花欲破禪，衝泥應少伴。祇覺客心懸。
8 山陰章吉甫端相遇廣州一年許偶於友人座中
排說家世乃予從母姨表之子也君家回鄉時予猶閩

未生兩地懸絕幾回卻反壤間有此密戚無意
話舊詢問稍符重懷先誼孤生之感不能自已
作此贈之。。

吾母系潁川。姊妹若兩共四人。長適君同姓。同縣同里鄰。次
三適吾宗。吾家兼族姻。次二匹君父。次四乃吾親。道光
丁中葉。共寄珠江濱。往還有歲月。言笑無冬春。通家各
意厚。禮節何彬彬。萬人事有分闕睽。君父歸校綸。坐遂令兩堂

兩堂上三字不辭

書體處處是從
漢魏得來氣
韻上合古人味

上沔吾姪與秦同姓四千里流年十數過依徊每念更
涕下露衣巾余時甫髫齔隅坐未解詢五歲哭阿耶哀
痛長號呻二十哭阿孃即令成鮮民迴思少小日嬉戲
嗟吾余少薄祜母愛未丞顧
慈顏瞋稍聞輒呼兒中表亦有倫長姨適韋氏寡居遘
邅迍三姨適吾宗夭死命不辰遺孽窮無田及我滯海
垠獨念次二姨早歲乘歸輪不知家居樂何似旅食貧
存亡苦無耗間訊知何因生子當長大斌斌以循循定

此段敘明來歷
須鉴之段

勝汝曹頑婉變弄石珉斯言猶在耳瞻望徒酸辛棲棲
嶺外客翩翩幕中賓窮期附羅鳥却遇同根瀕問姓初
未凝蓄意何由申從容論家世一笑開牙斷契潤三十
年君已越四旬中歲歷艱虞奔走披棘榛高堂永慨歎
嶺嶠重沉淪脫非尊酒會本是分鑣塵當面起太行安
能怨關津瀕聞君來日勿影隨隻身擢餘一壺酒夜深
還自陳無人與共酌欲飲愁沾脣孤生歲華落獨立塵

劣 嬉戲走蹤 相見道 石牲 能 疑 我 逆道 始 復 重 質詢 荆 間 東緣 鄉名 已作 歲暮

騰身句攜
標
以來全篇仍
等華才

顏綻際遇屢蹉跎甘名判揮璽金臺駿骨無士洛彥鴻
遵牴角畏牛觸側翅愁鷹瞵春定還復悲話久轉益真
窮途易感激憂來不能嚬憐君道長日值我卑飛晨相
期豈無意相遇蓋有神前脩各努加待聘學懷珍騰身
清言
奮繡驥捷足追翔麟豈惟光母黨亦以明祖禋瓚瓚本
和吟雅
爲亞親親謂之仁我作相逢行悲淚揮潸潸

春日雨中○○

全首靜穆似小
杜家 定里

結二句是郭景純
詩與上六句不甚
稱[illegible]是
結句須佳句也
向字拙當作朝
或微且字 定里

此首詞繁於意
可删 定里

微雨趁輕風，風定雨亦止。晨禽作如慕，古木相向喜。時闌滴簷響，靜入方塘水。鮮色侵壞牆，旅愁與之似。積雨散成霧，日朧向霧外生。遠近但白曉，安能辨陰晴。連林暝色中，溪鳥時一鳴。却坐吟桑翰，繪此無人聲。

桃花

朝日照桃花，桃花落誰家。東風吹不定，飄蕩一株斜。飄蕩情何已，芳華逝川水。隈牆舞更迴，撲地飛仍起。飛舞

長子藏書書
易作價字
二非大詩字誤

亂空中高低參不同依稀秀華綠點點美人紅美人愁
遲暮、桃根復桃樹、祇緣風信催、坐使紅紅華悞、風信幾多
番、落英何太繁、徒然九子索、枉是七星旛、七星亦非昨、
漂搖當戶落、春惟別樹多、命是佳人薄、薄命欲何如、紅
惚感獨居、花朝纔幾日、飛瓣入空除、除空少行迹、獨自
成相憶、為泥何足道、祇恐令君惜、
擬古。

趨庭日以短。保傅幸有之。讀書二十年。孺子以爲期。人
生稀滿百。功烈責少時。山川阻且長。勉愛多言辭。獨無
能先後。得免懼我遺。迴立海天外。仰歎情始移、
舉目顧無見。耳亦顧無聞。聞見安可滅。古人有高文。舒
之餘萬丈。卷之不盈分。入之冰雪懷。三歲乃策勲、衣魚
飽仙字。變化無其聲。洗色敵滄日。抗聲凝露雲。
孤、困隱、穴、殘年、以乘、墉射。高、明、蓄、文、采。顛、隕、亦汝惜。世

風格似陳子昂

沉俊可愛 宜置

警快

途滿荊榛穢久矣窮山膏惟解罵腐鼠猶能嚇顧君

鋤其色無使嬰禍責

酌酒須滿杯引弓須滿弦傾折較分寸快意在目前英

豪貴一決俗士計兩全春蠶死冰繭自縛非人纏秋鷹

脫臂韝迅擊青冥天誰能久鬱鬱坐受兒女憐鴟夷取

浮沈君予不謂然

志士在約時曾不懷永歎何用物獨推許乃復憐飢寒餒

餘餕微肉唾地蓋已殘，豈知槁首餓，蒙袂良不難。鸞鶴沖霄姿，誰者無羽翰。鷦鷯求一枝，鵲巢鳩所安。觀物但自笑，我其蛣蜣丸。

可刪

擬豔歌行

高客四向坐，杯盤雜笙竽，飲君無算爵。聽妾巴（歌）里歈，鵾絃四五撥，轉面迴輕軀，乍如嬿嬿（鶯），又若纍纍珠。是時江上月，尚在東南隅，雲影亦已淡，星光亦已孤。歌聲散無

燕燕鶯三字未定刪

未甚入古

際、恰與微風俱、良久月中天、水色相縈紆、低細始罷曲、
更勸白玉壺、佳客顛倒醉、豪客縱橫呼、妄心自分明、客
意皆歡娛、沈吟錦繡段、披拂貂襜褕、未知可君意、安敢
託區區、

短歌行 ○○

今日忽不樂、使我伊鬱善怒歌笑而悲愁、沈吟歔呼兩
無賴、拔劍欲斬還復休、可嗟乎吾聞九州四海更萬國、

章亥步之不能極，嘗怪通肴長介郎，酒闌安謂中區窄。君不愿長安車馬十丈塵，君平閱寥唯一身，時來怨人有投刺，勢去長者無迴輪。噫嘻！黃河冰，太行雪，欲往從之劍鋒折。吳宮月，梁苑花，彼諸何姓我歎嗟。崑崙方蓬幾千載，征僑偓佺至今在。須乘長風破巨浪，莫登高邱望遠海。

奇逸縱橫

偶成二絕句

可删

片月二句
恐劣

榑桑枝掛日車紅，誰信天池路更東。合是江南沈昭畧，祇將年少薄王融。

已負文章十載遲，飄零且復覓師資。論才我欲推文墨，只似邱公未進時。

別筵同穆叔作

璪情瓊思總飄蕭，曲裏聞君折柳條。片月影回才子座，碧空晴捲美人簫。霜前征棹歸明日，江上秋衾憶（夢）此宵。

細草寒烟更何限、酒闌休唱白雲謡

席上有贈六首

蕭蕭木葉下江波、終日微吟更短歌、不待曉風聞按拍、
昨宵殘醉已無多、

漫賦星河夜坐篇、隻身羈旅不知年、何論明月清風價、
只費人間四萬錢、

芙蓉三醉晚烟深、咫尺秋江不可尋、豈獨為君悲晚嫁、

過時歡樂總傷心。東坡芙蓉詩淒涼似貧女嫁晚驚衰早

碧雲紅葉兩依依。腸斷西風各自飛。萬轉千迴仍細聞。

幾時迎著雁南歸。

旗亭舊曲不知名。暗轉珠喉倚笛聲。漂泊天涯誰聽得。

江干花片淚盈盈。

似我年華亦可悲。鴛鴦詩句得名遲。他時楊柳亭邊唱。

此是黃河遠上詞。

八月二十一日發廉州舟小熱悶殊甚凌曉帆二尹邀過旅廨談飲竟夕次早追及登舟再宿至常樂賦謝兼示別意二首。

掛席葉紛紛。離程雁叫羣。搖晴雙槳日。鋪熱一川雲。有客勞相勸。他鄉惜暫分。臨江官舍晚。清話展殷勤。

菜把初嘗夜。燈芒欲曙天。短更催破曉。殘月送歸舟。訣絕黃雞唱。蕭條碧玉絃。無人知別恨。枉用尺書傳。

風骨遒上筠
是以四十韻予人
五六二語高假
似初唐

舟中柬穆叔

真成漂泊水為家，十日推篷厭浪花，阻淺舟如行地上，共歸人似隔天涯，鷗心遠去風偏弱，鴉背飛迴日又斜，知中薄寒猶未愈，可能向漏訪丹砂

去船埠十里許雨宿。

客途無念(剛想)心，但祝開晴昊，況及東方星，百里山輿(程)道峻，逢雷雨愁，偏入江湖抱，瀟灑初向昏，淒其遂連早，誰知

一雨後得晴，秋更好。烟中搖岍山，沙外粘天草。推（雾帷）衾舒遠望，昨夢紛如埽。試將詩筆拈，已逐秋風老。

雨中過句漏洞

北流群山美清峭，此地信有仙人蹤。繡屏圍峙參笏立，秀出萬朵青芙蓉。我來手攜綠（六尺）玉節，徑欲獨往探（登支）靈峰。舟行日薄陰雨至，川陸一氣腥（香）魚龍。西崦半明踈節竹，東磵盡暝危根松。長虹下注吸江底，飛動似有風雲從。

通首氣格渾穩，頸異凡近，自是傑作。宝堅

皆字句不應入韵

千林無聲歇螿蛩。萬籟俄頃酣笙鐘。村烟冪樹摇葱龍。
綫縷併入江霧濃。須臾急點到篷背。涼意深襲秋衣重。
驅舟出雨得一快。百道晴瀑懸淙淙。卻思青嶂恣攀陟。
但見丹壑渾霾封。吾生勝因夙所宗。洞天幽絶思一逢。
仙源咫尺論萬里。何物塵土汙我容。推牕渺然默怊悵。
山風獵獵如寒冬。是日雨後頗寒
忽爾

忽爾人間世、胡然物外游、龍蛇伏光景、鵬蟀(幾)昧春秋、逼

只傷時意、艱難乞食憂、何當逐鄒衍、環海問瀛洲、

秋来落葉、有聲戛然、因風盤(回)旋、喧(颯)擾(省)彌甚、夫既已

辭其本根、自就枯槁、且(促)合默爾、何尚鳴爲、清雨

倏來、露漬重疊、已脫未脫、萬葉俱瘖、是可快也、

爲賦一章。

庭柯墜枯葉、鏦錚觸階陰、得風尚狂走、擾擾不自任、幽

愔愔二字未安

窗厭秋聲。脫木悲霜林。幸此一雨洗。快我五夜心。凝雲壓萬瓦。庭院皆愔愔。不受風霜聲。旦夕來侵尋。雙烟凌紫霞。寂坐簾鉤沈。

（旁改：唯有繞砰；俏微考。）

辛巳開歲五日立春

世事有反覆。吾生當富豪。千金贖死藥。百鍊劊肝刀。赤日誰能射。青雲不敢高。君看臘寒盡。已是換春袍。

（旁改：膾）

便向。○

便向東風倚畫欄。布裘仍是十分寒。侯門自爾春如海（灼灼）
只作低簷曝背看。

○讀杜季瑛遺詩 無錫人咸豐乙巳廣州英吉利之變君城中中礮死年僅二十有五遺詩二百餘首。

摩挲光燄足低佪。閒氣須論海嶽開。文字幾人妨壽命。
烽烟餘燼落詩才。招魂桂棹蘭旌遠。絕筆風檣陣馬來。
便與千秋償一日。銜冤何地亦堪哀。

沅甫

清空之作

宜仍用不字為佳

棣華詩屋詞稿

○高陽臺 十二月十三日偕陶子政汪莘伯景湖菊坡精舍看梅有會而作

南雪都非，西園幾換，梅花何事還開。便解尋香，冷蜂猶是疑猜。春風除卻何郎筆，算無人、肯費詩才。鎮相逢，不是孤山，不是瑤臺。　而今索向冰霜裏，剩騎驢客過，放鶴人來。有限春心，年年寄與天涯。天涯又只無歸處，漸東風、不管塵埃。儘銷凝，一段蒼烟，一片荒苔。

新年情緒四字未能深入一層。換上句亦稍未穩。○兩時字音調略失。[illegible]

摸魚兒 ○庚辰除夕賦示內子

總尊前燭花雙照，相看、猶似羇旅。尋常已覺春無味，何況新年情緒。君且住。君若醉眠時，細把流光數，雛鶯舊侶。應憶得年時，柳消花息，誰道還如許。

深宵裏，無復漏籤譙鼓，與君重檢前句。惱公詞與親鄉意，狼籍墨痕無數。空自語。甚爆竹聲中，斷送華年去。闌愁處所，但祇有寒花，未嫌枯淡，依舊鎮相與。

棣華詩屋雜文

新燕賦

梨夢初曉桃花始春鶯黃尚淺鴨綠纔勻見東風之變
翦數韶光之幾旬于時社賽春前泥香雨畢蝶階試粉
蜂房欲蜜棠院迷離杏梁蕭瑟待之子兮不來窣簾波
兮終日幾處畫樓飛誰家舊壘歸暝色連珠箔秋痕認
玉衣一片夕陽垂柳外尋常門巷亦依依衡烟尚怯綱

風微顫。恍惚漢宮。釵頭留見。帶雨歌澀。偎簷舞輕。舊時王謝。總是關情。翩鴻乍驚。縞鶴相對。羅浮洛瀕。翩飛汝態。枝頭暮雨。酒畔花晴。吳娘雪兒。呢喃汝聲。碧波兮始生。綠蕪兮未平。閒前秋兮作客。度遼海兮幾程。漢水春猶淺。梁園草正萋。年年社前後。容易見雙棲。雙棲舊是黃金屋。啄草銜花看不足。玳瑁梁空獨自來。當時誰信人如玉。

雷葛賦并序。

葛當暑之所尚，野人之所服也，而雷州之產乃以入貢，或者為之幸焉。雖然，府海官山，何物蔑有，葛於其間，庸詎以為重哉。士有顯庸於朝，而無所表見，轉不若浮湛終老，為望於鄉里者，亦葛類也。感而為之賦

翳東西朔南暨兮，咸韃賁而航琛，九州致其方物兮，亦何限於海澨，彼緜緜之葛藟兮，產炎洲以成林，庇風雨

之本根兮飽瘴癘之毒淫鼃蕀長兮陂塘夕繅鳴兮機杼兮念冬裘之不時兮懼絺綌之不吾與兮何有司之採擇兮乃貢登夫上都兮惟天府之廣大兮萃萬方以偫儲光蒨蒨之吳綾兮色雝雝之越縑兮獻鮫綃於海人兮織紫鳳於与天吳文山龍與華蟲兮腐相因以陳陳吾不知其葛之既入兮將歲久而化爲塵令被服于天下兮不失爲襦袴也終擲棄于篋中兮謂將還而不還也感微物之皆然

屈信靡有定兮。夫孰知其何故。感微物之（其）皆然兮。久（揭）徜徨以延佇兮。辭曰、扶胥之江兮。波羅蜜兮。亲以為麻。機軋軋兮。衣被東南。勝管蒯兮。野、服、稱身。衆所愛兮。何必明、堂。乃、為、貴、兮。幽、人、之貞。孰將以為類兮。

讀孫子

兵可言乎。言之而敗者幾人矣。然則不可言乎。求諸前世之載。攻取戰克。與孫子所言又往往而合。不有言者（焉）

貧富即在强弱中二字可刪

華巖雲初批云真精神處 定望

吾又爲從而徵之。嗚呼是在善讀者。夫兩勢相拒。兩力相搏。有至變者焉。有不變者焉。治亂貧富强弱虛實勞逸。主客攻守。此不變者也。孫子所不能言也。治可使亂。亂亦可使治。弱可使强。强亦可使弱。以至貧富虛實勞逸主客攻守皆然。此一日中之變者也。孫子所不能言也。善讀者知其所能言以持其不變。知其所不能言以窮其至變。則孫子矣。雖然非天下之智勇俱備而又有至仁之術者。其孰能其又奚言焉。其又奚不言焉。不善讀

宋殘本不應刪 宜呈

者（与於斯）於孫子所言猶泥而不通所不能言則昧昧耳夫所處之時不同而事會或異雖使頗牧為將儀秦（主）參謀抵掌奮舌以明其成敗得失之故欲盡言其變何可得哉

○讀吳子。

吾讀孫子以為兵事有至變者有不變者兵事之變不可窮故孫子難言之而欲窮其變又莫如吳子吳子言兵詳於變而略於正然則孫吳並稱吳所以輔孫之不

（詳其正者略其變者）

弈

及也。敎弈者。攻守之道。示其機于二三路之間而止耶。而所蘊者廣矣。覆其局而爲之變。雖至于數十百變不可窮也。而豈出夫向者二。三。路。之。外耶。然而學易者必自善變始。變而後通。通而後神。此吳子之志也。後世李衛公問一書出于僞撰。然至今存者。非以其師吳子之意而可爲善變之助哉。

伊雒淵源録書後。。

村季三論。

此篇文境平遠持論深細自是傑作

朱子之學受于李延平延平受於羅豫章豫章受于楊文靖文靖受于伊洛二程先生二先生受之濂溪錄名伊洛而首濂溪從其朔也游伊洛之門者衆矣劉絢李籲謝良佐楊時游酢尹和靖為著劉李和靖之傳不廣謝氏之學伊川喜之其微也數傳而入于象山與朱子為難此其流及既衰異說蠭起未可咎其源之不善也邢恕入室操戈猶錄于末焉者一日及門亦不可沒而

誼兼二句似
未允

其罪已著矣。康節橫渠于二程不得稱師。華陽不得稱弟子。而皆纂録者。誼兼師友也。固亦無譏。餘毋大抵及程門。鮮私淑。都是舊義例略如此。顧或者疑爲宋之黨禍甚矣。有洛黨朔黨蜀黨。爲王氏之學者有王氏之黨。南渡以後。與朱子爲難者又有陸氏之黨。而洛學亦波靡而不振。録名伊洛。毋乃猶有門户之見。是大不然。凡學必有師。師之者爲黨。則是孟氏黨孔氏。孔氏黨文武周

麻姑發穆雜文
燒今極乃六經
攝其道識

公歟且朱子何師胡安定孫明復司馬君實皆師也三公者豈得謂洛黨也洛與蜀黨而仇者也朱子晚年亟稱東坡紫陽象山世所為異同者也朱子生平甚推陸門戶之爭亦尊之者過也今夫伊洛皆水也其至乎海與諸水同不可以伊洛概天下之水也然則二程皆賢也其希夫壓與諸賢同不必以二程概古今之賢也尋伊洛之源而赴焉可以至乎海尋二程之源而學焉可

以希夫聖。夫諸（朱）子則有然矣。今夫懲末學之弊，必謂洛黨為非賢不可也。懲異學之弊，必。謂洛黨而後賢，其可乎。知此者可與讀是書矣。

。（後）學林文集書後。

先生之論文曰：詩賦銘（碑）狀，不能不足為通人，惟能之而不為，斯天下之大勇也。又與人書曰：君文之病，在于有韓歐。夫韓歐果足以病人，而記序碑狀之屬，通才能不

為之哉先生此言殆為近代文人發也明以來之文人
則固[illegible]病于韓歐者矣先生以經學倡天下二百餘年
治經之士若水之趨于壑若商賈之就市而先生所為
文有非若今世所謂經生之為者自愚觀之集中諸作
特憾往復變化之意少耳論其氣格豈出歐曾下能之
而不為者其此謂也夫而其閒沿用當時文體如祭欑
宮文上梁文之屬又或與親故書事有難言者往往雜

此自潘次耕所蒐輯非先生有意存文

出駢儷文不必工事或無謂而猥存之存之要亦別有深意者耶慨自明代文學之弊滅裂矯駮變而愈下國朝經學奮興一二通人如先生者倡于前羣泥古東一時通文之士附和于後無先生之才與其識與力而皆薄文辭爲虛浮不足少留意至其末流剽襲刓撇而無有書目以外並無所知仟得以箋疏爲本業人餖飣無補學耶其於文也絕去訓釋考訂則不能以成篇讀其書惛然惟恐周嚀皆渙散

雜亂無所紀。此非有昏烟瘴（障墨）所起于尺幅之中，則疑有名（宗）

峰文間（陵絕壑）限于兩字之間。以此矯明之弊，猶破方不足以

為圓。極諸水，復投以畀炎火也。以愚所聞，今日士大夫（漫聞之士）

至有詆昌黎文為倚門賣笑之倡者，又有謂龔芝麓文

為醇而能肆，推錢辛楣文為

國朝第一者。為是說之人，皆嘗博覽群籍，為愚所敬佩

然而此豈公論乎？昌黎不待辨，定山堂文而不能望諸家

才肩背。何足以語乎古。錢氏之學則博矣。其文質實（庸鄙猥）而已。不知所以裁。君子一言以為知。是數說雖不同。其不知于文一也。嗚呼。文章之事。其遂息于此時矣乎。抑先生所謂能之而不為病在于韓歐者。不幸為泥古（今日）之士藉口而弊若是歟。夫先生不為韓歐可也。先生之學與韓歐同一源者也。然且不敢輕議韓歐。今之輕議韓歐者。其所學過先生則可。若猶未也。則無望能為先生

之文已汪容甫學先生之學者也至其為文不能什一
于先生累句冗節紛不可埽然已未易一二觀嗚呼以
此病先生先生不任受其亦誤于竊先生之論以論文
者也夫詞章經學古未有迭為盛衰者有之自近代始
先生經學為近代最詞章為經師最愚故舉先生之文
之合于韓歐及今日之文之不合于先生者著之于篇
以質當世深于經學善讀先生之文者論快爭滑不覺

云云之多豈為詞章辨哉

藏山堂銘 并序

簡鍊名貴
信從畫精
本竹石盦

人才必待學而始成載籍所以學也七略四部尚矣而必以經為歸[illegible]聖人之道莫具乎此也國朝經學之盛遠越前古承學後進翕然同風家有箋疏之書人通訓詁之學而近數十年間海內經生粵中為多刊行經部之書亦粵中稱最士多而書最宜必有

搖得起以下數行皆有力

通傳之處

初气直達

魁岸、奇傑之士、貫穿融洽、繼一代作者、而起。而菊坡精舍實為諸生講經之地。太學先生實為斯舍主講之師。於是除講堂西偏以庋所刻經部及他書之板，而先生復取名山藏之其人之意、顏曰藏山堂，將以垂示來學，使讀是書者，博學篤行，本其經術，成為一家之言。其達而有位，則立德立功，昭煥宙合，亦於是乎在。所藏凡著錄四庫者、某書若干卷、其未著錄者某書若干卷、為板若

序文雅飭可喜
銘詞尚未簡古
宜更改之 定堅

干刊書者某人功多銘曰
梓人氏作通才輩興慮其文弊偭矩越繩維矩伊何在
經有穫辟藏匱儲以待後學讀萬卷書死於胸中轂其
纘舊矣纖則同孰豪傑興是先生望微言未絕抗手誰
讓羁彼啟秀亦有山房東西水曜粤秀之陽山深豹蔚
淵指珠水瀾魚出來哲有作為大手筆

二字出禪宗
語錄亦與此題
引用不合

此文簡淨頗為完善
然既出代作似不必存
維古人有之亦不足為
法也 定堅

祭瑞南星太守 瑞昌 代 文

雅是應酬文字而筆意跌宕絕无犖確甜熟之氣極是難得

維年月日通家子某（蘊璘）謹以清酌庶羞之奠昭祭于觀察幾丈之靈惟公理行第一賢良最時儒者之冶飾以書詩名之隆隆光不得施孰尼其躬天乎不憖嗚呼哀哉公昔居困卓為人傑其行孝友其識明哲賢書早貢儀曹久列（歷）起自單寒致身朝列我之先公及公往還于時咸豐同治之間處自京邑暨來百來（蠻）鴻漸于逵鵷同其班公之有聲良二千石端州以南瀆祇是宅吏絕筐篚

農登禾麥，滿考六年，上計名第，
令上之初，覲
天子光，以三品階，徃守潮陽，維彼潮陽，鄒魯（濱海）之鄉，朞月
之政，告成于
王，將移廣州，曰惟大府，士得我師，民望其父，云胡不弔，
殞，公行，旅銘旌在途，告我惻楚，嗚呼哀哉，公再來南，先
公既徂，來存其家，複卹其孤，春風噓煦，薄植用蘇，乃知公政，不遺一夫，嗚呼哀哉，公德

潮陽我餞于道，笑語爲別，敦訃來告，感知己矣，寸心相
報，臨風奠觴，以寫悲悼，尚饗。

與陶蘭田少甫兄弟書。

得所示文，植骨歐，探理柱，會在近世中與堯峰爲近，
甚服甚服。僕生而無慧，讀書作文懵如也，然意甚欲之，
讀唐宋人之文，蓋嘗食忘其時，寢不知安者有焉。觀於
今世取下之文，其不滿吾意者何其多也。竊自量欲爲文

此篇極力直追唐賢，不落南宋已後。

此篇立意與愚見多不合，聊志一二，竊附諍友之誼云謂。秉冬筆而寄

汝古文稱其亦如是之作此文者迷其本原辭極工亦不過古文中之古文而已

質字從何處如以班史遷陳壽方當此稱今之為文可謂韓而已矣

今觀是二字已不要不概勢類尤之管士大夫奴隸罪焉其先說是之論王國某某某之

舉世不為之日然知其難也其始也有定志其繼也有定趣其終也乃有超詣所至而文成矣雖然定志則難定古文之志于今日則尤難今天下學者皆去文從質以質為實學以文為虛器一人倡之千百人和之僕嘗笑今之所謂古文非古文也乃今質也語雖刻意者其未過乎自宋以來文人不絕于世雖其遞相祖變得失有不同未有寂然寥然舍勿復道如今之甚者也世皆

奇持石勝之陵奇
室有不是所集句
[illegible]也
曰楊惺吾舉形墨畫
集腋有前未嘗
見之存
此段大嫌兒戲

舍之非豪傑之士其孰能取之如僕不肯出所以（作）示人
入其㣊心而愧者或動色而歎焉自愜者則憮然矣愈
自愜者譏罵且至其在目睞亦復何怪可憐者淹博之
偶乃其去文益遠也凡此皆迫一世之古文驅之令質
文學愈博去古益遠不文 涉甚 都氣 橫出乃有
之心者也不受驅迫如僕者是謂頑不知恥有幾人哉故曰
定志尤難若未定力則亦不動李習之不與郊籍僕喜
輩為詩毛會侯絕筆不為詩者十餘年姚惜抱（恒信）作詞而

望溪爱经学
则爱望溪文
则爱之亦不多
也

讀望溪者不在
箋儀礼在乎天
人一德耳望溪
有用實析疑之
不止作儀礼注也
曰作文者犯大不
韙未聞其說君子
主宣則不可不慎

工。或聞之喜語人曰：吾不畏姬傳矣。愛多而易工，惜抱信
立。罷古人之專如此，此其所以名也。若姚氏者猶憾其
多所愛焉。愛理學則愛，愛訓詁則愛，其友之不及望溪
始有由歟。嬴於彼者絀於此，力分則薄，一則專。荀子曰
藝之精者不兩能。使望溪不箋儀禮，于今則誰敢議。夫
作文者既犯世大不韙而甘焉，又禁吾心所甚愛而
決去之，守一不變。嘻，其艱哉。此之謂定，加令之議者其

腕力將來

夸者既曰文人不足為矣，愿者復望為畏途以為為之而不可能，能之而不可傳，此可謂駟馬高車榮於執御者已。忠孝至行也，匹夫匹婦感激奮發，一其志，專其力，則足以格幽明，廻天地，振海嶽，而況金石為其外之奪之也。雖賢知之士未見其有成焉。文章之境邈邈不可稽，其程其懸而待人之躋之者，則固各有定極，小以成小，大以成大，特患氣餒不至耳。雖愚闇之士知見有末段太煩，損刪之，甚當，宜堅。

此段取喻，殊欠愜。夫醫室之良窳，有不知藥而遽能察其通者耶？

學焉無所得者也。此曰位，位定而知成（知矣），願與足下以息勵氣，勉之而已矣。文學之分久矣，請譬之醫。令夫藥肆之販，取參（蓡）于遼，取桂于交，取朮于於潛，與夫川、淮、吳、廣之所產植，孰為著，孰為苓，孰為萸與艾，以至豨苓、昌陽之屬，辨形而察色，孰者窳，孰者良，醫者弗如也。病而投之，則謝之矣。此實者之事也。屏氣而切，凝心以思，奮筆為之方焉，以論治則病若失，故為天下名醫，無他，以虛

連按太過不能免禍

運實則實者賤僕願足下深求醫理無以藥肆之取利甚厚奪其邁往之志而效彼瑣瑣為也

上陳朗山儒學先生書。。

啟連弱冠游於今外父汪先生之門即讀先生東莞贈汪先生一章意此豈古人乎不然何以能此作也其後讀學海堂集有先生詩數十首徐鐵孫張南山外殆無比焉最後得讀梅窩詩鈔其思深沈而句奇重迫而視

太過量

之忱於心而炫於目，信乎古之作者矣。雖宋元名家何

以過之。歎息仰慕，懷願見之私，卒卒未有因也。年益長，

家益貧，困甘不足，軀無寸長可謀食者，庶幾既如老餘曹

待我解之乎。於是始作詩，投學海堂。幼而失學，詩顧未

始解也，而先生獎借過量，一日遂有此才不凡之譽，私

心竊喜，益復為之。今事旋客於廉州，益嘗三舍之

中，獨抑鬱而誰語，於是始讀古今詩以自娛，讀之既久

此語誠太過量君子稱人不可不慎也宜改之

晏易敲程未知肴否否空堅此云鈎動炊簡淨且文氣亦凡下

從知先生為學海堂學長，因作詩投業中

奥折可喜

胸中似欲有記乃試筆自為迻為之近百餘首心知其未也欲且置之矣歸廣州一年當己卯之冬復以秦淮懷古詩見知於先生所以譽之有加厚韓退之曰內不足者急于人知啟連其敢蹈古之明誡以急先生之知哉誠以大風雅之不作而先生誘致之殷乃至鄙陋如啟連者猶得蒙一二之餘惠為可感而可敬也蓋五六年願見之私至是固不能已於一謁也得侍之日雖淺而

獲教已甚深，且許為改定舊稿，令謹刪次所作詩詞雜文為一帙，手録呈上，伏冀鑒。其悃悃，加斧繩焉。啟連於詩，蓋非資稟之近，彊為之者也。平心而察之，或意至而筆不及，及矣而詞不深，或詞且深矣而意又不能顯，此數病者必居一焉。靜觀所作，殆無完詩，往往因以自廢。然竊觀今人之詩，求其全者亦少矣。啟連竊昧，誠古作者所垂意者，風雅寂寥之後，猶得隨今之君子之後

謬些師友提挈，情不敢誣也

黽勉趨事，以

乎指之於方迷導之以先覺誘之使至道會先生吾安
適歸乎蘇明允以文質於歐陽子報之曰荀卿荀卿明
允不悅徐昌穀得事李獻吉詩一變而大進明允昌穀
非敢連所敢望先生之意其將不我誨而荀卿我邪其
亦變而進之於道也無由鑿究伏深惶悚不宣

文極宕佚大似北宋名家迥非近时文字
抒脈脈 忠甫陳良玉謹再識

是揭曼碩虞道園集中合作

信斯文之若水乃斯人之如玉仲言七古之言願以持贈此近世清才之挺出者欽佩無似聊有獻疑徑加彈射特恵子之知我故敢贅也 辛巳八月廷式讀畢謹記

合读

大著诗与文迥绝恒蹊，而私所服心折者尤在散文。盖既知考据之不足为文，而尤在绝去科臼辈之学救时人，更易为力，使日进无疆，为之不已，不独凌诗宗元巳文。辛巳六月梅写

蹇叟读竟并识

二、《远暇室日记》残稿本研究

《远暇室日记》线装残本共三册，有虫眼，其尺寸均为横十三点七厘米，纵二十四点六厘米，唯有厚度略有差异，第一册和第二册均为一厘米厚，第三册厚零点八厘米。残本第一册从壬午年十二月十七日开始记事，直到次年癸未年二月廿一日止。第二册从癸未年二月廿二日开始记事，到四月廿三日为止。第三册从癸未年五月初四日开始记事，到次年即十年闰五月初十为止。从日记中所记陶子政（公元一八六四——一九〇八年）、汪莘伯（公元一八五八——一九二八年）、文道希（公元一八五六——一九〇四年）等人均为晚清时期的人物，我们可以认定日记里所记载的壬午和癸未年分别是光绪八年和九年，即公元一八八二年和一八八三年。由此可知，日记的写作时间是从光绪八年（公元一八八二年）十二月十七日开始，到光绪十年（公元一八八四年）闰五月初十日为止。残本第三册只使用了前半部分，而后半部分没有任何记录，是空白，表明作者这本日记的终止时间是光绪十年（公元一八八四年）闰五月初十日。因日记残缺，第一册所记时间很显然不是日记记录的起始时间，故我们目前暂时无法确定作者记录日记的真正起始时间。这三册本子是当年专门印制的日记记事本。日记本中每页纸均按『昼、夜、读、阅、写、作』六个栏目划定竖格印制，在每页纸的骑缝处印上『远暇室日记／人事、学业』字样。从第二册封面上留有的一行竖写楷体『远暇室日记三』毛笔字样，我们可以肯定，本馆所藏此三册残本即是《远暇室日记》残存内容。

（一）日记的作者是谁？

《远暇室日记》是谁写的？因日记里没有明确的记载，我们只能从日记的内容和书写笔迹来判断。

前文已述，《远暇室日记》的写作时间是从光绪八年（公元一八八二年）十二月十七日开始，到光绪十年（公元一八八四年）闰五月初十日为止。因此可以得知作者是清末光绪年间的人；此外，日记记录的场景是在广州，所以，作者当时应该是在广州生活；同时，日记中屡屡提及陶子政、汪莘伯、文道希（即文廷式）等人，如癸未年『七月十一日，道希、庆生、子政及许天侔、于渊若来，凤楼小亭张庚生来。二鼓与道希论学。众候榜。十二日，早闻子政考取经古。十七日，与莘伯、景梧赴子政听榜，道希亦至。十八日，榜发，子政有名，遂诣学院，陶见心章邀，初俱有名官试，夜临永□居赴席。』这段记录也表明作者与这些人关系密切，非亲即友。根据这些特点，我初步断定日记的作者应为清末广州人朱启连。据朱启连《棣垞集》卷三《诰授奉政大夫貤封文林郎山阴汪先生行状》记载，汪瑔有子兆铨、从子兆镛，次女嫁给了朱启连，故人子为陶邵学；他们皆传汪瑔之学。又据《棣垞集》卷二《送陶子政（邵学）、汪莘伯（兆铨）、憬吾（兆镛）兄弟入都》，可知汪莘伯、汪景梧和朱启连为亲戚。据《棣垞集》卷首《番禺陶邵学撰〈朱君家传〉》又记载朱启连『与番禺陶邵学交至善』，可见他们之间的往来十分密切。

日记里还有一段记录：

> 九年癸未年三月初二：昼：外姑生日，饭后至斋。

明示『三月初二』是日记作者的外姑的生日。外姑是指妻子的母亲，即岳母。朱启连的外姑张氏的生日正是三月初二日这一天。《棣垞集》卷三《汪母张宜人墓志铭》记载：

> 宜人山阴张氏，父培，母史，客广州，以道光六年三月二日生，年二十四归同县汪玉泉先生，逮事尊章四十三年而先生卒，后六年宜人卒，实光绪二十三年十二月初一日，寿七十有二。子兆铨，举人，官教谕；女适朱启连。

《棣垞外集》卷二《外姑张宜人六十寿序》又载：

> 光绪乙酉，外姑张宜人阅寿六十，三月设帨之辰。

此外，上引《番禺陶邵学撰〈朱君家传〉》记载朱启连『工五七言，善草隶书』。日记的字体为行草，正是朱启连的笔迹。综合以上的分析，我们可以肯定，《远暇室日记》的作者正是朱执信的父亲朱启连（公元一八五三——一八九九年）。

（二）日记的史料价值

日记原本是作者用来记录个人每日的生活经历和所思所想及所见所闻，给自己留下一份历史记忆，因此，日记所记事实比较真实、可信，无意之中也就保留下一些十分难得的历史资料。

通读日记残本，我们了解到，作者在第一册里将每日所做的事情分别记在『昼、夜、读、阅、写、作』六个不同的栏目里，比较规范，记事也较详细、认真；在第二册，前半部分如同第一册一样，也是按『昼、夜、读、阅、写、作』六个不同栏目，记下每天所做的事情，后半部分记录的主要内容是作者阅读《晋书》时的读书摘要和心得；第三册，记事比较草率，没有按上述六个栏目来分类书写。

《远暇室日记》残本所记录的事情均发生在广州，表明一八八二年至一八八四年期间，作者朱启连一直在广州生活。从日记里，我们读到了一些珍贵的历史资料。以下我们将从几个方面作简要介绍：

1．丰富了历史人物的信息资料。

比如任香亭，据《棣垞集》卷三《朝议大夫贵州同知香亭任先生墓志铭》记载：『先生讳寿昌，字君炽，号香亭，初名寿枏，其先浙江会稽人。高祖鹏，乾隆初获鹿县典史，坐逸囚夺官，来粤，占番禺籍。……及长，喜施予，善理财，以其术佐有司治。……始无意于幕府矣，捐纳贵州同知，保举补缺，后以知府用，加知府衔，赏戴花翎。光绪十七年七月初八日疾卒，享年六十有四，配马恭人，子男三：文元、文鼎、文耀，女一：适同县张学华，孙女三。』日记记载了任香亭女儿加笄的时间是壬午年即光绪八年（公元一八八二年）十二月十七日，任香亭儿子娶媳妇的时间是甲申年即光绪十年（公元一八八四年）二月十九日。

次如汪莘伯，日记里记录了莘伯的妻子从生病到去世的详细过程：『壬午年九月初四日二鼓后，莘伯之妇病势骤重，几脱去矣。阖寓不睡，余亦醒，眼至明发。先是病已年余，不出户三月余。莘伯愁思已亟，至此骤重，决知不起，事在旦夕间耳。二鼓前添福斋。』『壬午年九月十四日，莘伯之妻病愈重，行死矣。十六日，莘伯妻于是夜四更后（十七寅时）气绝。去合卺时仅三年余耳。莘伯之悲悖，不待言。即余与同居相见，知其情亡而性静，不禄而夭，盖有天焉，亦为之酸鼻而哀也。』『壬午年九月廿三日，为莘伯知客。廿八日，夜与莘伯长语。卅日，为莘伯妻送殡。』

又如徐赓陛，字次舟，吴兴人（今浙江湖州），曾任南海知县，光绪八年（公元一八八二年）出版《不自慊斋温存》。日记里记载：『壬午十二月廿二日，遇次舟。廿五日，遇次舟。廿九日，遇次舟。卅日，遇次舟，三鼓归。九年癸未正月初七日，遇次舟。十五日，又遇次舟。三月十三日，道希继至，驱之去，道希邀次舟，近状原久未见矣。十九日，诣次舟。四月初四，道希来，始知次舟于初二日已行。余于次老聚首一年，几于无日不见，迨次老迁居城北，犹月数见。去年除夕，寒谈至三鼓始归。自今岁来，仅人日一晤，后随归，往固由鄙性疏懒，殆亦聚散有定。今此以往，次老竟不告别，余不及返道，并恐此人不忍复至粤东，则吾无重遇日矣，为之惘惘不弃。六月初十，得次舟书。七月十四日，与晓漪、子珊遇次舟。十一月廿六日，晤次舟。十二月十九日晨午子夜，送次舟。十年甲申四月廿七日，遇次舟。五月初八，晚饭同兴居，晤次舟。十八日，饭远水馆，晤次舟。闰五月初一，晚饭添福斋，晤次舟。』由此也可知朱启连与徐赓陛的关系密切。

2．在日记里可以见到广州的一些地名、店名、书院名、餐馆、义庄和一些新鲜事物。如地名有双门底、太平沙、南门、沙基渡、粤秀山、金氏溪南逸圃、旧仓巷、马湟（隍）水冈、三元宫、濠畔街、唐帽岗、地藏庵、小鸿鹄山、宝鸭池、黎婆岗、鹿鸣岗等，店名有双门底下街林镜台药店等，书院有学海堂、越华书院、菊坡精舍等，餐馆有燕珍楼、松秀堂、同兴居、永兴茶馆、远水馆、喜乐轩等，新鲜事物有修眼镜、种洋痘、新出地球图等，还有浙绍义庄。《棣垞集》卷四《浙绍乡祠征信录序》记载：『吾乡人客于粤者众多。明天启五年始立乡祠，继是有义庄，以寄旅殡，义山以资随葬。其归葬者，有官运之费，取诸运库，事皆隶于乡祠，而皆有成法。』即指此『浙绍义庄』。

3．记录了一些当时社会流行的习俗。

如斗牌。日记记录：『癸未年正月初五日斗牌，十九日终日斗牌。二月十四日：张浩泉娶妇，室人皆往贺，独留与云九帆、云竹楼、汪莘伯斗牌。』『癸未年五月十九日诣沈他山，终日斗牌。』『癸未年六月初四，是晨至亭，沈他山来斗牌。』

祈雨。日记记录：『癸未年正月廿六日，大雷雨，彼祈雨者可以谢矣。」

放榜。日记记录：「癸未年七月十一日，道希、庆生、子政及许天停、于渊若来，凤楼小亭张庚生来。二鼓与道希论学。众候榜。十二日，早闻子政考取经古。十七日，与莘伯、景梧赴子政听榜，道希亦至。十八日，榜发，子政有名，遂诣学院，陶见心章邀，初俱有名官试，夜临永□居赴席。」道希即文廷式，近代词人、学者、维新派思想家，为陈澧入室弟子。在科举制度中，放榜是一步重要环节。参加过光绪年间广州乡试的商衍鎏后来回忆：「我记得那年九月初九放榜，我与数友在城隍庙对面的一家酒楼听榜。写榜在贡院内聚奎堂，主考、房官、学政、监临、执事各官均齐集。由第六名写起，全榜写完，再写前五名为五经魁，第一名曰解元，是沿唐朝士子由州县解送而得元的意思。写榜时有探报人，每四五名印成一纸，沿街叫卖。我中第二十四名，得报约在下午三时，返家则报喜者已至，将报条贴于大门外，亲友亦多来道喜。……榜贴在布政司衙门照壁搭就的彩棚。发榜后次日在布政司衙门大堂设鹿鸣宴，主考、房官、学政、监临、内外帘官及新科举人皆与宴。」（商衍鎏著《清代科举考试述录及有关著作》，上海：百花文艺出版社，二〇〇四年七月，页四三三。）

拜祖：日记记录：「壬午年十二月廿六日归本寓，作福祭祖。」「癸未年四月初一：拜祖。」

4．从日记中，我们知道作者在短短一年多的时间里阅读了一百七十余部著作，其中，大部分是唐宋时期的著作。历史记载，朱启连喜好古文之学，「岭南自阮文达公开府后，士治经守博士，法文尚丽偶，儒秀之盛，名轶中州，独古文学衰绝，且数百年未有兴者。君自以意求得之，凡唐宋以来数十家，为文之术。……时岭南言古文者，当推本于君。」（《棣垞集》卷首所收录的《番禺陶邵学撰〈朱君家传〉》）从日记中可以寻找到朱启连酷爱古文并有所成就的历史原因。

5．日记里记下了广州发生的灾害和一些节气。比如火灾，日记里有两次记录：「壬午年十二月廿一日太平沙火」，「壬午年十二月廿二日沙基渡头火，烧百数十家。」节气有：「壬午年十二月廿四日雨寒，廿七日立春。」「十年甲申五月初五，端节。」

总之，日记里保留了许多十分珍贵的历史资料，特别是光绪初年有关广州地方历史资料。读者细心研读，即可有所收获。

附录：《远暇室日记》残本

壬午十二月十七日

夜	晝
	湘談一人來酉時

遠暇室日記

人事

學業

讀	閱	寫	作
	吕氏春秋四卷　费衮梁谿漫志一卷	春联	

六

远暇室日记　人事

晝	夜
任如亭先生之女加笄往贺　过姊门庚	

學業

讀　呂氏春秋四卷畢　梁谿漫志一卷

閱

寫

作

十九

晝	夜
晤文芑帝 修眼鏡 過吳曉舫 淑詵二人來	不寐

遠暇室日記 人事

讀

閱

淮南子三卷

原道訓　夫內不開於心而强學問者不入於耳而不著于心此何以異于聾者之歌也故人為之而無以自樂也聲出乎口則越而散矣

寫

作

廿

遠暇室日記 人事

晝	夜
子政葦伯來邀同出駿門序	

读　阅　写　作

淮南子四卷

廿

夜	晝
太平沙火	張韶山娶弟婦往賀　謝洪之家而後

遜□室日記　學業

讀	閱	寫	作
	淮南子三卷　南渡錄四卷　此偽書也 續稀刊身有醜夢不勝正行○此樣誅子事數頁		

廿二

晝	夜
弔沈浦軒　過汝舟不值　仲謀二人來 與星五望南门城樓	沙基渡頭火燒百数十家

[illegible]明室日記　學業

讀

閱　淮南子三卷

寫

作

星

夜	晝

遠暇室日記 人事

遐明室日記　學業

讀

閱

淮南子三卷

梁谿漫志一卷

寫

作

廿

夜	晝
	雨寒

遠暇室日記　人事

遐晴室日記　學業

讀　閱　寫　作

淮南子二卷

說林訓　邾我行來紹與我之甞我貨來紹與我市　人間訓　韓趙魏伐齊圍平陸括子報于牛子請以齊侯往無害子諫不聽無害子之言而用括子之計三國之兵罷平陸之地存自此之後括子日以疏無害子日以進

按此與戰國策出孤注之說何異

廿五

夜	晝
	偕莘伯買花遊過次舟假

遠暇室日記 人事

遐明室日記 學業

讀

閱

淮南子三卷畢

寫

作

吳

晝	夜
歸來寫作稿數紙	

遠暇室日記　人事

遂明室日記

學業

讀	閱	寫	作
	春秋繁露五卷		

廿

遠暇室日記 人事

夜	晝
	立春 為梅生代送帮項

還讀室日記　學業

讀	閱	寫	作
	春秋繁露五卷　臨安旬制紀近人張[illegible]作[illegible][illegible]事		

廿六

夜	晝

遠暇室日記　人事

遷明室日記

學業

讀	閱	寫	作
	春秋繁露七卷畢		

芄

夜	晝
	過次舟

遠暇室日記 人事

[illegible]日記

學業

讀

閱

揚子法言十三卷畢

寫

作

卅

夜	晝
過次丹三致仲	過周少棠 怀幸寓

日記

學業

讀	閱	寫	作

九年癸未
正月初一

晝	夜
官樣	

遠暇室日記 人事

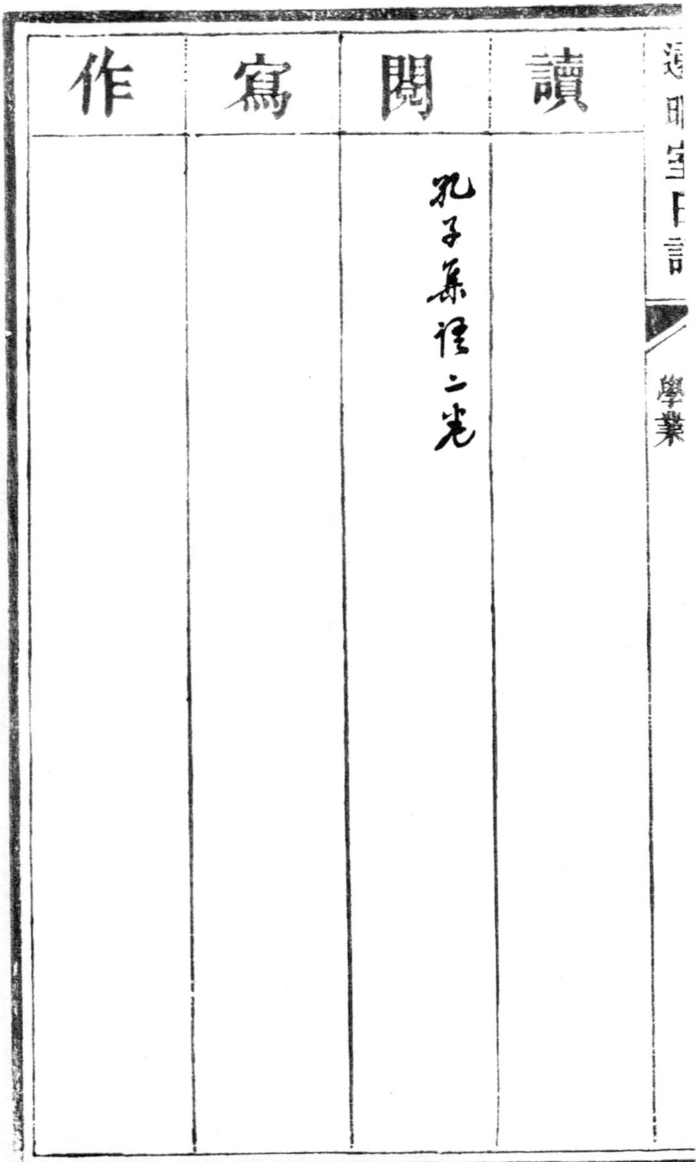
明室日記
學業
讀
閱
孔子集語二卷
寫
作

初三

遠暇室日記

人事

晝	夜
偕子明芋仙出郭	

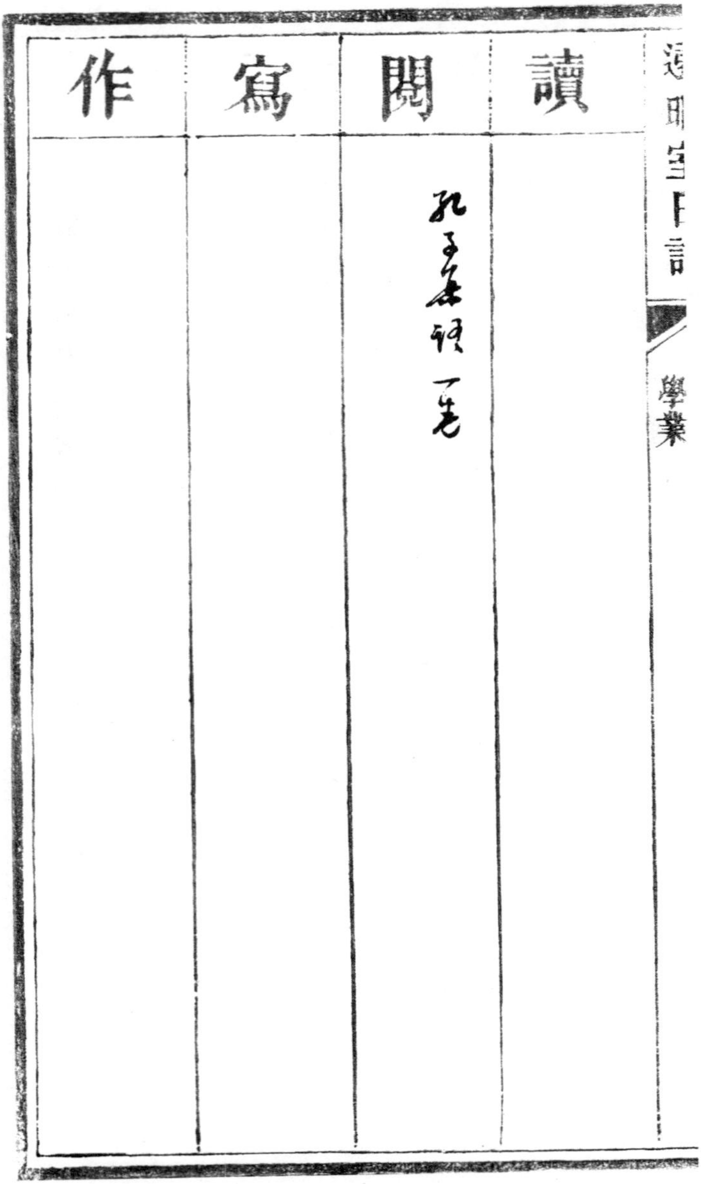
遜明室日記
學業
讀
閱
孔子家語 一卷
寫
作

雪

夜	晝
	官撤

遠暇室日記

人事

邃明室日記

學業

讀

閱

孔子集語三卷

寫

作

初四

遠暇室日記 人事

晝

關牌

過氏曉湘不值 值章吉甫

夜

遂明室日記

學業

讀

閱

孔子集語三卷

寫

作

習字

夜	晝
偕談一人來	關牌

遠暇室日記　人事

遜明室日記

學業

讀	閱	寫	作
	孔子家語一卷		

初六

晝

到齋

夜

遠暇室日記

人事

遂明室日記 學業

讀	閱	寫	作
	孔子集語畢		

定

夜	晝
	訪廣生子取宣專齋如逌訪曉帆鄒小嵩任穉臣 過坎舟值客來遂去

遠暇室日記

人事

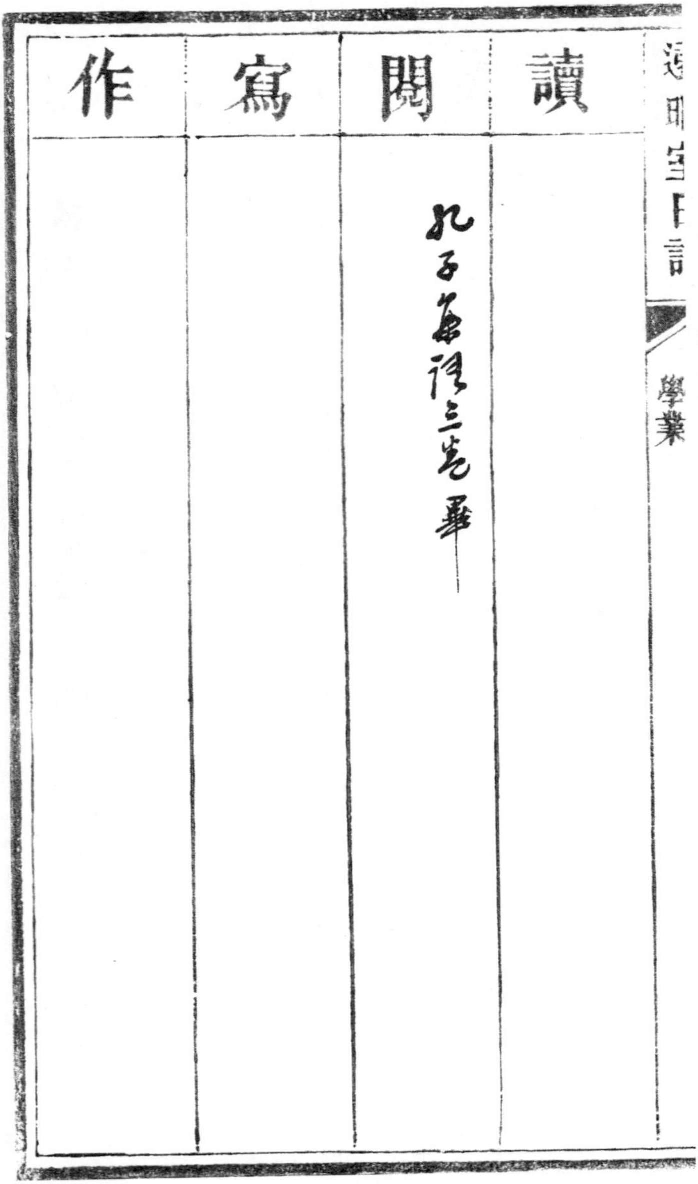

遂明堂日記 學業

讀 閱 寫 作

孔子集語三卷畢

廿六

晝	夜
	過孟星航

遠暇室日記　人事

遐[illegible]日記

學業

讀

閱

孔子家語二卷

曾子曰狎甚則相簡莊甚則不親是故君子之狎足以交歡其莊足以成禮孔子聞斯言也曰二三子識之孰謂參也不知禮乎

寫

作

兕

遠暇室日記 人事

晝	夜
	過十雨田

學業

讀	閱	寫	作
	梁谿漫志上卷畢 杭世駿讀史隨筆 榕城詩話 孔子家語三卷		

卒

晝	夜
由課之完不絕	

遠暇室日記 人事

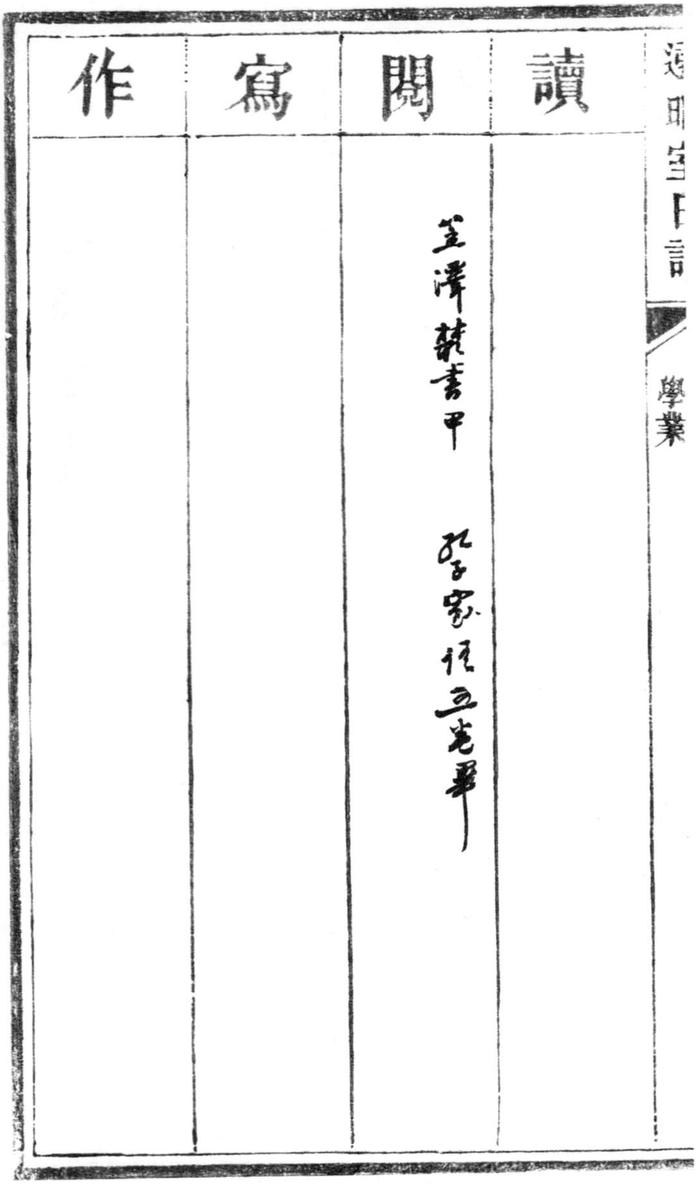
讀	閱	寫	作
	笙澤讀書甲　孫家植立光畢		

廿六

晝	夜
鏡水自無錫來　梧寓來	

遠暇室日記　人事

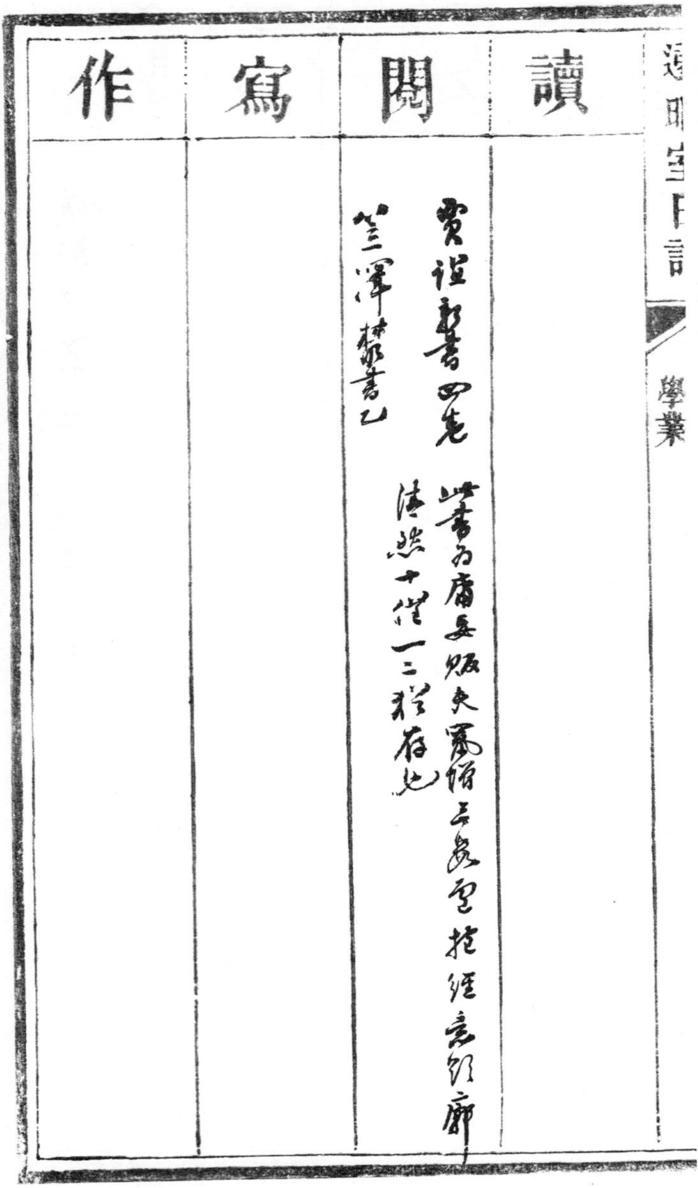
學業
讀
閱
寫
作
賈誼新書四卷

十三

夜	晝
	蒼杉古柳二人　淅瀝雨時許 連日山茶已開差破寥寂

遠暇室日記　人事

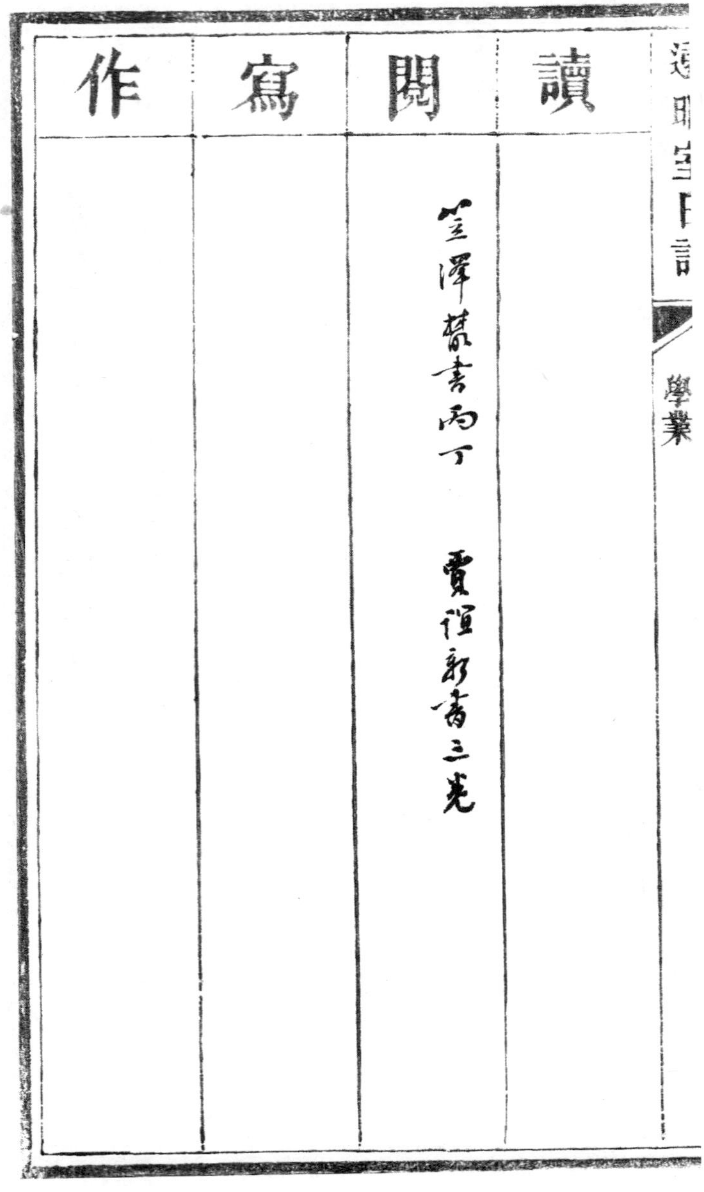

遐明室日記

學業

讀

閱

笠澤叢書丙丁

賈誼新書三卷

寫

作

十三

遠暇室日記 人事

夜	晝
遠夫 傳書陳三 寫先生 文 道 再呈 航 歸 付 小戲 二 ? 敘	閱燈 荅 招 良 樣 一 人

退[illegible]室日記 學業

讀

閱 賈誼新書一卷

寫

作

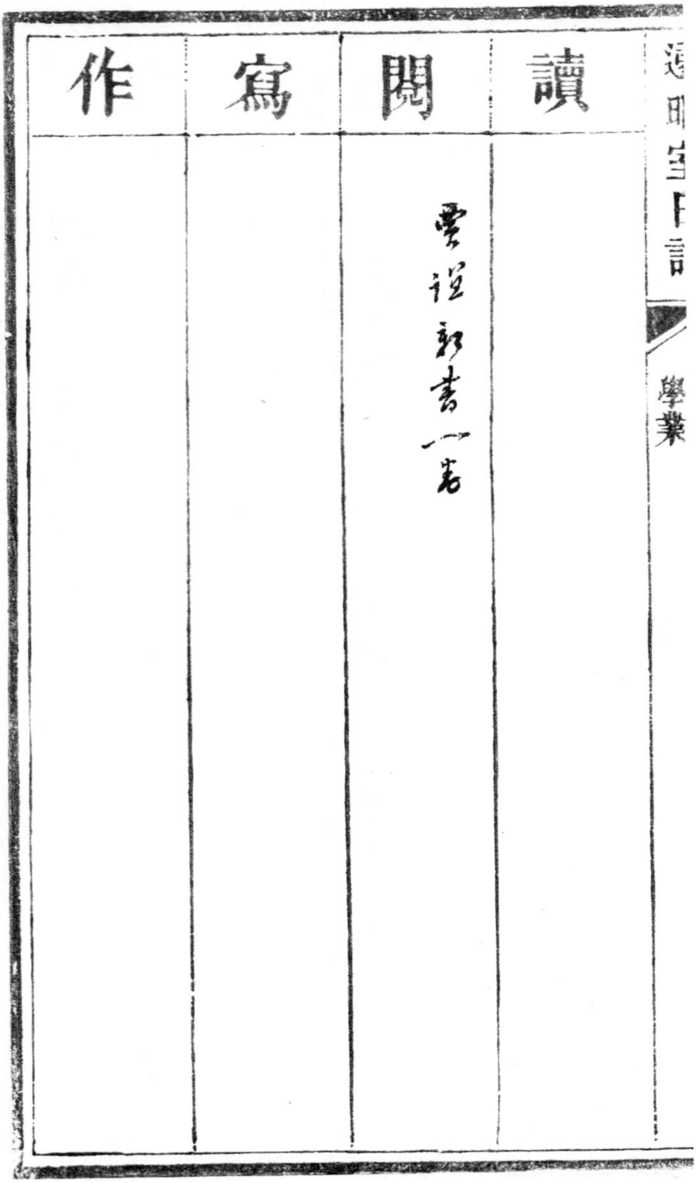

十四

晝	夜
官掾一人來 湘談數人來	

遠暇室日記 人事

學業

讀

閱

孔叢子

梁人有陽由者其力扛鼎技巧過人骨騰肉飛手搏鷙獸國人懼之然無治室之訓禮教不立妻不畏憚浸相泄瀆方乃積怒妻坐於牀吝焉左手建杖右手制其頭妻亦奮恚因授以背使杖擊之而自撮其陰由乃仆地氣絕而不能興鄰人聞其凶凶也窺而見之趨而救之妻余恚怒莫肯舍旃或發其裳然後乃放

按此事足資大家婦錄之或發其裳發妻之裳也

寫

賈誼新書二冊畢

作

十五

遠暇室日記　人事

晝	夜
過鄂輔臣王子展宦雨田又過次舟不值 錢叔師來也	

遠明室日記　學業

讀	閱	寫	作
	文中子三卷		

十六

晝	夜
見子叔	雲九帆自潮州來

遠暇室日記　人事

選明室日記

學業

讀	閱	寫	作
	陸游入蜀記三卷　文中子二卷		

十七

遠暇室日記　人事

晝	夜
	临禊玉三段　累文学湘帖唐楼书以自娱

遯明室日記　學業

讀	閱	寫	作
	入蜀記三卷畢　文中子二卷		

六八

晝	夜

遠暇室日記 人事

逷明室日記

學業

讀	閱	寫	作
	朱翌游覺寮雜記　文中子三卷畢		

十九

晝	夜
終日閱牌	淑读玉三封

是日無所業

讀	閱	寫	作

還讀室日記 學業

廿

遠暇室日記　人事

夜	晝
	為金瑞生知州寄

遠明室日記

學業

讀	閱	寫	作
	韓非子一卷		

廿一

晝	夜
詣章宅拜寿	

遜明宮日記　學業

讀	閱	寫	作
	韓非子一卷		

廿二

夜	晝
	湘翁召法南邑園同湘七人登少行子表昆季陪法氛 洗佛山至九帆汪峯作別

遠暇室日記　人事

遯[illegible]室日記

學業

讀

閱 物外了二卷

寫

作

廿三

夜	晝

遠瑕室日記

人事

遯[illegible]室日記 學業

讀	閱	寫	作
	孫卿子三卷		

茵

晝	夜
堂姪澍邀飯於子珊寓午往成師	

還明室日記　學業

讀

閱　物外子一卷

寫

作

廿五

晝	夜

遠暇室日記　人事

遐眼室日記　學業

讀

閱　腈光齋補識畢　孫小子二光

寫

作

廿六

晝

晨大雷雨 彼祈雨者可以謝矣

夜

劉式甫邀飯 同席吴曉滄 陶星楼 陳步直 周曉嵐及不識姓名四人

學業

讀

閱 韓非子二卷

寫

作

甚

夜	晝
	蒼狗似樣一人　瑤梅生鏡秋書

人事

讀	閱	寫	作
	范晞文對牀夜語　物小子三卷 逍遥游		

六

远暇室日记　人事

夜	晝
	過殷门底

通明室日記　學業

讀	閱	寫	作
	齊物論 養生主　韓非子三卷		

先

晝	夜
至馬涇水岡展墓　山界為鍾姓占去丈仔賣與林姓林寫據　門底　往與理說　雙門底下街林鐵臺業店 自廿四日雨至此日始放晴田塘霑足	

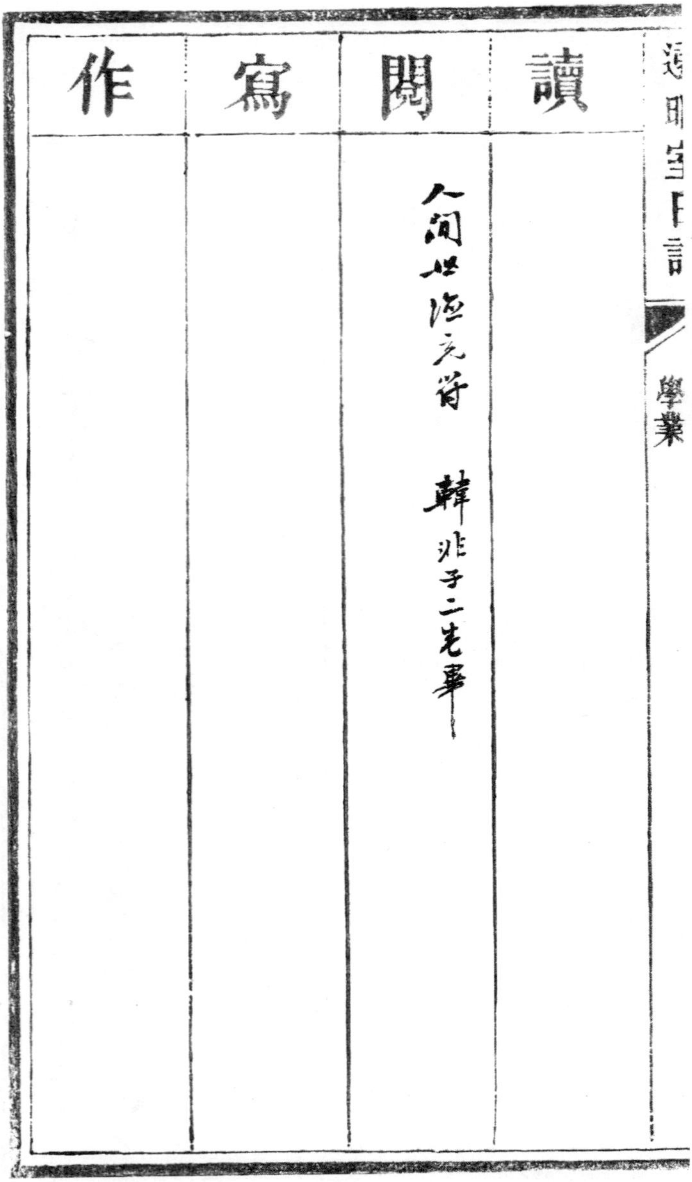
遐明堂日記

學業

讀

閱

人間世注元背　韓非子二卷畢

寫

作

二月廿一

晝	夜

暇室日記 人事

遐明室日記　學業

讀

閱　大宗師應帝王　尸子二卷畢

寫

作

初二

晝

過盛適之

夜

遠暇室日記 人事

學業

讀	閱	寫	作
	駢拇 馬蹄 文子纘義五卷 纘義杜芝里撰 辛銜		

初三

晝	夜
詣舊倉莊觀屋	

遠暇室日記 人事

[illegible]室日記

學業

讀

閱

積篋存宵天地

文子纘義三卷

寫

作

寄

夜	晝
	孝直齋中被竊，然竊人雖獲，而贓失去半矣

遠暇室日記

人事

遐晅室日記　學業

讀

天陰

癸丑十一日

文子纘義四卷畢　是書疑偽託者其中精語皆他子書所謂見意義殊隔落不耐尋繹所錄舊注尤來缺矣杜氏纘義亦不佳惟書中上半言道德下半言刑名其說以為令行禁止而後可以無為于此可見老莊之為申韓也大抵戰國之際大道荒矣有志之士多以其智力從及無不思舉而復于古二千年來說經歷試而侯徵于是孔孟之道雜然無宗矣而尚其時則亦說學勝歷有宋耳此孟子所謂處士橫議之秋也

閱

寫

作

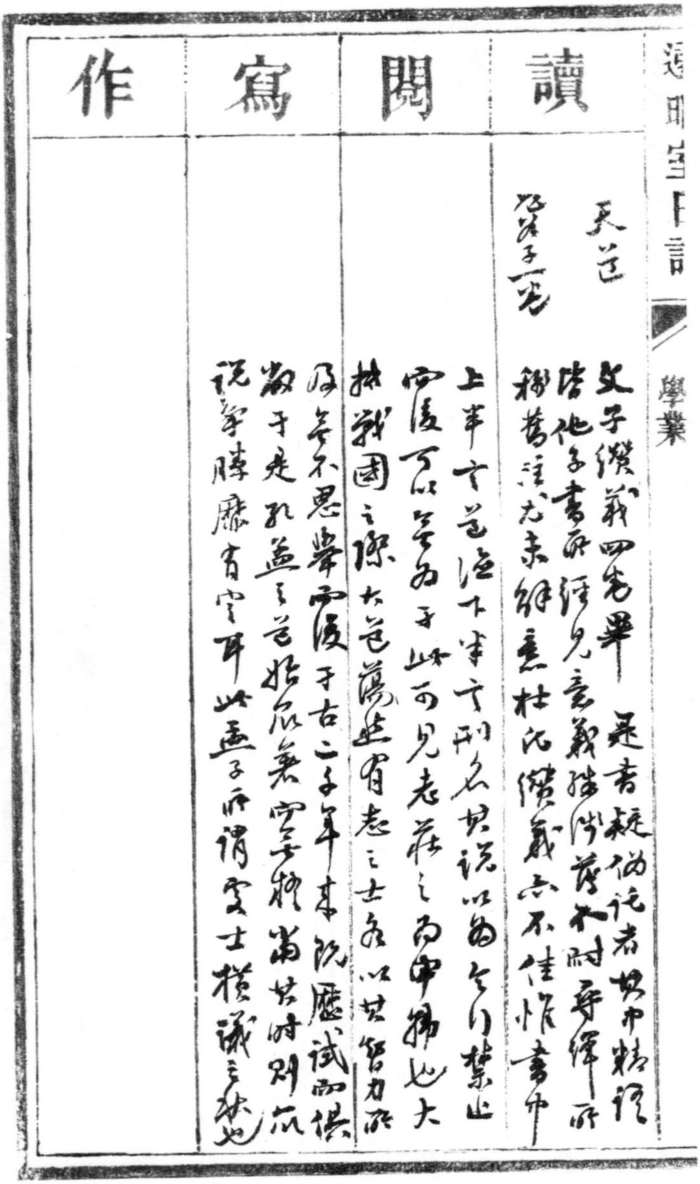

晝	夜

遠暇室日記

人事

讀	閱	寫	作
	晨乃竊讀此書尚未卒業然如見今之小人也 鬼谷子二卷畢 此書專言作小人 空文陶弘之校 天運新意悟性 古三墳 鶡冠子 子華子一卷 三書皆出偽託然子華子文筆簡雅 是為鷹本之上然皆其偽作劉向序錄不佳耳 三墳有茅坤好 饒等批點亦賣人以欺俗者評妄可嘆		

寒

夜	晝
不寐	合肥任太[illegible][illegible]往賀

遠暇室日記　人事

邃明室日記

學業

讀

閱

秋水至樂達生 子華子一卷畢 尹文子 慎子 公孫龍子

瞿佑歸田詩話一卷

寫

作

初七

夜	晝

遠暇室日記 人事

邃明室日記 學業

讀

閱

山木 田子方

於陵子 鄧子 秦書 志經 女孝經 素履子 西園書

仍書 仍書 仍書 仍書 特 不佳

鹿門子

寫

作

六

晝	夜
賀沈鳳書娶子婦	

讀	閱	寫	作
	知北游　庚桑楚　君悅元真子 歸田詩話一卷		

亮

遠暇室日記

人事

晝	夜
得日与子政年伯默坐	

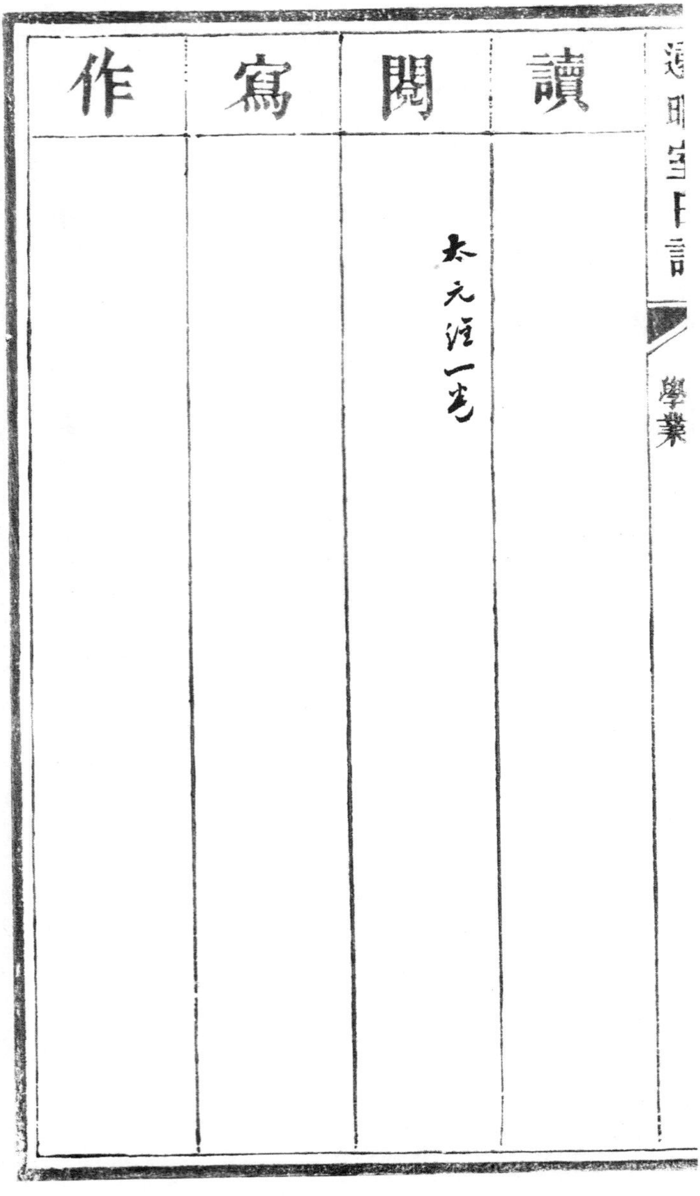
還明室日記

學業

讀

閱 太元經一卷

寫

作

初十

遠暇室日記　人事

晝

詣林鏡臺藥店說墳墓事　過盛適之

試小蟹爪筆點書尚可用

又試一小者不佳

夜

宿外

寓生忽似添福齋二鼓歸

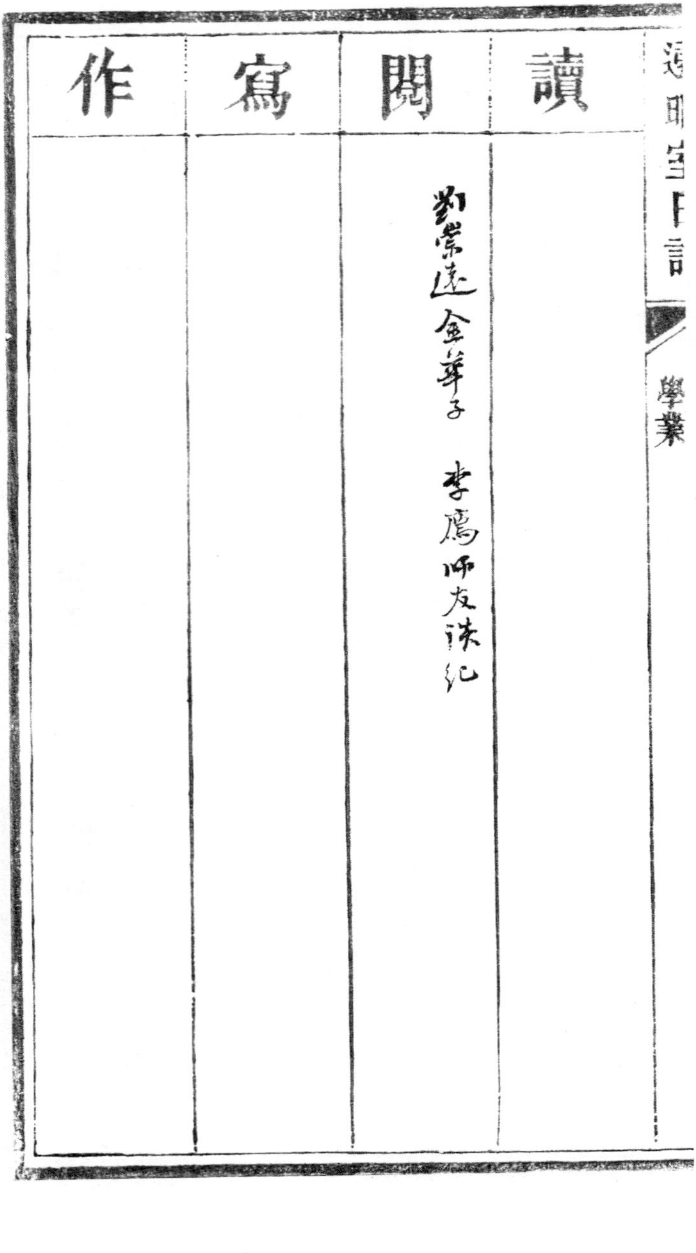
逷明室日記
學業
讀
閱
寫
作
劉崇遠金華子　李廌師友談紀

十二

人事

晝	夜
早起	宿外

遂明室日記　學業

讀	閱	寫	作
	太元經一卷　歸田詩話一卷畢　南濠詩話（都穆）　蓉塘詩話		

十二

晝	夜
與九帆葦伯詣化山桃伯燕琢樓觀賽會予自燕琢樓歸過入齋	宿外 潘伯時來

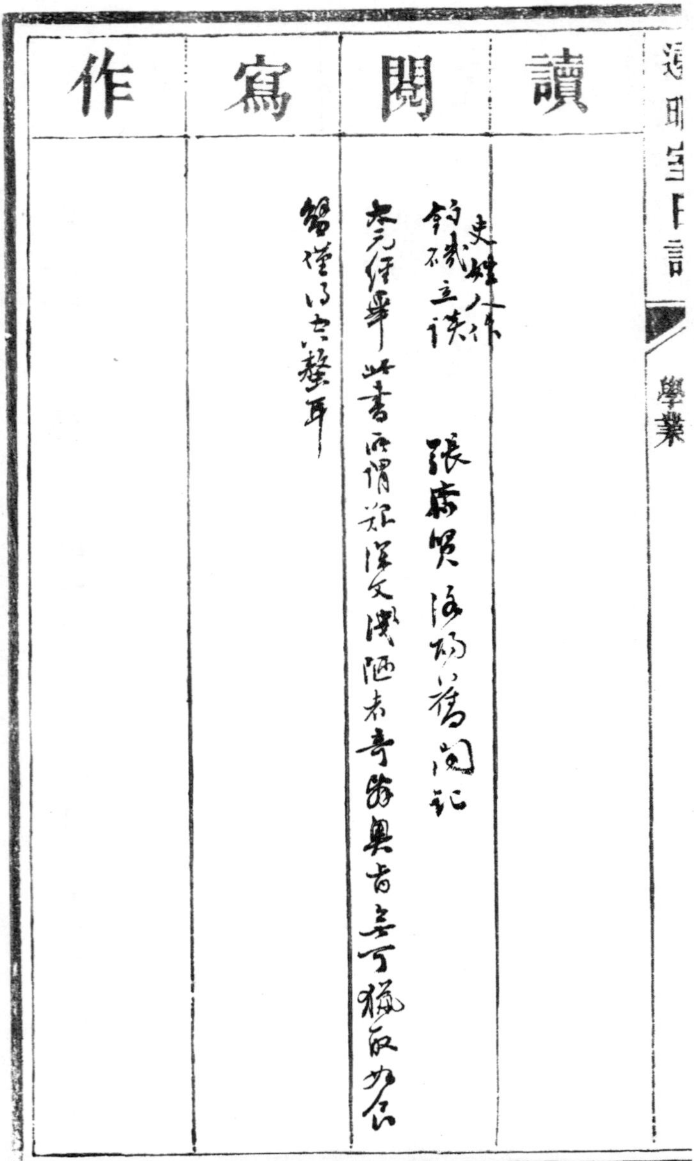
遜□齋日記　學業

讀

閱　鈔本不立誤　史姓人作　張廉賢陸埼舊閱記

寫　本元作畢　此書所謂雅深文灋陋未奇特異者多可擷取如右
留懂以它〃整耳

作

十三

遠暇室日記　人事

晝	夜
由椽一人來	宿外

還明室日記
學業

讀	閱	寫	作
	徐無鬼 葉紹翁四朝聞見錄甲乙 丙經三卷		

西

晝	夜
張湝永安歸 宜人皆往賀，獨留與雲九帆雲於樓 汪華伯閩歸	宿外

人事

遲明室日記　學業

讀	閱	寫	作
	內經二卷		

十五

遠暇室日記　人事

晝	夜
宦樾一人來　悌留山嫂妹往賀 記四姊智樾數人滿姚神冒胡夏	宿外

還聞室日記 學業

讀

閱

四朝聞見錄丙丁

內經二卷

下四 龔頤正續稽古錄

寫

作

六

遠暇室日記

人事

夜	晝
	九帆回潮州

學業

讀

閱 四朝聞見錄戊畢 四經三卷

寫

作

十七

遠暇室日記

人事

晝	夜
詣祁瀚生	

遠明室日記

學業

讀	閱	寫	作
	王肇清虛雜志　内经四卷		

六

晝	夜

遠暇室日記　人事

遐明室日記

學業

讀	閱	寫	作
	王若虚滹南诗话　内经三卷		

十九

遠暇室日記　人事

晝	夜
過鏡門唐姓運孫子珊期廿一日邀飲 林鏡臺店夥來	

□明室日記

學業

讀	閱	寫	作
	内經二卷		

廿

晝	夜

遠暇室日記　人事

還明室日記　學業

讀

閱

由經二寫

寫

作

廿六

晝	夜
歸書數十百本	飯孫瑚家同吳曉滄王鏡波劉桂臣胡厚軒

邃明室日記　學業

讀

閱

内经一卷

寫

作

遠暇齋日記 三

癸未

二月廿二日

晝	夜
賀棣一人來	

[illegible]暇室日記　人事

遠暇室日記

學業

讀

閱

則陽 外物 寓言 讓王 盜跖 內經二卷素問閱畢靈樞不閱

竹書紀年一卷

寫

作

卅三

晝	夜
書寄梅叔人	

…館日記 人事

學業

讀	閱	寫	作
	説劍漁父列禦寇天下 竹書紀年二卷 兩容頰適 漁父		

苏

晝	夜
買椽一八本 廿四史來自前年經營至此始遂寒士讀書之不易如此8 此可傳之子孫	

日記

人事

遠暇室日記

學業

讀	閱	寫	作
	竹書紀年二卷		

廿三

晝	夜
飯後俟禮洋莊處不至二點鐘到[illegible]	

人事

學業

讀	閱	寫	作
	竹書紀年一卷		

廿六

晝	夜
詣壽海師乃吳石華禪 春明夢餘錄閱已刻竣	

服官日記

人事

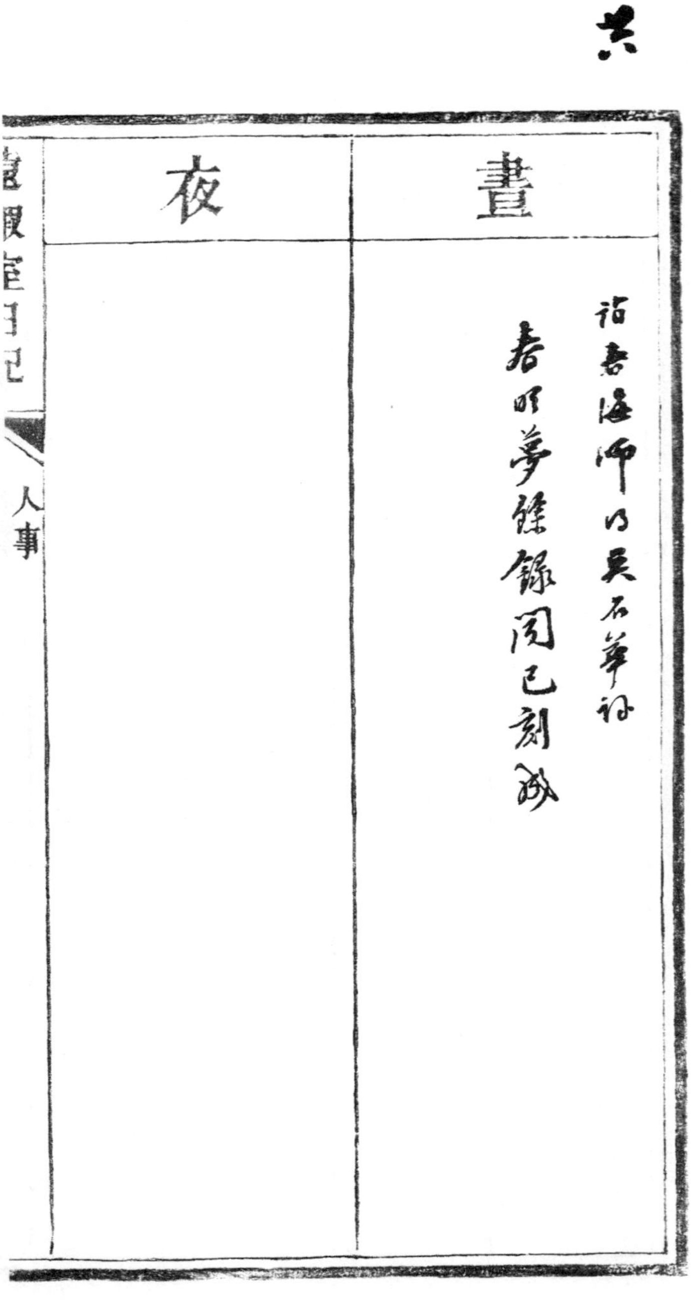

遠暇室日記

學業

讀	閱	寫	作
	吳石華詩四十五首　竹書紀年一卷		

十七

晝	夜
沈曉帆來	

退思庵日記 人事

遠暇室日記

學業

讀	閱	寫	作
	竹書紀年二卷		

晝	夜
清明展馬陵水圖墓 荳甫來以新出地球圖一軸見贈	

日記　人事

遠暇室日記

學業

讀	閱	寫	作
	二林居集[illegible][illegible]數篇　竹書紀年二卷		

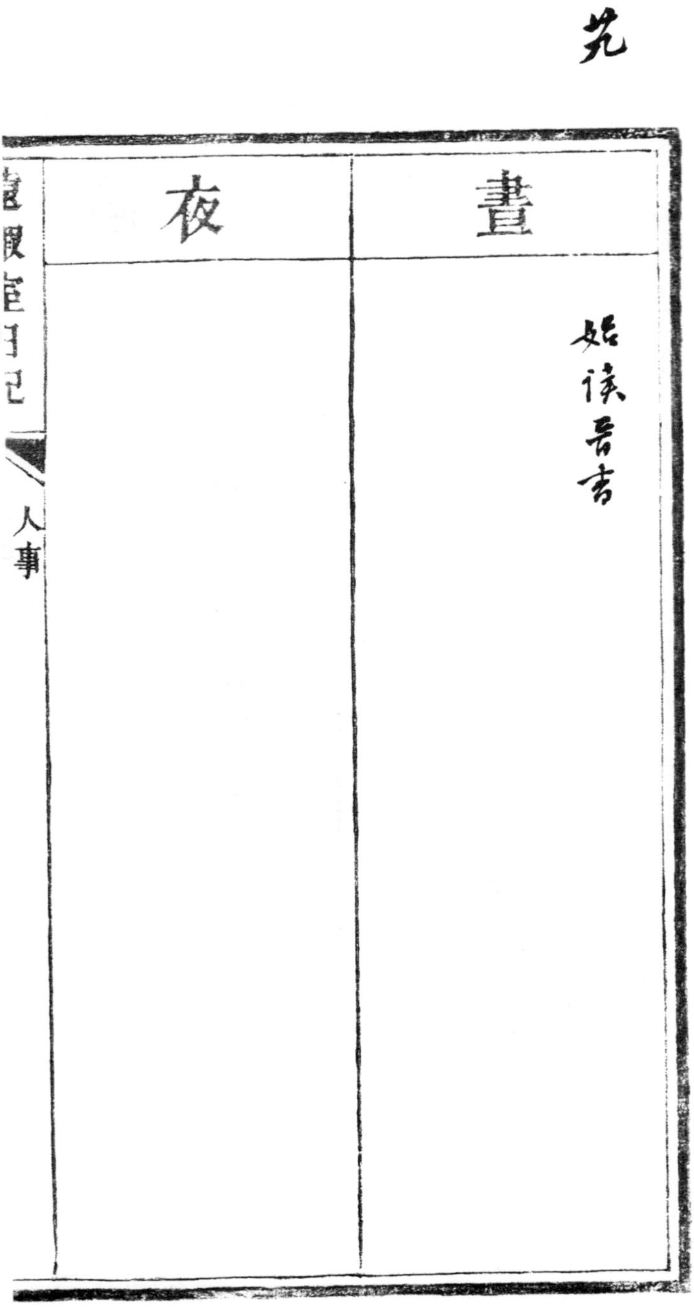
光

晝	夜
始读晋书	

日记

人事

學業

讀

閱

晉書一卷完　以朱批記卷數於黄紀年一卷並附錄畢

寫

作

二月廿三

晝	夜

日記

人事

遠暇室日記

學業

讀

閱

卷三武帝咸甯三年　山海經二卷

寫

泰始三年立衷為太子詔曰近世每建太子寬宥施惠之事故無取焉

禁星氣讖緯之學

作

初二

夜	晝
	外姑生日 飯隱玉齋

□□日記　人事

遠暇室日記

學業

讀	閱	寫	作
	武帝紀　山海經二卷	太康元陰五女度　七政躔大日諸表三十　七八九年正月朔望日食	

初三

夜	晝

盦服官日記 人事

讀

閱

惠帝紀 懷帝紀 愍帝紀 山海經一卷

惠帝以賈妃之故弑母滅子殺賢人以構兵之禍亂弱甚矣以毒崩于宮中非其常也 懷帝一文士耳然有可取而乃太酷

永平元 復置秘書監 永康二改日饑為慈相攻年罷歷札後置一日徒

寫

作

初四

夜	晝
	以六安縣稟陳以藥 振鄉以事利刻

暇室日記

人事

讀	閱	寫	作
	元帝紀　明帝紀　山海經八卷　二林居集行狀數篇 元帝暴崩而定中興主國未定而叛臣驟起矣　明帝初立年二十四耳內有 強臣肘腋之患外有趙成分割之禍卒能削平王敦叛黨置帝制治以 太興二年罷御府及諸郡丞置博士員五人　永昌元罷司徒并丞相		○今上嗣位可謂英明有識懷憂國日久纘承丕業有望乎年二十七即世遽 從輔政皆經濟才君主之從見者謹用以無悔色矣

初五

晝	夜
官樣玉	

起居注日記

人事

遠暇室日記　學業

讀	閱	寫	作
	前閱二頁爲本序跋　山海經五卷畢，二林居行狀數篇		

初六

晝	夜
過鏡門底	閱錢文子補漢兵志　劉邠暇潛志三卷

越縵堂日記　人事

與富二路左
軍將軍西湘
寧將軍張
右軍前軍後
軍將軍五校
三將官○大閣
戶人罷法禁稅
為庚戌制 庚戌三月

遠暇室日記

學業

讀	閱	寫	作

東帝[illegible]詔曰昭穆之義固宜本之天屬繼體承基古今
常道 宜上嗣顯宗以修本統 顯宗成帝也
成帝二十二歲 康帝二十三歲 穆帝十九歲 哀帝二十五歲 國之將亡主
多不壽 表5
成帝紀 康帝紀 穆帝紀 哀帝紀
此帝為庾亮所制 以幼沖即位 使長為不下於其權 並朝廷於有賢才即進
威是時亦少振矣 康帝在位二年 至於表立惟從明帝存一統以存統
咸和五年諸將任子 初税田畝三升 七後趙克陽
咸康二税米五斗十二歲 石尚書以下免官 四路月從而歷和 寧州
置西州 五後趙攻和為任 七罷西州
一意是時趙之熹弱 用兵屢敗可知也 穆帝[illegible]用桓溫兵
力遠能及遠 哀帝服食致疾 委政大臣 乃與桓溫特貳是
旨者 一桓溫而不能用也 是時力實從陽 以5中原爭 推者可為也

初七

晝	夜
	宦樣一八本 閱帰潛志七卷

人事

讀	閱	寫	作
	廢帝海西公紀　海西公爲桓溫所廢誣及帷薄令人髮指第桓溫人才自是可用中材善人用之耳 簡文帝紀　帝僅能清談無桓溫悍之何也論贊頗佳 孝武帝紀　帝耽于酒色遂弒固宜肥水之勝若有天幸然苻堅之敗實可先徵是秦之失非晉之得也		

初六

夜	晝
閱師浙志四卷畢 此書紀載頗詳 惜筆亦冗澀意味亦不甚滿人意	偕芸伯展外人墓

人事

讀	閱	寫	作
	安帝紀　帝以私縱宦官枉元之之罪濩先于死（蓋謂也少先大） 恭帝紀　帝甘心禪讓諒不免弑何不守死庶幾乎也		

初九

晝	夜

…假官日記　人事

學業

讀	閱	寫	作
	天文志　余襄公集		

契

晝	夜
参相官极四人 陪七人	

暇宦日记

人事

學業

讀	閱	寫	作
	天文志　畢二葉		

十二

晝	夜
官樣	

□□□手記

人事

遠暇室日記

學業

讀	閱	寫	作
	天文志　褒公集畢		

十三

夜	晝
章壽甫招飲松秀堂	謝送

日記

人事

遠暇室日記　學業

讀	閱	寫	作
	天文志　地理志		

十三

晝	夜
客孫一人來 湘濱一人來 芝甫從丞驅之去 芝甫述玩舟近狀 予久未見矣	

暇室日記 人事

十四

讀	閱	寫	作
	地理志昨日今日俱僅閱數頁	閱地理志數頁 宋儒文鑑五壹清語七完	

十五

夜	晝
	偕芝弟等仍過廣生　拜賀樣之人

暇室日記　人事

學業

讀	閱	寫	作
	地理志數頁　玉壺清話三卷畢　岳珂愧郯錄三卷		

六

夜	晝
	廣生子政來　春海師來 理書篋

暇館日記　人事

學業

讀	閱	寫	作
	地理叢夏 地理志上卷自十二日讀起至此畢 悅鄉錄八卷		

十七

晝	夜
梁簡來　陶璞丈人來一人偽託公事	

日記

人事

遠暇室日記 學業

讀

閱 地理志叁頁　懷鄭録四卷畢　王灼碧溪雞漫志五卷

寫

作

六

夜	晝
	以孫二來

[illegible][illegible]館日記 人事

學業

讀	閱	寫	作
	地理志數頁 志下畢 皇侃論語義疏一卷		

十九

晝	夜
晏起偕琢數人及訪次舟不值 傍談數人來	

越縵堂日記 人事

遠暇室日記
學業

讀

閱
禮志上　注律義疏二卷

寫

作

丹

[illegible][illegible][illegible]日記 人事

夜	晝
	偕莘伯至三元宮 途遇鄭賓初

遠暇室日記

學業

讀	閱	寫	作
	禮志中		

廿一

夜	晝
	過楊人婶

服官日記

人事

學業

讀	閱	寫	作
	禮志下　詩經解詁一卷		

廿二

夜	晝
	伯谈

服官日記　人事

讀	閱	寫	作
	書志上下　詩經義疏二卷　張世南游宦紀聞四卷		

廿三

夜	晝
	在樞一八本

假宦日記 人事

學業

讀	閱	寫	作
	隋經志　詩經義疏二卷		

苟

晝	夜

人事

讀

閱

明食貨志　輿服志

論語義疏完畢

寫

作

廿五

晝	夜

人事

讀	閱	寫	作
	食貨志　湘軍紀聞六卷畢		

六

夜	晝

澄懷堂日記 人事

遠暇室日記

學業

讀	閱	寫	作
	五行志上　吳仁傑離騷草木疏四卷畢		

廿七

晝	夜
西缕门底	

日記

人事

遠暇室日記

學業

讀	閱	寫	作
	五行志中 王錠默記		

廿六

晝	夜

[illegible]服官日記　人事

遠暇室日記

學業

讀

閱

五行志下

張館南征集二卷

寫

作

廿九

夜	晝
官栖二人	

盛服官日记

人事

遠暇室日記

學業

讀	閱	寫	作
	刑法志　南州集三卷		

卅

晝	夜
蔡郁台孫二人西藏道之	閱南湖集四卷

人事

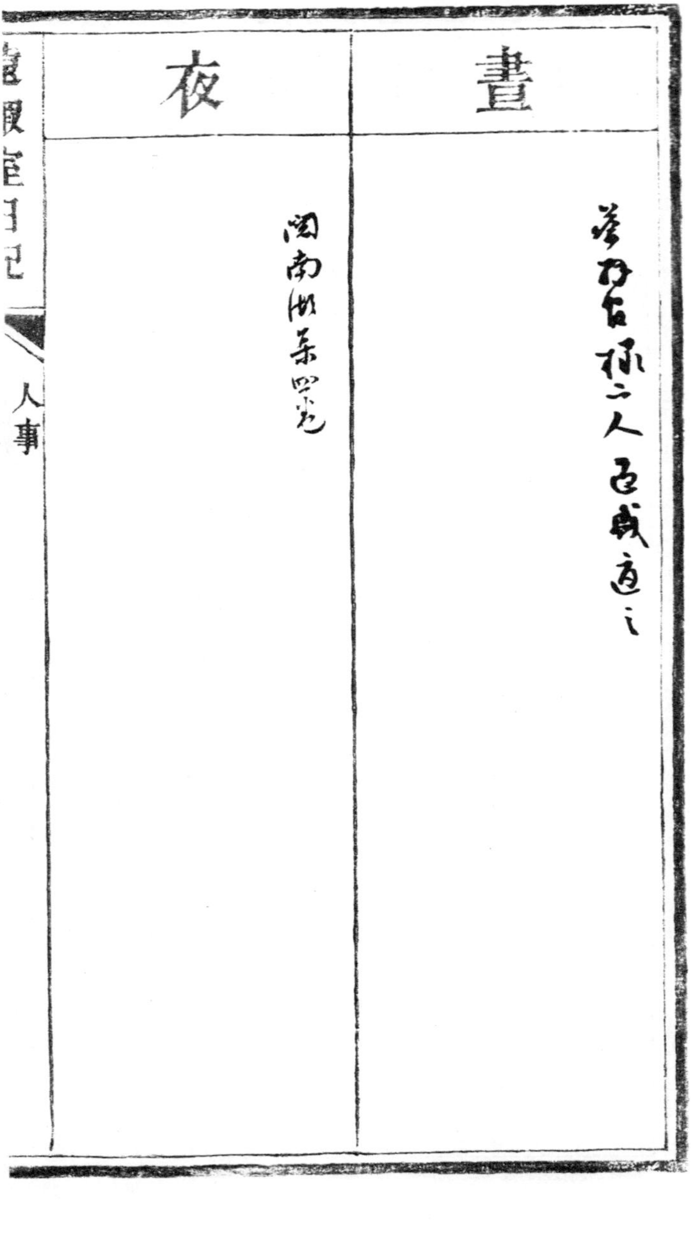

監北軍

讀	閱	寫	作
	后妃傳　列傳 王祥王覽為晉時第一流人物在第一不材門第也 与郑覽等 郗鑒徒以[illegible]相[illegible]封[illegible]於[illegible] 何曾怪人也宣帝北征曹二流。[illegible]。監北軍乃弟曹爽意耳文帝 如晉王用先務矣。世武帝之建國不久而有先識 何劭為帝令人奏亦不以為子 何遵曰驕奢世族可以戒		

四月廿一

晝

拜祖

夜

南湖集一卷并附錄畢　周密蘋洲漁笛譜二卷畢

日記　人事

學業

讀

石苞　濤英可風

石崇　古以富聞莫如季倫致其致財之術乃劫殺之為東市之誅也

天道也　秀潤劉寔

歐陽建

孫鑠　免石苞子孫雖難亦知恩者

羊祜　如五軍屯田墾荒年有十年之積　謂亂晉者王衍敗俗傷化

取吳不須臣既平之後當勞聖慮　此與宗△△一是撫難善策△△一是當籌道

出薦申地圖回表

閱

寫

作

念二

夜	晝
閱梁孝元帝金樓子六卷畢	

…暇…日記

人事

崇有論

初三

學業

讀	閱	寫	作
杜預　政事未也稱之武庫國宜恆年能致力左氏傳是其志學　亦未爲偶 陳壽　尤精蜀書鄙二君設號（帝）從僞序若其居續未可亡也	裴秀　改官制述五等作禹貢地域圖十八篇　遺表亦平吳事 裴頠　與張華議廢賈后華不敢從　嫉時俗放蕩著崇有之論 楷　武帝卜世數得一不悅楷曰天得一以清云云	習楷行日不到一篇　夜閱蔡絛鐵圍山叢談三卷	

晴

晝	夜
芝裔來，始知次尹于初六已卒。余于次尧最篤，一年我于 年日不見，迨（次尧）遂居城北，數月前見，去年??多寒，誤甚三 歎始歸。自今春來，諸人日一瞑，後遂歸往園田，鄉性 蹤懶，殆亦數有定，今此一往，次尧竟不告別，余不及 送之。兹恐此人不悬，後再見矣。嗟嗟，交（?）重逢日矣，如之	悯悯不樂 錢圃山蔣珠二卷畢

…日記　人事

魏貞士

讀

衛瓘 鍾會與艾皆有士瓘再三為反覆 閒精極乃力徵精極得力徵
處死 諸將中以行其短遂不餘行 託醉指武帝牀曰此座可惜 遂為
賈后所罪 杜預于鄧艾事憾瓘不免

恆 作四體書勢 隸勢

玠 展恆族弟 諮有孝子從父或難父母問子所在展處斥之

閱

張華 鷦鷯賦 議楊太后遂忤武帝后不從 作女史箴以諷賈后 論廢太子事
以先為度人 武帝以先知兵守西阻險 非趙王倫謀命

劉卞 為縣小吏 知功曹在碎以風使卞執燭不從 廢太子廢以計干張華

寫

安平獻王孚 議以農丁五千屯上邽 屯田要秋冬戰陣以備蜀 遂全稱魏貞士

威小字阿皮 趙王之寵 通帝奪璽授惠帝 在正田阿皮捩吾指 乃誅之

作

初十

晝

陳人來

夜

陳旉農書　秦觀蠶書　樓璹耕織圖詩　白珽湛淵靜語畢

鉛刀割

白女兒

遠暇室日記　學業

讀	閱	寫	作
南陽王模　鎮鄴，成都王穎遣石師、簡等攻之，廣平太守丁邵救之，模感邵德，勒國中生立之碑 保　錢帛八百，盡以厚德以次分散之	譙閔王承　監湘州，道見王敦，敦曰：大王恐非將帥才也。承曰：鉛刀豈不能一割乎。 唱歌付王敦　昔廿年青雲有悟慨　王廣承敦旨害之 無忌　拔刀板橋座中，欲殺王廣以復仇	恬　彈桓溫在中書收辟角大不敬 休之　劉裕將伐休之，遺其治中韓延之書，延之報書以臧洪自況 韓延之　以劉裕父名翹字顯宗，遂自字顯宗，名兒為翹，以示不臣劉氏	後秦 鸞 姑臧 鏡順　武帝受禪，歎曰：本以唐虞，寧以何辭，不覺淚泣 平原王幹　齊王冏謀逆，王倫以為錢，賀之，戒勿殺白女兒，指倫也 琅邪王伷　平吳事功，使乃辭吳於陽之色，伷遜讓天

寅

夜	晝
甘幽靜裡一卷畢 閱方鵬蔡蘭八詩談	扶風王駿　勸督農桑與士卒分役人限田十畝詔普下州郡 梁王肜　長史大蜀難嶠。學者補缺未足為德。　博士蔡克 議謚曰靈　文書快

人事

妻鮮卑

讀	閱	寫	作

齊王攸

識免蕃國自明其史　既識于太子　時太子惠帝也　文帝崩時為武

帝所深諱　常韶陳思好事　執攸手以屬帝　然人借書必手刊其

譌然後反之

王沈

與荀顗阮籍共撰魏書　高貴鄉公將攻文帝　沈告之　馳白

浚

段氏婢出入沈家　遂生子浚

與段憲苦害隱依太子

解卑去白此始　與石勒戰　以女妻鮮卑　自領幽州　討成都王穎

縱付和起不知　將為勒欺　敗逃　雖尊位　衆雖叛　不勒　討浚

殺之

荀顗

定五等禮儀　附荀勗賈充

荀勗

曾奕明為播奕諜　羞諂　佳者勗獨臨赴　衆乃從之　與賈充定律令

常樂用律鐸　觀以諧　荀勗　炊後　乃以秘書省校定之

識述其不之之團事　又識美勗以為真不如者　寧不如者

有事不能法也　武帝說以宜有其置全帥載然不忘　其中書

曰家物同宜從　孫　荀　偕著晉後書

夜	晝
閱林慎思續孟子伸蒙子　王棨麟角集	沐 苟晞　渦紀 從宮城尚書符下陳留王使出城夫寔引鄴戰之 助賈后廢張華段趙王倫之篡逆亂中有大功焉 平生事張華主之能人事之武帝時華何其明也況平華 當上嘗知爭之者應罪而亦受笑者以是不聞過邑以致 挾懺於身罪及其族悲夫

[illegible]日記　人事

讀

賈充

成濟之事充曰公等家畜汝正擬今日。霑勳從百姓便之

夏侯和謂充曰卿二女壻親疎等耳立人當立德 蓋齊王攸

亦要賈氏 以郭槐韓謐為嗣謐。韓壽之子耳 前妻李氏

閱

謐

為郭氏不容

鏜索黃門侍郎 二十四友。。。。 立晉書詩從泰始為限

與愍懷太子爭道成都王正色責之 趙王倫將兵之至入西鍾

寫

楊珧 駿弟

下詔曰阿后欲我 泰始中語賈裴王宮紀綱王業賈濟天下

自古一族二后未嘗以全泰之戚之宗願若如臣言可以免禍及駿

誅珧臨刑日事在石函。。。。 世紀不省

作

初八

初九

夜	晝
閱謝枋得詩傳注疏	續日窗極 夜閱劉克莊江西詩派小序 張泰來江西詩社宗派圖錄 尤玘萬柳溪邊舊話

[illegible]服宦日記 人事

黄沙狱　8

遠暇室日記　學業

讀	閱	寫	作

魏舒　當為外氏成此宅相　自謂百日習一經　時欲沙汰郎官非才者罷之 舒曰吾即其人也 襆被而出　周震屢為諸府所辟 府主輒亡 舒命之　衆稱公掾 舒辟之而無患

李憙　景帝謂曰 昔先公辟命不應 今孤命而至何也 對曰 先公以禮見待 憙得以禮進退 明公以法見繩 憙畏法而至　羌虜犯塞 憙以便宜出軍 深入大獲 以功重免譏

劉寔　手約繩 口誦書　著崇讓論 以今之仕進為議　詣石崇如廁 見有絳紗帳裀褥甚麗 兩婢持香囊 寔退還 笑謂崇曰 誤入卿內 崇曰是廁耳 寔曰 貧士未嘗得此 乃更如他廁　春秋條例二十卷

智（寔弟）　為潁川太守 嘗歎曰 吾與兄弟 [illegible] 祖思清貧 皆不獲 [illegible]

高光　自少及外 [illegible] 白日 [illegible] 矣　武帝置黃沙獄 以光為黃沙御史

王渾　年平吳 功已用調停法矣　謙虛 [illegible] 不 [illegible] 及外戚 [illegible]

[illegible]

晝

濟字子　尚常山公主　王愷有牛名八百里駮　與賭射而殺之　以人乳蒸豚

嘗乘一馬　著連乾鄣泥　前有水不肯渡　濟曰此必是惜鄣泥　解去

便渡　孫楚向濟靈牀作驢鳴

王濬

起宅開門前路廣數十步　使容長戟幡旗　徐邈大會佐吏　令女觀之

女指濬告母　邈遂妻之　夢懸三刀於臥梁上　須臾又益一刀

作大船連舫　以木為城　其上皆得馳馬　上疏　今謀率孔史立賢主謝

濬頓首言　臣作船七年　日有朽敗　又臣年七十　死亡無日　三者一乖　則難圖也

夜

初濬為巴郡太守　郡若役　生男多不養　濬令產育者皆與休復　所全活

數千人　至是皆堪徭役供軍　其父母戒之曰　王府君生爾　爾必勉之　無

愛死也　詔濬至秣陵　受王渾節度　濬至　渾要之論事　濬舉帆直指

報曰　風和不得泊也　渾表濬不受節度　作步兵校尉　舊校惟五營

與[illegible]　渾濬辛亡取吳財　平吳後奢侈自逸　葬垣周

四十五里　面別開一門　松柏茂盛

人事

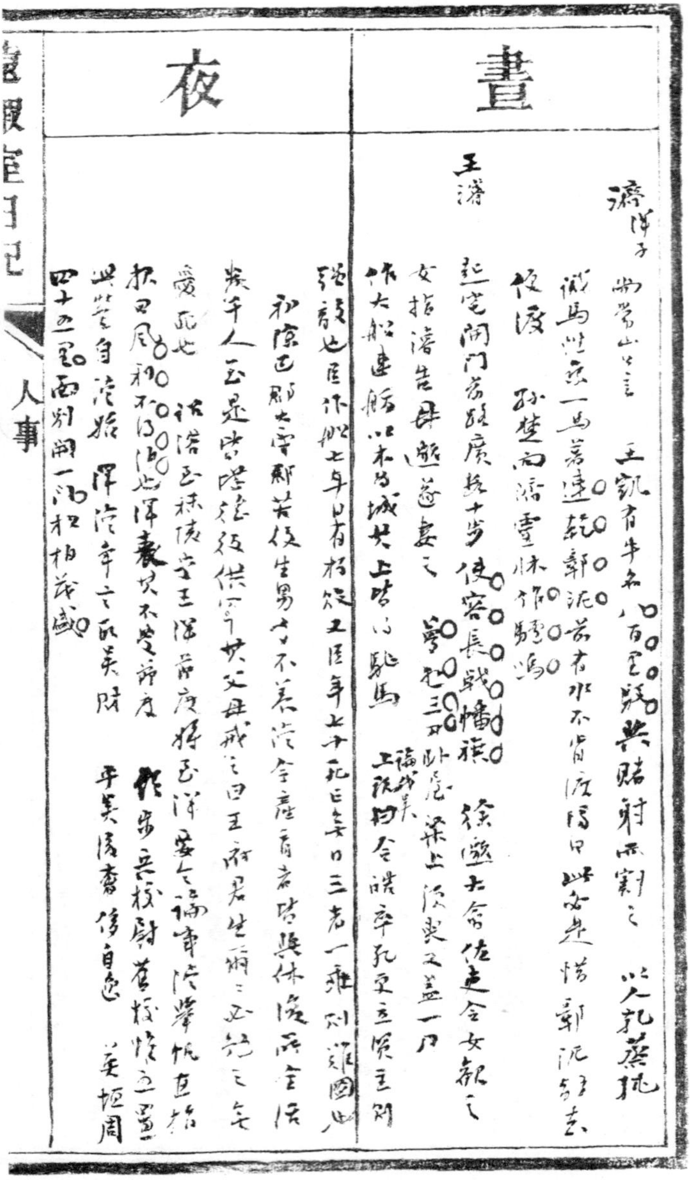

初十 阅江南修栽 王国桢事 先性宝银（迭）萧洵

十一 午后谈杨 生计事 夜和沉师

读　阅　写　作

唐彬

言满天下无口过，行满天下无怨恶。 帝欲用为益州监军，朝议……

杨宗及彬，以问文立，立曰：彬多财欲，宗好酒。帝曰：财欲可足，酒……

都督……遂用彬

山涛

嵇康临诛，谓子绍曰：巨源在，汝不孤矣。 陈骞射杀侯表家，因从弟妹表……

振运外舍，绍以为宾，遂为名士。 甄拔人物，各为题目，称山公启事。

平吴之后，诏天下罢军役，因与卢钦论用兵之本，以为不宜去州郡武备。

其论甚精，时以涛不学孙吴而暗与之合。 神识，谓裴楷曰：恐难以……

戎从容论三公，不容卿，相以夫人不耳。 袁毅遗丝百斤，受而阁上。

后见推检，乃取丝付吏，而封如初。

简（涛子）

镇襄阳，置酒习家园池，名之曰高阳池也，童儿歌之。

王戎

视日不眩，裴楷见之曰：戎眼烂烂，如岩下电。 道侧苦李。 阮籍谓浑曰：

共卿言，不如共阿戎谈。浑戎之父。 赵王伦子弦取为年司王彭曰沈冲儒

诈多端，安肯为少年用。 好利聚钱，不知纪极，自执牙筹，昼夜算计。 女适

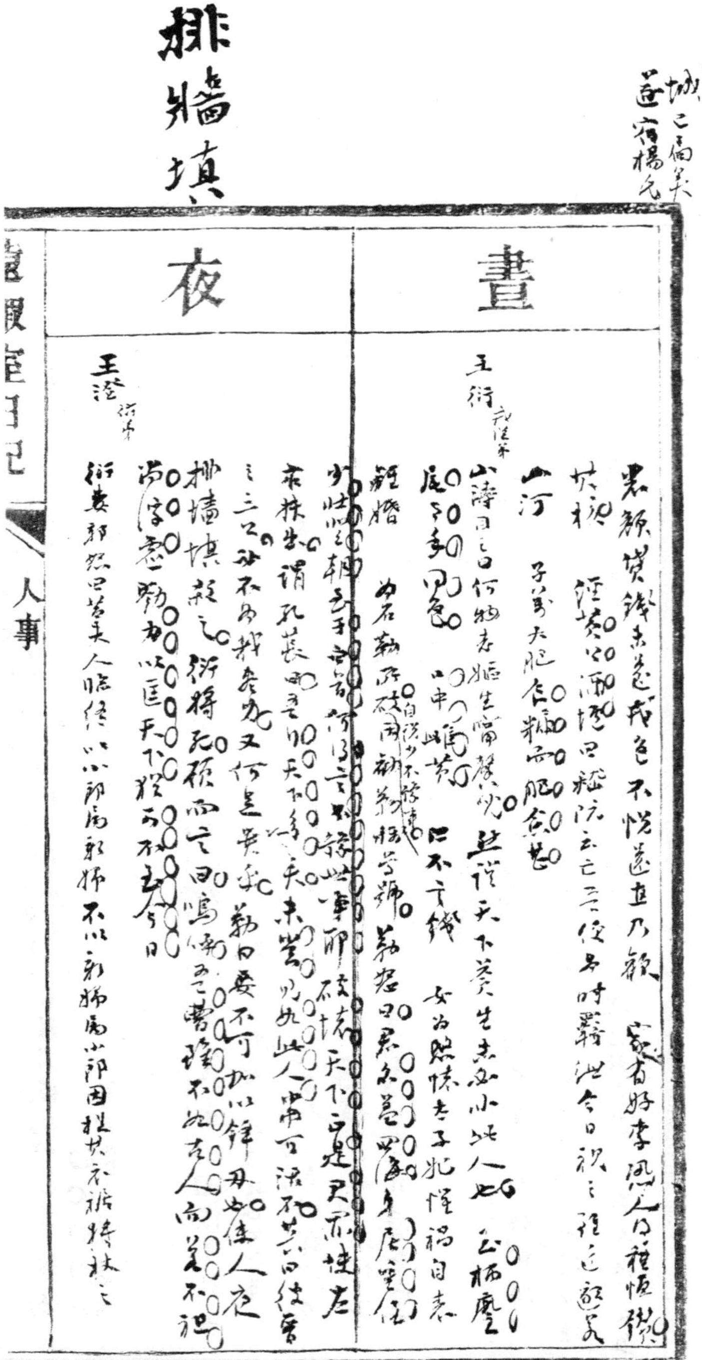

排牆填
晝
夜
王衍
王澄
人事

廿二 鄧叔衍 牙琴

遠暇室日記 學業

讀	閱	寫	作
郭舒		樂廣	鄭默

王澄為荊州鎮豫章，澄過詣敦，敦命力士路戎搤殺之。劉琨聞之歎曰：澄自取之。

郭舒：為王澄別駕，澄怒士人宗廞，將杖之，舒厲色謂左右曰：使君過醉，汝輩何敢妄動。澄恚曰：別駕狂邪，誑言我醉。因遣掐其鼻，灸其眉頭，舒跪而受之。澄意少釋，廞遂得免。王敦召為參軍，嘗欲以武昌城西地為營，太守樂凱以為不可奪民地，敦大怒，舒曰：聽舒一言。敦曰：平子以卿病狂，故掐鼻灸眉頭，舊疢復發耶？舒曰云云，敦即使還地。

樂廣：廣善清言而不長于筆，將讓河南尹，請潘岳為表，作二百句語，述己之志。岳因取次比，便成名筆。杯中蛇影。與衛玠論夢是因想。楊準二子喬、髦，裴頠愛喬高韻，謂髦少減；廣愛髦有神檢，謂髦清出。準曰：二兒之優劣，乃裴樂優劣也。王澄胡毋輔之等或至裸體，廣哂曰：名教內自有樂地，何必乃爾。

鄭默：為東郡太守，歲荒人饑，輒開倉振給，乃舍都亭，自表待罪，詔書褒歎，班告天

姜宸英 同霄窗 集

十三 考試不必 府 程子好詩 夜閱花 戒大石臥 詞 陳三 陽和不 湖祠 王沂孫 花外集

晝 | 夜

李胥

不若鄭和者此比和。皆臨生緣。 黃幽邕表防英邑薛昭自陳見往
遂防法之亡終。大臣。猶。表自題。稱。 楊駿昭以女妻廷子孫廷欽曰
比係舊不能侍。常於一丈人。遂殊之
祖敘得酒不能正法之。又行不聘。遂後者鄭居於人一五丈同年者已。因
往表制服。從遂勸使娶妻。生胥，盡絕房室。恒於居表覆亭。胥幼
孤母改行。亦以表禮自居。

…日記 人事

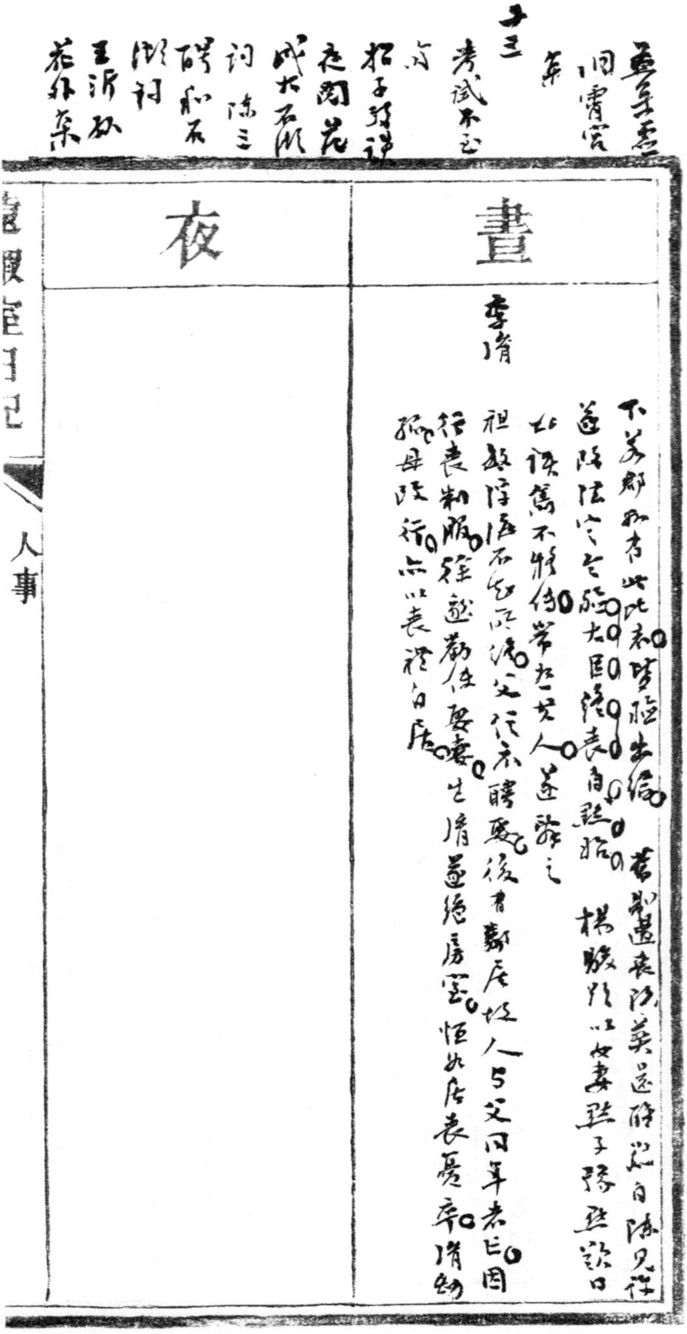

十四
錢某言龍
經義
呂册江淮
異人錄
慶元黨禁

十五
過楊氏譜
閱楊瑞山
居新館

讀	閱	寫	作
盧欽 志欽傳 所著詩賦論難凡十篇名曰小道。 論陳之敗，宜帝後納忠諫，謂諸一段。 華廣 然為庶人，有司奏應聽葬，詔責之。 嶠 為漢後書十典，未成而卒，中子徹繼之，未竟亦卒，少子暢克成。 造膝 于宅側作屋以施之	石鑒 皆既有坐，論功者伪先自為侯者，稱有坐討吳，虛張首級，詔責免歸。 戟日徒為從，三日而致，咎詔以實名，計之，就未廢，玉鑒有詔令，會遣以為節	温羨 論後陳華交付 劉毅 為平陽太守杜默，功曹之稱，為之語曰：但聞劉功曹，不聞杜府君。 移司隸都官從事，將彈河南尹，司隸不許，曰：攫獸之犬，鼠龍何	其皆毅曰：陛下撫猶又劾毅，何損於大？ 武帝問曰：朕可方漢何帝？ 對曰：可方桓、靈。帝曰：其已甚乎？ 對曰：桓、靈賣官，錢入官庫，陛下賣官，錢入私門，以此言之，殆不及也。帝大笑曰：桓、靈之世，不聞此言，今有直臣，故不同也。 韶見武庫井龍，毅上以授載出，其以犯秩

晝

和嶠 睢

衡九州中正三類八撥 敬為而侯其妻當之敦伎奏加愛所以清行篇

爵賞任不加之道

守法婦嵩指墓

庾顗歎曰嶠森森如千丈松雖磥砢多節目施之大廈有棟梁之用

賈充使惠帝問曰卿昔謂我不了家事今日定云何 嶠曰臣昔事

先帝曾有是言言之不效國之福也臣敢逃其罪乎

夜

任愷

惡賈充於是删蒐從此武帝也之昌充侍宴于式乾殿曰朝廷

宜一大臣當知所崇㥜盡隱以帝也而不責 一召茹微

於之長下下采愛 遷（罷）隗先識乃極滋味自奉耳

崔洪

昔領不同于物人有過輒面折之而退無後言 時人以之憚之

叢生棘刺本自博陵在南為鷂在北為鷹 薦御詵代己為

左丞詵後糾洪洪謂人曰是引弩自射也 挽閣四方貽宦子侄稱歎

𡨴晉書手記 人事

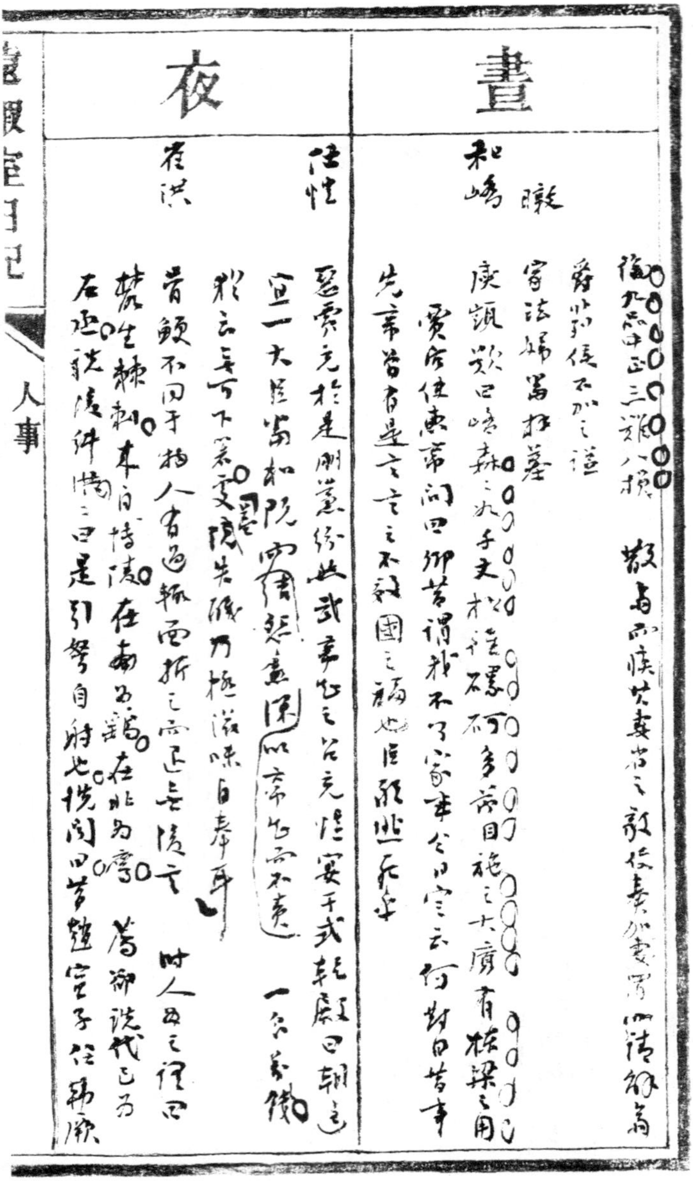

六
賀佳曉峰
要郎
晚過曉峰
二鼓歸

學業

讀

為司馬，以軍法戮一豎子之僕。宣子謂諸大夫曰：可賀我矣。我選厥也任其事。在僕為國舉才，能以事見舉，惟吾是視，包明正己。何攸私之，乃至此。洪聞之而重之。

汝南王亮以瑠璃鍾行酒，洪不執。

閱

郭奕

為野王令，羊祜過之，奕歎曰：羊叔子何必減郭大業（奕字大業）。少選復往，又歎曰：羊叔子去人遠矣。蓋送祜，出界數百里，坐免官。

有寡婦隨宾之，官停。侯叔祀為人所殺，寡婦常揭舉曰：妻夫冤恨，以告御史，乃忠不問。

寫

侯史光

侯史張孫雅

作

劉頌

廣陵人。同郡有雷蔣穀魯四姓，時人語曰：雷蔣穀魯，劉最為祖。

為河內太守，郡界多公主水碓，遏塞流水，轉為浸害，頌表罷之。

孫吉吳蜀各臨頌以長王，以天下大業一失難復，一便難圖，此社稷之計。

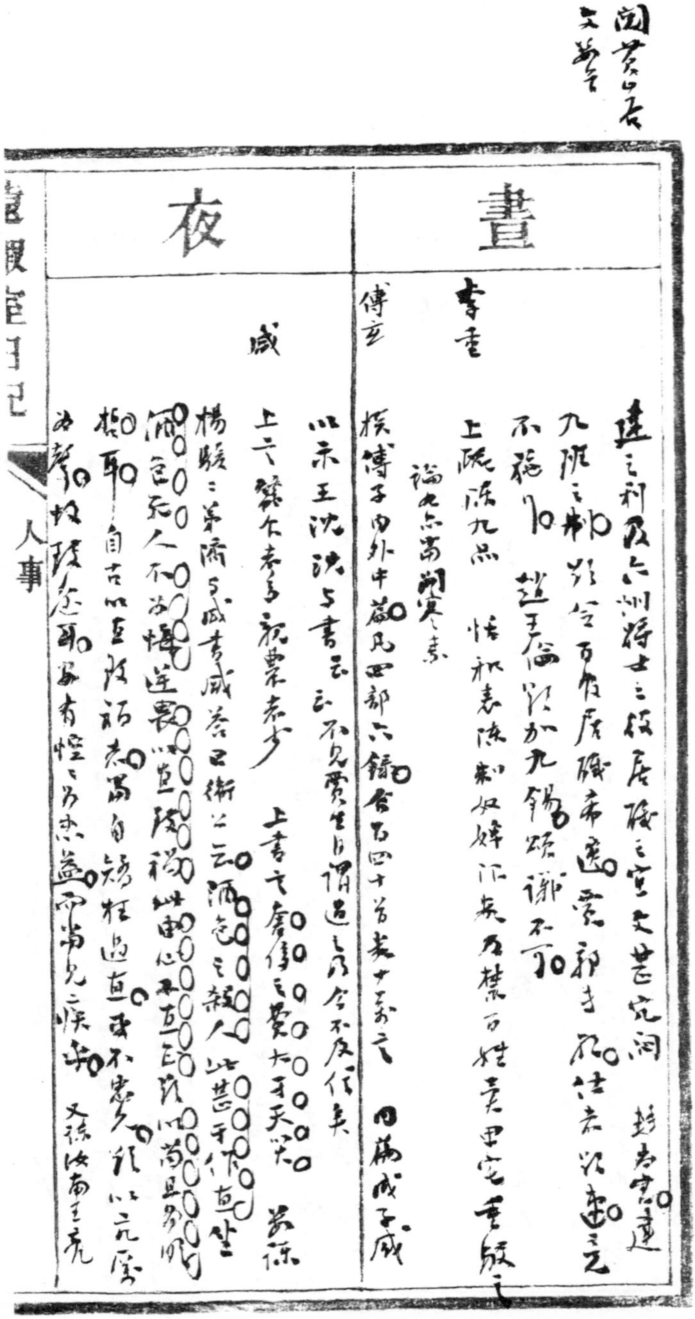

晝

夜

人事

十七
寄稼一八未
閱九經三 刊究
詩以學例
洪稚龢
吳君書

遠暇室日記

學業

讀

傅祗

咸上言多可採錄，文章儒美有餘。
莫與給太常，西等吉凶等儀。卿夫人莫從等儀，自此始。
趙王倫輔政，以為中書監。倫之篡也，孫秀等預撰儀式禪文。及倫
敗，以禪文出中書，議處祗罪，後以禪文草本非祗所撰，詔復光祿
大夫。
子暢，年五歲，父友見而戲之，解暢衣，取其金環與之侍者，暢
不之惜。

閱

寫

向雄

哭王經，葬鍾會，絕劉毅，吳當因無可了人也。

段灼

上疏追理鄧艾冤。取長假還鄉里，臨去遣息表陳五事，極中肯初
之病。前言禪代與齊宮異，袁宏雨詩贊文章儒華，然多用五

作

閻纘

手記

楊駿誅，要滿家往葬，共葬駿。後從萬模出武陵王流，將去，被左表
表論陸懷冤而過。纘指成善美，戒後志。
上書理懷太子冤。

人事

晝

因論刑法奉天[illegible]擬具招繁，伏候刑誅。 又七字[illegible]

擇寒門素士補[illegible]

阮籍

文帝初欲為武帝求婚于籍，籍醉六十日，不得言而止。 有子殺母者

籍曰：嘻，殺父乃可，至殺母乎。坐者怪其失言。籍曰：禽獸知母而

不知父，殺父禽獸之類，殺母禽獸之不若。 聞步兵廚營

人善釀，求為步兵校尉。 以所勸進使籍為詞，沈醉忘作，使取

夜

之，方據案醉眠，便書案，使寫之。 母終，正與人圍棋，對者求止，

籍留與決賭。既而飲酒二斗，舉聲一號，吐血數升。及將

葬，食一蒸肫，飲二斗酒，然後臨訣，直言窮矣，舉聲一號，

又吐血數升，毀瘠骨立，殆致滅性。裴楷往弔之，籍散髮箕

踞，醉而直視。楷弔唁畢便去。或問楷，籍既不哭，君何為哭。楷曰：

阮籍方外之士，故不崇禮典。我俗中之士，故以軌儀自居。 [illegible]東平

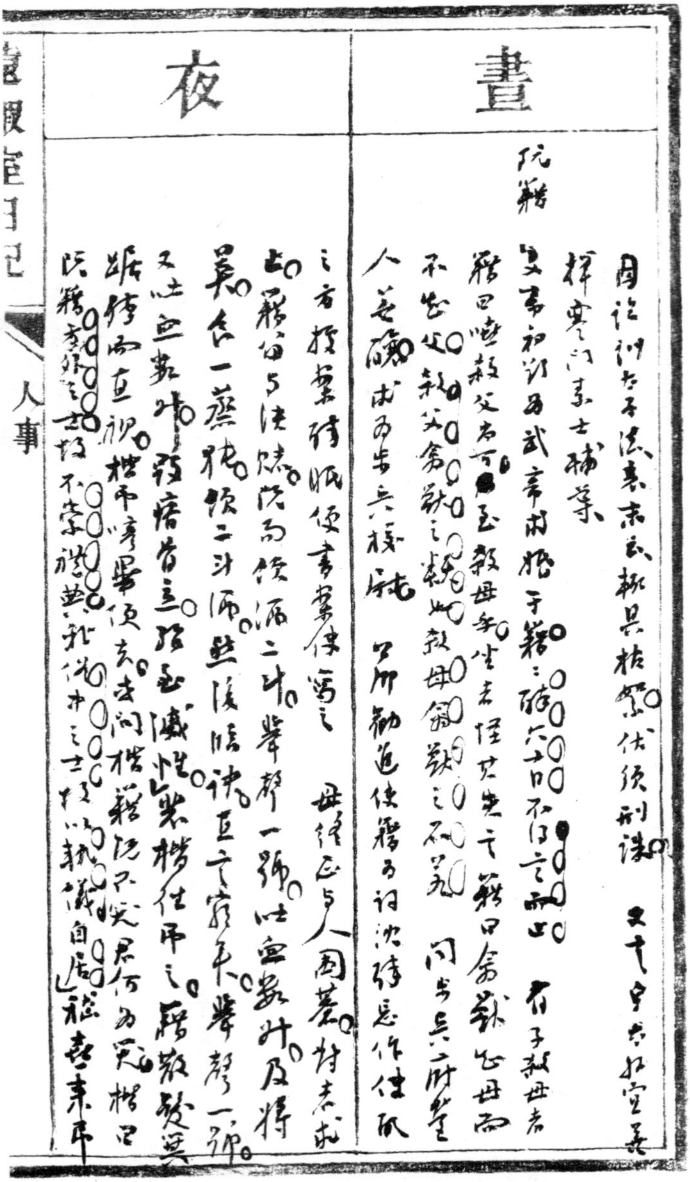

讀	閱	寫	作

籍作白眼，甚不庥瘢，倘挟琴造焉，籍大悦，乃见青眼。由是礼法之士疾之若雠。嫂尝归宁，籍相见与别，或讥之，籍曰：礼岂为我设耶？邻家少妇有美色，当垆沽酒，籍尝诣饮，醉便卧其侧。兵家女有才色，未嫁而死，籍不识其父兄，径往哭之，尽哀而还。其外坦荡而内淳至，皆此类也。尝登广武，观楚汉战处，叹曰：时无英雄，使竖子成名。登武牢山，望京邑，作豪杰诗。咏怀诗　达庄论　苏门山遇孙登，与商略终古及栖神导气之术，登皆不应，籍因长啸而退。至半岭，闻有声若鸾凤之音，响乎岩谷，乃登之啸也。著大人先生传，其略云云。子浑，有父风，少慕通达，不饰小节。籍谓曰：仲容（咸字）已预之，卿不得复尔。

阮咸

北阮富，南阮贫。咸与籍居道南，诸阮居道北。竹林之游　七月廿

七月七日，北阮盛晒衣服，咸挂大布犊鼻于庭，曰：未能免俗，聊复尔耳。居母丧，

纵情越礼。素幸姑之婢，姑当归于夫家，初云留婢，既而自从去。时方

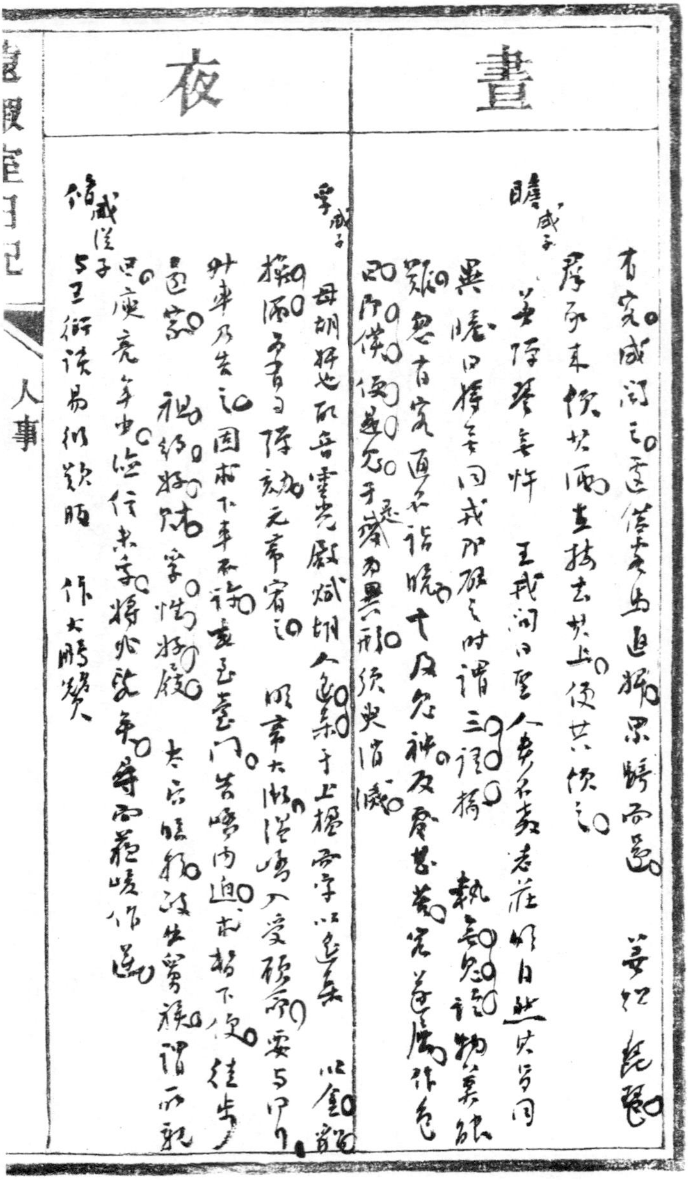
晝
夜
人事

遠暇室日記　學業

讀	閱	寫	作

阮放　叙陶依稀高寬。後見寶而紫。遂帝。

阮裕　王羲之曰裕骨氣不及逸少，簡秀不如真長，韶潤不如仲祖，思致不如殷浩，而兼有諸人之長。在剡曾有好車，借者不給。有人葬母，意借而不敢言。後聞之，歎曰：吾有車而使人不敢借，何以車為？遂命焚之。

嵇康　先姓奚。避怨徙居銍嵇山，因而命氏。土木形骸，不自藻飾。竹林七賢。孫登曰：君性烈而才儁，其能免乎？王烈得石髓，服半，餘半與康，皆凝為石。烈又于石室中見一卷素書，呼康往取，輒不復見。烈歎曰：命也。山濤將去選官，舉康自代，乃與濤書告絕云云。好鍛，宅有柳樹，激水圜之，居其下以鍛。呂安以事繫獄，辭相證引，遂復收康，繫獄中作幽憤詩。鍾會造焉，鍛不輟，良久會去。康曰：何所聞而來？何所見而去？會曰：聞所聞而來，見所見而去。以此憾之。文帝因譖殺之。將刑東市，索琴彈之，曰：昔袁孝尼從吾學廣陵散，吾每靳固之，廣陵散於今絕矣。嘗游洛西，宿華陽亭，夜分有客詣之，索琴而

六
邑雲閒不
佳邑邑姚
少蓉
閱稿花屏
去

晝

廣陵散以授袁孝尼不傳人 授上言以求高…之付樊
作太史箴 楚孝先書論

向秀
好莊周書者之隱〇 為〇郭象又述而廣之〇 嵇康曰此書詎復須注
與山〇陽〇阮〇籍〇嵇〇康〇呂安 嵇康鍛〇秀為之佐〇

劉伶
乘鹿車攜酒使人荷鍤隨之曰死便埋〇 渴甚求酒于婦〇婦涕泣
諫〇伶曰吾不能自禁〇惟當祝鬼神自誓耳〇 便可具酒肉〇伶
跪祝曰〇天生劉伶以酒為名一飲一斛〇五斗解酲〇婦
人〇之〇言〇慎〇不可〇聽〇仍引酒御肉〇隗然復醉〇 能〇助〇不〇生〇

夜

謝鯤
安〇尊〇拳〇 酒德頌〇 與阮籍嵇康向秀阮咸王戎入竹林
鄰家高氏女有色〇鯤嘗挑之〇女投梭折其兩齒〇時人為之語曰任達不已幼
輿〇折〇齒〇 鯤聞之傲然長嘯曰〇猶不廢我嘯歌〇 至地發章經
行出入于中宿將曉有黃衣人呼鯤字令開戶鯤使于窗中度

日記
人事

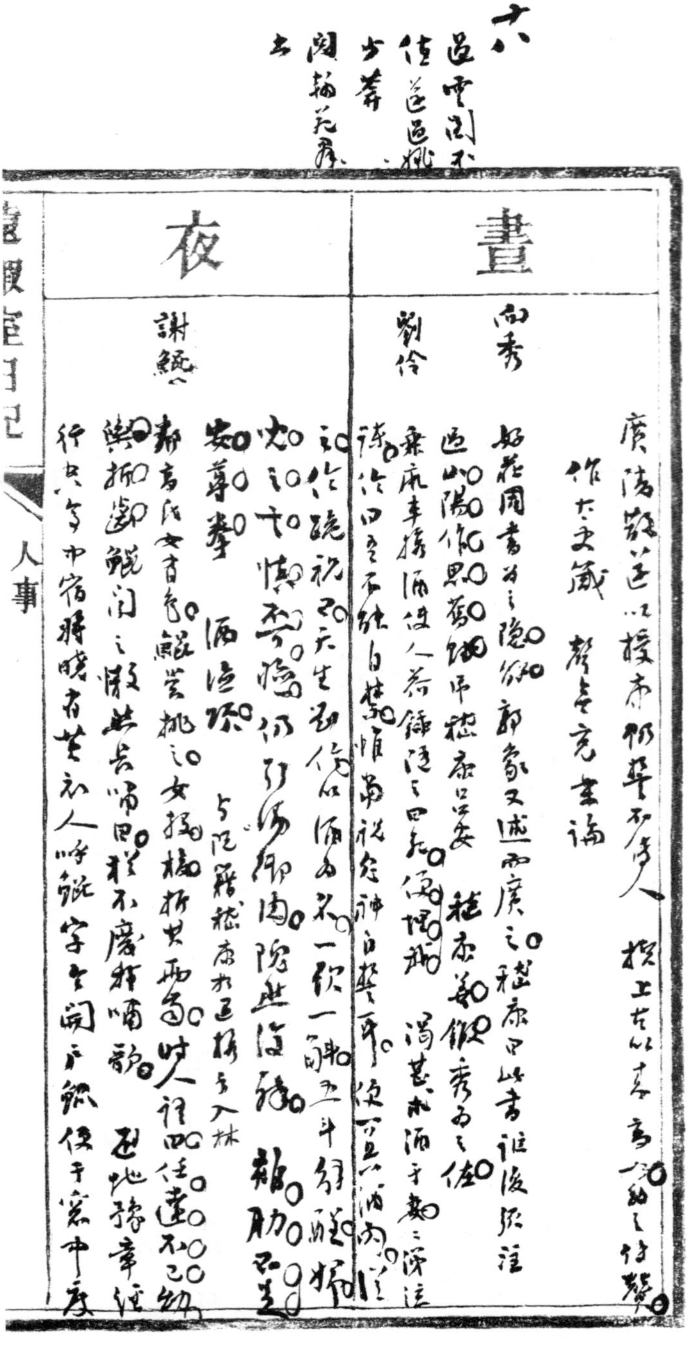

遠暇室日記　學業

讀	閱	寫	作

手拿之脚，卧枕之底也。明帝在東宮，問曰：論者以君方庾亮，自謂何如？答曰：端委廟堂，使百僚準則，鯤不如亮；一丘一壑，自謂過之。敦王敦入朝。敦曰君[illegible]乎。對曰

幼輿侍從。敦為此。正使殺君萬數，何人，亦復何損。

胡毋輔之

與王澄、王敦、庾敳俱為王衍所昵，號曰四友。澄與人書曰：彥國（輔之字）吐佳言如鋸木屑，霏霏不絕。過河南門下飲，河南騶王子博箕坐其傍，輔之叱使取火，子博曰：我卒也，惟不乏吾事而已，安復為人使。輔之因就與語，歎曰：吾不及也。薦之河南尹樂廣。

謙之　輔之子

輔之正酣飲，謙之窺而厲聲曰：彥國年老，不得為爾，將令我尻背東壁。輔之歡笑，呼入與共飲。其所為如此。字其父而呼之，神怪已

此則聞之者已不可得也

畢卓

比舍郎釀熟，卓因醉夜至其甕間盜飲之，為掌酒者所縛。

嘗謂人曰：得酒

晝	夜

滿數百斛船，四時甘味置兩頭，右手持酒杯，左手持蟹螯，拍浮酒船中，便足了一生矣。

王尼

為護軍府軍士，胡毋輔之持羊酒詣護軍，坐馬廄下，與尼炙羊飲酒，[illegible]去，竟不見護軍。護軍大驚，與尼長假，因免為兵。

畢曼

與阮放、郗鑒、胡毋輔之、卞壼、蔡謨、阮孚、劉綏為兗州八伯，擬古八儁。[illegible]字雲龍，[illegible]，或[illegible]嘆曼曰：[illegible]

而[illegible]生，動而不動，為[illegible]，常[illegible]耳，[illegible]此時尤難。

聃曼弟

與江泉、史疇、張嶷為四伯，比之四凶。為[illegible]字[illegible]人

簡[illegible]等為賊數百[illegible]人，[illegible]及[illegible]

其[illegible]皇后[illegible]其祖[illegible]議[illegible]此事[illegible]議之

而[illegible]命[illegible]以[illegible]數[illegible]名

[illegible]

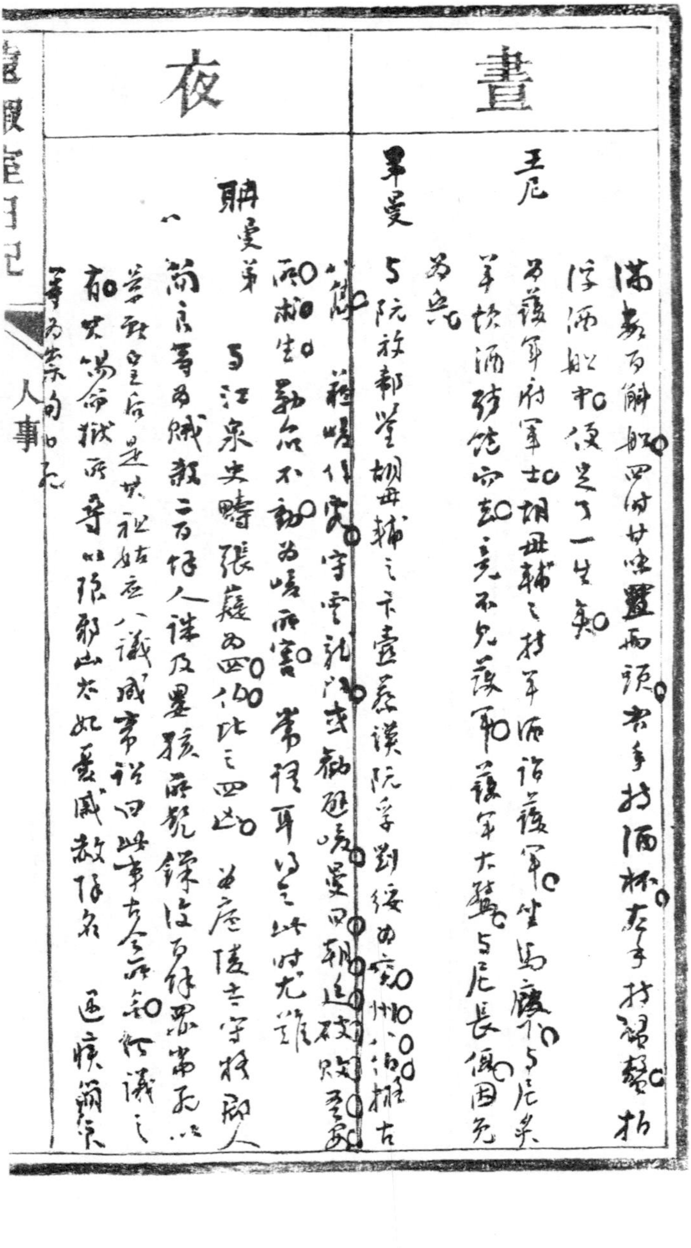

讀 閱 寫 作

光逸 字孟祖

為博昌小吏，送客遇寒，還遇令不在，解衣炙之，入令被中臥。令大怒，逸曰家貧衣單，沾濕無可代，若不暫溫，勢必凍死，奈何惜一被而殺一人乎。令奇而釋之。　胡毋輔之薦于東海王越，即招為主簿。初時以事誤。　避亂渡江，復依輔之。屬輔之等七人閉室酣飲已累日，逸便于戶外脫衣露頭於狗竇中窺之而大叫。輔之驚曰：必我孟祖也。遂俱入與飲。時人謂之八達。

曹志

曹植孽子。　武帝閱六代論，問曰：是卿先王作耶？志對曰：先王有手作目錄，按錄無此。帝曰：誰作？志曰：以臣所聞，是族父冏作。以先王文高名著，是以假託。帝顧謂公卿曰：父子證明，足以為審，自今已後可無復疑。　齊王攸將之國，志常恨其父不得志于魏，因愴然歎，奏議云云。御成帝上從弟家曰：兄識志物，百年之後，必去晉室。目下將見責耶。

庾峻

祖乘，蘇林嘗稱之。子林兄峻，源師曰：吾祖高才不營當世。鄢陵舊五六萬戶，聞今裁有數百，皆由當世不崇君子節，後學以吾祖積

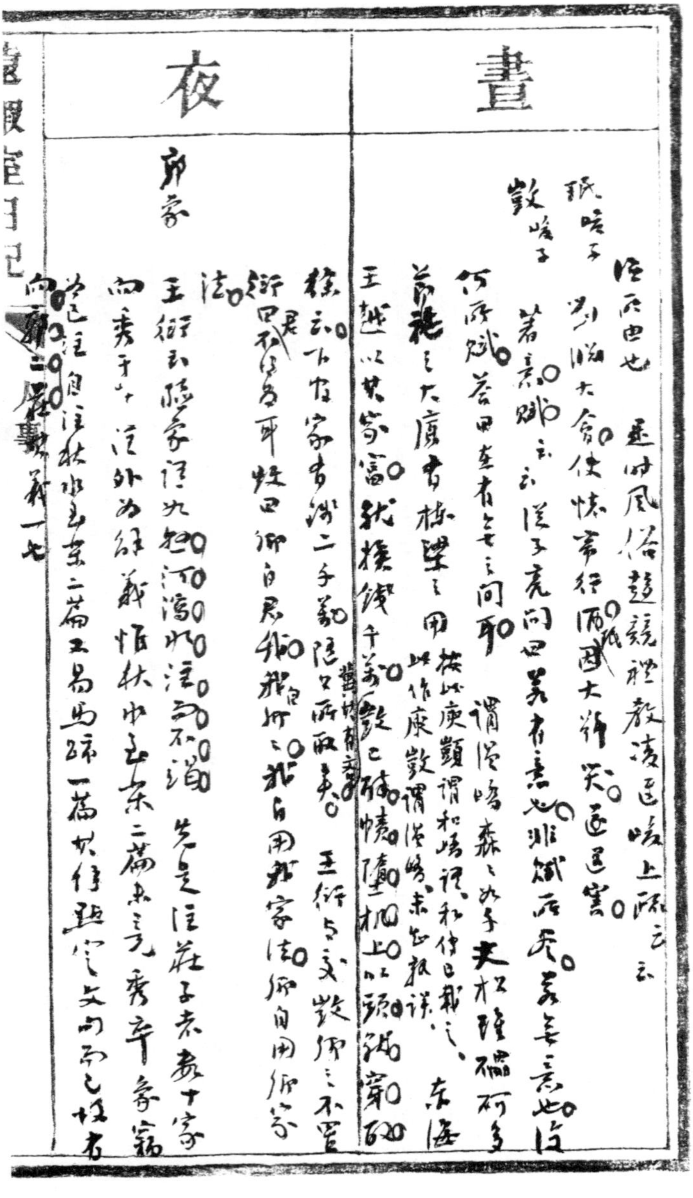
晝

夜

草莽臣

充　閻纘 野輕要 碧血祿

讀	閱	寫	作

庾純

賈充宴朝士，純後至，充曰：君行常居人前，今何以在後？純曰：旦有小市井事不了，是以來後。純之先有伍伯者，充之先有市魁者，以此相譏焉。充意不平。及純行酒，充不時飲，純曰：長者為壽，何敢爾乎。充曰：父老不歸供養，將何言也。純然曰：賈充，天下凶凶，由爾一人。充曰：充輔佐二世，蕩平巴蜀，何罪而天下為之凶凶。純曰：高貴鄉公何在。坐因罷。充慚怒，上表解職。純懼，上表自劾云云。于是詔議父老歸養。

庾旉　純子

齊王攸之國，上表諫。

秦秀

輕鄙賈充。伐吳之日，聞其為大都督，曰：吾將哭以送師。

皇甫謐

年二十不好學，後叔母任氏責之，乃就鄉人席坦受書，居貧，躬自稼穡，帶經而農，遂博綜典籍百家之言。後得風痺疾，猶手不輟卷。作守玄論。時人謂之書淫。從姑子梁柳城陽太守，人勸餞之。謐曰：柳為布衣時過吾，吾送迎不出門，今作郡而送之，是貴城陽太守而賤梁柳也。非古人所行。作釋勸論。武帝下詔敦逼不已，上疏自稱草莽臣。

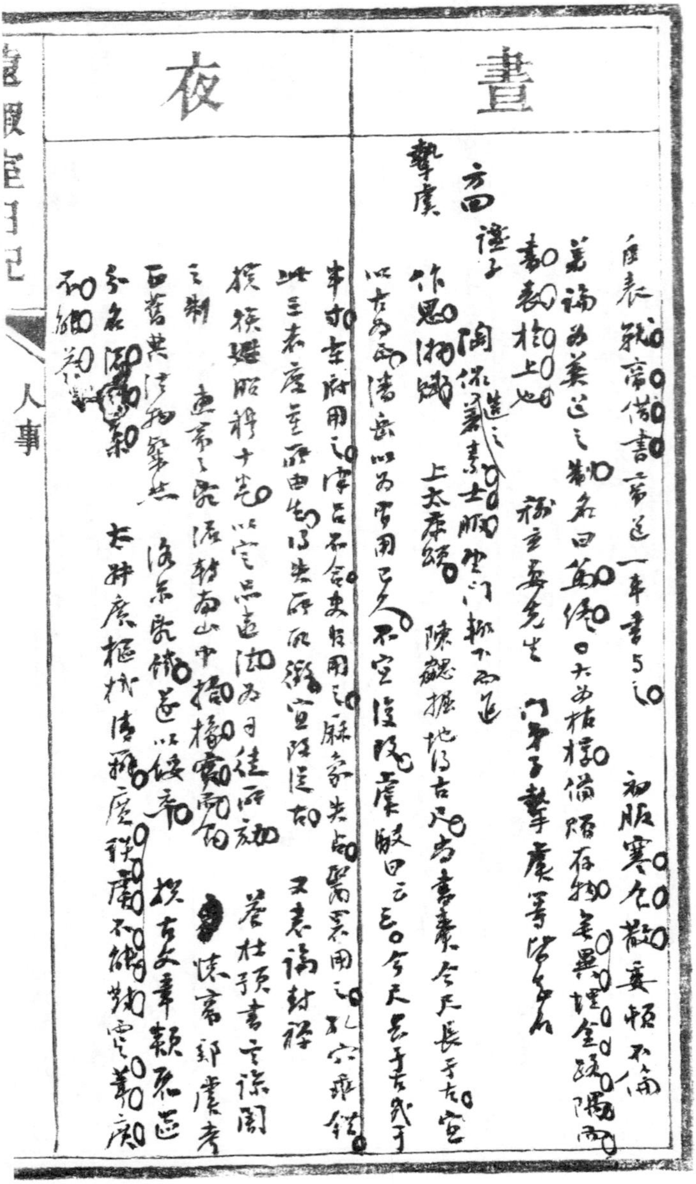
晝
夜
人事

讀閱寫作

束皙

疏廣之後。避難去疏之足，遂改姓。　郡太守鸎邑人請爲（元城陽平郡人）

不爲所屈，恣作歌。　爲勸農賦、餅賦，文頗鄙俗，時人薄之。　作玄居釋。

張華奇之。　上應嘉議。　在著作得觀竹書，隨疑分釋，皆有義證。

武帝問摯虞三日曲水之義。虞曰：漢章帝時平原徐肇以三月初生三女，至三日俱亡，村人以爲怪，乃招攜之水濱洗祓，遂因水以泛觴，其義起此。帝曰：必如所談，便非好事。皙進曰：虞小生不足以知。昔周公成洛邑，因流水以泛酒，故逸詩云：羽觴隨波。又秦昭王以三日置酒河曲，見金人奉水心之劍，曰：令君制有西夏。乃霸諸侯，因此立爲曲水，二漢相緣，皆爲盛集。帝大悅，賜皙金五十斤。　有人於嵩高山下得竹簡一枚，上兩行科斗書，傳以相示，莫有知者。以問皙，曰：此漢明帝顯節陵中策文也。檢驗果然。

王接

同郡馮□薦之太守。　議依春秋穀梁三家之義，加綜給解命之意。

從之。　謂左氏辭義贍富，自是一家書，不主爲經發；公羊附經立

廿
曾摽一笑
世間治
色藏

晝

郤詵

傳。經所不書，傳不妄起。于文為儉，通經為長。乃更注公羊春秋。
何休未長之經，鼎論之本，乃更注之。衛恒考正汲冢書，束晳
述而成之。王庭堅難之。晳又釋難，而庭堅已亡。潘滔謂接曰：卿足
解二子之紛。接遂詳其得失。摯虞、謝衡咸以為允當。
泰始中舉賢良直言之士，詵以對策上第，拜議郎。詵文古義類，有
深識，奈對不及也。崔洪薦為左丞，詵以事劾之。語在洪傳。

夜

阮种

華譚

桂林一枝，崑山片玉。
舉賢良，武帝擢第一。
舉秀才，對策云云。時九州秀孝策無逮譚者。王濟于眾
中嘲曰：君吳楚之人，亡國之餘，有何秀異？答曰：秀異固產于方外，不出
于中域也。濟又曰：危而不持，顛而不扶，至於君臣失位，將何所取哉？
譏武王遷殷頑民于洛邑，君非其苗裔耶？
答曰：存亡有運，興衰有期，天之所廢，人力所能支？
著書名辨道。

□眼□手記

人事

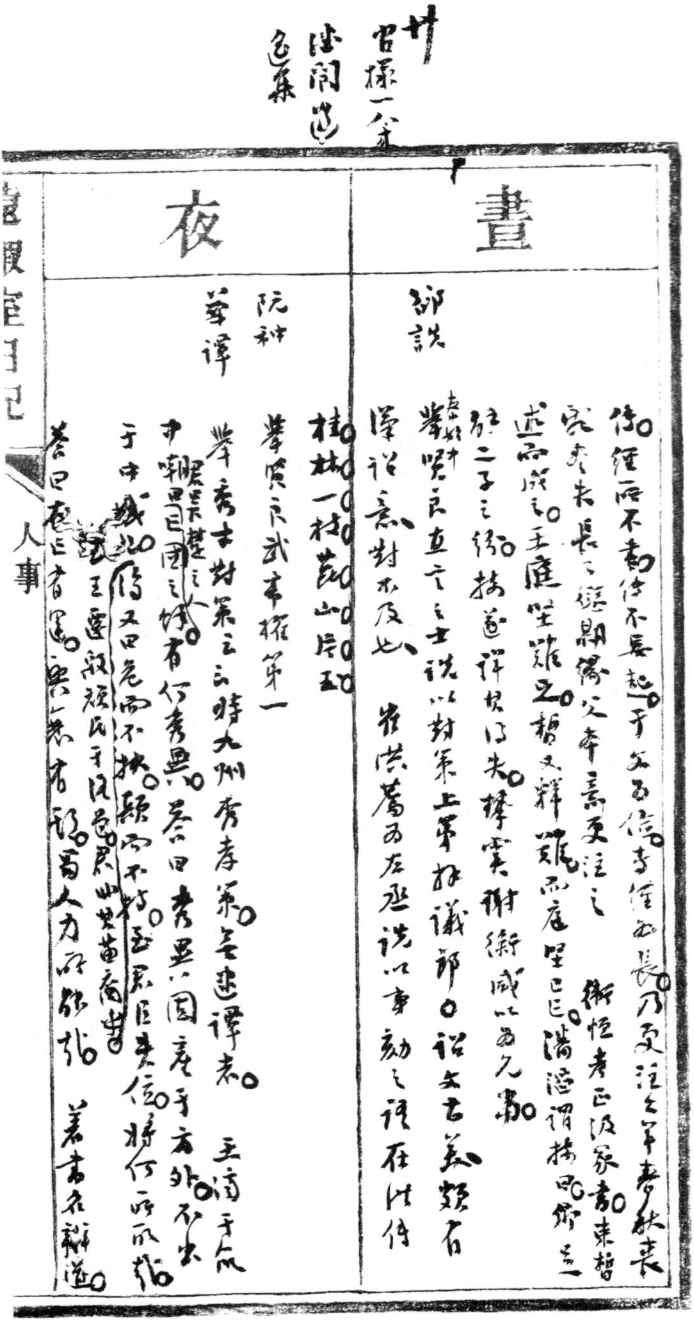

讀	閱	寫	作

成湘人之相去如九牛毛。寧有此理。對曰陳由弟以讓天下。
炎。本於郡人爭半錢之利。此之相去何啻九牛毛也。

愍懷太子遹　宮中嘗失火。武帝登樓望之。太子時年五歲。牽帝裾入闇中。　惠帝執諸皇子手。次至太子。帝曰此汝兒也。觀豕牢。曰。豕甚肥。何不殺以饗士。　杜錫以忠勸太子。怒以鍼著錫坐氈而刺之。　賣諸園蔬菜雞麵之屬。　賈后詐稱上疾。賜酒棗。待出書草使書之。　妃王衍女也。衍請為離婚。備亡賜酒使書之事。　孫秀勸趙王倫。賈后殺太子。然後廢后。足以為功。　后使太醫程據合巴豆杏子丸。逼太子。太子不肯服。因如廁。孫慮以藥杵椎殺之。

太孫臧　永康元年立為太孫。之東宮日。車服侍從皆愍懷之舊。到銅駝街。宮人侍從者及路人皆哭。　先是桑生于宮西廂。日長尺餘。數日而枯。太孫之立。桑復生于西廂。太孫廢。乃枯

愍懷三子　虨　臧太孫　尚太孫

廿一
閻達文鳳
石西原
張子翊祖
張天雨
貴居什

畫眼館手記　人事

夜	晝

陸機

吳臣作辯亡論二篇述權所以得皓所以亡及其祖父功業　与弟雲
俱入洛造張華華素重其名如舊相識曰伐吳之役利獲二俊　王濟指
羊酪謂機曰卿吳中何以敵此　答云千里蓴羹未下鹽豉　盧志衆中問
陸遜陸抗于君近遠　機曰如卿于盧毓盧珽　趙王倫之誅齊王
冏以機職在中書九錫文及禪詔疑機与焉收機付廷尉減死徙邊
遇赦而止　有犬名黃耳　機乃為書以竹筩盛之而繫其頸
犬尋路南走遂至其家得報還洛其後因以為常　齊王冏矜功自伐
機惡之作豪士賦以刺其專云云　著五等論　成都王穎
起兵討長沙王乂假為大都督　機以三世為將道家所忌固辭不許
始臨戎而牙旗折意甚惡之列軍自朝歌至于河橋鼓聲聞
數百里漢魏以來出師之盛未嘗有也　戰于鹿苑軍敗赴
七里澗死者如積水為之不流　孟玖弟超領兵大掠機錄其主者超將
百餘人直入麾下奪之顧機曰貉奴能作督不　及戰超不受節度

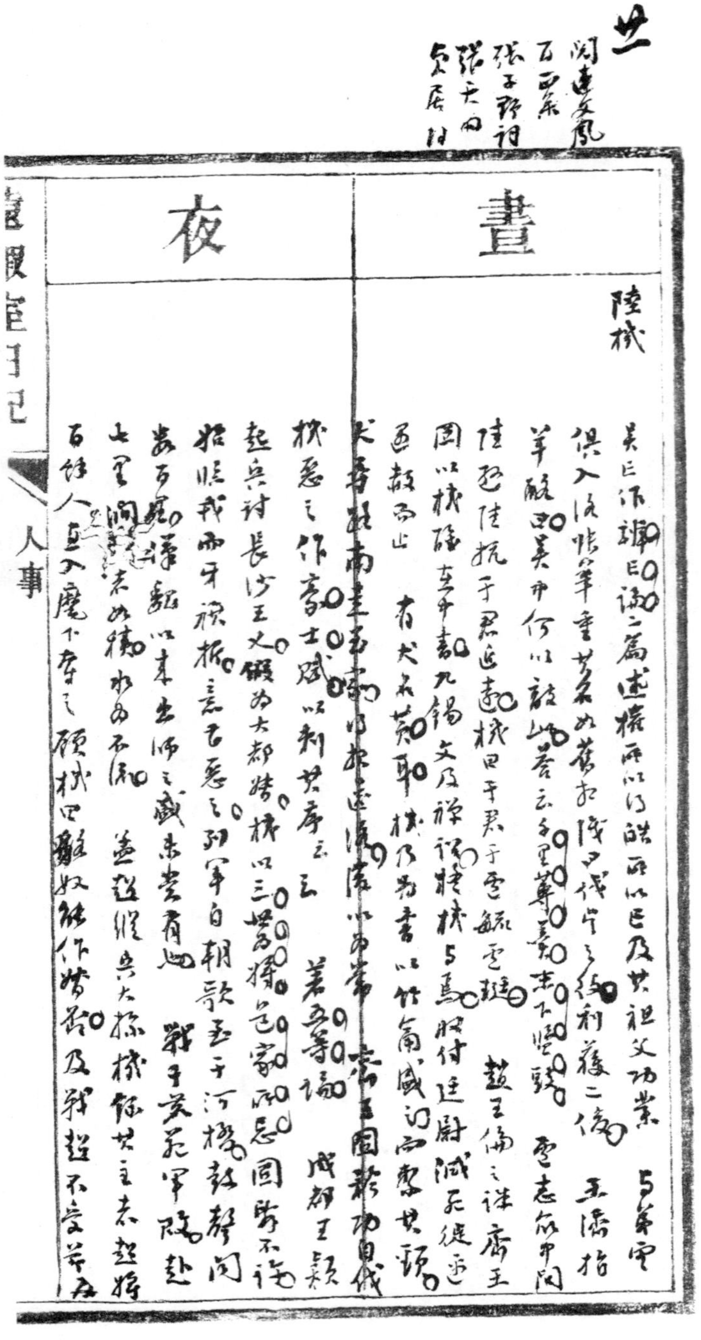

遠暇室日記　學業

作	寫	閱	讀
	陸雲	孫楚	

輕兵獨進，少從盤環，精於殺之道。讚於君無志，頗大怒，收於杰。與頗[illegible]詩，古懷惻。既而歎曰：華亭鶴唳，可復聞乎？遂遇害。張華嘗謂曰：人患才少，子患才多。雲與書曰：君苗見兄文，輒欲燒筆硯。

孫楚

楚既為王武子所逐，如楚者標，而楚負才，終不嫁群。門生費蕃罕言二人詩識明楚，二邊之曰：是義不可往，枉自妒，卿何宜復和。二今日傳出為館貴君，楚天機中，慈眾亦和。

陸雲

有笑疾，張華多姿制，好帛繩纏鬚，雲見大笑，不能自已。嘗著縗絰上船，于水中顧見其影，因大笑落水。與荀隱會張華坐，華曰今日相遇，可勿為常談。雲因抗手曰：雲間陸士龍。隱曰：日下荀鳴鶴。雲又曰：既開青雲睹白雉，何不張爾弓，布爾矢？隱曰：本謂是雲龍騤騤，乃是山鹿野麋；獸微弩彊，是以發遲。華撫手大笑。

補浚儀令。人有見殺者，主名不立，雲錄其妻，無所問，十許

廿二

陳林府

類記

末采故紀

夜	晝
夏侯湛 与陸岳友善每行止同輿接茵京都謂之連璧　罷年不調 作抵疑以自廣 昆弟誥 文擬書經 潘岳 歸而奇之 藉田賦 西征賦 河陽令 時以陳王濟裴楷等為窮 題閣道為謠曰閣道東有大牛王濟鞅裴楷鞦 和嶠刺促不得休 射雉賦 閑居賦 岳議云云 從記 置宮 懷舊 秋興 寡婦	陸喜 日造出城壟令人隨後謂曰其去不出十里當有男子候之与語便停車既而果然問之其所如遂其殺其夫 吏官可推思之圖畫形像訛令取之 呈王晏大驚密上書勸其信 孟行任郭將使府參諸官錢帛又諫 桃之紋若在雲江統等疏救不納意志 嘗嘆大國諸賢者寄雲色盡收攬新入缺之 行邑王郯攉所道遂以蘇謀立之 謂蘇甚在四書之間

遠暇室日記

學業

讀	閱	寫	作
	潘尼 岳從子	張載	江統

與孫秀疇昔周旋和。答曰中心藏之，何日忘之。岳自知不免。

俄而秀誣岳及（石崇歐陽建）謀〔奉淮南〕之，夷三族。岳將詣市，與母別曰負阿母。與崇俱被收。崇曰安仁，卿亦復爾。岳曰可謂白首同所歸。岳金谷詩云乃成其讖。

[illegible]

著安身論。上釋奠頌。（釋奠 付宣帝）為[illegible]論。

道經劍閣，因蜀人恃險好亂，著銘以作誡。益州刺史張敏表上其文，武帝使鐫之於劍閣山。為榷論。濛汜賦。傅玄嗟嘆，以車迎。

協 載弟

談客。作七命。世以為工。

亢 協弟

時人謂載、協、亢、陸機、雲曰二陸三張。

謂曰嶷然稀言江應元。作徙戎論。帝不能用。未及十年而夷狄[illegible]。時服其深識。

[illegible]

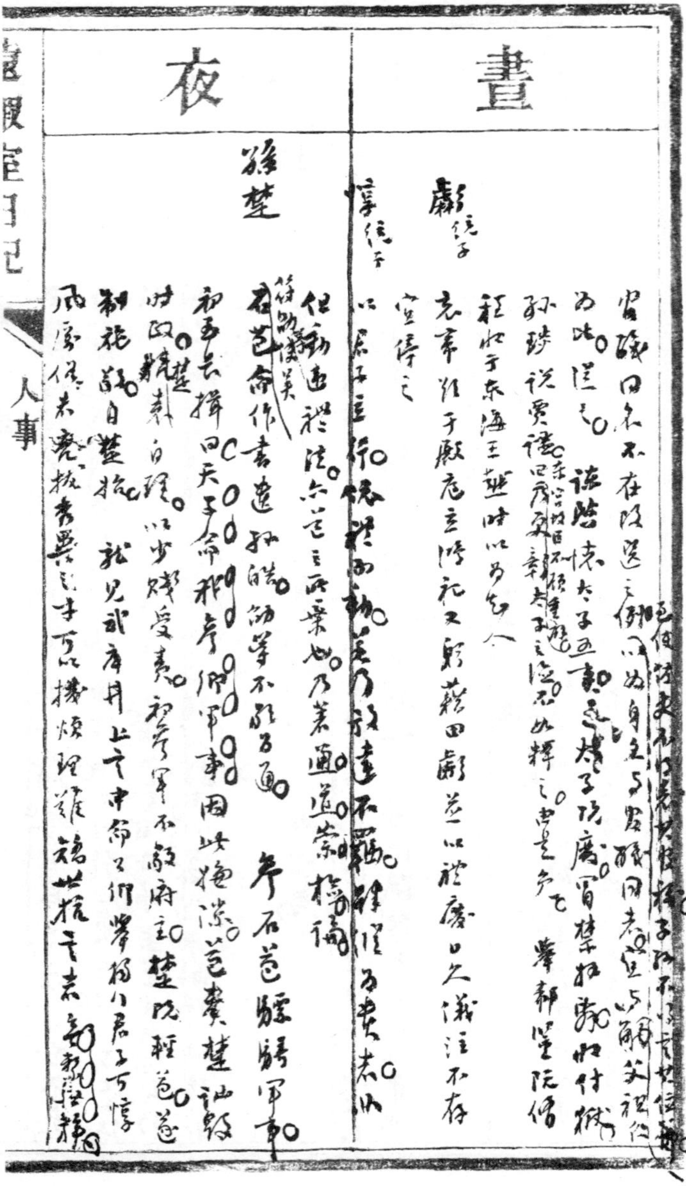
晝
夜
人事

遠暇室日記

學業

讀	閱	寫	作

知先逸趣。與王滄蕃謂曰：當能枕石漱流，誤云漱石枕流。王曰：流可枕，石可漱乎？楚曰：所以枕流，欲洗其耳；所以漱石，欲厲其齒。

古侍歸眠，作詩示偶：曰未有文生于情，情生于文，覽之憶

與楚伯微之書

統楚初

緯 洗印

性好山水，因如鄞。

鄞山傳曰：山傳之所出兼。仕小休，隱而隱，暮以元，禮門為秘，淵當

雅韻集錄矣。 桓松懷白宇護巖，人曰：樹子如不楚楚然亂

金棕梁曰：憶日楓柳離讓合，棲亦何所稀。 支遁問君何如許

詢。答曰：高情遠致，弟子早已佳膺，然一詠一吟，許將北面矣。

每云三都二京，五經之鼓吹也。天台山賦成，示范榮期云：卿試

擲地，當作金石聲。如業獲田想然，每至佳句，輒云：應是我輩語。

句，輒云：應是我輩語。 與……用，作者，願思其之法

良不堪，蓮葛曰：難難之難之糖，粗者為

極澀將移柳條胡

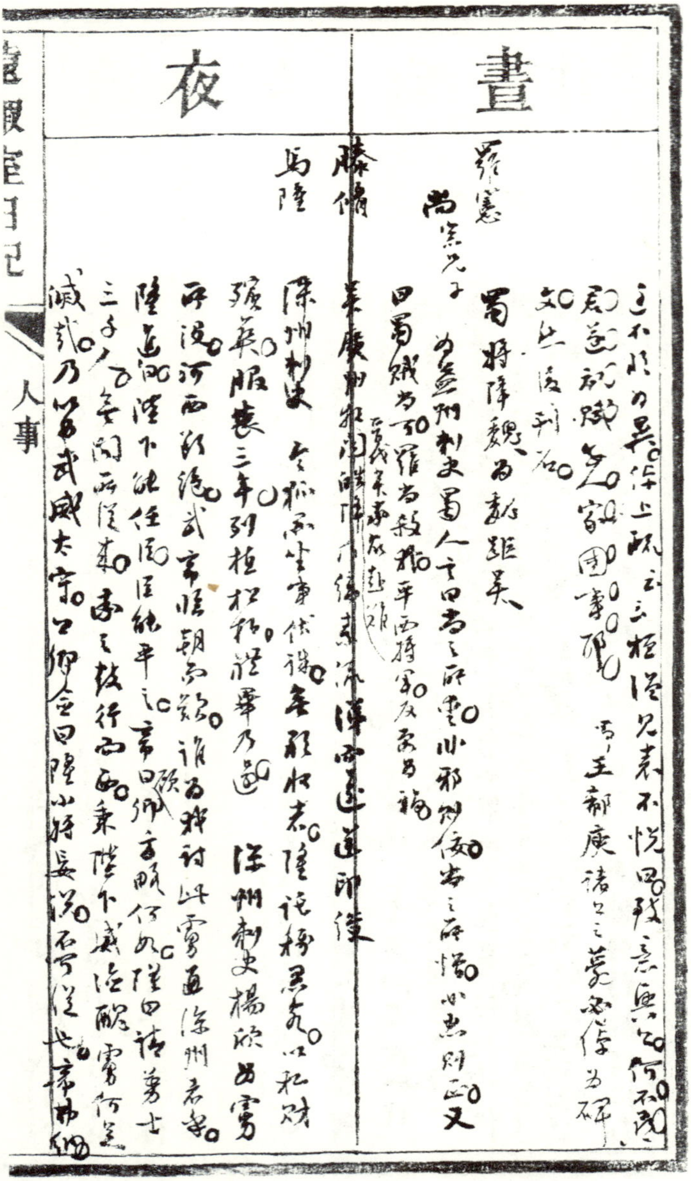

□□□手記　人事

晝　夜

之不於乃異。作上疏云三柱浮兄表不悅。思殘意無它。何不思君遂祝職矣。省圖事。那也。馬王郭庚請之之葉公作為碑如此。後刊石。

羅憲　蜀將降魏、為魏距吳、

尚　宗兄子　為益州刺史。蜀人之曰：尚之所愛。非邪則佞。尚之所憎。非忠則正。又曰：蜀賊尚可。羅尚殺我。平西將軍。反更為禍。

滕脩　為廣州牧。聞吳降。縞素流涕。率眾還。遂歸晉。

馬隆　涼州刺史　兗狐愚坐事伏誅。舉州收者。隆託稱愚客。以私財殯葬。服喪三年。列植松柏。禮畢乃還。涼州刺史楊欣失羌戎之和。為虜所沒。河西斷絕。武帝臨朝而歎。誰為我討此虜通涼州者。隆進曰：陛下能任臣。臣能平之。帝曰：卿平之何如。隆曰：請勇士三千人。無問所從來。率之鼓行而西。秉陛下威德。醜虜何足滅哉。乃以為武威太守。公卿僉曰：隆小將妄說。不可從也。帝弗納。

遠暇室日記

學業

讀　閱　寫　作

隆募限腰引弩三十六鈞、弓四鈞，立標簡試，自旦至日中，得三千五百人。隆曰足矣。因請至武庫選杖。武庫令與隆忿爭。御史中丞劾奏隆。隆曰：臣當亡命戰場，以報所受，武庫令乃以魏時朽杖見給，不可復用，非陛下使臣滅賊意也。帝從之，又給三年軍資。于是西渡溫水。依八陣圖作偏箱車。地廣則鹿角車營，路狹則為木屋施於車上。且戰且前，弓矢所及，應弦而倒。轉戰千里。殺傷以千數。隆到武威，虜大人猝跋韓、且萬能等率萬餘落涼州平。是定秦涼也。南虜成奚為邊患，帥軍討之。虜據險距守。隆令軍士皆負農器，將若田者。因其無備，進軍擊破之。

胡奮

一子早亡。女為貴人。哭曰：老奴不死，唯有二兒，男入九地之下，女上九天之上。楊駿以后父驕傲。奮謂曰：歷代與天家婚，未有不滅門者，但早晚事耳。觀卿舉措，適足以速禍。駿曰：卿女不在天家乎？奮曰：我女與卿女作婢耳，何能損益。

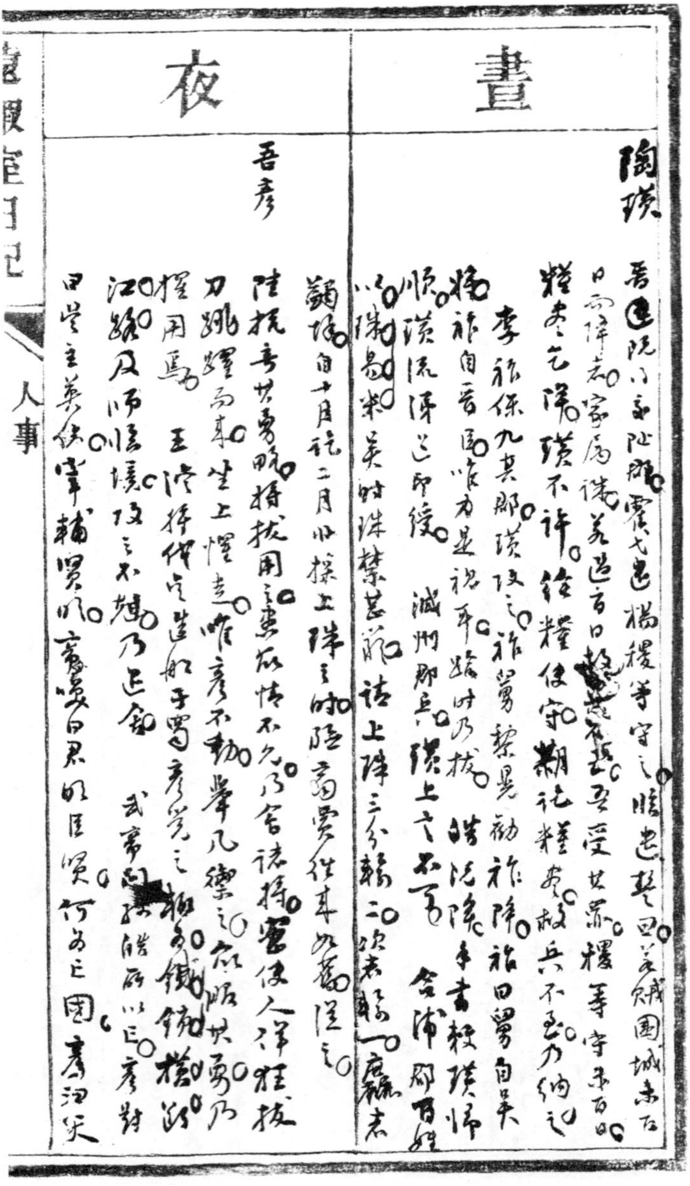
晝
夜
陶璜
吾彥
人事

讀	閱	寫	作

祿永終，曆數有屬，此蓋天時，非人事也。張華時在坐，曰：君為吳將，積有歲年，蔑爾無聞，竊所惑矣。彥厲聲曰：陛下知我，而卿不聞乎。帝問陸抗、陸喜二人誰多，對曰：道德名望，抗不及喜；立功立事，喜不及抗。陸機因此每毀之。

張光

氐羌叛，以百餘人戍馬蘭山北，賊圍百餘日，光屢出奇破之。秦州人鄧定等據成固，抄掠巴西，太守張燕討之。定偽降，賂燕金銀，燕為緩師，定遂逼漢中。光詰郡謀追取，燕唱言曰：漢中荒敗，迫近大賊，克復之事，當俟英雄。（漢中太守）杜正沖曰：張燕受賊金銀，表漢中。光于是叱燕，呵斬之以徇。鎮漢中。時王如餘黨李運等合攻，楊難敵救之，光嬰城固守，佐吏勸光退據魏興，光按劍曰：吾受國厚恩，不能翦除寇賊，今得自死，便如登仙，何得退也。聲絕而卒。

趙誘

齊王冏檄郗隆起兵討趙王倫，隆猶豫不斷，而諸子並在洛

晝

夜

周處

狄山敢然曰固待讀說曰使君自將精兵從趙許歇止楚
忠臣特兮于中第七某隱形助勝可策者也處曰我
未所偏助但保州而已讀誅某之所助負難持生州亦不可保
處不悅遂為其下所害
自知為人所惡懼無謂父老曰今時和歲豐何苦而不樂父老歎
曰三害未除何樂之有處曰何謂答曰南山白額虎長橋
下蛟并子而三矣處曰吾能除之乃入山射殺虎投水搏蛟蛟或沉或浮
行數十里而處與之俱經三日三夜人謂死皆相賀處果殺蛟
而反聞鄉里相慶始知為人所患乃入吳尋二陸遂勵志好
學
王渾登建鄴宮釃酒既酣謂吳人曰諸君亡國之餘
得無戚乎處對曰臣于前吳亡于後亡國之戚豈唯一人渾有
慚色
齊萬年反使處隸夏侯駿西征孫秀知其將死謂處曰卿
有老母可辭也處曰忠孝之道安得兩全既辭親事君父母安得而子乎

人事

遠暇室日記 學業

讀 閱 寫 作

稽聖。雯軍人未見。趙王彫從道而絕其後從。道力我可復。

玭雯子

口石承陸毅錢瓊俱為說玭三雯活動 謀諸執政謀泄

長憤夢背辛謂子鶴曰毅形志諸儒知能復之乃吾子也是

人謂中州人見儀。

札雯子

王毅攻石頭札闕門應毅 一門五使毅深惡之錢鳳謀滅

周氏說毅云云時芝士李脫自言八百歲弟子李弘養徒灊山云

應讖當王毅使告札與脫圖不軌即收毅札兄子筵筵寧耽

札筵見殺 殺夫札筵攸史諸闕設究下壺識石頭之役札開

門延寇迎陵朱彥。王尊以為當時名府未慎既慎其姦舊札位以身

許圍謂宜與周頊戴若思同例 荒從尊議。

筵

周訪

鄉人盛訪牛于家中殺之。訪……肉。時有同姓名者而當死。

史误收訪。為鄉收去。自歸于府。

伍杜弢。弢作桔槔打官軍。

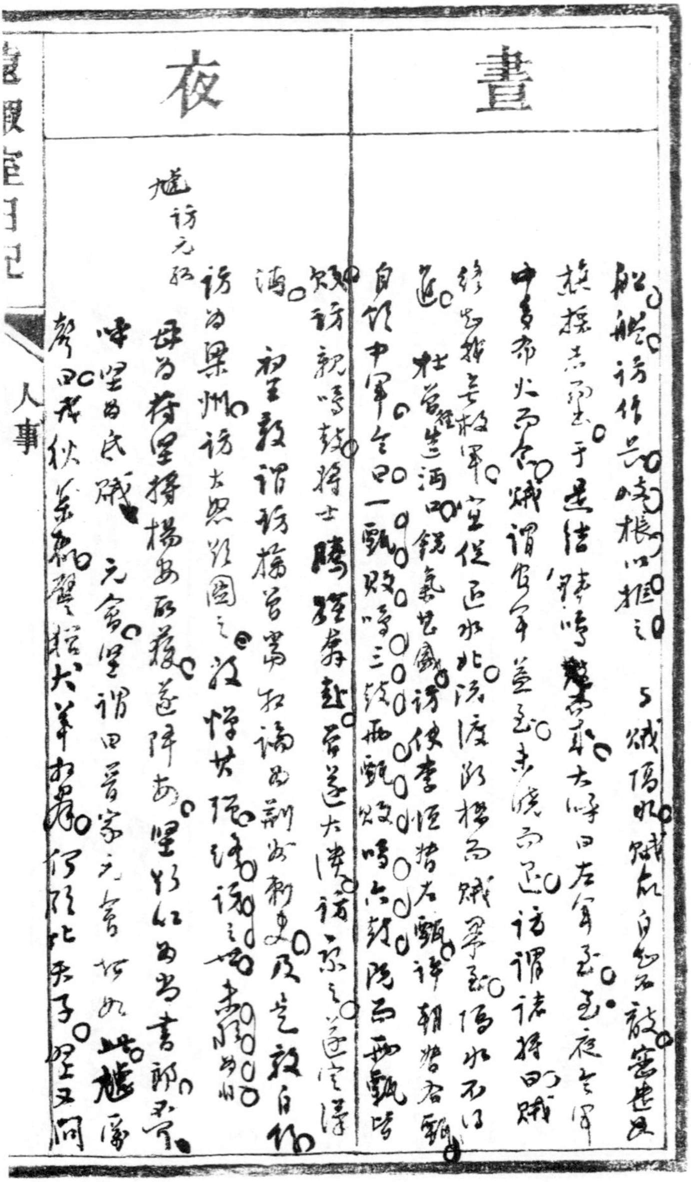
晝
夜
人事

讀	閱	寫	作
朕應力衰也。楊曰：我伏以本朝之旨也。痛辛于大原世 予以書問鄉里上疏李武帝以衰之 鬼孩子 王毅帶兵出赴之，而後已死，其宋之至，亦見殺。王應秘 以侯告，先曰：王以我家，遂捕韓鳳諸親族家。和陶依丁	鄭騎莫辨中。一夫首詣田崗一牛，喚山澤中，大地莫莫。任 搖人目矣。又指一山云：此亦其次。尚生二子存，依以所指 別山之詩。父死莫焉。東自話以下三世為墓，為四十一年。		

初四　初五○　初六　初七　初八　初九　初十　十一　十二　十三　十四

晝	夜
唐書糾謬六卷畢 黃晞聱隅子 袁褧世緯　董史書錄 徐兢高麗圖經十三卷 高麗圖經十四卷 是日詣星程家觀其園墟坡鮑氏仰宅園也 是日答拜張一人不晤甲戌宅 晤鄧楠臣過談 王銕漢邀飯春紫軒	高麗圖經十三卷 周密武林舊事五卷 武林舊事五卷 袁韶錢唐先賢傳贊 嶺外代答四卷 周去非嶺外代答二卷 嶺外代答二卷畢 宋濂浦陽人物記 無名氏南窗紀談

越縵堂日記　人事

十五 十六 十七 十八 〇十九 廿 廿一 廿二 廿三 廿四

遠暇室日記　學業

讀	閱	寫	作
黄庭堅宜州乙酉家乘 范成大吳船錄 周煇清波雜志五卷	讀清波雜志五卷 讀清波雜志二卷 別志三卷 沈雲旅蜀雜叙略	朱墨灣山集二卷 灣山集一卷 劉應時頤菴居士集二卷	馮舒詩紀匡謬 陳鵠耆舊續聞六卷 耆舊續聞四卷

過子政議同居事
答拙生楊一人　並語俞秀山
並帶蒙生來
劉曉來
是日語大也山終日鬧解
子政來談二時別
至湘綺義莊遊遊審畧
慶生子政來得明日與芝秀溆奐秀山

○廿五
廿六
○廿七
廿八
廿九
六月朔
初二
初三
○初四

晝	夜
葉亭山房詩草 劉昌猗蔓浦筆記 宋大樽茗香詩論 鄭注孝經 吳炯五總志 黃震紀要逸編	朱祖文北行日譜 瞿昌文粵行紀事 鄭超詩集 鄭思肖百二十圖詩 所南文集 何光遠鑒誡錄五卷 墨譜錄五一卷畢
與芝弟慶生子政辛伯錢口在萬枝樓會 芝弟感冒 過鄧揚臣不值 晡時偕辛伯過騎門處 拉卞樹二人 夜詣鄧揚臣	郁孫臣來 子政慶生來 晤子展 是日教五府 沈化山來關牌

人事

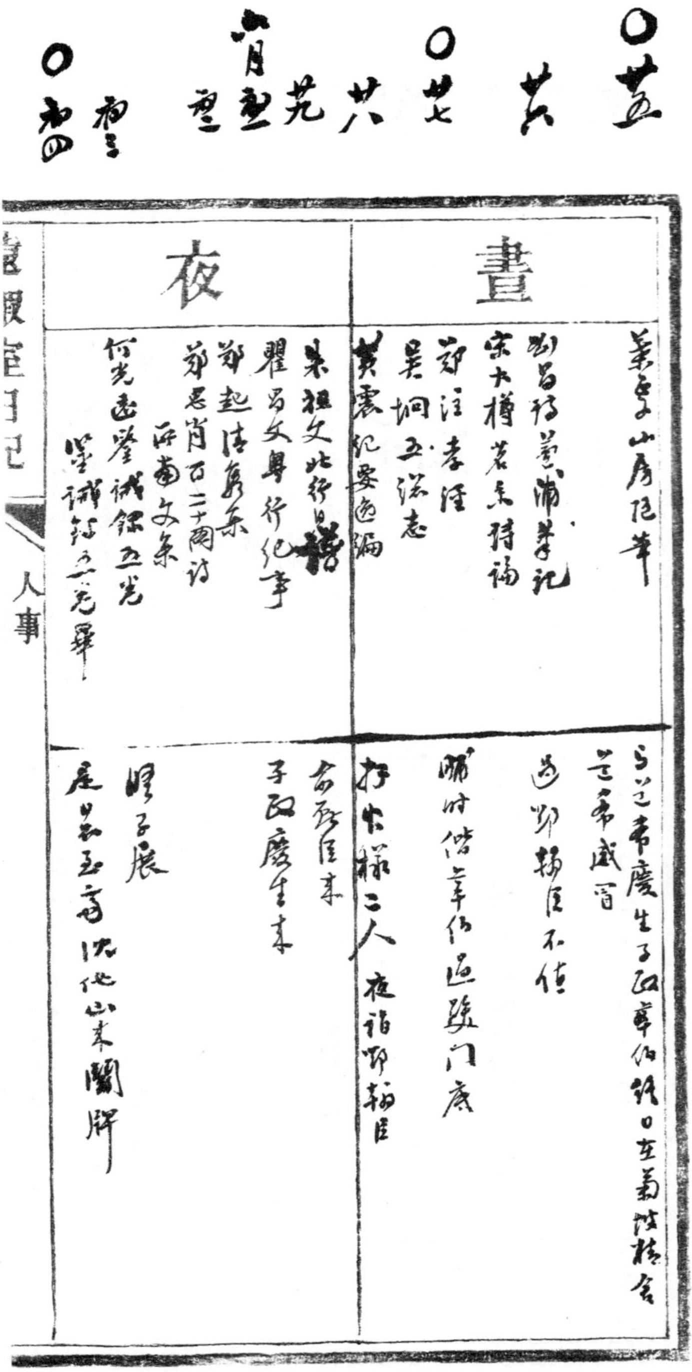

初五 初六 初七 初八 初九 初十 十一 ○十二 十三 十四 十五

遠暇室日記　學業

讀	閱	寫	作
趙德麟侯鯖錄四卷 侯鯖錄四卷畢 李季可松窗百說	陳世隆北軒筆記 吳可藏海詩話 吳師道禮部詩話 張舜民畫墁集二卷 畫墁集六卷畢	全祖望讀易別錄 姚際恒古今偽書考 王闓運湘綺樓說詩五卷 湘中遊譯錄二卷	范成大攬轡錄 驂鸞錄 桂海虞衡志
移居	失竊 大風	以深舟書　楊以增盛以鉅師帥篇 中極	答汝舟書

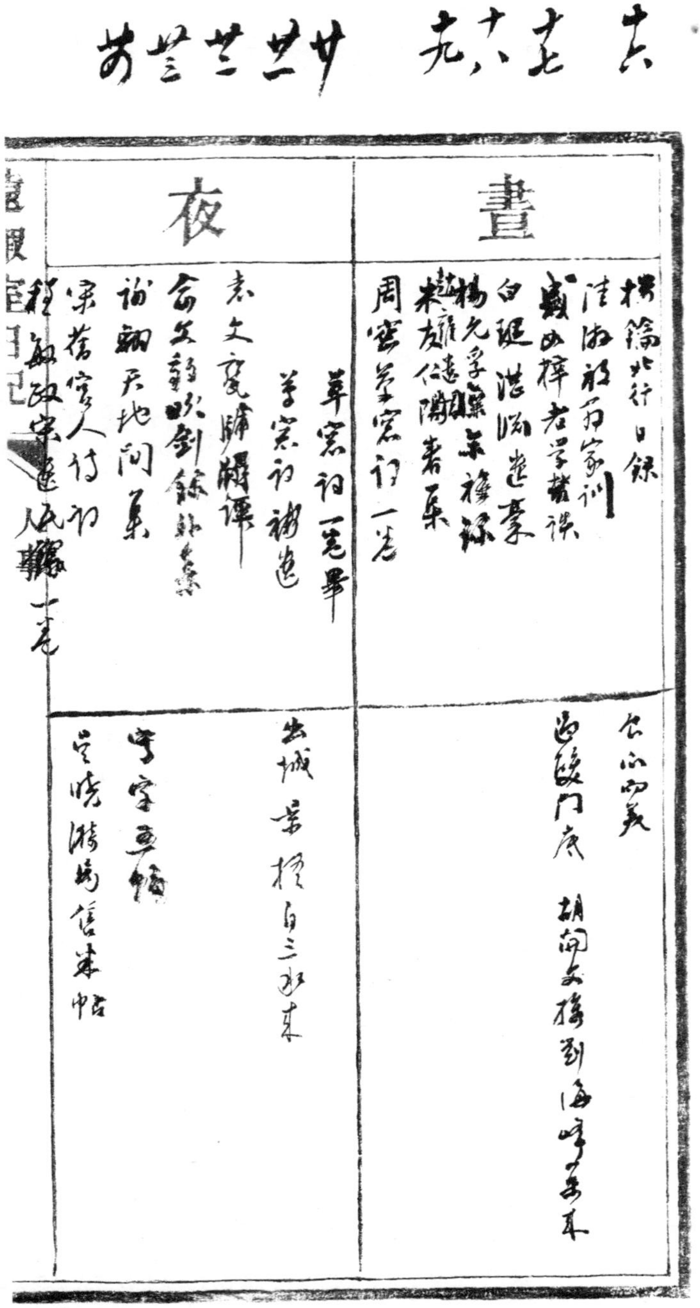
晝
夜
周密草窗詞一卷
草窗詞一卷畢
草窗詞補遺
袁文甕牖閒評
俞文豹吹劍錄外集
謝翱天地間集
宋舊宮人詩詞
程敏政宋遺民錄
出城

廿五　廿六　廿七　廿八　廿九　卅　○七月初一　初二　初三　初四　初五　初六

遠瞑室日記　學業

讀	閱	寫	作
宋遺民錄三卷 宋遺民錄五卷 宋遺民錄二卷	宋遺民錄五卷畢 孫奕　示兒編四卷 示兒編六卷 示兒編四卷 示兒編九卷 內字說執卷不閱	林景熙　霽山集一卷 霽山集二卷 霽山集二卷畢	陳櫟　負暄野錄
補章定甫飯　沛三夜談至三鼓	安極　是日歸讀宋書 筱甫夜來 嘗邀安極一人	偕日安極 過蹻盦 過貧夫	筱甫來

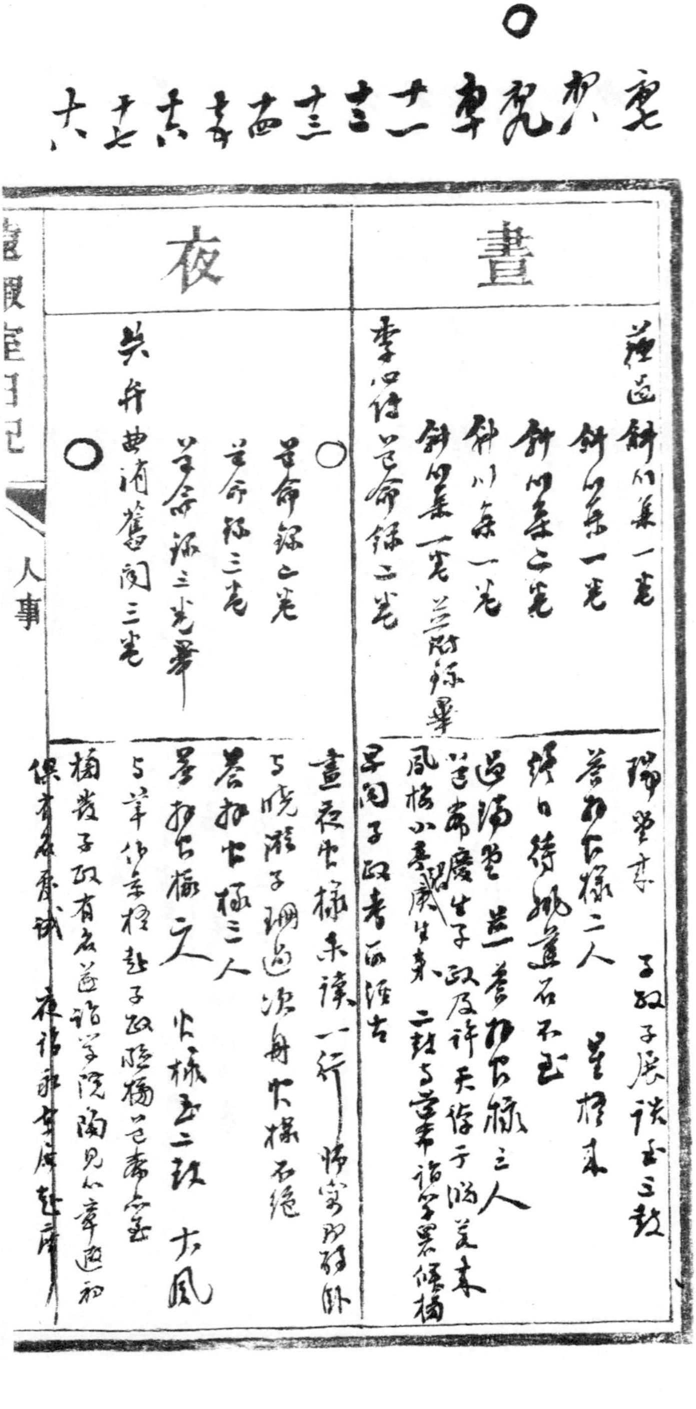

夜　晝

人事

九 廿 廿一 廿二 廿三 廿四 廿五 廿六 廿七 廿八 廿九

遠暇室日記　學業

讀	閱	寫	作
曲洧舊聞三卷 曲洧舊聞二卷 曲洧舊聞二卷畢	李[illegible]周字通 吳自牧夢粱錄 書凡二十卷是日閱[illegible]于文[illegible] 袁廷檮紅蕙山房[illegible]稿	袁易靜春堂詩集 王逢梧溪集 梧溪集	梧溪集 梧溪集 梧溪集

病熱不出戶

咳嗽大作

過金棣

過瑞豐

敵家封此

陽豐來

八月初一日　○初二　○初三　○初四　○初五　初六　初七　初八　初九　○初十　○十一

	晝	夜
	桂溪集 桂溪集 桂溪集 桂溪集 桂溪集 桂溪集 桂溪集　书凡七卷阅之讫 十二校毕可	解于煅园学易须知 程洵尊德性斋小集二卷 方岳惟斋小集一卷　补 未毕 王明臣历史二卷 历史一卷毕 龚氏之……纪闻一卷
人事	广生来 见某樵 贺子政子陶儿心　晚访子政 镜秋来 化山来　镜秋来	会计　镜秋来 查夜官樵四鼓后然 早去寓

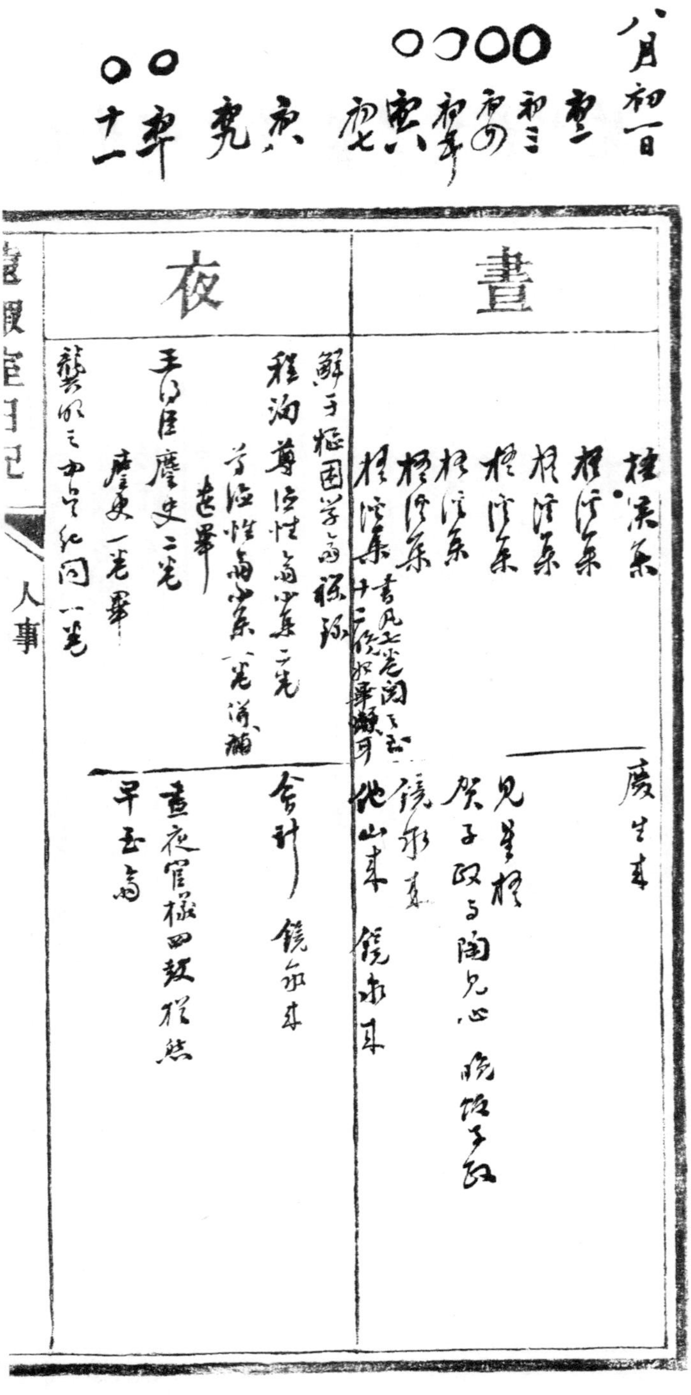

十二 十三 十四 十五 十六 十七 十八 十九 廿 廿一 廿二 廿三至 廿五

遠暇室日記 學業

讀

閱

中吳紀聞二卷
中吳紀聞一卷
中吳紀聞六卷畢
翁廣平書吾子彥記
張金吾廣釋名 知不足齋本畢
三年學編
文史通義一卷
文史通義一卷
文史通義一卷
文史通義二卷
文史通義一卷
文史通義數頁
文史通義一卷
文史通義一卷
校讎通義三卷

與同人飯菊坡精舍
過瑞墨

寫

作

過少蓉寓初
連日病不出戶

共花○
共六先
拼
九月四
初二
初三
初

晝	夜
硬实式○出纸系辑一先 日辑卷二 日辑卷二 日辑卷三 日辑卷四 日辑卷四五	日辑卷五六 日辑卷六 ○
过前廿匡 过源时图 诊脉 不深	二鼓后草仍手稿病势骤重或脱去 矣阖宅不睡余亦醒听子刚有先趋 病已半年不出户三月余草仍赶思 已理玉此账未决恐不起事发可问 再 二鼓后降福为顺吹再

宦服官日記

人事

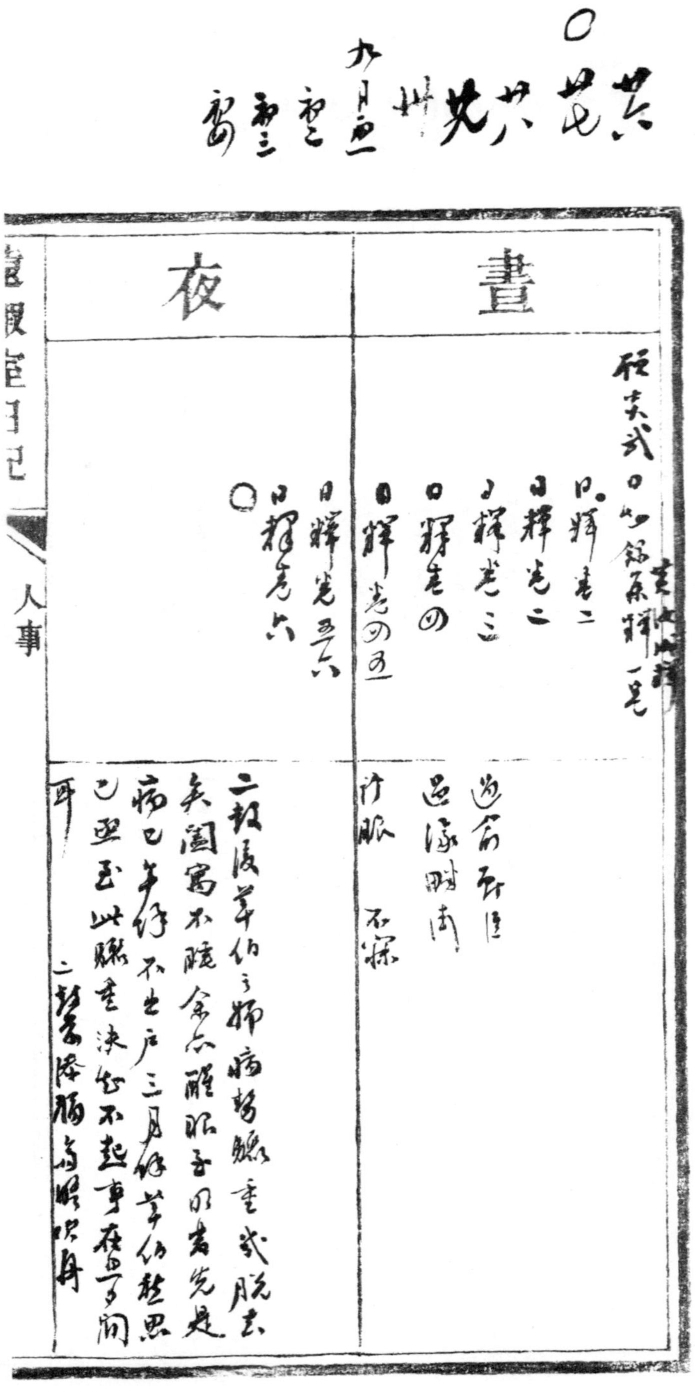

初七 初八 初九 初十 十一 十二 十三 十四

遠暇室日記 學業

讀 閱 寫 作

日耕卷七
日耕卷八
日耕卷八
日耕卷九
日耕卷九十
日耕卷十
日耕卷十一
日耕卷十二
日耕卷十三
日耕卷十四

稍於怡泉分服即赴坂後至高即回

錄眉宅評

兩月以來百事廢弛乃至讀史課程十分無一能酬對應日亦緣懶惰自安若不痛自刻厲是謂甘入下流君子之棄耳

廿年儲一書書病益劇待死矣

廿五 廿四 廿三 廿二 廿一 廿 十九 十八 十七 十六 十五

晝

日輝光十五 ○○○

竿伯卒於是夜四更後（十七寅時）氣絕去今屬時僅三年餘耳竿伯之出仕不行亦即今與同居於內外何知其情正而性靜不禄而天莫有天焉亦為之酸鼻而哀也

夜

日輝光十六

日輝光十七

日輝光十八

日輝光十六

日輝光十九

日輝光二十

日輝光廿一

過妓門廣

為竿伯哭家

人事

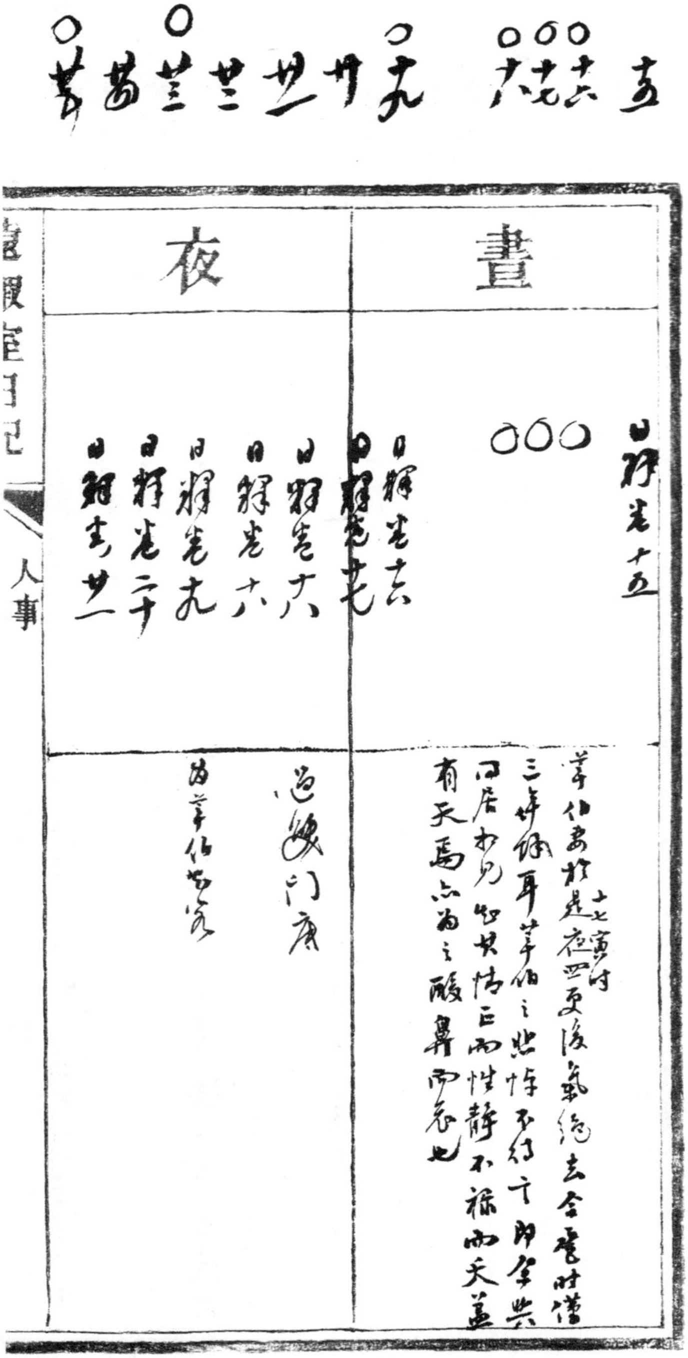

○廿六 ○廿七 ○廿八 廿九 卅 有初一 ○初二 初三 初四 初五 初六 初七

遠暇室日記

學業

讀	閱	寫	作
日課詩光廿七 ○ 日課光廿二 ○	日課茆 ○ 日課華	日課廿六 日課廿八 日課花 擬讀南史	日課花 ○ ○
雨浴廣生買舟 夜與華伯長談	為華伯書名號	晨赴市中買筆硯凡十餘事	早出郭

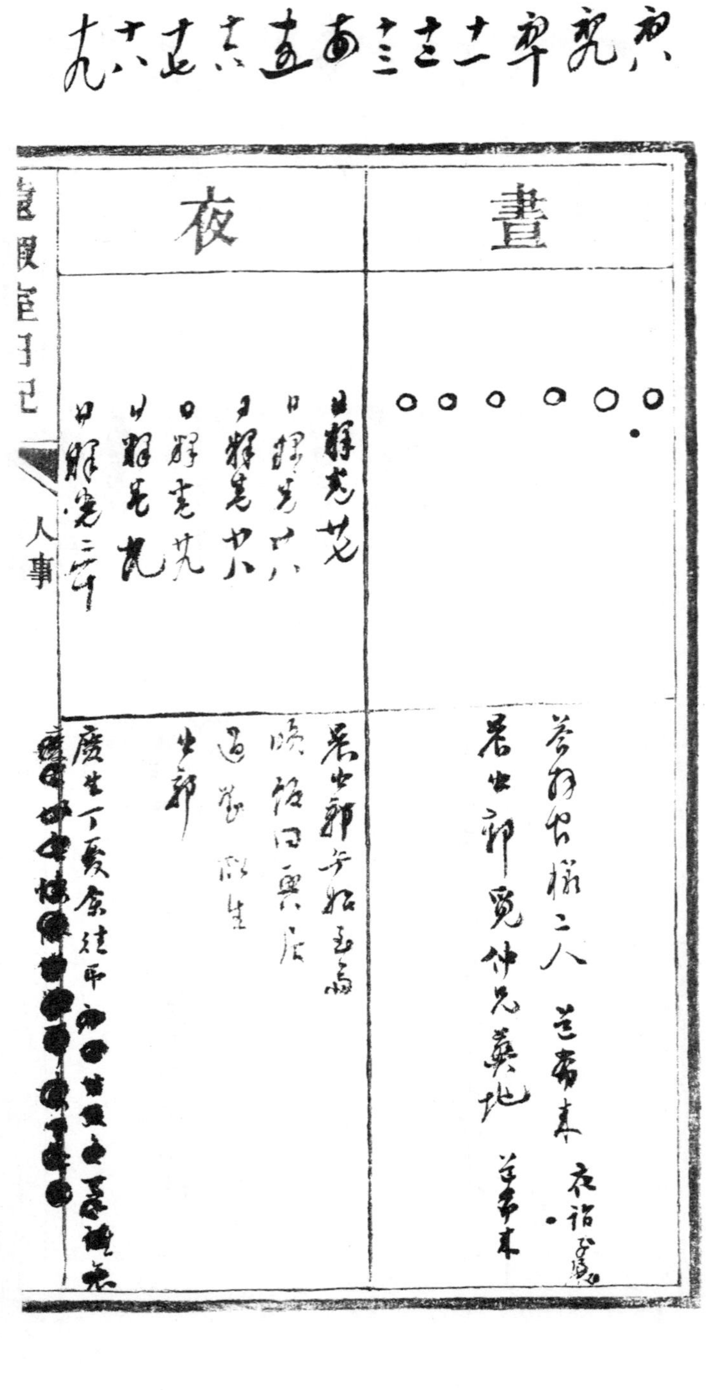
晝
夜
人事

廿日　廿一　廿二　廿三　廿四　廿五　廿六　廿七　廿八　廿九　卅

遠暇室日記　學業

讀	閱	寫	作
○ 日釋老廿 日釋老廿一 日釋老廿二 日釋老廿一 日釋老廿 日釋老廿 日釋老廿五畢 此書閱兩月矣 大寅一月 ● 校勝列象一毛 ○ ○			
訪慶生兄強 侍大夫下迎其子 修脈 出郭覓伯兄菩比 夜子丑謀 夢蝶寄秋一人			

十月初一　初二　初三　初四　初五　初六　初七　初八　初九　初十　十一　十二

[illegible]

晝	夜
研經文鈔卷之一 採經叢集	
出拜 晨閱書房所寫家府所 過鮑門底　訪李吉先生 展卷 答拜官拯四人	服藥 服藥 診脈 診脈 出拜諸屋帽閣　探土不合用

雲眼室日記　人事

十三 十四 十五 十六 十七 十八 十九 廿 廿一 廿二 廿三 廿四

遠暇室日記

學業

讀	閱	寫	作
○ ○ ○ ○	○ ○ ○	○ ○ ○	○ ○

訪服

訪梅生

終日在郭外晓帅代爲經行

橋頭看木

訪地藏庵拜梅兄之母及其弟妻子

覺得山湖鑑墓上所土色尚佳

小陰龍山之價共用價銀二十六兩二

錢 [illegible] 採土工料一兩左右

老玉 [illegible] 事未

往芳全欧[illegible]

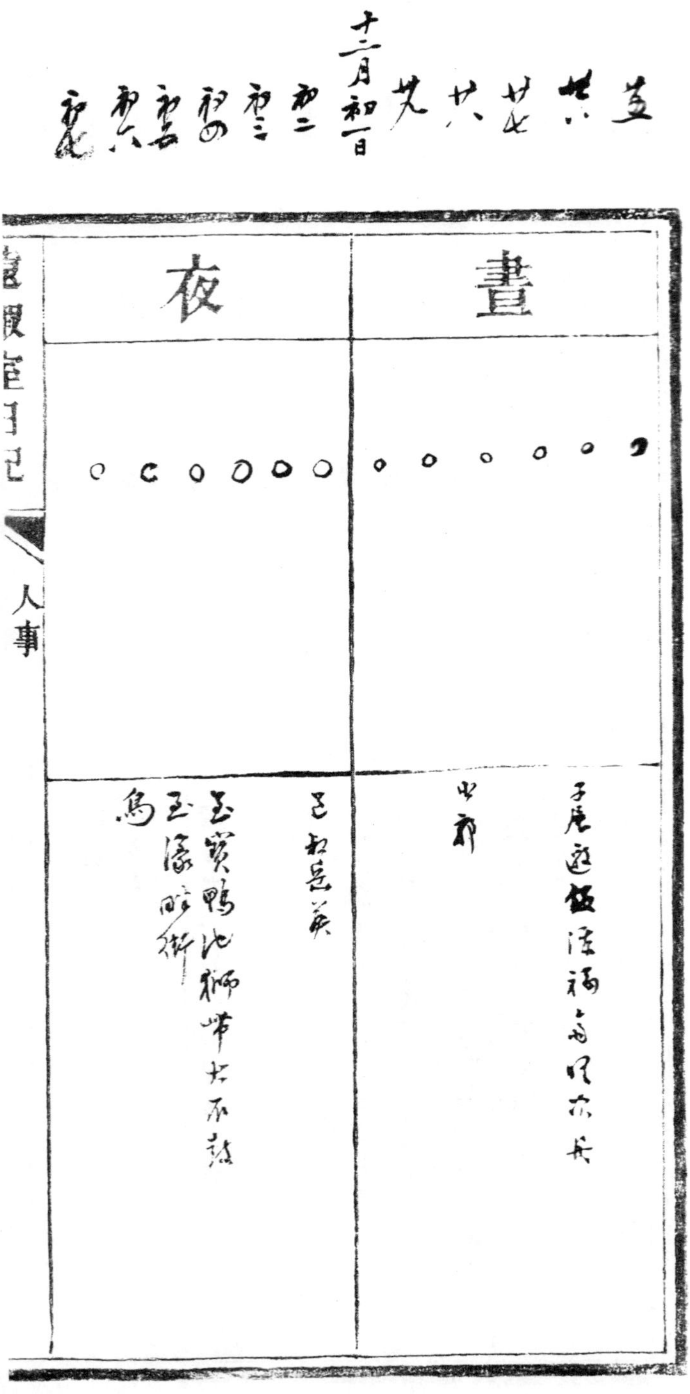

廿五　廿六　廿七　廿八　廿九　十二月初一日　初二　初三　初四　初五　初六　初七

……日記　人事

晝	夜
子居邀飯陳福齋同宴 出節	至叔岳家 玉寶鴨池柳帶大不誌 玉緣醉街 烏

初九 初十 十一 十二 十三 十四 十五 十六 十七 十八 廿

讀	閱	寫	作
		臨	擬
○○○ 夜讀中庸	○○○	○○	○○○
診脈 草廬訪張椿之	定藥丸方 夜至子渊處	出門回至四子經堂	午至順隆典至雨 答羅張根三人 留雨四 夜至子京 夜至達夫處

廿一　廿二　廿三　廿四　廿五　廿六　廿七　廿八　廿九　卅　十年甲申正月初一日　初二　初三

越縵堂日記　人事

晝	夜
晴 ○○、、	
詣李蓮中、邑梅生、伯山均不值 乃歸　與子頌、慶生兵談 邑陵門底 雲逸、常甫、吳宥來	邑陵門底 烏展墓

廿四日 審玉

廿五 廿六 廿七 廿八 廿九 卅 六月初一 初二 初三 初四 初五

讀	閱	寫	作
每出城董先兄墓 事前初七日冒雨大如注道路不好寒甚此十八日居讀 廿二日始接讀老蘇書 廿一日為辛氏祖母九十壽辰下在	玉山修縛 履黎留圖 庶修圖墓 玉山修縛	檢書	出北郭 連日看山買得挪本穴一穴 過楊氏縛

○初六 初七 初八 初九 初十 十一 十二 十三 十四 十五 十六 十七 十八 十九 廿

晝	夜

弓

少梅來

飯永興茶飲

又飯永興茶飲

古欣

訪周少璞及梅生

玉仲招飲深福齋

過少蕃及戴門存

訪魯芗先生賀娶媳

早偕雲青取宗棣成版

□假日記 人事

廿一　廿二　廿三　廿四　廿五　廿六　廿七　廿八　廿九　三月初一　初二　初三　初四　初五　初六

遠暇室日記　學業

讀	閱	寫	作

偃承無居

出謁客

晨早 於清渠夕

喚貴餅 閱藏竹閣主人述小窗事

客植一人

感冒

吉

感冒熱

不至云為 感冒病作也

[illegible] 十九 廿 廿一 廿二

晝	夜
● 陪月湖師 [illegible] 往師 / 訪 [illegible] / [illegible]	[illegible] 居 / [illegible]

……暇日記 人事

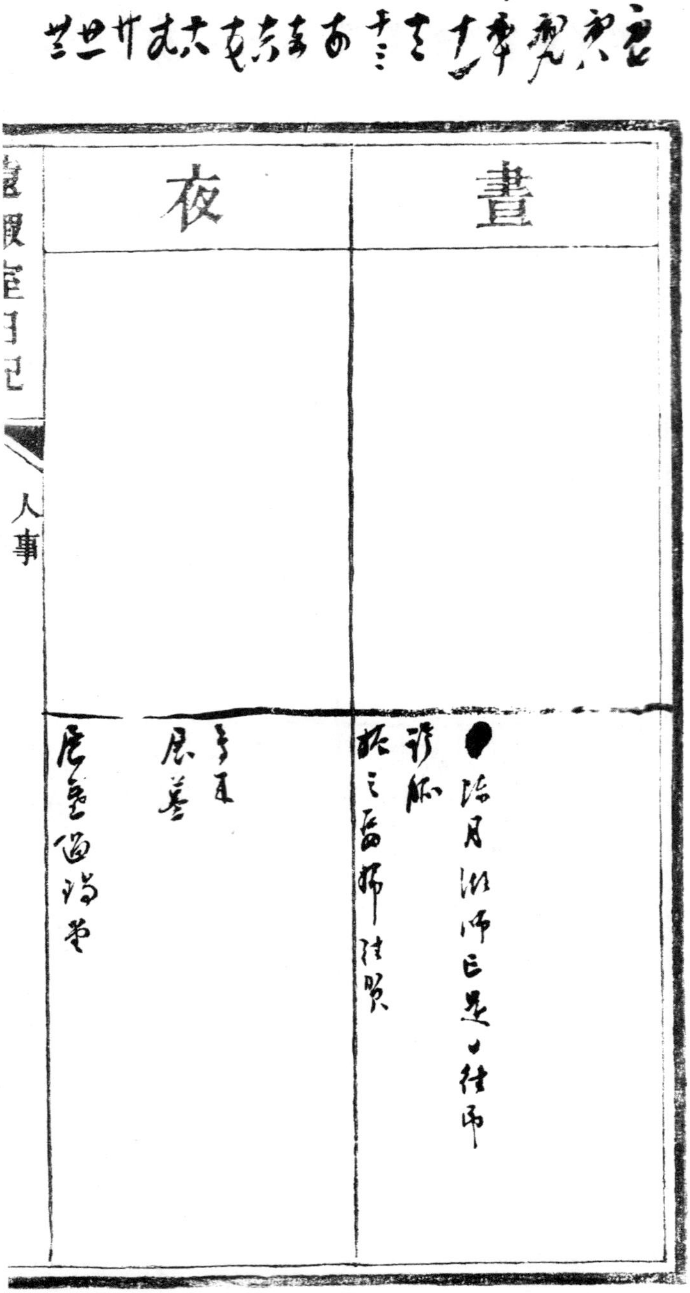

廿二 廿三 廿四 廿五 廿六 卅 八 元 四月一 西 雲 雲 霜 霜 天

遠暇室日記 學業

讀	閱	寫	作

飯後稍息
步游

羅子來
何鏡澥來
相中孫四人過談之
不惟讀書被為客攪亂併作猶爭亦不
許遂成蓋近日廣此些之人伊鬱莫恐
更甚將以為病矣
過方壽和寓
作不如意事 陽生來
貫
步西一趟 相中人
再陳季直 明之醺

初七 初八 初九 初十 十一 十二 十三 十四 十五 十六 十七 十八 十九 廿 廿一 廿二

……日記

晝	夜
晴 …… 事 補 …… 補 ……	…… 瑞 …… 來 ……

人事

廿三 廿四 廿五 廿六 ○廿七 廿八 廿九 卅 三月初一 初二 初三 初四 初五 初六 初七

遠暇室日記　學業

讀	閱	寫	作
	是日不閱一字悵悵		

寄東陽堂少梅來書

過駿門應漢解鄉

寄

寄　過墀舟

牧頡　聚了

和堂東　郅林生一代

秋君招飲

謁節　買金魚共存尼

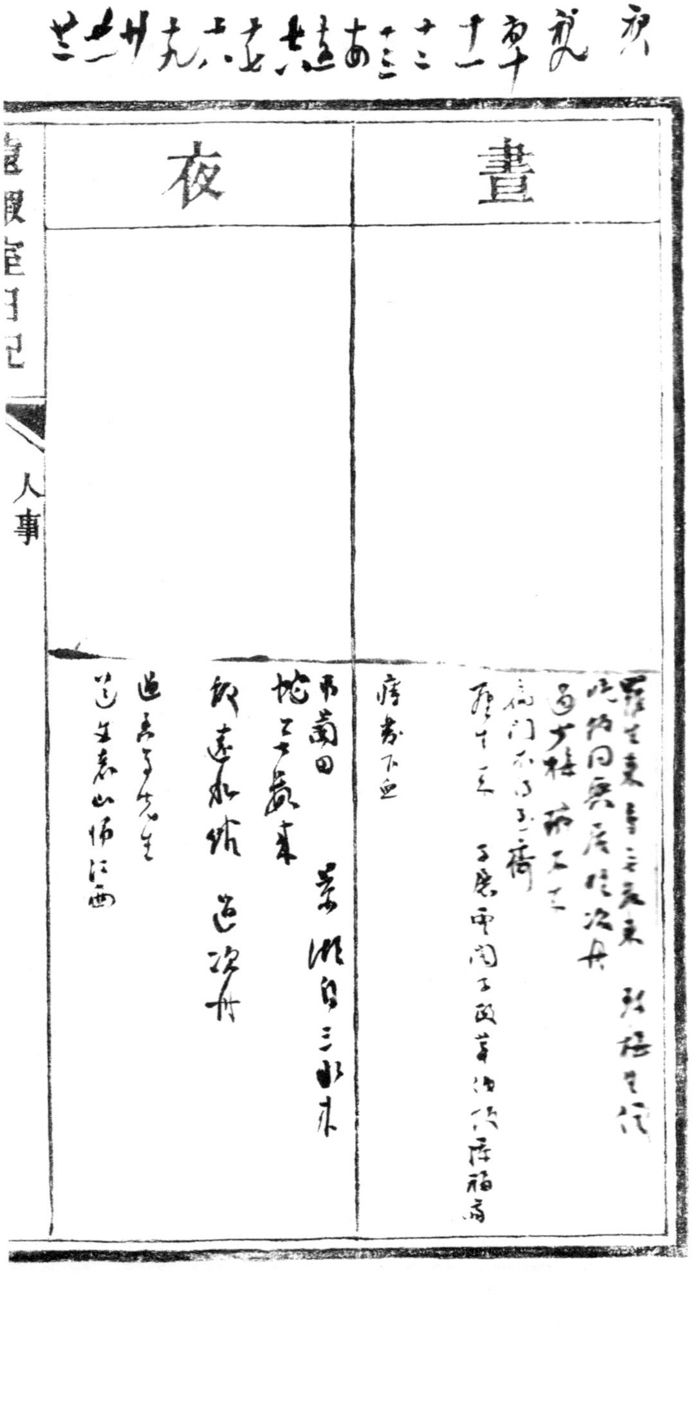
晝
夜
人事

廿三 廿四 廿五 廿六 廿七 廿八 廿九 ○閏五月初一日 初二 初三 初四 初五 初六 初七 初八 初九 初十

遠暇室日記 學業

讀	閱	寫	作
致梁生漢書　諸越華書院 三帝本	裴鉅傳中有說 於陶宅知名 晚飲陳福齋同飲	呈泰州來 諸位宅送回信 少梅來	光帝東子家　陶濡巡撫閱外捷音 子淵兄來書政府請丞三次 是日不出局 撲翼角牛任府任 姚賢夫來

《远暇室日记》残本释文

壬午十二月十七日

昼：游谈一人来两时。

阅：《吕氏春秋》四卷、费衮《梁溪漫志》一卷。

写：春□

十八：昼：任香亭先生之女加笄，往贺。过双门底。

阅：《吕氏春秋》四卷毕、《梁溪漫志》一卷。

十九：昼：唁文道希。遇吴晓漪。游谈二人来。修眼镜。

夜：不寐。

阅：《淮南子》三卷《原道训》：『夫内不开于心而强学问者，不入于耳而不著于心，此何以异于聋者之歌也，效人为之而无以自乐也，声出乎口，则越而散矣。』

廿：昼：子政、莘伯来，遂同出双门底。

阅：《淮南子》四卷。

廿一：昼：张智山娶弟媳，往贺。游谈之客不绝。

夜：太平沙火。

阅：《淮南子》三卷《缪称训》：『身有丑梦，不胜正行』。此语，诸子中数见。《南渡录》四卷，此伪书也。

廿二：昼：吊沈浦轩。遇次舟，不值。游谈二人来。与星五登南门城楼。

夜：沙基渡头火，烧百数十家。

阅：《淮南子》三卷。

廿三：阅：《淮南子》三卷。《梁溪漫志》一卷。

廿四：昼：雨寒。

阅：《淮南子》二卷《说林训》：『刺我行者，欲与我交；訾我货者，欲与我市。』《人间训》：『韩赵魏伐齐，围平陆，括子报于牛子，请以齐侯往无害子，谏不验无害子之言，而用括子之计，三国之兵罢，平陆之地存。自此之后，括子日以谏，无害子日以进。』按此与寇莱公孤注之说何异。

廿五：昼：偕莘伯买花，遂遇次舟，饭。

阅：《淮南子》三卷毕。

廿六：昼：归本寓，作福祭祖。

阅：《春秋繁露》五卷。

廿七：昼：立春。为梅生代送帮项。

阅：《春秋繁露》五卷。《临安旬制纪》，近人张道作潞王事。

廿八：阅：《春秋繁露》七卷毕。

廿九：昼：遇次舟。

阅：《扬子·法言》十三卷毕。

卅：昼：遇周少琴，归本寓。

夜：遇次舟，三鼓归。

九年癸未正月初一：

昼：官样。

阅：《孔子集语》二卷。

初二：昼：偕子政、莘伯出郭。

阅：《孔子集语》一卷。

初三：昼：官样。

阅：《孔子集语》三卷。

初四：昼：斗牌。遇吴晓漪，不值，值章吉甫。

阅：《孔子集语》三卷。

初五：昼：斗牌。

夜：游谈一人来。

阅：《孔子集语》一卷。

初六：昼：到斋。

阅：《孔子集语》四卷。

初七：昼：偕庆生、子政登粤秀山，遇沈晓帆、邹小亭侄穆臣。遇次舟，值客来，遂去。

阅：《孔子集语》三卷毕。

初八：夜：遇孟星航。

阅：《孔子家语》二卷。曾子曰：『狎甚则相简，庄甚则不亲，是以君子之狎足以交欢，其庄足以成礼。』孔子闻斯言也，曰：『二三子识之，孰谓参也不知礼乎！』

初九：夜：遇言雨田。

阅：《梁溪漫志》七卷毕。杭世骏《诸史然疑》、《榕城诗话》。《孔子家语》二卷。

初十：昼：游谈之客不绝。

阅：《笠泽丛书》甲。《孔子家语》五卷毕。

十一：昼：镜永自香山来，哲富来。

阅：贾谊《新书》四卷。此书为庸要贩夫窜增矣，数□□经，意欲廓清，然十仅一二，犹存也。《笠泽丛书》乙。

十二：昼：答拜官梓二人，游谈两时许。连日山茶正开，差破尘寂。

阅：《笠泽丛书》丙丁。贾谊《新书》三卷。

十三：昼：开灯，答拜官梓一人。

夜：偕马□三，遇香亭先生，又遇孟星航，归时几三鼓。

阅：贾谊《新书》一卷。

十四：昼：官梓一人来，游谈数人来。

阅：《孔丛子》：『梁人有阳由者，其力扛鼎，技巧过人，骨腾肉飞，手搏□兽。国人惧之。然无治室之训，礼教不立。妻不畏惮，浸相泄渎，方乃积怒。妻坐於床笞焉，左手建杖，右手制其头。妻亦奋恚，因授以背，使杖击之，而自撮其阴。由乃仆地气绝而不能兴。邻人闻其凶凶也，窥而见之，趍而救之。妻愈戆忿，莫肯舍旃。或发其裳，然後乃放。』按此事足资大噱，故录之，或发其裳，发妻之裳也。

贾谊《新书》二卷毕。

十五：昼：遇邓轮臣、王子展、言雨田，又遇次舟，不值。镜永归香山。

阅：《文中子》三卷。

十六：昼：见子政。

夜：云九帆自潮州来。

阅：陆游《入蜀记》三卷，《文中子》二卷。

十七：夜：游谈至三鼓，累夕皆游谈，废读书以自警。

阅：《入蜀记》二卷毕，《文中子》二卷。

十八：阅：朱翌《猗觉寮杂记》，《文中子》三卷毕。

十九：昼：终日斗牌。

夜：游谈至三鼓。

是日无所业。

廿：昼：为金瑞堂知吊客。

阅：《韩非子》一卷。

廿一：昼：诣章宅拜寿。

廿二：阅：《韩非子》一卷。

昼：游金氏溪南逸圃，同游七人。金少汀子来，昆季张浩泉、沈他山、云九帆、汪莘伯及余。

阅：《韩非子》二卷。

廿三：阅：《韩非子》三卷。

廿四：昼：吴晓漪邀饭，孙子珊宴午，往成归。

阅：《韩非子》一卷。

廿五：阅：《漪觉寮杂记》毕、《韩非子》二卷。

廿六：昼：□大雷雨，彼祈雨者可以谢矣。

夜：刘式甫邀饭，同席吴晓漪、陶星梧、陈孝直、周晓岚及不识姓名者四人。

阅：《韩非子》二卷。

廿七：昼：答拜官样一人，致梅生、镜永书。

阅：范晞文《对床夜语》、《韩非子》三卷、《逍遥游》。

廿八：昼：过双门底。

阅：《万物论养生主》、《韩非子》三卷。

廿九：昼：至马湟水冈展墓，山界为钟姓占去丈余，卖与林姓。林寓双门底，往与理说。双门底下街林镜台药店。自廿四日雨，至此始放晴。田塘霑足。

阅：《人间世·德充符》、《韩非子》二卷毕。

二月初一：阅：《大宗师》、《应帝王》、《尸子》二卷毕。

初二：昼：遇盛适之。

阅：《骈拇》、《马蹄》、《文子缵义》五卷。辛钘。《缵义》杜道坚撰。

初三：昼：诣旧仓巷观屋。

阅：《胠箧》、《在宥》、《天地》。《文子缵义》三卷。

初四：昼：孝直斋中被窃。行窃人虽获，而赃失去半矣。

阅：《天道》。《鬼谷子》一卷。

《文子缵义》四卷毕。是书疑伪托者。其中精语皆他子书所经见，意义殊涉薄，不耐寻绎，所称旧注尤未解意。杜氏《缵义》亦不佳。惟书中上半言道德，下半言刑名，其说以为令行禁止而后可以无为，于此可见老庄之为申号也。大抵战国之际，大道荡然，有志之士，各以其智力所及，无不思举而复于古。二千年来，既历试而供敝，于是孔孟之道始流若空无，疑当其时则亦说争胜，靡有定耳。此孟子所谓处士横议之状也。

初五：阅：《天运》、《刻意》、《缮性》。最得窾读此书，为之生怒，如见今之小人也。《鬼谷子》一卷毕。此书专意作小人。卢文绍之跋。古《三坟》、《鬻子》、《子华子》一卷。三书皆出伪托，然《子华子》文笔隽雅，是为鹰本之上，只惜其伪作，刘向序录不佳耳。《三坟》有茅坤、孙矿等批点，亦贾人以欺伪者，谬妄可笑。

初六：昼：俞溥臣女加笄，往贺。

夜：不寐。

阅：《秋水》、《至乐》、《达生》、《子华子》一卷毕。《尹文子》、《慎子》、《公孙龙子》、瞿佑《归田诗话》一卷。

初七：阅：《山木》、《田子方》。《于陵子》（伪书）、《邓子》（伪书）、《素书》（疑伪书）、《志经》（伪书）、《女孝经》、《素履子》（不佳）、《雨同书》、《鹿门子》。

初八：昼：贺沈凤书娶子妇。

阅：《知北游》、《庚桑楚》。《农说》。《元真子》。《归田诗话》一卷。

初九：昼：终日与子政、莘伯默坐。

阅：《太元经》一卷。

初十：昼：诣林镜台药店说坟墓事，遇盛适之。试小蟹爪笔，点书尚可用；又试一小者不佳。

夜：宿外。言雨生邀饭添福斋，二鼓归。

阅：刘崇远《金华子》、李廌《师友谈记》。

十一：昼：早起。

夜：宿外。

阅：《太元经》一卷。《归田诗话》一卷毕。都穆《南濠诗话》。《麓堂诗话》。

十二：昼：与九帆、莘伯诣他山拟饭燕珍楼观赛会，予自燕珍楼市饭，逃入斋。

夜：宿外。潘伯时来。

阅：史姓人作《钓矶立谈》。张齐贤《洛阳旧闻记》。《太元经》毕。此书所谓艰深文浅陋者，奇辞奥旨，无可猎取，如食蟹，仅得香螯耳。

十三：昼：官祥一人来。
夜：宿外。
阅：《徐无鬼》。叶绍翁《四朝闻见录》甲乙。《内经》三卷。

十四：昼：张浩泉娶妇，室人皆往贺，独留与云九帆、云竹楼、汪莘伯斗牌。
夜：宿外。
阅：《内经》二卷。

十五：昼：官祥一人来。张智山嫁妹，往贺。记四拜官祥数人：潘、姚、祁、冒、胡、夏。
夜：宿外。
阅：《四朝闻见录》丙丁，《内经》二卷。丁四、龚颐正《续稽古录》。

十六：昼：九帆回潮州。
阅：《四朝闻见录》戊毕。《内经》三卷。

十七：昼：诣祁翰生。
阅：王巩《清虚杂志》。《内经》四卷。

十八：阅：王若虚《滹南诗话》。《内经》三卷。

十九：昼：过双门底，路遇孙子珊，期廿一日邀饭。林镜台店移来。
阅：《内经》二卷。

廿：阅：《内经》二卷。

廿一：昼：号书数十百本。
夜：饭孙子珊家，同吴晓漪、王镜波、刘柱臣、胡厚轩。
阅：《内经》一卷。

癸未二月廿二日：
昼：官祥一人来。
阅：《则阳》、《外物》、《寓言》、《让王》、《盗跖》。《内经》二卷。《素问》已阅毕。《灵枢》不阅。《竹书纪年》一卷。

廿三：昼：答拜官祥数人。
阅：《说剑》、《渔父》、《列御寇》、《天下》。《竹书纪年》二卷。两容、颜适（《渔父》）。

廿四：昼：官祥一人来。廿四史来自前年，经营至此始遂，寒士读书之不易如此。此可传之子孙。
阅：《竹书纪年》二卷。

廿五：昼：饭后俟种洋痘，医不至，二点钟至斋。
阅：《竹书纪年》一卷。
廿六：昼：诣春海师得《吴石华词》。《春明梦余录》阅，已刻成。
阅：《吴石华词》四十五首。《竹书纪年》一卷。
廿七：昼：沈晓帆来。
阅：《竹书纪年》二卷。
廿八：昼：清明展马隍水岗墓。道希来，以新出地球图一轴见赠。
阅：《二林居集》行状数篇。《竹书纪年》二卷。
廿九：昼：始读《晋书》。
阅：《晋书》一卷零，以下只记卷数。《竹书纪年》一卷并附录毕。
三月初一：
阅：卷三武帝咸宁三年。《山海经》二卷。
写：泰始三年立衷为太子。诏曰：『近世每建太子，宽宥施惠之事，故无取焉。』禁星气谶纬之学。
初二：昼：外姑生日，饭后至斋。
阅：《武帝纪》。《山海经》二卷。
写：太康元除五女复，七始听大臣终丧三年。七八九年正月朔皆日食。
初三：阅：《惠帝纪》、《怀帝纪》、《愍帝纪》。《山海经》一卷。
惠帝以贾妃之故弑母灭子，授乱人以构兵之柄，暗弱甚矣；以毒崩于宫中，犹其幸也。怀帝一文士耳，然青衣行酒乃太酷。
写：永平元复置秘书监。永康二改司徒为丞相，次年罢丞相，复置司徒。
初四：昼：以《元丰类稿》《临川集》假邹小亭刊刻。
阅：《元帝纪》、《明帝纪》。《山海经》八卷。《二林居集》行状数篇。
元帝孱弱，不足中兴，立国未定，而叛臣骤起矣。明帝初立，年二十四耳，内有强臣肘腋之患，外有赵成分割之势，卒能削毙王敦，灭其余党，置节荆湘，以分上游，可谓英断有识，使享国日久，缵世其有望乎，年二十七即世，遗诏辅政，皆经济才，晋主之仅见者，谥曰：明无愧危矣。

写：太兴二罢御府及诸郡丞，置博士员五人。永昌元罢司徒并丞相。

初五：昼：官样至。

阅：甫阅二页，为事所败。《山海经》五卷毕。《二林居（集）》行状数篇。

初六：昼：过双门底。

夜：阅钱文子《补汉兵志》。刘祁《归潜志》三卷。

读：哀帝即位，诏曰：『昭穆之义，固宜本之天属。继体承基，古今常道。宜上嗣显宗，以修本统。』显宗，成帝也。成帝二十二岁，康帝二十三岁，穆帝十九岁，哀帝二十五岁。国之将亡，主多不寿者欤。

阅：《成帝纪》、《康帝纪》、《穆帝纪》、《哀帝纪》。成帝为庾亮所制，以幼于故耳，使长当不下移其权益，朝廷犹有贤才，即适威是时亦少振矣。康帝在位二年，无所表立，惟经略中原一诏差强。

写：咸和五除诸将任子。初税田亩三升。七复赵襄阳。咸康二税米，空悬五十余万石。尚书以下免官。四改司徒为丞相。分宁州置安州。五复改丞相为司徒。七罢安州。

作：人意是时赵已衰弱，用兵屡败，可乐也。穆帝用桓温兵力，遂能及远。哀帝服食致疾，委政太后，乃与桓温猜贰，是晋有一桓温而不能用也。是时力守洛阳，以与中原争，犹有可为也。

兴宁二改左军将军为游击将军，罢右军、前军、后军将军五校三将官，大阅户人，严法禁，称为庚戌制（三月庚戌）。

初七：夜：官样一人来。阅《归潜志》七卷。

阅：《废帝海西公纪》：海西公为桓温所废，诬及帷薄，令人发指。第桓温人才自是可用，中朝无人用之耳。

《简文帝纪》：帝仅能清谈，然桓温惮之，何也？诏令颇佳。

《孝武帝纪》：帝耽于酒色，遇杀固宜。肥水之胜，若有天幸，然苻坚之败，实可先征。是秦之失，亦晋之得也。

初八：昼：偕莘伯展外氏墓。

夜：阅《归潜志》四卷毕。此书记金事颇详，惜笔亦冗滥，是明亦不甚满人意。

阅：《安帝纪》：帝口不能言（盖讷也，非竞不言），故桓元之难，获免于死。《恭帝纪》：帝甘心禅让，终不免杀，何不守死，庶为生色。

初九：阅：《天文志》。《余襄公集》。

初十：昼：答拜官梓四人，晤一人。

阅：《天文志》。《襄公集》。

十一：昼：官梓。

阅：《天文志》。《襄公集》毕。

十二：昼：游谈。

夜：章吉甫招饭松秀堂。

阅：《天文志》。《地理志》。

十三：昼：官梓一人来。游谈一人来。道希继至，驱之去，道希邀次舟，近状原久未见矣。

阅：《地理志》。昨日今日俱仅阅数页。

十四：阅：《地理志》数页。宋僧文莹《玉壶清话》七卷。

十五：昼：偕道希、莘伯，遇庆生。拜官梓二人。

阅：《地理志》数页。《玉壶清话》三卷毕。岳珂《愧郯录》三卷。

十六：昼：庆生、子政来。春海归来。理书箧。

阅：《地理》数页。《地理志》上卷，自十二日读起，至此毕。《愧郯录》八卷。

十七：昼：哲斋来。游谈二人来。一人嘱托公事。

阅：《地理志》数页。《愧郯录》四卷毕。王灼《碧溪漫志》五卷。

十八：昼：游谈二人来。

阅：《地理志》数页。志下毕。皇侃《论语义疏》一卷。

十九：昼：答拜官梓数人及诣次舟，不值。游谈数人来。

阅：《礼志》上。《论语义疏》二卷。

廿：昼：偕莘伯至三元宫，遂遇郑寅初。

阅：《礼志》中。

廿一：昼：遇杨氏姊。

阅：《礼志》下。《论语义疏》一卷。

廿二：昼：游谈。

阅：《某志》上下。《论语义疏》二卷。张世南《游宦纪闻》四卷。

廿三：昼：官样一人来。
阅：《职官志》。《论语义疏》二卷。
廿四：阅：《职官志》。《舆服志》。《论语义疏》二卷毕。
廿五：阅：《食货志》。《游宦纪闻》六卷毕。
廿六：阅：《五行志》上。吴仁杰《离骚草木疏》四卷毕。
廿七：昼：过双门底。
阅：《五行志》中。王铚《默记》。
廿八：阅：《五行志》下。张镃《南湖集》二卷。
廿九：夜：官样二人。
阅：《刑法志》。《南湖集》三卷。
卅：昼：答拜官样二人，遇盛适之。
夜：阅《南湖集》四卷。
阅：《后妃传》、《列传》。

王祥、王览为晋时第一流，故传在第一，不特门第也。郑冲徒以胜相，旧臣特隆其礼，惟与孙邕等撰《论语集解》，差可称述。

何曾，憸人也。宣帝北征，曾上疏，请监北军，乃希曹爽意耳。文帝加晋王，即先拜矣。知武帝建国之不久，为有先后。

何劭苟幸贪奢，亦不愧曾子。

何遵，骄奢亡族，可以为戒。

四月初一：
昼：拜祖。
夜：《南湖集》一卷并附录毕。周密《𬞟洲渔笛谱》二卷毕。
读：石苞：薄葬可风。

石崇：古以富词莫如金，为考其致财之术，乃躬劫敛之，为东市之诛，亦天道也。参阅刘实。

欧阳建：

孙铄：免石苞于疑难，亦知恩者。

羊祜：始至，军无百日粮；季年，有十年之积。谓从甥王衍败俗伤化。取吴不须臣，既平之后，当劳圣虑。此与宋△△（是赵鼎、赵普）、策△△（是曹翰）进幽蓟地图同意。

初二：夜：阅梁孝元帝《金楼子》六卷毕。
读：杜预：政事才也，称之武库固宜。晚年始致力《左氏传》，足知老学，亦未为晚。

陈骞：大抵此辈皆魏二臣，故晋帝礼从优厚；若其居绩，无可言也。

裴秀：改官制，述五等，作《禹贡地域图》十八篇，遗表言平吴事。

裴頠：与张华议废贾后，华不敢从。嫉时俗放荡。著《崇有之论》。

楷：武帝卜世，数得一，不悦。楷曰：『天得一以清』云云。

初三：官样终日不到斋。夜阅蔡絛《铁围山丛谈》三卷。

初四：昼：道希来，始知次舟于初二日已行。余于次老聚首一年，几于无日不见，迨次老迁居城北，犹月数见。去年除夕，寒谈至三鼓始归。自今岁来，仅人日一晤，后随归。往固由鄙性疏懒，殆亦聚散有定。今此以一，次老竟不告别余，不及返道，并恐此人不忍复至粤东，则吾无重遇日矣，为之惘惘不弃。

夜：《铁围山丛谈》三卷毕。

读：卫瓘：钟会、邓艾皆才士，瓘弄之如反掌，问务桓及力微，务桓降，力微忧死。请除中正，行古里选，不能行。托醉，跪武帝床曰：『此座可惜！』遂为贾后做算。杜预于邓艾事知瓘不免。

恒：作《四体书势》、《隶势》。

玠：展，恒族弟。诏有孝子证父，或鞭父母问子所在。展奏除之。

张华：《鹪鹩赋》。议杨太后还称武皇后，不从。作《女史箴》以讽贾后。论废太子事，得免为庶人。武库火，先列兵守而复救。距赵王伦命。

刘卞：为县小吏。县功曹夜醉如厕，使卞执烛，不从。忧太子废，以计于张华。

安平献王孚：议以农丁五千屯上邽，春修田桑，秋习战阵，以备蜀。遗令称魏贞士。

威（小字阿皮）：赵王之乱，逼帝夺玺绶，惠帝反正曰：『阿皮捩吾指』，乃诛之。

初五：昼：陈人来。

夜：陈旉《农书》。秦观《蚕书》。楼璹《耕织图诗》。白珽《湛渊静语》一卷。

读：南阳王模：镇邺成都王颖遣公师藩等攻之，广平太守丁邵救之，模感邵德，敕国中生立碑。

保：体重八百斤，座所厚陈安，以天子礼葬之。

谯闵王承：监湘州，道见王敦。敦曰：『大王恐非将帅才也。』承曰：『铅刀岂不能一割乎！』唱义讨王敦。答甘卓书云云，词台慷慨。王廙承敦旨，害之。

无忌：拔刀板桥。座中欲杀王廙复仇。

恬：弹桓温屯中堂，吹警角，大不敬。

休之：刘裕将伐休之，遗其治中韩延之书，延之报书，以臧洪自况。

韩延之：以刘裕父名翘字显宗，遂自字显宗，名儿为翘，以示不臣刘氏，后奔魏。

姑臧亭侯顺：武帝受禅，叹曰：『事非唐虞，而假为禅名！』遂悲泣。

平原王榦：齐王冏诛赵王伦，以百钱贺之，戒句『效白女儿』指伦也。

琅邪王伷：平吴争功，传乃称无矜满之色，亦遇讳矣。

初六：扶风王骏：劝督农桑，与士卒分役，人限田十亩，诏普下州县。

梁王肜：长史大脔难嚼，学衣补幰，未足为清。博士蔡克议谥曰灵，文甚快。

夜：《湛渊静语》一卷毕。阅方鹏《责备余谈》。

读：齐王攸：议免籓国自辟长吏。所仪于太子，时太子惠帝也。文帝崩时，为武帝叙汉淮南报陈思故事，执攸手以属帝。就人借书，必手刊其谬，然后反之。

王沈：与荀顗、阮籍共撰《魏书》。高贵乡公将攻文帝，告沈，沈驰白。赵氏妇出入沈家，遂生子浚。

浚：与孙虑共害愍怀太子。以女妻鲜卑。自领幽州，讨成都王颖，鲜卑患自此始。与石勒战，为争冀州，忌刘琨，遂辍勒而距琨。琨时初起不支，致为刘聪所迫。欲僭位，众虽散，石勒诈降，杀之。

荀顗：定五等礼仪。阿荀勖、贾充。

荀勖：曹爽辟为掾。爽诛，无敢往者，勖独临赴，众乃从之。与贾充定律令。掌乐，用牛铎声而谐。劳薪炊饭。得汲冢竹书，诏撰次之。议遣王公之国事，又议省吏，勖以为：『省吏不如省官，省官不如省事，省事不如清心。』武统说以『宜有营置，令归戴』，默不应。失中书，曰：『夺我凤皇池』。孙荀绰著《晋后书》。

初七：荀奕：缮宫城，尚书符下陈留王，使出城夫。奕引义驳之。

冯紞：助贾后疾张华。致赵王伦之篡，紞、勖以平，有大功焉。平吴事，张华主之，众人争之。武帝听华，何其明也。既平，华应有上赏，则争之者应罚，而亦受赏有差，不问返过，以致挟憾相寻，乱及公族。悲夫！

沐。

阅林慎思《续孟子》、《伸蒙子》，王棨《麟角集》。

贾充：成济之事，充曰：『公等养汝，正拟今日。』所定新律，百姓便之。夏侯和谓充曰：『卿二女壻，亲疏等耳，立人当立德。』盖齐王攸亦娶贾氏。以外孙韩谧为嗣。谧，韩寿之子耳。前妻李氏，为郭氏不容。

谧：锁系黄门侍郎。二十四友。立晋书请从泰始为限。弈与愍怀太子争道，成都王正色责之。赵王伦将戮之，走入西钟下，呼曰：『阿后救我！』泰始中，谣：『贾、裴、王，乱纪纲。王、裴、贾，济天下。』

杨珧（骏弟）：自知『一族二后，未尝以全』，表乞『藏之宗庙，若如臣言，可以免祸。』及骏诛，珧临刑曰：『事在石函』。然终不省。

初八：昼：终日官样。

夜：阅刘克庄《江西诗派小序》、张泰来《江西诗社宗派图录》、尤玘《万柳溪边旧话》。

初九：夜：阅谢枋得《诗传注疏》。

读：魏舒：当为外氏成此宅相。自课百日习一经。时欲沙汰郎官，非其才者罢之。舒曰：『吾即其人也』，襆被而出。周震屡为诸府辟，公辄亡，佥号震杀公掾，舒辟之而无患。

李憙：景帝谓曰：『昔先公辟君而君不应，今孤命君而君至，何也？』对曰：『先君以礼见待，憙得以礼进退。明公以法见绳，憙畏法而至。』羌虏犯塞，辄以便宜出军深入，大获，以功重免谴。

刘寔：手约绳，口诵书，著《崇让论》，欲言各官交相为让。诣石崇，如厕，见有绛纹帐，裀褥甚丽，两婢持香囊。寔退，谓崇曰：『误入卿内。』崇曰：『是厕耳。』寔曰：『贫贱未尝得此。』乃更如他厕。《春秋条例》二十卷。

智（寔弟）：为颍川太守。管辂曰：『吾与刘颍川兄弟语，神思清发，昏不假寐。自此之外，殆白日欲寝矣。』

高光：武帝置黄沙狱，用为黄沙御史。

王浑：争平吴功，已用调停法矣。谏齐王攸不当之国语及外戚，亦云赣直殆家，其子济为主，身即外戚，故敢作此语耳。

济（浑子）：尚常山公主。王凯有牛名『八百里驳』，与赌射而割之，以人乳蒸豚。识马性，乘一马，著连乾鄣泥，前有水，不肯渡。济曰：『此必是惜鄣泥。』解去，便渡。孙楚向济灵床作驴鸣。

王濬：起宅，开门前路广数十步。使容长戟幡旗。徐邈大会佐吏，令女观之。女指濬告母，邈遂妻之。梦悬三刀卧屋梁上，须臾又益一刀。作大船连舫，以木为城，其上皆得驰马。论伐吴，上疏曰：『令皓卒死，更立贤主，则强敌也。臣作船七年，日有朽败，又臣年七十，死亡无日。三者一乖，则难图也。』初除巴郡太守，郡苦役，生男多不养。濬令产育者皆与休复，所全活数千人。至是皆堪徭役供军，其父母戒之曰：『王府君生尔，尔必勉之，无爱死也！』诏濬至秣陵，宁王浑节度，将至洋要令论事，濬举帆直指，报曰：『风利，不得泊也。』浑表其不受节度。领步兵校尉。旧校唯五，置此营自濬始。浑濬争言取吴财。平吴后，奢侈自逸。葬垣周四十五里，面别开一门，松柏茂盛。

唐彬：言满天下无口过，行满天下无怨恶（此《孝经》语）。帝欲用益州监军，朝议杨宗及彬，以问文立，立曰：『彬多财欲，宗好酒。』帝曰：『财欲易足，酒者难改。』遂用彬。

山涛：嵇康临诛，谓子绍曰：『巨源在，汝不孤矣。』除仆射，称疾表辞。因从弟妇丧，辄还外舍。诏以舆车舆还寺舍。甄拔人物，各为题目，称《山公启事》。平吴之后，诏天下罢军役。因与卢钦论用兵之本，以为不宜去州郡武备，其论甚精。时以涛不学孙吴，而暗与之合。初贫，谓妻韩曰：『忍饥寒，我后当作三公，但不知卿堪公夫人不耳！』袁毅遗丝百斤，受藏阁上。后见推检。乃取丝付吏，印封如初。

简（涛子）：镇襄阳。置酒习氏园池，名之曰『高阳池』。童儿歌之。

阅《江南余载》、《五国故事》、萧洵《元故宫遗录》。

十一：午后诣杨智生计事，夜不得归。

王戎：视日不眩，裴楷见之曰：『戎眼灿灿，如岩下电。』道侧苦李。阮籍谓浑曰：『共卿言，不如共阿戎谈。』浑，戎之父。赵王伦子欲取为军司，王繇曰：『濬冲谲诈多端，安肯为少年用？』好利聚钱，不知纪极，自执牙筹，昼夜算计，女适裴頠，贷钱未还，戎色不悦，还直乃欢。家有好李，恐人得种，恒钻其核。经黄公酒垆曰：『嵇、阮云亡，吾便为时羁绁。今日视之虽近，邈若山河！』子万，大肥，食糠而肥愈甚。（城扃已矣，遂宿杨氏）。

王衍（戎从弟）：山涛目之曰：『何物老妪，生宁馨儿！然误天下苍生，未必非此人也。』玉柄麈尾，与手同色。口中雌黄。无不言钱。女为愍怀太子妃，惧祸，自表离婚。为石勒所破，自说少不豫事，因劝勒称尊号。勒怒曰：『君名盖四海，身居重任，少壮登朝，至于白首，何得言不豫世事耶！破坏天下，正是君罪。』使左右扶出。谓孔苌曰：『吾行天下多矣，未尝见如此人，当可活不？』苌曰：『彼晋之三公，必不为我尽力，又何足贵乎！』勒曰：『要不可加以锋刃也。』使人夜排墙填杀之。衍将死，顾而言曰：『呜呼！吾曹虽不如古人，向若不祖尚浮虚，戮力以匡天下，犹可不至今日。』

王澄（衍弟）：衍妻郭怒曰：『昔夫人临终，以小郎属新妇，不以新妇属小郎。』因捉其衣裾，将杖之。王敦由江州镇豫章，澄过诣敦。敦令力士路戎搤杀之。刘琨闻澄死，叹曰：『澄自取之。』

郭舒：为王澄别驾。澄怒士人，宗廞叱左右棒之。舒厉色谓左右曰：『使君过醉，汝辈何敢妄动！』澄恚曰：『别驾狂邪，诳言我醉！』因遣掐其鼻，灸其眉头。澄意少释，廞遂得免。王敦召为参军，督护缪坦尝请武昌城西地为营，太守乐凯以为不可夺民地。敦大怒。舒曰：『听舒一言。』敦曰：『平子以卿病狂，故掐鼻灸眉头，旧疾复发耶！』舒曰云云。敦即使还地。

乐广：善清言而不长于笔，将让河南尹，请潘岳为表，作二百句语，述己之志。岳因取次比，便成名笔。杯中蛇影。与卫玠论梦是因想。杨准二子乔、髦。裴頠爱乔有高韵，谓髦少减。广爱髦有神检，谓髦清出。准笑曰：『二儿之优劣，乃裴、乐优劣也。』王澄、胡毋辅之等，或至裸体。广笑曰：『名教内自有乐地，何必乃尔！』

十二：郑默：为东郡太守，岁荒人饥，辄开仓振给，乃舍都亭，自表待罪。诏书褒叹。班告天下，若郡县有此比者，皆听出给。旧制遭丧，既葬还职，默自陈见许，遂改法定令，听大臣终丧，自默始。杨骏欲以女妻默子豫，默叹曰：『吾读《隽不疑传》，常想其人。』遂辞之。

孟宗宝《洞霄宫集》。

十三：考试，不至斋，招子政谈。夜阅范成大《石湖词》、陈三聘《和石湖词》、王沂孙《花外集》。

李胤：祖敏，浮海，不知所终。父信，不聘娶，后有邻居故人与父同年者亡，因行丧制服，徐邈劝使娶妻，生胤，遂绝房室，恒如居丧，忧卒。胤幼孤，母改行，亦以丧礼自居。

十四：钱杲之《离骚集传》、吴淑《江淮异人录》、《庆元党禁》。

卢钦：所著诗赋论难数十篇，名曰《小道》。

志（钦孙）：荡阴之败，从帝洛阳，赐鹤绫袍一领。

华廙：免为庶人，有司奏应听袭封。诏责之。造猪阑于宅侧，帝望见怜之。

峤：为汉后书十典未成卒。中子彻踵之，未竟亦卒。少子畅克成。

石鉴：督陇右，坐论功虚伪免官，为镇南将军，坐讨吴虚张首级。诏书免归。领司徒。前代三公册拜，皆设小会。魏末废，至鉴，有诏令会，遂以为常。

温羡：论复张华官爵。

十五：遇杨氏姊。阅杨玙《山居新语》。

刘毅：为平阳太守杜恕功曹。三魏为之语曰：『但闻刘功曹，不闻杜府君。』解司隶都官从事，将弹河南尹，司隶不许，曰：『攫兽之犬，鼷鼠蹈其背。』毅曰：『既能攫兽，又能杀鼠，何损于犬！』武帝问曰：『朕方汉何帝也？』对曰：『可方桓、灵。』帝曰：『其已甚乎！』对曰：『桓、灵卖官，钱入官库；陛下卖官，钱入私门。以此言之，殆不及也。』帝大笑曰：『桓灵之世，不闻此言。今有直臣，故不同也。』毅见武库井并欲贺，毅言：『证据旧典，无贺龙礼。』论九品中正三难八损。散斋而疾，其妻省之，毅便奏加妻罪，而请解斋。爵非列侯，不加之谥。

暾：家法，妇当拜墓。

和峤：庾顗叹曰：『峤森森如千丈松，虽磥砢多节目，施之大厦，有栋梁之用。』贾后使惠帝问曰：『卿昔谓我不了家事，今日定云何？』对曰：『昔事先帝，曾有是言。言之不效，国之福也。臣敢逃罪乎！』

任恺：恶贾充，于是朋党纷然。武帝知之，召充、恺宴于式乾殿，曰：『朝廷宜一，大臣当和。』既而以帝知而不责，结怨愈深。一食万钱，犹云无可下箸处。盖既失职，乃极滋味自奉耳。

崔洪：骨鲠不同于物，人有过，辄面折之，而退无后言。时人为之语曰：『丛生棘刺，来自博陵。在南为鹞，在北为鹰。』荐郤诜代己为左丞。诜后纠洪，洪曰：『是引弩自射也。』诜闻曰：『昔赵宣子任韩厥为司马，以军法戮宣子之仆。宣子谓诸大夫曰：「可贺我矣，我选厥也任其事。」崔侯为国举才，我以才见举，惟官是视，各明至公，何故私言乃至此！』洪闻言而重之。汝南王亮以瑠璆锺行酒，洪不执。

郭奕：为野王令，羊祜过之，奕叹曰：『羊叔子何必减郭（奕字也）大业！』少选复往，又叹曰：『羊叔子去人远矣。』遂送祜出界数百里，坐免官。有寡姊，随奕之官，僮仆奸犯，为人所纠。奕省按毕，曰：『大丈夫岂当以老姊求名？』遂遣不问。

侯史光：侯史殆复姓。

十六：贺侄晓峰娶妇，晚遇晓峰，二鼓归。

刘颂：广陵人，同郡有雷、蒋、谷、鲁四姓，时人语曰『雷、蒋、谷、鲁，刘最为祖。』为河内太守。郡界多公主水碓，遏塞流水，转为浸害，颂表罢之。疏言吴蜀分庄，须得长主口中云：天下大器，一安难倾，一倾难正。此疏极言。封建之利，及六州将士，士使居职之宜，文甚冗长闷。转尚书，建九班之制，欲令百官居职希迁。贾郭专朝，仕者欲速，竟不施行。赵王伦欲加九锡，颂议不可。

李重：上疏陈九品。恬和表陈制奴婢限数，及禁百姓卖田宅。重驳之。论九品当开寒素。

傅玄：撰《傅子》内、外、中篇，凡四部、六录，合百四十首，数十万言。内篇成，子咸以示王沈。沈与书云云：『不见贾生，自谓过之，乃今不及。信矣！』

咸：上言『蚕食者多，亲农者少』。上书言：『奢侈之费，大于天灾。』数陈杨骏之弟济与咸书。咸答曰：『卫公云，酒色之杀人，此甚于作直。坐酒色死，人不为悔。逆畏以直致祸，此由心不直正，欲以苟且为明哲耳！自古以直致祸者，当自矫枉过直，或不忠允，欲以亢厉为声，故致忿耳。安有悾悾为忠益，而当见疾乎！』又谏汝南王亮。咸上言，多可采录，文笔峻美。

傅祗：葬母，给太常五等吉凶导从。卿夫人葬给导从，自此始。赵王伦辅政，以为中书监。伦之篡也，孙秀等预撰仪式禅文。及伦败，以禅文出中书，议处祗罪，后以禅文草本非祗所撰，诏复光禄大夫。子畅年五岁，父友见而戏之，解畅衣，取其金环与侍者，畅不之惜。

十七：官样一人来。阅刊定《九经三传沿革例》、洪遵《翰苑群书》。

向雄：哭王经。葬钟会。绝刘毅、吴奋，昭然了了人也。

段灼：上疏追理邓艾冤。取长假还乡里。遣息表陈五事，极中晋初之病，首言禅代，与舜为异，意以明而语赣，文笔复华妙，且多用孟子语。

阎缵：杨骏诛，要潘岳、崔基共葬之。骏从弟模告武陵王澹，将表杀造意者。众惧，填冢而逃，缵独成墓，葬骏而去。上书理愍怀太子冤。因理训太子法。表末云：『辄具棺絮，伏须刑诛。』又言皇太孙宜差择寒门素士辅导。

阮籍：文帝初欲为武帝求婚于籍，籍醉六十日，不得言而止。有子杀母者，籍曰：『嘻！杀父尚可，至杀母乎！』坐者怪其失言。籍曰：『禽兽知母而不知父，杀父，禽兽之类也。杀母，禽兽之不若。』闻步兵厨营人善酿，求为步兵校尉。公卿劝进，使籍为词。沈醉忘作，使取之，方据案醉眠，便书案，使写之。母终，正与人围棋，对者求止，籍留与决赌。既而饮酒二斗，举声一号，吐血数升。及将葬，食一蒸肫，饮二斗酒，然后临诀，直言穷矣，举声一号，又吐血数升。毁瘠骨立，殆至灭性。裴楷往吊之，籍散发箕踞，醉而直视，楷吊唁毕便去。或问楷：『籍既不哭，君何为哭？』楷曰：『阮籍方外之士，故不崇礼典。我俗中之士，故以轨仪自居。』嵇喜来吊，籍作白眼，喜弟康赍酒挟琴造焉，籍大悦，乃见青眼。由是礼法之士疾之若仇。嫂尝归宁，籍相见与别。或讥之，曰：『礼岂为我辈设邪！』邻妇有美色，当垆沽酒。籍诣饮，醉，便卧其侧。兵家女有才色，未嫁死。籍不识其父兄，往哭尽哀。车迹所穷，辄恸哭而反。登广武，观楚、汉战处，叹曰：『时无英雄，使竖子成名！』登武牢山，望京邑，作《豪杰诗》、《咏怀诗》、《达庄论》。苏门山遇孙登，长啸而退。至半岭，闻若鸾凤之音，响乎岩谷，乃登啸也。著《大人先生传》，其略云云。子浑有父风，不饰小节。籍谓曰：『仲（咸字）容已豫吾此流，汝不得复尔！』

阮咸：咸与籍居道南，诸阮居道北，北阮富南阮贫。竹林之游。七月七日，北阮盛晒衣服，咸挂大布犊鼻于庭。曰：『未能免俗，聊复尔耳！』居母丧，纵情越礼。素幸姑之婢，姑当归于夫家，初云留婢，既而自从去。时方有客，咸闻之，遽借客马追婢，累骑而还。善弹琵琶。群豕来饮其酒，直接去其上，便共饮之。

瞻（咸子）：善弹琴。无忤。王戎问曰：『圣人贵名教，老庄明自然，其旨同异？』瞻曰：『将无同。』戎即辟之。时谓『三语掾』。执无鬼论，物莫能难，忽有客通名诣瞻，言及见神，反覆甚苦。客遂屈，作色曰：『即仆便是鬼。』于是变为异形，须臾消灭。

孚（咸子）：母，胡婢也。取《鲁灵光殿赋》『胡人遥集于上楹』而字以遥集。以金貂换酒，为有司弹劾，元帝宥之。明帝大渐，温峤入受顾命，要与同行。升车，乃告之。固求下车，不许。垂至台门，告峤内迫，求暂下，便徒步还家。祖约好财，孚性好屐。太后临朝，政出舅族。谓所亲曰：『庾亮年少，德信未孚，将兆乱矣。』寻而苏峻作逆。

修（咸从子）：与王衍谈易，衍叹服。作《大鹏赞》。

阮放：杀陶侃将高宝，后见宝为祟，遂卒。

阮裕：王羲之曰：『裕骨气不及逸少，简秀不如真长，韶润不如仲祖，思致不如殷浩，而兼有诸人之长。』在剡曾有好车，借无不给。有人葬母，欲借而不敢言。后闻之，叹曰：『有车而使人不敢借，何以车为！』遂命焚之。

嵇康：先姓奚，避怨，徙居近嵇山，因而命氏。土木形骸，不自藻饰。竹林七贤。孙登曰：『君性烈而才隽，其能免乎！』王烈得石髓，服半，余半与康，皆凝而为石。又于石室中见一卷素书，呼康往取，辄不复见。烈叹曰：『命也！』山涛将去选官，举康自代。乃与涛书告绝云云。好锻。宅有柳树激水圜之，居其下以锻。吕安以事系狱，辞相证引，遂复收康。缧绁中作《幽愤诗》。钟会造焉，锻不辍。良久会去。康曰：『何所闻而来？何所见而去？』会曰：『闻所闻而来，见所见而去。』以此憾之。言于文帝，因衅除之。将刑东市，索琴弹之，曰：『昔袁孝尼从吾学《广陵散》，吾每靳固之，《广陵散》于今绝矣！』尝游洛西，宿华阳亭。夜分，有客诣之，索琴为《广陵散》，遂以授康，仍誓不传人。撰上古以来高士为之传赞，作《太史箴》、《声无哀乐论》。

十八：

遇云关，不值，遂遇姚少莽。阅《翰苑群书》。

向秀：好庄周，书为之隐解。郭象又述而广之。嵇康曰：『此书讵复须注』。过山阳，作《思旧赋》，吊嵇康吕安。嵇康善锻，秀为之佐。

刘伶：乘鹿车，携酒，使人荷锸随之，曰：『死便埋我。』渴甚，求酒于妻。妻涕泣谏。伶曰：『吾不能自禁，惟当祝鬼神自誓耳。便可具酒肉。』从之。伶跪祝曰：『天生刘伶，以酒为名。一饮一斛，五斗解酲。妇儿之言，慎不可听。』仍引酒御肉，隗然复醉。鸡肋不足安尊拳。《酒德颂》。与阮籍、嵇康相遇，携手入林。

谢鲲：邻高氏女有美色，鲲尝挑之，女投梭，折其两齿。时人语曰：『任达不已，幼舆折齿。』鲲闻之，敖然长啸曰：『犹不废我啸歌。』避地豫章。经行空亭中宿。将晓，有黄衣人呼鲲字令开户，鲲便于窗中度手牵之，胛断，视之，鹿也。明帝在东宫，问曰：『论者以君方庾亮，自谓何如？』答曰：『端委庙堂，使百僚准则，鲲不如亮。一丘一壑，自谓过之。』劝王敦入朝，敦曰：『君能保无变乎？』对曰：『鲲请侍从。』敦勃然曰：『正复杀君等数百人，亦复何损！』

胡毋辅之：与王澄、王敦、庾顗俱为王衍所昵，号曰四友。澄与人书曰：『彦国吐佳言如锯木屑，霏霏不绝。』过河南门下饮，河南驺王子博箕坐其傍，辅之叱使取火。子博曰：『我卒也，惟不乏吾事而已，安复为人使！』辅之因就与语，叹曰：『吾不及也！』荐之河南尹乐广。

谦之（辅之子）：辅之正酣饮，谦之厉声曰：『彦国年老，不得为尔！将令我尻首东壁。』辅之欢笑，呼与共饮。其所为如此。字其父而叱之。礼坏至此，欲国之无亡不可得也。

毕卓：比舍郎酿熟，夜至其瓮间盗饮之，为掌酒者所缚。尝谓人曰：『得酒满数百斛船，四时甘味置两头，右手持酒杯，左手持蟹螯，拍浮酒船中，便足了一生矣。』

王尼：为护军府军士，胡毋辅之持羊酒诣护军，坐马厩下，与尼炙羊饮酒，醉饱而去，竟不见护军。护军大惊，与尼长假，因免为兵。

羊曼：与阮放、郗鉴、胡毋辅之、卞壶、蔡谟、阮孚、刘绥为兖州八伯，拟古八隽。苏峻作乱，守云龙门。或劝避峻。曼曰：『朝廷破败，吾安所求生？』勒众不动，为峻所害。常语耳得之，此时尤难。

聃（曼弟）：与江泉、史畴、张嶷为四伯，比之四凶。为庐陵太守。疑郡人简良等为贼，杀二百余人，诛及婴孩，所髡锁复百余。罪当死，以景献皇后是其祖姑，应八议。成帝诏曰：『此事古今所无，何议之有！其赐命狱所。』寻以琅邪山太妃忧戚，赦除名。遇疾，简良等为祟，旬日死。

光逸（字孟祖）：为博昌小吏，送客，遇令不在，解衣炙之，入令被中卧。令大怒，逸曰：『家贫衣单，沾湿无可代。若不暂温，势必冻死，奈何惜一被而杀一人乎！』令奇而释之。胡毋辅之荐于东海王越，即辟焉。书到郡县，皆以为误。避乱渡江，复依辅之。属辅之等七人闭室酣饮已累日。逸便于户外脱衣，露头狗窦中而大叫。辅之惊曰：『必我孟祖也。』遽呼入，与饮。时人谓之八达。

曹志：曹植孽子。武帝阅《六代论》，问曰：『是卿先王作耶？』志对曰：『先王有手所作目录。』『按录无此。』帝曰：『谁作？』志曰：『以臣闻，是族父冏作。以先王文高名著，是以假托。』帝顾公卿曰：『父子证明，足以为审。自今已后，可无复疑。』齐王攸将之国，志常恨其父不得志于魏，因怆然叹奏议云云。议成当上，从弟嘉曰：『兄议甚切，百年之后必书晋史，目下将见责耶。』

庾峻：祖乘。苏林尝就学，见峻流涕，曰：『尊祖高才，不营当世。鄢陵旧五六万户，闻今裁有数百。尊伯当世令器，君兄弟复俊茂，此尊祖积德所由也。』是时风俗趣竞，礼教陵迟。峻上疏云云。

珉（峻子）：刘海大会，使怀帝行酒，珉因大号哭，遂遇害。

敳（峻子）：著《意赋》云云。从子亮问曰：『若有意也，非赋所尽；若无意也，复何所赋？』答曰：『在有无之间耳！』谓温峤森森如千丈松，虽礧砢多节，施之大厦，有栋梁之用。按此庾顗谓和峤语，私传已载之。此作庾敳谓温峤。未知熟误。东海王越以其家富，就换钱千万，冀其有吝。敳已醉，帻堕机上，以头就穿取，徐云：『下官家有铢二千万，随公所取矣。』王衍与交，敳卿之不置。衍曰：『君不得为耳。』敳曰：『卿自君我，我自卿卿。我自用我家法，卿自用卿家法。』

郭象：王衍云：『听象语，如悬河泻水，注而不竭。』先是，注《庄子》者数十家。向秀于旧注外为解义，惟《秋水》、《至乐》二篇未竟秀卒。象窃为己注，自注《秋水》、《至乐》二篇，又易《马蹄》一篇，其余点定文句而已。故有向、郭二《庄》，其义一也。

庾纯：贾充宴朝士，纯后至，充曰：『君行常居人前，今何以在后？』纯曰：『旦有小市井事不了，是以来后。』纯之先有伍伯者，充之先有市魁者，以此相讥焉。充意不平。及纯行酒，充不时饮。纯曰：『长者为寿，何敢尔乎！』充曰：『父老不归供养，将何言也！』纯怒曰：『贾充！天下凶凶，为尔一人。』充曰：『充辅佐二世，荡平巴、蜀，何罪而天下为之凶凶？』纯曰：『高贵乡公何在？』众坐因罢。充惭怒，上表解职。纯惧，上表自劾。云云。于是杂议父老师养。

旉（纯子）：齐王攸之国，上表谏。

秦秀：轻鄙贾充，伐吴之日，闻其为大都督，曰：『吾将哭以送师。』

十九：

道希来，阅赵升《朝野类要》、《碧血录》。

皇甫谧：年二十，不好学。所后叔母任氏责之。乃就乡人席坦受书。居贫，躬自稼穑，带经而农，遂博综典籍百家之言。后得风痹疾，犹手不辍卷。作《玄守论》。时人谓之『书淫』。从姑子梁柳城阳太守，当之官，人劝饯之。谧曰：『柳为布衣时，吾送迎不出门。今作郡而送之，是贵城阳太守而贱柳也。』辟召，皆不行，作《释劝论》。武帝下诏敦逼，上疏自称草莽臣。自表就帝借书，帝送一车书与之。初服寒食散，委顿不伦。著论为葬送之制，名曰《笃终》。大为棺椁，备赠存物，无异于埋金路隅而书表于上也。称玄晏先生。门弟子挚虞等，皆有名。

方回（谧子）：陶侃造之，著素士服，望门辄下而进。

挚虞：作《思游赋》。上《太康颂》。陈勰掘地得古尺，尚书奏：『今尺长于古，宜以古为正。』潘岳以为宜用已久，不宜复改。虞驳曰云云。今尺长于古几于半寸，乐府用之，律吕不合；史官用之，历象失占；医署用之，孔穴乖错。此三者，度量所由生，得失所取征，宜改从古。又表论封禅。撰《族姓昭穆》十卷，以定品违法，为司徒所劾。答杜预书言谅暗之制。惠帝之乱流转南山中，拾橡实而食。怀帝郊。虞考正旧典，法物粲然。洛京乱饥，遂以馁卒。撰古文章，类聚区分，名《流别集》。太叔广枢机清辩，广谈，虞不能对；虞笔，广不能答。

束皙：疏广之后。避难，去疏之足，遂改姓。郡大旱，为邑人请雨，三日而雨注，众为作歌。为《劝农赋》、《饼赋》，文颇鄙俗，时人薄之。作《玄居释》，张华奇之。上广农议。在著作，得观竹书，随疑分释，皆有义证。武帝问挚虞三日曲水之义，虞曰：『汉章帝时，平原徐肇以三月初生三女，至三日俱亡，村人以为怪，乃招携之水滨洗祓，遂因水以泛觞，其义起此。』帝曰：『必如所谈，便非好事。』皙进曰：『虞小生，不足以知。昔周公成洛邑，因流水以泛酒，故逸诗云「羽觞随波」。又秦昭王以三日置酒河曲，见金人奉水心之剑，曰：「令君制有西夏。」乃霸诸侯，因此立为曲水。二汉相缘，皆为盛集。』帝大悦，赐皙金五十斤。有人于嵩高山下得竹简一枚，上两行科斗书，传以相示，莫有知者。张华以问皙，皙曰：『此汉明帝显节陵中策文也。』检验果然。

王接：同郡冯收荐之太守。议依《春秋》褒三累之义，加稽绍致命之赏，从之。谓《左氏》辞义赡富，自是一家书，不主为经发。《公羊》附经立传，经所不书，传不妄起，于文为俭，通经为长。乃更注《公羊春秋》。丧乱尽失。长子悊期，缘父本意，更注之。卫恒考正汲冢书，束皙述而成之，王庭坚难之。皙又释难，而庭坚已亡。潘滔谓接曰：『卿足解二子之纷。』接遂详其得失。挚虞、谢衡咸以为允当。

廿：官样一人来。《潘阆逍遥集》。

郤诜：泰始中，举贤良直言之士。诜以对策上第，拜议郎。诏文古美，颇有汉诏意，对不及也。崔洪荐为左丞，诜以事劾之，语在《洪传》。『桂林一枝，昆山片玉。』

阮种：举贤良，武帝擢第一。

华谭：举秀才对策云云。时九州秀孝策无逮谭者。王济于众中嘲曰：『君吴、楚之人，亡国之余，有何秀异？』答曰：『秀异固产于方外，不出于中域也。武王迁殷顽民于洛邑，君非其苗裔乎？』济又曰：『危而不扶，颠而不持，至君臣失位，将何所取哉！』答曰：『存亡有运，兴衰有期，曷人力所能哉！』著书，名《辨道》。或问：『人之相去，如九牛毛，宁有此理？』对曰：『许由、巢父让天子之贵，市道小人争半钱之利，此之相去，何啻九牛毛也！』

愍怀太子遹：宫中夜失火，武帝登楼望之。太子时年五岁，牵帝裾入暗中。惠帝执诸皇子手，次至太子，武帝曰：『此汝儿也。』观豕牢，曰：『豕甚肥，何不杀以享士？』杜锡规劝，太子怒，以针著锡坐氈而刺之。贾谧围棋争道。贾后诈称上赐酒枣，醉出书草，使书之。妃，王衍女也。至许昌，遗妃书，备言赐酒使书之事。孙秀劝赵王伦，间贾后杀太子，然后废后，足以为功。后使太医程据合巴豆杏子丸，逼太子，不肯服，因如厕，孙虑以药杵椎杀之。

太孙臧：永康元年立皇太孙。之东宫行，车服侍从皆愍怀之旧。到铜驼街，宫人侍从者及路人皆哭。先是桑生于宫西厢，日长已余数日易枯。太孙之立，桑复生于西厢，太孙废，乃枯。

廿一：阅连文凤《百正集》、张天雨《贞居词》。

陆机：吴亡，作《辩亡论》二篇，述权所以得皓所以亡及其祖父功业。与弟云俱入洛，张华重其名，如旧相识，曰：『伐吴之役，利获二俊。』王济指羊酪曰：『吴中何以敌此？』答云：『千里莼羹，末下盐豉。』卢志众中问陆逊：『陆抗于君近远？』机曰：『于君于卢毓、卢廷。』赵王伦之诛，齐王冏以机职在中书，九锡文及禅诏疑机与焉，收付廷尉，减死徙边，遇赦而止。有犬名黄耳，机乃为书以竹筒盛之而系其颈，犬寻路南走，至家，得报还洛。后以为常。齐王冏既矜功自伐，机恶之，作《豪士赋》以刺。其序云云。著《五等论》。成都王颖起兵讨长沙王乂，假为大都督。机以三世为将，道家所忌，固辞，不许。始临戎，而牙旗折，意甚恶之。列军自朝歌至于河桥，鼓声闻数百里，汉、魏以来，出师之盛，未尝有也。战于鹿苑，军败，赴七里涧死者如积，水为不流。孟超纵兵大掠。机录其主者。超将百余人，直入麾下夺之，顾机曰：『貉奴能作督否！』及战，超不受节度，轻兵独进而没。孟玖疑机杀之，遂谮机有异志。颖大怒，收机。因与颖笺，词甚凄恻。既而叹曰：『华亭鹤唳，可复闻乎！』遂遇害。张华尝谓曰：『人恨才少，子患才多。』云与书曰：『君苗见兄文，辄欲烧笔砚。』

孙拯：机既为孟玖所诬，收拯考掠，两踝骨见，终不变辞。门生费慈、宰意二人诣狱明拯，拯遣之曰：『吾义不可诬枉知故，卿何宜复尔？』二人曰：『仆亦安得负君！』拯死狱中，慈、意亦死。

陆云：有笑疾，张华多姿制，好帛绳缠须。云见大笑。尝著缞绖上船，于水中顾见其影，因大笑落水。与荀隐会张华坐，华曰：『今日勿为常谈。』云因抗手曰：『云间陆士龙。』隐曰：『日下荀鸣鹤。』云又曰：『既开青云睹白雉，何不张尔弓，挟尔矢？』隐曰：『本谓是云龙骙骙，乃是山鹿野麋。兽微弩强，是以发迟。』华抚手大笑。补浚仪令。人有见杀者，主名不立，云录其妻，无所问。十许日遣出，密令人随后，谓曰：『其去不出十里，当有男子候之与语，便缚来。』既而果然。问之具服：『与妻通，共杀其夫。』去官。百姓思之，图画形象，配食县社。吴王晏大营宫室，上书劝其俭。晏信任部将，使覆察诸官钱帛，又陈。机之败，并收云。江统等疏救不纳，云克等数十人固请，颖有宥云色。孟玖扶颖入，催令杀之。行过王弼墓者，所遇，遂善谈玄。

陆喜：谓薛莹在四五之间。

廿二：

陈叔斋《籁记》、《袁采世范》。

夏侯湛：与潘岳友善，每行止同舆接茵，京都谓之『连璧』。累年不调，作《抵疑》以自广。《昆弟诰》。文拟书经。

潘岳：号为奇童。藉田赋。为河阳令，时山涛、王济、裴楷等为帝亲遇，岳内非之，乃题阁道为谣曰：『阁道东，有大牛。王济鞅，裴楷鞧，和峤刺促不得休。』敕除逆旅，置官橘，收客舍钱。岳议云云。从之。《西征赋》，《闲居赋》。恶孙秀之为人，数挞辱之。及赵王伦辅政，秀为中书令。岳谓曰：『犹忆畴昔周旋不？』答曰：『中心藏之，何日忘之！』岳自知不免。俄而诬岳及石崇等为乱，诛之，夷三族。将诣市，与母别曰：『负阿母！』与崇俱被收，崇曰：『安仁，卿亦复尔耶！』岳曰：『可谓白首同所归。』岳《金谷诗》云云，乃成其谶。少时挟弹出洛阳道，妇人遇之，以果满车而归。时张载甚丑，每行，小儿以瓦石掷之，委顿而反。

潘尼（岳从子）：著《安身论》。上《释奠颂》（时惠帝释奠）。为《乘舆箴》。

张载：道经剑阁，因蜀人恃险好乱，著铭以作诫。益州刺史张敏表上其文，武帝使镌于剑阁山。为《榷论》、《蒙汜赋》，傅玄嗟叹，以车迎，谈尽日。

协（载弟）：作《七命》，世以为工。

亢（协弟）：时人谓载、协、亢、陆机、云曰：『二陆』『三张』。

江统：语曰：『嶷然稀言江应元。』作《徙戎论》，惠帝不能用。未及十年，而夷狄乱华。疏言：『故事，父祖与官职同名，皆得改选，而未有身与官职同名，不在改选之例。至使佐吏不得表其官称，子孙不得言其位号。以为身名与官职同者，宜与触父祖名为比。』从之。陈慜怀太子五事。太子现废，冒禁拜辞，收付狱。孙琰说贾谧曰：『东宫故臣不顾重辟，乃更彰太子之德，不如释之。』由是免。举郄鉴、阮修、程收于东海王越，时以为知人。

彪（统子）：哀帝欲于殿庭立鸿祀，又躬藉田，彪并以礼废日久，仪注不存，宜停之。

惇（统子）：以君子立行，依礼而动。若乃放达不羁，肆纵为贵者，非但动违礼法，亦道之所弃也。乃著《通道崇检论》。

孙楚：符劭等使吴，石苞命作书遗孙皓。劭等不敢为通。参石苞骠骑军事。初至，长揖曰：『天子命我参卿军事。』因此嫌隙。苞奏楚讪毁时政，楚抗表自理。以少贱受责。初，参军不敬府主，楚既轻苞，遂制施敬，自楚始。龙见武库井，上言：『申命公卿，举独行君子可惇风厉俗者，亮拔秀异之才可以拨烦理难矫世抗言者，无系世族，必先逸贱。』与王济善，谓曰：『当欲枕石漱流。』误云『漱石枕流』。济曰：『流非可枕，石非可漱。』楚曰：『所以枕流，欲洗其耳；所以漱石，欲厉其齿。』初，除妇服，作诗示济，济曰：『未知文生于情，情生于文，览之凄然，增伉俪之重。』

统（楚孙）：性好山水，求为鄞令。

绰（统弟）：鄙山涛，曰：『山涛吾所不解，仕非仕，隐非隐，若以元礼门为龙津，当点额暴鳞矣。』种松，恒自守护，邻人曰：『树子非不楚楚，恐永无栋梁日。』绰曰：『枫柳虽复合抱，亦何所施！』支遁问君何如许询？答曰：『高情远致，弟子早已伏膺；然一咏一吟，许将北面矣。』每云：『《三都》、《二京》，五经之鼓吹也。』《天台山赋》成，示范荣期，云：『卿试掷地，当作金石声也。』荣期曰：『恐此金石非中宫商。』然每至佳句，辄云：『应是我辈语。』与习凿齿同行，绰在前，顾曰：『沙之汰之，瓦石在后。』凿齿曰：『簸之飏之，糠秕在前。』桓温将移都洛阳。朝廷不敢为异，绰上疏云云。桓温见表，不悦，曰：『致意兴公，何不寻君《遂初赋》，知人家国事耶！』温、王、郗、庾诸公之薨，必绰为碑文，然后刊石。

罗宪：蜀将降魏，为魏距吴。

尚（宪兄子）：为益州刺史，蜀人言曰：『尚之所爱，非邪则佞；尚之所憎，非忠则正。』又曰：『蜀贼尚可，罗尚杀我。平西将军，反更为祸。』

滕修：吴广州牧晋伐吴，率众赴难。闻皓降，乃缟素流涕而还，送印绶。

马隆：凉州刺史。令狐愚坐事伏诛，无敢收者。隆托称愚客，以私财殡葬，服丧三年，列植松柏，礼毕乃还。凉州刺史杨欣为虏所没，河西断绝，武帝临朝而叹：『谁为我讨此虏通凉州者乎？』隆进曰：『陛下能任臣，臣能平之。』帝曰：『顾卿方略何如。』隆曰：『请募士三千人，无问所从来，率之鼓行而西，秉陛下威德，丑虏何足灭哉！』乃以为武威太守。公卿佥曰：『隆小将妄说，不可从也。』帝弗纳。隆募限腰引弩三十六钧、弓四钧，立标简试。自旦至中，得三千五百人，隆曰：『足矣。』因请至武库选杖。武库令与隆忿争，御史中丞奏劾隆，隆曰：『臣当亡命战场，以报所受，武库令乃以魏时朽杖见给，不可复用，非陛下使臣灭贼意也。』帝从之，乃给三年军资。于是西渡温水。依八阵图作偏箱车，地广则鹿角车营，路狭则为木屋施车上，且战且前，弓矢所及，应弦而倒。转战千里，杀伤千数。隆使夜到，帝抚掌欢笑。谓群臣曰：『若从诸卿言，是无秦、凉也。』南虏成奚为边患，帅军讨之。虏据险距守，隆令军士皆负田器，将若田者。因其无备，进击破之。

胡奋：一子早亡，女为贵人，哭曰：『老奴不死，唯有二儿，男入九地之下，女上九天之上。』杨骏以后父骄傲，奋谓曰：『前代与天家婚，未有不灭门者，但早晚事耳。观卿举措，适所以速祸。』骏曰：『卿女不在天家乎？』奋曰：『我女与卿女作婢耳，何能损益！』

陶璜：晋既得交阯郡，霍弋遣杨稷等守之。临遣誓曰：『若贼围城未百日而降者，家属诛；若过百日救兵不至，吾受其罪。』稷等守未百日，粮尽，乞降。璜不许，给粮使守。期讫粮尽，救兵不至，乃纳之。李祚保九真郡，璜攻之。祚舅黎晃劝祚降。祚曰：『舅自吴将，祚自晋臣，唯力是视耳。』逾时乃拔。皓既降，手书敕璜归顺。璜流涕，送印绶。减州郡兵，璜上言不可。『合浦郡百姓以珠易米。吴时珠禁甚严。请上珠三分输二，次者输一，粗者蠲除。自十月讫二月，非采上珠之时，听商贾往来如旧。』从之。

廿三：

吾彦：陆抗奇其勇略，将拔用之，患众情不允，乃会诸将，密使人佯狂拔刀跳跃而来，坐上惧走，唯彦不动，举几御之，众服其勇，乃擢用焉。王濬将伐吴，造船于蜀，彦觉之，辄为铁锁，横断江路。及师临境，攻之不克，乃退舍。武帝问孙皓所以亡，彦对曰：『吴主英俊，宰辅贤明。』帝笑曰：『君明臣贤，何为亡国？』彦曰：『天禄永终，历数有属。此盖天时，岂人事也！』张华时在坐，曰：『君为吴将，积有岁年，蔑尔无闻，窃所惑矣。』彦厉声曰：『陛下知我，而卿不闻乎？』帝问：『陆抗、陆喜二人谁多？』对曰：『道德名望，抗不及喜；立功立事，喜不及抗。』陆机因此每毁之。

张光：氐、羌叛，以百余人戍马兰山北，贼围百余日。光屡出奇破之。秦州人邓定等饥饿抄盗，巴西太守张燕讨之。定伪降，馈燕金银，燕为缓师。定遂进逼汉中。光结诸郡谋进取。燕唱言曰：『汉中荒败，迫近大贼，克复之事，当俟英雄。』汉中太守杜正冲曰：『张燕受贼金，致丧汉中。』光于是发怒呵燕，斩之以徇。镇汉中。时王如余党李运等合氐杨难敌势大盛。光婴城固守，佐吏劝退据魏兴，光按剑曰：『吾受国厚恩，不能翦除寇贼，今得自死，便如登仙，何得退还也！』声绝而卒。

赵诱：齐王冏檄郗隆，起兵讨赵王伦。隆欲承檄，而诸子并在洛阳；欲坐观，恐为冏讨。诱说曰：『使君自将精兵，径赴许昌，上策也。遣猛将会盟，中策也。若遣小军随形助胜，下策耳。』隆曰：『我无所偏助，欲保州而已。』诱谏：『若无所助，变难将生，州亦不可保。』隆不决，遂为其下所害。

周处：自知为人所恶，慨然谓父老曰：『今时和岁丰，何苦而不乐？』父老叹曰：『三害未除，何乐之有！』处曰：『何谓？』答曰：『南山白额兽，长桥下蛟，并子为三矣。』乃入山射杀兽，投水搏蛟，蛟或沈或浮，行数十里，而处与之俱，经三日三夜，人谓死，皆相贺。处果杀蛟而反，闻乡里相庆，始知患己之甚，乃入吴寻二陆。遂励志好学。王浑登建邺宫酾酒，既酣，谓吴人曰：『诸君亡国之余，得无戚乎？』对曰：『魏亡于前，吴亡于后，亡国之戚，岂惟一人！』浑有惭色。齐万年反，使隶夏侯骏西征。孙秀知其将死，谓曰：『卿有老母，可辞也。』处曰：『忠孝安得两全！辞亲事君，父母安得子乎？』将战，处军人未食，赵王肜促进而绝其后继。遂力战而没。

玘（处子）：石冰、陈敏、钱璯俱为乱，玘三定江南。谋诛执政。谋泄，忧愤发背卒，谓子勰曰：『杀我者诸伧子，能复之，乃吾子也。』吴人谓中州人曰『伧』。

札（处子）：王敦攻石头，札开门应敦。一门五侯，敦深忌之。钱凤谋灭周氏，说敦云云。时道士李脱，自言八百岁。弟子李弘养徒灊山，云应谶当王。敦使告札与脱图不轨。即营杀札兄子，筵进军袭札，遂见杀。敦死，札、莚故吏诣阙讼冤。卞壸议『石头之役，札开门延寇，追赠未安』。王导以『当时众所未悟。既悟其奸萌，札便以身许□。谓宜与周顗、戴若思同例。』竟从导议。

筵：

周访：乡人盗访牛，于家中杀之，访得之，密埋其肉。时有同姓名者，罪当死，吏误收访，奋击收者，自归于帝。征杜弢。弢作桔槔打官军船舰，访作长岐帐以距之。与贼隔水，贼众，自知不敌，密遣如樵采者而出，于是结阵鸣鼓而来，大呼曰：『左军至！』至夜，令军中多布火而食，贼谓官军益至，未晓而退。访谓诸将曰：『贼终知我无救军，宜促退水北。』既渡，断桥，而贼果至，隔水不得进。杜曾径造沔口，锐气甚盛，访使李恒督左甄，许朝督右甄，自领中军，令曰：『一甄败，鸣三鼓；两甄败，鸣六鼓。』既而两甄皆败。访亲鸣鼓，将士腾跃奔赴，曾遂大溃。访乘之，遂定汉、沔。初，王敦谓访：『擒曾，当相论为荆州刺史。』及是敦自领，访为梁州。访大怒，欲图之。敦惮其强，终访之世未敢为非。

虓（访元孙）：母为苻坚将扬安所获，遂降安。坚欲以为尚书郎，不可呼坚为氐贼。元会，坚谓曰：『晋家元会何如此？』虓厉声曰：『戎狄集聚，譬犹犬羊相群，何敢比天子！』坚又问：『朕众力何如？』虓曰：『戎狄已来，未之有也。』病卒于太原。其子以丧归。谢玄上疏，孝武帝讼褒之。

光（访子）：王敦举兵，光赴之，而敦已死，光未之知，求见敦。王应秘以疾告。光曰：『王公其死乎？』遂捕钱凤诣阙赎罪。初，陶侃丁艰，将葬，家中失牛。一老父谓曰：『前岗一牛眠山污中，其地若葬，位极人臣矣。』又指一山云：『此亦其次，当世出二千石。』侃以所指别山与访。父死，葬焉，果自访以下，三世为益州四十一年。

初四：《唐书纠缪》六卷毕。

初五：黄晞声《偶子》。是日诣星梧家，观其园塘，故鲍逸卿宅园也。

初六：袁襄《世纬》。《董史书录》。是日答拜官样一人，不明吊盛宅。

初七：徐兢《高丽图经》十三卷。夜邓翰臣过谈。

初八：《高丽图经》十四卷。王镜波邀饭喜乐轩。

初九：《高丽图经》十三卷。周密《武林旧事》五卷。

初十：《武林旧事》五卷。

十一：袁韶《钱塘先贤传赞》。周去非《岭外代答》二卷。

十二：《岭外代答》五卷。

十三：《岭外代答》三卷毕。无名氏《南窗纪谈》。

十四：宋濂《浦阳人物记》。

十五：黄庭坚《宜州乙酉家乘》。范成大《吴船录》。遇子政，议同居事。

十六：周辉《清波杂志》五卷。答拜官样一人，并诣俞秀山，道希、庆生来。

十七：《清波杂志》五卷。刘晚来。

十八：《清波杂志》二卷。《别志》三卷。

十九：沈云祚《蜀难叙略》。是日诣沈他山，终日斗牌。

廿：朱翌《灊山集》二卷。子政来谈，二鼓别。

廿一：《灊山集》一卷。刘应时《颐庵居士集》二卷。

廿二：冯舒《诗纪匡谬》。至浙绍义庄，遂过番署。

廿三：陈鹄《耆旧续闻》六卷。

廿四：《耆旧续闻》四卷。庆生、子政来约，明日与道希游粤秀山。

廿五：蒋正子《山房随笔》。与道希、庆生、子政、莘伯终日在菊坡精舍。道希感冒。

廿六：刘昌诗《芦浦笔记》。宋大樽《茗香诗论》。遇邓翰臣，不值。

廿七：《郑注孝经》。吴坰《五总志》。晡时，偕莘伯过双门底。

廿八：黄震《纪要逸编》。拜官样二人。夜诣邓翰臣。

廿九：朱祖文《北行日谱》。俞献臣来。

六月初一：瞿昌文《粤行纪事》。子政、庆生来。

初二：郑起《清隽集》。郑思肖《百二十图诗》、《所南文集》。

初三：何光远《鉴诫录》五卷。晤子展。

初四：《鉴诫录》五卷毕。是晨至亭，沈他山来斗牌。

初五：赵德麟《侯鲭录》四卷毕。

初六：《侯鲭录》四卷毕。移居。

初七：李季可《松窗百说》、陈世隆《北轩笔记》。

初八：吴可《藏海诗话》。失窃。

初九：吴师道《礼部诗话》。张舜民《画墁集》三卷。大风。

初十：《画墁集》六卷毕。得次舟书。杨氏姊、盛氏姊师宁。

十一：全祖望《读易别录》。姚际恒《古今伪书考》。

十二：王辟之《渑水燕谈录》五卷。官样。

十三：《渑水燕谈录》三卷。

十四：范成大《揽辔录》、《骖鸾录》。

十五：《桂海虞衡志》。得次舟书。

十六：楼钥《北行日录》。陆游《放翁家训》。食瓜而美。

十七：盛如梓《老学丛谈》。过双门底。胡开文接刘海峰等来。

十八：白珽《湛渊遗稿》。杨允孚《滦京杂咏》。赵雍遗画。

十九：朱友仁《阳春集》。周密《草窗词》一卷。

廿：《草窗词》一卷毕。

廿一：《草窗词补遗》。出城。景梧自三水来。

廿二：袁文《翁牖闲评》。

廿三：俞文豹《吹剑录外集》。

廿四：谢翱《天地间集》。《宋旧宫人诗词》。程敏政《宋遗民录》一卷。写字五幅。吴晓漪属售米帖。

廿五：《宋遗民录》三卷。

廿六：《宋遗民录》五卷。

廿七：《宋遗民录》二卷。诣章宅早饭。沛三夜谈至三鼓。

廿八：《宋遗民录》五卷毕。官样。是日始读《宋书》。

廿九：孙奕《示儿编》四卷。道希夜来。

卅：《示儿编》六卷。答拜官样一人。

七月初一：《示儿编》四卷。终日官样。

初二：《示儿编》九卷（内《字说》数卷，不阅）。遇瑞堂。

初三：林景熙《霁山集》一卷。遇贸夫。

初四：《霁山集》二卷。

初五：《霁山集》二卷毕。

初六：陈櫄《负暄野录》。道希来。

初七：苏过《斜川集》一卷。瑞堂来。子政、子展谈至三鼓。

初八：《斜川集》一卷。答拜官样二人。星梧来。

初九：《斜川集》二卷。终日待姚蕉石，不至。

初十：《斜川集》一卷。遇瑞堂，并答拜官样三人。

十一：《斜川集》一卷并附录毕。道希、庆生、子政及许天倬、于渊若来。凤楼小亭张庚生来。二鼓与道希论学。众候榜。

十二：李心传《道命录》二卷。早闻子政考取经古。

十三：昼夜官样，未读一行。归家即醉卧。

十四：《道命录》二卷。与晓漪、子珊遇次舟，官样不绝。

十五：《道命录》三卷。答拜官样三人。

十六：《道命录》三卷毕。答拜官样二人。官样至二鼓。大风。

十七：朱弁《曲消旧闻》三卷。与莘伯、景梧赴子政听榜，道希亦至。

十八：榜发，子政有名，遂诣学院，陶见心章邀，初俱有名官试，夜临永□居赴席。

十九：《曲消旧闻》三卷。病热不出户。

廿：《曲消旧闻》二卷。

廿一：《曲消旧闻》二卷毕。咳嗽大作。

廿二：李从周《字通》。

廿三：吴自牧《梦粱录》（书凡二十卷，甚绌，于文学之撷阅而已）。袁廷梼《红蕙山房稿》。

廿四：袁易《静春堂诗集》。遇星梧。

廿五：王逢《悟溪集》。遇瑞堂。

廿六：《悟溪集》。

廿七：《悟溪集》。

廿八：《悟溪集》。兽客到此。

廿九：《悟溪集》。瑞堂来。

八月初一：《悟溪集》。庆生来。

初二：《悟溪集》。
初三：《悟溪集》。
初四：《悟溪集》。见星梧。
初五：《悟溪集》。贺子政与陶见心。晚饭子政。
初六：《悟溪集》。镜永来。
初七：《悟溪集》（书凡七卷，阅之，至十二日晚归毕耳）。
鲜于枢《困学斋集录》。他山来。镜永来。
初八：程洵《尊德性斋小集》二卷。会计、镜永来。
初九：《尊德性斋小集》一卷并补遗毕。
初十：王得臣《尘史》二卷。昼夜官梓，四鼓犹然。
十一：《尘史》一卷毕。龚明之《中吴纪闻》一卷。早至斋。
十二：《中吴纪闻》二卷。
十三：《中吴纪闻》一卷。
十四：《中吴纪闻》二卷毕。翁广平《两孝子寻亲记》。
十五：张金吾《广释名》（《知不足斋丛书》毕）。
十六：章学诚《文史通义》一卷。与同人饭菊坡精舍。
十七：《文史通义》一卷。遇瑞堂。
十八：《文史通义》一卷。
十九：《文史通义》二卷。
廿：《文史通义》一卷。
廿一：《文史通义》数页。
廿二：《文史通义》一卷。遇少莽、寅初。
廿三至廿五：《文史通义》一卷。《校雠通义》三卷。连日病，不出户。
廿六：黄汝成择顾炎武《日知录集释》一卷。
廿七：《日释》卷二。
廿八：《日释》卷二。
廿九：《日释》卷三。遇俞献臣。
卅：《日释》卷四。过濠畔街。
九月初一：
《日释》卷四、五。诊脉。不寐。
初二：《日释》卷五、六。
初三：《日释》卷六。
初四：二鼓后，莘伯之妇病势骤重，几脱去矣。阖寓不睡，余亦醒，眼至明发。先是病已年余，不出户三月余。莘伯愁思已亟，至此骤重，决知不起，事在旦夕间耳。二鼓前添福斋，晤次舟。
初五：《日释》卷七。稍于清晨合眼，即起饭，后至斋即回。
初六：《日释》卷八。
初七：《日释》卷八。诣冒宅吊。
初八：《日释》卷九。两月以来，百事废弛，乃至读史课程，十分无一，虽酬对废日，亦缘懈惰自安，若不痛自刻薄，是谓甘入下流，君子之弃矣。
初九：《日释》卷九、十。
初十：《日释》卷十、十一。
十一：《日释》卷十一。
十二：《日释》卷十二。
十三：《日释》卷十三。
十四：《日释》卷十四。莘伯之妻病愈重，行死矣。
十五：《日释》卷十五。
十六：莘伯妻于是夜四更后（十七寅时）气绝。去合卺时仅三年余耳。莘伯之悲悴，不待言。即余与同居相见，知其情亡而性静，不禄而夭，盖有天焉，亦为之酸鼻而哀也。
十七、十八：
十九：《日释》卷十六。
廿：《日释》卷十七。
廿一：《日释》卷十八。过双门底。
廿二：《日释》卷十八。
廿三：《日释》卷十九。为莘伯知客。
廿四：《日释》卷二十。
廿五：《日释》卷廿一。
廿六：《日释》卷廿二。
廿七：《日释》卷廿三。
廿八：为陈庆生买参。夜与莘伯长语。
廿九：
卅：《日释》卷廿四。为莘伯妻送殡。
十月初一：
《日释》卷廿五。
初二：《日释》卷廿六。
初三：《日释》卷廿六。
初四：《日释》卷廿七。始读《南史》。晨赴市中买笔砚具十余事。
初五：《日释》卷廿七。
初六：

初七：早出郭。
初八：
初九：
初十：答拜官样二人。道希来。夜诣子展。
十一：晨出郭，觅仲兄葬地。道希来。
十二：
十三：
十四：《日释》卷廿七。晨出郭，午始至斋。
十五：《日释》卷廿八。晚饭同兴居。
十六：《日释》卷廿八。遇刘松生。
十七：《日释》卷廿九。出郭。
十八：《日释》卷廿九。
十九：《日释》卷三十。庆生丁忧，余往吊。
廿：诣庆生送殓。
廿一：《日释》卷卅。痔大发，下血甚多。
廿二：《日释》卷卅一。诊脉。
廿三：《日释》卷卅一。
廿四：《日释》卷卅一。
廿五：《日释》卷卅一。
廿六：《日释》卷卅二毕。此书阅两月矣，实一月半。出郭，觅仲兄葬地。
廿七：夜与子政谈。
廿八：校《临川集》一卷。
廿九：
卅：答拜官样一人。
十一月初一：出郭。
初二：《骈体文钞》卷一。
初三：晨阅书，屡为乌客所断。
初四：过双门底，诣香亭先生。
初五：校《临川集》。展墓。
初六：答拜官样四人。
初七：服药。
初八：服药。
初九：诊脉。
初十：
十一：诊脉。
十二：出郭，沿唐帽岗探土，不合用。

十三：

十四：诊脉。

十五：诣梅生。

十六：

十七：终日在郭外，晚归，几不能行。

十八：

十九：杨瑞石来。

廿：诣地藏庵，拜梅兄之母及其弟妻子媳。

廿一：觅得小鸿鹄墓所，土色尚佳。

廿二：小鸿鹄山交价，共用价银二十六两二钱七分，探土工料一两左右。

廿三：冬至。道希来。

廿四：往贺金敬堂。

廿五：

廿六：子展邀饭，添福斋。晤次舟。

廿七：

廿八：出郭。

廿九：

十二月初一：

初二：送叔岳葬。

初三：

初四：至宝鸭池狮带大石鼓。

初五：至濠畔街。

初六：乌。

初七：

初八：诊脉。

初九：始读《南齐书》。答拜官样二人。

初十：

十一：

十二：定药丸方。

十三：夜至子珊所。

十四：出郭，四至学海堂。

十五：

十六：

十七：午至顺德申玉商。

十八：答拜官样三人。遇雨田。

十九：晨午子夜，送次舟。

廿：

廿一：

廿二：诣春海师，遇梅生、他山，均不值。

廿三：鸟断。与子政、庆生所谈。

廿四：过双门底。

廿五：云逸云自兴宁来。

廿六：

廿七：

廿八：

廿九：

卅：过双门底。

十年甲申：

正月初一日：鸟。

初二：展墓。

初三：

初四至廿四日：每日出城莹先兄葬事。自初七日以后，雨大如注，连阴不解寒甚，此十余日废读，廿二日始接读去岁书。廿一日为章氏从母九十寿辰。可喜可喜。

廿五：至小鸿鹄。

廿六：展黎婆岗鹿鸣岗墓。

廿七：至小鸿鹄。

廿八：检书。

廿九：

卅：

二月初一：

初二：出北郭。

初三、四：连日看山，买得狮带爪一穴。

初五：遇杨氏姊。

初六：

初七：

初八：

初九：

初十：少梅来。

十一：饭永兴茶馆。

十二：又饭永兴茶馆。

十三：

十四：官祥。

十五：诣周少琴及梅生。

十六：至仲相，饮添福斋。

十七：

十八：遇少莽及双门底。

十九：诣香亭先生，贺娶媳。

廿：学海堂春及群饮，几醉。

廿一：饭永兴居。

廿二：

廿三：

廿四：始读《北史》。

廿五：□□□。

廿六：始读《梁书》。

廿七：

廿八：吃春饼。问藏珍阁主人述小宁事。

廿九：官样一人。

三月初一：感冒。

初二：□

初三：感冒愈。

初四：

初五：

初六：不至斋，感冒，后仆也。

初七：

初八：

初九：

初十：

十一：陈月湘师亡，是日往吊。

十二：诊脉。

十三：振之娶妇，往贺。

十四：

十五：

十六：

十七：

十八：□□

十九：展墓。

廿：

廿一：

廿二：展墓，遇瑞堂。

廿三：

廿四：饭添福斋。

廿五：□鸩

廿六：
廿七：□生来。
廿八：何镜衡来。
廿九：拜官梓四人，遇峻之。
四月初一：
不惟读书被恶客搅断，并作俗事，亦不许速成，盖近日屡如此，令人伊郁善怒，吾其将得肝病矣。
初二：遇少莽私堂。
初三：作不如意事。瑞堂来。
初四：贯。
初五：星五来。拜官梓人。
初六：吊陈孝直。明日醉。
初七：鸩。明日仍烤。
初八：鸩多。补。
初九：见不如意人。多。补。
初十：夜补画工。始读《陈书》。
十一：补。
十二：补。
十三：补。
十四：补。
十五：
十六：
十七：遇少梅。
十八：
十九：瑞堂来。
廿：
廿一：
廿二：遇瑞堂、兰田，均不值。
廿三：□来，瑞堂、少梅来。
廿四：过双门底、濠畔街。
廿五：
廿六：□
廿七：是日不阅一字，恨极。□遇次舟。
廿八：始读《魏书》。
廿九：
卅：
五月初一：私堂来。致接生位。
初二：

初三：私堂招饮。

初四：

初五：端节，买金鱼廿余尾。

初六：

初七：

初八：罗生来，□无数来。致梅生位。晚饭同兴居，晤次舟。

初九：遇少梅、璘□来。

初十：扃门，不得至斋。

十一：邓生来，子展、云阁、子政、莘伯饭添福斋。

十二：

十三：痔发下血。

十四：

十五：吊兰田。景湘自三水来。

十六：忱公□来。

十七：

十八：饭远水馆，遇次舟。

十九：

廿：遇香亭先生。

廿一：送文袁山归江西。

廿二：

廿三：

廿四：致梁生《陈书》。诣越华书院。

廿五：道希来。

廿六：

廿七：

廿八：裴矩传中有语。

廿九：为陶宅知客。

闰五月初一日：晚饭添福斋。晤次舟。

初二：吴汝舟来。

初三：诣陶宅送殓。

初四：少梅来。

初五：

初六：道希来，早饭。问潘巡抚阅外捷音。

初七：于渊若来子政所，谈至三鼓。

初八：是日不至斋。

初九：扶箕，为莘伯所诓。

初十：姚贸夫来。

三、《重编类纂目录》介绍

《重编类纂目录》一册为线装本，横十三厘米，纵二十四点一厘米，厚零点四厘米，封面上留有用毛笔竖写『重编类纂目录』六个黑色字，另写有『癸巳六月』四个红色字。这表明《重编类纂目录》的书写时间应是一八九三年。这本手写稿共有内容六卷，卷一为『帝王文』，卷二为『周文』，卷三为『秦汉文』，卷四为『六朝唐宋文』，卷五和卷六均为『八家文』。遗憾的是，本册手写本没有留下作者姓名。我们通过比对笔迹，可以判断这是朱启连一八九三年编写的一份目录。

附录：

《重编类纂目录》

重編類纂目錄

癸巳六月

卷一

帝王文

秦始皇初并天下議帝號令　史秦始皇二十六年

漢高祖入關告諭　史漢高祖元年

漢高祖二年發使者告諸侯伐楚　史　二年

漢高祖五年赦天下令　史紀

漢高祖令吏善遇高爵詔　史紀

漢高祖六年上太公尊號詔　史紀

漢高祖十一年求賢良詔　史紀

漢文帝元年議振貸詔　史紀

、漢文帝賜南越王趙佗書　漢書
、漢文帝二年議犯法相坐詔　史文紀元年
、漢文帝除誹謗法詔　二年
、漢文帝日食詔　二年
、漢文帝前六年遺匈奴書　史匈奴傳
、漢文帝十三年除肉刑詔　十三年
、漢文帝十四年增祀無祈詔　十四年
、漢文帝後元年求言詔　史紀
、漢文帝後二年遺匈奴書　漢書匈奴傳

壹

漢景帝後二年令二千石修職詔

漢武帝元朔元年議不舉孝廉者罪詔

漢武帝元狩四（二）年報李廣詔

、漢武帝元狩六年封齊王策　史三王世家

、漢武帝封燕王策　仝上

、漢武帝封廣陵王策　仝上

漢武帝元狩六年敕責楊僕書

漢武帝賜嚴助書

漢武帝元□四年求災異言詔

漢武帝悼李夫人賦
漢武帝秋風辭
漢武帝瓠子歌
漢昭帝賜燕刺王旦璽書　史漢皆書
漢宣帝地節四年子首匿父母等勿坐詔
漢宣帝元康二年令二千石察官屬詔
漢宣帝神爵三年益小吏祿詔
漢元帝議律令詔
漢元帝建昭四年議封甘延壽等詔
漢光武帝賜竇融璽書

漢光武帝二十七年報咸宮考

卷二

周文

屈平離騷

九章　懷沙見史本傳

遠遊

卜居

漁父一用楚辭　史本傳

九歌、

宋玉九辯

招魂

風賦

高唐賦

神女賦

登徒子好色賦

對楚王問

景差大招

淳于髡諷齊威王

說齊宣王好士

說秦王 代魏

史記滑稽傳

卷第一二

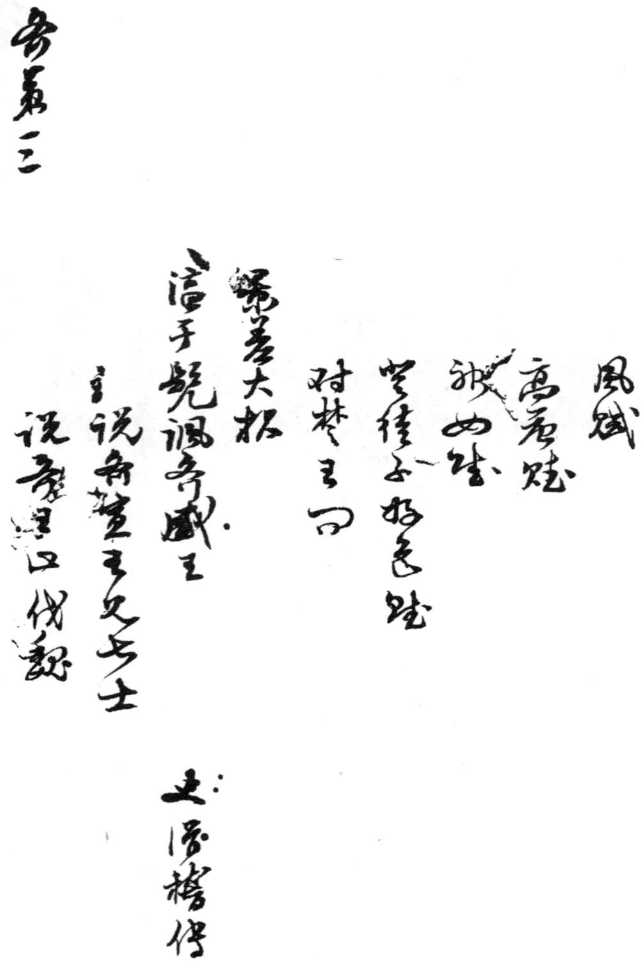

魏策三
楚策一　楚莫敖子华对威王　解疑翻譯
　　　　、赵良说商君　史商君传
燕策一　、苏秦说燕文侯　史本传尽同
赵策二　、说赵肃侯
韩策一　、说韩昭侯
魏策一　、说魏襄王
齐策一　、说齐宣王
燕策一　自齐反燕、说燕易王
齐策五　苏子说齐闵王

齊策二　陳軫為齊説楚昭陽　史楚世家懷六年

秦策二　、説楚王與絕齊　史楚世家懷十六年　又見張儀傳

齊策一　説齊以兵合于三晉

秦策一　、張儀司馬錯議伐蜀　史張儀傳　以下二篇同

魏策一　、張儀説魏襄王

楚策一　、説楚懷王

韓策一　、説韓襄王

齊策三　、蘇代曰孟嘗君將入秦　史孟嘗君傳

、説齊不西帝二　史田完世家湣三十六年

卷之第一

、遺燕昭王書　史蘇秦傳

卷之第二

謂燕昭王　仝上

蘇厲爲周遺趙(?)王書

、西周蘇厲謂周說白起　周因策　史周紀赧王卅四年

此皆書也列黃歇下以其功業遺於後王附故錄之

、燕第二　樂毅報燕惠王書　史本傳

秦第四　中旗說秦昭王

、楚人以弋說襄王　史楚世家襄王十八年

莊辛說楚襄王

范睢說秦昭王　史本傳

秦第三 仝上

趙第一

魏第三

齊第四 仝上

楚第三

周訢以魏王入秦

、孫臣以魏安釐王割地與秦而因策　史魏世家安釐四年

、魏無忌諫與秦攻韓　史魏世家安釐十一年

、觸龍說趙太后　史趙世家孝成之年

、虞卿議割六城之策（閒國策）　史本傳

、魯仲連說辛垣衍　史本傳

、田單攻狄（此篇所載史記見之今整不出）

、遺燕將書　史本傳

謂是以年原買伐趙

秦第三

蔡澤説應侯

魏加見春申君論將

汗明見春申君

楚之第四

秦策第三

范睢獻秦昭王書

仝上　說秦昭王 用周策

仝上　說昭王論四貴

范睢名次當在黄歇上

上三篇均見史本傳

此因按六國年表而移定之

卷二

秦僧文
秦泰山刻文
秦琅邪台刻文
秦之罘刻文
秦東觀刻文
秦碣石刻文
秦會稽刻文
李斯諫逐客書
論督責書

史秦始皇紀二十八年
全上
二十九年
全上
三十二年
三十七年

史李斯傳
全上

此本從史記而編錄亦見宏（在本紀中）俟異日

陳餘遺章邯書

賈山至言

賈誼過秦論上

陳政事疏

論積貯疏

請封建子弟疏

諫封淮南四子疏

諫放民私鑄疏

惜誓

史·秦始皇本紀

鵩鳥賦　史本傳

、弔屈原賦　仝上

鼂錯言兵事書

論守邊備塞書

復募民徙塞下書

論貴粟書

鄒陽諫吳王書

、獄中上梁王書　史本傳

枚乘說吳王書二

七巻

董仲舒賢良策第三

淮南王安諫伐閩越書

淮南小山招隱士

司馬相如諫獵書　史本傳

〃　子虛上林賦　仝上

〃　哀二世賦　仝上

〃　大人賦　仝上

長門賦

、谕巴蜀檄　史本传

、难蜀父老　仝上

封禅文　仝上

、主父偃谏伐匈奴书　史本传

、严安言世务书　史主父传

、东方朔客难　史本传

化民有道对

谏除上林苑

吾丘寿王禁民挟弓弩议

、司馬談論六家要指　史太史公自序

、司馬遷十二諸侯年表序　史記年表

、六國表序　仝上

、秦楚之際月表序　仝上

、漢興以來諸侯年表序　仝上

、高祖功臣侯年表序　仝上

、建元以來侯者年表序　仝上

、報任安書

、庶子王生遺蓋寬饒書

楊惲報孫會宗書

张敞论萧氏封事
路温舒尚德缓刑书
魏相谏击匈奴书
萧望之〻入粟赎罪议
赵充国陈兵利害书
　屯田策二
刘向条灾异封事
　论甘延寿等疏
　谏起昌陵疏
极谏外家封事
　上星孛奏
　战国策序
贾捐之〻弃珠崖对

〇衙上段侍郎失厩
论修性正宗论
成妃匹劝任学论
侯应罢边候论
谷永救陈汤论
耿育讼陈汤论
贾让议治河议
杨雄谏不受单于朝书
赵充国赞
州箴十二
酒箴
甘泉赋〇

〇河东赋
羽猎赋
长杨赋
解嘲
解难
反离骚
刘歆王舜毁庙议
移让太常博士书〇

○班固汉书高祖皇帝纪赞　史记高祖纪

两都赋序

西都赋

封燕然山铭

傅毅舞赋

张衡二京赋

思玄赋

崔瑗座右铭

王延寿鲁灵光殿赋

诸葛亮出师表

王粲[illegible]登楼赋

省史传及山陵闲暇[illegible]遊研之

卷五

卷三

八家文

韩愈原道

原性

原毁

讳辩

对禹问

获麟解

改葬服议

师说

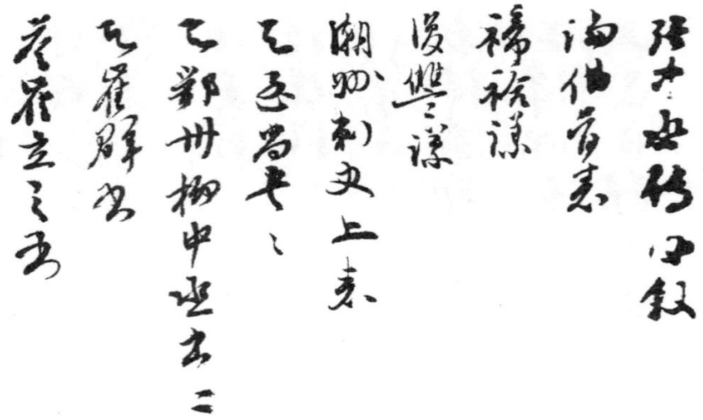
張大人世伯母叔
海仙前來
禧祺謀
後與之謀
潮州刺史上來
之遂當是々
之鄂州柳中丞去二
之羅解元
尊前立之函

答陈商书
答李秀才书
答吕毉山人书
答窦秀才书
答李翊书
答刘正夫书
答尉迟生书
与冯宿论文书
重答李翊书

與衛中行書

與孟東野書

答劉秀才論史書

上兵部侍郎書

應科目時與人書

為人求薦書

與陳給事書

上宰相書

後十九日復上宰相書

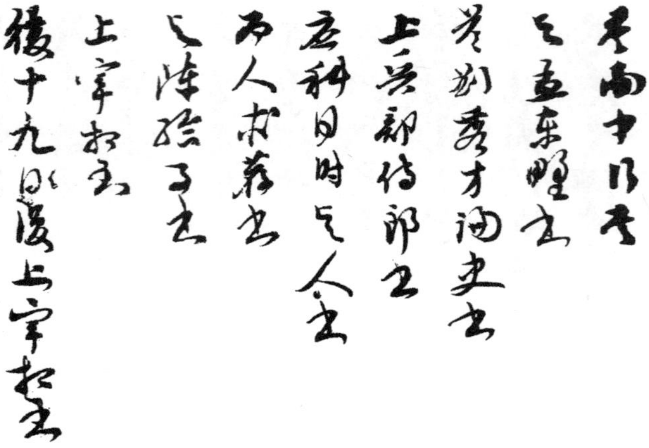

送區冊序

送鄭尚書序

送殷員外序

送幽州李端公序

送王秀才序 增

贈張童子序

送浮屠文暢師序

送石處士序

送温處士赴河陽軍序

毛穎傳

平淮西碑

處州孔子廟碑

南海神廟碑

衢州徐偃王廟碑

柳州羅池廟碑

袁氏先廟碑

烏氏廟碑

曹成王碑

一 李皋

楊燕奇　清遠郡王楊燕奇碑　楊燕奇
權德輿　唐故相權公墓碑　權德輿
韓宏　贈太尉許國公神道碑銘　韓宏
房啓　清河郡公房公墓碣銘
馬繼祖　殿中少監馬君墓誌銘　馬繼祖
鄭羣　尚書庫部郎中鄭君墓誌銘　鄭羣
柳宗元　柳子厚墓誌銘　柳宗元
張署　河南令張君墓誌銘
王仲舒　太原王公墓誌銘　王仲舒
尚書右僕射右龍武軍統軍劉公墓誌銘
閔行

卷廿八

竇牟　皇[illegible]墓誌銘
　　　國子監司業竇公墓誌銘

張徹　給事中清河張君墓誌銘

王適　試大理評事王君墓誌銘　王適

董溪　唐故朝散大夫商州刺史除名徙封州董府君墓誌銘　董溪

孔戡　孔司勳墓誌銘

李觀　李元賓墓誌銘　李觀

施士丐　施先生墓誌銘

樊宗師　南陽樊紹述墓誌銘　樊宗師

孟郊　貞曜先生墓誌銘　孟郊

朱書間行　扶風郡夫人墓誌銘

未南行

盧貽安蘭

張圓

韓愈女挐

河南少尹裴君墓誌銘

河南府法曹參軍盧府君夫人苗氏墓誌銘

唐河中府法曹張君墓碣銘

女挐壙銘 韓愈女挐

鄆州谿堂詩并序

藍田縣丞廳壁記

畫記

新修滕王閣記

燕喜亭記

河南府同官記

汴州东西水门记

题李生壁

五箴

子产不毁乡校颂

讼风伯

进学解

送穷文

释言

祭田横文

杨振甫申炜敬录

歐陽生哀辭

柳宗元封建論

桐葉封弟辯

晉文公問守原議

論語辯二

辯列子

辯文子

辯鬼谷子

辯晏子春秋

辩鹖冠子

愚溪诗序

驳复雠议

寄京兆许孟容书

与萧翰林俛书

与李翰林建书

荅吴秀才谢示新文书

种树郭橐驼传

故襄阳丞赵君墓志

赵移

遊黃溪記
永州石亭記
始得西山燕遊記
鈷鉧潭記
鈷鉧潭西小丘記
至小丘西小石潭記
袁家渴記
石渠記
石澗記

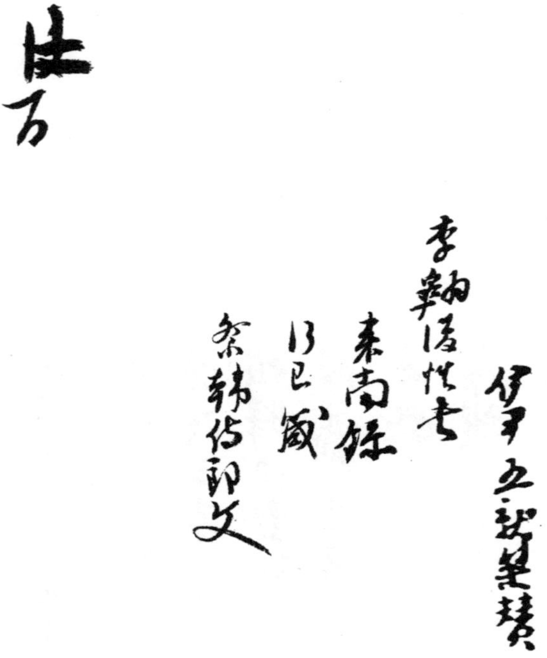
朱南銑
祭韓侍郎文

卷六

论家文

集古目錄序

蘇氏文集序

江鄰幾文集序

釋惟儼文集序

釋秘演詩集序

論臺諫官言事未蒙聽允書

與尹師魯書

送楊寘序

送田畫秀才寧親萬州序

范仲淹

王旦

张汝士

胡瑗

连舜宾

丁宝臣

周尧卿

送徐无党南归序

郑荀改名序

资政殿学士范文正范公神道碑铭 范仲淹

太尉文正王公神道碑铭 王旦

河南府司录张君墓志 张汝士

胡先生墓表 胡瑗

连处士墓表

集贤校理丁君墓表

太常博士周君墓表

石延年

欧英

唐拱

欧阳观

黄注

张先

尹洙

石介

孙复

石曼卿墓表 石延年

永春县令欧君墓表

右班殿直赠右羽林军将军唐君墓表

泷冈阡表

黄梦升墓志铭

张子野墓志铭 张先

尹师鲁墓志铭 尹洙

徂徕先生墓志铭 石介

孙明复先生墓志铭 孙复

未畫刊行 下

江休復　江鄰幾墓誌銘

尹洙　太常博士尹君墓誌銘

梅堯臣　梅聖俞墓誌銘　梅堯臣

蘇舜欽　湖州長史蘇君墓誌銘

狄栗　大理寺丞狄君墓誌銘

蔡高　蔡君山墓誌銘

劉敞　集賢院學士劉公墓誌銘

梅詢　翰林侍讀學士梅公墓誌銘

歐陽曄　尚書都官員外郎歐陽公墓誌銘

未畫

欧阳颍　尚書職方郎中分司南京歐陽公墓誌銘

梅尧臣妻谢　南陽縣君謝氏墓誌銘

吴　妻王　北海郡君王氏墓誌銘　吾为吴奎　宋史或有奎傳　可考其父名

年表查

仁宗御飛白記

襄州穀城縣夫子廟記

有美堂記

豐樂亭記

菱溪石記

峴山亭記

祭蘇子美文

祭梅聖俞文

曾鞏唐論

戰國策目錄序

新序目錄序

列女傳目錄序

徐幹中論目錄序

范貫之奏議集序

先大夫集後序

宜黄县学记

筠州学记

徐孺子祠堂记

襄州宜城县长渠记

越州赵公救灾记

拟岘台记

广德军重修鼓角楼记

学舍记

齐州二堂记

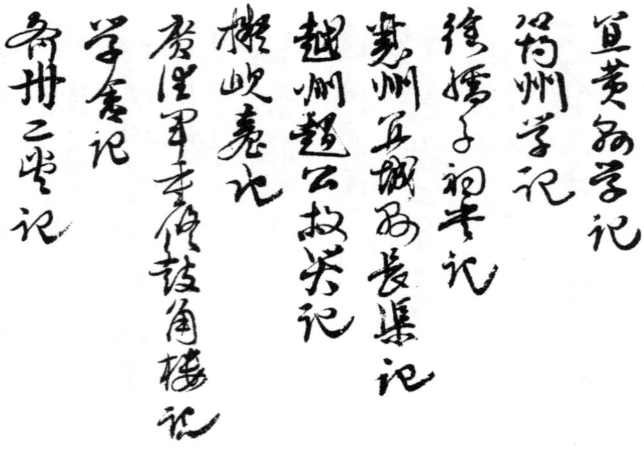

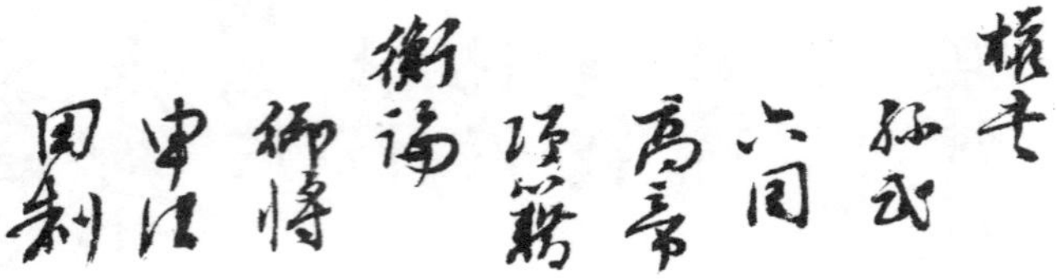
權書
孫武
六國
高帝
項籍
衡論
御將
申法
田制

蘇軾志林

平王

魯隱

范蠡

戰國任俠

始皇扶蘇

范增

伊尹論

荀卿論

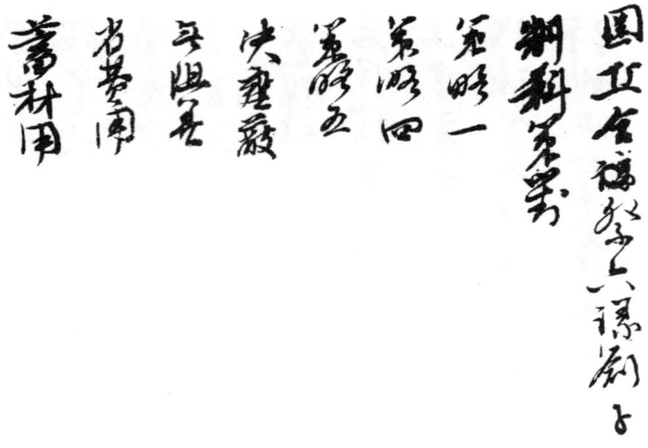

練軍實
倡勇敢
勸戰守
策斷二
上王兵部書
荅李端叔
太息一首
日喻一首
稼說一首

方山子傳
石鐘山記
超然臺記
遊桓山記
醉白堂記
靈壁張氏園亭記
蓮華漏銘
九成臺銘
韓幹畫馬贊

蘇轍[illegible]論

序说
元祐会计录序
民赋录序
君术策五
臣事策一
民政策一
民政策二
上枢密韩太尉书
武昌九曲亭记

讀刺客傳

書李文公集後

靈谷詩序

上仁宗皇帝言事書

論李[illegible]不畢年當劄子

進戒疏

答韶州張殿丞書

上凌屯田書

答司馬諫議書

未查
李虚己
孙抗
未查
常[illegible]
未查
征君
孔道辅
田况
刘牧

送孙正之序
兵部郎中知制诰谢公行状
虞部郎中赠卫尉卿李公神道碑
广西转运使孙君墓碑
宝文阁待制常公墓表
处士征君墓志
给事中孔公墓志铭 孔道辅
太子太傅田公墓志铭
荆湖北路转运使判官尚书屯田郎中刘君墓志铭

许平　泰州海陵县主簿许君墓志铭

王回　王深甫墓志铭

章友直　建安章君墓志铭

孔旼　孔处士墓志铭

王师锡　临川王君墓志铭

马遵　兵部员外郎马君墓志铭

赵师旦　赠光禄少卿赵君墓志铭

苏安世　广西转运使苏君墓志铭

吴兴宗　临川吴子蕃墓志铭。

宋书

葛良嗣　葛兴祖墓志铭

吴蕃　金溪吴君墓志铭

王安仁　亡友王常甫墓志铭

王安国　王平甫墓志铭

孙锋妻夏侯　饶源孙君夏侯氏墓碣

宋书

曾妻黄　曾公夫人万年县太君黄氏墓志铭

宋书

沈妻魏　傅居孙太君魏氏墓志铭

郑行妻李　郑公夫人李氏墓志铭

秘阁校理丁君墓志铭

仲訥

大理丞楊君墓志銘

員外郎仲君墓誌銘

慈溪縣學記

度支副使廳壁題名記

遊褒禪山記

芝閣記

傷仲永

祭范潁州文

祭歐陽文忠公文

祭丁元珍学士文

祭王回深甫文

祭高师雄主簿文

祭曾博士易占文

祭李刚省文

祭周几道文

祭束向原道文

祭张安国检正文

归有光议曰志序

题徐幼于郭文太史卷
周经历寿序
王母顾孺人六十寿序
戴素庵七十寿序
顾夫人八十寿序
守耕说
二石说
张维字说
二子字说

通議大夫都察院右副都御史李嵩行狀

楊氏二孝子傳

韓濮節傳

陶翁犢傳

王烈婦傳

韋節婦傳

先妣事略

方友方思曾墓誌

趙仲淵墓志銘

方元儒

趙潛

池栗

归樯

归有光女二二

归有光女如兰

归氏婢寒花

沈贞甫墓志铭

归府君墓志铭

女二二圹志

女如兰圹志

寒花葬志

项脊轩记

思子亭记

见村楼记

野鹤轩壁记

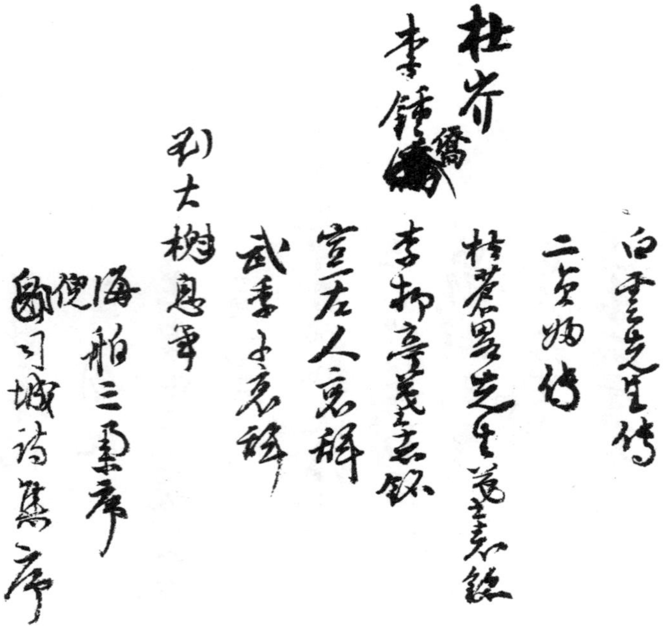
白雲先生傳
二貞婦傳
楊蒼嵒先生墓志銘
李柳亭墓志銘
宣左人哀辭
武季子哀辭
杜岕
李鍾僑
劉大櫆息爭
海舶三集序
便司城詩集序

杨绍夷

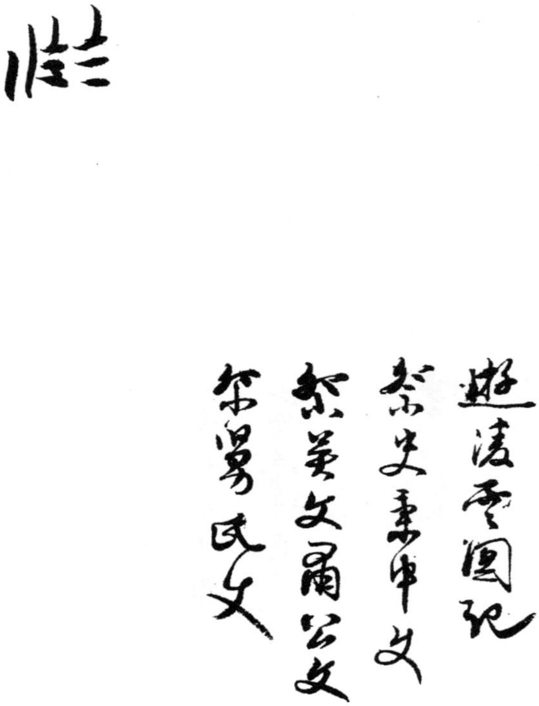

遊淩雲圖記
祭史秉中文
祭黃文簡公文
祭舅氏文

周漢人次序最難定須細查其傳

戰國策須查年表

《重编类纂目录》释文

卷一　帝王文

秦始皇初并天下称帝号令　史　秦始皇纪二十六年

汉高祖入关告谕　史　汉高祖元年

汉高祖二年发使者告诸侯伐楚　二年

汉高祖五年教天下令

汉高祖令吏善遇高爵诏

汉高祖六年上太公尊号诏

汉高祖十一年求贤良诏

汉文帝元年称赈贷诏

汉文帝赐南越王赵佗书

汉文帝二年称犯法相坐诏　史文纪元年

汉文帝除诽谤法诏　二年

汉文帝日食诏　二年

汉文帝前六年遗匈奴书　史　匈奴传

汉文帝十三年除肉刑诏　十三年

汉文帝十四年增社无祈诏　十四年

汉文帝后元年求言诏

汉文帝后二年遗匈奴书　匈奴传

汉景帝后二年令二千石修职诏

汉武帝元朔元年议不举孝廉者罪诏

汉武帝元狩二年报李广诏

汉武帝元狩六年制齐王策　史　三王世家

汉武帝制燕王策　仝上

汉武帝制广陵王策　仝上

汉武帝元鼎六年敕责杨仆书

汉武帝赐教助书

汉武帝元封五年求贤良诏

汉武帝悼李夫人赋

汉武帝秋风辞

汉武帝瓠子歌　史　河渠书

汉昭帝赐燕刺王旦玺书

汉宣帝地节四年子首匿父母等勿坐诏

汉宣帝元康二年令二千石察官属诏
汉宣帝神爵三年益小吏禄诏
汉元帝称律令诏
汉元帝建昭四年议封甘延寿等诏
汉光武帝赐窦融玺书
汉光武帝二十七年报臧宫书

卷二

周文

屈原　离骚
九章　怀沙　见史　本传
远游
卜居
渔父　用楚辞　史本传
九歌
宋玉　九辩
招魂
风赋
高唐赋
神女赋
登徒子好色赋

对楚王问
景差大招
淳于髡讽齐威王　史　滑稽传
说齐宣王见七士
齐策三　说齐王止伐魏
魏策三　解晋动璧
楚策一　楚莫敖子华对威王
赵良说商君　史　商君传
燕策一　苏秦说燕文侯　史　本传孟篇同
赵策二　说赵肃侯
韩策一　说韩昭侯
魏策一　说魏襄王
齐策一　说齐宣王
燕策一　自齐反燕说燕易王
齐策五　苏子说齐闵王
齐策二　陈轸为齐说楚昭阳　史　楚世家怀六年
秦策三　说楚王无绝齐　史　楚世家怀十六年，亦见张仪传。
齐策一　说齐以兵合于三晋

秦策一　张仪、司马错议伐蜀。史　张仪传。以下三篇同。
魏策一　张仪说魏哀王
楚策一　说楚怀王
韩策一　说韩襄王
齐策三　苏代孟尝君入秦　史　孟尝君传
说齐不为帝二　史　田完世家湣三十六年
燕策一　遗燕昭王书　史　苏秦传
燕策二　约燕昭王　仝上
苏属为齐遗赵惠文王书
西周策　周说白起　用国策　史　周纪东周君卅四年
燕策二　乐毅报燕惠王书　史　本传
（乐生，此书当厕黄歇下，以其功业建于昭王时，故跻之。）
秦策四　中旗说秦昭王
楚人以戈说襄王　史　楚世家襄十八年
庄辛说楚襄王
黄歇说秦昭王　史　本传
魏策三　周沂止魏王朝秦
同　上　孙臣止魏安厘王割地与秦　取国策　史　魏世家安厘四年
魏无咎陈与秦攻韩　史　魏世家安厘十一年
触詟说赵太后　史　赵世家孝成元年
赵策一　虞卿议割六城之秦　用国策　史　本传
赵策三　鲁仲连说新垣衍　史　本传
齐策四　田单论攻狄　此篇似于史记见，今查不出。
仝　上　遗燕将书　史　本传
赵策三　冯忌止平原君伐燕
秦策三　说昭王诊四宝
秦策三　蔡泽说　应侯
魏加与春申君论将
楚策四　汗明说春申君
秦策三　范睢献秦昭王书　三篇均见史本传
仝　上　说秦昭王用国策
范睢名次当在黄歇上
此目据六国年表而酌定之。

卷三　秦汉文
秦泰山刻文　史　秦始皇纪二十八年

秦琅邪台刻文　仝上　二十九年
秦之罘刻文
秦东观刻文　仝上
秦碣石刻文　三十二年
秦会稽刻文　三十七年
李斯谏逐客书　史　本传
　论督责书　仝上
陈余遗章邯书
贾山至言
贾谊　过秦论三　史　秦始皇本纪，此书必在史记，
　而遍寻不见，容俟□日。（在本纪中）
　陈政事疏
　论积贮疏
　请封建子弟疏
　谏封淮南四子疏
　谏放民私铸疏
　惜誓
　鹏鸟赋　史　本传
　吊屈原赋　仝上

晁错　言兵事书
　论守边备塞书
　论募民徙塞下书
　论贵粟疏
邹阳　谏吴王书
　狱中上梁王书　史　本传
枚乘　谏吴王书二
　七发
董仲舒　贤良策三
淮南王安谏伐闽越书
淮南小山招隐士
司马相如　谏猎书　史　本传
　子虚上林赋　仝上
　哀二世赋　仝上
　大人赋　仝上
　长门赋
　谕巴蜀檄　史　本传
　难蜀父老　仝上
　封禅文　仝上

主父偃　谏伐匈奴书　史　本传
严安　谏世务书　史　主父传
东方朔　客难　史　本传
化民有道对
谏除上林苑
五丘寿王　禁民挟弓弩议
司马谈　论六家要指　史　太史公自序
司马迁　十二诸侯年表序　史　本表
六国表序　仝上
秦楚之际月表序　仝上
汉兴以来诸侯年表序　仝上
高祖功臣年表序　仝上
建元以来侯者年表序　仝上
报任安书
庶子　王生遗盖宽饶书
杨恽　报孙会家书
张敞　谏霍氏封事
路温舒　尚德缓刑书
魏相　谏击匈奴书

萧望之　入粟赎罪
赵充国　陈兵利害书
屯田奏三
刘向　条灾异封事
谏甘延寿等疏
谏起昌陵疏
极谏外家封事
上孛星术奏
战国策序
贾捐之　弃珠崖对
匡衡　上政治得失疏
论治性正家疏
戒妃匹劝经学疏
侯应　弃边使疏
谷永　救陈汤疏
耿育　讼陈汤疏
贾让　治河疏
杨雄　谏不受单于朝疏
赵充国赞

州箴十二
酒箴
甘泉赋
河东赋
羽猎赋
长杨赋
解嘲
解难
反离骚
刘韵　王舜毁庙疏
移让太常博士书
班固　记秦始皇本纪后　史　始皇纪
诸侯王表序
两都赋
封燕然山铭
传毅　舞赋
张衡　二京赋
思元赋
崔瑗　坐右铭
王延寿　鲁灵光殿赋
诸葛亮　出师表
王粲　登楼赋
合史传及《山晓阁重订文选》酌定
卷四　六朝唐宋文
张华　鹪鹩赋
潘岳　秋兴赋
笙赋
射雉赋
袁宏　三国名臣赞
张载　剑阁铭
刘伶　酒德颂
陶潜　归去来辞
鲍照　芜城赋
元结　中兴颂
张子　西铭
晁补之　新城游北山记
卷五　八家文
韩愈　原道

原性
原毁
讳辨
对禹问
获麟解
改葬服议
师说
争臣论
守戒
杂说
伯夷颂
读仪礼
读荀子
韦侍讲盛山十二诗序
荆谭唱和诗序
上巳日听太学弹琴诗序
张中丞传后叙
论佛骨表
禘祫议

复仇议
潮州刺史上表
与孟尚书
与鄂州柳中丞书二
与崔群书
答崔立之书
答陈商书
答李秀才书
答吕医山人书
答窦秀才书
答李翊书
答刘正天书
答尉迟生书
与冯宿论文书
重答李翊书
答卫中行书
与孟东野书
答刘秀才论史书
上兵部侍郎书

袁氏先庙碑

乌氏庙碑

李皋　曹成王碑

杨燕奇　清边郡王杨燕奇碑　杨燕奇

权德舆　唐故相权公墓碑　权德舆

韩宏　赠太尉许国公神道碑铭　韩宏

房启　清河郡公房公墓碣铭

马继祖　殿中少监马君墓志铭　马继祖

郑群　尚书库部郎中郑公墓志铭　郑群

柳宗元　柳子厚墓志铭　柳宗元

张署　河南令张君墓志铭

王仲舒　太原王公墓志铭　王宏中

尚书右仆射右龙武军统军刘公墓志铭

集贤院校理石君墓志铭

窦牟　国子监司业窦公墓志铭

张彻　给事中清河张君墓志铭

王适　试大理评事王君墓志铭　王适

董溪　唐故朝散大夫商州刺史除名徙封州董府君墓志铭　董溪

孔戡　孔司勋墓志铭

李观　李元宾墓志铭　李观

施士丐　施先生墓志铭

樊宗师　南阳樊绍述墓志铭　樊宗师

孟郊　贞曜先生墓志铭　孟郊

未查　扶风郡夫人墓志铭

未查　河南少尹裴君墓志铭

卢贻妻苗　河南府法曹参军卢府君夫人苗氏墓志铭

张圆　唐河中府法曹张君墓碣铭

韩愈女拿　女拿圹铭　韩愈女拿

郓州溪堂诗并序

蓝田县丞厅壁记

画记

新修滕王阁记

燕熹亭记

河南府同官记

汴州东西水门记

题李生壁

五箴

至小丘西小石潭记
袁家渴记
石渠记
石涧记
小石城山记
柳州东亭记
柳州山水近治可游者记
零陵郡复乳穴记
零陵三亭记
馆驿使壁记
陪永州崔使君游宴南池序
序饮
序棋
伊尹五就桀赞

李翱

复性书
来南录
行己箴
祭韩侍郎文

卷六　八家文

欧阳修

本论
朋党论
为君难论二
唐艺文志序
五代职方考序
一行传序
宦者传论
伶官传论
集古目录序
苏氏文集序
江邻几文集序
释淮俨文集序
释秘演诗集序
论台谏官言事未蒙听允书
与尹师鲁书
送杨置序
送田画秀才宁辛万州序
送徐无党南归
郑荀改名序

范仲淹　资政殿学士文正范公神道碑铭　范仲淹

王旦　太尉文正王公神道碑铭　王旦

张汝士　河南府司录张君墓志　张汝士

胡瑗　胡先生墓志　胡瑗

速磷宾　速处士墓表

丁宝臣　集贤校理丁君墓志

周尧卿　太常博士周君墓志

石延年　石曼卿墓志　石延年

欧庆　永春县令欧君墓志

唐拱　右班殿直赠右羽林军将军唐君墓志

欧阳观　泷冈阡表

黄注　黄梦升墓志铭

张先　张子野墓志铭　张先

尹洙　尹师鲁墓志铭　尹洙

石介　徂徕先生墓志铭　石介

孙复　孙明复先生墓志铭　孙复

江休复　江邻几墓志铭

尹渐　太常博士尹君墓志铭

梅尧臣　梅圣俞墓志铭　梅尧臣

苏舜钦　湖州长史苏君墓志铭

未查　狄栗　大理寺丞狄君墓志铭

蔡高　蔡君山墓志铭

刘敞　集贤院学士刘公墓志铭

梅询　翰林院侍讲给事中梅公墓志铭

欧阳晔　尚书都官员外郎欧阳公墓志铭

欧阳颖　尚书职方郎中分司南京欧阳公墓志铭

梅尧臣妻谢　南阳县君谢氏墓志铭

吴妻王　北海郡君王氏墓志铭　子为吴奎，宋史或有奎传，可考其父名。

仁宗御飞白记

襄州谷城县太子庙记

有美堂记

丰乐亭记

菱溪石记

岘山亭记

游倏亭记

真州东园记

浮槎山水记

李秀才东园亭记
樊候庙灾记
丛翠亭记
祭资政范公文
祭尹师鲁文
祭石曼卿文
祭苏子美文
祭梅圣俞文

曾巩

唐论
战国策目录序
新序目录序
列女传目录序
徐干中论目录序
范贯之奏议集序
先大夫集后序
馆阁送钱纯老知婺州序
书魏郑公传后
移沧州过阙上殿疏
寄欧阳舍人书
谢杜相公书
送周屯田序
赠黎安二生序
送江任序
送傅向老令瑞安序
宜黄县学记
筠州学记
徐孺子祠堂记
襄州宜城县长渠记
越州赵公救灾记
拟岘台记
广德军重修鼓角楼记
学舍记
齐州二堂记
墨池记
序越州鉴湖图

苏洵

易论
乐论
诗论

苏轼

代张方平谏用兵书
徐州上皇帝书
圆丘合祭六议札子
制科策
策略一
策略四
策略五
决壅蔽
无阻善
省费用
蓄材用
谏军实
倡勇敢
教战守
策断二
上王兵部书
答李端叔
太息一首
日喻一首
稼说一首
方山子传
石钟山记
超然台记
游桓山记
醉白堂记
灵璧张氏园亭记
莲花漏铭
九成台铭
韩干画马赞
文与可飞白赞
前赤壁赋
后赤壁赋
祭欧阳文忠公文
祭柳子玉文

苏辙

商论
六国论
三国论
汉文帝论

唐论
元祐会计录序
民赋录序
君术策五
臣事策一
民政策一
民政策二
上枢密韩大尉书
武昌九曲亭记
东轩记
代三省祭司马丞相文

王安石　原过
复仇解
周礼义序
诗义序
书义序
读孔子世家
读孟尝君传
读刺客传

书李文公集后
灵谷诗序
上仁宗皇帝言事序
论本朝百年无事札子
进戒疏
答韶州张殿丞书
上凌屯田书
答司马谏议书
送孙正之序
兵部知制诰谢公行状

未查　李虚舟　虞部郎中赠卫尉卿李公神道碑
孙抗　广西转运使孙君墓碑
未查　常　宝文阁待制常公墓表
未查　征某　处士征君墓表
孔道辅　给事中孔公墓志铭　孔道辅
田况　太子太傅田公墓志铭
刘牧　荆湖北路转运判官尚书屯田郎中刘公墓志铭
许平　秦州海宁县主薄许君墓志铭
王回　王深甫墓志铭

章友直　建安章君墓志铭
孔旼　孔处士墓志铭
王师锡　临川王君墓志铭
马遵　兵部员外郎马君墓志铭
赵师旦　赠光禄少卿赵君墓志铭
苏安世　广西转运使苏君墓志铭
吴兴宗　临川吴子善墓志铭
葛良嗣　葛兴祖墓志铭
未查　吴蕃　金溪吴君墓志铭
王安仁　亡兄王常甫墓志铭
王安国　王平甫墓志铭
谢绛妻夏侯　仙源县太君夏侯氏墓碣
未查　曾　妻黄　曾公夫人万年县太君黄氏墓志铭
未查　沈　妻魏　仙居县太君魏氏墓志铭
郑纾妻李　郑公夫人李氏墓志铭
秘阁校理丁君墓志铭
大理丞杨君墓志铭
仲讷　员外郎仲君墓志铭

慈溪县学记
度支副使厅壁题名记
游褒禅山记
芝阁记
伤仲永
祭范颍州文
祭欧阳文忠公文
祭丁元珍学士文
祭王回深甫文
祭高师雄主薄文
祭曾博士易占文
祭李副省文
祭周几道文
祭束向原道文
祭张安国检正文

归有光　汶口志序
题张幼于哀文太史卷
周弦垒寿序
王母顾孺人六十寿序

戴素庵七十寿序
顾夫人八十寿序
守耕说
二石说
张雄字说
二子字说
通议大夫都察院左副都御史李公行状
归氏二孝子传
筠溪翁传
陶节妇传
王烈妇传
韦节妇传
先妣事略
方元儒　方友方思曾墓志
赵潜　赵汝渊墓志铭
沈果　沈贞甫墓志铭
归椿　归府君墓志铭
归有光女二二　女二二圹志
归有光女如兰　女如兰圹志
归氏婢寒花　寒花葬志
项脊轩记
思子亭记
见村楼记
野鹤轩壁记
畏垒亭记
吴山图记
长兴县令题名记
遂初堂记
方苞　书孝妇魏氏诗后
送王箬林南归序
送刘函三序
送左未生南归序
送李雨苍序
白云先生传
二贞妇传
杜芥　杜苍略先生墓志铭
李锺侨　李柳亭墓志铭
宣左人哀辞

武季子哀辞

刘大櫆 息争

海舶三集序

倪司城诗集序

送张闲中序

送沈菜园序

送姚姬传南归序

樵髯传

胡孝子传

章大家行略

杨绍奭 舅氏杨君权厝志

浮山记

窦祠记

游凌云图记

祭史秉中文

祭吴文肃公文

祭舅氏文

周汉人次序最难定，须细查其传。战国策须查年表。

四、朱启连等人手抄稿本介绍

朱启连等人手抄稿本残存十册，计有《粤东钱谷事例类编》残本三册（存『四　粜补（捐粜奖叙附）』、『五　市廛粮食』、『六　营造　捐助』）、上一至十（含上一《地方官员委署章程》、上二《粤东盐政杂录》、上三《限期总制　刺字汇纂》、上四、上五、上六、上七、上八、上九、上十《养廉报销　地丁奏销　开矿章程》）等。遗憾的是，这十册手抄稿本既没有留下作者姓名，也没有写上完稿时间。通过比对笔迹，我们可以初步判断，这十册手抄稿本抄写于不同时间，且有不同笔迹，其中《粤东钱谷事例类编》残本三册主要是朱启连的笔迹，『上一至十』既有朱启连的笔迹，又有其他人的笔迹。这批手抄稿本抄写的有反映从乾隆至光绪年间广东的钱谷、营造、盐政、开矿、地方灾情、官员委署、报销等方面的内容，十分丰富，是一批难得的珍贵史料。

这十册手抄稿本抄写的内容具体如下：

《粤东钱谷事例类编》残本共存三册。第一册横十三厘米，纵二十四点三厘米，厚一厘米，抄录的内容主要是『粜补』，另有『捐粜奖叙附』，共有五十一篇文件：

变粜藉谷（参见本书页五四七，下同）

藉谷按收成分数造报　乾隆四十八年（页五四九）

遇有赈粜无论多寡务须搞明屯美谷石名目不得融入常平仓谷项内混粜　乾隆十七年（页五五〇）

议定各属平粜分别粜半粜三　乾隆元年（页五五一）

广东平粜买补各款章程　乾隆三年（页五五四）

平粜米谷兼便　乾隆八年（页五六〇）

仓谷分别准其开销气头廒底并运谷脚费章程　乾隆九年（页五六二）

平粜溢谷按府定价　乾隆十五年（页五六六）

平粜买补各事宜　乾隆十六年（页五六八）

拨运仓谷脚费在平粜盈余内动支委员酌给盘费　乾隆十六年（页五八〇）

平粜章程　乾隆十七年（页五八一）

平粜先尽陈谷　乾隆十七年（页五八三）
仓谷不敷粜济酌拨邻邑谷石　乾隆十八年（页五八五）
贫士与贫民一体籴买仓谷　乾隆十八年（页五八六）
酌量情形米价果昂方评就近经手本府一面办理一面通报
　乾隆十九年（页五八八）
平粜仓谷分别缓急远近开仓发粜　乾隆十九年（页五九一）
平粜通饬事宜　乾隆二十三年（页五九三）
平粜仓粮需用纸张脚费等项于正价内扣银三分事竣造册
报销又减粜事宜　乾隆二十四年（页五九七）
平粜只评谷不许粜米　乾隆三十六年（页六〇二）
饭食纸张脚费等项即于余米谷头砕米等项内支销　乾隆
四十一年（页六〇六）
平粜少收钱文查有无碍之项准其拨补　乾隆四十三年
（页六〇九）
平粜减便至多不得减过三钱　乾隆四十四年（页六一三）
平粜减价照新定则例办理　乾隆四十三年（页六一四）
平粜减价　乾隆十九年（页六一七）
平粜谷石数在五分以内五分以外分别详请咨案　乾隆四
十六年（页六一八）

平粜价值分别提贮司府道库　乾隆四十八年（页六二〇）
广高韶惠肇五府及罗连二州附近省城　乾隆五十年（页
六二三）
详请平粜式　嘉庆三年（页六二七）
通详请平粜稿（页六三一）
平粜报销式（页六三三）
通详请平粜稿（页六三五）
买补仓谷章程　乾隆八年（页六三八）
新谷丰场出示严禁无牌照商贩收买囤积地方官酌量给照
不得滥给　乾隆十六年（页六四一）
市中谷价高雷二府每石四铢以内其余各府州属六铢以内
动支谷价随时采买如至四六铢以外即行停止　乾隆八年（页
六四三）
秋成探听谷多处所分头买补　乾隆十七年（页六四五）
严禁派买仓谷　乾隆二十九年（页六四九）
采买　严禁派买　嘉庆四年（页六五三）
平粜买补部议　道光十七年（页六五四）
出粜仓谷价解府库秋成领回买补每廒造册奉行定例并办
兼成案　道光十一年（页六六〇）

好义士民自行平粜分别给匾奖励　乾隆七年（页六六四）

士民出谷平粜分别奖励　乾隆十七年（页六六六）

劝谕富户出粜米谷分别奖励　乾隆十九年（页六七二）

买补仅此一处平粜未便单案详报应饬赶紧买补平粜盈余据实详报（页六七五）

运回西谷分派各州县及归还原价并运收各章程　乾隆十六年（页六七七）

领运西谷斛面大小查案妥议　乾隆十七年（页六八一）

拨贮西谷遇粜仍照西斛量出减价平粜缺少斛头谷价于粜价盈余　乾隆十七年（页六八五）

拨运西谷平粜　嘉庆九年（页六八七）

广西运谷开销水脚　乾隆二十四年（页六九〇）

委员拨运西谷脚费系在解司谷价及州县自行给领开销无庸取结送部　乾隆五十三年（页六九一）

采买谷石遭风沉没详请豁免并请于额外余谷内拨补　乾隆十八年（页六九五）

被风米船漂入内地如果不能驾驶印官查明结报发粜将照移销　乾隆十九年（页七〇〇）

第二册横十三厘米，纵二十四点三厘米，厚零点七厘米，抄录的内容主要是『市廛』和『粮食』，共有三十二篇文件：

钦州知州员缺紧要停止差委　船只出口实力稽查　乾隆三十年（页七〇三）

商贩行户各设薄据　承充行户取结给照　乾隆三十年（页七〇七）

行户抗不领照妄请免给照不应重律科断　乾隆三十一年（页七〇九）

议设夫行　乾隆十七年（页七一一）

制造军器取用风箱　乾隆四十三年（页七一三）

炭斤落地税　乾隆四十年（页七一四）

祭祀牛只先行给价慎选保甲觅购不得给票差役下乡采买　乾隆四十年（页七一六）

府船厂需用桐油顺番二县各半分办　乾隆四十一年（页七一七）

官用物件纸张给价平买　乾隆四十二年（页七一八）

行户执照无庸递年更换　乾隆四十四年（页七二一）

议详省城佛山地方不许设立船行　乾隆五十二年（页七二三）

查禁铁器硝磺米谷章程　嘉庆五年（页七二九）
菜脯到省赴局筛验　嘉庆六年（页七四一）
奸民偷漏澳中连坐　乾隆八年（页七四六）
商民采买米谷由海运者给照事例　乾隆十一年（页七四九）
照式　乾隆（页七五五）
贩运米谷分别内河海运给照　乾隆二十二年（页七五九）
专造黄酒饼不在禁例贩造烧酒饼数过三百斤以上照蹂曲例治罪　乾隆十二年（页七六〇）
闽省豆麦运至粤省移咨稽查　乾隆十四年（页七六二）
照内务须指实地方分路采买毋得聚集一处骑越数县　乾隆十八年（页七六五）
琼州商民赴高雷廉等处采买米谷事例　乾隆十八年（页七六九）
商民海运米谷回棹时查验　乾隆二十二年（页七七一）
潮属米谷出洋各地界文武派定稽查　乾隆二十二年（页七七三）
给照采买每处不得逾三千石之数务须分路采买毋得聚积一处　乾隆二十八年（页七八〇）
请照赴洋买米取具商民船户水手保邻各甘结存案如有为匪不法治罪官弁失察列参　乾隆四十年（页七八三）
本属尚须买补请饬别属停止来属采买案　乾隆四十三年（页七八七）
领照隔属采买只许买谷食米每船不得过贰十石给照先行通报产谷地方俟奉到文行方行准粜　乾隆五十年（页七九〇）
运回洋米回粜计石奖励　乾隆二十一年（页七九二）
商民在外洋购米回粤粜济民食分别奖叙　乾隆二十二年（页七九四）
惠潮等府给照往高廉等府采买米谷事宜　乾隆十八年（页八〇二）
催令西贩谷船直抵省城并严查透漏囤积　乾隆二十三年（页八〇七）

第三册横十三厘米，纵二十四点三厘米，厚一点一厘米，抄录的内容主要是『营造』和『捐助』，共有四十九篇文件：

通营塘汛计算如修葺工料需费在十两以上者　乾隆四年（页八一二）

兴建营房工价银两动支田房税羡照给酌定完竣限期于估报案内声明　乾隆十一年（页八一六）

武员留里养廉各存各用不得别员滥支修署支用保固六年小修自行粘补　乾隆十四年（页八一八）

修葺大小工程分别银数扣留以备核减印官督办　乾隆二十四年（页八二二）

三百两以下工程委邻近州县勘估　乾隆二十九年（页八二六）

估修塘房等项造具正副二册申府核勘结送藩司查明分别请项给领及注册发回照织具领　乾隆二十九年（页八二八）

各属坍捐台汛营房责成巡道府州覆勘并原估价估浮冒分别记过参赔　乾隆三十年（页八三一）

司看粘单（页八三二）

勘详外洋遭风损坏战船限期并迟延分别记过参处　乾隆三十年（页八三八）

司须委勘修竣台汛营房结式　乾隆三十一年（页八四二）

修遇工程旧料不合用者务须确实变价于估册内将料物长短宽厚尺寸逐一开明变价数目　乾隆三十年（页八四四）

应行变价之迁移裁汰衙署等项房屋战驿等项船只按照原建价银分别历年远近递为增减变价　乾隆三十三年（页八四六）

详修衙署限领银后两月内兴工起限分年扣还如扣解迟延改令支放之员代扣养廉还项　乾隆三十五年（页八五四）

战船旧料南番二县估报遇有不敷饬令该船巡防之地方官垫解　乾隆三十六年（页八五六）

营员详修衙署造报工程估册按之成规工料不符而为数无多　乾隆三十六年（页八五八）

拆造战船旧料扣除灰麻油工外所余旧料变价仍有三成以上准其报销　乾隆三十六年（页八六二）

一切工程造报估册藩司分别核详发改及驳查勘驳查并造册兴修竣工各限期　乾隆三十七年（页八六八）

商民造双桅船只核与例符方准兴工完验给照　乾隆四十一年（页八七二）

广州府厂船工需用桐油自行平价采买不得转发勒依　乾隆四十一年（页八七四）

修理省会城垣数在四百两以下南番两县办理四百两至千两广属各县公捐一千两以上通省州县公捐　乾隆五十年（页八七六）

州县监狱该管官随时捐廉粘补修造战船加意节省详修汛房章程　乾隆五十三年（页八七八）

详修塘汛营房（页八九〇）
捐修城工等项分别详请议叙给遍奖励（页八九二）
道光十四年司详营汛塘房分别捐廉动项兴修　道光十四
年（页八九六）
修造米艇工料　道光二年（页九〇〇）
捐修城工（页九〇二）
微员请领路费册结免造　乾隆二十三年（页九〇八）
京塘银两各州县每年增捐六两九分零年岁丰稔即行裁减
乾隆二十八年（页九一四）
微员回籍路费近者着亲属随详赴领远者州县于耗银内支
给　乾隆二十八年（页九一七）
丞倅州县如遇丁忧告病体致及因公室误查系无力回籍照
病故例酌给一半周恤银两　乾隆三十三年（页九一八）
疏脱人犯参革之员不准支给周恤银两　乾隆四十年（页
九二四）
知县病故请给路费周恤银两　乾隆五十三年（页九二五）
监大使丁忧事故等项准赴运司呈明查实系无力回籍在运
库支给路费毋庸于额定微员资助项内动支　乾隆四十六年
（页九二七）

应捐存公等项银两无论正署按日全捐不得拘泥按廉全半
支之说　嘉庆七年（页九三一）
派捐各项银两分别现捐停捐　嘉庆七年（页九三三）
计抄看详一纸（页九三三）
捐解南番二县寄监人犯口粮一项停止捐解并令嗣后带足
三个月口粮随犯解给　嘉庆七年（页九三八）
弥补银两展限令完（页九四一）
嘉应州（页九四八）
拣发佐杂听候差委一切长年捐款琼属免捐复有例复捐
嘉庆五年（页九五一）
内地州县代属匀摊不敷火药等五项自嘉庆九年为限仍归
琼属州县捐解　嘉庆九年（页九五五）
佐杂微员到任不及一年及试用丁忧事故当准给领路费
嘉庆十四年（页九五八）
佐杂丁忧请领路费文（页九六〇）
直隶州二月判扶榇给银二十两周恤给银六十两按历任年
限递减格外周恤银五十两　道光二十四年（页九六二）
停给佐杂巡检请支周恤银两　道光三年（页九六七）
道光九年八月司道详奉批准另议议捐周恤佐杂故员家属

回籍路费章程（页九六九）

章程（页九七四）

记开各省路程　道光十七年（页九七七）

详请给故员周恤路费　道光十年（页九八〇）

『上』共有十册，从『上一』到『上十』。第一册横十二点一厘米，纵二十三点三厘米，厚零点三厘米，抄录的内容主要是《地方官员委署章程》，内有『详定委署章程（同治二年）』（页九八五）和『盐务官员委署章程（同治十三年）』（页一〇四四）两部分。第二册横十二点二厘米，纵二十四点三厘米，厚零点七厘米，抄录的内容主要是《粤东盐政杂录》，内有三十一篇文件。

粤东盐政杂录　乾隆二十四年（页一〇六三）

广东盐政水程违限追罚　乾隆二十年（页一〇八〇）

埠中存盐无几预行申报饬商折运　乾隆二十四年（页一〇八一）

盐运司范为详覆事查得各商禀陈盐务四条　乾隆二十四年（页一〇八二）

吏部为恭奏盐法事令议　乾隆十九年（页一〇八六）

盐船失水　乾隆二十五年（页一〇八八）

私盐舡只武营拿获者着武员将舡只速行变价州县拿获者州县变价　乾隆二十六年（页一〇九四）

大中号渔舡赴埠买盐出海腌鱼埠给印票　乾隆二十二年（页一〇九七）

场灶贫难老幼男妇挑负盐斤易米度日不许出二十里三十里之外　乾隆二十三年（页一一〇一）

严饬督销引盐分别功过　乾隆二十四年（页一一〇五）

盐舡捏报失水印官扶结参处本商不准补运运丁照例治罪　乾隆十七年（页一一一一）

文武官员项充埠商出资渔利以及商头把特分别纠参重究　乾隆二十年（页一一二一）

有税官山听业主开采务尽先卖给灶丁然后卖给本地居民　乾隆十九年（页一一二五）

埠盐被水冲没地方官勘实结报　乾隆四十六年（页一一三二）

审理盐案限期　乾隆二十四年（页一一三六）

私盐人犯分别应禁应保　乾隆二十三年（页一一四〇）

内结私盐变价银两即解臬司投纳听候藩司移取库收汇缴

咨　乾隆二十六年（页一一四一）

藉票夹带私盐照律拟徒　乾隆十三年（页一一四二）

无论引腌私腌各盐鱼均入官充公再禁卖乾标　乾隆十四年（页一一四七）

缉私事宜　雍正十三年（页一一四九）

各埠巡船许带器械其炮位等项永行禁止　乾隆十五年（页一一五二）

为严饬缉私审定之规条等事　乾隆二十三年（页一一五四）

一件私盐船变价事　乾隆二十七年（页一一六三）

一件稽查匪数事　乾隆三十一年（页一一六五）

开煽铁炉不得匿税私贩以大改小　乾隆十八年（页一一六八）

山场铁厂止许商人开设大炉照额输饷不得开设土炉（页一一七三）

炉煽铁斤领旗上税方许售卖内地兴贩听从便兵役不得借端勒指倘炉商买容并不上税私运照律科断　乾隆九年（页一一七七）

新开及停歇炉座查明分晰增除　乾隆十五年（页一一八九）

内海贩运铁锅五十连以上呈官给照（页一一九四）

佛山买运铁锅农具往雷琼通报　嘉庆十三年（页一一九五）

一件通饬遵照事（页一一九六）

第三册横十二点五厘米，纵二十二点九厘米，厚零点五厘米，抄录的内容主要是《限期总制　刺字汇纂》，内有八篇文件。

领凭领咨赴任俸满保送取结各限（页一二〇一）

降调事故归籍各限（页一二〇四）

查灾办赈（页一二〇六）

交盘例限（页一二〇七）

日行限期（页一二一〇）

缉捕提纲（页一二一二）

刺字汇纂（页一二五〇）

承追承变（页一二六七）

第四册横十二点五厘米，纵二十三点一厘米，厚零点七厘米，抄录有二十五篇文件。

革退旧役冒差吓诈　道光十三年（页一二七二）
迭次包揽词讼　道光十八年（页一二七六）
顶名入场鎗考　道光年（页一二八一）
诱骗文童雇倩入场代鎗　道光十三年（页一二八五）
迭窃　道光十三年（页一二九一）
顶名入场换卷作文　道光十四年（页一二九三）
唆讼示稿　道光十五年（页一三〇一）
广东按察使司为严禁毁挖坟冢以维风化而靖地方事　道光十五年（页一三〇三）
广东督学部院五谕乡试诸生知悉士人读书首贵立品　道光十五年（页一三〇五）
通饬举充地保　道光十六年（页一三〇七）
南韶连道关防稿示（页一三一一）
一产三男　乾隆（页一三一三）
孝廉方正　嘉庆元年（页一三一四）
查看得生员（页一三一九）
节妇看语（页一三二一）
未婚节孝（页一三二五）
双节看语（页一三二七）
节孝看语（页一三二九）
未婚节孝看语（页一三三三）
议祀乡贤（页一三三五）
旌寿看语（页一三三八）
请入乡贤（页一三四二）
准入名宦乡贤（页一三四三）
禀覆咨询地方情形（页一三四六）
杂件（页一三六一）

第五册横十二点六厘米，纵二十三点五厘米，厚零点六厘米，抄录有十三篇文件。

水师提督关天培坐名敕谕　道光十五年（页一三七〇）
武弁不准坐轿谕旨　道光十三年（页一三七三）
孝慎成皇后大事仪节　谕旨二道　道光十三年（页一三七五）
幕友朱柼被参　谕旨　道光十三年（页一三八一）
握克精额奏清厘仓库四条　道光十六年（页一三八四）
抗欠官铜不交事后捏禀抵赖并亏缺库项参案　道光十二

年（页一三九〇）

奏报西北两江潦水涨发广肇二属围基漫溢冲缺查勘抚恤情形　道光十四年（页一四三一）

奏报假期将满回任日期　道光十三年（页一四三五）

奏请陛见　道光十三年（页一四三九）

奏报督臣因病出缺　道光十五年（页一四四三）

廉琼二属洋盗劫掠已饬文武堵捕奏报情形　道光十二年（页一四四七）

京控咨文案件提解迟延请旨交议奏案　湖南案　道光十五年（页一四五八）

恭刊圣训行军纪律等书通行颁发　道光十三年（页一四六〇）

第六册横十二点八厘米，纵二十三点五厘米，厚零点六厘米，抄录有十四篇文件。

广西布按会详民间私用枪铳勒限收缴不准私造亦不准打造大货等刀　道光十二年（页一四六五）

学政因事身故出缺查讯家属所供情形奏稿（页一四七二）

学政出缺藩司代办巡试附片　道光十四年（页一四八〇）

知县请托童试学政疑虑自缢奏稿并上谕　道光十五年（页一四八二）

访闻私铸不及十千拟极边军　道光十二年（页一四九七）

听从私铸铅钱以匠人论受雇挑水打炭之犯于为从罪上减等问拟　道光十二年（页一五〇二）

道光十三年吏部酌政则例三条（页一五〇六）

粤东灾务分别劝捐赈粜办理缓征尚无侵冒诸弊奏案　道光十四年（页一五一二）

奏报南海高要等县水退及和平大埔二县被水情形附片　道光十三年（页一五二三）

南海等县被风来春无须接济例稿　道光十二年（页一五二七）

筹裕灾地民食酌请动项采买米石分运平粜并请客贩经过关津照例免税以广招徕折稿　道光十三年（页一五三〇）

覆奏南海等十一县大埔等七州县被水来春无须另筹接济　道光十三年（页一五三四）

广东省城被水及广肇二属围基复被冲溢情形折稿　道光十三年（页一五四〇）

上谕二道　道光十三年（页一五四五）

第七册横十三点一厘米，纵二十四点三厘米，厚零点六厘米，抄录有十一篇文件。

审拟诱拐出洋匪犯请仍循例解勘具题奏稿　光绪二年（页一五五〇）

刘坤一覆奏前督臣奏陈粤省事宜　并上谕　光绪二年（页一五五六）

鲍源深奏禁栽种罂粟明定地方官考成　并上谕　光绪二年（页一五七七）

张观准奏州县锢弊六条　光绪二年（页一五八八）

吴其昌奏请行屯田　咸丰七年（页一五九六）

孟传经奏请团练速行奖叙　咸丰七年（页一六〇六）

胡家玉以其孙中式举人专折谢恩　光绪二年（页一六一〇）

越南国王随贡表章　光绪二年（页一六一二）

老生三场完竣循例奏阅　咸丰七年（页一六一四）

江西省续获教会匪徒审明拟办片奏　光绪二年（页一六一八）

臬司奏请将应改发新疆之犯查明尚未领咨牌分别办理通饬遵照　咸丰七年（页一六二六）

第八册横十三点一厘米，纵二十四点四厘米，厚零点六厘米，抄录有十七篇文件。

署惠州高善县事即补知县　同治十年（页一六三一）

合详为合议详覆事　同治十二年（页一六三六）

盐田改筑稻田　同治十二年（页一六四六）

文武官俸廉　同治八年（页一六五二）

裁兵节存米石变解价可充饷　同治九年（页一六六二）

展拟民欠民米　同治八年（页一六六七）

只奉按样杂税连年短征情形　同治年（页一六七七）

买受伪票偷漏厘金该犯遣回原籍礮禁两年　同治十三年（页一六八三）

部颁皇太后皇上三大节庆贺表式（页一六八七）

左宗棠奏稿　同治十二年（页一六九一）

旌表亲见七代五世同堂给与匾额　同治十二年（页一六九五）

奏请增广学额　同治年（页一六九九）

江苏巡抚何璟奏请增贡额以励人才　同治年（页一七〇五）

瑞麐奏稿　同治九年（页一七〇九）

李鸿章奏请武臣剿贼奋勇受伤准免骑射（页一七一四）

垫支万寿宫工程　同治十二年（页一七一六）

垫过各署工程由善后局给还成案　同治十三年（页一七二〇）

第九册横十三厘米，纵二十四点三厘米，厚零点七厘米，抄录有十六篇文件。

请增广州驻防生员贡额痒额部发　同治十二年（页一七二四）

香山县为接顶饷押　同治年（页一七三〇）

结报交代扣银　同治十二年（页一七三四）

交代专籍损坏详明立案（页一七四二）

禁女子结拜金兰（页一七四四）

练兵三成　同治七年（页一七四七）

部官裁减冗兵节存旷饷分别清厘丰欠加饷练兵一折　同治九年（页一七五八）

原议清饷章程　同治年（页一七六六）

补放旧欠给发印票　同治年（页一七七六）

左宗棠奏减兵加饷就饷练兵以欲实鸿（页一七八〇）

户部奏各省正借缺欲用款增繁分别整顿一折　同治十二年（页一七九四）

部议福建巡抚王　奏请停捐例　同治十二年（页一八〇〇）

部议福建巡抚王　奏请立练营以修武备　同治十二年（页一八二〇）

湖北巡抚郭柏荫奏襄阳宜珠二县驿路倒塌（页一八二七）

奏报出省查阅就近察看苗疆及筹布边防情形（页一八三〇）

奏请开设正坟降调巡抚处分准予入祀名宦（页一八三三）

第十册横十三点六厘米，纵二十四点七厘米，厚零点六厘米，抄录的内容主要是《养廉报销　地丁奏销　开矿章程》，内有『广东省报销养廉（同治八年）』（页一八三九）、『地丁奏销』（页一八四七）、『开矿章程』（页一八九七）等三篇文件。

附录：

（一）《粤东钱谷事例类编》残本三册

四　粜补　捐粜奖叙附

五　市廛　粮食

六　营造　捐助

四

耀補

梢耀㜀敘附

粵東錢穀事例類編

覆糶耤數

為耤穀積貯有年詳請糶售以供祀典事 案照州縣收存耤田穀石例准五
年出陳糶售以供祭祀
先農神用支發等因並經查案 卑職 遵查 卑 州耤田收穫穀石自ム年起至ム年
止五年已滿除逐年支用籽種粢盛穀外實存穀共若干石例應糶售進
年恭祀
先農神用照依本年ム月上旬報時價卜若干糶售每石除部價卜若干尚有售
多時價卜若干理合備造清冊一樣三本詳請
憲台查核轉詳
發糶耤穀

題明仟數難集伏乞

憲臺批示飭遵為此云云

批 查稽田數名例在案注

部覆據行定難難尚未奉到文內遽請難售殊屬不合仰即遵照候奉

部覆飭知辦理繳冊存

糧數按收成分數造報

乾隆四十八年八月二十七日奉

廣東巡撫尚　准

戶部咨云云　查糧田地畝多寡遠近之處現據該撫稱係因肥瘠不同其報收

數各均分實在情形應毋庸議仍諮該撫即飭各州縣將糧田應收租額

造冊送部閱後并令按該年收成分數核實造冊題報可也云云

糧台　雜務屯案

遇有賑糶無論多寡務須指明花户數目不得駛入常平倉谷項内混糶

飛飭詳查事。乾隆十七年九月二十一日奉布政使司石　批本府申詳各屬額貯賑糶花户官粗米數有無出易已糶未糶一案奉批花户數目奉

卽乃二停偹賑糶之項原與常平倉穀不同未便詳駁出易以致夾雜虧缺難稽。仰飭所屬嗣後遇有賑糶毋論多寡務須指明花户數目不得駛入常平倉穀内混雜，以干未便，繳。等因云云

道光四年定
例見後下頁

議定各缺平糶分別糶半糶三 乾隆元年

户部議覆廣東巡撫楊奏嗣後粤東各缺每年平糶倉穀將沿海卑濕穀易霉壞之廣州府並所屬南海番禺順德東莞新會新寧新安香山惠州府並所屬歸善海豐陸豐潮州府並所屬海陽潮陽揭陽饒平惠來澄海肇慶府屬之陽江高州府並所屬茂名電白吳川石城雷州府並所屬海康遂溪徐聞廉州府並所屬合浦欽州瓊州府並所屬瓊山澄邁文昌會同樂會儋州臨高昌化陵水崖州感恩新安陽江縣等缺准其作半糶其未糶之穀至文兵米無可減糶之嘉應州廣州府屬之清遠增城南雄府屬之始興韶州府屬之曲江潮屬之普寧惠州府屬之博羅河源永安肇慶府屬之高

平糶分數

要高明廣寧新興陽春共一州十三縣亦令存半糶半其餘南雄羅定
三州等三十六州縣現非沿海卑濕之區俱照舊例存七糶三仍令該府于平
糶之時並照雍正十一年題定之例遴委佐貳一員眼同監糶務使乏食小民均沾
實惠至所糶價銀令於附近州縣買補之處亦應照該督所請買補倉穀仍在
本州縣地方買補並照雍正十一年題定之例委佐貳一員協同本地方官墟市
按時價收買倘有派買短價及抑勒富戶里民等弊即行題參其南澳同知經
管倉穀現經存時買糶所有存七糶三之處應毋庸議等因乾隆元年十二月奉
旨依議
查粵東有平糶倉穀該督現稱因地制宜采穀甚難聽從民便毋庸一概派

糶糶等語應如所議辦理仍飭該撫將糶米之處如有攙和糠粃以及水濕等
弊查參究治其碧碾工費照原議辦理乾隆三年
道光四年四月內經陳撫院會同　督部堂奏准常平倉穀援照江南省例按
年於青黃不接之時撥以出糶如遇歉歲不必拘定糶三糶存或止糶一二分
亦可如果穀色枯陳或慮潮濕恐有霉變或歉收之年俱准於糶三糶存外
通融辦理每穀米一石減銀二分五厘伍分
詳奉　東覺詳請出糶案內見下

年糶分數

廣東平糶買補各款章程

乾隆三年七月廣東嗜按意復伏查平糶一節原以利濟貧民遠近務使均沾實糶不過升斗而守候侵漁之必絕之攬圍販之必嚴以省會人烟稠密戶口殷繁差委勤慎之員在於衝要之所東西南北分設各廠各廠又將老幼男婦分其等路出入不使擁擠守候即預期先將時價若干減去若干定價若干只許足食小民零星赴糶最多不過一斗定價之外不許多收一文張示通衢曉諭每日辰刻委員到廠開糶至申刻止委員即將逐日糶過米石錢文數目列單報明其所錢文即一面發交鋪戶易銀解從民向兌換至于鄉村市鎮離城窵遠者須平糶者地方官先期確查立即將倉谷運赴墟市適中之地酌量各鄉之戶口之多

買補平糶章程

寡以定糶數陸續運往設廠糶賣一以城中之法但賑糶之人一邑仿課無幾
故須在城未廠賑糶勢難甚頻鄉村各鄉之地方官即于本地方紳耆內擇篤
實謹飭有身家者將姓名申報上司委之辦理每廠酌撥斗級一二人執役以本村之人辦
本村之事其閭閻之貧富戶口之多寡平閱之遍目皆所詳知弊患不難識偽立
破行有成效給過嘉獎之不肯者嚴斥之有不踴躍從事而民實受其益者寧
其設廠處所及運穀日期數目地方官仍行具文通報表之按府州縣加從訪偽有
動相斜而多敢斗頭力難措勤惰獎即行揭報察究運穀脚費即於米價內支
銷如此城鄉分廠設糶查察弊竇則遠近窮黎無不普沾平糶之益而無奔
走守候之苦矣抑臣等更有請者民間有歲之家在城者十數富多鄉者

乡无富者贫不接之时富户每奋高价以利者有之急公好义者亦不乏人上年粤
东高富一带平粜劝谕有数之家如有照依减价数目自行就近出粜者地方
官核实查明详报应计其数照知府道司院题请给之匾奖励而好义绅民老
幼俱能踊跃急公出数平粜周惠乡邻祈请给奖生业者请酌该之官厂平粜
之时仍行示谕有愿将自贮之数照依官价平市安平粜即许照知官查照数目
其报分别奖励如粜至三千石以上者准予题请议叙不许照知官抑勒掯派违者
详参知城乡各粜之外又有急公之绅民相助救似更可推广以足民食也至
平粜之价不宜增减罢小民拣量每生锱铢平粜时市价必贵若官价与市
价相去悬殊市价恒有囤积以待价贵能抑价以纾贫民藉以举火者
实补平粜章程

必皆仰資于官穀倉儲有限其勢易罄而商販得以居奇于其後是歉年糶

糶何來年陸來候集便旗民既有官穀可糶不全賴鋪戶之米以候價則各鋪

戶見有官穀普糶而所儲有限亦必可抑其價以冀速售通融調劑常價止

減十分之一以次遞減期年而止則鋪戶無所操其權官穀不實其需遞還倉

便可以漸平而小民實沾其惠矣至若秋收買補之時勒派富戶恐民難堪價值

奏請賠補之倉其擾累等弊較出糶為尤甚謹請欽奉

上諭並各臣工條奏剴切詳明立法極泥近來各地方官立意定例森嚴不能違犯

但恐有司賢愚不一上司耳目難周法久弊生亦未可定誠在

聖明洞鑒之中矣欽奉

務當再行明議買補之法，以杜諸弊。臣等詳加酌議，請于買補時，雖加採訪本邑價平，則買于本邑；隣封價賤，則買于隣封。二者俱行，庶有裨益。如本境與隣封時價皆貴，應停俟下年秋成再買。其買于隣封者，要所在其勒派，毋庸更議，惟運脚之費，應照舊于買價內一併開銷，庶免官賠之累。至本地採買，大約民間出糶於市集者，米多數少，購不足數，不得不向于有數之家，因而抬斂，給銀逐家索數，而地方之圖差、牙戶等輩熟識衙蠹，遂請本官于糶價之時預為領銀，營運以待秋收，將谷補倉，因於價減色短，甚此弊端所由起，于富戶小民並受其波累也。應請于買補時，一面將市價申報，一面照數出示曉諭周知，照例委佐雜官員先于市鎮聚數之所公平易買，自運上倉，毋許勒令代送。倘果市價不敷

買補平糶一采糶

足数方为有数之家，照时价平买，不许短价派买，谷色以干净为主，亦不得多加
斛面。遇为归隅买毕，正佐二官出具并无派累印结，申报该道府州加察核，
访查如有前弊，即将正佐二官一并详参，役胥重究，则派累之弊自可少免。再于
乡国户平民无所希冀矣。每曲则价昂，自难全一，然发粜贱买，其价自应有
赔垫，赔银两该管上司酌通济处，以此府此州之有余补彼府彼州之不足，以
本岁之有余补来岁之不足，通盘计算，自可因时制宜，而地方更无赔累之苦
矣。倘见籴粜之年，奸牙铁钱囊射，无扰贫乏，仍恳牧令无亏缺之实，仓藏有亏足
之要。惟赖督抚大吏整率有方，措置尽善，讲求于平日，随时以变通，所谓有治人而后
有治法也。是否允协，理合会呈。 等议覆奏。 硃批：著照所请行。钦此。

平粜米谷画一便

乾隆八年十一月十二日注

户部咨覆 广抚王 咨请粜仓谷毋庸一体碾粜等因查先经署湖北布政司安图详东道府各属将应行出粜仓谷按一米二谷计算请将米粜卖每谷一石准给碾碾工费银一分于粜价内扣除等因经奉部议定为现存碾米平粜者仍照旧外其有应行碾米发粜者将仓内可否一体碾粜之处因地制宜酌量办理报部查核至请碾工费于糠粃及盈余内通融办理该布政司所定每石准给工银一分于粜价内扣除之处应毋庸议是覆奉

旨依议钦此遵行在案今粤东有平粜仓谷请按既称因地制宜米谷兼粜听从民

平粜米数画一便

梗毋庸一律碾糶等語，應如所議辦理。仍令該撫將糶米之處，如有攙和糠粃以及水濕等弊，立即查參究處。其磨碾工費，著照原議辦理可也。

會議分撥江粵閩省氣頭廠座運穀脚費章程　乾隆九年

戶部咨據署廣督策楞具奏粵東本省外省常平倉積貯穀石原分各該借撥查明地方燥濕到者分別開銷指氣頭廠座於粵東省廣州府屬之番禺等州縣五十二處院據該撫據策查明或碾支兵米三年可以出易或地勢稍高顆數尚不甚多均毋庸開根氣頭廠座若毋庸議其高州等府及所屬茂名等州縣二十六處俟瓊郡毋庸撥運官倉積貯充盈之日另行題明辦理外其廣州肇慶等府及所屬之南海高要等州縣共三十處既係沿海低窪失蒸積貯每易發所請將最濕之廣州府及屬之南海番禺東莞順德新安惠州府及所屬歸善海豐陸豐潮州府及所屬海陽潮陽饒平惠來澄海廉州府及所屬合浦

糧務　倉谷開銷氣頭廠座　運谷脚費章程

等將並廣糧通判經管鹽倉共二十處及汶淄二屬肇慶府及所屬高要、廣州府屬之廣糧通判經管三水廣益倉、惠州府屬之河源博羅永安、潮州府屬之普寧、嘉應州及所屬之興寧長樂二十處存倉穀石歷至二年三年如數出糶者，不准開銷氣頭廒底外，如有歷至二年三年全未出易存倉之谷，准其自乾隆九年為始，俟在開報之年，照援廣西之例，將貯數十分之三折實，每千石以三石開報氣頭廒底，每百石准開銷氣頭谷一石，廒底谷四斗，如存貯未及二年三年者，俱不准開銷。統于開報之年，除所減色糶價秋成買補不敷，在于存公銀內撥部動支。如有將新作舊，捏飾開報者，即行嚴參究處。至出易未及糶半糶三之數，每千石以五十石開銷氣頭廒底之處，該督撫確核全未出易之谷氣頭廒底止有一

庚年又粜三粜三三粒闲食之时山西粜头要去食内粜存之数未便復將气頭搬
入搬之后复生气頭粮之前未出易数石之气頭最易发语但查前未易之数为数
已多又经年久贮经蒸之气頭以远贱易于霉变气頭自应粮多与其出易来后難
半粜三之数原任每年开镇仓平粜为时未久经历之气方以远贱即復生气頭
亦必按少其气頭厥底自应照全未出易之数每千石以三百石开报查一翔理应
三谈情搽仍将出易未及粜半粜三之数照全未出易谷石之例开报[illegible]搬运
数石所需脚费等程一项谈署搭疏拣一切挑夫船只均在民间雇募贵贱
时有不同若议陆路平地水路下水车辆装载价实在石需之数量无浮冒
应请酌照前议至陆路崎岖每石每百里减银二分水路上水每石每百里减银四
粜粮仓谷气头运谷脚费等程

凡海運風信靡定難以程途計算每石統以七分支給等語亦屬可行議明後運

各脚費陸路平地每石每里準其給挑夫銀三分陸路崎嶇給銀四分車輛裝載

給銀一分水路下水每石每百里給銀七分上水給銀一分自省海運高廉潮瓊四

府穀石每石統給水脚銀七分定為永遠章程如有搭運穀石照數動支給發

事竣造冊報銷可也 乾隆九年七月初七日奉

旨依議欽此

平糶溢穀酌改定章

為遵

旨議奏事廣撫蘇會稽恭奉大學士公傅字寄內開乾隆十五年五月十五日欽奉

諭旨湖北巡撫唐綏祖奏酌倉儲糶價核定價值通行出錢以上方許出糶之處各

省情形不一是否俱可推行該督撫各就所在地方詳悉酌議具奏等因欽遵

寄信到臣查廣東一省除連州及連山陽山二縣並無溢穀數外其定存溢穀數六

萬餘石查廣州南雄韶州惠州肇慶瓊州潮州七府羅定嘉應二州每穀一石糶價

四五錢者為平價六七錢以上者為貴價至溫類穀石非因時價昂貴毋庸平糶

撫濟應定以六錢以上方許出糶高州廉州雷州三府素為產米之區每穀一石

平糶溢穀定價

糶價三四千者為平價，五六錢為貴價。各定以五千以上方許出糶，此後糶不俟詳允擅行減糶，價利沽名者，即行指參，着落賠補。所有臣等酌核地方情形，分別議定糶價數目，理合恭摺具奏。至常平出易及因糧價昂貴，詳定平糶，為時不便，預為定價，臣等亦當隨地隨時盡心核定，預期出糶之價，照數買補，合併陳明。謹奏。

硃批：知道了。本年九月二十三日奉到。

平糶買補各事宜

廣東布政司為通飭事。乾隆十六年十月初二日奉

撫憲蘇批據糧驛道□稱

一本年已糶倉穀急須買補也。查各州縣倉貯皆有定額，本年平糶之數自應買補，倘買補不全，既無以為有備無患之道，且恐明歲青黃不接之時加之難濟，更屬可虞，則買補一事實為當今第一要務。但買補之權操于州縣，而州縣之中賢愚不等，辦理此事未必人人之盡心。其中有遇米貴則糶以平遏，買補則毫無加意，不肯為己，只知為民，此上等賢員為心民瘼者也。米平糶則先趁買補，將買補則惟思墊賠，為民之心終不勝于自為之衷，此中等之員畏首畏尾者也。視平糶為利藪

平糶買補各事宜

以买补为畏途惟利是图惟民间恒此下等之賣藉法病民者也如称之品類不
齊故倉谷之买补亦其上等者無論矣中下之賈則以现在买补为詞即以存
價不敷藉口不過援例一詳便可了事但来年登稔難以照常倍之年價已不敷
以年復值昂貴米糧在所必需則現在之敷已漸出虧买补之期尚屬有待
貽悞匪浅則此晚稻收成之後所宜急為买补者也至今年晚造各属與报俱
有七八分以上收成不为歉薄市價較之青黄不接之时势尚平減若不乘时採买
則倉穀买补终屬無期買補之法必于蓋藏有餘之家即属紳衿富户往之
如称之买之紳衿富户有平例採買之于處星商賤挨騰市價以是藉口
遲延但查乾隆二年十月内欽奉

上諭有云買補之際往往有中飽之弊於兩全其實數有照時價短發十之一二者有
鄰邑價貴者或令自運赴倉腳費不出又或用斗斛以大易小用秤斛以重易輕更
有照糧派買之弊每處派一買頭總領民戶照數交倉此實窮黎豈堪受此擾
累是以

諭旨原恐州縣有短價勒買種弊之至意今若概照時價採買州縣無勒扣之處則富
戶何以不願為官買也富戶既願為官買補倉貯又何難補足況買補積貯
原為該地方民食起見並非州縣自私自利之事如果秉公無私則各處紳衿
富戶雖多樂善好施才能願之心恩公好義之念即於本年春夏之間各屬紳衿富戶中
為有藏價平糶捐資樂輸者且優敘之宗得每年歲底預備之外九屬有餘
平糶買補之事宜

本欲糶賣以為公私費用至其出糶糶賣之之于商與賣之于官事本相同買

之于商與買之之紳衿富戶亦無異辦理若善即買之之富戶亦屬可行辦理不

善即買之壟斷亦難無弊若為買之壟斷所買之數即為紳衿富戶之（所出）穀與

其轉買于官是肩販之人所買無幾且恐眾口喧傳米價因之昂貴孰若

買于紳衿富戶有餘之處事不繁而民不擾若因積、病民州縣何難指責禁

至收穫辦理無亂曉以例意而已斷以不肯州縣執成之後谷價本屬平減價

而採買或因短價不適不行採買或因時價與平糶之價相等外無可騰之乃

肯買俟定觀望及至價數稍昂甚之不敷藉詞以致倉谷出需買補無期殊非

國家儲備民食之意若請通飭各州縣將每年平糶谷石集以晚造收成

之政務須力矢實心和衷商酌無理如補苴須以實心實力倉儲以濟緩急積不實心照
理如遇並有檢驗勸如果委其奏明請旨就近查報請發廉倉儲甚不足之
實民生有緩急之備矣

一明歲平糶事宜當先事預籌也查本年米價高昂現今晚造收成市價值猶
未平減明春勢必量資平糶省城米穀現即向高雷廉廣西等處素稱產穀
之區其價值亦賤與省會相等若非通融調濟不能決洽周知明年青黃值
見科舉典凡科目出身州縣必多調取入闈勢不預揣情形先期籌畫彼時已值青黃
不接之時揭署印各官或謂待庖代職不肯實心辦理即遇留心民瘼之員
又或限於人地生疏辦理未能盡善種種貽誤雖由其人寔屬通飭各州縣
年糶買補各事宜

無論地方情形與倉儲所有數目，逐一登記，其何處晚造豐收，明歲無庸平糶，何
處收成未豐，來歲尚須平糶接濟，所需倉穀無虞缺少，其何處缺少，必
須補足。又何處倉貯額多，尚堪協撥鄰邑。他如常平、社谷共有若干，何以益
資接濟之處，一并悉心妥議，務于本年冬間開列清摺詳送，仰候
大人核定，批示遵行。如此將明歲辦理事宜，先事預籌，庶臨期不致貽誤矣。
一、查民間囤積之戶，宜設法禁杜也。查米價日昂，固由生齒日繁，亦由奸民囤積
所致。前此官倉開糶，每多米戶到將米搬藏別處，糶罷無米，情形既易搖惑人心，
又令中戶民人不得在官倉買米，若無門告糴，其苦更甚于不平糶。一日遲出官
粟，以輩文出，並聞囤積其招價無可如何。又有一種富民粟積數年，任其紅朽不肯

当押八年有一种五十廿卅个月递远载新经清理限一齐亦横又每期按月令逮
以致现奏价借之人按谱价值高一倍种之弊端难以牧差役使小民受累良苦
若辈竟以三倍之利若不设法稽查务须究治欲期未偿之年终不可得应请饬
令地方牧令凡遇未赎之年定心查察倘有前项作弊害民之辈即行拘拿讯详
治罪他如富家多藏私典之铺实有朱作私典害者惟与奸民把持者不同把
其坐拥有余忍令弃掷之居不合并请将其所有米谷照依官廒难价发
卖以济穷黎其所卖价值仍令归田则刑既不宽奸亦自止
一 乡藏富厚之家宜饬令减粜也查民间贫富本自不齐富者坐拥千石贫者家
无担石如不衰多益寡而居储有限究难编惠小民应请给示晓谕饬以一体相
平粜买补以事宜

閭之義惕以多藉厚己之危亢遇米貴之年勸令紳衿富戶各量己力出谷減糶不
惟衆擎易舉米價立平且使富戶素有梓閭恤貧民之誼貧民亦有敬禮富戶
之心貧富相安永臻善俗伏思數十年來橫征禁派近蒙捐降又荷
皇恩頻免正供得享太平莫非
帝力若不急公好善何以仰報
高厚況不過勸令照常減價並非勸捐白擲譬如米價本昂彼亦可得厚盈豈可袖
手旁觀視同秦越若請通飭各屬閭紳勸諭如果願捐谷石就于官廠糶
賣之價仍令紳耆照所減之價作為實捐之谷于平糶完竣之日查明數請
旌償有所賣獨多者加減價及捐谷出賑不收價值非尋常減價者比亦

查清匪鄉善後三則悉註呈〻請敘

一、各屬宜查嘗租谷宜酌齊以收實效也。查粵省風俗，無論族之大小，各有祖祠，祖祠之內各有嘗租，大者鉅萬盈千，小者亦數百石及數十石不等。此項租谷除歲時祭掃及分給子孫獎勵進泮補監鄉會中式之外，每年必留盈餘，擇人掌管，以為修理祠墓及爭訟使用之費。此風粵東通省皆然，隨意而竟實不美。若由本年偶值米貴，亦有各族之賢成殷善之人，將嘗租計口分贍，或將嘗銀買米，即在本祠之內減價平糶，更有竟於族中送飯與候族中貧人糊口者。但未每有此宗，其圖利之族及經理不肖頭人，不肯一體辦理，是以米粒涓滴，竟於夫平時意貪，其子孫豈飢歲反膜視其子孫困處，亦不收源不得少活。特應否請出示曉諭，並通飭各紳祠，倘有遇平糶，實補益事宜

地方米貴，屢令職族長協同族正副人等，多將所存谷石數目呈繳，計族內貧民約
理平糶之法，計共存谷擬日給發到遠邦鄉壤，皆有接濟，既可以輔平糶之不及
而務之僅飽私囊，借充訟費者，大相逕庭矣。

一隣境米穀所需，通飭以資接濟也。粵東陋習，凡遇米貴之年，即行遏糴，不許本鄉米
穀販賣出境，為將商賈買運，非將穀主恐嚇，即將販客稽留，即使地方官嚴行
勅諭，固執不回，且有明目張膽，糾眾相搶者，如本年新會之事，釀成大案，豈非明
驗哉。小民之意，只知有己，不計有人，不知一省之大猶一人之身，全體受病而一指獨肥
豈能存活。職等彼此相通，有無共濟，自當
大人德示曉諭之後，刁悍之徒日見斂迹，善後生出事端，但恐日久易忘，合無仰懇

聖鑒謹會見通達主意三日上言之處四安無外其二事諄諄利害不時加以訓誨
務使米谷流通倘有販運過多致虞困乏俟長不得不為變通雖地方官相
機斟酌稽停販運亦不得先期洩露以長刁風則緩急可得通融而無害小民
亦不致拮据羅重難矣以上各條或詢之紳士或訪之輿情或就所見所及
自知淺陋無以仰佐高深但以民食所關稍有見聞不敢稍為緘默以負
大人念切民依至意是否有當統祈
鈞裁訓示俾得由本批所奉各條切中時弊于倉儲民食深見留心外禁社圖
積捐濟鄰境之條原係屢年例禁應再加通飭各州縣實力奉行勸敎當
粗捐濟被困貧乏各富厚之家勸令減糶之處惟在地方有司當荒歉之年
平糶買補各事宜

恺切晓谕，务以动其亲亲长长之诚，不可稍有勉强，毋庸官为设立科条，收岁乎
难事宜应责成该管府州县随时体察情形，其难与否另行安办，仍其实累
负之急急。从事至于属未补仓谷，急宜趁此西成按数买补还仓，未便任其延
挨观望。但买于绅衿富户，则不免派买短发价值等弊。抑东布政司查照本年
因及各逐一悉心妥议详案报。

准运户部咨户部议覆江苏巡抚文委员司给盘费

乾隆十六年拨运广西仓谷赴浙郡米难一案当经为详称查乾隆六年一併拨运米谷等事案内运谷赴浙每谷一石给海运脚费银八分三厘在司库耗羡银内动支奉部准销有案今耗羡一项奉有定额章程未便借动查司库一项修给兵房不敷各价兵房所需米粜盈余现在银一万零四百七十一两三钱五分八厘可以借动应否借支给发咨运事竣在于粜价银内归还司库所需委员因公差遣涉历海洋应否照从前拨运之例在于司库出项银内为委员量给盘费银一千五百两等由奉

抚院批允

粜务拨运米粜动支脚费

平粜章程

乾隆十七年四月初五日奉 布政司石 牌奉 陕抚部堂阿 批本司呈详云云 细查平粜定例丰年每米一石减银五分谷一石减银二分五厘歉岁每米一石减银一分谷一石减银五厘又经通饬照在案今各属上年收成丰歉而粜价增昂仍令各属查明市价每石二两以外者照丰年之例每石三两以外者照歉收之例妥议核减碾米发粜俾小民零星买粜以资口食每户以买米五升谷一石为率如以敷包纯洁每谷一斗六碾米五升小民情愿买谷者仍许以米谷兼粜银钱兼收委之佐杂官员监粜照门牌烟户确查实在贫民方许赴买毋任斗级书役人等勒措刁难抑剋斗升严禁奸贩铺户乘机冒名混贫射利而备细晓谕向众粜碾一两

平粜章程

收辦理章程開列詳報免致往返稽遲有妨待哺該州知照仍應隨時稽查毋致奸

民藉端滋事務使諸弊肅清並將糶過米石收不易錢文數目按五日列摺通

報仍應將開倉出糶日期及買補不敷若干即請申詳其買米不及五升谷不及一

斗者應收小文以有尾數均一一減除毋得橫收所收之不出即為部貯庫不得

藉騰有得利困似此酌定通飭照理核實若小民咸得實受惠澤矣據由本批

如詳通飭各屬遵照實力奉力妥協辦理仍候云云據又奉

廣東巡撫蘇 批因前詳奉批如詳云云再平糶倉谷大概零星難買者居多穩

以收錢為便仍即領呈仍銷云云據此合就移行備牌

原文見下
六頁

早糶先將本年秋收進廒及交內將現糶某廒某年分之穀於何時買補何時上將
收入某某廒口口處申報 倉廒墻小滲漏及牆壁木植不堅地方官隨時粘
補修葺若廒座年久毀爛倒塌詳明上司委勘估計報 部動項
修葺

乾隆十七年七月二十八日奉 署理道蒼 牌中奉
巡撫部院蘇 行云云 訓設凡遇青黃不接開倉平糶并春夏之季碾支須查明
各廒所貯谷石先儘陳谷出糶以次遞及照例于詳請平糶文內將現在糶某
廒某年分之谷石數明毋得以僅顧留陳將新穀混行出糶及買補時上將收入某某
廒口口處申報該道仍時加留心稽察以肅務之役倘敢抗違不遵仍有稽
糶務 出糶先儘陳谷 捐修動修倉廒分別辦理

新作舊情弊，以致積成虧空，該道查訪確實，立即嚴參著賠，慎勿瞻徇干
咎。又倉廒閘務積貯，如有些小滲漏及牆壁木植不堅，仍應地方官隨時粘
補修葺。若廒座閘歷年久，木料毀爛，磚瓦破碎，倒塌者，地方官詳明上司
委員查勘確實，估計報部，動支正項錢糧，急行修葺堅固，並飭一體照辦
理。將現有廒座若干間，是否盡係完固，及現貯若干石，若干係何年採買，即
文到兩月內揭造清冊，由府道覆核轉繳，以憑于[illegible]時按冊核對。該道府每年
巡察之便，務須親加稽查，廒座果否堅固，現貯新舊若包，是否與冊相
符，據實查報，切勿徇隱。一面先取切結，據實具遵依送查，因

倉穀不敷籌濟酌借隣邑谷石

布政司詳開 乾隆十八年三月初四日事

撫憲蘇批，本司會詳廣州府屬之新寧縣存倉谷石不敷籌濟，應在附近穀多、一水可通之新會縣倉內酌撥谷二千石，飭令前往接運，所需腳費一面先行挪墊支，應俟買補秋谷價項內開銷外，其餘各屬應請密諭各按該地情形，如需撥運，于應平糶之前通詳請撥，該府州即于該府知照到日，即酌量該府州屬隣近谷多之處，一面先飭撥運，一面詳報存案，庶為時不致濡滯，民食得以及時接濟

批：新寧谷石如需酌撥，俾運接濟，餘照議，速即密諭確察情形，妥協辦理

仰府云云

籌務 倉谷不敷籌濟酌借隣邑谷石

貧士與貧民一體糶買倉穀

請推平糶事例以恤貧士以廣

皇仁事乾隆十八年四月十六日奉　署布政司楊　牌準

巡撫部院蘇　批據龍川縣儒學詳稱云云本司覆查乾隆三年奉

上諭內開朕聞從前遇地方賑貸之時飭令學官將貧士名籍開送地方官核實詳

報視人數多寡即于存公項內量撥銀米移交儒學教官均勻散給資其

饘粥等因欽遵在案今應如該儒學所請通飭嗣後年糶倉穀雖查不係遠

令貧民准其一體買糶每得擱阻仍嚴查如有劣衿借貧士之名包攬買糶屯積

射利即行揭究俾貧士得沾實澤是否允協合就詳覆仰祈

糶務　貧士與貧民一體糶買倉谷

每字概是毋
字之誤

憲台察奪批示以便通飭遵照緣由奉批如詳通飭遵照妥協辦理毋妄力

貢士姓氏官為示諭知當之州知官於歸次耳難之時先行移學確查實在

貢士姓名東出開冊移送查照惟其實難以杜弊混并飭揚遵例飭云云敬奉此

文奉　署兩廣總督瑞批同前詳奉批仰飭云云敬等因奉此合就移將備

牌云云

一面通报一面开仓之例停止
乾隆五十年奉准见下

闽省停司奏准米昂贵详请通详审准一面办理一面通报

为详发事乾隆十九年三月二十二日奉 布政司为 宪牌乾隆十九年三月十七日奉

抚宪鹤 批本司呈详查得雷琼道以海康知贵至平粜不候达示始有营

私情弊业经饬行停止呈请该府虽查安办等由具详奉

批司核议详覆等因本司遵查云云 览奏乾隆十五年钦奉

上谕 部议平粜增额米价案内经吴前司议广南韶惠潮肇高七府罗嘉二州

每谷一石粜价四五钱者为平价六七钱以上者为昂贵增粜额数石若干时价

漳泉各府平粜接济之请每石定以六七分以上方许出粜高雷廉三府素为

产米之区每谷一石粜价三四不等为平价五六分不等为昂贵增粜额数石定

粜务 米价果昂一面通报一面办理

以上均照市價出糶如有州縣不詳先擅行減價糶賣該管知府即指參著落賠補其常平出易及因糧價昂貴詳請平糶者雖不經一體預為寧價
六屬隨地隨時盡心稽覈務使出糶之數價足敷買補等因詳奉 前憲
會摺具奏欽奉
硃批欽遵移行一體遵照在案是以乾隆十五年以來高雷廉等府詳糶倉谷每
石自五分以上至七分以上所減價值與例相符者均經詳准平糶造冊報 部院
一省之大情形不同難以畫一據比較而論海廉各州中數時價每石貴錢七下
二下五分按廣惠等屬現在時價雖定準減糶然以常屬平時之價而計貧民仍
有食艱之虞該縣等詳請減價平糶奉

憲批司核以協道布司核其所議僅與例相符按其名難情形勢難復行業經
檄行雷州府速將該知安籌具案令名仍芑
憲批再行飭將妥協辦理暢核將來短價賤難買利清名豐私弊混之處丞核
道府示于前奉揭示似宜再以該縣又飭道批先行平糶之必需竟之封倉停止有妨
民食也緣奉批飭議云云緣由奉批以詳迅速飭行遵照妥協籌理仍該知有短
價賤難買利沽各營私弊混至即請奉先取買補不敷者甘結補即清送查算
通飭各屬以米未價高昂有妨民食有請平糶且恐隱卯出既以該將來買補
雖經倉庫需糧有平糶處仍應云云敘等因奉此又奉
署臬都憲批同前詳奉批云云等因奉此擬合就申備牌云云
難務 米價果昂酌量出糶

平糶倉穀分別緩急遠近開倉發糶

乾隆十九年閏四月司議雷瓊道寧詳云云。伏查平糶倉穀原以惠濟窮黎，難容遲緩，惟粵東地方遼闊，各州縣遠近不一。乾隆十三年前司議覆詳請平糶，以最遠之雷瓊及次遠之高廉南韶潮嘉連羅十府州之各屬，俱聽各該道府就近據詳察核示遵，仍移詳司道，以便不時查考。其廣惠肇三府屬州距省不遠，遇有詳報，仍禀司道即便核詳，府示飭遵。再各屬內有離省往返需十餘日或未及旬日而急宜開糶勢難久待者，亦聽其就近寧詳，一面妥協辦理，一面通報。嗣因奉批允行，遵照在案。又乾隆十六年二月內米價昂貴，蒙督憲諭司酌議調劑之法，經本司議請通飭各府州米價昂貴之處，酌量情形，一面開倉平糶，一面照例詳報辦理。

等因。奉批：先行通飭遵照在案。本年春間雷瓊道李請停止海康知平糶一案，經
本司議詳。奉批：如詳移行遵照，移飭該縣實心妥理，察禁諸弊，並通飭各屬，如果米價
高昂，准其平糶，原恐州縣離府窎遠，往返請示有需時日，貧民待食刻不容緩，而
此外常出陳易新，青黃不接，如需平糶，原可先期具詳請示辦理。至於各州縣
一面開倉一面通報，不必道府察核也。然該道所奏亦屬慎重倉儲起見，恐各州縣藉
有一面開倉一面通報之語，擅行出糶，希圖漁利，弊混之處，實亦不定。應行再行通飭各
屬州縣平糶倉穀，務須察訪情形，分別緩急，照例妥協辦理，毋得濫行出糶，以致
將來買補維艱，倉儲空虛，以期於民食倉儲兩有裨益。等因。奉
督撫批：移行遵照。

平糶通行事宜

廣府 為先撤通飭遵照事乾隆二十三年三月二十二日奉

布政司宗 牌開照得常平倉谷原為地方儲備出糶于青黃不接之時買補于廣

谷價平之候資民食之不足免市價之高昂地方官當實力奉行不容玩視粵東

環山濱海產米無多時屆春深民間舊穀已少新穀未登市墟糧價漸見高昂

急宜開倉平糶以資接濟等事

據轄之處問其情形務即開糶乃各屬報糶文內或不開明現在米糧制錢時價或

不敘明設廠處所開糶月日即有開報米價之錢其是否照庫平紋銀計算又

不將明細漏不一而足批查徒稽時日今布司酌定各屬開報米糧時價總以中

報糶成例

米按照庫平紋銀數為準，錢文時價亦以庫平紋銀為準。市塲斗斛不一，總以官
倉斛為準。其糶減價並照定例酌減。州縣四境之內，除在城設廠外，其餘四
鄉酌地方之遠近添設廠所，以便小民就近買食。每廠各委佐貳或教職等
員在廠稽查彈壓，百姓各持門牌赴廠糶米，每戶不得過五升之數。其倉存社
存七糶三，或存半糶半，不拘糶三糶半之數者，悉照向年成例查辦，以免賠
累。在倉存糶之谷，悉當以數請來年對總，毋庸拘泥，以致往返請示。致特指
明捕蝗兇蝻。備牌仰府急照來文飭各屬並照。凡報開倉平糶，若向例
民間市斛穀大小若干，現在中米市價、市平、市銀、市斛每石若干，合之庫平紋
銀、倉斛每石價銀若干，現在市銀、市平每兩換大錢若干、小錢若干，合之庫

千文錢每兩串換大錢若干以數錢米之糶並照例減若干每石計一升合算
庫紋銀若干石大錢若干小錢若干除去零尾每升應收大錢換若干文
如尚不敷若干文設廠發糶委員何人定期何月日開糶此項米錢之價如
有長落隨時報明增減如竟有指高其糶之值通報如有將市價以錢抵米糶
以少報多或米中攙和糠粃或糶米升斗扣剋短少一經察出定則究揭
務希報單盡法痛懲文到先即移房並將緣由具文詳復毋違

常平倉額存若干道光四年前內該陳糶混合同時部堂奉准核四
照江南省例按年青黃不接時換收出糶如遇歉收之年不拘數外乃（或存已枯陳或受潮濕變有霉變但須于糶之年半外通融辦理）
糶息穀之成上不必拘定糶三糶半之例或出糶十分之一二上可從源

查采情形随时酌办

出粜照常年例每米一石减银五分每谷一石减银贰分五厘

平糶倉糧需用經費腳費等項于正價內扣銀三分事竣造册報銷

　　文減糶事宜

酌擬平糶事 乾隆廿四年四月初四日奉

巡撫廣東部院託 批飭藩司會同糧驛道呈詳查得廣州駐防更換滿兵初次

之次漢軍出旗兵丁自乾隆二十年七月起至廿二年十月止共截曠停甲米一

萬四千余石先經 前撫之憲會摺奏請撥發南番二縣于本年正二月開減價平

糶并撥補廣州府及南海縣常平倉缺額因欽遵查辦事理在案茲查乾

隆二十二年十一月起至二十三年止又截曠停甲米共一萬七百六十五石零內除

支給漢旗節婦及撥支旗營己卯年閏月兵糧等外尚存米六千六百餘

糶務 平糶事宜

查每自二十三年十二月起至本年三月底止，約計截曠米三千五六百石，連現
貯之米一萬餘石存貯道倉，現實需變通，廣城米價增長，
聖
擬二憲集請于本年二三月內酌撥南番二邑，以時值減價零星糶賣，以
資民食等因，欽奉
上諭：此所議是，欽此。欽遵札協查將並將糶減事宜酌議通詳等因，並即撥廣
州府列條具奉等。擬詳
憲批司會同查議通詳等因，奉司並飭查道倉存貯旗
兵俸甲截曠嘉糯米石，係凡常平倉若陳粗糙米色可比，理奉
憲集酌開倉於二三月間發糶，以惠窮黎，自應照例酌量減糶，以擴廣州府
聞報南番二邑米價每石俱在二兩三錢上下，已屬稍昂，即擬于本年四月初十日

開糶定請每米一石暨減一斗六分三厘實糶銀二兩一錢五分七厘市值每銀一兩易錢八百八十五文每米一石應糶錢一千九百零九文但貧民按升零糴應行零尾每升糶錢十九文飭查實在貧民執持門牌書貿的戶口持澳甲牌照赴糴每戶每石自升至三升為率以杜冒買囤積之弊並分設廠局派撥夫役糶米錢文隨時易銀糶數按五日一次具摺通報查考武弁紳衿書役富戶串通冒糴等弊應如所議飭行轉飭南番二縣督保甲澳甲人等查確實在貧民開明戶口按給門牌日逐執持赴糴議設兩廠每廠分派佐雜二員南海知縣請委南海縣縣丞王昶典史馮玫番禺知縣請委番禺縣縣丞季寶基典史何燡常川在廠彈壓監糶並令各該委員詳慎稽察毋許廠役平糶可宜

指勒星半直進牛庄察看圖樣籌辦及時製升斗現議糴數以三升為率定
每廒五製一升二升三升本升各兩個按原頒鐵斛樣準貴廒應用糴數懸
局察星毋庸製斗并另刊刻初一日至三十日木戳以杜重複之弊仍乞該府
紳隨時稽察本司另遴委員亦須勤加察訪以示懍乎減糴價隨時報明長蘆
其監糶委員以係現任不給飯食薪水補人員日給飯食一百文出役斗級
每名每日給飯食二十文地保日給米一升紙張筆墨蠟燭開銷又壹數錢匠人每
名每日給錢十文二係商錢請每名每日給米一升查与往例稍多仍請應照
往例日給千十文其運腳紙張筆墨項于正價內扣部三分之其事竣分別造冊
造銷以有侵蝕浮冒核實造繳是否允協相應會核詳覆伏候

憲台扶尊批示飭遵等批如詳飭遵照妥辦所需員役飯食紙張等項
事竣據實造冊報銷務飭監糶各員實心查察務須貧民沾惠毋任牙
射利冒糶及在廠人役扣剋升合致干參究并飭
督部堂批示繳奉此又奉
撫憲兩廣部堂李　批如詳飭遵減糶務須實力稽查毋任牙鋪戶收買
囤積待價漁利並嚴禁在役人等指勒需索扣剋升合務使小民咸沾實
惠仍俟竣日呈報
撫部院批示繳

平糶事宜

現在米穀甚難
或當民制于買
米不願買谷者
亦准自行碾糶

平糶只許穀 不許糶米

通省平糶倉糧，均應糶穀等因。乾隆三十六年二月初六日奉
廵撫廣東部院 憲牌內開：常平倉穀例應于青黃不接之際存七糶三，
遇米價過昂之時，更許通融酌糶，不拘糶三之例，于調劑民食之中，廣出陳易新
之道。是平糶之時，自應先將陳穀出糶，存留新穀。乃地方有司留心民瘼者固不
乏人，而藉此營私者亦復不少。蓋緣新穀每石可碾米五斗四五升至五斗七八升不
等，陳穀最好者不過碾米五斗三升，亦有僅止五斗者。是以地方官利于碾
可獲羨餘，或專事糶米，穀不甚糶，碾新擱舊，陳陳相因，又[illegible][illegible]代，因有倉
穀每石不拘大米小米，但能碾米五升即照盤收之例，嗣官是以無從任遵

平糶只許糶谷不許糶米

穀事試辦日久年深，抑且易致霉爛，寔於倉儲大有關礙，若不設法防查，
何以杜其流弊。此後凡遇地方米價昂貴，民食維艱，必須平糶接濟。若止許
糶穀不許糶米，但此利于貧民而不利于官役，必將謂貧戶家無礱碓寒
畢，糶穀雖米不便于民，殊不知粵東民人率皆置有礱碓，無論平糶之年，買
穀舂米，即平日居鄉亦有向墟市易穀數升回家舂食，若向有極貧之戶
不能糴穀回家舂，而戚鄰借用，豈無窒碍哉。特糶穀宜於鄉村而不宜于城
市。現以翁源、英德、高要、陽江、鶴山、會同等縣止糶穀而不糶米，初無城鄉
之別，則他處何難仿照辦理。況買穀舂米，簸揚之後，即成熟米，然買官
穀來回家，勢必須舂熟，方有殼內不肯家人吏役攙砂攙水，抑耗更多

是糶谷之法，貧民既可均沾實惠，而出陳易新，於積貯更有裨益。每石原平糶
一石，逢廒門牌鈔搬運飯食等項，向於耗米內支銷。今糶谷前與似房出
出不思門牌原應給於編查保甲之時，而糶廒擬存串底鈔文，亦堪撥支襍費
所剩應傳已自無多，既以妙方任地方官，百姓皆屬赤子，所有一切襍費自宜
官為捐辦，庶不愧父母斯民之義。又訪聞平糶之設，其開報銷，司府往承，皆有
陋規，每米一石，索銀一二分不等，即院房吏亦所不免。毋怪各州縣多方巧取，以為
饋送地步。且既領糶谷，如有盈餘，轉贖利益，要錢設遂陋規，尤當嚴行
禁革，以塞弊源。合飭該司備牌仰司，遵照事理，即便移行道府州
直隸所屬一體遵照。嗣後遇米價昂貴，務須平糶之時，只許糶谷，不許糶米

亦不得任内家人胥役混收，致所漏数，揽棍牟利。倘有阳奉阴违，冀图染指

情弊，立即揭报，以凭究办。本年奉宪造饷，将春夏兵米概以年前五久之各支，

毋得[illegible]新搁陈，自干察谴。至如杂派等事，既经用报销司府，经严檄，概不

许需索丝毫。倘有蹈不畏死，仍蹈前辙，一经本部院察出，定即锁拿重

处，断不姑宽。该司仍一面出示通行晓谕，务使官吏军民共悉，毋敢

多虞。是係紧要。

飯食紙張脚費等項即于將來數頭碎米等項内支銷 糶價盈餘劃

出將司即有不敷亦不得混請撥補

一件通飭遵照事 乾隆四十一年九月初二日奉

兩廣總督李 批本司詳稱照得各屬平糶倉谷秋收買補還倉自應將原價撙節

支用以期有盈無絀乃本司查近年來各屬採買倉穀動稱原價不敷採買

詳請撥補即如乾隆三十七年採買案内各屬原報共不敷銀一萬二千六百餘

兩節經本司駁飭九百一千八兩原報不敷銀九百一千餘兩駁實不敷銀八百七十二兩

參俱經分别核銷核其摩減扣買補盈餘撥下撥給各案雖是本司

查糶賣於青黃不接價昂之時而買補秋成谷多價平之際該州縣等如果實用

糶務

實銷原價斷無不敷之理其如各屬當年糶價內將糶出穀數及穀頭碎米等項任意浸漶因而廒役飯食紙張挑腳等費概行於此項內開銷並將錢價捏開平減以致易於短絀及至秋收買補又將穀價故為高擡捏報貴圖加增買價以遂其原糶價下不敷採買年請援給種種惡弊實為成風雖屬加駁究不可破查司庫年糶盈餘一款係為各屬買補不敷之用然亦豈容冒濫報銷且查本年各屬共年糶穀一十二萬九千五百四十七石現在將屆秋成正宜及時買補若不預為妥籌各屬將復蹈前轍混開不敷殊多往返煩案牘應通飭各州縣嗣後年糶穀石糶出時將穀頭碎米等項務逐一據實報出其應支飯食紙張挑腳等費即於此項內支銷毋許侵漁混於正項動支其原收糶價核定每石若干

俟秋收時查照時價如有盈餘即剔出另中飭司即有些微不敷亦許於原價撙
節支用不得混請撥補所有本年平糶穀一十二萬九千餘石並飭該道迅照完
章程於十月內全數買足收倉造冊具結申送核銷毋許兩價不敷混請補給
並不得藉價昂難買虛懸倉項並飭該道府就近稽察嚴督辦理倘失收其
該州縣切結並由道送查考此外一切事歸核實而公項亦不致虛靡矣奉批如詳通
飭並照云云

糶稿

平粜少收钱文查有拟之项作其拨补

为详覆事。乾隆四十三年七月十七日奉

巡抚广东部院李　批本司呈详查前据龙门知县申，本年平粜自四月初一日起至五月

十五日止，共出粜仓谷三千八百廿六石二斗，每斗少收钱文，先经本司详准，四月十二日以

前造报业经行令按数赔补，今据知县详，将前项少收粜数三千八百二十六石二斗

内将数一千五百零五石四斗六升归入三月分粜谷汇请造册，尚余二千三百

二十石零七斗四升，列为四月分粜数造报，每谷一斗少收钱十文，共少收钱二百三

十二千零七十四文，请将该县仓贮色谷二百二十一石零二升三合二勺抵补等由，奉

宪台批司：仰即查议详夺等因。奉此，本司遵查本年粜收价例应按照每月中旬

粜价

中米扣減價零糶收龍邑本年二月十二日開糶原額按照中米一兩九錢照例
減銀扣錢每石一斗收錢九十五文嗣因四五兩月中米增至二兩零照例扣減糶
計每穀一斗應收錢一百零五文較部例照每斗收錢九十五文出糶遞至五月
十二日接到司檄始行增收其加收之數既據稟實緣該處僻居萬山之中土瘠
民貧商販不通本年糧價騰貴民情拮据異常全藉平糶以資接濟目擊情
形卻果易惑雖賤若照月報增收無望必多所以止照原定價值辦理似亦軫恤窮
黎隨時變通之意第收俟既以中旬爲準務以每斗收錢九十五文開造懇乎部
詳而此項加收錢文該縣既因體念民艱起見擬應准其通融撥補仰免賠累
查自四月初一日起至五月十一日止原額共糶過穀三千六百二十六石二斗應准將數

一千五百零五斗六升归于三月粜谷案详造报出数二千三百二十石零七斗四升列为
买谷造报，每谷一斗少收钱十文，共计少收钱二百三十二千零七十四文。查该知县存贮
一项补足数二百二十一石零二升三合七勺，原系前县得令接收流交仓数，实无窒碍。惟
不足之谷一米，缘补足之项历贮二十余年，今据现存厫口两间所存数石均系
二十九年发收贮新谷，是否系原数，久经出为清粜，此项补足数西本属
急待无碍之项。亦应准其援照五月分粜价，每谷一石该钱一千零五十文，共
该钱二百三十二千零七十四文，据数拨补前项少收之数，免其赔补，亦属以示
体恤。缘由奉批，如详饬遵，邑册存查。
督部堂批示缴。又奉　护督两广部堂程　批：同前详奉批仰候
藩务

檯部覽批示具報繳

平粜减价至多不得减过三钱

乾隆四十四年九月准 户部咨山西司案呈本部议奏云云嗣后预筹平粜案内除一两三不等外仍听其於所减价值入奏其一两三钱至一两五六七钱以上者止许督抚随时酌减至多不得减过三钱其果必须大加酌减情形者请据临时确切具闻出自圣恩裁夺而寻常减价总不得逾此范围庶于权衡之中寓以限制之义于原奏谕旨及各省节年成案均属画一不致参差是否有当云云乾隆四十四年七月十四日奉旨依议钦此

平粜减价

平糶減價照新定則例辦理 民借倉穀分別收息

查前得登覆乾隆四十三年平糶買補案內新會等州縣循照舊例每石減銀一錢

出糶一案奉准

部咨須照新定則例內載收成八分以上為豐收六分以上為平收五分以下為歉收今

新會等州縣收成俱在六七分以上應照時價查明新例辦理俟部行日再行定議

等因蒙行據新會高明會同鶴山四州縣查明原案辦理四十三年平糶收價案內

係因上年收價六七分米價高昂商販少至民食拮据是以多就地方情形照依

准銷舊例每石減銀一錢出糶至新定則例係在四十三年平糶收價之後始

行奉頒無從循照辦理等由前來本司伏查平糶舊例乾隆七年欽奉

平糶減價照新例辦理

谕旨减价粜款内称，歉之年每石减银五分，歉收米贵每石减银一钱，但思寻常出易
自应遵照此例，若荒歉之岁米价昂贵，每石止减一钱，穷民得米仍属维艰，应
于临时察明酌减等因，遵照在案。又乾隆十三年四月内，奉准户部咨行乾隆四
年四月内议覆山西巡抚准泰条奏，民借常平仓谷石分别丰歉收息，如收成在
九分十分，仍属丰稔，收息八分，余为歉，应照旧收息五分六分七分，若既
属歉岁，宽其加息等因，是以粤东各属平粜仓粮，向系查照旧例，收成六
分七分，米价高昂，商贩少至，民食拮据，各就地方情形，每石照时价减银一不等
理。案乾隆三十七年各属平粜案内，钦奉部驳，饬以收成七分亦照歉收之例，每石
照时价减银一钱，造册送销。奉文驳销有案。今新会、高明、合浦、钦州、四州、物乾隆

四十三年三四月平糶收價減銀一錢出糶原係查照舊例辦理茲奉大部行令查
照新定則例辦理等因查新定則例係于乾隆四十四年[illegible]月內始奉　大部咨行
頒發到粵而新會等州縣四十三年平糶收價係在未奉到新例之前故援照乾
隆七年欽奉定例及乾隆四十年奏行出借完息案內以收成七分即為敷收每石
減銀一錢出糶核與通例遞減相符查明詳請
憲台咨覆
大部仍照舊例准銷嗣後如遇有平糶仍令務遵新定則例妥辦等因

平減糶價

平糶減價

乾隆十九年閏四月廣西巡撫李錫秦酌定平糶之價以價在六錢五分上下者請照例每穀一石減糶銀二分五厘價在七錢五分上下者照例每穀一石減價五分如價在八錢以上者則另行大加核減以上平價糶價總不得過又不敷下秋收買補有餘不足通融撥補等因

查應陳易新照雍正年平糶例每米一石減糶按照中米時價上下數等減並四年例詳上

平糶穀石數在五分以內五分以外分別詳請咨商　其倉谷糶永行禁止

乾隆四六年月奉藩司李准户部咨覆各屬續買四十二年分平糶穀石用過

脚費銀兩造冊送部核銷一案行司飭行查照嗣後平糶穀石照定例數在五

分以內先行詳報咨部數在五分以外詳請奏明辦理等因奉此云云嗣後遇年

平糶穀石務按常年項下額貯數目核明妥協但糶數在三分者照舊辦理

外如糶數在三分以外五分以內或在五分以外者一面即行通詳請糶文內將

實數聲明以憑稽核不得遲至糶竣始行具詳云云

部行原文

户部議覆四川總督文綬奏稱云云嗣後各省平糶價數在存三糶七例內者仍

辦理　平糶谷石數在五分以內五分以外分別詳請咨案

循舊例辦理外如遇歉收糧價昂貴或有接濟他省等項情由又須通融多
糶數在五分以内者令該督撫申明緣由先行報部查核如數在五分以上者
奏該督撫奏明辦理其出倉全糶不留糧米之處隨時酌量因辦法而
地方儲備所需亦殊有關係請亦行停止等因乾隆四十五年四月廿二日奉
旨依議欽此

平糶價值分別提貯司府道庫

乾隆四十八年十一月二十五日 奉 撫憲尚札開一件為奏明請

旨事竊臣接准部咨議覆山東布政司陸耀條奏各州縣經征耗羨務與地丁錢糧之
例並予降罰云云查粵東各屬平糶穀價一款向來酌量離省遠近分別提貯
司府州庫如廣東南雄韶州惠州潮州肇慶羅定連州嘉應等九府州即有離
省稍遠之處亦係一水可通所有平糶穀價自應遵照新例一律提解司庫以
杜挾用挪飾之弊其高雷廉三府距省窎遠水陸交阻而瓊州一府遠處重洋
風信更難遲速每年平糶俱在四五月間易銀解司計算程途到省已在六七
月八九月間即屆秋成買補之期八月初間應即具文請領中間寄貯司庫又
難核 糶價分別提貯司府道庫

遇七八月一詳一領接踵相因捷涉往返且長途跋涉或恐不克赴實詳不足以昭慎重查該四府各營官兵俸餉先因詳領維艱雍正十二年議將瓊屬州縣地丁錢糧就近詳交雷瓊道庫以備支放瓊州府屬各營官兵俸餉又廉州龍門欽州雷州徐聞海安等協營兵餉于乾隆十二年經部議准將高雷廉三府屬地丁錢糧就近詳交高廉道支放在案今平糶穀價事同一體臣等与藩司糧道悉心籌酌應請將高雷廉三府屬穀價照廉州等屬地丁錢糧之例就近詳交高廉道庫收貯其瓊州一府屬穀價亦令詳交雷瓊道庫收貯仍令取具詳貯收庫日期通報查核俟應行買補之時再將原銀領回買補仍令該管道府出具實在買穀存倉甘結通報

於此量為變通，互相稽察，以防微杜漸之中，不失因地制宜之意，俾于倉儲實

補兩有裨益。是否有當，臣等合詞恭摺謹奏，伏乞

旨知道了欽此

雜務 雜項分别提貯司府道庫

廣高韶惠肇五府及羅連二州附近府州凡遇應行平糶，先行通詳，候
批准出糶。其潮高雷廉瓊五府及嘉應州距省窵遠，就近詳明道
府核辦。如遇水旱偏災，米少價昂，急不可緩，方准查照舊例辦理。

為
遵札詳覆事。乾隆五十年五月二十六日，奉 署布政司楊 奉
巡撫廣東部院孫 批：據該司會同糧道呈詳，查奉 憲札，查各屬平糶
一面詳報一面開倉之例，相沿日久，易弊叢生，自應停止。但距省窵遠之瓊廉
高雷等府，若必候 撫批允准始行開倉，誠有窒礙之處，如何妥辦，難即查議通
詳察奪等因。本司道等案查各屬常平倉穀，原為儲備青黃不接糶濟民
食之需，而粵地方潮嘉瓊高雷廉六屬隨時糶為，是以乾隆二年奉
辦務

前憲楊議准
部覆定以存七糶三及存半糶半俱于雍正七年間奉
上諭倉穀每年存七糶三係指尋常無事而言如遇米價昂貴地方官多出倉儲
減半平糶務期有濟民食等因欽此並准又於乾隆四十六年奉 前憲李
批行司道詳覆州縣倉穀立定章程予以定限出易全完毋致陳積案內亦
議令查照定例辦理各在案但行之日久恐不肖州縣並不確按地方實在情形
往往藉有定例一面詳報一面開倉出糶因而倉項虧懸流弊無底職如
憲札飭府不俟批允先遵開倉之舊例概行停止但粵東地方遼闊各屬距省
遠近不一平糶倉穀必應在于二三四等月青黃不接之時其出糶月日計算無幾

查高廉雷瓊四府屬相距省城自一千里以外至二千八百餘里而潮州嘉應二府州屬亦距省九百一十里以至一千四百餘里不等若必概候批允始行開倉往返需時恐有碍於民食似應查照乾隆三十年姚前司詳奉

前憲臺批允各屬出借社穀分別遠近之例辦理將該廣南韶惠肇五府及羅連二州附近省城各屬凡遇應行平糶倉穀之各州縣仍先行通詳請奉批准方許開倉出糶其潮高雷廉瓊五府及嘉應一州距省較遠應令各州縣就近詳明道府核示辦理如果遠近各屬地方或遇水旱偏災市鎮米穀缺少糶價昂貴小民艱食者於平糶情殷急不可緩者方准查照舊例一面開倉一面詳報仍令該道府確查如有虛捏即揭報請參如此似與倉儲民生兩有裨益而於定例亦

難移

無違悞奏奉批如詳通飭遵照辦理仰飭

督部堂衙門批候繳又奉

兼署兩廣總督部堂廻撫廣東部院如批同前詳奉批仰飭

撫部院衙門批如飭遵具報繳

詳請平糶式

署陽春縣為詳請開倉平糶事。厶年厶月厶日奉
憲台信牌 年 月 日奉 布政使司莊憲牌，嘉慶三年十二月十六日奉
撫院陳 批本司具詳事，奉憲札以現屆青黃不接，米價不無增昂，其應平糶各
州縣，即由該司飭令據實通詳籌理等因。奉此，本司查各屬倉穀原為貯
備賑濟民食之需，現值青黃不接，米價不無增昂，自應飭令各州縣察看地
方情形，如需平糶，即行通詳籌理，以濟民食。應請通飭各道府州查明應行平
糶各州縣，飭令據實通詳妥理，毋稍膜視。所收糶價，亦即據實報出，批解聽
候核辦。緣由奉批，據詳已悉，仰即移行各道府州遵照並飭。蒙 部堂批示繳
詳請平糶式

等因行府仰即遵照確查地方情形如果應須平糶即日擬定通詳辦理其所
收糶價銀兩亦即擬定報出批飭萬寧聽候核辦等因奉此遵查卑府地
方素稱瘠苦之區上年冬收亦稍歉薄惟濱近地方豐歉不齊商販接踵而
至又因本年入春以來雨水愆期雖續得透雨無礙栽插但現值青黃不接
之時糧價漸增貧民買食稍艱且查卑府常平倉額貯穀二萬零七百二十
五石三斗五升內有五十二三等年陳米粵東地土潮溼恐有霑蒸霉變之
虞卑職察看情形自應仰體憲仁亟為開倉平糶不獨民食得以寬舒且可
藉資出易民食倉穀均有裨益一俟早稻登場即行停糶諒不違存七糶
三之例又定例豐年每米一石減銀五分歉歲減銀一錢卑府本年冬收未為歉薄

應照壹年之例每米一石減銀五分壹串（出陳易新亦照此例糶谷串減）扣現在市賣中米價值每石一兩六不下
減銀五分實糶銀一兩五錢六分每兩照撥報時價折收錢一千一百五十文雖查現在
貧民猶將門牌細驗填註給票以杜重冒之弊糶人眾男女混雜（卑職擬于城
內寬大廟宇設男女兩廠收錢給票即飭赴倉領米男廠乃委典史汪焜女廠
乃委右堂司廳候葉振分往監糶卑職仍與監糶各員不時查察如有些役斗
級攙和粃粉及奸牙市儈包買射利之弊即嚴重究其紳衿鋪戶及有力之家
概不許買庶貧黎得沾實惠以蒙允准即將卑縣常平倉東一二四南一二三四各
廒所貯乾隆五十二三等年分穀石先行碾糶其碾米礱磨人工及在廠書吏
人役飯食運費等項循照向章在于糠粃粞米餅串底撥支內開摺造報糶
詳請年糶〻式

出錢文隨時易銀解庫彙存收錢易銀若干數按旬開報詳覈碾難日期另文申報外所有卑職現在迎需年難歸田理合具文詳請云云

府批仰即將所糶穀石錢文按五日一次摺報易出銀兩同有用數即行批解藩庫具報事竣列冊報銷仍候

撫憲批示繳

通详请平粜稿

为详请开仓平粜以济民食事。窃照卑州地方上年晚造收成计有八分，原拟敷衍，惟禄粮收获有限，兼之邻邑地方叠歉不齐，因卑州素称产米之区，外来商贩接踵而至，以致今春粮价日渐增长。采查三月中旬上米每仓石价银二两三钱二分，中米每仓石价银二两零九分，下米每仓石价银一两九钱八分，贫民买食维艰，自应开仓平粜以济民食。查卑州额贮常平仓谷二万零九百二十五石三斗五升，照粜三存七之例，应粜谷六千二百七十七石零。但值此米价高昂，卑州为远，若限于成数不敷接济，应请不必拘定，俟将来或应粜三成或须粜半，随时酌量办理，另行报明。俟早稻登场米价平减，即行停粜。所有粜价照本月中旬中米时价每石减银五分，计银二两零四分，每

详请平粜式

升粜每户二分零四毛小民赴厂领粜便用千文查市价每库平纹银一两易制钱一千零三十文
核计每石应粜钱二千一百零一文每升应粜钱二十一文市价如有长落随时指明增减照赴粜
小民类皆负苦待炊但喜买米不愿买谷应请听从民便一例碾米出粜所收钱文随时易银
贮库并将粜米所存谷数五日一次列折通报照赴粜人众男女混杂卑职拟于城内宽大庙宇
分设男女两厂男厂委典史监粜女厂委〇〇司监粜以昭慎重仍须明查以实在贫民数
给米票令其逐日持票赴粜以便稽查卑职仍与监粜各员不时查察如有书役勒扣搀和及
米户混粜渔利诸弊立即拿究其碾米需用砻磨人工及在厂办事人役需用饭食俱
照向例在于糠粃粞米并头钱文内开销所碾谷石照核次年分出粜并案碾动拟陈情事
是否有当云云　府批仰即开仓碾粜、出钱文易银半月一将先后开粜日期通报粜石数造册报销

平糶報銷式

一造報糶賑過數名廠口原貯年分數目冊六本

一造平糶支銷存米糠粃等項冊六本

內開自○年月日平糶起至○年月日停止共賑米若干共賑出糠粃若干計二米一糠

一賑穀一石作正米五斗尚有存米六九合至一升不等亦折實照大米報銷

一糶穀若干收錢若干每石錢一千文扣回底錢二文共扣錢若干

開除

一支斛夫自備筐具飯食及挑穀出賑每名給錢二十文

一每廠書役查對門牌給發米票每廠四名每名日給飯食錢二十文

平糶報銷式

一每石自廒挑钱贮库每钱十千给脚费洋二文
一每甲自廒挑钱贮库每串十千给脚费分二文
一买碾米粜毛进价若干
除去支若干降收糠秕碎米钱若干外不敷若干係卑职垫发
一进粜米收钱易银数目册另开

通详请平粜稿

为详请开仓平粜以济民食事。窃照卑邑地方山多田少，土瘠民贫，所产米谷原非充裕。今春雨水愆期，夏收不无减薄，以致米谷价值日渐增长，小民买食维艰。查卑邑米价向比省城大为平减，今现在上米价值每仓石从上一两八不等，下中米一两七钱零，较之上年春间增价五六钱不等。卑邑僻处山陬，不通商贩，并无外来米谷接济，而早稻甫经栽插，收获尚远，亟需开仓平粜以济民食。查卑邑常平仓额贮谷一万六千四百二十三石六斗，附贮额外收捐监谷三百六十四石零三升，又历年采买贮备贮谷九百九十石五斗，领用社解各案多存解两谷三十三石九斗，共谷一万七千八百二十石零，核其粜三谷五千三百四十六石二斗，除碾支外

平粜　请粜式

營兵米穀四千一百五十石零外尚存糶三敖一千一百九十五石八斗零開倉平糶飭照
中米價值每石紋銀一兩七錢六分照例減價五分每糶一兩七錢一分照依制錢册價折
錢一千七百千文小民零星糶買者將零數減去每米一升收錢十七文早戒現在城內分
設男女兩廠諭令分別赴買以免混雜擁擠凡買糶貧民俱令各執門牌呈驗按
其戶口多寡每日每口只許買米一升如有離城路遠不能逐日赴買准其並買三日糶
于門牌上註明買糶數目日期以杜重買混淆之弊每廠選撥家人一名吏書二名斗
級二名分司其事另差安設二名專司廵查其餘需零米務令隨到隨行給發不
致稍有守候並飭禁開飯米戶牟內貧民冒糶囤積卑職委吏目在廠監糶早戒
初不時親往查察如有攙和短扣情弊即行分別究治每日辰時開糶申時停糶

所收錢文陸續易銀貯庫出糶米石五日一次摺報以粮價長落隨時報明総以價平而止務期民沾實惠每查明屆三江地方逼近操排兵民聚處米價向遇平糶將米運至三江城外之高良堰照依州縣糶價陸續糶售照所交脚價照依兵米運脚開報每年平糶名結每逢四九墟期運米赴糶督委理猺營把總彈壓稽查不致滋生事端惟是糶糶數為數無多俟糶完之後米價仍未平減名結將存七數存到量撥糶續俟秋成買補還倉時將碾糶收存歸廒糧數呈送遞造憲察核外所有開倉平糶緣由理合云云

平糶 請糶式

買補倉穀章程 分別酌定各府州平減米價隨時採買

乾隆八年七月內奉

撫憲批司呈詳查看得與甯新寧二州陸續禀請買補倉穀一案均奉

憲台批司查議等因奉司道覆買補倉谷事宜于乾隆八年五月十四日奉准

部行准咨內開

大學士等議覆至為精詳恪遵

諭旨從長妥議因時制宜無有額數米價適當本地年歲豐稔之後米價平減果有

餘衆方可採買庶免昂貴有妨民食茲與甯州現在市價每谷一石需須銀八錢

新甯州現在時價需須銀七錢零均非從前平減之價而該二州因所存難價是

買補章程

較買補，即將市穀頗多，市價漸平，詳請採買，自必各屬均以倉儲不便，寔恐詳請採買者勢必接踵而至，奸牙乘機高抬時價，囤積居奇，轉致市價增長，有妨民食。大約本使本司細按粵東大勢，高雷二府雖屬產穀之鄉，豐收之歲價不過三四錢，四錢之外即爲貴價。其餘廣南韶惠潮肇羅瓊連嘉各府州原非產米之鄉，豐時價平減，每穀一石亦須五六錢，及至昂貴，每石賣至七八錢有餘不等。今各屬購補倉穀，必須各按地方情形，價值平減，方可採買。但粵東地方遼闊，州縣距省遠近不一，詳檄往返，需時日，米價隨時長落，早晚不同，難以預定。若俟詳明批准後採買，誠恐具詳之時米價平減，及至詳奉批准之後價又增長，似未便仍令採買，以致有妨民食。今應另酌量核定，嗣後高雷二府屬如果市價每穀一

石四錢以內准其動支價銀隨時買補還倉若價長至四錢以外即行暫留其餘
穀府州每谷一石如過市價六分以內即准其動支谷價隨時採買若年景至六分以
外即行停止如酌定年歲時價較之價平即買價貴即止隨時陸續採買不必
預先細細詳請以杜奸猾鋪戶藉詞擡價並務多出張示曉諭使民間咸知屢
米價不致爭長民生食資之需而農有餘粟亦得價直免穀賤傷農之患
於民食倉儲兩有裨益是否允協云云
乾隆十一年有藩憲先將各屬採買緣由詳請核奪批示買補之時先將委
員職名買補日期預行申報以憑核對其各屬米穀價值按五日一次據實
開報　採買倉谷早收買十之三四晚收買足

新穀登場出示嚴禁無牌照商販收買囤積地方官酌量給照不得濫給
一件飭行查議事。本年八月初一日奉 布政使司石 憲牌，乾隆十六年七月十六日奉
廣東巡撫蘇 批：本司會同糧驛道呈詳會看得沔電白縣通詳請禁商販囤積
一案，奉 憲台批：司道等會同查議通詳候奪等因。依經移行高州府查議去後。茲據
該府查議詳覆前來。本司道等覆查米穀係關民食，或有奸商乘價賤多買囤
積，以致昂貴病民，地方有司自宜隨事設法調劑，務使米價平減，民無艱食。是以前
經議令給發牌照，採買運回照數出售，毋許囤積居奇，致昂市價。茲該府議請俟
新谷登場之時，預行出示嚴禁無牌照商販，概不許收買囤積，並移令給照外縣查明
米賤之區，酌量給照，分別採買等語，似屬可行。應如該府所議，通移各屬遵照，
嚴禁商販囤積

设新教登碧预行出示查禁回乡牌照商贩云云等搂探买运回接济毋得滥行给
照何不时严加稽察杜奸商囤积居奇昂价病民于地方民食而有裨益至该府
府请另发牌照商贩居市收买囤积并保济稽查标定呈首验明封贮或有价昂
之区需谷接济该商呈请载运其地者即将价值核明地方官勒令该商照收
买贱价平粜一节查有示禁随时稽查自可杜绝居奇囤积之弊该府所请该处
为报验明封贮照市买贱价平粜似于商情未协抑且难免籍端需索应毋庸
议缘奉宪议办理云云缘由奉批照详通饬遵照办理云云奉此又奉
两广总督陈批同前详奉批仰候云云奉此合就檄行云云

市中穀價高雷二府每石四錢以內其餘各府州屬六錢以內動支穀價隨時採

買如至四六錢以外即行停止

乾隆八年六月初三日奉　廣東布政司託　牌奉　廣東巡撫部院王　批本司呈詳云云　細核

粵東大勢高雷二府屬原係產穀之區豐收之歲每穀一石時價不過三四錢四錢之

外即為貴價其餘廣南韶惠潮肇廉瓊羅連嘉等府州原非產米之鄉雖時

價平賤每穀一石亦須五六錢及至昂貴每石買至七八不等餘及等各屬購補倉穀多

按地方情形價值平賤分可採買但粵地方遼闊州縣距省遠近不一詳報往返需

時米價隨時長落早晚不同難以預定若飭詳明批准始行採買誠恐其詳

之時米價平賤及至詳奉批准之後價又增長似未便拘定採買以致有妨民食亦可

糶務　買補分別各府糧價

各酌量粮价，酌令高富之府属以还市价每谷一石四钱以内准其动支价银随时买
补还仓。若谷长至四钱之外，即行暂停。其附近府州外属每谷一石以还市价六钱
以内亦即准其动支价银随时採买，若至六钱之外，即行停止。以此酌定，来藏时价银
令价平即买，价贵即止，随时陆续採买，不必预先详详请，以致奸猾铺户藉词
垄断，并饬各属张示晓谕，使民间咸知，庶米价不致争长，民无食贵之实，而众有
得粜之路，得通免请众之患，似于民食仓储两有裨益。是否允协，伏乞
宪台衡鉴批示，以便遵行。缘由，奉批：如详，通饬遵照。云云。缴。奉此，又奉
广东将军署两广总督部院策批：同前详。奉批：仰候
抚部院批示，录报缴。奉此，拟合就行。云云

秋成探听谷多处所分头买补並将月分报齐成熟缺实多即酌定
应买之数先动司库银两在案开厂于一月内抽买数若干石补足要需敷数
其米务于年内上紧征收 绅衿题捐粜谷务在次年二月内举行即于
三月照时价粜买

遵批酌议详覆事乾隆十七年九月初四日奉
布政司石牌奉
巡抚部院苏 批本司呈详查省向来粜仓谷以备放赈之之惟抽买之说虽
属补偏良策但谷石原出于西省运至楼关西省抽买以补仓储则无论需
于本地方收买本地谷价自必致因此增长谷运楼关即为本省之物东省
粜务 买补 绅衿题捐粜谷章程

先于閩上抽買以由此船之數攙之彼船此處彼頭未見多餘設此出處奸民
藉此居奇出賣奸商藉此謀利弓與蘇生籍理未協及于兩省有碍是否
閩抽買之說在兩省祇裁留已去者於地方自為有益在東省將來遠接已來者於
中未為有裨也且百餘石之數乃係一年過閩之數以船追船坐待守候曠
日靡久風浪堪虞又或船知閩省或時觀望而抽買或不足原買之數則互有
貽誤之患再或時價低昂不一委員難于據價商販畏縮不前東省尤
為未便應否請
憲台前敕委之員本年秋間探聽產多價平處所或在本地或於隣
邑隣省分頭採買不拘聚集一處亦無得虛張聲勢及違例派買搶價添

擾州官民与民糧無異商販富户自不致閉糶昂價俟臘月多知根齋咸能缺定
多即于臘月或正月封窖應糧之數於舉發之黄閤廠先動司庫銀兩采買于
育之内抽糧數萬石以少補窖安處之額數庶于民食倉貯兩有裨益本司
更有請者地方紳衿預年捐題于糶減價可嘉但其得獎不可不慎上年新
會措行之後本年必有設法之妙惟保無射利之徒預報窖數美其名為
題捐糶其實則賤地收糧以行囤積之計云云虛詞通詳張米之妙知務于
年内上緊張收既竟者莫不撤之時於昂時價播通詳所知于紳衿題捐糶穀
務在次年育内舉行即于三四月間照時價糶糧何擬多寡悉于嘉獎之式
不得預年勒題自無藏積病民之患早為時而勸糶亦自無者緊米矣
糶谷　糧補　紳衿題捐糶谷均辦

之實將見長年來敢待通飭收買補亦易矣緣由奉批飭畫一議事理合一
併議詳是否有當合就詳覆察奪緣由奉批如詳通飭遵照實力辦
理并將七歲以前買補遲延定行照例參處一併叙明協同仍飭云云又奉
兩廣總督部堂阿 批同前詳奉批仍飭云云奉此合就備牌

嚴禁派買倉穀

一件通飭遵照事。乾隆二十九年十月初二日奉
巡撫廣東部院明　批本司等據署潮州府知府周丞等稱察查倉穀一項
関係兵糈民食，必須實貯無虧，庶使有備無患。潮屬地方本年入春以來，米價
未平，業經一體九抑，陸續詳請平糶，務令收歸，屆期照數買補，以實倉貯。前
奉　尹制憲檄飭嚴禁派買，原為短價病民起見。昨李護道頒發告示，禁止
短價派買，實係遵照新例，自應實力奉行。但其中又難于行，承買一節頗于
潮屬窒礙難行，不得不詳請變通辦理。查潮屬素非產米之區，全賴商販接
通，以資接濟。若運採買倉穀，不于本地購買，務必遠赴高廉等處販運，不
買補　嚴禁派買

特長途跋涉一切運費無從措辦且由海道運回風濤之險亦屬堪虞實被從前湖屬買補俱係就地紳士家有積穀者給價採買民間久已相安呈紳士本係素封倉穀之外多有儲積又有崇祖學田頗為充裕給價採買原屬以盈濟虛民間不甚採買市價不致騰昂茲李鹺道所議糴糧必取諸市肆例多抑扸之採買如該米穀缺乏價值昂貴有田穀之家轉得獲取厚利于民食倉貯兩有妨礙卑府鄙見凡遇買補倉穀不拘城鄉市鎮俱許按照市價就地購買其紳士中有情願承買者不必概為禁止惟短價派買殊干例禁應責成道府隨時稽查倘有不肖有司營私抑勒即行據實揭參嚴以免本地之穀為本地之用民無滋擾而地方官亦易于採買倉穀不致虛懸緣由到司據

此随查例载各省採买一定仓粮数石务令州县等官平价採买运仓不许借
费累追派买等语是採平价採买州县秉公交易可杜短价勒买之端藉寄
派买州县有藉务行私虽免强压抑勒之弊且胥诸弊肆官为运仓况免盘
剥害累且免守候需时若令绅士领价採买必至有司遴委殷实初时地方绅衿富
户或迫于事势或藉以结交每多曲意隐忍迨及交仓之际仓书斗级从中刁
指以为需索之地胥仓家人额外浮收以遂中饱之谋种种弊窦势所必至在
各绅士身家念重牵累堪虞推情度势于苛斥不肯甘告失欺于役索
有之员时为渔利图赢科索之由此而起本司历任各省所见所闻比比
皆是且有数绅士如果自顾体面必就坏亦出难地方官勒禁採买原所
买补 务禁派买

不禁殷實紳士于收穫之後不肯當時出糶地方官竟又承買甚即派買勒買致違定例未便准行且據府李內又云潮屬素非產米係賴商販接通商販既不通達官買不能挽運且向隣封採買即不前本地之餘粒待其源源出糶接濟本地民食豈不甚便況閩潮屬揭陽饒平一帶產穀頗多因府附近之縣宜設法難未便遽請交通要理該違採買定例詳批飭將遵定例辦理外理合據實察核批示以便通飭遵照緣由李批補倉谷石例應設廠四鄉出示採買於本邑所產稀少各不購請隣封豈容致違定例仰各紳士照價承買按照短價勒派之弊所奉甚屬妥協仰即通飭各屬實力妥協何辦云云

粜买禁止派买 上谕

嗣后遇有应行买补仓谷年分，务须饬所属在丰稔邻邑按时价公平采买，不许在本地派买。嘉庆四年六月内奉

谕旨：嗣后除各省附近水次舟楫可通地方，著即于邻境采买外，其不通水路者，仍准其在本地采买。又如远赴邻省，该督抚等惟当饬所属公平采买，以杜民间扰累。如仓房胥吏倘有短发价值以及勒派折收等弊，惟该督抚等是问。钦此。钦遵在案。

粜买不准派买

平糶買補部議

户部謹

奏為遵

旨議奏事内閣抄出

欽差兵部尚書朱　條奏常平倉穀酌減出糶採買章程一摺道光十七年十二

月初七日奉

硃批户部議奏欽此欽遵于十二月初十日抄出到部據原奏内稱常平倉原古人利

民良法價貴則平糶無食則賑濟既出之後不得不採買補足豫省現行事例

有應更改者如民人赴倉完納又不給脚價則借資民力矣時價與例價未平不

糶務　採買

用糶價照依律賠例賣者虧價矣不赴鄰境不赴市集即本地本保勸諭
是業田之戶皆有穀之家名為勸賣未必不出于勒派相沿此弊不肖官吏
難保無浮收勒折假公濟私之弊查動用倉穀如因糧一項價止五錢核計
項當七八錢與市價平之時甚少每年糶必青黃不接糧價昂貴為市
價祇七錢有零不可謂之昂貴平糶谷每石減價五分處之石得米一石每
石米僅減銀一錢每石可升每升僅減錢一釐不可謂之平糶臣起請糶之
時已預為採買之地又查道光六年前按臣奏請分年購備不拘定數是
歲歲皆可採買倉庫周而究實於民實無節制按之立法初意迥不相符
皇恩以為動用既少則採買自稀請

旨嗣後各省因糧遞粮即照五錢定價按年作正開銷毋庸動用倉穀平糶如米

價過昂民有艱食之實照例酌減一錢二分以上若祇減五分或先價在八錢以

下竟可停其出糶至採買之時既須年豐穀賤亦必待該州縣報明已踰

二三年數不准託詞採未足數連年採買以紓民力而杜宿弊等語臣等查

各省倉儲之設原期利及閭閻而州縣科勒派之弊要在素成時稽此

欽差大臣來　浙東兩縣民人赴倉完納不給腳價時價例價未平不用盈餘津貼以及

地保浮收勒折等弊在州縣積習相沿誠屬事所難免查例載州縣買補倉穀

官為撥運勒令賣戶上倉者察出參處又本地鄰境穀價俱昂緩至下年買

補如必須買補而本地鄰境穀價俱未平減准詳明上司在別州縣買補盈餘

平糶　買補

銀兩添增價值又州縣勒派短價從重議處等語是定例之初固已防維周至惟是立一法必生一弊全在各省督撫平日留心民瘼設法稽訪於前臨時洞悉弊端復嚴查究辦理則前項積弊不戢自除矣查原奏內稱動用既少採買自稀請嗣後各省因糶還糧即照五錢定價毋庸動用倉谷一節臣等查直省因糶口糧不就地方情形辦理向不一致均未便遽議更張且河南動支倉穀一石定價五錢為數原少在州縣隨時動用尚在待歲稔價平之時酌量買補以銀折穀在因糶口糧等隨糶隨買倘遇歲歉價昂必致果腹維艱礙難行所謂動用既少採買自稀一省之廳州縣歲支因糧數五千餘石分之各州縣每處不過數十石其為買補之數亦不為多即實

州縣藉辭勒派亦不難照定例參辦所請停支倉穀之處應毋庸議又片
奏內稱平糶照例酌減一錢二分至若祗減五分或市價在八錢以下擬可
停其出糶一節查定例平糶倉穀每歲每石照市價減銀五分歉歲減
銀一錢如米價過昂應大加酌減者臨時據奏
聞發糶又例載歲稔價平或酌量十分之一二或全行停止等語例意已為周
悉應請
旨飭行直省督撫轉飭各州縣按照定例減價一值歲稔價平即行停糶遇有
不遵例減價及藉端出糶者查明參處如州縣自行侵漁私之弊小民亦無難
倉之實矣又據稱因不許連歲採買以紓民力一節查例載平糶穀石
平糶　買補

秋後買補。又州知縣藉詞採買有勒派短價等弊，將該上司及州知一併從
重議處等語。臣等因思倉穀足數，則採買可緩；動缺既多，則買補為
要。若派以定期，不惟緩急難資，且恐州知虧挪轉得藉詞掩飾。名請
旨飭下各直省督撫留心察訪，遇有藉詞察訪遇有藉詞採買及勒派短價等
弊，即行嚴參究辦。自是糧價平而浮民力從之。平糶原以便民，毋許藉
端出糶，亦毋許勒令承買，則平糶之弊自絕云云。理合恭摺具
奏。

出粜仓谷价解府库秋成仍回买补每届造册事由定例并办过附案

东莞县为遵饬查照事案奉

宪台札开照得各属常平仓贮济谷案奉

两院宪会稿

奏明援照江南省之例饬令州县将存贮仓谷于青黄不接之时酌减出粜如遇丰

收之年不将额外多粜其减粜价银每年不必拘定成例自道光十一年分起以

出粜谷石立即呈照

奏案兹此为青黄不接谷价昂贵之时速将常平仓贮陈谷提照阖仓分别

谷之等是定价字请出粜以年市价粜出若干随时亏报查核数价即将

粜务 出粜各属造册

粜银提存府库，秋成发给买补还仓，以免遗用等因。奉此，当经卑职查有前署县马牧交代粜内揽和陈谷三万七千一百六十六石一斗八升零七勺，谷色平常，不堪久贮，亟应趁时出易。因直马牧奉差出有宁李

道宪暨

宪台批准，即由卑职酌定每石价银一两四五分，以为交难，候秋成仍归马牧买补还仓。随于本年六月初十日开仓起，至五月二十日止，陆续旋数一万十一好石外，共粜出谷二万七千零五十五石七斗四升三合五勺六抄六撮，按旬将粜出数目具文申报在案。惟查此项揽和数石内有嘉庆三年分买补原存比羡谷四千八百六十六石二斗五升六合三勺，又原收将省仓谷一千一百石，历年久远

旧次審定碾試二谷一米并照等定一两零五分價值一律辦收查究情形民
间不能踴躍領買且也蒙前倉廒并事行
奉准部照月報糧價減銀二分五厘定糶兩價銀銷司核撥本任定糶三谷現經
卓職向攬和敷石逐廒照例挑出年久之蒙前倉廒共六千六百零六石六斗
五升六合三勺示諭民間每石照依三兩五錢分攢扣中數銀八錢三分照例
減價二分五釐分別出糶既據里民陸續赴糶共計糶收之蒙前倉數石
價銀五千三百六十五兩三錢三分六完除另造兩清冊價銀批解赴
藩庫投納外尚實定糶攬和敷二萬零三百八十九石四斗八升七合二勺六抄
六撮每石照價平等價銀一兩零五分共該糶價洋銀二萬一千四百零八兩九
錢??出糶無庸造冊

錢六分二九理合照數備文專差批解赴

憲台投納俯賜照收并發批迴下縣備案為此備由具申伏乞

照驗施行

實申解出糶攬和陳穀萬千　原收糶價銀萬千

好義士民自行平糶分别給匾獎勵

為據行獎勵以厚民風事乾隆七年十月初三日奉

管理巡撫印務王 憲諭：到該府即便飭各州縣查明今春已出穀平糶者

若干姓名某某給發嘗田以資貧族者若干數目姓名某某其平糶在一千石以上者本

部堂給予惠洽鄉邦一匾額該州縣製府列本部堂銜名發交該士民姓名

擇吉懸掛該士民門口其資贍貧族至一千石以上者本部堂給與澤周一族一匾

額該州縣製一匾懸掛該姓祠堂其在五十石以上者該司道給予一匾額二千

石以上者該府州給予一匾額一體獎勵俱限五日內該州縣即備敘案死紅親

為製送冊將姓名列冊具報毋得稍遲亦毋任胥吏人等需索干咎特諭等

糶務 士民出谷平糶分别獎勵

閩又奉

藩臬二憲暨糧巡二道由閩府事到府奉此合亟仿行獎勵諭到該紳即

便查照

憲諭事理如有好義自行平糶以及捐資置田租穀以資貧族等項

該紳即倡鼓集衆毋任視為故違仍將姓名列冊詳報

部堂核奪並通飭

各憲及本府查考毋得任吏胥人等需索擾累以妥好義並毋視為具文通報均

毋有違特諭

士民出穀平糶分別獎勵

爲通飭遵照事乾隆十七年七月十五日奉 本府吳信牌年月日奉

布政使司憲牌乾隆十七年六月十九日奉

總督兩廣部堂阿 批本司會同按察司呈詳會商酌擬詳開勸諭紳

士出穀平糶及資贍鄉族貧民請批飭成例以便劃切曉諭一案奉

憲台批司會同核議通詳核奪等因本司等查紳民出穀減價平糶乾隆

三年七月內蒙 前任督撫憲鄂王 會摺

奏請嗣後各鄉官廠平糶之時仍示諭有願將自貯之谷照依時價在本處糶

者即詳州縣官查明數目具報分別獎勵最糶至三千石以上者請

糶務 士民出穀平糶分別獎勵

题请议叙，不许地方官抑勒强派，违者详参等因。饬行遵照。嗣后于乾隆七年奉
前任部堂王行令士民出谷平粜及资赡贫族，若一百石以上者本部堂给匾，
五十石以上者司道给匾，三十石以上者府州给匾，三十石以下及数逾十石者
州县给匾，分别奖励等因，遵照在案。又乾隆十一年四月内准粮司详奉
前抚宪准批行：绅民自贮之数减价平粜，一百石以上者州县给以匾额，二
百石以上者本府给以匾额，三百石以上者巡道给以匾额，四百石以上者布政
司给以匾额，五百石以上者详请
宪台会核给匾奖励。果有好善不倦，粜至三千石以上者，照乾隆三年
前督抚宪鄂、王奏准之例

题请议叙等因遵照部咨来查乾隆七年与乾隆十一年先后奉行劝粜谷数多
寡分别给匾奖励之案虽未尽一并皆因时制宜斟酌办理之顺德县以先后
劝粜两例不符或致观望疑虑等语查各绅民其自贮多馀之谷减价平粜施
惠乡闾廉隅端风慕义岂尽冀赏邀叨乾隆七年
前奉宪通饬士民出谷平粜一万石以上者本部堂给匾之例盖因彼时米价腾昂
一时权宜以示鼓舞迨乾隆十一年钧准司详凡绅民将谷减价平粜均定五百
石以上至一万石以下者分别院司府道州县给匾奖励已属允协自应照依定
之例永久遵循毋庸再议至劝捐项查雍正年间系山东八品顶戴贡生阿陞
溥于赤贫不给之时捐米六万二千石分赈恤邻睦里党　前奉宪檄
粜务　士民平粜奖励

題准給以七品頂帶在案乾隆十六年十月內准
吏部咨議覆兵部侍郎裘曰修條奏內開各省地方偶有收成歉薄紳衿
士民有蓋藏豐裕樂於捐輸者仍捐銀不及三百兩者該督撫量給匾額花
紅以示鼓勵如有捐數三百兩以上者臣部按其數多寡分別等差酌量議敘
如應選應補人員捐銀三百兩以上至六百兩准予以記錄至七百兩准予以加級
一千兩以上准不論雙單月即用貢監生員民人等捐銀四百兩以上准予以職
銜加以頂戴一千兩以上亦准分班選用在任官員捐銀千兩以上始准記錄五千
兩以上始准加級或加其頂戴等因通行遵照在案是勸捐獎勵之條已年
部分別行以其各紳衿士民有樂捐資數合乎

題請議叙之條者，自應照部行，毋庸另議。惟查部咨內開捐銀不及三百兩
者，亦據請援酌量給匾額花紅以示鼓勵，但不分別捐資數目多寡，概請
憲臺會核給匾，實屬。嗣後擬請憲給匾照例，凡紳民出谷資贍鄉閭在一百以
上者，憲臺會給匾額；五十石以上者道給匾；三十石以上者府給匾；三十石
以下至十石以上州縣給匾，以示獎勵。其捐米捐卜，聽其自便，毋庸拘執，并
不得稍有抑勒派擾，致干參咎。緣奉批飭查議，相應詳請
憲臺批示飭遵。再該縣祗因地方糧價昂貴，詳內聲叙數目字樣，深屬
不合，已蒙恩憲批飭申飭，合併聲明。緣由奉批飭詳，道請照例辦理云云。又奉
廣東巡撫 批：仰候詳奉批示飭遵，仍通行並照例辦理云云。繳。奉此擬
辦務 壬辰年雜獎勵

合就行備牌仰府照依
院批詳內事理即便轉飭所屬遵照事行出示曉諭毋違等因

附雍正七年議定捐穀獎勵章程

三四百石者督撫
奏聞給以八品頂戴十石以上州縣給以花紅三十石以上州縣給以匾額五十石以
上知府給以匾額八十石以上巡道給以匾額一百石以上布政司給以匾額
一百五十石以上詳請督撫給匾獎勵

勅諭富戶出糶某數分別獎勵

布政司為詳覆事。乾隆十九年六月二十八日奉

督憲班　批司呈詳覆糧驛道附詳議請毋許富戶囤積米谷居奇

一案奉批查議，仰見惠愛元元、軫恤群黎至意。本司伏查米穀一項，皆閩民

命脈，必使本省先裕，價值平減，貧民得有饒食。是以乾隆十年定例，各地方如

遇歉歲，或米價騰湧，即勸令各富戶于自家門首及附近村落陸續零星出糶。

其有囤積圖利、貴價病民者，照例辦理究問在案。又查七年三月奉司等于一件

通飭遵照部議覆收法酌詳請勸諭紳士出穀平糶及資贍貧民獎勵案

內議以仰照乾隆七年　前撫憲王酌定成例，凡紳民出糶救資贍鄉閭在一

糶務　勅諭富戶平糶分別獎勵

百石以上者憲台會核給匾，五十石以上者司道給匾，三十石以上者知府給匾，二十石以下至十石以上者州縣給匾，以示鼓勵。其捐米石數聽其自便，毋庸拘執。其不仍稍有抑勒派擾、致干參處等因，詳奉批允，飭遵在案。並飭諭富戶減價平糶，以及資贍鄉閭，惠濟貧民之不足，已屬周詳。今該道呈請飭諭出糶之處，似應如其所請，通飭各屬，多張告示，並再勸諭，務期素有之家米穀多者，除酌留口糧外，所存米穀或于自家門口，或于附近村莊源源出糶，以惠貧民。倘有好義樂施、捐資惠濟者，仍查照原議，分別獎勵，如能廉糶米穀，自可價值平減，民食即含之實矣。至于富戶囤積米穀，固多圖利，然亦有備荒起見者，誠有如憲台所諭，未便一概繩究，恐開貧民滋事之端。其所請囤積富戶治罪之處，應毋庸議，亦已另因事批飭遵照。

事

上谕申启贤奏请将绅士捐项抵借仓谷一摺山西宁武县地方上年歉收民力
拮据著准其撙节动拨该县常平仓谷三千石碾米散放按照时估即以
绅士所捐银两作为谷价归贮司库俟秋收丰稔买补还仓该抚即责成
该府县督率绅士妥为经理事竣将扣存谷价造册咨部此外被灾各州县如
有续请将捐项抵借仓谷者核其仓谷充裕之处随时照案办理
钦此

照案某年分
附录

捐项抵借仓谷

此案並無
年分附錄

買補　僅止一處，分糶未便另案詳報，應請一體照買補　年辦奏銷據實詳報

札連州知照。案照該州本年分糶一案，現已提解司庫，因本年正屬均未分糶，礙難

單案詳報，現批具詳

窒礙之處，一體照買補還倉，候本批示。另行另造外，查分糶之案，例應提解奏銷

據該州所報糶價每石○錢，殊屬短少，所有糶收盈存銀兩，自應儘數買補，准

賠不敷，未便侵收入己。合亟札查。札到該州，立即將實在糶價據實開報，毋得稍

有隱漏，核計盈存若干，作速詳報，以憑給領，照價照買補還倉。此係分案出

易名即題照買補，勢難稍任遲延。現在欽奉

上諭：應行買補倉谷，務在豐稔價平之時，按照時價出示採買，不許向本地派買。等因。該州

買補　年糶盈存據實造冊報

務須欽遵辦理趕緊領價在于豐稔鄰境地方出示採買照數運倉具

倉收由道盤驗詳報以憑核題毋稍泄視遲延大干參處速速此札

運回西穀分派各州縣及歸還原價並運收各章程

乾隆十六年十月十八日藩司李

接憲批司詳查係委員買運西谷回東補倉一案事 憲准西撫咨將西省各屬漕

米易穀及溢穀內湊足六萬石交委員運回貯倉存歸價以穀以離數酌定

飭司查議通詳請覆等因本司遵查乾隆十五年五月內奉

上諭湖北巡撫唐綏祖所奏買酌倉儲難價一摺各省情形不一是否俱可推行該督

各撫所在地方詳悉酌議具奏欽此業奉 憲檄

奏明廣東一省所建州一府屬無為溢穀其廣南等府州縣以米五分四上方許出

糶歸由奉有

糶務 運西穀章程

硃
批欽遵在案雖東西兩省情形不一經兩省委辦採買之區每石價銀六錢零有
出難以撥運請將易穀及倉谷共六萬石仍飭每石歸還兩省充餉銀六
錢即令委員携帶銀兩照交西藩司聽候造報撥餉以免轉運之煩又查派
撥回西穀各屬平糶倉穀內有已將額外谷石撥抵易存買補無幾者又有
各州縣不近水次輓運維艱者均毋庸派撥又布司議覆南海縣等請撥運高
州府屬倉穀案內詳奉
憲批如詳速撥南番二縣及廣糧通判各委員妥員按數賣價岑赴電白茂
名吳川三縣領運倉穀共二萬八千石補倉等因飭遵在案今布司酌議運
回西穀六萬石內撥廣州府八千九百九十石南海縣一千零一十石番禺三千石東

莞四千石，順德四千石，三水四千石，惠州府一千三百四十七石一斗零五合，潮屬一萬一千七百五十二石八斗九升五合，博羅四千石，肇慶府二千石，高要三千石，廣糧通判五千石。以上捐西穀補倉，將五府一州所存原捐穀價自六錢五分零至五錢九分零不等，按照所存原捐價值核計，每石以六錢歸還西省充抵，其餘留為支銷腳費，備有餘贏，歸於東省盈餘項內造報，設或不敷，亦於東省節年盈餘銀兩撥足。至所委員領運西省各州縣穀石，何處交何處為附近，應請移咨西撫飭令派定文援，俾所委員得以就近赴領，仍請西省各州縣中有不近水次、艱運費多者，請改就近之處，其應交若干數。其餘四萬石，西省糧價既已日增，應停採買，其委員或已經買就數石者，即一面運回東省補倉，其委員如未運回西穀者，委何員運往何辦理運收西穀章程

咨移查照委員押運已屬勞苦而補倉之谷原係自應買補之項應請轉行該
府飭先期差委員役赴省雇船裝載俟西穀一到即可按數領回舉省費需
要二府知照候憲裁運回之穀就近分收云云

領運西穀斛面大小查案妥議

為行查事。乾隆十七年四月初六日奉

按察蘇牌開：乾隆十年四月初四日准 廣西按察咨開：據廣西布政司詳稱，查

廣西為東省運來買穀，並遴員領穀，聽東省委員領運六萬石一案，先經議以，照

依西省部頒鐵斛較准量交，請咨明東省按察核明，並照並咨明內部查

案。嗣東省委員趙鑑、劉慎領運遠〔壞〕武緣二邑倉穀，將帶來東斛量較，每

斛大五合六合不等，請查西省斗斛係奉部頒，但于東省之斛原有參差。案

查乾隆七年粵西撥運東省倉穀，較量斗斛，每石大西斛二升二合，奉准 部咨准

憲咨據東布政司議覆，西斛與東斛每石少穀二升六合，查從前撥貯西穀以

雜務 領運西谷斛面大小妥議

西斛撥糶就以東斛買補已于雍正十二年亦有成案所有本案撥運西穀缺
少斛頭之處請以西斛照收遇有撥糶仍將西斛照出減價平糶其缺少斛
頭穀于糶價盈餘撥抵俾無虧缺倘委員領運西穀事竣核算所用價腳
與提斛之價核有盈餘即將節省先行買補斛面之數如無盈餘照依西斛
時倉如有多盈仍照西斛核算多收以因其案至次西省撥運來穀亦多
若僅據委員報運懷遠武緣等處每斛缺數五合六合不等已與往年
運東斛面核大即或別屬無多亦有缺少亦大概不致逾于每石三升二合之數
應請東省仍照舊例或以西斛量收以西斛出糶或仍將盈餘銀兩撥給
買足至西省各屬額貯以西斛出手量多不得稍為短缺據事務畫一事理相

應敘由詳明御新察核咨明廣東撫憲檄飭遵照辦理等情列本部院據

此除詳批發外相應咨會請煩轉飭遵照辦理施行見復施行等因到院准

此，當查東省委員前赴廣西領運穀六萬石回東倉一案，先據委員香山縣

丞山司巡檢□鱗申報，客藤二縣斗斛每石載準東斛一石一升五合，因各縣歷往

交接不能遵用本斛，今照二縣所用西斛製備一張，而因該縣校準州縣交差

隨時由量收拼六一體遵理以臻畫一等由，經行該司確查議詳在案，未據詳

覆，今准前因，擬合就行備牌，仰司照依事理，即便飭行委員及處州各府

州知一體遵照，領運接收西東斛與西斛既有參差之一，其扶少斛面數石名

各該侯運竣，此案為石之數咨明，大部請照往例辦理，實作速查案妥議

雜務　領運西谷斛面大小查議

道詳核等因奉此節查前據委員劉慎趙鑑先後呈報東斛與西斛大
小參差業院行查議俱經撤回該府查詳去後未據詳覆茲奉前因除嚴
飭府將東斛與西斛參差不一應否循照往例辦理查復外合就移覆

撥貯西穀遇糶仍照西斛量出減價平糶缺少斛頭穀價于糶價盈餘
撥抵糶價如有盈餘即發買補斛面缺數如無照依西斛貯倉之時
仍照西斛核算之收價平糶時照前議辦理

為飭行查議事乾隆十七年九月二十五日奉　巡撫王　批本署司呈詳查勘倘撥
運西省穀石回省一案事　憲檄飭缺少斛頭作何辦理俾穀價不致有虧妥議通
詳察奪等因當此本署司復查除從前撥貯西穀以西斛發糶秋成以東斛
買補已于雍正十三年將有成案所有本案撥運西穀缺少斛頭之處似應照
貯府所設以西斛撥收遇有撥糶仍照西斛量出減價平糶其缺少斛頭於價
于糶價盈餘撥抵俾無虧缺其各本案穀石等　憲飭委員勘補倉似屬難
辦務　西谷事程

倉穀便於提解歸款現在撤司提解候委員領運西穀事竣核算時因
腳價不敷提解之數援有留解即發各屬先行買補解西之款如奉留解照撥西
斛貯倉如有交代仍照西斛核算交收俟年豐時照前議辦理是否允協
理合詳候 憲台批示遵行緣由奉批御覽云云批示錄報繳奉此乾隆 年 月 日
文奉 署督部堂黃批同前詳奉批此繳遵前如有成案如詳辦理勿誤委員將
領運西省倉穀均照西斛量收以歸畫一不得又用米斛並行收貯運回各屬之斛斛
一體並照 憲平案照準二處多不解西一石六斗左右需價銀七十二兩仰速查照前
批 西藩司詳內事理剋日動銀解交該府縣買補還倉具報仍照議行仍飭
撤司兩 來照可也並飭云云繳奉此隨將應補銀谷價另行議詳
議回司 布政司查照繞候附摺
外合就撤行備牌仰府云云

撥運西穀平糶

再臣等道會查粤東負山濱海地少人稠產穀無多每年所收不敷民食歷資西省接濟西省產穀饒裕商賈絡繹東以獲利民以足食兩屬兩便已數十年來兩省無異遠之實為民受流通之益乾隆廿四年前廣西撫鄂 撥出粤東既資西穀接濟粤省常平倉額外並平糶得西府附近州縣添貯穀十萬石以備東省價值昂貴需穀稀少之時撥運平糶其容征收兵米及出借息穀項內劃撥存貯以為運動每石先給穀價亦不另補價撥運由省撥還東省不足東省補解不惟東省百姓可以常資接濟即西省民人亦免貴糶之實實因是西省添貯穀石亦為預備東省平糶辦務 另貯西穀撥運平糶

而設潮自肇慶以東省偶值米價昂貴青黃不接亟需平糶之際因較運需
時于乾隆三十一年五十一年六十年嘉慶五年先后奉糶隨即奉文以撥運還倉並
託為例列項對挪溢補之用歷稽檔案粵東平糶抵常有之事故撥運西谷
間反十餘年或五六七八年每逢撥運西穀先給穀價六錢原議既有不足仍以東
省補解六錢又經御史所稱給價諸撥及每石解還銀五錢之處粵東向遇豐稔之歲
尚不敷民食而又南臨大海北接福建江西諸有山嶺阻隔不通擾(?)運惟仰資于西
省一處酌盈濟虛全賴此寔無仰(?)賴亦如江浙之全資川楚各省豈(?)得議該御史亦
稔歲間三五年一買尚不覺其多(?)援自定議迄今共已撥運四次皆間六七年中
餘年始行一運較之三五年一買為期更寬西省俱可于豐收之歲寬為買備況兌(?)

數俾粵東省亦可貯備遇價昂時仍以籌濟平糶以符主德之本意亦若停
買撥運則每需難濟時誠切
聖諭特疑有備無患則西省歷來販運流通相安日久不見官穀停運或從此籌
以撥價居奇則于東省民食所關甚鉅此項備東穀石似未便遽行停止卽西省
現來需米出易某內此米每歲需採買穀三十餘萬石自係粵西通省必須
內酌行分派採買其備東穀石止需存于粵年糧得四處每年共需買穀某餘石
為數不多卽照不致窒礙又或年以應需出易之穀存附近水次收貯存留撥運
偶有不足再為酌買仍由東省撥值手價則與西省貯備撥濟均有裨益應仰
西省添貯備運穀石循照向例辦理所有此次嘉慶九年東撥西谷一十萬石現
買貯西穀撥運平糶　廣西運腳銅錢小腳附

諮京省委員前往領運仍令赶緊運完回京云云 十年六月初十

廣西運散開銷水脚

乾隆二十四年八月奏

布政司宋臚列內開廣西桂林府至梧州府計水程三百五十里每石除水脚銀

兩分五厘梧州至廣東省每石每百里給水脚銀四分二毛八絲五忽七微水水每石每

百里給水脚銀七分

委員搬運西穀脚費係在封司谷價內，州知自行給領開銷，毋庸另給，送部

為札飭事。乾隆五十三年十一月十六日奉　廣督孫　批布司呈詳前事

憲台批司具詳運發西省備東穀石分局解收清楚，由西道府盤驗結報孫撫察

核一案緣由，奉批：據詳收清西穀緣由已悉，至運谷項穀石脚費，先據該司道

等議詳，查照三十四年搬運成案，先行酌支給足，取具印結，回東確查造報

詳銷等由，業經如詳批回飭遵辦理在案，該司仰即照案取具委員用過盤

費冊結，詳請備案，並飭　撫院批示繳，結存。又奉　巡撫閻　批據詳已悉，仰

候　督部堂　批示具報，至委員領運谷石應需脚費，前據該司詳明，飭令委

員轉飭委員會同地方官據實支給，取結回東確核造冊詳銷等由，今各

雜務　搬運西谷脚費

君覽已妥收清楚。所有支過脚費銀兩數目，並即取用結通報核銷，此外結存等

因奉此。查本案領運西穀九萬七千九百石，先詳明由府委員領運，所需水陸

脚費銀兩，在穀內融支，查照三十四年撥運成案，先行酌支給足，飭令委員定

力求節省，妥爲搬運，並一手程會同地方官標定支給，取結回東，稽核造冊詳銷。其

南海、番禺、清遠三州縣，博羅、歸善、新寧者，則係另雇艇與等船，將司價下每石七分

暨英德、曲江、新興等縣，亦每石存司價下七分，除將回西省谷價每石六錢外，尚

餘有銀，足支脚費，毋庸置議外，惟高要、德慶、羅定三州縣，每石除谷價外，亦

錢僅敷歸還西省谷價，實無須脚費銀兩，由府另行提解支給，筭由詳請奏撥

歸款去後，嗣據廣州府委員候補通判毛宗毗並據司通判王燿、又南雄府委員

員△△韶州府委員△△惠州府委員△△肇慶府委員△△將數石領運完竣，造冊支銷脚費
細冊由府核實，陸續詳送。建司查南雄府委員張霖、肇慶府委員周國森
等各瀝領運數石，所支水陸脚費銀兩，均係由州縣自行給發支銷，並無在庫支
領。並南海縣領運數石委員毛雲岐，先在司庫領銀三千兩，又在藩庫領銀一千零二十
兩，尚不敷銀九百六十三兩七錢八分一厘，續在州庫借支墊賠，俟秋收有餘銀二
千六百三十二兩一錢四分八厘，已據該縣請抵歸五十一年耗米息餘銀兩，所有委員
借支過州庫銀兩，毋庸再行給領，均請毋庸置議外，惟番禺縣領運數一萬
五千石委員王熠同根陳在司庫、州庫共領銀二千零二十九兩三錢六分，支用外尚
不敷脚費銀三百二十二兩一錢一分六厘。又三水、新寧、清遠三縣共領運谷七千石委員
撥運西谷運費

姚秦用扶隍在外孙領過銀九百八十三兩支用外尚開不敷脚費銀三百七十六兩八錢三分
歸善博羅二縣外領數五千名委員中發同報陞縣庫領過銀一千三百四兩支用外
尚開不敷脚費銀二百九十二兩零查用內支用各數均係由府核定轉飭委係定
開實用所有各該員開報不敷銀兩以各物飭司各價每名七錢六分及五錢核算找
給均屬足敷支領係在原繳各價餘存項下裁給各該府繳到各同內造報數
目查明開銷理合開列清單同各委員支銷脚費開詳繳憲台核銷備案再本
案領運谷石行委府委員領運其支銷脚費銀兩係在餘繳各價及各縣自行
給領銀兩開銷毋庸取具印結送部合併聲明緣由奉批如詳分別轉飭遵照
找給向領銷特已造冊咨　撫部院批示繳

採買穀石遭風沉沒詳請豁免并請於額外餘穀內撥補

乾隆十八年七月十六日奉

署理兩廣總督班　批本司會同鹽運司呈詳查得海豐縣船戶蘇金安領

運碣石司採買補倉谷被風破船沉失一案奉

憲台據碣石鎮標中軍游擊呈報及惠府同知及海豐縣詳報先後據行批

飭會同確查勘驗被風情實沉失穀石作何著賠領過運費水腳銀兩作

何着落取結議詳核奪等因俱經檄飭惠州府轉行確查取結詳報去後茲

據該府轉據海豐縣查勘明確沉失議并具文武會驗印甘各結前來本

署司等伏查船戶蘇金安向有艚船一隻裝運埠鹽營生緣上年十月內往

採買谷石遭風沉沒詳請豁免

省詳領收程并運脚一百零八兩九錢往海豐縣石橋場裝運歸埕運埕石
陳同知委員來有買補平糶倉穀之議船戶蘇金安收耕穀九百四十三石九斗
運赴碣石倉交收該同知差役楊貴押運于上年十二月初七日開行出至澳
門遇風折桅旋即買桅修整本年正月初三日開行因風信不順于二月初三日行
至海豐縣屬遮浪洋面又被狂風吹桅飄出沖礁撞石擊破船底船戶水手人等
喊救該營汛弁兵與陳德等覓駕小船救獲撈獲耗濕穀共五百四十七石九斗零
穀三百九十六石隨船沉沒報縣親詣驗確寔係被風撞礁破船並非船戶
水手駕駛不順所致委員通同盜賣捏報及附近兵民乘機撈搶情弊
據該縣出具印記各結何屬寔情至沉失穀石詳府核議將蘇金安押

運署役楊貴詳照解運官物裝船行駛遇風濤事出不測致有損失者申告
所在官司委官保勘覆實蹤迹明白免罪不賠律註自律免罪並免追賠
但倉貯攸關勢須買補若取買監買之員賠補均屬倖廉無職且係在洋遭
風事出意外之實非人力所能挽以難令其賠償且漂沒粮船原有豁免之
條定請詳懇豁況米數只三百九十六石在于多屬掌難查府鈔內撥款買補還
倉俾免虧短等語船戶蘇金安署役楊貴應如該縣所議照律免罪並免追
賠其取買監買之員據稱均屬倖廉無職且係在洋遭風破船事出意外非
人力所能挽亦應如該知府所請均免賠補照例詳請 題豁 但查乾隆八年四
月內臨山縣委員李悰宗前往石城縣地方買補倉穀有船戶金利發裝穀二
採買谷石遭風沉沒詳請豁免

百六千石被风破船数名漂没无存业经前司详请题豁去后各石仍于宪白
饬额外数石内拨抵　部覆先有案无从查照理未便于多属平粜盈
余银内拨抵买补致干驳诘又查本年三月内奉准　部咨粘单内开驳除
粜米拨运粮石经由江洋黄河湖遇风浪猝被漂失者著落押运之员立
即报明所在地方官飞往勘验确系果无盗卖别情取具勘不扶印结
申请督抚司道核实一面咨部一面移咨押运省分照例具题请豁免其
亡沉失谷项各石虽在本有地方之名将被风情形先行叙请详咨报部题销
详请题豁前项谷石于多属额外谷内拨补再查海运粮遭被风沉没归于地
方官难查报情实仍照水脚银两例内豁免之船户苏全安请领上期水脚

赴埔裝鹽帆運倉穀擱淺遭風擊破失水既據該府縣查明情實所有該船户領過裝鹽水脚銀一百零八兩九分應請照例准予豁免歸案批議事理云云蒙兩院批既據查明蘇合出遭風屬實運脚銀准豁免云云

採買穀石遭風沉没詳請豁免

被風米船漂入內地如果不能駕駛即官查明結報發糶仍照移銷
為米船遭風乞恩驗糶獲本移銷牌照事本司道會詳查粵東省採買
米石一案先經前司道會議凡商民採買米穀內地販運毋庸給照致滋紛
擾如由海運者須先呈明該地方官查明如果殷實並無叅詐寔查情弊始須販運
接濟一面即行給照以濟民食云云並陸運商民除合和洪合和船隻云云應如該所
請再行通飭如嗣後如有被風之船漂入內地不許私自發糶務候風
信駕回如船身傷損不能駕駛者報明汛員仍須移會地方即官查訊確實
具結通詳候核方許就近地方發糶將照移回原銷以杜通同透運盜賣
出洋情弊等由乾隆十九年十一月十五日奉
被風米船漂入內地即官詳報發糶

務寬撫如詳稱可將理仍為云云

五 市廛 糧食

粵東錢穀事例類編

欽州知州員缺緊要停止差委　船隻出口實力稽查

乾隆三十年八月初一日　飭行查議事宜

總督楊　批布政司會同按察司呈詳會看得前署高廉道具稟請將
欽州知州屬之羅浮等五岡改隸州判管轄及欽州知州員缺緊要停止差
委並匪徒在洋劫掠實力盤查防範一案事　前憲批司會查妥議通詳察奪
等因奉此經檄廉州府確查妥議去後嗣據該府詳覆到司當查東興街逼
近夷地昔年議以州判駐劄在彼稽查彈壓原未令兼顧別岡地方今原稟內
所稱　前憲飭令東興思勒二處往來彈壓稽查是否奉有明文於何年
移駐思勒其東興街衙署於何年坍塌廿二年曾據該州請將州判移駐

改隸事
院憲如何駁回塗銷詳內均未聲明就經批飭再行查明詳覆去後茲據
廉州府詳覆前來本司等伏查欽州屬之東興街接壤安南爲內外之門
戶雍正十二年事
前撫憲鄂
題定以州判駐劄該地稽察彈壓不與兼管刑名實係慎重邊疆責令專司防
守以免顧此失彼之虞至思勒地方亦緊連夷界且距東興街廿餘里 前憲
檄令往來稽查更爲詳密其餘各關久隸如昔管轄迄今寧謐無事是以廿一
年議請改撥即事 前憲駁回塗銷亦以邊防之責仍宜專照舊章似可

毋庸更易也今日之情形既不殊于往昔則久定之成例亦無事乎紛更名以
該府所議將羅浮等五岡仍歸以昔巡司管轄所有若署道字請改隸州
判之處毋庸置議至該州判於乾隆廿二年改住思勒驛之處所現在究　其
東興街舊建衙署久已坍塌無存亦毋庸議請修應至欽州西邊濱海安
逼安夷樓壤知州係正佐常責不宜差委遠涉應如該道府所請合浦靈
山二縣遇有移詳代驗之案仍令合靈二縣代驗毋庸委令欽州代驗其餘
委審盤查諸務離境較遠需時較多俱停止差委以重地方又江岸一
隅係安南夷地固因往其貿易以致奸徒藉有嘗須貨物影射出洋肆行
為匪不可不嚴加查察亦應如該道府所請嚴飭該地方文武於船隻出

口岸須查點船照查明舵水姓名年貌籍貫貨物與單相符方准出口
倘艚船大人多而貨物甚少即不許放其出口其採捕漁船朝出暮歸者
令守口員弁設簿登記如有不歸之船即呈縣查究以杜詐洋為匪滋弊
至船照未可相離而留照在汛尤易啓兵役人等留難需索之弊應將出口
留照回汛給還之處毋庸議並請通飭沿海汛口文武員弁一體嚴查禁止
毋稍疎懈並明切出示大張曉諭俾商民船戶咸使聞知云云等批明詳
移行遵照實力查禁並明切出示曉諭俾商民船戶咸知儆惕仍候云云

商販行户勿設簿摺　承充行户取結給照

遵批議覆事。乾隆三十年六月　督憲李批本司等核看得佛山同知守陳行户設簿用戳互保承充一案應請凡遇客貨投行及鋪取紗貨之行户客商鋪販彼此各立一簿將貨物銀錢數目一樣登記客販之簿用行户圖記交販收執行户之簿用客販圖記交行户收執彼此對互有憑據而混賴之弊自可剔除矣又行家宜赴縣呈充互保殷實給發執照以免騙賒貨物一案應如所議請凡有承充之者務一體呈明查實取結補給執照開張仍行通報各上司查考則私充之弊可除而商賈亦不致有被騙之累矣至該丞所稱交易微細小行毋庸給照一節查牙行雖名各殊其經手銀錢貨物無異

市廛　商販行户勿設簿摺呈承充行户取結給照

来便因口小无庸给照反启影射之弊应毋庸议云云奉批另行办理

行户抗不领照妄请免给照不应重行科断

乾隆三十一年十月十四日奉 抚宪王 批司详查得佛山行户汪從義等赴
宪台呈请佛镇各行免给印照一案，奉批严查究核等因，併经转饬广州府道
照讯究去后，兹据该府详称，据南海县讯明议拟前来。本司覆查行户各
欠客本，皆由向无取结给照所致，先经本司核议佛山同知查明嗣后凡有承
充行户，必须呈明某保殷实商取具同行联保结报，始准给照开张。其现
在开张者，一体呈明补给执照，仍令按季取结缴查，详奉批允，移行遵照
在案。兹行户自应遵照核议成例，讵有佛山行户汪宗義等抗不领照，捏
且以滋扰为词，妄请免给执照，殊属不法。应如该县府所议，汪宗義等与行

市廛 佛山行户妄请免领执照

長吳咮翰地保吳經茂等照不應重律杖笞打責三十板以為阻撓滅
例者戒饒信和既據該府縣訊非知情係黃咮翰等混列伊名在詞
免其置議至吳咮翰吳經茂前單退其行長地保仍飭該縣另召殷民
詳充是否允協云云奉批飭將汪崇義等照擬打責並簽至行長一
役設自何時吳咮翰係于何年承充有無根實詳注之案今復另召充
是否允協不致需索滋擾仰即查明詳覆繳

議設夫行

乾隆十七年八月司詳議得普寧縣字條設立夫行一條，查脚夫一項類多赤貧
無賴，凡客商行李貨物每係由挑運，漫無專責，則是良是歹，客商莫辨真偽，
難保無偷竊之虞。查詳凡往來客商僱覓脚夫之所，慎選土著身家殷實堪
充夫行之人，取具保鄰戶族及甘結各行聯名保結，詳報批示給與示簿，准其承
充，無庸輸課給發牙帖。凡客商貨物到行，行詢明脚夫姓名住址，並取同
行脚夫連環保結存行，分晰登簿。如無保結之脚夫，不許挑運。往客商自
行投行三面議定夫價，夫行每兩扣用錢三分以充公用，不許多索。仍將行
人夫脚姓名住籍、貨物口囊、客商往來處所、僱夫起程日期填給夫

市廛 設議夫行

稟查明登註循環簿按月通繳查核如有任聽匪徒挑選中途滋生
事端事發之日除將犯按律治罪外將夫役及互保之夫與脚夫一併連坐
首免其坐罪如該夫行有藉端把持雜費外多索滋累客商等弊查
出將夫頭並保結之人分別治罪革退另召補充以昭實力奉行庶道路
肅清行李不致有疏虞之患等因奉
督部堂何批如詳通飭遵照繳

製造軍器取用風箱

乞憐孤苦等事乾隆四十三年三月 巡撫德 批布政司呈詳查前項佛山風
箱鋪戶麥羅霍等呈請自箱風箱一案應照該府所議酌派仍照原定章程
佛山鋪戶蔣止蓬簡鋪戶蔣四毋得責佛鋪段有不均至省城陳村新造
三家鋪戶既據查明從前原未派及應如該府所請毋庸置議以免牽
累再該廳酌派遇製造軍器取用風箱製竣應給令立即發回鋪民
售賣不得任意延擱損壞以致虧本緣奉云云奉批如詳飭遵照
已悉繳

市廛 製造軍器取用風箱

炭斤落地稅

叩府未憐事乾隆四十年四月 接德 批布政司呈詳查廣州南海縣商民盧順
成懇免赤下炭稅一案本司伏查佛山赤下地方既據該府查明為南北兩江
貨船出入要道稅餉盈絀所關甚鉅非如通濟橋零星稅運可以裁減免稅
且佛鎮四面皆有行戶處處可以起貨費銷非僅限水一陽以赤下離廠十
餘里未經設口而落地稅即可免輸無論經由該處及貨船因可援例告
免恐自張槎未佛者亦得以未經過口為辭更于稅額大有關礙至貨經
落地之其赴廠輸稅原係依本 部例辦理非係無悖等語應如所議
飭後炭斤運到赤下地方落地稅借照向承則例之其赴廠報明何項船
帝屋 落地稅

俟裝炭若干核明照則征收聽其落地銷售云云等批以詳

祭祀牛隻先行給價慎選保甲覓購不得給票差役下鄉採買

飭行審究事乾隆四十年八月　總督　批按察司陳呈詳查覆得番禺縣差役陳瑞藉票買牛強牽劉姚氏牛隻一案應如府擬陳瑞合依大小衙門所需貨物不以平交易鄉役照牙行用強邀截客貨不論有無誆賒枷號一個月杖捌十例枷號一月杖八十飭府親提枷號滿日發落具報劉姚氏被牽牛隻呈據該縣估價給領應毋庸議該縣飭差採買祭祀事屬因公且將該役責革失察職名請免開參嗣後祭祀牛隻應如府議頒發價銀慎選該地保甲覓購毋許縣差下鄉採買以杜需索云云

奉批仰即云云

牛隻
桐油

市廛

祭祀牛隻不許給票差役下鄉採買　桐油船廠發價順香分辦

府船厰需用桐油順番二縣承買分辦

聯呈苦累事。乾隆四十一年五月　晴李　批本司呈詳順德榨户吴隆源等

呈請勻派桐油一案，應照該縣府所請，嗣後修船需用桐油，應飭令順德

縣之勒樓一鄉與番禺縣之墟步、表岡等鄉分為兩邑承買分辦，厰内仍

照時價照數給發，毋得仍前陋發，以免苦累

官用物件紙張給價平買

乾隆四十二年四月二十六日奉 督部堂楊 批據鋪民劉德明等呈稱蟻等

番禺縣紙鋪僅存一十五間，緣本任承供各憲公用及縣用紙張，縣房不遵給

紀動輒選票令差向蟻等取承赴領價銀，動月經年，萬之一百無一二，苦莫

可言。張縣書房作奸，當郵陷害，以致取承按照各房行票混票向各房

取價，至于各憲公用向隸門承差領取，蟻等賴安滿撥署引以益養守

詎竊張縣入

觀有姪無從，舊年十月追叩各憲，時有行罷，行令備情叩懇，奉批 抄粘奉

府縣飭究楚擬，納命至今，蟻等承紙價無歸，候追各房給楚然後示

市屋 官用紙張給價平買

禁濫撈即行乃工務繁冗因此擱票不根跂身房獨羞仍稽歸り陋

弊不意前月攤南邑金主僉喚蟻等派出科場隨字命主拿批果係實

情赴南邑字銷照字金主不收硬勒照依若湜具照竊思若畢禁降無

日今金主又加科場轄派是此困衆降彼累又蟻等奔謁家傾思欲閉

鋪恐干

功令仍聽派累剮骨難堪欣逢　大憲榮陞至蟻等轄犢降陋解之時具

情冒叩乞恩賞示嚴禁給蟻等勒石永頌甘棠并飭府州一體照革陋

派素革仍覩飭科場廳註銷轄派照依等情奉

批衙門需用物件自應給價平買何得違例派累害民擾字是否屬實

仰東布政〻立速嚴查究革具根等〻因到司等與隨查各衙门需用物件
自應給價平買其科場採買各項均給現銀採辦不許派累久有定例現
據佛山紙鋪吳瑯先等呈寫歷差混票濫派瑯辦紙劄等情經批該府
查禁具報在案茲奉批前因隨即科場官禁革具根外擬合就行爲此云云
文到即將番禺縣〻紙〻户劉德明及佛山紙〻户吳瑯先所控情節速即查明
出示嚴禁務行邀照嗣後如有衙门需用物件紙張及科場採辦務遵
定例給價平買毋任書差藉端出票派累鋪民併擬便干咎云云

市廛　官用紙張給價平買

行户執照毋庸逐年更换

乾隆四十四年八月廿八日奉　布政司姚批據東莞縣石隆鎮行户麥卓義等呈前事稱石隆行户自乾隆三十六年起至三十八年止，皆領换執照三次，上年正月十一日又一年更换兩次。查省佛江門等埠並無更换之例，蟻等因見擾累，於臘月初三日呈奉撫憲批行行户執照自詳准給照之後，原毋庸年年更换，該司轉飭停止，轉覺　仁憲檄飭在案。惟恐日久法弛，乞准勒石在于石隆市內，俾知永守等情。奉批仰廣州府即飭並照憲批勒石遵守，取具碑摹通送毋違。

市廛　行户執照毋庸逐年更换

又乞視同仁事 乾隆四十四年八月十八日奉 布政司姚 批佛山棉花行户陈德隆等呈前事称佛山棉花行共二十二家俱遵赴知領照並無私開情弊緣憲臺飭着各照行領照連有照之家繳换新照案改三差催換茲忽乞恩俯准照石隆等例飭免交換一例勒石永遵等情奉批行户領照向張例毋庸按任交換仰廣州府即查案飭遵毋任差擾干咎

議詳省城、佛山地方不許設立船行

乾隆五十二年四月初三日奉 撫憲圖 批布政司呈詳查得粵東省佛二處商民雲集西北兩江船隻載運絡繹從來未經設立船行緣於乾隆十四年前孫吳尚友呂養容和昌等三十四人詳准承充旋又先後病故存革至三十一二年有陳呂學余勝合等在縣報充給戳准開未經具詳迄三十三年又有客民李榮昄等朦請方應光等十二名承充經瑞陽前司核議具詳未經詳報之各戶概行驅逐乃各行戶或以承開在先不準繳戳或雖領戳繳案並經開行更或兩人夥開一行以致新舊各行又各以壟斷把持包攬私寫寫詞互相訐訟迄三十六年經陶前司行知查明請將

市廛 省佛地方不許設立船行

方在先十二人令其各開各行不許合夥朋開包攬頂冒亦不必分定埠地致滋競爭　前憲批飭將船行概行革除追繳原給部帖未幾商客需船聽其自僱以致私行開設漁利訛擾當即嚴拿究辦在案自此二十年來省佛兩處猶未有復請開設之事外來商民需船運貨即在寄寓客貨之行僱覓而一切往來行人亦均聽其自行僱定包送船戶將船票交客收執交貨卸之後仍將船票交還聽其別與攬載相安已久行旅甚便上年八月內奉准　部議江西省屬河路居民相識船仔匪徒專為騙局竊客或假掛差役以查私為名攫取過客銀兩貽害旅因有行令往來客商聽其投行僱載之語隨據南海縣請

復船行事
憲臺批行飭查當經本司查核部行係指現在本有船行之地令其歸
行代雇其外船行者並飭令一體添設粵東省佛二處前曾議設船行遂
致攻訐搆爭之事是以本行革禁自未便再議添設致啟串奪批行飭銷
去後茲據該府詳據南海縣詳請將李博堂等十二人充當船行並令
每年輸餉銀五兩照依落地稅契根銷等由前來本司伏查興利必
須除弊如果船行有益于商民雇船不致阻延自宜急為議設以安
行旅粵東前此船行甫設旋即串奪搆爭連年訐訟迨本行禁革已
歷有年商民自雇亦多稱便從未聞因未設船行艱于雇載之事並
市廛　省佛地方不許設立船行

據該知縣稱商家初至未知船戶良歹必須認識船行代雇商民得免盜
竊謀害等事尤未切中事情查省佛兩處各項船隻不下萬計其中或
有良歹船行亦止此數人豈能一一深知即如該縣所指清英二縣有船戶圖
財害命等事係因不設船行所致試思此等匪船亦在事後始行究出當
時在行攬載船戶豈能預知其必起歹心即不雇寫至地方奸匪惟在文武
員弁平日認真巡緝嚴為查辦自不敢肆行無忌該縣何得以船行一
設即可消地方賊盜孰為應設船行之證據況查開張行務類皆市井
牟利之徒其承開之初即難免出資鑽刺一經給戳領帖遂得多方把
持抑托名店付差使即稱衙門例規因而高擡船價剝削商民名為每

兩扣銀三分漸且所價半入該行之手上下胥吏又從而百計需索稍不遂意即藉端請革另召頂充遂使奸狡者覬覦圖奪舊行又復盤踞抗爭列船行之設實無益于民是以歷年 大憲奮斷革除實屬惠通商旅之善政本司管見省佛船行既已革除日久歷聽商民自雇並無不便應任其舊至南海所請設復船行之處應毋庸議是否允協理合詳請示示奉 批省佛地方禁革船行相安已久商旅稱便不准

部議凡有船埠馬頭地方往來客商務必投行寫載不准私相攬雇等語原本指船行之地言其歸行代雇其向無船行者並未議及添設之之自應因地制宜以從其便詎該地牟利之徒重謀省佛船行已久有司被其

市廛 省佛地方不許設立船行

惑。雖其請復其事，不但該司所詳諸弊無不切中，且恐滋訟不休，終歸於禁。況利不百不變法，害不百不除制。若部院奮斷革除，具有深意，故商民至今受福。該司開其利弊，既未講求，足徵老成之見，確不可易。仰即如詳，轉飭道照，並移行文武，實力巡緝盜賊，以安行旅。仍飭云云等因，奉此，除行廣州府轉飭遵照外，合就移道、州、府，仰縣照依事理云云。

查禁鐵器硝磺米穀章程

嘉慶五年奉 布政司牌奉 督憲書 批本司某奉
督憲批據臬司景具詳設立章程稽查奸商私販鐵斤硝磺及囤積穀石緣
由奉批據詳各條均屬有益仰即會同藩運二司逐款核議妥立章程詳覆以
憑分別飭行並照認真辦理毋稍稽延仍候
撫部院批示繳又奉
撫部院陸 批據詳飭禁硝磺鐵器各條由具見留心甚為妥協惟囤積穀
石既有不得過二百石之例似屬周妥又據請飭澳甲每日查數呈報是否不致
滋擾仰布政司會同鹽運司暨該署司將詳內各條逐一悉心確核妥議

市廛 鐵器硝磺米穀

章程通詳察奪並飭
憲部堂批示澈等因奉此並准榮署司移會備移過司計移會稿一紙內開
一佛山鑄造食鍋器具運赴各處銷售定以五十連爲額在佛山同知衙門請照
乃有奸商或以五十連分爲兩船或不足五十連之數故爲規避或鑄成鍋頭學
分數寸托用其鍋以圖其錢更有收買粗爛鍋頭單內填寫米字用粗字之
傍以其售歸又有洋釘一項名色不一長一寸以至五寸不等附佛之華遠澤
西華順德之石等鄉多有打造以上錢鍋鐵釘一經買就即僱小船或搭
渡船由東莞東山新寧新安等州近洋地方搬過大船揚帆而出此佛
鎮私鑄透漏之情形也請嗣後販運鐵鍋總以湊足五十連之數照准給

照此不足五十斤並無印照影射出口即將奸民及出售鐵鋪照依夾帶私錢
例治罪並查封鋪屋所鍋入官其鍋頭務照日用式樣鑄造不得過厚粗爛
鍋頭廢鐵概不許運往別處違者一併究治至洋釘尤為洋匪修葺船所
必需稽查更宜嚴密請飭各鄉不得打造先令衿耆地保出具切結由佛山
同知通飭所修造軍工戰艦及鹽船運船著匠赴廠打造買賣船隻須
報明佛山同知需用若干開明斤兩數目給單照造取具主定章程似亦清源
之一法等語奉此遵等伏查奸商鑄成厚鍋及收買粗爛粗爛鍋頭單
內填寫米字暗以粗字旁為歸更有打造洋釘名色及以鐵碇上加兩丁
或鑿一孔混俱農具一併販賣即雇小船或搭渡船由東莞香山等處運

市廛　鐵器　硝磺　米谷

海地方搬運大船透漏出口實為奸商積弊署粵司葉汝蘭先年曾任佛山
深知情形應請如署粵司所請嗣後販運生鍋總以湊足五十連方準請照
其鍋頭務照日用式樣不得過厚准向在佛山衙門請照其運往何處賣與何
處商販須買何來得漫無稽查應請嗣後通行各屬盡明晰該地方商販
鋪戶若干需用錢鍋若干着令該鋪販等將所販錢鍋數目報明該知給
予印文赴佛山同知衙門請照照驗件數由該同知 給印照按照程途遠
近立定限期令運到日赴該州縣繳照該州將照截角申繳藩司衙門
發該同知查銷着令該同知先將給照運買起數開明何處商販姓名
按月列摺通報俟銷照後將已銷未銷各起數造冊通送查核如有

造限日久未經銷照者，務明行文該地方官嚴查具報，如此層層稽察，庶無偷
漏之虞。仍嚴禁各衙門胥役，毋許需索藉端指阻。其農民實在需用農具
及船廠需用鐵釘閘具尺寸觔數，照買運鐵鍋一體給照辦理。其粗爛
鍋頭、廢鐵及未成器件之鐵斤，概不許濫給運照。如有藉照影射夾帶等
照私運者，一經拏獲，即照夾帶私鐵例治罪，鐵斤入官，以杜透漏。

一硝磺到處皆有，全在地方官文武實力嚴拏。查佛山砲竹坯斤傾銷等鋪不
下千百餘間，遞年需用硝磺，赴局請領者恐未及十之一二，其餘若非奸
民私煎，即係向奸商私販。鋪戶買受，事所必然。鋪戶既可私賣，透漏
出洋接濟，匪獲利更大，奸民趨利若鶩，罔顧身家，潛藏夾帶，難保

市廛　鐵器硝磺米穀

必至一面嚴飭各屬地方文武查拿私造私販外請于佛鎮之通衢東莞
香山各隘口責成文武派撥兵役巡察如有偷漏出洋一經盤獲即與盜匪同
罪俾奸民咸知儆惕等語本司道等伏查硝磺關係軍火欲絕透漏
之弊必先清其購私之源粵東硝磺庫自本省採由廠所盜賣即係匪徒
私造私販匪犯隨時查拏究辦已經拏獲數案其官辦硝磺除營用
之外兼資匠作先於乾隆五十二年議定鋪戶領買硝磺向由地方官取
具該匠鋪保鄰甘結就近交價隨文解赴司庫兌收詳明請憲批示
由司填發印票飭發該州縣轉給該鋪匠赴理事同知硝磺局領買
併行理事同知查照在案 部東以覆准在案嗣于嘉慶元年經陳陞司陝

議鋪匠領照自赴廠所買用，俾硝商得獲餘羨，以補並將軍需成本不足等由，亦經詳奉批允飭遵在案。查匠鋪領照赴廠買用，俾硝商得獲餘羨，固爲體恤商艱起見，其有無藉端票影射及串通購私偷漏，究難稽查，應否仍照舊章，硝商並出餘硝盡數解局，第令各鋪匠赴局領買，應請嗣後各匠鋪領買硝磺，照例由該地方官取具該匠鋪保鄰甘結，就近交價，隨文解赴司庫兑收，由司詳明憲臺批示，由司填給印票，移發該州轉給該匠鋪赴理事同知硝磺局領買，取買硝磺數目註明票內，務限一次買足，由理事同知衙門收回原串申繳，另由該同知換給印單，按照程途遠近限定日期運回，將運單赴該州縣衙門收繳截

市廛
鐵器 硝磺 米麥

甬備文申敫赴司務發該同知查銷以便互相查對至鋪匠買硝向例每百
斤原定價銀六兩除商本銀五兩伍錢外盈餘銀五錢留為置辦八旗火
藥不敷之用應仍照例辦理其鋪匠需用硝磺亦令赴廠領買前議准令
硝商查照每年約需斤數備價領回一併發賣歸本之處應即停止現據
理事同知玉寧報庫貯額硝并耗硝共有五十八萬七千五百餘斤足敷應用
自嘉慶五年為始仍照原額辦硝毋庸加辦在案較之加辦之年商力
已不至拮据應將每年額硝斤仍令按照批數隨並隨解按批解足有
無餘剩查明一併解局不許存留在廠按季所需工本實在若干請給發
歸本每百斤銀五兩五錢外如有不敷另行籌款撥給以紓商力而免藉口

出洋砂一項，原係違禁之物，堪以煎硝者，係夾壓艙帶來，向例移請關
部于夷船到粵時同貨物一起丈量，飭令洋商通事約略大數，照依時價
公平估值，列冊移司，出照與硝商隨時領照備價赴買，將所購砂數飭令該
夷目保數存貯，毋許私自售賣，仍在照舊辦理。至硝商購泥印照內由南
海縣給照，並飭該縣實力稽查，如有私煎私販及照外多買透漏出
洋者，一經發覺，即與盜販同罪，失察之沿途文武及守口員弁照例參辦。
一、另議因聞粵東田少民多，所產米穀不敷民食，全賴西省穀船接濟。凡
西路穀船到東，悉在佛山灣泊銷售，向篤七市，米戶五日一報，將穀船穀
價由佛山同知衙門通報。近查有經紀把持圖積，以致穀價騰昂，前經

市廛　錢莫　硝磺　米谷

定以每店止許買存二百石而奸商以數石不能盖藏復藉船載貯遇有盤
詰則称船到未久回復外無囤積之形內有囤積之實此佛山穀行之通弊也
請嗣後穀船到佛着令澳甲開明穀數客人姓名具报同知衙門每日
揭示太平沙賣穀埠頭俾衆人属目周知限十日賣清仍報明銷號不許
胥役需索至于行户除隨買隨賣外止許存貯二百石不得囤積居奇
並不得私用為通以杜把持壟斷之弊等語本司道等覆查穀石
禁止出洋事例已久且粵東產穀無多全憑西省穀船接濟囤積固
属病民而偷漏出洋濟匪尤為大干法紀先經定議每店止許存貯二
百石正以杜囤積也奸商用船裝載冒為初到之船此等市儈伎倆就止

意圖囤積明係此次裝運易于偷漏佛山四通八達於江門最近由來江門縣
丞以致運穀船隻受陋規雖屢經查禁仍難保無陽奉陰違請嗣後革
除為通省邑不許囤積居奇並責成江門縣丞及守口員弁實盤查不許
載船偷漏即有積壓不難擡價病民或裝運小船撥運江門口岸偷漏
出洋者一經發覺時嚴拏奸商究辦外並將江門縣丞及守口員弁一併
參革仍照立法嚴禁不煩而民不擾所有業署司會議飭令澳甲遵照具
報每日揭示限以十日賣清之處恐滋煩易啓鋪戶指勒之弊應請毋
庸置議緣奉批飭核議事理是否有當云云奉批如詳轉飭遵照
何飭云云又奉署撫部院　批如詳云云

市廛　錢器　硝礦　米谷

鋪匠買硝每百斤價銀六兩　磺每百斤價銀三兩一錢隨文赴司兑收

菜脯到省赴局備驗

為據經詳奉憲照給示開復原行事嘉慶六年九月二十四日准運司咨開嘉慶六年八月十六日奉

總督兩廣部堂覺羅吉 批本司等呈詳嘉慶六年八月十三日奉

憲臺批據廣州府詳稱東邑順德知民梁同德羅濟昌呈請給示開復陳村合義菜脯承辦一案先經前憲議定章程凡遇運到菜脯報稅復歸局設棧逐簍開驗聽客人或在局設棧自行發賣或分撥別行裝從其便該局商仍不時親自查察毋許稍有留難措勒等情久經遵照在案今梁同德羅濟昌以菜脯船隻必由急水門來則在紫泥關報稅

市廛 菜脯行

就近陳村起貯公同鹽埠掣驗給票運銷等語查萊脯一項易于夾私
是以議請歸局篩驗若如梁同德等所請不獨與原定章程不符而且
徒啟夾私之弊應毋庸議至如商販運萊脯投局篩驗給發照票准聽其
運往各處發賣係從寬便梁同德等藉此呈請開復舊陳村合發原行
查誤行先未報官詳請給帖開張有案仍係私設可憑據稱于收網後
李錫華得未便准如所請給帖復開歧滋事端緣李錫行查議是
否有當理合詳敘察核批示錫莫緣由李姚仰東布政司會同鹽運
司速即秉公核議詳覆察奪毋稍稽延敘李姚奉司等案查萊脯一
項出自惠潮內例每百斤在誤處埠地帶有防霉鹽二十觔入罋分

運至廈發賣，若因客販越趨鄉曲，並有射利之徒多帶鹽斤肆行充賤，有礙埠引。是以于乾隆五十七年據局議定章程，概令運省歸局查驗，毋許越趨鄉曲，以免貽礙局引。當經那前司詳蒙 前署督憲郭 批准。凡有萊脯到省，令赴寬隆、裕隆二行分別投稅，起貯在棧，迨寬隆行封閉，而裕隆行獨存，又復不善，已經粵海關監督斥革，再于上年據局議請設立公棧，選舉司事陳守誼在棧當理，隨有客民潘三益等呈請在于福潮兩行之內任聽核稅，伊等設棧貯貨，由局稽查，並有鄧爾合等請將萊脯照舊就近陳村上行，當經核埠驗賣，以等情，均經前司飭細核。潘三益等所請

市廛

自行設棧貯貨恐致照料難周不免吏私充隱即鄧兩令等請在陳村上行不獨數涉難稽且欲翻改查驗原案均屬窒礙難行均應毋庸置議又經詳明
憲台飭遵在案茲順德紳民梁同德等請復陳村會義原行已據該府查明該行先未報官詳請給帖開張有案係屬私設且查與前據鄧兩令等呈請就近陳村上行之議同出一轍現經廣州府查明菜脯一項易于吏私是以議請歸局稽驗若如梁同德等所請不獨與原定章程不符且徒啟吏私之弊自不便准其開復原行致滋事端至各客販運菜脯設局稽驗之後即給照票聽其運往各處發賣任從

客便似應仍照該府所議以免紛更滋弊理合云云奉批此詳不便准其開復原所以免紛更仰即轉飭照舊設棧篩鹽原為查私起見若為抽分獲利甚累客商斷不可此則設某鋪到省即日驗明如果鹽菓相符並無夾私即令按引根稅發賣未便又需給票換運跋涉指索抽分之弊且恐聞有不肖客販藉票沿途夾私更未可定該司並即轉飭遵照出示曉諭以息訟端及行廣糧通判轉同局商查議應否毋庸給票另立章程寔覆外合就咨會云云

市廛

布新例

奸民偷漏澳甲連坐

遵批查議事乾隆八年閏四月廿二日奉 布政司憲牌奉
督部堂憲 批本司呈詳查得雷防同知穿陳私販米穀遠鄉外埠渡
口各官役兵丁防守之處着令保甲練保人等稽查業奉 憲台批司查議
依經飭行雷州府查議去後茲據該府議覆前來本司覆查米谷偷
運出洋久奉嚴禁自當立法稽查務絕偷越之弊查雷屬三面環海
港埠渡口繁多兵丁官役難以遍行稽查是以奸民於無汛口之處每
多偷運先于乾隆六年五月內據雷州府穿陳凡有運穀出口者無論諸
色人等許其拏獲之日照汛口兵役盤出私米准賞給十分之三在洋拏
糧食　奸民偷漏澳甲連坐

獲者賞給一半之例分別給賞餘數入官充公照例治罪詳奉批准通
飭遵照在案茲該同知所議給賞之處前既定議今應再為申明遵照
其澳甲練保船戶人等不行查察首報前詳未經議及應如該同知所
請事發之日一併連坐分別究處飭令大小員弁于各渡刊立木榜俾附近
居民及業戶甲長練保人等深悉其條款使嗜利奸徒咸知畏忌者多
而不致輕蹈偷越矣應該府請將偷運米谷出洋之例刊刻木榜豎
立各渡口俾群知觸目驚心不敢自蹈重罪事屬妥協應請將偷運米
穀出洋條例刊刻木榜豎立各渡口使愚民咸有法守改過從善不
敢仍蹈前轍是否有當理合詳覆伏乞批示以便飭遵緣由奉批照

洋轉販並照若有商民在內港內海販運米穀接濟內地民食者業
甲練保人等不得藉端需索妄邀重賞偽報陽奉陰違立即嚴拏究
報毋得稍存寬縱仍將別屬各照一體遵照之處妥為辦理具報並飭
云云又奉
督部院批同前由奉批如詳云云奉此查奸民偷運米石出洋歷奉嚴
禁云云奉批前由准具報一體辦理外擬合就行備牌行府仰縣云云

糧食

商民採買米穀由海運者給照事例 照式附

乾隆十一年二月廿日為飭行查議事 乾隆十年十二月廿日奉布政司納

憲牌乾隆十一年正月廿九日奉

撫部院牌 批本署司會同按察司糧驛道查議得給照商販運米谷

一案先經議詳未符之處緣守報事案內東省商民販運米穀撥行

廣州府南番二縣議覆擬行特詳在先迨奉飭行查議事案內酌定

給照章程詳議在後至按船給照照隨船以杜影射價貴不許買足或

有將賸多買應報明地方官驗明於給照後填明蓋印給與執運

及中途或有被風失水報明委驗出結之處已于一併知照事議覆

糧食 商採米谷海運給照

寧縣民陳定平給照案內分晰叙明是以案內未曾叙及經因分案議詳不
詳貫串照應實為疏漏茲蒙　憲檄周詳指示仰見
憲台軫念民食慎重海防之至意並查瓊州碙州南澳等處分路給照
買運之處詳定章程已屬周密毋庸更議惟龍門兵民食米乾隆四年
五經司詳定照南澳之例令龍門協刊就連環空照赴轄憲衙門編
號印發該協收存委員採買令南澳地方該同知以生齒日繁今昔不同
辦理擊附有將民食性本署司議詳南澳兵眷食米仍照舊例並循
其南澳兵眷食米應之南澳同知刊就連環空照呈請轄憲衙門掛
發任聽商民轉照自行採買等　憲臺批允移行遵照在案七龍門

地方久年 部文言廉州同知移駐与硇洲同知情形相同應將龍門兵眷
食米仍照南澳辦理但更定章程必須詳慎應請移行龍門協廉州會
同妥議列日另詳 憲奪其餘各屬如有本地出產不敷民食或遇歉收
民間待食孔殷不得不藉商販以資接濟者自應立法周詳防範嚴密
以杜偷漏之弊應請嚴飭凡商民採買米穀向他販運毋庸給照以防濫
給擾如由海運者須先呈明該地方官查明如果歉實并訪察實在情
形必須販運接濟一面即行給照採買以濟民食一面給發照票向列商
民詢實姓名現赴某知何處地方採買民穀食米若干石字樣並將
應給照數分別移明詳通詳 憲台衙門批行轉飭給買之地方經過鹽
糧食 商販米石海運給照

驗發官一體稽查其照內務須填明採買地方處所數目及船戶姓名酌定限期并填明採買糧數倉廒事樣不許填寫斗升亦不許寫約數照一人而買數船抵明分作幾船裝載每船照給一照照隨船行以杜影射買足之日呈明採買該地方官查明照內船戶姓名艙口幾座所載若數實泊船處所經由何港按板填明即與掛號截角知會營汛驗放出口該汛於照上大書出口之字經由營汛逐一核明驗放日月俟該商將數運回根照按截逐行查對數目相符准其發糶照運回之數不敷採買之數立即查明究治倘所資本不敷買足照內之數如有餘銀可以多買應令于出口時報明地方官驗明或多買若干俱於照後填明蓋印或

因他故未買出回者，即將情形等明連照呈報該地方官，具文送銷，以保失風沉溺。該商當呈明汛口武弁驗明出結，通報以憑查附，近不許擅自發賣，候順風。倘駕回之船方受佑不時偶駛者，呈明該地方文武衙門驗明出結，准其發賣。如擅報被風沉溺，偷運外洋者，嚴論諸色人等有情首報，照汛口兵役在洋拏獲賞給一半之例，賞給，餘穀入官。如船戶有情不肯串發，照例治罪。如此庶弊端可絕，而米穀得通，窮黎亦免乏食之虞矣。謹將等發雷瓊道詳敘新定照式，細加參酌，另擬告以原照票式樣

呈送

憲台裁酌，發司以便刊刷。並照緣由，等批，以詳移行通飭，並照實力

糧食　商販米谷海運給照

等行妥協辦理毋得阻滯除逕咨于泰處仍將龍門兵房米食侍定
南澳吏定章程之處作速查明確議通詳察奪仰府移諮 提督暨候
暨部堂批示繳原貴照式書四刊刷仍送備案奉此合就檄行備牌
仰府云云嗣後遇有商販採買米穀必須經由海運務須遵照妥協辦
理云云

照式

為給照販運米石以杜透漏事照得粵東邊海按近外夷商販海運米穀最宜慎重防範該地方事務服殷實商民保結并開列船戶姓名艙口裝穀實數方准給照責赴產米地方呈繳驗明照數採買每船名給一照照隨船行以便汛口查驗買足之日報明該地方官驗明照內船戶姓名船口幾座載船實數泊船處所經由何港移移註明即與掛號蓋印截角出會營汛驗放出口該汛於照上大書出口二字經由營汛逐一註明驗放日月候該商將穀運回投明按戳逐行查對所數目相符准其發糶如運回之穀不敷採買之數立即查明究治備一時濟本不飾

粮食 海運給商照式

買足照數及有餘銀可以多買者于出口時報明地方官驗明或多買或少買若干俱于照後填明蓋印或因他故未買空回不即將情由寫明連照呈繳該地方官具文送銷如係失水風濤該商當即呈明汛口武弁驗明出結通報如漂附近內地不許擅自發賣順候風信駕回如船身損傷者不能駕駛者呈明該地方文武衙門會同驗明出結發賣如有捏報被風沉溺偷運外洋者不論諸色人等知情許其首報照汛口兵役在洋拿獲者賞給一半之例給賞餘穀入官如船戶知情不首事發照例治罪等乾隆

年　月　日據　縣民　保　都　村人年　歲呈請自攜資本往

府　縣　地方採買倉斗民穀　石運回　家糶濟民食等情前來合

就給照爲此照給商人即便收執遵照小心將運凡遇 往沿途汛弁照例盤驗船貨數目如果相符作速用戳掛號放行毋得留難阻滯該商亦不得夾帶貨物走漏稅課致干未便須至照者

右照給商人　　收執

乾隆　年　月　日給

縣

限　日繳

此照内額上蓋用頭戳今將頭戳式開列於後

粮食　海運給商照式

十行六寸 每行廿七

此頭戳式用硃色刷帚印蓋于照額首

乾隆　年　月　日據客民　執印照呈報現買貿
得倉斗穀　石僱　式樣船　隻樑頭濶
船戶　艙口　箇計裝穀　石現泊　河下
就便由　港出經守　縣於　月　日驗明船數均與所
報相符當即蓋印截去左上角知會營汛發竹限
月　日出港回　過限必究 以上數目字俱係大寫以杜改補之弊
除將船隻穀石另文具報外先將照式填明以便到埠
稽查如因他故未曾買穀不許該客民將情由稟明
速照繳縣具文送銷胥役指索許赴稟究

販運米穀分別內河海運給照

廣撫周 為通行曉諭事云云合行通飭所屬遵照富厚之家將多餘米穀依時赴別市鎮發糶務聽其自便勿得仍前禁止并任刁民阻撓滋事致干察究至商民前往外屬採買除經由海口販運者該地方官照依乾隆十四年奏定章程給與印照報明移行查驗外其餘內地往來販運不近外洋之處一概聽從商販俾通毋庸官為給照商販所到之處毋許藉詞查驗阻擾以免守候並多張告示曉諭商民俾咸知踴躍以期處處米穀充裕價值平減等因乾隆二十二年十一月初四日行

票式與上頭戳式同不復抄記

採買米穀地方小票式票上用印一顆凡數目字俱大寫以杜毀補之弊

尚造黄酒饼不在禁例贩造烧酒饼数逾三百斤以上照踹麹例
治罪

乾隆十三年三月　廣東按察使司呈詳云云本署司伏查粵東地方山多田少
產穀有限向藉隣封商販接濟始足民食每遇歉收以及商販稀少價值
即日增昂貴今查酒饼一項現據該縣府查明有黄酒燒酒二項耗米有
多寡不同且顏色式樣亦别如應照所請嗣後專造米豆藥葉三物相參
之黄酒饼貨賣為民間冠婚喪祭之用不在禁例其販造燒酒饼為
數逾三百斤以上者比照廣收麥石肆行踹麹之例杖一百枷號兩個月
未禁以前所造之燒酒饼責令照所請定限十個月盡行出售若十個月
粮食　禁止燒酒饼燒鍋器具

以後仍有造粄米藥藥之燒酒餅者飭令該管地保立即拏報照踰麯麯之例詳究敢有扶同狥隱一并治罪倘地保胥役人等藉端需索擾累鋪民者照誣告例治罪如此立法禁查則歉米不敢多耗而於民食賴以裕足矣至前禁燒鍋上下二鍋以及瓶簡注甑等罷具亦經出示除干但月令行銷燬有犯定究合併聲明云云等

督撫憲批如詳

一

閩省豆麥運至粵省移咨稽查

為遵

旨議奏事乾隆十四年十二月廿四日准 福建撫院潘 咨據福建布政司呈詳奉

司永寧查得閩豆麥雜粮商客販運出口等 院憲奏准

敕行原以就本省流通而其隣省未經議及惟是閩省南澳係屬連界近因禁

止出口而廈口豆麥不許運廣銷售貨物壅滞稅課攸関是以稅口委員

將議等 將軍洛商 憲台行司飭議併檄廈門廳酌準載運等行據

廈防所議覆前來本署司查閩粵兩省毗連出入口岸均屬內地自応

仍聽商便從其販往至稽查之法凡有裝運豆麥販往廣省者由廈防

粮食 稽查閩省運來粵省豆麥

廳驗明該船粟照數具行鋪保結所載貨物查與海關所出號單數目相符該廳給照印照內填明豆麥名數發賣地方酌定限期一面令其裝運經由口岸驗明放行一面知會該處地方官俟到境查驗相符准其發賣將發給印照移還泉防廳衙門查銷倘船戶久不到粵或糧石數目不符該地方官詳明粵省院憲飭查一面咨會閩省以便着落原保行鋪根究如該船印照屆限同知衙門遲久未准地方官移銷該閩省亦即詳請院憲移知粵省飭查一面亦着原保行鋪根究如此則兩省均得稽查奸商不敢透漏接濟便商亦有裨益矣至販往粵東米豆麥船隻既經立法兩省俱有稽查其號口委員所議每月造冊呈請

移咨之處似覺重複毋庸置議理合詳覆伏候詳奪批示并咨會
咨閩將軍仍咨移　粵省暨撫憲　粵海關轉移沿海地方汛口文武
員弁并飭稅口委員查照等因到本部院准此云云

糧食

照内務須指實地方分路採買毋得聚集一處騰越數縣

飭縣給照以便買運事乾隆十八年五月廿六日奉

糧驛道富 憲牌准

布政司咨奉

署部堂班 批據陽江縣詳稱乾隆十八年四月初六日據商民許合利等前

事稱蟻係土著殷實商民緣見本邑今春以來米價漸增民食維艱

先經呈請前往海康縣買運米穀接濟已蒙詳請給照准蟻得往買

運但前次採買米穀石業於三月廿七日遵照買回發糶接濟民食俟將

原領印照繳銷又蒙縣照申報在案今又見本邑米價尚未平減蟻恐

糧食

携本身往雷州府海康知採買米二百石數三百石往海康僱船運回
發糶接濟民食照經過汎哨盤詰查還明白給照移去海康知地方
文武官准其照數採買買足之日請驗放行不致買多報少等由同日又
據許合源字開前由歷帶資本前往海康採買米乙百石數四百石
運回本邑發賣接濟民食等由各列縣據此并據州皆街該商等保
隣譚進羅奇斌陳長周文斌成宗大等出具保結結得僅內許合利
許合源實係土著商民之携本往海康知採買米數運回發賣接濟
民食不敢透漏外洋買多報少囤積等弊察出愿甘受罪等情據此
卑職見得時值青黃不接上米每倉石價銀一兩九錢五分中米每倉

石賣銀壹兩九錢未獲平減且係買運接濟于民食大有裨益是以據
詞給照飭該商前赴照數採買并備移海康縣移會營員一體驗放
外合將給照採買緣由申請　憲台察核俯賜核飭示遵緣由奉批如
詳給照買運仍毋許影射出洋仰布政司會同糧驛道轉飭遵照並繳
撫部院批示繳奉此又奉　撫部院蒙　批同前詳奉批仰布政司會同
糧驛道速飭海康縣查明即照聽其照數採買運回本境發糶仍移行
稽查毋任奸民阻撓滋事並將買穀石數目確查明白同起運日期先行
具報並即移會沿途營汛及隔邑一體查驗放行毋任影射盜賣出洋
有干未便完並繳　督部堂批示繳奉此除撥行雷州府轉飭遵照外擬
糧食

合咨令備咨過道希為一體檄飭道照施行等因准此合就檄行備牌
仰府即便轉飭陽江縣嗣後給照商民採買米谷照內務須指實地方
分路採買毋以聚集一處以致米價高昂亦不得以歧越數州致有影射仍
縱僕誘商民買就米谷回日照數發糶具報毋許擡價病民不得任
聽胥役需索濫給致干未便

瓊州商民赴高雷廉等處採買米穀事例

乾隆十八年六月初四日奉

總督部堂策 批本司等會詳查得向合浦私奸商某有之等偷運米穀出口一案 前憲檄行飭將廉州府議擬詳奪并將偷運米穀應如何立法稽查始能杜絕之處云云 又等因隨將合浦私奸商亞乙等偷運米穀出口一案行據廣州審明定擬經本司等會詳于 年月日奉 撫部院批將各等分別定徒年限枷責擬站飭遵外并錄報 憲台在案至本查偷運之弊應如何立法稽查始能杜絕之處移准瓊高二鎮高廉雷瓊二道議覆并行據各等府分議詳前來本署司等覆查瓊屬米穀缺少

糧食 瓊屬商民赴高廉雷採買米穀事例

本地出產不敷民食必待高廉等郡接濟若不聽商販運勢所難行雖禁即開則大小口岸處處可通縱使多方設法雖于徼底清查細核各鎮道并各府及西有博白欽所議稽查之法意見大率相同但立法貴於簡明庶易遵易從若謂嗣後凡有瓊州商民赴高雷廉等處採買米穀查係土著殷實商民由雷瓊道瓊州府給照之內註明採買地方將照呈驗地方官方准採買照數買足令驗將照蓋印截角註明出港日期一直申報給照由府門一直繳交出港汛口按照驗查到瓊之日報明地方官查明數目相符即將貨賣將原米照繳銷倘有浮多即行究治如係無照偷運即行嚴拏究報按例治罪汛口文武各官失察故縱查出照例分別查參如此則米谷仍可流通瓊民免乏食之虞而奸商無所施其伎倆米谷無走漏之弊矣云云緣由奉批如詳云云

商民海運米穀回棹時查驗

乾隆二十二年　司詳商民採買米穀一案據高州府以各屬但知給照採買其實在有無運回並未查驗致使射利之徒得以透漏等請飭令惠潮二府各屬嗣後詳議給照與商民赴高雷廉各府屬採買米穀務于回棹時諭令澳甲及該商於所親自查照數目相符一面通報銷案一面准其發糶倘運回之數不符明係在洋透漏立即嚴察通詳究報等因奉批查案速詳本司伏查給照商民採買原為本地居民起見自應按數運回濟資民食復免透漏若採買米穀止於給照採買不報運回查驗設或給照州縣稽查疏忽保無透漏之虞應如該府所議通飭各屬嗣後給照採買米穀務須回粮食

海運回棹查驗

擇时詢之澳甲友謨商報明親自照數查驗如果米數數目相符一面通報一面准其發糶仍運回米數查与照內不符立即嚴究通報照例治罪仍該知不實力稽察切明立放縱寬貸揭吞以為不職者戒等因奉

督楊 批如詳轉飭並照至給照之船搬運別處並不回縣繳照查明為时已久著落原保商人返拘到案嚴行究懲保商一併連坐仍飭云云

潮屬米穀出洋分地界文武派定稽查

乾隆廿二年　署布政司沈　詳據惠潮嘉道潮州府等會以揭陽縣南北兩砲臺為潮揭二縣出海咽喉請飭駐劄砲臺之北寨司巡檢協同該地汛弁稽查由揭陽縣督察又潮陽縣海門達濠後溪三港俱通外洋內海門港西畔飭令縣丞協同營汛稽查海東港東畔飭令典史協同營汛稽查達濠港飭令招寧司巡檢協同營汛稽查又從後溪港進西而上至潮陽南北砲臺分界一內港飭令門闢司巡檢協同該處營汛稽查均由潮陽縣知縣督察又惠來神泉清海二港俱通外洋內清海港請飭神泉司巡檢協同該處營員稽查神泉港距神泉司駐劄衙門稍遠距惠

縣城僅五十里請飭惠來縣典史協同營汛稽查均由惠來縣督察以
上潮揭惠三縣港口既與縣城不甚相遠又有要隘可守應如該道府
所議各照派定分管以專責成又據等海陽縣有樟溪港澄海縣有
雙溪港外有溪東汕溪二港俱與庵埠通判相近樟路二港口則請飭澄
海縣撥役協同營汛緝由庵埠通判稽查溪東港寮達澄海縣虞之
鮀捕司請飭該巡檢協同該處汛弁就近稽查至汕頭港爲海揭澄潮
四縣出海緊要關隘該處有炮台汛弁又有小江塲員駐劄距鮀捕司巡
檢衙門僅五十里請飭責成塲員巡檢互相稽查統歸庵埠通判督
察又澄海縣南港外有大萊蕪小萊蕪二山可以避風拖風漁船備

運米穀多泊于此。萊蕪汛向撥快槳船一隻在河蕪防守，但挽風澳船
有風信不順，俱泊大圍地，並不寄在白沙。該汛營將槳船兩圍地、白沙二處
常川巡緝。其南澳出口為金獅猴港溪處，有外河汛，該汛澄海縣典史協同
稽查。又澄海縣東南五里為北港，上通海饒二邑，港內有鳳巔山可以泊舟
港內埔尾鄉田、鯉姑港出口，奸民最易偷運。該處有子洲港汛，向有
快槳船一隻在溪外防守，此係內河，該汛該營將快槳船在于芭硐溪
口、鯉姑港等處常川巡緝，並飭澄海縣典史協同稽查，均已澄海縣協
稽察。又澄海縣南三十里蓬子港，港內有南洋城，東三十里為東隴口，又港內
有支河名樟林港，直達樟林、城，均為米穀積聚之所，出海各船裝運
粮食

潮屬文武分界稽查

米艇俱泊于此亦防偷運俱与漳林司駐劄不遠稽查甚便其扼要之處
在烏金尾之上漳林港有水仙廟地方請飭澄海縣捐造哨船一隻交漳
林司巡緝協同營員往來稽查又樟林城東北有鴻溝鹽竈芸頭等
處俱係邊海並飭漳林司就近稽查統歸黃岡同知督察又饒平縣城东
南一百三十里離黃岡城西南三十五里為五塘港有五城浮山二砲臺為扼
要之地又黃岡迤南十里為鴻門港港中有大澳汎中有柏洲可泊大船又鴻
門港汊向西色井洲出海有井洲汎向東由小金門出海漁船貨船俱泊
於此港內亦係緊要又黃岡港東十里至新村港出海向東至橫山南
潯島頭山柘林等處沿海各村俱有漁船貨船每有奸民勾通偷運

均请饬令黄冈司巡检协同营汛稽查其自柘林城东鸡母澳起至虎仔屿大城所上里尾等处洋面与闽省诏安分拨接壤者一有东界场大使驻劄大城所请饬该大使就近协同汛弁稽查又黄冈城正西之浮山大壟御厌塞御仙村九溪桥等汛悉属沿海各有港汊易滋夹带距黄冈城三十里之内请饬黄冈司巡检协同汛弁稽查统归黄冈同知稽察又由黄冈城西南渡海三十里为海山港该处分溪北溪南溪北在海汊之中有浮屿汛设浮屿汛有海山场官驻劄于此为大小船只停泊之所由溪北过海汊一道即为豁南正南面与南澳之长山尾相对海边大石森立不能泊舟北有牛心石地方大小船只多泊于此与溪北之浮屿相对该二处为大船停泊收买粮食　潮州府稽查海口

之所距饶平县城水陆一百四十里距饶邑最远边界请将海山场惟就
近协同营汛稽察境由贸闽同安各猪察兵为海港大小商渔等船擾
府所核算已属家多尚须确查又各县番船散漫潾邑海港并不归
一农船较渔船更大均可出洋阳道详定批准事程各按海道远近
人数多寡每人每日带食米一升余米一升各有衙运佳弊即按例分别
治罪均应各府请办理仍令该道府时加查察各该员如果能实力奉
行无擾无縱擾害议请记功若阳不经心任由米数遗漏以及藉端擾
累即照守口文武失察縱擾定例分别请参缘由具详
两院宪乾隆二十二年　月　日李

督部院周 批此詳川實力稽查辦理毋得踈忽干咎至錫務即廣東肇
高雷廉瓊各道府一體查明所屬各海口各情形酌量仿照分派文員
協同營汛稽查賭務妥辦具報毋庸另議繳稽時目錄已悉仍繳
督部堂批示繳奉此又奉
撫部堂李 批此詳務經通盤實力稽查毋致滋擾至廣東肇高雷
廉瓊各海口應行稽查之處即飭行該管道府循照例派員會
同營汛一體查辦緣由已悉仍繳
督部院衙門批示繳奉此

粮食 潮房稽查海口

給照採買每處不得逾三千石之數務須分路採買毋得聚積一處

乾隆二十八年十月十三日

督部堂蘇　批據寧郡請照採買以濟民食事　布政司會同糧驛道呈詳
會省洋米數重關民食酌盈所以濟虛向有產米無多不敷民食之處原
有給照商人分赴鄰境米廣價平地方採買運回以濟民食第恐奸商積
往一處購買轉致彼地價昂有妨民食是以乾隆十九年間奉
前憲行令嗣後商人請照採買務令前往穀多價平地方分路買運毋得
聚積一處爭購糶買致昂市價等因業經通飭並照在案今惠州府
東防同知給照商民李兆成往南海縣省會地方採買米穀共有一萬零三
糧食　　分路採買

百石為數過多照發昂價特民仰蒙
撫憲洞悉情形批司行道會同查明議詳察奪等因本司道等遵查惠防
同知既經給照各商採買既不便任其一處貿運又不便令其回棹空返自
應通融辦理本司道酌議從前惠屬商民採買米穀或在省城或往廣西
或赴江西原有分路採買之例應請飭令廣州府南海縣確查前次各商
有先到省城者酌令于南番附廓地方分路採買米穀三四千石飭令先行
運回其餘不足之數及後到各商採明隣省隔屬價平之處該縣另給印
照飭令各商分往彼地購買一面關會採買地方官一面知會惠防同知查照
仍飭南海縣將續給各商印照姓名往各境採買地方米穀數目分晰通

報察核并通飭遵照去後，凡有給照商民往別境採買米穀，每家不得逾
三千石之數，務須分路採買，毋得聚積一處。倘有濫給照票，及奸牙鋪户
捏名詐照，希圖囤積居奇等弊，查出嚴拏究辦。緣奉批查議事理，
相應會核詳覆，伏候
憲台核奪批示飭遵。緣由奉批：查東防同知給照商人赴南海省會地方採
買米穀，以濟民食。先據該同知詳報，業經批司飭令南海縣查明各商採
買多寡，酌量給其糴買，填明照內，并撥該縣知照在案。仰即照詳飭遵
辦理，併案照前批飭辦。仍候云云

糧食　分路採買

請照赴洋買米取具商民船戶水手保鄰各甘結存案如有爲匪不
法治罪官弁失察列參
奉諭擋停遇番買米船隻等事乾隆四十年十二月二十日奉
布政司姚　牌行乾隆四十年十二月十六日奉
總督李　批本司等呈詳查得澄海協詳商民出洋運米應否停止一案奉
憲臺行司作何籌酌辦理庶免藉照滋弊抑免擋行停止妥議通詳核
奪等因查粵東商民領照赴番運米回粵糶濟民食久則議叙於乾
隆二十二年奉　前督憲楊　議請照閩省之例米準
部文遵行在案通行各州縣商民赴安暹等國運回洋米糶濟民食甚

粮食　商船出洋買米取具船戶水手保結

多均經詳請議敘有案其有商運到該處米價高昂未經買運轉賣剝貨
回棹及遭風失水者亦俱守呈查驗通詳在案今澄海協以澄海縣商民
楊英合所雇船戶楊大發在安南租船打仗恐無賴之徒藉有出洋運米
船隻充當水手潛往安南等處為匪雖為杜弊防奸起見但粵東濱海
之區所產不敷民食
若實廣為籌畫業請照閩省之例給照商民買運原係接濟民食有備
無患之至意未便因楊大發不法之船戶遽將業准之案議行停止況領照出
洋船止買米一事如實無賴水手冒充滋弊因而議停則凡出洋貿易之
業亦必概行停止不獨民食有妨且於稅課有誤惟是杜患不可不周

立法務期盡善查各屬向來給照商民出洋買運米穀止據報稱取具該商保鄰甘結並未查明所僱船隻果否殷實及水手有無匪徒冒充亦未取具該水手保鄰甘結備案似非詳慎之道應請飭司行令各屬給照商民赴外洋各國買運米穀者務查該商果否身家殷實為人誠信平日有無過犯取具鄰里保結所僱船戶水手務查明實取有船鄰甘結各商出具保結開明船戶水手姓名籍貫該地方官逐一查驗明確方准給照買運并令會前途查驗詳報撥飭沿途守口員弁一體稽查報明驗釋倘有船戶水手為匪不法經保鄰人等一併拿獲分別從重治罪並將該地方文武失察職名開列請參仍令務須買米運回不得藉糶食

商船出洋買米取具船戶水手保結

称米價昂貴置（買）别貨回棹若請照買米而無米運回混称買有别貨

者仍將該商等叅釘治罪若再立法周密則商民船户咸知畏懼奸逃

難以弊混于民生日食而無窒礙矣緣由詳覆事

批如詳移行遵照辦理仍候云云

本處尚須買補請飭別處停止來處採買事

飭行遵照事乾隆四十三年十二月初七日奉

憲桂 批據廣州府等稱竊照米穀出洋向有例禁近因惠潮二處出產米穀無多偶遇糧價昂貴准聽客民請領文照赴沿海各縣價平之處販運此係暫為通融自不得稍分畛域以干遏糴之懲若不論豐歉長年告糴則奸商易懷詐以邀利無所不至不可不防其漸查本年自九月至今前奉憲行檄飭惠潮客民蔡光利等赴卑處新會等縣共販米穀九千六百石後此源源而來現正未有艾卑職伏思本年春夏米價昂貴仰荷憲恩檄行府縣開倉平糶以濟民艱統計共需穀三十四萬五千五百餘石

早晚兩造，幸獲豐收，節准各縣稟報，買數乙十四萬六千四百餘石，尚有未買數一十九萬九千一百餘石，又有四十一二三年平糶之數五萬餘石亦未買補，并現在

憲札飭查各屬於買補平糶之外再為籌買貯備，以資接濟。此際府縣應買之數甚多，而民間自經歉歲之後，繼以豐收，蓋藏未裕，又西省數船少有來東，江楚兩省糧價較昂，於粵屬難再籌撥，注是卑屬辦理買補情形已屬拮据，且惠潮二府上年收成勝于廣屬，本年早晚兩收又俱在九分以上，似亦尚無須藉鄰封接濟之處。況所謂稽查於寄者不過文具一端，乃歷稽往牘，客民運穀回籍，具文報領者百無一二，茫茫巨浸曾

在運到各從寬詰保無透漏出洋情弊則從遇米賤便衆亦應稍申禁防
以杜長奸類當此官民爭買之秋倘稍有透漏所關于民食者不輕合無仰懇
寬恩俯賜檄飭卑屬新會等縣遇有惠潮海運商販到境告糴即將文照
移回註銷并飭行出惠潮二府轉飭各屬暫行停給文照俟買倉穀價值
少平再行酌量辦理以昭到本地之數不致滲漏而各屬買補亦可冀其及時
齊足似于倉儲民食俱有裨益緣由奉批仰布政司會同糧驛道即日核明
飛飭各縣遵照辦理具報仍繳云云

糧食

領照隔屬採買只許買數食米每船不得過貳十石給照先行通報產
數地方候本判文行方行准糴
乾隆五十年十月布政司許　年　巡檢孫　牌據石城縣申稱准海豐縣關
據商民黃金勝人等呈稱均向產米地方每遇米數騰貴原准商民呈請
給照帶備資本合銀兩前往出產米數地方採買運回糶賣接濟民食
茲因豐邑地方現在米價高昂自帶資本銀兩往高州府石城縣地方採
買倉斛數四百石米五十石運回豐賣等情據此除給照該商赴買外
合就移知等因准此又准關開商民人採買數　米　石又准云云等因
為此縣准此當經諭知守口人役知照准其採買已足字號投司去後茲
糧食　領照採買通報諭行　方准採買　買谷不得買米

准某字號採穀某石米某石裝載船户某某單桅船一隻等情又據云云等
情當即驗明船載穀石與該商所寫數目相符填明照面印蓋截去左
上角於五月某日在某處放行出口裝運回惠潮外理合申報等由到本部
院據此查惠潮商民採買米穀多有夾帶走私之弊乾隆四十二年二月經
前部院批司通飭嗣後止許買穀舂糶不許買米仍酌量人數程途帶
買食米每船不得過二十石以外產穀地方必俟奉到文行再行准糶等
因在案今某縣給照商民某等採買穀米並不先行報明奉部院飭行驗
放其某縣關移石城文內於商民某某等四名則准其買米五十石於商民某則
准其買米四百五十石與前定章程不符云云

運回洋米回糶計石獎勵

廣督楊　批本司呈詳查議得事　寔據内閘商李興等十二名所運洋米計自一百石至七百石均應如何獎勵此後如有多於此數并應加至二千石以内此應如何獎勵飭司查明妥議詳覆等因奉司伏查出洋商民運米回粵糶濟民食數在二千石以上者既按數目多寡來請分別議叙其數在二千石以下者亦應按其數之多寡酌量查獎庶足鼓勵請嗣後並諭紳士商民運回洋米其數在三百石以下者接濟無多毋庸加獎其數在三百石以上至五百石者令州縣賞給花紅五百石以上者至一千石者州縣給以匾額一千石以上至一千五百石者知府直隸州給以匾額一千五百石以上至二千石者

糧食　商販洋米平糶計石獎勵

以内司道職衔給匾其已邀奖励之人又買米數赴糶仍按先後買運米

數遞加奖賞若經司道給匾續又運米數不及一千五百石以上者仍令該

州縣分別奖励若又運至一千五百石以上至二千石以内既不便司道重複給

匾且先後買運米數已多應請

憲台給予匾額嘉奖并示士民以信賞必罰咸知觀感奮興矣且本年運

回洋米數在二千石以内之商民李興等十一名所運米數從前未據該縣申

報應飭令查明運回數目列冊報司即照議嘉奖緣奉飭行查議云云奉

批如詳通飭遵照乾隆二十一年十一月初七日行

商民在外洋購米回粵糶濟民食分別奬叙　未經領有米照臨時
購米回棹亦照有照之商民一體奬叙

吏部為海洋運米商民恭請照例議叙事乾隆二十二年正月二十八日准
戶部咨廣東司案呈乾隆二十一年十二月二十一日准　吏部咨內閣抄出
兩廣總督等奏懇以運米之商民請
旨加恩議叙一摺乾隆二十一年十二月十五日奉
硃批該部議奏欽此欽遵咨送到部該臣等議得兩廣總督楊等奏稱粵東
地處海濱戶口繁庶山多田少產穀無多惟藉西省米穀接濟近因西省
糧價漸昂故粵東籌辦米穀較他省為尤重必須廣為設法以何使穀
粮食　海運穀石商民奬叙

米允裕市價常平上年十二月經臣等會摺奏請商民有自備資本領照赴安南等國運米回粵糶濟民食者照閩省之例查明每船數在二千石以內臣等酌量獎勵在二千石以上按照米數目分別生監民人奏請賞給職銜頂帶經部議復準

旨俞允欽遵在案今乾隆二十一年分據在省居住商民陸續赴南海縣領照出洋購運米石回棹先後報明海關稅口暨守口文武逐加盤驗明運回米數移報到臣等隨檄行布政司轉飭各商照依時價就近糶賣接濟民食毋許奸徒囤積射利一面飭查各商運來實數是否與議叙之例相符取結具詳去後茲據該司轉據南海縣詳報本年商民自安南暹羅運回洋米共

米二萬一千一百八十餘石內除李輿等十一名運米俱在二千石以內應請查照原
奏酌量獎勵其運米二千石以上者計四船內南海監生陳文熙運米二千一百
餘石番禺縣貢生邱昆運米三千九十餘石澄海縣監生林學貢運米四千
九百餘石福建同安縣民李逢泰係運米五千二百八十餘石均與議敘之例相
符並陳文熙李逢泰係自備資本購運邱昆林學貢係備本附搭各船
購米回粵現在俱已按照時價陸續糶賣各商亦俱身家清白並無
過犯訊明各取供結造冊詳請議敘前來除運米二千石以內之李輿等
十一名臣等現在分別獎勵外其運米二千石以上糶賣之陳文熙等四名
既據查明身家清白例得議敘所有運米二千一百餘石之監生陳文熙
粘合　　海運數名商民獎勵

三千九十餘石之貢生邱萇詞請二千石以上至四千石之例給與吏目職銜運米四千九百餘石之監生林貞學五千二百餘石之民人李逢春均照四千石以上至六千石之例給與主簿職銜李逢泰給與八品頂帶等情將造到冊結咨部查核外再查粵東沿海諸郡凡商民出洋貿易均領有地方官暨海關印照其間有販貨出洋未領米照臨時從外番購米回棹者其於難濟民食並無二致若因其未曾領有米照即不得一體奬勵或守口文武盤詰留難轉使商民觀望遷延將來遇外番米賤未敢購買似非仰體
聖主惠濟民食之深仁請嗣後遇有未領米照販貨出洋臨時購米回粵者應與領有米照之商民一體加恩分別奬敘庶商民倍加踴躍民食愈見

允盈等因前來查乾隆二十一年六月內據兩廣總督楊等摺奏粵東附
近之安南暹羅等國均係產米之鄉現在內地商民貿易各國有帶米回
裨於邊海居民甚為益請嗣後商民有自備資本領照赴安南等國運米
回粵糶濟民食者照閩省之例酌量獎賞議叙經户部會同吏部議覆俟
各商運米回粵之日即行聽從出糶以平市價毋許巧詐射利仍令地方官
不時巡察勿使奸民囤積居奇有碍民食其運米商民照閩省之例按其
分別多寡獎賞議叙在案該督等奏稱乾隆二十一年分云云等語查粵
東省係環山濱海之區產米寡少不敷民食雖藉粵西米穀接濟亦屬
挽運維艱現據各商自外洋諸國購運帶回米二萬餘石新近糶賣
糶食　海運數石商民獎叙

接濟民食寔與　國計民生兩有裨益應令該督撫等轉飭地方官曉諭各
商將所販米石照依時價出糶毋使奸民囤積射利有礙民食又該督撫
奏稱運米二千石以內之李興等十一名臣等現在分別獎勵其運米二千一
百餘石之監生陳文煕三千九百餘石之貢生邱崑均請照二千石以上至
四千石之例給予吏目職銜運米四千九百餘石之監生林貞學五千二百餘
石之民人李逢春均請照四千石以上至六千石之例林貞學給予主簿職銜
李逢春給予八品頂帶等語應將運米二千石以內之李興等十一名應令該
督撫等分別酌量獎賞外至運米二千石以上之監生陳文煕貢生邱崑等
俱照例給予吏目職銜四千石以上之監生林貞學照例給予主簿職銜四

千石以上之民人李逢泰應照例給予八品頂帶又該督等稱粵東沿海州
郡凡商民出洋貿易云云民食得以充盈等語查商民出洋貿易地方官
及海關均領有印照其臨時有從外番帶米回粵與領有米照購回
米石難濟民食者原屬二致若因未曾領有米照不加獎敘阻其踴
躍急公之心殊非推廣
皇仁惠濟民食之意應將該督等所奏酌准如有商民販貨出洋未領有地方
官及海關米照臨時購米回粵者照領有米照之商民一體加恩分別
獎敘仍令該督撫出示曉諭守口員弁毋得拘泥成例藉詞留難倘
有前項情弊即行指名查參等因

乾隆二十一年十二月十七日題本月十九日奉

旨依議

惠潮等府給照往高廉等府採買米穀事宜

為詳復事。乾隆十八年奉 廣督 批本司呈詳查粵省海道以廣惠等府商販請照赴電白吳川茂名合欽等處買運米穀，酌定額數挨次而買，不得爭糴，並定明每照一張買米二百石，買數加倍，不得額外加增緣由具詳。奉 撫憲批司妥議通詳察奪等因。遵查米穀貴于流通，遏糴有干例禁。粵東通省惟高廉雷三府素稱產米之區，較於廣價值為平減。所有惠潮等府民食向資販運接濟，今定以電吳每邑買米二萬石，茂名每邑買數一萬石，合欽每處三千石，統僅六萬千石。惠潮等府地方遼闊，食指浩繁，豈能接濟周歲之需？至稱價糧食

值米減聽其再買市價高昂將照數貯倉價稍平酌量買運等語
查商販惟利是趨價平則趨買踴漲價昂則退縮不前原可不必官為限
制若年歲稍昂之時將照數貯倉價平酌量買運不惟於民食未便且恐
轉起刁民阻遏之漸又寧稱商人入境據以三張印照為章挨次而買倉
三船買足再給三船印照陸續採買等語查東湖等府每年需數甚
殷是以商民領照前赴販運若必照寧限以三四挨次而買船商既苦守
候且恐胥役藉端勒索致滋為前歷前作弊致起爭端諸多未便擬
不若照依前例聽其自視地方之有穀多寡市價高低或糴或買以
免多設一法即多生一弊致滋後來紛更多已又寧稱穀數並照乾隆十

六年　憲行定例每照一張買米二百石每數加倍　務於照內註明數目不
得額外加增等語查先於乾隆十六年三月內據歸善縣等報　石窩
販孫天振洋犀蔣領照來城採買照內填註歸縣等處字樣原未註
明石城採買兩閣浩豐二照則填歸石隆等處騎赴兩境又有蔡智利
持有採買六百石之照原填南東字樣竟該違例只于買米地方截開賣
回當照衙門註銷顯係影射竊恐給照之處填註採買止須產米一處
地方不得騎赴兩境以及等處字樣恐有買不足數者照給發等情事
憲批司道會議業經石藩司會議商民採買米穀務須在于米穀聚
集之墟場市鎮每處總以給照一張買米二百石其數倍之指定地方
糧食

勒定往返日期，或米或穀，分晰開載，不得攙混，注請赴兩境，以及等

處字樣，緣由詳奉

前憲批允，飭遵在案。是前議係商販往各埠

埠市鎮照既一處不能買足，分照給發，每張定以二百石，以免攙混，填註請

赴兩處之弊，並飭限以每船每照止准買米二百石之數。查船隻大小不一，

商本多寡不等，若每起止許買米二百石，不得額外加增，恐二百石之米

獲利無幾，誰肯遠赴海洋，携資買險？似應任聽商販自揣力量，所

買幾何，務于照內註明，以免任意多買，私運出洋，接濟奸匪。庶商情允

協，民食有賴。是否可行，應請

憲臺批示遵行云云。又係拘毋庸議，不發〔運〕過多，恐陵昂

係有妨本地民食，應請

憲臺批示，飭令地方官云云。于米價平減之

處均分途並赴實不得彙集之處云云等
批如擬飭行遵照

催令西販穀船直抵省城並務查透漏囤積

廣督李　為檄飭嚴查事乾隆二十三年九月十一日據連山縣宜善司巡檢袁聯登字稱巡檢接奉憲牌令箭飭令星赴肇慶會同該府查察沿河一帶凡有廣西商販米穀船隻催令趕運省城不許逗留巡檢遵即起程前往于肇慶郡沿河一帶地方循環查察凡遇西運穀船隨到隨令趕運赴省不許停泊逗留下水穀船絡繹不絕查自肇慶羚羊峽而至思滘其間港汊多歧惟順流直下到三水西南佛山而至省城由東南馬口而去則路通新會江門及順德大良陳村甘竹黃連等處為穀販永集之所小民趨利如鶩每多轉運到彼故自肇郡查察西運穀船率屬不報者　催令西販穀船直抵省城

步而在省城永集則西販每覺無多仰請飭行出該處文武員弁一體就
近查攔俾西販直抵省会不致四散停泊奸徒難於把截勾引串通
居奇則數船雲集買賣流通小民自無食貴之虞等情到本部堂據
此查新会順德二縣係屬省內地面未便禁止米穀前往殊有歧視但據
寧閘外地方俱屬村市一隅非若省会佛山之人烟稠密食口繁多者可比
且該二縣地土肥饒產米本屬充裕所以西販數船轉多雲集於該地方
俱與出海口岸相離不遠間有地棍奸徒勾引客販到彼收買囤積偷
運出洋為射利營私之計除行新会順德二縣嚴密訪查如有地棍
奸徒將商販米石收買囤積擡價病民以及潛偷出洋等弊立即嚴

拿究拟详嗣后如有西省谷船到彼查明果系本处民食所需准其粜
卖如有多余即劝谕商贩即行运省粜卖毋得任其逗留停泊致被奸
商囤贩况利有妨民食外查米谷透漏出洋并经严禁今西省商贩
源源不绝而本处粮价日渐增昂诚恐射利奸徒巧为偷运各该文武员
弁汛不实力稽查以致守口兵役受贿故纵均未可定及照沿海各镇
协营转饬所属营汛兵弁实力稽查将米谷船只在内河港道贩运接
济民食者不在例禁毋得藉端阻挠滋事如有奸徒偷运出洋立即严
拏解究倘敢怠忽偷安漫无觉察及受贿纵放一经访闻或被邻境
拏获定将该处管弁兵分别严参重处不稍宽贷并行各府转饬所

屬沿海州縣于所要隘口哨一體稽查外擬就片云云

六　營造　捐助

粵東錢穀事例類編

通營塘汛計算如修葺工料需費在十兩以上者文員會勘請項修
理十兩以下令營員動支公費粘補其公費不足之營仍移文員借項
限內損壞者承修文武賠修已經離任先于司庫動項修給仍洛行追解還項

乾隆四年十二月二十日　布政司王　牌奉
撫憲馬批本司呈詳為海濱之
風雨不時等事查粵東水陸塘汛營房原于乾隆元年奉准
部咨嗣後凡有修葺建造責令該管州縣會同當汛員弁估計如
料工竣會同出結營房保固六年草房保固三年如限內有因木料
不堅工程草率以致坍壞者著落原建修之文武員弁名下分賠
內有陞調及事故回籍者即著現在員弁估計動支存公銀兩修造

營造　修葺塘汛

將用過銀兩咨行各該員弁新任及各原籍勒追還項並將修建之
營房與專管之營弁不時稽查如有兵丁作賤拆毀即日責革仍
著落修復兵丁接替之際耑管營弁親往查點方准換防倘不行
稽查一任兵丁作賤拆毀該管將備查出揭報參處其有因颶風疾
雨以致尾面吹揭墻壁剝落應須修補者專管營弁會同文員隨時
修葺完固倘文員推延不修以致坍塌者專管營弁轉報該管上司
查明著落賠修完固仍照查參等因業經在案本年八月內奉憲准提
督咨粵東營房半在海濱風雨易於傾圮因歷來成例不論工程多
寡悉須有司勘估會驗冊報動項需時日議將些小工程酌定銀數即令該營

將備驗明辦理等既行司查議今復奉准提督咨通營計算若一汛工
程在一兩之內者年限已滿即為因葺如年限雖未滿而承修文員業經
離任亦准動支至一營通共價值在十兩內者不論幾汛即一面報明一面
營員即為修理倘修理雖在十兩之內而各汛內有年限未滿者仍責令經
修文員賠補倘一營通共至十兩以外者無論年限概移有司承辦等因
行司再為細查云云緣由奉批據詳損壞塘汛在三兩之內者即責營中
自修三兩之外者即移文員動項修理可以隨驗隨修不須通盤勘估
查各鎮協營不項有定一切營中費用指不勝屈現今據狀或支
無餘或長支數十兩不一而足若一汛三兩以內責營中修理無論公
營造　修葺塘汛

費不敷之營無可動支即公費稍有盈餘而塘汛緊要損壞靡常恐亦絀于支應仍照提撥原議以通營塘計算如需費在十兩以外者概令文員會勘該項修理十兩以下方令營員動支公費修補至公費不足之營仍移文員該項至有限內損壞應著承修文武員弁賠修不論工價多寡即照定例著落賠修或有文武已經離任先于司庫動支公項給修將用過銀兩咨行追繳還項仰即移行文武並照仍候咨提撥繳

興建營房工價銀兩動支田房稅羨照給酌定完竣限期于
估報案内聲明　領銀興工修竣造册報銷統限四个月
乾隆十壹年四月十八日奉　督憲策批本署司呈詳　請添設營汛事查
廣州東莞縣屬大墩山脚地方請添設營汛一案奉准　部咨行令准撥弁
兵駐防並將建立營房所需工料銀兩另確估造册報部等因經
札行廣州府轉飭確估分别造册詳送去後茲據該府詳據該縣會同
東莞營確估建立營房七間烟墩望樓牌坊旗竿等項共實需工
料銀一百兩零九分四厘一毫五絲五忽以昭並無浮冒造具細册並准東
莞營移送弁兵姓名細册詳請核轉請項興建等由前來本署
營造　具造新設營汛

司覆查东莞縣會營勘估建設大墩山脚汛營房等項所需工料銀
数與成例價值做法核算無浮應請在于各年田房稅羨銀两照数動
支理合造具清册詳請憲臺察核咨明大部 給項修建再修建工程
例應酌定完竣限期于估報案內聲明本案請以領銀興工之日計
期四個月完竣造册報銷再查茂名縣添設小營領等汛房動撥田
房稅羨銀两經奉咨准 部覆行回撥准在案乃閱一件似可毋庸
具題又本司乾隆十年十一月廿一日准咨行令確估造册起扣除封印日
期計至本年閏三月二十四日四個月限滿逾限未及一月合併聲明緣
由奉批仰候核咨仍候云云又奉撫部院準批同前詳云云

武員留署養廉各存各用不得別員濫支　修署支用保固六年小修自行
粘補　本任無留存養廉准支所屬存銀修理　公用流傳之物准其照舊
報銷仍不得動支所屬存銀私用什物自行置辦

乾隆十四年四月初三日布政司詳奉
撫部院岳　批本司呈詳飭議事查覈得武員衙署壞爛養廉無存作何
定限動項修驗出結以及何項應准開銷不准開銷之處奉　憲行司查明
西省成例　酌議詳奪等因並查留半養廉銀兩原係留為營中修葺
衙署添補家伙什物之用並行已久嗣有營員衙署壞爛及什物缺少請
動留半養廉修置奉行查議隨即移行查明辦理修葺者核其工料無
營造　營員修署並公用流傳之物支用留半養廉

浮詳奉批允准支報銷歲底列入營中留半養廉冊內造報在案但未分晰多存公用定為年限修置以及並無留存養廉作何動項查驗出結並何項係公用私用准銷不准銷之處識明 憲行其間不無冒濫之弊則從前辦理似覺未合茲本司酌議武員留半養廉自應並照多存多用不得別員濫支如本任有留半養廉而衙署實在壞爛者詳明動支修理定限保固六年工竣之日委令附近文員查驗無浮出結准開銷如限內有壞爛之處着令承修之員賠修完固如限外有此處壞損應令自行粘補不得概請動項倘工程實屬浩繁而本任又無留存養廉銀兩詳請委令附近文員查驗出具並無揑飾申報准其動支所屬存銀修

理仍令保固列入交代分別限內限外辦理至于家伙什物及執事歸
衣印袱印箱等項係屬公用流傳遇新舊交代間有缺少應准照舊報
銷仍不得動支所屬存銀至衙內磁錫木器等係私用家伙應令自行
置辦一概不准開銷並志定以章程營員自必遵守庶可永杜混支冒
濫之弊是否有當緣奉查議事理相應請詳請覆
憲臺察核批示以便通行知照一緣由奉批仰候
督部堂批示錄報繳又奉
督部堂碩批同前詳奉批並詳備行並標鎮協營遵照取具遵依
報查仍候咨明
營造

提督抚院批示缴奉此

修葺大小工程分別銀數扣留（千兩至萬兩酌留一分百兩至千兩酌分百兩以下全給三千兩以上分起請領）以備核減印官督辦（不許轉委巡典）

乾隆廿四年十月司詳蒙奉部行酌歸簡易條款內開嗣後各省一切工程所估銀兩如係些小粘補需費無多者即行全給若銀數在千兩以上及萬兩以上者若將銀兩遽行全給勢必有挪移虧空事後難以追繳應令計銀數之多寡酌量先發數分令其辦理俟工程完竣報銷如實與例相符應行准銷仍照數扣給或有與例浮多即於此日扣除等因遵照在案查粵省工程如修葺城垣修建營房墩臺等項雖少萬兩以上巨工而自數千數百以至數十者無時不有其間估計之虛實止憑牽須改規則例核算是否實在相符俟內部核實准銷方爲定準恐承修之員營造

大小工程分別扣留核減銀數不許轉委巡典

遇有陞遷事故核減之處須于外省原籍咨追未免有煩案牘所
以向来各屬請領工費不論大小均先按八分之數支放酌存二分以備抵
補核減並行在案今本司覆加酌核工程大而需費多者庀料鳩工均須
早為布置若必拘定存留二分則所扣銀兩既多不無難於應墊勢必偷
減遷就草率竣事即有實心辦事之員肯自墊應亦恐挪移庫項轉
滋弊端未為妥協應請酌量變通嗣後工程估價數在千兩以上至五千兩者酌
留一分六千兩以上至萬兩者酌留五厘百兩以上至千兩者仍行酌留二分其中即
稍墊應亦易為力統俟工竣核實奉 部准銷之日找給如有核減即於數
內扣除此小工程估價在百兩及數十兩者即予全數給發以省牘遇有

核減另餘追繳其應領銀兩為數過多一時遽行全給誠如 部行駁
挪不可不慮但粵東地方州縣去省遠近不齊並有隔洋之險者與
他省情形微有不同若數至千兩即令分項請領不無僕僕之煩且
恐辦理掣肘似應請自三千兩以上至萬兩分作兩次請領或先領六分
後領四分均稱其便其有遠隔重洋之邑銀數多者照數領足道
府庫內就近陸續請領庶可有章程而辦理亦得畫一至修造戰
船係屬要工例限緊迫不能稍緩仍照舊全給不在其內抑再有
請者承辦工程責任州縣自當印官親身督率料理庶一切件應得
靈遇有墊辦之處亦惟印官易于措置事關要務其任不容傍貸乾隆二
營造

十四年閏八月奉准　部咨地方官修造一切工程照河工之例不許派委微員辦理通行遵照在案乃粵東各屬修造營房等項州縣自行辦理者固多而竟有將所領之項轉發巡檢典史承辦即官轉得置身事外此等微員即難深信偶有執忽亦屬力所不能勢必派冒滋弊設有限內倒塌賠修必至貽誤應飭遵照定例嗣後凡有工程總責州縣自行承辦倘仍轉委巡典微員領項修葺致滋弊竇即行詳參如有工程不堅限內傾圮等事亦著該州縣賠修以專責成緣由奉　撫部院訊　批查工程六千兩以上至萬兩者擬酌議留五厘未免太少仰照一千兩以上至五千兩之例酌留一分以備核減餘照詳通飭遵照仍候云云又奉　督憲批仰候云云

三百兩以下工程委隣近州縣勘估

乾隆二十九年正月司詳查得粵東地處海疆暴雨颶風四時俱有各屬營房坍塌估修不時具報若將千兩以下之工程概委府廳州縣勘估其中有大小營汛有遠近府州有管轄地方之責而廳員亦有分防专管水利之責頻頻委勘未免鞭長莫及況各屬營修營房等項大抵需費一二百兩至五百兩者居多一案估修營房大抵三四至十五汛不等若概委府廳州牧勘估有同知直判或奉委出差或委署州縣則一府之中止有知府一員可委一州之中止有知州一員可委各汛坐落鄉村遠近不一逐加查勘實須時日職守攸關豈宜久曠不惟有顧此失彼之處更有窒碍難行之處查委勘印結向不遺同營造

註冊送部 似可通融辦理今本司酌議除千兩之工程應遵 部行辦理外其千兩以下四百兩以上之工程仍照 部行由本司委令府廳州牧勘估其四百兩以下工程請飭令該管府州委鄰近州縣勘估核實造具冊結申送由司核明並無浮冒轉飭動項辦理如此稍為變通則府州不致顧此失彼工程均歸核實緣由奉 督憲蘇批據詳墩臺營房估修不特府州勢難通勘請將四百兩以下者委鄰近州縣勘估雖同地變通籌辦之道但與 部議鄰近州縣未免瞻顧同官彼此徇隱之例議不符查三百兩以下工程為數有限不致大有浮冒可否改為三百兩以下者飭令州縣勘報之處仰再核議另詳察奪仍繳云云等因奉此本司遵查云云應請各屬墩台營房凡三百兩以下之工程飭委鄰近州县查勘估报其三百兩以上及千兩以下之工程悉遵部行办理缘由奉批各详通饬遵照

估修塘房等項造具正副二冊申齎核勘結送藩司查明分別請
項給領及註冊發回照繳具領

乾隆二十九年七月十五日
督部堂蘇 批布政司呈詳飭行查議事粵省各屬台汛營房一案奉
憲檄行飭照部行正副二冊之例飭令州縣先照原限造冊具結申送府州
該府州覆查無浮即將冊連結送司該司按照成規覆修核無浮冒即照冊詳
咨倘有浮冒即將應行核減銀數於副冊內註明一面鈐印發回該府縣飭照扣
除核減之數辦理具領請項興修一面詳明查核批示刻日悉心妥議詳覆核
奪等因仰見
營造

憲臺修重汛房熟籌妥協至意本司業查 乾隆十七年 七月內奉准 工部咨
開嗣後直省報銷工程俱令造具正副二冊送部核算有于例浮多應
行核減者即將核減款項數目于副冊內註明鈐發白觴發該省備案遇有
別項工程造報即照式畫一辦理等因業經在案前奉 憲檄飭倣
部行正副二冊辦理既免駁詰之煩又杜遲延之弊誠屬至當應請通飭
各府州縣凡有估修塘汛營房等項業照憲行會營勘估造具工料細冊
一樣二本具結申送府州該府州覆加親勘核實無浮即將原冊加結送
司本司按照例規價逐一核對如果無浮即照冊開銀數詳請
憲臺給發辦料興工倘核與規價浮多即將應行核減銀數查于副冊

內分晰註明鈐印一面發回該府州轉發扣除核減之數備具印領

赴司請項與修一面將核实數目詳請

憲臺批允即照例在于司庫田房稅羡項內酌給領回辦料與修工

竣照例委勘列冊具結請銷庶免駁結查參之煩而於府州縣亦

難藉延卸責將来再有工程並請一例辦理緣由奉批如詳通飭

遵仍呈咨

提督並候

撫部院批示繳

營造

各屬坍損台汛營房責成巡道府州履勘並原估覆估浮冒分別記過參
賠 州縣于年終將境内臺汛營房出具完固印結申送

乾隆三十年閏二月初十日

督部堂李批布政司呈詳蒙批議詳事各屬坍損台汛營房責成道府直隸州查勘如有浮估據其浮估分數分別記過參賠等緣由奉批如詳移行蒙照仍候移咨提督並候 撫部院批示繳奉此又奉撫部院明批同前詳奉批仰候 督部堂批示移行蒙照具報繳等因奉此合就粘抄司看備牌仰府照依粘單内事理即便轉飭所屬一體蒙照嗣後直隸州本營房估册無論銀數多寡概由巡道勘轉其

營造

各府州所屬州縣營房估冊四百兩以下者仍由本管府州勘轉四百兩以上者由該管府州勘明加結呈送巡道覆勘移司如有揑開浮估即將詳定會章程分別記過參賠慎毋忽視致干查究等因

司看粘單

本司查看得各屬坍壞塘汛營房先經本司于上年六月一件飭行並照乃議詳各屬營房怠玩不修案內議以經估在四百兩內將該府州縣詳請飭記大過百兩以上將該管府州縣詳揭詳參等因詳奉　前憲批允飭道在案今連州營房經南韶道覆勘浮估工料幾至五百金之多職以憲連州一處如此其餘各屬恐亦不無浮估擬應嚴定查勘責成方足以示懲

據本司伏查各屬估查營房工料銀數多寡不同如原估一千兩覆估止九百兩以內則浮估一分原估九百兩覆估止七百二十兩則浮估二分原估八百兩覆估止五百六十兩以內則浮估三分原估四百兩覆估止二百四十兩則浮估四分由此類推自應按照浮估分數之多寡以定參處記過之輕重又查定例直隸州虧空錢糧該管巡道失察處分與知府失察屬員虧空之處分相同則直隸州所轄營房應令巡道覆勘以專責成本司酌議嗣後羅定嘉應連州所轄營房台汛限外損壞該州會同營員勘估工料確冊呈送本管巡道覆勘該道查勘無浮加印結移司本司核實詳請動項給修倘該司所估銀兩經巡道查出浮估數在一百兩以內者應將原估該州及營員各記大過一次營造

姑免賠參除去浮估若干核實准動項修理如浮估在一百兩以上者應按
其原估銀數與覆估銀數核計若浮估一分二分者原估文武各記大過二次
浮估三分四分者原估文武各記大過三次仍各按實需銀數均作十分著令
原估之知州賠修十分之八會估之營員賠修十分之二如浮估五分及五分以
上者除照前議賠修外仍將該州及營員一併詳揭請參但該道並不
實心查勘扶同率轉則經察出如浮估在一百兩以內者將原估之文武及率
轉之巡道各請記過一次免其賠修准其動項如浮估在一百兩以上應按其原
估銀數及續估實需銀數核計如浮估一二分者原估之巡道及率轉之巡
道各記大過二次如浮估三四分者原估文武及率轉之巡道各計大過三次仍

府州營員皆賠修十分之一

不按其實需銀數均作十分原估之知州請修十分之六營員賠修十分之二率

轉巡道賠修十分之二浮估五分及五分以上者除照前議賠修外並將原估

之文武率轉巡道一併開參其餘知府直隸州所屬州縣估修營房若概

由道覆勘照道屬地方遼闊未免顧此失彼有妨職守請按該州縣

估計工價數目如數在四百兩以内者仍照本司原詳由該管府州覆勘無浮

加結送司由司核實詳請給修倘該管府州不實心勘驗扶同率轉一經察

出浮估情弊如數在一百兩以内者應估文武及率轉之府縣各請記過一次免其賠（記過賠）

修云云（修另上巡道同）一併列揭請參其估計工料在四百兩以上者工程已鉅動項已多請由巡道勘轉並

令州縣估送確冊申送府州勘明加結轉呈巡道親往覆勘加結移司本司核實

營造

詳請動項給修估該管府州不實力查勘經巡道察出浮估一百兩以內者將原估之文
武及率轉之府州以請記過一次免其賠修云云 照前估該管巡道不實心查勘
扶同率轉別經察出除原估州縣營員及該管府州仍各記過分別參賠外並將
率轉之巡道揭其浮估分數以浮估在一分二分者將巡道記過一次以浮估三分四分者將
該道記過二次以浮估五分及五分以上者將該道記大過三次本司再有請者各州縣
營房損壞或日久不行估報或詳准而不領銀或領銀而不修以致原坍又有
續坍小費轉致大費嗣後請照城垣之例每屆歲終責成各州縣將境內所
轄臺汛營房出具完固印結申送府州該府州核明加具印結申送巡道
該道核明加結移同本司核明彙詳 憲臺察核 倘有現在估修領項者

均于結內切實聲明否則直隸州詳經道有叅賠之責府州所屬浮估府州有叅賠之責每屆年終再令道府州縣具結呈報自必永知儆惕倍加慎重庶幾可除扶同玩急之習而絕浮估冒銷之弊緣由奉批飭查議是否有當相應詳候憲臺鑒察批示以便移行遵照為此云云

營造

勘詳外洋遭風損壞戰船限期並違延分別記過參處事内河違延照此照辦

乾隆三十年三月二十日奉　署憲李　批布政司呈詳　查照向粵東省各鎮

標鎮協營外海内河游巡戰船如遇被風損壞文武勘詳應立定期限

章程一案奉　憲行司嗣後遇有遭風損壞戰船據報飭行查勘該

文武應限若干日勘明到司應限幾日核轉詳　院倘有逾限作何議

處刻日分别地方遠近悉心妥議酌定限期章程詳報以憑通飭遵照

等因依經移行　各司道府同知查議去後茲經據各司道府同知移

營陸續詳覆前來本司伏查各屬内外洋面相距營縣自十餘里至

數百里遠近不一移會查勘自有遲速之别但查各司道府同知所議

營造　勘洋遭風戰船外洋巡船内河

參差或立限過迫恐趕辦不及或定限太寬恐任意遲延應請嗣後遇有戰船遭風損壞漂往隣省以及安南各國文武各官難以查勘者毋庸置議外其在本省界內洋面遭風距所轄地方官最遠者亦不出四百里之外應統以奉到查勘文到之日起限凡離營縣駐劄在百里以內者該文武定期會勘備造冊結應限十五日勘明出洋在二百里以內者應限二十日在三百里以內者應限三十日如在三百里以外應再加限十日倘有逾限遲至十日者記過一次二十日記大過一次以觀後效如逾限三十日者照事件遲延例詳請咨參議一月以外照遲誤軍工例詳參內河巡船被風會勘亦照此定限倘該文武或有公乃故勢難依限會

奏准具详于展限之令勘出文时将距文武驻劄若干里及于某月
日接准文移某月日出详缘由于详内声明其有应由道府衙门核转
者该管道府统限以十日内出文其有迟逾亦照一十日二十日三十日一月外
之例分别地过参处仍于手文内声明限以凭稽核照例办理至被
风战船应具详题动项造补者司衙门必须核明另造妥册详
题有需时日亦以分属文册到日统限二十日出详其遇迟逾亦照十日
二十日三十日一月外之例分别记过参处似此立定限期章程上下
均顾考核战船可以及时造补海疆巡防实有裨益其常先准仍令各
司道府内关行查明所属洋面相距里数分晰列册通送备查以杜临
营造 勘详外洋内河遭风战船巡船

期捏延推委是否有當相應詳請
憲臺察核示遵緣由奉批及詳務行遵照辦理所轄縣營
相距道里遠近造冊先行送核仍候檄飭該鎮營一體查辦並候
撫部院批示繳示又奉
撫部院明 批仰候 督批示呈報繳

司須委勘修竣臺汛營房結式

乾隆三十一年二月十八日布政司胡憲牌飭遵事查修建工程一
項奉准　部咨以修竣之日扣限二個月造冊報銷等因久經通
飭遵照在案今查各屬造送委員勘結多未合式如近省者尚
可發回另換離省窎遠州縣勢必駁換稽遲殊多未便合將結式
須行通飭即將發來結式轉發各屬嗣後遇有委勘修竣台汛
各項務須查照此式繕具寬大留空年月印結繳送以免駁換
稽延等因計粘單一紙
廣東某府州某縣令於
營汛

與結為海疆塘汛事依奉結得奉委前往某縣將修
竣某等汛營房各項逐一勘驗工程俱皆堅固物料價值并無
浮冒揑飾理合具結中間不扶所結是實

乾隆　年　月　日知縣某

修造工程舊料不合用者務須確實變價於估冊內將料物
長短寬厚尺寸逐一開明變價數目

乾隆三十年十月初三日布政司胡　憲牌再飭遵照事案奉本
年閏七月奉准工部咨行一件請定舊料變價之章程等因內
開一應衙署倉庫營房墩臺應行變價以及一切雜料零星數
目確估應變銀兩該管上司留心稽查不得任從減少等因刊刻例冊
飭行遵照在案查修理衙署等項工程當損壞請修時其所遺木植
磚瓦等項原不致盡行朽腐除揀回湊用之外餘料即不適用以之
變價亦無全成柴渣之理乃各屬估冊內每將換下之物概稱柴渣借
營造　估變舊料

估銀數錢及萬兩不等並有止列數少者顯有以多報少隱匿情弊且尚彩〻手 部行違悖除咨呈 提督暨各鎮外合即指明通飭備牌仰為立即轉飭各屬遵照嗣後凡有修遇工程一切舊料將堪以湊用者、於估冊內註明改用不估價銀字樣其舊不合用者務須確實變價亦于估冊之尾將其〻等項料物之長短寬厚尺寸逐一并明變價若干撥實用抵不得以柴渣二字籠統侵混如再因仍陋習朦混列出一經查出定將詳估之員詳揭請參該府並干未便惟〻

應行變賣之遷移裁汰衙署等項房屋戰驛等項船隻按照原建

價銀分别歷年遠近遞為增減變價

乾隆三十三年八月十三日奉 撫憲鍾 批布政司会同糧道 詳咨行事

查看得奉准工部咨行將房屋船隻應行變價按照原建於變年分

并該地方情形分别確查將所變何項房屋係幾成造距建造之

时幾年者照时價可變銀若干兩何項船隻距建造之期幾年

者照时價可變銀若干兩酌定數欵妥辦可以按照年分并原用銀

兩之數遞增遞減仍先將酌办议之處咨報以便奏明立定章程等

因遵照經備移咨各巡道及行十府三州去後兹准各據各道府

營造 房屋船隻變價

州陸續議覆前來本司道等伏查一切房屋船隻應行變價者按照年分並原用銀數預行酌定章程誠可省展轉駁查之煩惟是廣東僻處海邊地土鹹潮颶風猛雨不時驟作兼之白蟻甚多無物不有一切物料均難經久且房屋皆架有寬窄淺深之不同墻壁亦有磚砌土舂之互異他如樑數瓦坑之疏密房簷屋脊之高低均非一致以酌中以十五樣成造分別磚墻土墻二項二以原建價銀作為十分計算按歷年之遠近定變價之分數以歸畫一應請嗣後遇有應變遷移裁汰衙署及歸官城市房屋凡用青磚墻十五樣成造者距建時五年以外變價十分之八在十年以外變價十分之七土舂墻

十五樣亦造者照逹造時五年以後變價十分之分至十年以後變價十分之
五以上衙署房屋每加歷五年變價遞減一分另樣影加多四遂變價應增
一分減樣四遂變價應減一分皆照此遞增遞減又另應變歸友鄉村房
屋地霧偏僻售賣維艱凡用十五樣紙造者磚牆土牆照城市房屋變
價分數又不減一分變售其樣數遇有增減則所變分數亦皆照前遞增
遞減覈核算辦理又另遷移裁汰之塘汛營房本屬窄小或臨河畔或近
道旁鮮有依附至人民所住宿之區更並風雨漂搖白蟻蛀蝕尤易壞爛其
應變價除地基土牆均難變價賣外其木料磚瓦止可於賣校諸整售
之價多寡懸殊今酌中以九樣成造者分別磚牆土牆二項將原建價銀
營造　房屋船隻變價

作十分計算按歷年之遠近定灰價之多寡如青磚牆九樣新造三年以內灰價十分之外四年以外灰價十分之五土椿牆九樣成造三年以外灰價十分之四四年以外灰價十分之三每歷年灰價應減一分若少歷一年灰增一分照樣數遇有增減亦照前式核算辦理至應灰裁汰船隻查外海內河戰船及驛站船均係動項造修其大小修拆造舊料灰價久經部定成規且戰船拆造灰價現經 浙江撫永 奏請嗣後十年限滿舊船委員確估報 部灰價不必拘泥成規定數等

覓行欽遵在案又奉

諭旨嗣後届期應行拆造船隻悉照浙省所辦確估灰價務使物料

皆係實用而帶項不致虛糜若任讀者中飽著為令欽此欽遵亦在
案又驛站船隻前經奏准 部咨奉諭何項名色每屆大小修折造修
照戰船之例據實辦理是外海內河戰站等船嗣後屆限折造應
安價者均應照題奉
諭旨委員確估報部安價據實辦理以杜冒濫此外未屆折造之船
奉文裁汰安價者著照部行酌議估安章程亦以原拆造原價
作十分計算按照歷年遠近酌定安價分數應請嗣後遇有
應安外海戰船距求造時甫經一年應安價十分之七已歷二
年應安價十分之六已歷三年應屆小修損壞已多安價十分
營造 房屋船隻安價

之四距小修後一年變價十分之六已歷二年變價十分之五已歷三年應届大修損壞較甚變價十分之三距大修一年變價十分之五已歷二年變價十分之四已歷三年届限拆造應遵旨委員估變如尚堪大修變價十分之三距再次大修後一年變價十分之四已歷二年變價十分之三已歷三年又届拆造應遵新例委員估變又如應變內河戰船距造竣後一年者變價十分之七已歷二年變價十分之六已歷三年應届小修損壞已多變價十分之四小修後一年變價十分之七已歷二年變價十分之六已歷三年變價十分之五已歷四年變價十分之四已歷五年應届大修損壞較甚變價十分

之二距大修一年者變價十分之五已歷二年變價十分之四已歷三年應屆再次小修損壞更甚變價十分之二再次小修後一年者變價十分之四已歷二年者變價十分之三已歷三年者屆限拆造應遵照新例委員勘變至應變驛站船隻距拆造後一年者變價十分之七已歷二年變價十分之六已歷三年損壞已多變價十分之四距小修後一年者變價十分之六已歷年應屆大修變損壞已甚變價十分之四距大修後一年者變價十分之五已歷二年變價十分之四每加歷一年減變價一分若歷至五年屆限拆造應照新例委員估變再應變歸官船隻名額甚多民間遇有壞爛或修或改初無年限非戰站每船可比以值變價亦應照原用銀營造房屋船隻變

數及歷年之久遠分別變價如修造二年以外變價十分之五三年以外變價十分之四每加歷一年變價遞減一分大小一體照算抑本司道更有請者查房屋船隻有同時建造工料相等者歷數年及十餘年而皆有堅固朽爛之不同且如一室之中樑桁柱桷一舟之內釘鋦板片亦各有損壞完好之殊是現在酌議變價分數尚難據爲定論如不若于未行變價之時仍行委員查勘確估變價較爲真切倘承辦之員敢有徇隱侵漁察出分別參追究治如此則於理益昭詳慎物料咸歸實用矣謹此將應變各項房屋船隻及變價分款數等項另列清册送憲臺核咨

大部云云奉批仰候會咨部仍候督部堂批示云云

詳修衙署限領銀後兩月內興工，起限分年扣還，如扣解遲延，即令支放之員代扣養廉逕改

乾隆三十五年十一月十四日 撫憲德 批：布政司呈詳詳明飭遵事，竊照道府丞倅州縣及首領佐雜等官衙署損壞，原奉准 部行准于司庫閒款借項修理，按其歲入養廉多寡分年扣還等因，久經移行遵照在案。嗣後陸續據各屬詳報衙署年久坍塌，估需工料，請借庫項興修，俱經本司核明詳奉憲台批允借給銀兩修葺。在各屬領銀之後，自應速行購料興修完竣，于應扣養廉內依限解交，以清款項。第粵省各員養廉有赴司道請領及由州縣坐支之不同，是以前項銀兩未能一律按扣，而各員亦放任意延挨，屢催不繳。本司伏查各屬借項修理衙署，因從前未經定有興工限期，而應扣養廉又以修竣之日起限，是以各該員領銀到手，往往經營造 詳修衙署

年累月揭不具報興竣日期冀圖緩扣以致　帑項久懸難以如期歸補應請嗣後各屬有應修衙署詳奉批允赴司領銀之後定限兩月內飭令具報興工扣以興工之日起限分年扣還如該員養廉在司庫支領者即于赴司庫請領時按月扣收其在道府請領者即于道府庫支領養廉時扣解若由該州縣坐支者即令坐支之州縣按季扣解倘有扣解遲延即請按照月分遲延關參即于承理因循之司道州縣名下應得養廉代扣還項其從前業經詳准各案扣收養廉之處但照此將應扣未扣之項于奉到通飭後勒限一月內解司請款以歸畫定章程云云奉批詳移行并督照辦理仍候云云　奉此又奉　督憲李　批同前詳奉批云云

戰船舊料南番二縣估報遇有不敷飭令該船巡防之地方官墊解

乾隆三十六年正月十五日督憲李 批布政司會同運司糧道會詳據稟詳請示並事查

得各營戰哨船隻將巡各地方非專為省會而設今拆變舊料定例既應遵估毋許短少原

估之時自應按照分數估報追拆卸之物料其中或有壞爛變不足數原應于承辦之員名

下追賠惟是巡防各州縣地方之船而承估承變均歸南番二縣船隻既多墊賠亦恐

時有以二縣而為各縣認賠不無偏枯今據該縣等各稱請由南番二縣勘估冊報

各州縣赴省自行領變等語查各縣離省遠近不等勢不能以一二船隻親赴省

城變售或委之書役或派撥家人伊等更非切己不無覬望遷延物料久存既

零朽壞更恐捏稱售賣不前短價肥己等弊嗣後應請仍令南番二縣將戰船舊

營造 估變戰哨船隻舊料

料仍同經紀面加確估核照　部定分數列冊通報一面拆變照數解司以遏有實在物料不堪不能照　部定分數估變者即將不敷之數另詳報明督辦衙門飭令該船巡防之地方官墊足批解但南番二縣不得以並無賠補之責或有意浮估或任聽賤售轉使該管州縣又得藉口紛爭該二縣勘估冊報之後自應定以承變限期自估計之日起勒限三個月變完若延擱日久或致遺失損壞長變價不足之數應仍著落南番二縣賠補以昭慎于公事為裨苦樂亦可得均云云奉批如詳轉飭遵照辦理仍候　督部院批示繳等因奉此又奉　撫院德批據詳已悉仍候云云

營員詳修衙署造報工程估冊按之成規工料不符而為數無多及

撤數月之處者即由藩司核正具詳一面發回改造不得含糊駁結

乾隆三十六年五月二十九日奉

署督憲搭部院德 批署布政司詳據衙署歷年破爛事查該得電

白營都司衙署大堂二堂等處爛坏呈請動支留半養廉修葺一案奉

督憲李 行司覆核妥議通詳等因依經前司飭行遵照辦理嗣因繳

到冊結工料浮多總撤數不符又原估修銀一百九十八兩五錢二分而該

到之冊則多估銀四十五兩四錢二分經飭該前司飭令查照減估續據電

白務淮營員覆稱查本案衙署估修因歷年三載屢經風雨損倒愈

營造

甚照前報估工料銀一百九十兩零在所不敷修葺懇請另行估修免
致日久倒塌日增工程浩繁由覆經司閱前司飭令將應修處所按照成
規確估造冊詳覆去後茲據該縣稟准營員另造確貴結詳申繳
前來本署司伏查留事養廉銀兩原為武職修葺衙署等項之用
今電白營都司衙署壞爛先于乾隆三十三年六月内估報請修在前
經前司駁飭核減據電白縣移准營員覆稱緣因歷經數載屢遭風
雨現在倒塌愈甚若照原估工料銀兩寔在不敷修葺該經縣親往
查勘明白另行按照成規確估愈造無浮工料確貴冊結申繳移請
修理冊用工料除舊料變價湊用外寔需銀二百八十兩三錢

五分悉与成規價值無浮似应俯如所請准其在于該官留半養
廉銀內動支銀二百八十兩三錢零擬理料修理工竣委驗據實另造
確實冊結請銷緣由奉批查留半養廉銀兩原為武員修葺衙
署之用因照營員估報不宜任意花銷故必批飭文員勘估樽節辦
理今電白營行都司衙署於乾隆三十三年七月內詳請與請修原
估銀一百九十八兩有零如果及時興修何致續有坍壞且初次增估亦
止增銀四十五兩有零及展移駁查進至三年之久竟至需銀二百八十
餘兩之多似未擬公豈有破体且該縣於何年月日申繳冊結到司該
司于何年月日駁回核減文內均不聲明是何衙門遲延無憑查核
營造

未便照數給修以致玩延成習仰即備文移改遵照原估修銀一
百九十八兩五錢二分之數動支留半養養廉以辦料與修工竣查驗
另造冊结請銷倘坍塌過甚寔有不敷即查明勘估遲延之員著
著落捐賠以示懲儆嗣後遇有此等工程營中造報估冊按之成規工
料不符而為數無多揔撤數目　者即由該司核　詳一面發回
改造不得率以工程浮多含混駁结宕延為悞並移行文武各
一体遵照繳冊结發

拆造戰船舊料扣除灰蔴油工外所餘舊料變價仍有三成以上准其報銷

乾隆三十六年十二月初三日總督李批　布政司奉一件　飭遵照事云云一案奉批查拆造之戰船估變舊料銀兩其堪用料件抵撥新船應用其所值價銀自應併入餘旧料變價內核計三成以上之數至灰蔴油工等項雖難抵變但扣除估價是否于原船變價仍有三成以上亦應查核確切再行辦理仰再核明詳覆察奪繳奉此十二月十九日奉　督憲批本司覆詳批問舊料變價既據核明扣除灰蔴油工仍有三成以上仰即移行並照辦理繳等因奉此合就抄單兩次議奉飭行計粘抄一紙內開抄本司初奉竊照各營外海內河戰船有奉行裁汰及歸滿拆造不同并有全船估變及拆卸估變者自應分別辦理庶免藉詞

營造　拆造戰船舊料變價報銷

飾混查從前修造戰船估變舊料照原定成規報部核銷乾隆三十三年六月內浙接准奏准委員據實確估不必拘泥成例欽奉俞允又乾隆三十三年九月大人東覆裁汰由河糧槳船四隻計共原造工料二百八十餘兩現在估變八十餘兩欽奉上諭此項估變船價較原造銀兩已逾三分之一毋庸查辦等因欽遵在案是以乾隆三十三年報銷拆造案內係全船變價估變三成以上至乾隆三十三年報銷新造案內則按拆卸估變除去灰蔴油工顏料等項估計舊料變價三成以上亦俱造報有案迄乾隆二十四年二月奉准工部咨內查限滿改造船隻如有堪用舊料自可抵撥新船之用以節錢糧乃裁汰各船

應令全船要價者不同若一面確估一面領銀與工是將舊船物料無論堪用與否一概全行估要與拆造之例不符等因是照在案今承辦各官有称船已拆造灰蔴油工等項無從估要至於堪用舊料撥抵新船則取賸舊料概屬朽爛所有撥抵之舊料是否亦在三成以内牽算等情本司伏查拆造船非全船要價所有灰釘蔴油工顏料等項尤屬無從要價從前剔除有案似應仍准剔除至堪用舊料撥抵新船錢糧既有節省自應將撥抵之舊料與所餘之舊料通行估價值估三成以上即 部文内亦無不准合計之明文也前面爭及此處 大人面諭若將抵撥之料不與扣算則舊料估計不止三成以上矣何是 大人明燭無遺體卹承辦多賠之至意

營造 拆造戰船舊料要價報銷

咨該道飭承辦各員凡勘驗拆造各船先將舊料公同詳細確估挑選
堪用之物料按實確估撥抵新船之用即扣除新料之價亦按實估價
共合三成以上不得僅至三成而止其灰蔴油工顏料查照原價准予聲
明扣除如此定例與 憲行仍無違悖而章程永定可免藉詞飾混之
奬承辦各員有所遵循咸感沭恩施無既矣是否允當云云〇抄本司覆稟
竊照限滿拆造戰船除去灰蔴油工等項將舊料揀選堪撥新船之料與
所餘舊料二項分晰估價合共三成以上稟請定章程一摺奉 大人批云云（初稟批見上）
等因本司估價定船料近如乾隆三十二年報銷拆造戰船案內係除去
灰蔴

油工等項估计舊料变價三成以上三十三年報銷案内
係全船變價未經除去灰蔴油工亦估计三成以上迨三十四
年二月奉准工部咨開查限滿改造船隻如有堪用旧料自應撥
抵新船之用以節钱糧并奉飭行所餘旧料估计三成以上多等
由于是承辦各官有称船已拆卸灰油蔴工無從估變并撥
抵新船舊料是否與所餘旧料牽算三成以上昨本司業
憲批准將堪用撥抵新船料件併入所餘價内合计三成以上
各承辦官似不掣肘至於灰蔴油工等項各船多寡不同有至
十分之上一者有十分之二者若扣除灰蔴油工之價而估變不
營造　折造戰船舊料變價報銷

敷二成以上恐難咨部今乾隆三十四年分修造戰船案現有數處報銷查其造送拆造戰船報銷其中有不除灰蔴油工按原船定價估計堪抵新船之舊料亦不堪用之旧料價銀已敷三成之數者不相畫一似應飭其承辦官扣除灰蔴油工外將堪抵新船舊料價銀併入所餘舊料價內摠按原船定價估計三成以上及原船定價估計三成以上及原船定價一千兩者必須將堪抵新船舊料之價与所餘旧料共合三百兩以上不得因摠除灰蔴油工藉詞短估原船定價不足三成以上之數是否有當云云

一切工程造報估冊藩司分別核詳發改及駁查勘駁查并造冊

興修竣工各限期

乾隆三十七年九月　日奉督憲李　批布政司呈詳並批議覆事查歷奉詞電白營都司修竣衙署請銷一案詳奉　憲臺批開如詳備文准銷仍令照例保固嗣後一切工程造估報冊核與成規不符而為數無多及挖撒數目互異者即由司核正具詳發回改造毋庸駁勘駁查仰將何項工程數在若干以上者必須勘估何項工程若在若干以下者即可核詳分別查明定議詳覆察核以便移行通飭遵照等因本司遵查奉　部行一切工程止准開錢價其平急等價概行刪除又奉　部行千兩以上之工程委道府勘營造　一切工程造冊具竣各限期

估千兩以下之工程委府廳州牧勘估等因至三百兩以下之工程委隣近
州縣查估其餘三百兩以上及一千兩以上工程達堂 部行辦理先于乾隆
二十九年四月經胡前司本 前憲批允飭遵在案今查建造修葺城垣營
汛房墩臺軍裝祠壇廟院倉廒監獄文武各官衙署各項并製造執子
旗杆家伙什物等項除自行捐建捐修捐造及所需工料無幾自行粘補
者毋庸勘估外如係必須請動公項銀兩辦理者于本司 憲行後均應
照例轉行勘估造具實費冊結加具勘驗並無扶同捏飾混冒印結申
繳核明轉請修理其造報估冊應將添建傾壞請修各處所并製
造什物件數分晰開明長寬丈尺做法所用物件名色原用

物料數目若干檢回堪用舊料湊用若干添換新料若干不堪湊用舊料變價若干暨匠工各項數目均于册內分晰逐一開造以憑查核如有籠統列造及估用做規內並無開載之物件者即工料是否確實有無浮冒無從查核駁飭查明分晰核實另造以憑〻〻其估需工料核與做規浮冒不過十分之一二及總撒零尾不符者應請核正另詳發改回造備案毋庸議駁致煩案牘再凡有估册如初次奉行勘估者限文到一月內造報如前次已經估報續經駁回覆勘者限文到半月內造報倘逾期申覆即案其程途之遠近加違限日期將該府州縣營員分別違限久暫詳請記過至詳奉批允建修造飭赴領工料辦理具報竣請銷無論府州縣營弁領項承修需工營造

料銀數在百兩以下者自領銀日起勒限一月內辦理興工直限一月修竣據實造具確實冊結承修員弁保固結加具勘驗並無扶同粉飾浮冒印結申繳核銷倘銀數在百兩以上與該處地方並無物件可買必需往數十里之遙採辦者自領銀之日起勒限兩月興工兩月完竣分別據實備造項冊結報銷如有過逾照例詳參庶平易工程不致觀望挨捱即難辦工程亦不致因為期緊迫草率辦理矣奉批所議已屬妥協仰即移行通飭遵照並繪咨呈提督查照仰候撫部院批示繳等因又奉撫部院批據詳已悉仰候督部堂批示繳

商民造雙桅船隻核与例符方准具工完驗給照以遵議并寫于給照後

如增棋頭船身察出治罪船隻入官 印官公出佐弍代驗不得令胥役家人赴驗

乾隆四十六年正月初五日暨憲李批布政司呈詳商船理應責實等請查禁違例
製造事查得澄海縣等稱云云一案奉憲行批司核議等因本司道查粵
東省稽查一切大小商漁船隻乾隆三十一年七月內奉前憲核定船政禁約條例
內開云云與下所議同下議惟添察各款語等因經通行並于海口河埠地方刊豎木
榜曉示在案茲澄海協等稟潮屬商民製造雙桅船隻有私將棋頭船身丈尺於
外加增舨內又有小舨名曰僱櫃艇混等語誠恐日久法弛似應飭令所屬如遇商民
製造雙桅船隻務將丈尺式樣呈報該地方核與例符批准方許具工工完報
營造 商民造船報驗給照

官親驗備錄入甲以該管官因公他往即令該縣佐貳等官代驗不得委
令家人胥吏頭役赴驗致滋弊混查驗船隻果與原報丈尺相符方准給與
船照將船主及舵水人等的實姓名年貌籍貫填明並開船內所帶器械
及備用什物件數以便汛口察驗于出口時責成守口員弁將該船前往何處作
何生業並舵水年籍姓名逐一查填鈐蓋印戳並將所填人數照登錄部方准開
行如印官輒委家人胥役代驗商漁船隻長寬丈尺並不相符及守口員弁不實
力奉行察出分別從重議處並奸商敢于稟明給照後復將樑頭船身加增者
一經察出除治罪外仍將船隻入官如此分別定议嚴加查察庶各知儆懼矣云云
奉批如詳並照實力奉行仍候 撫部院批示並咨呈 提督查報

廣州府廠船工需用桐油自行平價採買不得轉發勒依

乾隆四十一年五月十六日　布政司姚　牌開奉

督憲李　批布政司呈詳連呈苦累等事順德縣行戶吳隆源等呈詳由

辦桐油案奉批查船廠需用桐油承辦之員理應自行平價採買從前歷任

多守發縣買解已屬未協因致熊守發價不敷行戶彼累工控此時尤當嚴為

禁止永杜茲累何得公然依藉所議不便准行仰即轉飭遵照嗣後務須自行

平價採買毋再轉發勒依重干參究繳等因奉此合就飭遵備牌仰府照依奉

批指駁事理嗣後船廠需用桐油務須自行平價買用毋得仍前轉發勒依

致干未便如違等因

營造　船廠需用桐油平價採買

计粘详覆一纸 稿抄

查覆得顺德县捺户吴隆源等呈请办船厂桐油一案缘本案先经本司
查照县府酌议嗣后修船需用桐油饬令番禺之塘步袁冈等乡与顺德
之勒竹一乡两邑各半分办依时价给足等因详覆前宪奉批顺德之勒竹
一乡仅仅捺户六间番禺之塘步袁冈二村已有捺户八间若不分捺户多少统令两
邑各半分办似未均平云云仰即查妥议另详等因奉此依经云云本司伏查云云
既据云云应如该县所议嗣后船厂需用桐油应饬令顺德勒竹一乡与番禺之塘
步袁冈两村分为两邑各半办解厂用仍依时价给还云云

修理省会城垣數在四百兩以下南番兩縣办理四百兩至千兩廣屬
各縣公捐一千兩以上通省州縣公捐

乾隆五十年十月初六日

廣督富　批司布政司呈詳查飭南海縣省会城垣一案伏查南海
番禺分段歲修之城原不應派累别縣且估修銀數止二百兩以上即行詳
請公捐亦殊瑣屑不成事體惟是該二縣究屬附省首邑公務比别州
縣為煩而省城会老城新城週圍通計三千一百丈有餘凡有倒塌葺概
令二州縣自办未免力有難支可否仍照吏前司原議嗣後省会省垣坍塌
四百兩以内之工程俱令該二縣州理必須四百兩至一千兩始令廣屬各縣公捐岁
營造　公捐修理省城

工需費一千兩以上派通省州縣公捐免致以些小之工程動輒派累別縣
而該二縣辦理亦不至于竭蹶緣由奉批如詳如詳行備各縣因有四百兩
以上可以通捐之例任意浮估揑報定即嚴參仰即一便併通飭遵照仍
候
撫部院批示繳又奉
廣撫抄批仰候
督部堂批示飭遵具報繳

州縣監獄該管官隨時捐廉粘補修造戰船加意節省詳修

沉房章程　倉厫隨時粘補倒塌詳道勘修每年二季由府出具完固印結通送結查　文

武建修衙署章程

乾隆五十三年六月初一日奉

太子太保總督兩廣部堂孫　批布政司呈詳查粵東監獄一項向係

該管官隨時捐廉粘補並無請動庫次又內河外海戰哨巡船向係按

限修理責成鎮道府勘估詳修以資巡防但現奉

諭旨自應加意確勘確估如遇屆修之船折造之船可改大修者即改大

修大修可改小修者即改小修及屆期大修小修工料必須加意節

營造

省倘届修而船隻尚屬可用應停修者即請停修均應遵
旨確勘據實辦理將各省銀兩列冊彙齊奏報又塘汛一項因係兵
丁戍守凡遇倒塌在限內者即宜着落賠修不得遲延干咎若在
限外者向係該管鎮協會同該地文武勘估詳修今年
諭旨可緩辦者酌量從緩在地方官報請修理不過循照舊文加添不能
從緩字樣而於實在應緩應修恐未確實本司駐劄省城地方窵遠
聞見不能親切若盡據報請修寔難保無捏冒若不據請修又慮
汛房日就塌壞亦非鎮重海疆兵防之道再四思維惟有請嗣後限外
倒塌壞汛房不得妄修之案由該管營員務會文員先行勘明

備具的文通報 憲轅由司移會該管巡道就近察勘如果壞爛應修據行該地文武會同所轄鎮協勘估由道移司核詳至工竣之後照例由府行委隣縣確勘具結司道仍由道查明是否修理堅固並無領銀未修草率捏報之處令由道移司詳銷又倉廒一項蒙本 撫憲批飭例應列入交代估有滲漏及墻壁木植不堅固之處所需工料無多者原應地方官即為粘補修葺若年久壞爛倒塌方許勘估動項興修 如果地方官照例隨時粘補修葺自不應屢有請項之理且查從前請項修倉之案甚少自乾隆四十一年同番禺縣倉廒被水倒塌咨准 部覆在于未耗盈餘項下動給興修營造

此後則各屬紛紛致尤詳請援例　修理不下數十餘案顯係地方官平
時不照例粘補修葺以致工程日漸坍損及見請修有例可循又復不分
緩急率請動項此等情弊均所不免等因查各州縣經管倉廒原為地
方第一緊要則倉廒自應隨時留心查察遇有滲漏及墻壁木植稍損壞
即隨時粘補修葺　斷無復有倒坍之事況倉廒有穀存貯豈容漫
不經心致倉穀霉变即使遇有出借等事倉廒暫空又豈可以廒口無穀
即不復心存護惜任其滲漏竟以出借倉穀不思上緊買補運還倉之計誠以
據憲諭　該地方官平時不粘補修葺以致工程日漸坍塌及見請修有
例可循又復不分緩急率請動項今現案

諭旨一切工程切實勘驗自不得不嚴立核辦章程以杜冒濫查倉厫向遇修理
止據該縣通詳 奉批委勘由司轉行各府州勘報詳請動項興修今
請嗣後倉厫平時遇有滲漏責令地方官隨時粘補仍每年按一季由府
察核一次出具各厫完固清冊印結通送並檄查倘果遇有實係歷年久
遠又猝遇颶風暴雨倒壞者不得不行修理應由該州縣查明造送年分
原案及于何日猝被風雨緣由就近詳明該管巡道通詳一面委員確
估如章 憲批允准即飭該州縣照例切實造冊估報仍俟工竣另由道委
員勘驗將原勘估並委驗興修之員移司詳明報 又文職衙署一項
向係分別官階品級正任及題署咨署之員准其借項修理在于該員養
營造

道府不得借一千五百兩以上三年扣還

州縣丞倅不得借一千兩以上四年扣還

首領佐雜不得借弍百兩以上八年扣還

一千兩以上者六個月報竣 三百兩者三個月報竣

應內分年扣還歸款責令于工竣後保固十年限內坍塌需費浩繁著落原承辦官賠繳委驗之員查明系屬等因雖修理仍應在該員養廉內扣還但既有分年之例亦應核實辦理以免庫項需然應請嗣後文職衙署如損壞無多責令該員隨時修補毋須濫請借項其或歷年久遠傾頹太甚不堪栖宿必不可緩者則將壞爛房間數及估計需用銀兩造冊先行通報奉批允准再行 切實委勘以昭慎重如首領佐雜丞倅等官衙署則由隣縣履勘州縣衙署則委府州履勘府州衙署則 由本道履勘道員衙門則委隣道履勘仍令勘明如果委實倒壞應修加具印結繳司倘承修之員如有混列查出參賠至工竣保固並分年

和還仍照例辦理又武職請修衙署一節向係先由營員查明建造年分具詳 該管提鎮委員先行查勘如果壞爛核明移司飭委地方官確估造冊詳請辦理不得由營員估計等但向來武職修葺衙署只係承修營員出結文員造冊加結詳請修葺其該管上司飭委先行查勘之員並未有加結同繳今應請嗣後武職衙署請修除照舊例由司飭委地方官勘估加結並取具承修官記結辦理外仍令該管上司立飭委先行查勘之武員加具勘驗屬實印結一併詳請核辦至准動銀數以及修竣出結加結報銷等項仍照舊辦理如此云云再查各屬修理汛房業已詳奉憲台批准興修尚未據赴司請領銀兩現有營造

三水縣修理沙墩白沙二汛厶縣修理厶厶汛又修厶厶等四砲臺厶縣修理厶厶汛後中之
臺以上各處汛房雖經詳允修葺但查

上
諭動項興修工程務須嚴飭屬員勘驗等因今此項詳奉批允云云可否
即照現詳移各該管道巡道就近察勘云云又欽州倉厫云云緣由奉批以詳移行並
照仍候撫部院批示繳奉此又奉　撫部院圖批各屬請修倉厫衙署及
欽州詳准修倉均以詳移行並巡切實勘辦至詳准倉厫内尚有翁源一
縣詳内未據聲叙應與欽州請修倉厫一體移行該管巡道親詣覆
勘明確是否必須修理抑或可以緩辦之處據實出結通詳察核餘候
督部堂批示繳遵行繳

違例動項修理衙署

工部謹

奏為據呈奏明檢舉事據郎中傅綸代等呈称嘉慶二年七月十三日兩廣總督覺羅吉將南番二縣修理督署後二大三堂各處估需工料銀九百五十四兩零又修理省署佛堂朝北廳等處估需工料銀九百七十三兩零分案同日咨報又于八月初八日據該督將南番二縣修理署後書房客廳等處估需工料銀九百二十八兩零又修理督署東邊走廊各處估修需工料銀九百二十兩零分案同日咨报均在于米耗盈餘銀兩動支造冊咨送各等因當經駁飭以前工程銀數係在千兩以上該督並不遵

例具題轉將一處工程分作四案估報希圖咨銷殊屬不合行令轉飭併案題到日再行辦理嗣據該督共估需工料銀三千八百五十六兩併案具題即經題照准其分辦理又據督將省署亭住房各堂宇估需工料銀三千二百二十五兩零另案造冊題報到部亦經題明准其籌辦理前據該督陸續造具冊結題銷並聲明乾隆五十一年戶部議覆兩廣總督孫士毅奏請查廣東藩庫統省充公銀兩專為修理督撫藩司衙門科房遇有動項之時一面酌量撙節辦理一面分別造報戶工二部核銷等因查前項原案並未封照工部有案當即移查戶部去後今于嘉慶五年五月二十七日據戶部抄錄原案咨送

前來職等捡查户部送到原奏內稱支修省肇二處督署銀每屆二三百兩不等亦有支至千兩上下俱係動支通省充公銀兩辦理今前項請修督署係于耗米銀內動支銀七千餘兩之多款項既未符銀數亦復懸殊且查定例內開各省總督巡撫各衙門旗杆鼓亭等項如果實在朽爛應行修理所需工料銀兩在于該督撫應得心紅紙張及一切雜項公用銀內通融辦理又文職各官自道府以下准借銀兩修理分年扣還督撫藩臬衙署俱自行辦理不准借修今廣東督院署房獨動項造銷與例未符所有此次共用過工料銀七千八百一十兩零例應不准開銷但職等于從前分案借報時未能詳查例案僅駁令併案具題實屬踈管造

忽理合據實呈明檢舉臣等查前項工程係該督應自行辦理之工率
行動項又復分案咨報希圖准銷均屬不合臣部承辦司員于從前
分案估報時未能詳查例案僅駁令併案具題雖自行檢舉究屬
踈忽相應請
旨將臣部原辦之堂司官交部一併察议俟
命下之日臣部行文吏部查辦並將前項用過工料銀兩仍令該督轉飭
不准開銷及查取該督違例動項職名咨送吏部查議并行文户部
查照為此謹 奏請 旨嘉慶五年六月初九日題本日奉
旨依议欽此

詳修塘汛營房

廣東督糧道兼分巡廣州府事理水利驛務業爲營房倒塌事現據

△縣申稱案奉

藩憲牌行奉

督憲札飭查各屬塘汛營房爲兵丁防守之所如遇坍爛自應上緊修葺完好以資守禦倘敢遲延並不遵照以有倒塌不坚固之處定即嚴行參

奏從重究辦等因奉此卑職查屬内永清隆塘汛營房各項委係塌爛难以棲宿均在保固限外会同廣州協前赴各塌爛處所逐一按照成規勘估永清隆塘汛除旧料变價該用外需用工料運脚銀△△△　兩

營造　詳修塘汛營房

理合備造冊結照例会協勘估具文申繳核詳請動項修葺以資
守禦等因連詳冊結到送據此覆查無異合就咨送為此合咨
貴司請煩查照核詳請咨施行須至咨者
计咨送冊結二三本

捐修城工等項分別詳請議敘給匾獎勵

為重建義學並排考棚並札造具冊結照例要議詳繳事案奉

前藩憲阿 札開 案奉

督撫兩院憲批據該縣具稟重建義學並修考棚一所工竣等由當經札委署

乳源縣殷令前往勘驗茲已據殷令具結勘覆到司非該縣應造各冊結未

據造繳札縣即便查照立將捐造義學考棚需用工料銀兩細數造具工段青皮

印冊四本白皮印冊三本官紳士民捐輸銀數姓名分別多寡查照奉行

新例應否何議敘逐一分晰敘具妥詳另具青皮印冊四本白皮印冊

三本出具並無抑勒切結禀張女捐數較多之紳民造具年貌

營造

履歷籍貫三代印冊七本申繳並申請道州覆勘加結送司以憑核辦毋得率延干咎等因到縣奉此當查本刊新例現任地方官遇有捐資修城等事二百兩以上者紀錄一次五百兩以上者紀錄二次捐至一千兩給與加一級又士民捐銀數在拾兩以下者由地方獎以花紅匾額一百兩以上者賞給獎以匾額二百兩以上給予九品頂帶 三百兩以上者給予八品頂帶 一千兩以上者給予鹽知事職銜州同如候補候選及現有職銜頂帶者將出身職銜照前項議敘銀數減半抵算核其捐數給予應得議敘等因伏查卑前署縣重建義學並作考棚先經一律完固具報工竣實用過工料銀一萬一千二百零本 藩憲札委署乳源縣殷作梅勘大相符出具道套

浮冒揑飾印結此案前署縣韓鳳翔倡捐銀一千兩並首先勸
捐督工實心宣力始終其事又卑縣現任教諭劉策勛典史王咸棟亦
各捐銀三百兩均屬襄事勸捐財往督工始終出力應照奏定新例均請
奏請議敘其勸捐暨工出力士民除捐銀五百兩之在籍候補訓導李
照制業經病外應毋庸議所有捐銀四百兩以上之賴宗楨捐銀三
百兩以上之生員鄧振麟廩貢生曾汝霖捐銀五百兩之俊秀
華呈請亦應照奏定私例
奏請議敘捐銀一百兩以上之監生朱長裕等均照奏定新例應由
督撫憲給與匾額其餘捐銀十兩以上之朱天桂等均照奏行新例
營造

應由縣給予花紅匾額以示獎勵而昭激勸是否允協合將遵札妥議
緣由造具冊結詳繳
憲臺察核俯賜加結詳請移送核辦理為此備由同工料青皮印冊四本白皮印冊三本又官紳士民捐輸各項青皮印冊四本白皮印冊三本印結七張具申伏乞
照詳施行

道光十四年司詳　營汛塘房分別捐廉動項興修　又十四年二月奉部咨職工如果年久勘估辦理附

道光十四年五月十六日奉

兩廣總督部堂盧　批本司等會詳　查粵東各屬塘汛自道光六年奉文停辦工程迄今將及十載地處海濱土性低潮木植墻垣未易頹朽兼以近年東連遭颶風潦水漲發倒塌既甚屢經各州縣具報有案雖奉憲檄隨時飭令捐修而報修者甚屬寥寥實因停工後未經大加修葺以後倒塌日多需費益繁若缺人貧困力有未逮即缺分較優亦因署遞更勢難獨賠是以捐辦一層適啟因循籍口之漸若竟任由坍塌弁兵難以棲止巡防必致懈弛殊非所以重地方而戢奸宄非此次欽奉營造

諭旨尚在停辦工程之際如通省一律動項修補不特與停工奏案不符且恐積久工多累百盈千更難撙節而汛房重地又不能興州修彼緩致貽失事之愆茲本司會同臬司核議應請通飭查明所屬內水陸塘房堆卡實在損壞幾處倒塌幾處據實勘估現存舊料若干開列細冊呈送該管府州覆核如損壞無多尚有磚瓦木石可以添蓋補葺或已全倒僅止一二處及五處以內者修費尚不甚鉅而缺分較優概令地方官作速自行捐辦限文到半月內查明造報總限三個月內一律修竣又遇交卸准與承審限期扣展限滿已未修完由府州州分別記功過逾限久者立予撤參以示懲勸其倒塌全無在五處以外者工多費重而缺分瘠苦同屬無力捐修即缺分較

優亦难独力賠墊自应飭令同鎮將大員親詣確勘核实工料限一月内造冊具詳到司以憑彙案核詳請奏以動項興修總須一律繕完以期酌定章程既可節省靡費而于巡防亦有裨益再上年被水各屬坍塌汛房不少現奉批飭籌議亦應分别捐廉動項興修均請照依現定章程尚應一體辦理併聲明是否有當合將該議緣由具文詳請察核示遵奉批如詳即速移行遵照分别查照造冊通詳察奪毋延仍繳

撫部院批示繳又奉

廣東巡撫部院祁批仰繳

督部堂批示遵照辦理具報各等因奉此云云

營造

各項工程前因軍需暫停道光十四年二月奉准
工部咨各省城垣自道光七年十年兩次停修以來迄今已經數載
既據報稱有坍塌應修之處應令各省
總督 巡撫飭委該管道府切實確查如係間有坍塌需費無多
者即飭令在地方官隨時粘補完整並歸于次年完固項下造報如果
逮修年遠久逾保固實係坍塌過甚刻不可緩之工飭委道府據
實勘估照例分別辦理庶免殘給縻費等因

修造米艇工料

督部堂阮　為題覆廣東省二十二十一兩年届應修造大中小米艇二十三只核与上届修造年限相符應准办理事道光二年十月初九日准

工部咨都水司案呈工料抄出前署總督嵩　題廣東省嘉慶二十二十一兩年修造米艇船二十三隻用過工料銀兩造冊題覆一案道光二年四月初一日題六月初三日奉

旨該部察核具奏欽此欽遵抄出到部該臣等查得前署總督嵩

疏稱廣東省嘉慶二十二十一兩年廣州潮州瓊州各府修葺各營届應

營造　修造米艇工料

修造缉捕米艇二十三隻用過工料銀两一案先經督臣阮　造冊題
銷按准部咨行將各船上届完工日期係彚入何年舊案内造報于何年
月日奉部准銷之處據實查明詳細聲覆具題核銷等因當經轉飭
遵照查辦去後兹據布政司程国仁等詳称據廣州潮州瓊州各府將嘉
慶二十二十一兩年分届過修過各營缉捕米艇船隻上届完工日期並彚入
何年何案内造报于何年月日奉部准銷事案逐一分晰聲造清冊
詳経会核題銷臣覆核無异除冊送报部查核外臣謹具題等　因前来
查廣東省嘉慶二十二十一兩年届应修造大中小米艇二十三隻先據兩廣
總督阮　將用過工料銀六萬七千五百二十六两零　先摺摺奏明

經臣部行令遵照在案嗣據該省將修造前船完竣除扣補還碙州
營一號大米艇一隻舊料變價銀一百二兩一錢二分實用過工料銀六
萬七千四百二十兩三錢四分五厘在于田房稅羨各款內動支造冊題
銷復經臣部查係奏明屆期之船自應准其修造惟該督疏冊內並
未將各船上屆完工日期係彙入何年何案內造報于何年月日奉部
准之處分晰聲敘行令據實查明聲敘亦在案今據署總督嵩
將廣東省前項修造大中小米艇船二十三隻查明係嘉慶十五十七十
八等年修造完工嘉慶十八二十三四等年奉部准銷逐一分晰造冊題
覆臣部核與修造分限均屬相符仍令該撫照例切實具題造冊

營造　捐修城工

題覆奉送部核銷並將各船換下舊料委員悉心確估變價于報銷案
內聲明扣除報部查核道光二年八月初一日題本月初三日奉
旨依議欽此為此合咨前去施行等因到本部堂准此擬合就行為此案
仰該司照依部咨
旨事理即便会同運按二司督糧道移行欽遵查照迅即由司照例切實
造冊詳催呈題送部核銷並將各船換下舊料委員悉心確估變
價于報銷案內聲明扣除報部查核毋稍率延須至案者

捐修城工

兩江總督臣陶澍等跪

奏為驗收捐修福山城工完竣緣由恭摺奏

聞仰祈

聖鑒事切照常熟縣境轄之福山舊設城垣一座逮自前明並設有營

汛砲臺以福山營遊擊駐守最為海防緊要之地因歷年久遠未經修

理以致城垣坍塌過甚經臣等委員會同該縣等查勘具詳據紳士言

朝棟等年請于籌議開濬福山塘河工程案內將同時捐勷修葺以資

捍衛先經臣陳鑾于十六年十二月間護理撫篆時將蘇松太屬淤塞河

營造 捐修城工

道分別挑估情形附　摺繕陳奏懇
聖鑒嗣經撫臣林則徐驗收各工如式告成
奏
聞在案茲臣陳鑾到任後查該撫所交卷內有福山城工一案據蘇州府屬
常熟昭文二縣詳稱督同紳士言朝棟王憲正等勘得原續坍塌周
圍城塘五百八十一丈並修砌砲臺添建城樓及護城河塌河等項共計
工料銀二萬一千六百十八兩六錢八分零據該府縣等創捐銀兩率同勸募捐資
于上年八月十八日開工並據該縣等分別委員督辦催工嗣于十二月十八日通工一律完竣
茲臣陳鑾因查辦秋審不克出省者即飭委蘇州藩司怡良前往驗收去後據該司詳報

因歷訪勘均係照估如式修整並無偷減草率估事詳請具
奏前來臣等伏查福山城垣在常熟北濱臨大江與狼山對峙為海
驅扼要之地該處城垣年久坍塌須修葺堅固以資保障估需工
料銀二萬二千六十八兩零均係官紳士民勸募捐資急公襄助將江海接
壤緊要門戶數百年未修之工一旦捐資擬竣洵於海防大有裨益其倡捐勸
導及在事出力各員固係分所應為第經年籌劃工鉅費亦倍常辛苦如蒙
鴻慈逾格
俯念在事各員著有微勞准予獎勵臣等當擇其尤為出力及捐
資較多者另行奏懇
營造 捐修城工

恩施不敢稍有冒濫理合先將捐修福山城垣完竣緣由繕
摺具　奏恭候
欽定再查係官紳士民捐修工程應請免其造冊報銷合併陳明為此
奏
聞伏乞
皇上
聖鑒訓示謹
奏

微員請領路費冊結免造府州印結暨照實在無力字様另案附

乾隆二十三年四月初二日奉

督憲陳 批本司呈詳竊照乾隆九年欽奉

上諭各省縣丞主簿典史巡檢等嗣後雜任身故實係窮苦不能回籍者着該督撫于存公項內酌量賞給還鄉路費每年造冊報銷

欽遵在案又於乾隆十年欽奉

上諭各省教官有相隔本地五百里以外實係艱窘者俱着照一例賞給等因欽此欽遵亦在案嗣于乾隆十四年奉 部議奏隨員家口不過數名至多不過數口今酌定不過多寡按每千里給銀十兩其有身故

捐助 微員請領路費

者外加扶櫬銀八兩等因奏蒙
諭旨通行在案又查乾隆六年前司以知縣以上知府以下同知等員病
故之後家口無力回旗回籍者情殊可憫議于公費養廉銀兩藩臬兩
司每年（月）捐銀六兩每月捐銀三兩十府三直隸州每月捐二兩同知通判運
同運判以及八十七州縣每月捐銀扣存司庫每年可得千餘金以為周卹
之用定以府運同知通判知縣等員如有在任病故無力回旗回籍者
其程途盤費及扶櫬銀兩悉以該員酌定銀數給發外如有同知運同
酌加周卹銀一百廿兩通判運判酌加周恤銀一百兩知縣酌加周恤銀二百兩其
中歷任三年以外者止給路費扶櫬不給周卹其不及三年者周

卹量減三分之二不及二年者周卹量減三分之一不及一年者周卹照数全給其
已入境未到任而身故者止給路費扶櫬不給周卹其崖州陵水昌化感恩四處
人員則無論三年内外俱照現定之数支給其未到任之知府及到任不及半年
之知府于路費扶櫬外酌給周卹銀一百两等情又據前司績議同知通判
俸廉無幾雖歷三年實同新任議于司道以下知縣以上各于養廉内照
原議加捐一倍每年有多餘全存貯司庫如有丞倅已歷三年病故不能
扶櫬回籍權其道里遠近家口多寡臨時酌议詳請等情亦經詳奉 前憲
批允並蒙 前督憲飭于行鋪稱太平圍銀平銀兩撥出銀六千兩彙入周卹
款內收存酌動等因業照在案祇因微員路費應于司庫火耗銀內動給知府
捐助

以下各縣以上之路費周郵又應司庫和扣出捐銀兩動給者州縣既不細查舊案官屬又未悉原議成例 以致送到册結或程途里數不符或請領銀數錯錯司書籍端駁詰不詳 不給守候會期不得不向司書講究憑其查例甚詳迨至詳准給銀僅于官屬者少入于囊橐者多 積習相沿由來已久本司訪悉其弊 敢不力行振刷 應請將前項繳資路費並知府以下各縣以上路費周郵 凡有請領者查其册結如有不符舛錯之處本司悉核明改正一面將册結發回補呈一面核正具詳 覆候 憲臺批准本司即飭該州縣于解司火耗並水折耗內先行照數動支于文到日即傳該官屬當堂給領取具領狀催令起程回籍一面先出具文領同動支年款批解送司作抵 收放一面將

給過錢兩日期通報查核如此則故員家屬咸沾實惠而司書亦無從需
索矣是否允協理合云云等由奉批如詳通飭各屬並照辦理並令州縣于
請領文內將程途里數妥敘所自無庸另叙冊結并通省自知府以至佐雜
各缺繁簡不同事故回籍倘有無庸資助者司書以例無可緩囑令下
屬具詳請給盤歸中能否通飭出詳之印官秉公確查如有仍蹈前弊
將出詳之印官一概參處仍候　撫部院衙門批示候奉批文奉撫部院陳
批同前詳奉批如詳通飭並照實力奉行各屬于文到日務即當堂給領不
須假手胥役再此等應給原妻數目已于詳內叙明不須造冊叙結更為直截
也仍候云云等因奉此遵查乾隆十四年十二月內于一件請申定章程以湊
捐助附請領路費府州印結

為一事案內奉准 部咨開嗣後各省縣丞以下等佐雜微員以遇病故休致以及
因公革職並無侵貪之款之員實係難窘不能回籍令州縣官查明結報該管
府州由府州加結申請藩司核定詳給等因在案今奉批前因合行通飭查照
依奉 憲批司詳內事理程遞冊結一概免造止須詳內聲明致官緣事病故
如果無力即由該 部行具結詳覆核給如有力捏稱無力回費之日定將出結
之地方官究參著賠毋違等因云云另
乾隆三十年三月布政司憲牌微員無力回籍府州查明具詳仍于印結內聲明
實係無力回籍如有捏冒察出願甘一併參賠字樣等因

京塘銀兩各州縣每年增捐六兩九分零年歲豐稔即行裁減

京塘繳纏不敷等事乾隆二十八年七月十七日奉

總督兼管巡撫印務蘇　批本司呈詳查得京塘繳纏一項每年頒

支銀三千五十六兩其年豐登米糧平減原屬敷用今京塘陳朝経等

事用自接辦以來近京一帶地方連年水旱頻仍米物昂貴兼以辦

公人眾僉指繁多所領繳纏銀三千二百餘兩實屬不敷請照浙

江〻西總漕總河雲貴陝甘等省之例添給免致賠墊等語本司

伏查京塘繳纏浙江等省既因年歲被歉均准其在各州縣內加

增銀六百兩及八百兩而廣東京塘事同一轍似應如其所請每年酌

襍項　京塘銀兩

加銀六百兩查粵東十府三州八十七州縣內除十府每年現已各捐銀四十八兩直隸三州每年已各捐銀二十四兩所可免其加捐應請在于八十七州縣每州縣每年派捐銀六兩八錢九分六厘五毫五絲二忽共銀六百兩零仍本年為始令州縣于歲底照數解司貯備支給至于本年京塘各季撥纏銀三千二百五十六兩業奉
憲臺諭取照數搭解在案所有本年應支加增銀六百兩可否暫于司庫現在報資項內動給俟有便員進京令其搭解嗣後仍于支給各季撥纏銀兩每季加給銀一百五十兩隨同搭解五年歲豐稔之時即行裁減緣奉批行查議是否允協理合詳候

憲臺察核批示遵乃緣乃緣由奉批又詳暫乃增給飭知該提塘
遵照一又遇年歲豐稔即乃減裁不乃視為常例仍于每年歲底查明
豐歉情形將應否增減之處詳報並候
督部堂批示繳等因奉此又奉
總督兩廣部堂蘇 批同前詳奉批又詳暫准增給一俟年歲
豐稔即行停止仍于每歲〃底查造沿途豐歉應停應增情由詳
報核示辦理並候
撫院批示具報繳
襍項貼京塘銀兩 微員回籍路費

微員回籍路費近省着親屬隨詳赴領遠省州縣于耗銀內支給抵充

乾隆二十八年十二月布政司胡詳以微員回籍路費凡事故離任微員該管府州縣查明該員離任情節並無貪侵及擅受民詞濫差滋擾疎脫要犯交結紳衿浮躁不謹等款實係無力回籍該府具詳一月之內具詳詳司其近省者或本員或親屬即令隨詳赴省候司詳奉院批即行照牌示領該府詳內務須叙明何人赴省應領勿得遺漏至離省窵遠不必令其來省候本司詳奉院憲批允飭知牌到日該州縣即于應解耗銀內先行照數就近給領出具批領赴司抵充歸款即便一體遵照

丞倅州縣如遇丁憂告病休致及因公罣誤查係無力回籍照病故例酌給一半
周郵銀兩　運同丞倅無論三年內外一體加給州縣按歷任年分酌給
直隸州照知府加給　巡道丞倅及會同等各小縣減捐一半潮陽廣瓊
四府按月加捐一兩南番新等十五大縣加捐二兩新澄等七中縣加捐一兩

乾隆三十三年九月二十日　為請領周郵等事奉撫憲鍾　批本司呈詳查
兩粵公捐周郵銀兩一案先因丁憂告病休致因公罣誤之丞倅州縣等員
無力回籍俱援照從前准給周郵銀二百五十兩及二百兩之成案紛紛續請　聖中
不無冒濫是以本司詳請酌定限制照周郵病故人員之例減半郵給
並請將丞倅州縣等員未到任而身故妻係貧苦無力者照現任例一併酌給以
捐助　捐給周郵銀兩

符原定公捐周卹之意茲奉　憲臺批開查公捐周卹銀兩原本為丞倅州縣等員遇病故無力回籍者而設其丁憂告病等項官員無力回籍者自照貧給與路費之例並未議給周卹近來之論丁憂告病等項不分到任久暫概請全給周卹實屬濫觴仰即照前定章程再行通飭各屬一體遵照辦理等因伏查公捐銀兩內有原捐續捐之分原捐之銀常為周卹故員而設其續捐者則因丞倅閑冗俸薄廉輕雖歷任三年實同初任如遇病故無分三年內外均照例加周卹及丁憂事故人員無論力回籍亦當一體卹給故于原捐銀兩之外加捐一倍為儲備周卹之資以例外之有餘補例中之不足故于核卹銀數則又視其道里之遠近權

生家口之多寡臨時酌議詳請給領俾動支有節存没均霑洵屬義舉

但不無以假借其賫予過優竊恐難為繼續本司前議減半卹給之處

原為杜槩起見今蒙憲臺批示丁憂告病等官止照微員回籍給予

路費之例仰見撙節期無匱乏之意但思丞倅州縣自必多于佐雜教職

等官倘遇丁憂告病等項事故或剛任未久廉俸之沾潤無多或宦邸年餘需

公之費用不多宦囊既無餘積故里又復遥遠稼貸無從舟車莫備若止

給予路費最多不過數十金勢必不敷似宜酌加周卹庶免淹滯他鄉

應請備照前議凡丁憂告病休致及因公詿誤等項人員查明果係貧窘

無力回籍者飭照病故人員例酌給一年周卹銀兩查原議通判

捐助

周郵銀兩少于同知但官階雖有等差而損派之數既同則周郵又未便分厚薄應請同知運同通判無論三年内外均照給周郵銀六十兩州縣各官仍按歷任之久暫定郵給之多寡到任未及一年者加給周郵銀一百兩未及二年者減三分之一未及三年者減三分之二歷任三年以外止給路費毋庸加給周郵如遇道里最遠家口衆多艱苦倍常之員臨時察其情形另行酌請增給并取具同鄉官印記各結核實詳請給領俾窮員得以予歸故里實為德便又原議知府到任不及半年身故及已入境未到任而身故者除給路費扶櫬銀兩外加給周郵銀二百兩直隸州未經議及查直隸州官階雖與知府稍殊事屬實同一轍如遇有到任不及半年身

故及已入境未到任身故者並請照知府之例一體卹給以昭公溥再查加捐周卹銀數尚有應行酌改者原議每月道員捐銀六兩知府直隸州捐銀四兩同知通判運同州縣等官捐銀二兩道員不在請領周卹路費之例其加捐銀兩尚為卹屬起見每員每月捐銀三兩已屬從優應減捐銀三兩計巡道五員遞年共減銀一百八十兩同知通判均係冷署閒曹加捐銀兩皆與州縣相同而請領周卹不及州縣所領之數未為平允亦應減半加捐計同知通判一十七員遞年共減捐銀二百零四兩又知府各州縣員缺既有大小之殊所設養廉亦有多寡之別則公捐銀兩亦當量分別增減以示差等查會同感恩昌化陵水合浦欽州靈山遂溪連州九州縣較之尋常山

捐助

缺捐有拮据均应减半加捐递年共减捐银一百零八两以上巡道暨傍州县共
减捐银四百九十二两广肇潮琼四府皆属大缺每年每月应加捐银一两
递年共加捐银四十八两南番东顺新会阳博高要新兴海潮揭三阳饶
平琼山一十五县皆属大缺每年每月应加捐银二两递年共加捐银三
百六十二两澄海新安龙川陆丰普宁阳春电白七县皆属中缺每员每月应
加捐银一两递年共捐加银八十四两以上府县共加捐银四百九十二两核计增减之数
仍与扣捐旧额相符请自乾隆三十四年为限分别加减扣捐其余七府直隶州各州
县及养廉丰厚之运同均仍旧加捐毋庸增减以此办理仍于出捐周卹之法
敉为详备缘由奉批 此详通饬各道遵照仍候之云云奉此又奉
印发 抚部院批示饬云已录批缴云云
督部堂李批同前详奉批

疎脫人犯參革之員不准支給周卹銀兩

乾隆四十年四月為窮員病故等事乾隆四十年四月初二日奉

藩憲姚　批原任茂名縣赤水司巡檢白樹綖之子白昱呈閱云云查定

例疎脫人犯參革之員不准支給路費扶櫬銀兩前據請領業已格

外從優于公捐項內給予路費在案何以復請周卹仰廣州府飭速

扶櫬回旗毋得混瀆干咎

捐助

知縣病故請給路費賙䘏銀兩

高州府為無力扶櫬回籍懇賜詳給路費賙䘏事乾隆五十三年十一月廿三日據石城縣詳稱據前縣王故令之子王恩牧呈稱云云等情到縣據此查州縣病故之後無力回籍在于文員以捐銀內每千里給銀十兩棺柩一具扶櫬銀廿兩又起縣酌加賙䘏銀二百兩不及三年者量減三分之二今前縣王令在任病故實係無力回籍計自任所至原籍江西金谿縣水陸程途共四千四百三十里應給路費銀四十四兩三錢棺柩一具扶櫬銀廿兩到任未及三年應給賙䘏銀六十六兩六錢六分共應給路費扶櫬賙䘏銀一百三十兩零九錢六分六厘理合詳候轉詳等由到府據此卑府隨查石城縣病故知縣

捐助知縣病故請給路費賙䘏銀兩

王
諮據該縣查明實係無力回籍詳 請支給路費扶櫬周卹銀兩前來伏
查王故令係江西金溪縣人自石城縣至高州府計程二百里高州府至省計
程一千二百八十里又自省至江西金谿縣原籍計程二千九百六十里合計水陸路途
四千四百三十里應給路費銀四十四兩三錢又該故員於發到粵五十年六月二十日
委署佛山同知五十一年二月廿一日管卸事五十一年四月十一日到石城縣任五十
三年七月初九日病故兩任接算未及三年應給周卹銀六十六兩六錢六分六厘 又該
故員棺柩一具應給銀廿兩連路費共應給銀一百三十兩零九錢六分六厘除備
王故令之子王思敬赴省候領外理合轉詳 憲臺察核俯賜在于文職公
捐項內動支給發王故令之子王思敬收領俾得攜眷回籍實為德便云云、

監大使丁憂事故等項准赴運司呈明查實係無力回籍在運
庫支給路費毋庸于頓宗微員資助項內動支

乾隆四十六年十二月初六日奉
督部堂巴　批本司守查乾隆元年七月內欽奉
上諭各省縣丞主簿巡檢典史等微員嗣後雖任身故實係窮苦不能回
籍者該督撫于存公項內酌量賞給還鄉路費每年造冊報銷欽此
等因又先後奏准部議查微員家口不過數名至多者不過十口今酌定
不論多寡按每千里給銀十兩自無不敷之理其有身故者應不論遠近外加
扶櫬銀八兩又教官與相隔本地不過五百里以外亦照微員之例辦理至粵
捐助　監大使在運庫內支給路費

東琼州同知及崖陵昌感四州三印襍職等官如有受瘴身故家口扶櫬回籍
定例分别大小口照水陸程站按程按日支給路費其本員棺柩及有親屬棺柩
亦按水陸程站給發統于耗羨章程案內每年酌定銀二千三百二十兩零
之內支給如有不敷餘剩截長補短五年比較融支不須出範圍之外如五年
之內比較舒類着落濫用各官名下賠補等因遞年並動支分晰造冊報
銷各在案是原議雜員資助止係縣丞主簿巡典等項其鹽場一官並
未議及嗣因鹽場大使遇有事離任或係本員自行呈請或准運司移
照請支前司任內亦同有照一雜員之例一體詳照支給報銷嗣因乾隆
三十九年吏部分發吏目從九未入等項人員陸續來省統計不下三百員該員

等在省需次日久或遇事故無力回籍經該府縣查明具詳又不得不照例詳請支給因而支數日漸加多前司因查鹽場一官原議本不在此項應給之內且該員等係屬最優平日又無差委之事非比雜職人員之窘苦無力不准濫行請支即或實在無力令其赴運司衙門呈請于公項內酌量支給在案本司伏查粵東耗羨章程案內每年額定銀二千三百餘兩之名僅爲賙貧資助之用原屬寬餘並無不敷祇因崖陵白感四州縣正雜等官及瓊州同去受瘴身故定例分別水陸程站家口大小核實支給是以每遇印官病故計需六七百兩不等即雜職官員家口較少亦需銀三四百兩是以一年之內若遇一二員病故則額定之數已去其半 況近來加以分發試用人員察其實在窘苦捐助

無力又不得不照例詳請支給以免羈留通盤核計誠不得不核實節省以免比較
案內奉 部議駁是以前司查明原議鹽場官並不在繳貢之例不准于司庫請
支路費此四十四年以後報銷案內可查也但不查明 憲臺立案將鹽場一項停其支
給既無一定章程則或駁或准恐啓首吏高下其手之弊應請嗣後鹽場大使
如有丁憂事故等項令其自赴 憲司呈明確查如果實在無力不能回籍于運
庫 公項內詳明酌量資給毋庸于額定繳貢資助項內動支如此既與原案
相符而司庫額款亦無不敷之慮矣云云緣由奉批如詳辦理仍備移鹽運
司查照並候 督部院衙門批示繳

查三成捕費一款
係按捐養廉成
數以十年支半捐
另摘記照錄備查

定捐務公等項銀兩無論正署按日全捐不得拘泥按廉全年支之說

嘉慶七年二月初九日奉　布政司常　奉撫憲瑚批本司案照本省各
屬應捐務公賠帳房工料運銅襍費銅色工火、香爐差費保昌等縣差費
南番二縣代墊寄監人犯口糧暨西兩案軍需不敷等價等項原係按照歲
需之數各按食廉多寡分別全年支捐嗣于嘉慶四年奉行禁止扣派養廉並奉行新定章程赴司請領
仍復舊例各州縣養廉留支不能而應捐各項關係通省公務未便缺少業經
前司詳明飭令各屬查明應籍各款自行批解並不在養廉坐扣已與養廉無涉
乃各屬尚有拘泥按年全年支捐之說每遇交代轇轕不清易滋牽混推諉之弊所
有前項歲需應捐各款及此外未案定限分捐各項統按全年應捐之數分

别年分以前月分自起至十二月底止不論正署按日勻攤如有曠缺惟其聲明截
曠務須依限批解不得短少存延倘有前官未解繼惟接收交代之員是問若
再蹈前轍輒移自行究解不入交代以圖延宕者先行著落漏捐之員照數賠繳
並將延混不交之員詳記大過一次其欠捐之員仍照案追償如此則各員自知在
任一日即有一日應捐無可推諉而按算交代亦無牽混爭執取故宕懸之弊矣是
否有當理合稟請批示以便通飭遵照緣由奉批如稟通飭按捐遵照辦理並候
云云又奉
閣督部堂覺羅吉 批據稟已悉所捐銀數何項多少仰即詳細開單送閱
此繳

派捐各項銀兩分別現捐停捐

布政為札知事。嘉慶七年五月初十日奉

閣部堂吉　批本司呈詳議覆粵省派捐各案銀兩及現辦銷除停捐各款查開清冊按月發回填註完欠以便稽查一案緣由奉批如詳諮飭遵照仍將發回冊按月將完欠數目填註呈繳查核並候云云

署撫部院瑚　批同前詳奉批 據詳已悉仰即遵照仍候云云奉此等因云云

計抄發詳一紙

本司伏查各屬應捐各款銀數目除文武公捐路費周恤貼塘公幫運餉祿費公捐不敷葉價遵案照應捐　南番二縣代墊各屬解省寄監

捐助　派捐各項銀兩分別現捐停捐

人犯口糧一款經臬司會議凡有解審人犯照帶三個月口糧以備支給毋
毋庸再為捐給應請令行裁減詳奉批允照在案毋庸再議外玉局鑄銅
急工火一項每年需捐銀九千六百〇三兩九錢六分本年乃以捐數過多查照酌
減又奉 憲臺面諭錢局 貼不必減等因應請照舊捐解以資銅急工火之
費又公幫保昌等縣差費一款原議自嘉慶六年起再幫兩年至七年底
止兩年期滿實按情形再議原使各縣辦公有資不致虧挪倉庫藉賠累起
見且保昌等縣現有應捐彌補安案內買補不敷賣價銀兩數今彌補捐款甫
差務經費兩事均辦未免力有不逮應俟各該縣續撥買補不敷一項後並議
且議減除現在請照原議公幫又解運香蠟差費一款每年需捐銀二千二百兩

捐數雖多實用此差 部費繁重每屆照數支給復又在節省平餘充公項內
報明加給銀六百兩有案難以減少應請照舊辦理又公捐帳房不敷工料一款每
年應捐銀四千三百九十四兩五分六釐係案照捐足原議銀一萬二千五百廿六兩零
即應停止先因捐數尚未收齊報明由司墊支隨時收捐歸款又嘉慶二三五等
年修理 憲臺省署對本房工料 西錢糧二房工料以及 憲臺堂宇並
臬司衙署八成工料 兩院憲暨臬司各衙署八成工料三款均應照舊捐
解又嘉慶元年修理 撫憲衙署及置辦木器什物由前司墊給銀一萬一
千八百九十七兩內已收還銀 兩零尚欠銀 兩零錢分 尚現于南番二縣墊
辦公項捐存司庫銀二千一百九十四兩二錢八分二釐內 劃收歸補尚銀二千五
捐助

百六十二兩五錢四分五厘請在廣房續議減撥酌留銀一萬八千兩備撥無著庫
款銀內撥出銀二千五百六十二兩五錢四分五厘歸補足數以清款項應即停捐又
南番二縣墊辦之項共銀一萬四千七百三十九兩零一分四厘一款內已攤解銀二千一百
九十四兩二錢八分二厘除應劃補前項修理撫憲衙署及製辦木器什物銀
款外餘據該二縣稟請銷除自行捐辦應即銷案停捐又各房欠解聚珍
板書價銀二百五十八兩七錢九分五厘係房為數無幾應請在于司庫節省
平餘充公項內劃補清款應即停捐又各捐楚西川陝各案外籌辦軍需
銀款係兵差要需應按年限分攤捐解以歸款墊無可刪除所有各案派
捐銀兩及現不銷除停捐各款理合分款查開清冊詳繳

憲臺察核批示遵乃再照此冊係司庫隨時登記稽查完欠之冊
應請發回按月填以便稽查合併聲明

捐助

捐解南番二縣寄監人犯口粮一項停止捐解並令嗣後帶足三個月口糧隨犯解給

嘉慶七年七月奉　布政司常　詳聞案照南番二縣逓年墊支過各屬解省審詳寄監人犯口粮銀兩一案原據南番二縣稟報代各屬墊過口粮銀兩移取無還積欠愈多請在各屬應領司庫各項坐扣經于嘉慶三年九月內本司會同臬司詳議在于通省各州縣應領養廉銀內每年扣捐銀三千兩備支該二縣墊給口粮銀兩之用奉批通行遵照嗣因各屬養廉奉例停扣又經通行遵照各自捐解計自嘉慶三年起所有各屬扣存解存銀兩逓年據南番二縣陸續領回在案本年正月內閣爵憲諭發捐類並據南番二縣計欠寄諸通飭嗣後預帶三個月捐助　南番二縣寄監人犯口粮停捐嗣後帶足三個月口粮隨犯解給

口粮隨犯解給等因又經臬司會同本司詳議章程嗣後各州縣解
省人犯備足三個月口粮支給其各屬舊欠口粮銀兩飭令尅日備足解
遂歸款並經本司等稟覆
院憲請發捐款分別減除停捐案內並奉 憲示將南番二縣代墊
各屬寄監人犯口粮合行裁減 停捐等因奉批飭並已存案查寄監人犯
口粮一項當議捐之始以每年三千兩作為定額而核之該二縣開報
墊支銀數每年長短不等即壹千兩之數按年解足已屬不敷歸款況各屬
並不依期如數捐解自奉例停扣以後更屬有名無實並南番二縣墊
支口粮有因解役潛回犯行墊支亦只內結人犯例有口粮開銷者如

有備帶口糧不足些須隨时代应移縣歸款者支墊情形本无一致即所用墊支數目亦無案犯事由及起截日到衙报本司無憑核实今已奉行停捐除通行停捐遵照外今將自嘉慶三年九月定例起至今此通省各州縣扣在及解過銀數抄發查覈俾得核明有欠各屬將陸續扣存解過銀兩按數准其抵銷舊欠以免重複俾牌仰府行縣遵照將寄監人犯口糧一項遵照停所有旧欠南番二縣銀兩按照各年扣解銀數概銷外尚欠若干即月移送南番二縣歸款其無餘欠或有長捐亦由南番二縣在于領回銀內融計歸款以補欠解無着之數切实報府核銷嗣後務須查照新定章程帶足口粮隨犯解給如違捐助

彌補銀兩展限令完

敬呈者案奉 督憲行准兵部火票遞到軍機大臣字寄
上諭那
奏查明粵省情形籌酌大畧章程一摺所奏該省倉庫虧
缺之項請展限弥補一節粵省現在辦理防緝事宜購線懸賞在
在需費着照所請緩至八年弥補完竣以示體恤欽此等因又奉
前撫憲百 札開粵东各屬虧缺原奏四年一季可以補完今奏准展
限八年則每年弥補之數自應減半提解惟查嘉慶七年先已提補銀
十七萬四千餘兩是否即以已補之銀同現追楊桂蔭梁孔燦欠解之項
分為兩年弥補之數再將下賸未完銀兩分作六年提解以符八年之限

抑或竟扣除已補之数自奉
旨展限之日起將下少之銀分作八年完繳之處飭司妥議通詳等因奉此
本司遵查嘉慶八年清查案屬未補虧缺倉庫二項共銀七十六萬
五千四百餘兩原奉奏明以八年冬季起每年應補銀一十八萬餘兩
至十三年春季補完今蒙憲准分作八年彌補應自八年冬季起
至十六年冬季全完除九年分初限內已補銀一十七萬四千八百
七十一兩零另潮陽惠來二縣欠解銀八千三百兩業已上年之應截
數詳报在案續又補完九年分銀三千九百六十兩零惟署潮陽縣
革職知縣楊桂蔭尚欠繳銀五千二百九十七兩零惠來縣參革治

罪知縣梁孔燦尚欠繳銀三千一百五十五兩零該二員一經參革一經治
罪應行截出另行勒限嚴追有無完繳另報不入抵款外尚實未補
銀五十萬六千五百九十七兩二分一厘應分作七年完繳以符八年之限今
限期既寬則銀數可以減輕查原　奏分缺分之大小定彌補之多寡
酌盈濟虛挹彼注此續奉　督憲奏准展限為籌擬緝捕費用
應另何酌量減免依限分攤每年彌補若干另籌捕費若干分飭
該管府州切實定議去後除連州無虧缺並無應補外現據廣
南韶惠潮肇高廉九府羅嘉二州核議前來惟瓊州一府屢催
未到南韶惠潮雷瓊三道印結亦未到齊今按各府州前後議定某
捐助

為酌定應請仍照原奏將盈補絀以廣韶肇湖琼五府及羅嘉二州之有餘撥補南惠高廉雷五府之不足綜計通省除本年已補外再展限七年每年應捕銀八萬三千七百九十九兩五錢七分四毫自十年春季起至十六年冬季止弥補全完核之原议通省每年共減銀一十萬三千二百〇二兩有零计已減免過半各屬仍有餘力自於捕務大有裨益惟地方腴瘠不齊捕務繁簡不等沿海州縣需用自多僻地苟簡需費自少仍應于減免中諒為调劑以濱臨海洋之雷琼二府所屬捕務繁而虧缺尚不甚多應量為酌減以為各州縣自籌捕費惠州府僅有歸善海豐陸豐三縣濱海餘屬内地該府

所屬虧缺最多缺分亦苦計八年之久僅能彌補及半尚須藉别府撥補不能多減南韶二府雖非沿海而所屬係衝途瘠缺韶州尚能自爲彌補南雄尤屬瘠苦均有水陸巡防韶應減南雄應全免留爲緝捕之費廣潮二府所屬半係濱海半屬内地肇慶所屬僅協江一縣濱海此三府所屬藉補之外尚有盈餘撥補别屬惟所減之數若攤令各州縣自爲經理在急公者罔敢貽誤而一二懷私之輩或不肯出資或任意冒銷必仍致有名無實除減免外仍酌留府庫以備通融支發羅嘉二州全係不沿海之處彌補尚屬有餘亦酌加減免至於通省修船製械添配砲位藥彈雇覔舵水等項於本例無可開銷即或有款可銷而例價不敷不能不另籌作捐助

貼此項通年核計在所必需從前廣庫原有每年捐解司庫銀三萬兩
以充捕費嗣因辦理彌補於嘉慶八年議停令于前項每年酌減彌補
銀十萬三千二百餘兩之內每年各州縣減免銀四萬八千六百卅七兩零解司
備通省修船製械等項例價不敷銀三萬〇二兩從此以彌補之餘力責
緝捕之事功各府州縣捕務均有籌備再不致藉口無資通省常年修
理船隻及添置砲火器械例價不敷應需津貼之處亦不致動用拮据至本
司職在筦庫收支出納嘗詳慎分明所有每年彌補銀兩仍應遵照原
奏責成該管府州縣按月提齊按季解司瓊州一府遠隔重洋按季解貯
以充庫由道按季具報如解繳逾期即撤回省城勒追另署毋任拖欠以

款　無著即責推提不力之賠償府州賠補鮮銀到司設立流水
總冊一本另立分款冊一本分晰登明不容稍有牽混其弥補案內原
未補之款現已分開之缺款細冊內有應行解司報部入撥銀兩例
有限之勢不能等至八年之满然後歸撥現撥俟弥補項下解有
存銀先于各州縣將所解之銀分別緩急先儘所欠　部款及前
司墊款指明分具文批印領一領一解首先完補明清款目給過銀
款數目日之除登記庫簿外仍在於弥補總冊內蓋戳登明則收支
之數滴滴歸源歷久稽查可以瞭如指掌矣復各州縣當交代之
際復有于原查款數之外牽混砌抵再有續虧或藉口乏資賠

誤捕務也之当指明揭參歲豁除再務乃飭催未到之各州縣印冊註明按
月按季應完細數及南韶惠潮雷瓊三道即請刊日另詳請奏外是否之處
合將各府州現議彌補量另更也緣由開具分限彌補清摺一扣 呈察核云云

嘉應州

原查該州及所屬各縣未補銀一萬一千零九十二兩二分五厘
原議每年應解銀三千六百九十七兩四錢零三厘
除九年已補銀四千六百二十兩
尚未補銀六千四百七十二兩二錢二分五厘
今照奏限自十年起至十六年冬季止每年提補銀一千四百二十三兩八

錢零四厘限滿之日連九年已補共計彌補銀一萬四千五百八十六兩六
錢二分八厘
除補足該府查缺各外
尚餘銀三千四百九十四兩四錢〇三厘係補南惠等府不敷之數
今蒙照
督憲奏准每年酌減銀二千二百七十三兩五錢九分八厘內每年以一千
二百兩解司充支通省修船制械例價不敷之用餘再減出該縣所
屬自辦巡緝之費前件亦據該縣等議以一千四百廿三兩八錢〇八厘歸彌補
以一千四百兩充補費今係本司酌出核定應即查照辦理現據該縣及所
捐助

屬與寧長梟平遠等縣共解到弥補銀一千九百八十三兩九錢〇六
厘係照一縣議辦理與現定章程未符並即查照現議按季按縣截
收解省長餘准其歸入下季匀算似將每季已未完銀數彙核辦以
憑照現定章程按年按季批解不得延欠

揀發佐雜試驗差委 一切長年捐款瓊屬免捐復有例復捐

嘉慶五年二月奉 督憲批雷瓊道慶臬稱云云緣由奉批仰東布
政司查明備移道照並即派撥試用去縣赴瓊試俟差委此繳又奉
巡撫廣東部院陸 批查樂會會同二缺業經據詳 批委揀發知縣黎元
皐黃似昌前赴署理在案仰布政司會同按察司遴將陵水昌化二縣刻
日選員詳委署理毋稍稽延至所請于去縣及試用人員內揀發瓊州
二員以備差委事屬可行並即核議通詳察奪等情等因奉此本司等
伏查瓊州一郡統轄十三州縣環山帶海控制夷洋為粵東最要之地
惟距省窵遠各官祗圖自便憚于遠涉相率效尤輪值委往赴瓊

捐助 附

輒自借端推卻。甚至在瓊各員稍有才具者，不作久任之計，立心整頓地方。其才具平庸之員，倚恃僻在海隅，上司查察難周，疲玩性成，意圖藏拙，以致地方公事日見廢弛，有各景呈所稱敲詐州縣情一時。接任之員因循疲玩者，自宜亟爲整飭。現在瓊屬各州縣缺，澄邁縣已任知縣田文熹已經赴任，會同縣一缺已委候補知縣黃祚昌赴署，樂會縣一缺已委候補知縣蔡元燮赴署，陵水縣一缺，該縣知縣羅從彥病已就痊，經本司等驗明，飭令回任。昌化現亦出缺，俟該縣知縣張聚奎甫經到省，訊明辦理。至景呈所請試用人員內揀發二員之處，緣揀發人員陸續到省，按照新例更換佐雜署縣各缺，將次委用已完，現止有續到之文海唐滋椿二員在省派赴瓊南則省中差委之員且現須更調各缺需員委署已屬不敷派委但既據梁道稟稱郡城差委乏人則佐雜人員亦堪驅策查有新捐分發來粵試用從九未入兩班人員甚多本司現在簽掣從九品〻未入流〻等六員飭令星馳赴瓊交與該道聽候差委就近留瓊委署輪值該員等補缺時不拘何府屬缺出仍按照到省先後名次頂補另案 憲鑒在案查瓊郡需人之際不虞差委乏員而該員等宗及時自効以免在省擁擠茲請嗣後瓊屬十三州縣遇有陞調事故缺出隨時委員代理一面星馳通稟請委專員赴署本司等詳加遴選擇其精明幹練之員詳明委赴署以重地方至該道等近在郡城各屬之賢否政事之勤惰

捐助附

另有例見後頁

查察易周如有前項所称巧詐居心因循疲玩者即指明劣蹟揭報參斥另調幹員佳署切勿稍事姑容至攤虧州縣多欠腴瘠不均昌感二縣因係煙瘴苦缺一切長年捐款已經詳明 憲臺免其派捐其十一州縣應請援照昌感二縣之例以嘉慶五年為始一切長年捐款由內地府州縣代為自捐一體免其攤派俾得支應全屬以資辦公免致藉端苛剝小民浮收滋弊至各州縣征收錢糧本應民間自封投柜倘民奇零小户折交錢文止許按照時價換銀上庫之數每兩征收大錢若干文毋許浮收勒折該郡孤懸海外尤為加意存恤本司等諄加察于每年開征以前查明核定征收多數詳請 憲台批示曉諭嚴禁浮收本司詳加察訪倘有捺示不貼多收勒折情弊立即據參究辦該道府尤宜潔清自矢正己率屬凡门包等項漏規概應革除勿致屬員得以藉口務於肅清吏治力挽頹風庶革批回一併移行遵照是否有當云云

内地州縣代屬勻攤不敷火藥等五項自嘉慶九年爲始仍歸瓊屬州縣捐解

嘉慶九年三月十一日奉

布政司 廣憲牌本年三月廿一日奉

撫部院蘇 批本司呈詳案查粵東省從前辦理川陝楚各案兵差

及省一切公務所需銀兩不能動支三項者均經歷任前司詳明在於直省

府州縣按照缺分大小分捐分解嗣于嘉慶二年五月内復經前司常

另議瓊州州縣烟瘴苦缺居多一切常年捐項免其攤派勻入内

地府州縣分捐詳請 前憲批允飭遵在案現當奉

旨清查之際本司調集各州縣交代冊卷逐加確核凡有常年額捐各

捐助

欵銀兩除已經捐解外歷年均有積欠呈據列入交摺詳交尚孔亟着值
屢推延置不完于各府州縣因公來省面加查詢均俱藉稱匀攤瓊屬
之数皆舊額加多以致一时不能全完等语似屬有所藉口遂致観望
遷延本司復查琼屬各州縣免捐係當年因时調劑事屬權宜若
以缺分之肥瘠相衡則内地各缺與連山有比琼南更苦者一律代為匀捐
已覺偏枯即如文職在公一項原為州縣以上各官事故離任窮員
回籍路費而設各屬有捐始能有支若琼屬概置不捐而遇有琼屬
事故人員一體請給烟瘴貧缺併有倍給之例是瓊不捐而支更不足
以昭平允本司確加查議銅色工火一項原未派及瓊屬又南番二縣寄

監人犯口糧帳房工料、公幇差費楚西各要案軍需等欵現于陸續
停捐均毋庸議外所有琼屬原攤捐派之不敷火藥價文職在公塘兵
餉鞘銅香蠟差費五欵應自嘉慶九年為始照旧内地与琼屬州縣
按庄捐額數一体捐觧以昭平允是否有當理合詳候
憲臺察核批示以便直飭道照緣由奉批如詳通飭道照仍候
督部堂批示繳奉此又奉
督部堂倭　批同前詳奉批仰候
撫部院批示道行具報繳等因奉此除撤行瓊州府轉飭各州縣
依旧捐觧外合就檄行備牌仰州官吏照依奉院批内事理﹅﹅
捐助

佐雜微員到任不及一年及試用丁憂事故未准給領路費

嘉慶十四年十二月署藩司陳詳請粵東佐雜微員事故回籍者仍
照例在于司庫公用火耗銀內酌給路費酌定每年支銀二千三百
二十九兩按年支領報銷統以五年通融比較不得出範圍等因歷經
遵照在案迄來發粵試用微員既多緣事回籍丁憂病故者亦不
少其在貧難無力者無不請領路費即有餘資可以回籍之員因見
有例亦紛紛呈請司中照程途核實發給以致每年多有餘額嘉
慶十三年分溢支銀六百餘兩今十四年陸續詳給現在截至六月分
止已支銀六百餘兩照係五年通融銷算第恐年多有逾比較定
捐助　微員回籍路費

數未及四年而支五年之銀以後窮員勢必無銀支給不無向
隅以应　為查通現任微員在任多年或緣事故或告病回籍
此等人員非初到無力可比不應一律濫支應請嗣後凡到任甫
及一年及試用未補缺之員丁憂病故查明實在無力回籍者
始准給領似此稍為區別庶公費不致浮濫以免逾額等由奉
撫憲韓　批如詳並照辦理仍候　督部堂批示繳又奉
兩廣總督部堂百　批仰候撫部院批示飭遵具報繳

現在仍准
給領

佐襍丁憂請領路費文

為無力回籍請給路費事現據卑職原任典史王鏞家人李陞稱竊家主王鏞係浙江山陰縣人由太常寺則例館供事議叙未入流
道續增土方例館報捐分發籤掣廣東試用奉文准補高要縣典史于道光元年三月二十六日到任茲于九年二月二十日聞赴老家主
王○在籍病故業經報明丁憂詳請給咨回籍在案惟是家主微末窮員所得奉廉不敷日用毫無餘積途遥費重資斧維艱難以回籍伏思佐襍人員無力回籍例有恤給路費之典理合呈乞恩詳請
給領俾得早得早日回籍等情到縣據卑職覆查該員王鏞確在

任七年有餘惟俸薄廉輕日用尚有不敷实係窮苦無力回籍伏查
佐雜窮員無力回籍每千里給路費銀十兩今該員自肇慶府城起
至粵東省城止計程二百九十里又自粵东省城起至原籍浙江山陰縣
止計程三千九百五十里共計程四千二百四十里應給路費銀四十二兩四錢
理合備具給領具文給差賫繳
憲臺察核俯賜據請給領实為 恩便為此備由另 書册同结
領具申伏乞照详施行

直隸州州同判扶櫬給銀二十兩周卹給銀六十兩按歷任年限遞減核計周卹銀五十兩道光二十年

為詳請示遵事現據南海縣詳據丁憂試用州判連璧家人鄒升具稱切家長連璧係滿洲正藍旗順慶佐領下人由丁酉科拔貢就職州判遵捐籌備經費例分發廣東試用于道光二十一年閏三月二十日到省于二十二年十一月初六日奉委署理順德縣縣丞于十二月到任至二十四年四月十三日卸事回省有親父奎保並無官職近眷在省于道光二十四年九月二十五日在省寓病故家長係屬親子並無過繼當經報明丁憂回旗守制在案茲擬運柩攜眷回旗惟家長一介寒儒分發來粵並蒙委署河缺但為日無幾所得半廉僅敷日給忽遭丁艱途遙費重借貸無門伏思粵東同通州判人員遇有事故無捐助

力回籍者向有例給路費扶櫬周卹之典只須據實守懇伏乞飭詳卹給俾得籍資挽運回旗安葬存殁均感等情到縣據此卑職伏查文職公捐案内議定由縣以上知府以下等官遇有丁憂無力回籍者每千里給路費銀十兩板柩一具給扶櫬銀二十兩同通州判毋論到任三年内外加給周卹銀一百二十兩如遇道路最遠家口衆多艱苦倍常之員臨時察核情形另行酌請增給板外周卹銀等因歷經遵辦在案今據丁憂試用州判連璧家人鄒升稟伊家長春柩力難回旗委屬實情應請援例設給以助歸途查自粵東省起至滿州正藍旗止計程五千六百零五里每千里給路費銀十兩應請支給路費銀五十六兩零五分板柩一具給扶櫬銀二十兩該員係

州判人員應照州判毋論三年內外例加周郵銀一百二十兩至該員雖蒙
委署爲日無幾忽遭丁艱萬之家口衆多路途遥遠艱苦情形實倍尋
常應請援照臨時察覈情形之例再加給格外周郵銀四百兩連例內路
費扶櫬周郵共請給銀五百九十六兩零五錢理合加具印結詳候察核
俯賜轉詳支給實爲德便等由到司據此本司伏查粵東詳定正印及佐
雜微員遇有丁憂事故無力回籍卹給路費章程案內惟直隸州州同州
判二項人員未經議及蓋以官階與知縣相近而究非正印又未可與佐雜
相提並論前此遇有州判請領路費周郵等項有照佐雜詳給者亦有
照佐雜人員詳給者辦理殊不畫一竊思直隸州州同州判俱照正途出
捐助

身若照州縣議給則過優而免給佐雜回籍之資則其階級稍出衆隨從
之人不與增多未免又形竭蹶似應與府屬同知通判畧分差等較為其平
查府屬同知通判向章 棺柩一具給扶櫬銀二十兩毋論到任三年內外給
周卹銀一百二十兩格外周卹則自六十兩至一百兩不等 應請嗣後直隸州州同
州判扶櫬一項照府屬同知通判例支給周恤一項減少一半定以六十兩仍
分別到任三年內外未及二年者減三分之一未及三年者減三分之二三年
以外止給路費無庸加給周卹 其格外周卹一項則察看如果實在艱
苦倍常加給銀五十兩不得多請府屬州判仍照佐雜人員例辦理倘
可照行 擬據南海縣詳給試用直隸州州判連璧丁憂去分回籍

路費等情請 即查案照詳議計自粵東省城起至該員原籍湯
州正藍旗上計程五千六百零五里每千里路費銀五千六兩零五分該
員親父柩柩一具給扶櫬銀二十兩又該員于道光二十二年十一月初六日
委署順德縣〻丞二十四年四月十三日卸事歷任未及二年給周恤銀三分
之二應銀四十兩又處称路途遥遠宗口衆多粮苦倍常再給格外周
卹銀五十兩統共給銀一百六十六兩零五分在于文職上捐項內動支俟
後一律照辦是否有當理合詳候
憲臺察核批示飭遵
捐助

停給佐襍巡檢請支周恤銀兩

道光三年四月十九日奉 布政司蘇 憲牌 道光三年三月廿九日奉
兼署廣東巡撫部院印務阮 批司詳竊照佐襍微員遇有事故
無力回籍例按程途每千里給路費銀十兩在于公用火耗項內動支周恤
一項原為州縣等等官而設佐襍微員例無議給嗣因本澳司病
故巡檢李鳳翹到任僅四個月歿于任所親老丁幼路途遙遠無力回籍
經司據由詳請于例給路費之外另加周恤銀一百兩在于不報部
襍款內動支并聲明嗣後佐襍人員如有到任未及半年歿于任
所情形實在孤苦者查照李鳳翹之案一例辦理詳奉批允並即
捐助 停止佐襍請支周恤銀兩

通飭遵照在案以後襍職人員到任未及半載殁于任所或差途
病故者無不以艱窘異常援照請領查此項原係格外體䘏微
員起見並非例有之項乃日久弊生竟成利藪且司庫不報部襍款
出屬無多接連支銷已無餘剩因而即有借支之請此端一開其銀
未入庫而先已支用去虧挪之漸寔階于此不可不亟行停止因思
佐襍病故無力回籍向有扶櫬路費銀兩傾助歸途已足矜䘏所
有議給周䘏一項並無專款可支應請照舊永遠停止將安案注銷
以重庫項而杜冒濫是否有當理合詳候察核示飭遵緣由奉
批如詳辦理云云

道光九年八月司道詳奉批准另議捐周邮佐雜故員家屬回
籍路費章程十七年詳撥廣澤堂銀生息備支附

為詳請示遵事案于道光七年間蒙
前撫憲成會同
督憲李捐廉董率粵東官商口捐銀兩交存糧道庫收存以
為極外幫補佐雜故員家屬無力扶櫬回籍之需業經我道督
同廣州府南番二縣議令故員路費每千里給銀四十兩水陸遠
程每千里加給銀十兩而又另帶親屬柩口每具每千里加給銀十兩又眷屬
十口以外每千里加給銀十兩所有准給之銀先由糧道面給該故員家
捐助

属銀三十兩共餘由南番二縣備文移交該故員柩属經由之南雄
保昌各州縣給領隨時移覆等因嗣于道光八年正月內奉
督憲李批示前署許道會詳嗣後佐雜故員路費無論水陸每千
里給銀四十兩共藩司衙門向有例給路費等銀亦即移交糧道衙門彙
同核計周郵之銀統計核發以符近省不得過一百五十兩遠省不得過三
百兩之數又原定章程先給銀三十兩或恐該家屬不敷起程之用應請
先給銀二十兩餘銀仍照舊章寄至前途給領仍飭由南番二縣查明該故員實在
原籍地方不得混以順天遠籍捏報多領緣由要求存批如詳並照辦理仍候
撫部院批示繳冊存又奉

前據憲臺批回前詳 奉批如詳 並照此理仍候
督部堂批示繳冊存 各等因 又經照辦理在案 查前項官商捐簽設立
周卹路費原為軫念已故佐雜寔在無力窮貧柩眷回籍起見 統歸職道
衙門收支 昨自道光七年五月二十九日至九年八月初六日共收過公捐并運藩
二庫移解連商息及追繳共銀一萬八千四百一十三兩三錢九分 除支發商生
息銀二千兩 由南番二縣暨外府廳各州詳領六十一起共支過銀一萬二千
四百七十一兩四錢八分四厘 現在道庫只存銀三千九百四十一兩九錢二分二厘 現據
縣詳請領者接踵而至 詢據該二縣面稟 從前已領過周卹路費各案內 間
有不肖之徒 在省先領銀四十兩 雇船將棺運至南雄 搞照至州署請領銀兩
捐助

並不盤運過山竟將棺柩拋棄荒郊仍回粵東省城亦有在省領銀後並不
雇船運柩只身至南雄即指他人前此拋棄之棺柩認為自己父母之棺柩赴州
領銀而回似此誆騙昧良實屬不勝駭異經檄飭南雄州南番二縣密查
挙究并核實詳查另議詳覆前具司道等公同核實酌議應請嗣後凡
遇故員眷屬請領格外周卹路費由縣確查實係無力回籍取具同鄉官
保結具詳請領其酌議在省先給銀兩俟查明屬實令該故員親屬賚
領赴道當堂先給貲銀二十兩飭令起程並運柩到南雄樂昌龍川等州
縣必須報明雇夫雇船即由該州縣責成行主確查棺柩眷口數目實在回
籍即令該行主出具保結同該故員親屬赴州縣領銀撥役押

送過山倘有去而覆返及領銀不回籍者着落該州主查拏差拘
究追如敢扶同貫領惟州主是問其由封水路及粵西者凡遇故員眷
柩回籍赴縣請領路費銀兩即由縣查明柩眷人口數目如果相符一面
將南番二縣移到路費銀兩當堂給發併諭飭該故員家屬將到梧
日期報明蒼梧縣該縣仍一面知會蒼梧縣該故員柩眷係于何日過
境備文移覆稽報倘眷屬有去而覆返及領銀不回者即差拘究辦
并請將住居粵東已逾三年之久意圖誆騙並非回籍者由南番二縣
查照一概批駁以杜冒濫而符善舉是否有當理合備造清冊并將
議定章程列摺詳祈
捐助

憲臺察核批示 遵除詳

暨撫憲外云云

章程

一議給故員柩運資眷屬盤費該眷屬由粵東省城起至該故員原籍省城核其道路之遠近酌給銀數之多寡無論水陸每千里給銀四十兩其藩司衙門向有 給路費等銀亦即移交糧道衙門彙同核外周恤之銀統計該發以符近者不得過一百五十兩遠者不得過三百兩之數

一盤費銀兩如吓在省全行發給或慮該眷屬等一時用盡仍不能動身兹擬在省城先給銀二十兩俾可料理買舟行至出粵交地方再從江西

行走者其應領銀即由南雄州給足從湖南行走者由樂昌給足由筠門嶺行走者由龍川給足從廣西行走者由封川給足前進俾免中途缺乏之虞所有交界州縣應給銀數由南番二縣將餘銀交該州縣駐省家人収領寄信寄封給發囑其俟該眷屬到日即行面無使稽遲另具印信執照交該眷屬賫領以憑核給

一請領路費由該故員在粤親屬具呈現寓之邑主確查實在無力回籍取具同鄉官保結核明應給銀數兩該眷屬詢定行期同明船戶姓名出具印領赴糧道衙門請領應查明屬實令該員親屬賫領赴省將應自省先給銀數由糧道當面給發該員催令即速起程如領捐助

給發仍不起程所領之銀着落印出具印領之員追繳
一該故員眷屬起程該縣即須寄知交界州縣並知会原籍地方官將
其該眷屬出境及到籍日期呈速寄覆以憑查核該縣俟得回信即詳覆
糧道衙门以備稽查核
一衆捐銀兩平色不齊应一律換作成員洋銀扣足庫平分別補水登記
號簿应給路費即用庫銀洋銀給發以照畫一
一所捐銀兩除現在發給各眷屬回籍外前有多餘銀二千兩已移交運
司發商生息嗣後如再有餘銀三四千兩亦隨时酌量或運司發鹽商生
息或交南番二縣轉給當商照例生息按年解繳糧道以期久遠

並行

記開各省路程

一粤東省城至順天府計程五千六百零五里

至直隷省城五千五百六十五里

至江蘇省城四千三百七十五里

至安徽省城三千一百五十里

至江西省城二千四百里

至浙江省城三千七百七十五里

至福建省城二千二百二十五里

捐助

至湖北省城三千三百七十里
至湖南省城二千零二十五里
至河南省城四千零八十五里
至山東省城四千七百八十二里
至山西省城五千一百零五里
至陝西省城一千一百零五里
至甘肅省城六千五百一十五里
至四川省城六千四百零五里
至廣西省城一千六百三十二里

又雲南省城五千七百七十六里

又貴州省城四千五百九十六里

道光十七年因公捐不敷支給經署糧道董詳請撥出廣澤堂經費九千二百兩以八千兩發當一分生息按季解道備支尚銀一千二百湊支待領又故屬李準施乃

捐助

详请给故员周恤路费

韶州府乳源县为详请给领事现据原任卑县典史黄定琳之兄黄定璋禀称

堂弟黄定琳籍隶江西建昌府彭城县人由监生遵续武陟例捐纳未入

流于道光六年四月选授广东乳源县典史七年五月十六日到任不料因患

病于道光十年十月初二日在署病故当经报明转报在案惟堂弟一介

寒士廉俸微薄遭病故遗下眷属多口现在运柩回籍设措维艰

伏思佐杂微员病故无力回籍者　粮宪设有周恤之典虽现蒙详奉

藩宪例给银二十七两六钱五分惟前途遥远家口众多蒙给例银

实属不敷前已雇定船户某船只订于某月某日在省起程回籍曾

捐助

行走恳请援例详请给俾眷属棺柩得以籍资回籍等情到县据此查本案先经详奉 广宪准给路费扶榇银二十七两六钱五分在案兹拟前由卑职伏查章程内开故员眷属路费无论水陆路每千里给银四两等由益照在案兹已故典史黄宝琳之兄黄宝璋家称眷属厶口厪定船户厶由厶出境运柩回籍江西取具同乡官某衔厶保结恳请给银前来查自乳源县起至该故员原籍江西新城县止计程一千九百六十五里每千里应给银四十两共应给银七十八两六钱内除 广库例给银二十七两六钱五分外

宪库应给银五十两零九钱五分在省给银二十两其余二十两零九钱五

蕃憲例給銀兩批
准淡由蕃務支糧
道彙併恤給銀兩
一同發縣先將例銀
給領恤給寄家前
途出境州縣查驗
給領

分應由卑　縣另備印信執照給該故員之兄黃定琫責赴分州縣具領
除移會責成該廖所投乃主確查眷口影目實在回籍卽令該乃主出
具保結該故員親屬赴分州縣領銀撥役護送出境并先具二十兩騎
途印領給該故員之兄親賫赴
轅祗領給發外理合詳請
憲臺察核並將餘銀三十兩零九錢五分扎發下縣以便移寄分州縣給
領為此備由另繕書冊同印領一紙具申伏乞
照詳施乃另印領手照執照
捐助

《广州大典》与广州历史文化研究资助专项 2013GZY07

【朱启连稿本】初探

（下）

程存洁 编著

文物出版社

（二）其他残本十册

上一《地方官员委署章程》
《盐务官员委署章程》
上二《粤东盐政杂录》
上三《限期总制　刺字汇纂》
上四
上五
上六
上七
上八
上九
上十《养廉报销　地丁奏销　开矿章程》

地方官員委署章程

上一

一詳定委署章程

一知府直隸州均有表率屬員之責職分較崇須候院憲會核委署

一正印佐雜酌委缺出或以實缺人員調署或於候補試用人員內揀選酌委

一同知通判合為一班遇有揀委缺出仿照州縣揀委缺出章程辦理

一同治二年十一月初六日奉准

吏部咨议覆直隶总督奏请示内阁查知州一项缺分较少
比以前补之例酌量多署惟知县一项缺分既多名目亦
烦自应分晰定议方昭画一所有该项要缺并边疆苗
疆员缺等缺仍照旧例酌量拣选外其部选遗缺统按出
缺先后先尽应升之一人其应升班次应否用大挑举人拔贡
教习拣职并举人出身之孝廉方正截取举人知县知州统
合为正途一班次用劳绩一人应以劳绩出力保举归候补班
先候补正班以及保举委员本班尽先本班先用并劳绩保举

免補本班以何項留省但令為勞績一班并用各項試用人試用
班次應以各項人員用新舊例捐納免繳缺即補銷捐分先分間
減成分先分間銷捐並新舊例捐各項本班僅先以及由佐貳
保舉輪補缺係以知縣用續經捐免本班並京員記名指項捐
捐由省各項捐入候補並設叙勞捐輸並班新舊例捐納試用分
員均令為試用一班以三缺為一輪統按出缺先後輪流委署週
而復始以昭公允至轉補繳回繳任滿省回避各員本班次如
遇委署人員由諳熟揀調府州出序補之例酌委其在省候補即用

委用试用各员有因差务勤劳应行酌奖者仍令该管督抚于本班到班时酌量先行委署以示鼓励 其现任候补试用并例捐升阶捐以劳绩保升捐免本班以升阶留省补用并候补候选各官报效军需续因劳绩保留各省补用应行查看引见各员业已题部者令该督查照本部前次奏定章程不得遽行委署等因查知州一项员缺无多而各缺向有酌委拣委应结以旧与知州合为一班委署每序单五一班专委知州之缺亦每届将各缺概行改为酌委至应迭班内补缺除丁忧起

法回省委用人員與別項委用有別應請歸入不近委署又揀
發委用人員均係舉人出身與大挑人員並非大挑出身之不近例
舉人揀發亦應歸入不近班遇有別項出身丁憂起復之委用人
員方與捐納試用人員為一班又舉貢捐指分發試用人員實與不近
有間應請與委用試用人員為一班遇缺遴委署班次等別似較允協
勞績與不近勞績保舉仍應歸不近班列入委其委用試用以有
勞績保歸候補人員即改入勞績班內委署遇有何班缺出
先用不近人次用勞績一人再用委用試用一人以此為綱悉歸合

班用題委一人揀委二人以此為目如遇再進題委七人遇班用正途揀委揀委又七人方准選班用勞績班用之人勞績與委用試用酌班合並四籍理合班揀委以到省卸事日期為序所委之缺通籍理宜第務職俾得揀委之員與缺分人地不甚相宜仍准于應委班內酌量委署又遇補人員應歸何班委署部文內未聲明應請比照裁缺撤回撤任回省各項另立一班酌委進題委人員應請仍照向籍分別題委揀委輪用以昭公允

一從六品並從八品各缺合為一班其候補人員分為三班相間輪委遇有揀

委缺出先用直隶州州同州判布按经历班一人次用府经历布理库
布库大使班一人次用县丞班二人以此为一轮仍归各班起班用记功一人
挨委一人烟瘴俸满一人挨委一人补委一人挨委一人以此为一轮仍归各
班计算此轮借州同州判布按经历起班用题委之时本班挨委之
人即用本班挨委之人本班挨委完之人接次用本班烟瘴俸满本
班补委以本班无员始另换一人方用府经布理库布库大使班人
员府经布理库布库大使班县丞到班道员委之人一缺只用县丞
轮用记功以奉批日期为先后互轮用挨委时以验看到省即为

日起俟先行向各衙门署事至班 同治四年奉批烟瘴补要之以现功人员捐要等因

一 正九品未入流合为一班 遇有捐要缺出 将现功一人捐要一人烟瘴俸满一人捐要人补要一人捐要一人 周而复始 如现功班无人 即用捐要之人以次递推 与从六品至从八品章程相同 其捐要班内次已用并经署事者 此次捐要 则用未经署事人员相间轮委 与从六品至从八品章程不同 同治四年奉批烟瘴补要之人以现功人员捐要等因

一 正八品以上正九品以下向分两班 不得越班题委

一 烟瘴俸满人员委论 即俸满保题 同治有接文请补前日起批满年

年方仍列委

一宝鸡州知州员缺调署缺未经调署丁忧服满回省经过请回
南未补缺以前如委署三字要缺即将调署之员请销员另第
委署二字一字中等缺仍毋庸议

一知州知县前已补缺班次留摆委署缺出及三月即事、检仍照原稿
委员须委用

一崖州陵水昌化感恩四州县倍为之州宜任人员三年至年期满
即是例拟留用如宽员政绩年力可列酌补勤休所遗员缺由司

另委接署，并饬澄迈请送，将崖州陵水昌化感恩儋州万州临
高乐会各州县人员，以本文到省之日起，统限一个月起程赴
任。如有藉词耽延，即以规避例揭参。其因病回省就医一层，殊嫌
岛海滨之区，医药稀少，与内地情形不同，如藉词患病，岂因内渡
请医，则各该处本属缺员，何人不患病者，今查从调治
其病势转重，则准其请假，开缺回籍调理，不准以他之医为藉词
回省就医，以杜取巧规避之渐
一切要紧事，代理儋州万州陵水昌化崖州感恩临高乐会各

等九州县悉照定例年限调回归部事归画一所有代理到任
一年以上者候补人员经手题委一次现任人员经手调署
繁缺一次无论二年以上候补者经手优先题委一次现任者优
先调署繁缺一次任三年以上详经题委调繁等项应将
历经到任扣足题委调繁优先之前以期实心有年方可写
报经手即委署中简缺分以上调剂多员优俟二分代借楚
即着再行详委若查核实情经理来揭报者则仍自
有过慎之人无论在任久暂一概调剂并即委署事代理统

上

者無定 經手每即須赴任視事，遷延現實藉詞不赴任者

自按照現在停止揭參手續辦理，又此條內所有署經三年以

上委署候補各員，現因候補各員刪除，酌改為薦列候先之

前，余前款行

一 請部存案昌化一缺，向因缺分瘠苦，每以盛恩縣事理，助因昌

化地方，均為撫案且與盛恩缺相離近，是也須至任責官

方有裨益，且經設官以來，與盛恩係兩縣，明等五期，每

年借津貼昌化經費錢兩，使昌化一缺得以任經有人不致曠

候補縣

一凡同知及府縣等缺實任人員已歷三年俸滿即以應升序
調署別缺其調署委署之候補人員未任一年如果賢能明
確績可觀又與本缺要件由道查明移詳核辦如係由實任繁
缺調署者飭回本任毋庸給予調劑由實任簡缺調署者
給予調署繁缺之須由候補試用人員委署者給予俸滿起
委一次其署任時僅予算年俸毋庸序補借調繁缺起委
倘有委署赴任僅隔三日以後地方廢弛並予參辦

六

〇

一 正杂职要缺出有要员如有劳绩议叙于吏署详内声明将某年月日批行议叙之案注销有议叙之项者分次声请注销其议叙之缺俾免与寻常统核原有批行日期次第注销惟烟瘴题缺要免其注销劳绩

一 正印佐杂要署人员接署该缺于十日内起程迟延至两月及二月免议一月以上议处满月以上停委一次三月以上另行题参揭参

〇

一 正杂接署要缺署事议叙到班或议叙到班要署

卸事後委為東路街名路員帽自顶原品頂戴滿半年
接收輪委差前路照前事未满三月卸事倘母庸扣满半年
劉委查扣滿年年毋庸計算閏月合併聲明
一正印佐雜委員伴送貢使及委解壇譯粵海關餉暨洋
之商捐輸河工等項銀兩係
特宗主政其委解洗檀庫速等及廣鍋锡炭黃料及
滇省大錢京據地丁大平閩餉暨餉需銀兩均
特宗主政通省各項差委雖出於詳奉主政衙门批示

卅二

已收缴功
广东第一班
底册

到日之后，即为阅读摘要日行

一、西稿编目题要，分班先交，再经先题要人员，亦须用寻常题要，又如此须题要，分班用体先之人，下须题要分班要用，体先之人又体之须题要，分班方用寻常题要

又如体先题要人员，即为用寻常题要

一、已印往稿，多托魏君昔近所藏所得广东及近危改为未粤余负责之经手者，未经署事，该无善到，经手日行到要者甚

经手已经署事，即以现在到粤日行到册摘要

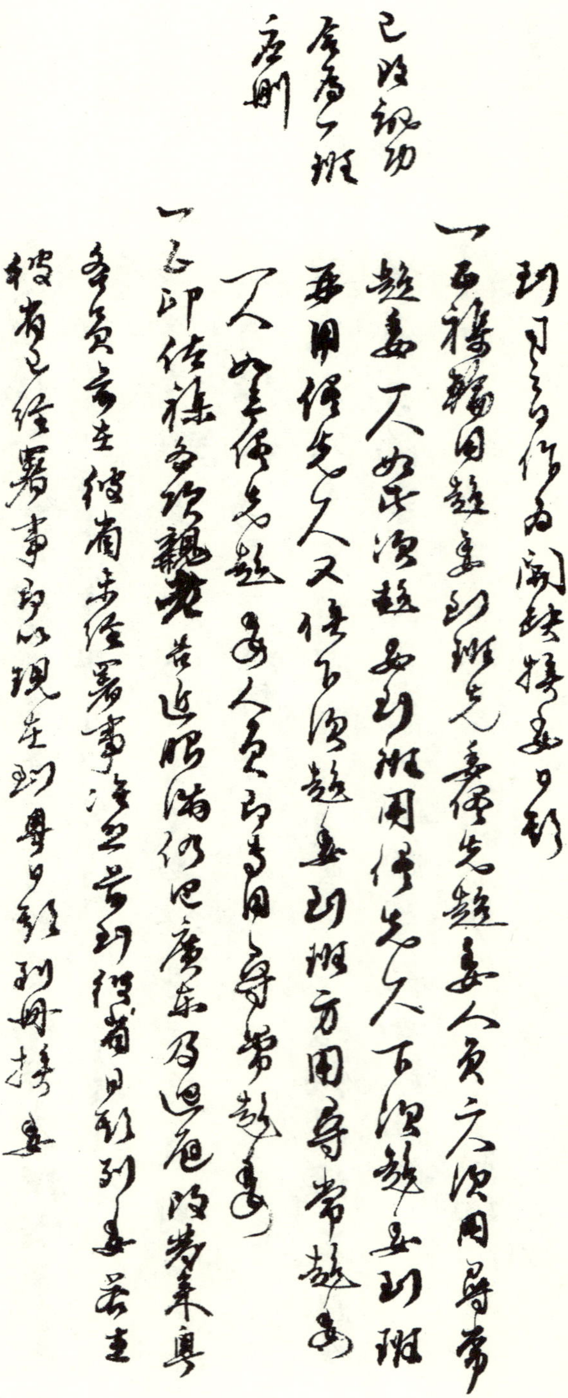

一　正印佐杂人员檄饬赴任经越许另有差委留省或原署之员有要务留省或新选准补人员饬赴新任或本任之员奉文　即仍令预请委赴署缺委牌应缴回原班委署者查明该员委署如已出有别缺委通判班人员差该员业已通班应俟由详奉批已经所出之缺按班委署偏委署但并未出有别缺未委通判班人差差该员等之通班仍依候委之员该员所委通有缺出应仍以该员委署以免须白所

一　正印佐杂实缺人员调委署事所遗原缺如系接委缺应俟详

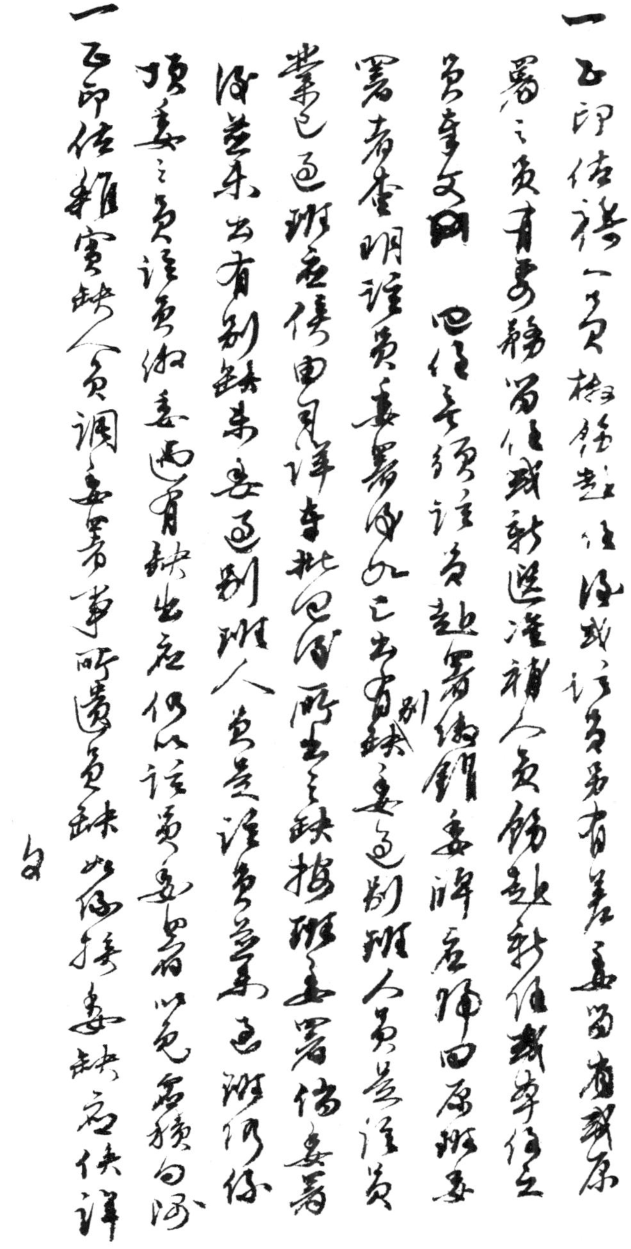

本標官兵衙門批回七日催齊關餉日領換詳安署
頂以前送回館在要銷處中月造冊詳安轉署毋方
陞候前案批也
一本印佐雜已有解有留分丁憂本省查處中報丁憂
首領相以到日一日為出缺接署日期
一本印佐雜卸事本年內如報到日前一日以詳奉批回所
出之缺方准查出卸事日期列安
一佐雜補缺未奉　部覆人員仍照原班接安

一面即傳稱以為當須補咨請奏事　部覆續令等因各

員須勞績案奏開單後補用須來年文到後處以候

自應勝趁所補本缺者仍得補缺班毋庸另行核發班次

其本文先補本班即以應奉

旨後出例計其勞績到部文之日補入單班比較先後查無以所附

保府經歷兩項應請歸府經一班核算以同班同案同日奉

旨即行奉

旨原須先後核算並同案勞績同日奉

十

各年業經照部以會計核要印簽暨先後奉有

一、五印結核補試用資員丁憂服滿回省應否照前項到

省即事日起到省至已補實缺丁憂服滿回省要用人員

其原到省即事日起班還是較為現在回省銜資再新班

到省日期

一、五印結核補資員丁憂服滿起復到省時即應否照前次回省

何項者績外奏該長調餘等附于詳冊到省文尾須明繕送

請毋所有本省自行更請之同年應即停止

〇一一補路委署事人員所委本係揀委缺或調署路委缺毋
庸扣除記功出色並委調缺調劑之案或所委係路委要缺而注
員並未將異常勞績先行註銷前以未卸事仍以卸事日期爲
制先後揀委冊序應計歷輪委無須此詳委時已經註銷
記功等項勞績者應即仿照記功所缺人員序銜卸事以
例出揀委本班原應須到冊其補路委卸事揀委已
逾班者亦照記功人員卸事揀委之通班之例于卸事時作
爲補委班內條統俟扣滿半年輪委

十一

一、五印结稿内须编要部事应扣满卅年方准题署人员九
半年后内稿要到班应即扣除先后要员次之员如各班均已
扣满半年之间员别部事未满年年人员之后要署
一、五印结稿员丁属当生事有军营善要结局在有候选
要人员之一律当差近照满扣成题缘中间无要出间即结不
惟与丁属巴稿题缘未足者迎奇即转之涉募未足
既近题缘虽未省之原也而相同应每厅计其何年月
日曾经详咨到以该员丁属日题为计间扣足二十七個月

服满之日为该员请册委用日期，其迎养亲生父母来粤领文
报到粤候补人员，业已呈明军学宪见告日起扣满一年方许开
为该员服满委用日期
一 候补试用及现署事人员，如偶尔患病，应即告假医治，并一
时难以医痊，即照例专请回籍调理，不得借口回省回籍就医，如
有托词回省回籍就医请委接署者，即予查核，取结详咨，饬令回籍调
理，并予查核，仍取结详咨，方准按其所病痊查明实系规避捏饰情
事，详请销假，仍以详奉批准销假之日，同现在告病卸事日期，详册于补委

下

到班時傳其查署一次俟下次輪查到班方准查閱倘查有短缺
情弊即照例詳參
一 正印佐雜各班統計實在頂缺人員告假撥署委輪赴本省
外有稍干詳揭文內將頂缺緣由與實授以其頂缺無之缺報到部
無其次之員署理者干詳無缺員文內聲敘頂缺告假員名將來回
省仍署原缺仍無撥委次輪無署未缺任人員告病將來病痊
起用之日照例辦理
一 正印佐雜人員告假回籍及往外省者回省銷假應詳查批

已归所出之缺俟除授委用其无假题本省会府厅州县人员试用
已经期满者查应留之缺仍照班计算又所保委者无论所署府厅州县
省查近日经札委题补署任近一月缮疏每隔一月摺奏统以两
月为限任外已有委员查完所内已有委员查核满两个月方
予扣除销假均以销假之月归所出之缺方准补委
一佐杂佐贰候补委员由司派委之日起候补经手事务有成效者
又一年者记功一次历满一年者记功二次一年以上者题升一
次题署之缺为记功次数一年以上由该题补者应照部例司员记录

一各府州县佐杂署事期满后、各府县佐杂署事一年半期满应委员更换（查各署事职满向不计算闰月合注明）

一委署员缺一年期满如本缺人员因有事故未能赴任回任应照原定章程另委更替其本缺人员计职即可赴任回任者均毋庸改委

一佐杂署缺一年期满应行更换如期满之时适有军需要务须资熟手者由司察核初次留署三个月再次仍留署三个月倘要务尚不能完竣第三次准留署半年统计先后

概以两年为期委员更替如部因军需要转或差事紧要请留一概不准

一从九品未入两项人员如有同日到省者遇揽委到班时应先委从九品后委未入其见班日到省者仍先揽委本班原衔补缺人员先尽揽委又查新例分缺先最优其次分缺间无其须候先遇有同日到省之员应揽次委署兼委署如有仍分缺先之同日到省仍照衔先后到委次序仍照仿此

一署印委员未满半年者应兼扁鼓励半年以上给与寻常超委一次一年以上给与俟先超委一次超委之时尚须现缺核论

一實任佐雜人員如缺分無論優劣不得互相調署以杜前人擇缺之弊
一實任候補佐雜人員除代理佐貳署缺另有專條外其餘無論何項勞
績均不准詳請委署知縣以下缺其他無論何項人員有無何項勞
績止准詳請借署常缺遇有要缺必須其到省委係缺等項人員
一概刪除　難委已改為紀功一體合行
一實任候補佐雜人員告病未經回籍其寓據病痊請
看起用一律以詳奉出咨之日與之頂到省人員比較先後入
册挨委

一本省指分发部议省及由外省来粤请咨委员到省日到查等部行及復更改均者補缺而设之插委班次係属外籍等離係查旺等之先業已接缴委署應仍將初次請咨及到省驗看日期照全繫各項為審序等項逐一登

一自省丁憂回籍服滿来粤呈報迟及服满請咨省起復详咨部籍未有文到而自递行委缺其部籍文已陛轉未到人员如文已至移籍以文到之例到委如文已有該詞省以舉到詳咨者批回另方准按班委用仍分别委用班以請看日為序係補試用班次之年

18

應到前後五年御事日簿序

一 道飭令府州查明本該都邑鄉村代備捐納捐需案內令府各
收現當緊要差使人員如果辦理得力當該地方此時不可少
之人該員名報捏緒事事不顧另委他缺者即由該府州知
通詳立案將本員特傳委無誤事該員仍歸原班扣
滿一月後所本之缺准予接委並不須先年依追立論委仍
扶同務詞本留請作委五日缺遇班者概不准行仍即飭
飭赴任備戒觀望遲延并照本程分別傳委揭參所有

鄉征緝捕詳請加委作爲委署一次，扣滿半年再行委用之例，應即停止。

一 佐雜人員前任實缺得有勞績保升調署繁缺之案，續因丁憂服滿起復回粵，無出要缺僉註冊，如未補缺以前輪委繁要缺及委代理，仍毋庸以是值題委署理繁缺一次，應即作爲委署繁缺之案註銷一次。

一 佐雜代理已逾三月卸事，接委已逾三月卸事，均以卸事日期扣滿半年方准算接續委署。查三個月係以月計，應遵閏月具合註明。

卜

〇一佐雜記功到班委員追卸事時其候委已經到班，應歸入福委佐班內以記任在押事日期與同班福委人員比較先後扣滿年半委用

〇一佐雜代理未及三月扣除不算仍於卸事後照原福委名次委之差

〇一佐雜接委署事未及三月實缺人員已到，仍應註署事人員卸事後查照原接委日期按照歸入補缺班內不必扣滿半年即准委署

〇一佐雜到委記功署事未及三月卸事毋庸補委

一佐雜補委人員署事未及三月即毋庸再行補委
一佐雜接委署缺未及三月因病卸事旋經痊病者不准補委
若值委署到班仍應停委一次詳載另條
一湖南高雷廉瓊五府南雄嘉應二州該省籍員有佐雜缺出
准由該府州即以本省候補委人員照章委署仍詳府加廉缺出並委
由府善委其餘閒人員應由省核辦委員數署
一瓊州府屬崖州陵水萬州各缺由府善委佐雜人員應由該府
中揀選員到府之日起扣滿二年由該管道府查明該員出結

注

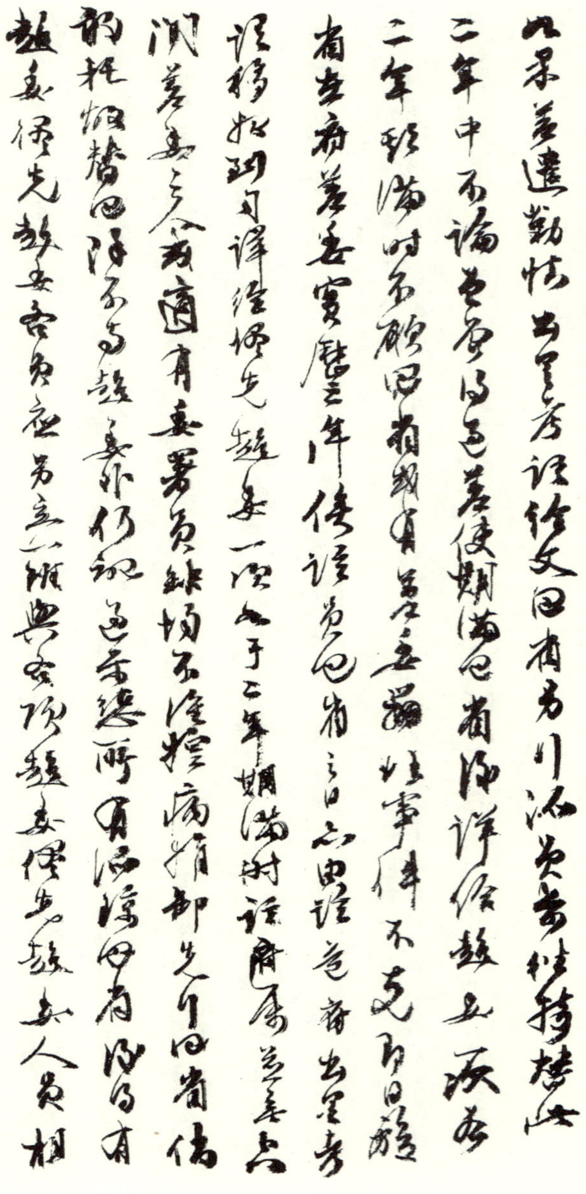

閩轄者題奏已經加功會詳以

一、候補分治潮高雷廉瓊南韶等七府州人員，如有特派府州之案，專責該員銷已獲盜者，其得有加功之案，指獲證冊，依例會詳府州查核，若委員署冊，附分別辦理，其未委署冊，附者入冊列案，分詳咨批已經，所出之缺方准掛出原奉批出，以較比擬免限列冊委用。

一、分治潮高雷廉瓊南韶等七府州候補人員，如未經前往會請銷案，而指由司查明詳請，有委署題委，分別指例依詳奉

注

批也。似担当一月所出之缺，再接原奏部议，比较先后谁得要

闻。

一、御史湖南广雷琼南高廉之缺，人多有经请销，而前已届

烦要应升担到，可以题担当一月后所出之缺，方准要者

一、御史补直隶，有繁要，佐杂人员一经要署代理别府州之缺

或卸事，回有告苦，或留省别府州缺，补捕衙门等项，情应

将其原补州府之案请销，如无顾，仍以原府州繁要应别补

检办

已另立新章程應刪

一知州知縣題要缺先儘留任暫缺人員次儘候補署事人員倘候補內無其人即由現署別缺人員遴選調署其調署中簡缺者由四年內用二缺者一趟者一個俸使滿次第輪委其各缺俸滿者人即已將其輪委之員如無(?)亦人(比調實不)論州縣題缺應選輪值及題定之員一經下委即無虛懸致延倘有推託延不赴任即照原定章程劾別俸委撤任以儆省職而免擔誤

一候補州縣題補要缺已奉行知零題日期計半年即准部覆 旧

如等人员如查署到缺得来　部务到日饬赶赴任未免多一层周
折且多一任应代应办人输委派次
一候补试用未经留缺未经当差人员必须随时接见方可察看
人材乃往杂人各无籍详独为调自遣去始末虑有又不
来见虑任随时整顿抄委等项诸员等得来未自宜谕如查其
材力不堪造就或有规避者缺情由自起即别甄别详参
不等宽试其有材力可用之你在附近地方患病搪塞等事
未及拿依则安请与者本以来自谕见日加以函请饬下府函

按照人员等级,于到省日起扣满一月,咨行地方酌量委署,以
择缺之要。
一 县丞以下代理期内代依限结报郡款细清者,准给作先题奖励。
以代理期内了结正常无署别无奖励之条,自办理军务以来,
依限结报细清者,统于一年内即以所完结者实,军兴目下频繁,
至代理(清楚)实者,应一体从优并准诸不拘例限内外,累积将以代结报
郡款细清者,准给作先题之一次,其本任则于实缺郡款
完细清楚被同当任,俟其艰均员筹补,未能照数,前任款加

卅

軍需大局未能撥補，不得已預撥經費，以濟經費，請督府照及監督

查實事務為不淺，鄂結趙安一次，其餘代辦未能短而部款尚未

完竣，部款雖已全完，而經費尚有短欠，以及歷任若缺，處處自當

裁之，代為以籌撥軍需，確有實據，為不淺入，撥接安一面，籌備清覆

如此以安署隨時，即須代為清未完，即飭停安署，勤理籌迫

並缺非甚，各處以及歷任封缺，地方拖欠，或僅止籌撥地方上匯並非實

在軍務，營軍務已有紀，方有稽核，並無貽累，實擬以後，即事隨延不合

策，索代者均勤理，將來代部款為要，請清釐，方得安頓，倘有樣，即請

即在任者開銷軍需每圖冒混致多挪移之弊而藉以掩飾不清

支無延宕如此分別辦理則應立任事情有可原者亦可不必因循惜官

況復值當功滿將届之際抑鬱聞應於用人理財之道可謂

兩有裨益

一 調任同班同日開缺無署次序者先儘官階相同者依實缺

一 設官本意治河湖河捐漕四科自最累缺實任人員三年期滿署事人

員兩年期滿辦理未候分別調署調補最優之缺山順德新會三缺其財

要高要歸善番禺四縣係圖次之缺歷與清遠惠來陸豐之順德連平

河源穀年長當闕遠[illegible]年四会封川始興鎮平平遠長寧缺出
才九缺實任三年滿事兩年期滿獨理之慎分別調補調署須儘
之從城花縣案昌博羅陽春茂名電白瑤山六缺以示體卹至南海
番禺之缺將來遇有調署調補應先儘[illegible]俸多任東莞海陽潮
陽揭陽等缺人員用揀選如實在才能勝任人地相宜之員再予
通省中簡缺內遴選的調[illegible]

一 閩令丁憂服滿須諮回粵在遵前藩臺遺將諮文申敘詳咨部
附申到省以前已[illegible]缺如補人員將來揀擇所有正以從前署缺

罷外卸事日起扣算省中接委其未到省以前由府委代無缺但皆不

符

一新分正印佐雜一切到省人員如以現在到省日起扣至者均仿照補

缺定例以到省卸札滿一月所出之缺方准到委其以原到省卸事

日起扣算者應俟卸札到省札滿一月所出之缺方准委署至

候補到省已歸　撥定人員均俟其到司每札到省札滿一月

始方准委署

一關係省分當人員初到省時有緣由宗外調取例不准用府考其

比

人员于路口验看年内如壮者验明其前付未经验额及到省收续给
结疏者补注绝时补拟立案伤令先补补拟直待无缺悉照旧章
即扣无一次如虑停支辄能如经滤选数给上司访问或被前人举
首即呈文捐条以杜奸端而符成制
一开除凡有未无缺以前因经手公务未完由司扣无者事后销
差以由司申报日起扣满一月不入班次即行无署其现无缺次补
挨集侯同差计收者亦候销差后由司申报日起扣满一月伺每
届原班轮无以示区别而昭平允

一 正印佐杂人员等无论调署均以办理保甲查街查河缉捕等项为先如有一人而兼两项或数项差事不论所署之差均须专任责成倘任咎差使劳绩均著即将所兼之差查明撤差统非徒者即将该员量给予外奖不得予以记过详以杜胥役而昭劝

一

一 现在佐杂人员如有即事升年始于行已有所则予一律以已有赴司禀见自犯私滥一月之内所出之缺方准补署以杜觊觎之弊

一 现在候补班次不论已未报到有缺一律又班无窃以昭公允

非

一、關係府廳州縣佐貳雜職各缺以及驛站軍糧地方紀錄者非此不諜，須之員應即揀賢補授，暫行調補，俾資先赴署事」

一、各該府委員物近于所屬之府試驗，原系有該員是否諳習字體文理，府屬之有缺出者，隨時委署該代理，或係委署，使由府察其才具文理稍優之委用，其中詳委人員仍應照 核定考驗名須審明下之年前後應列，其所附人員即作為已經考驗，註册明白委署之員，未經 核定驗試者，概不准續委，以示限制

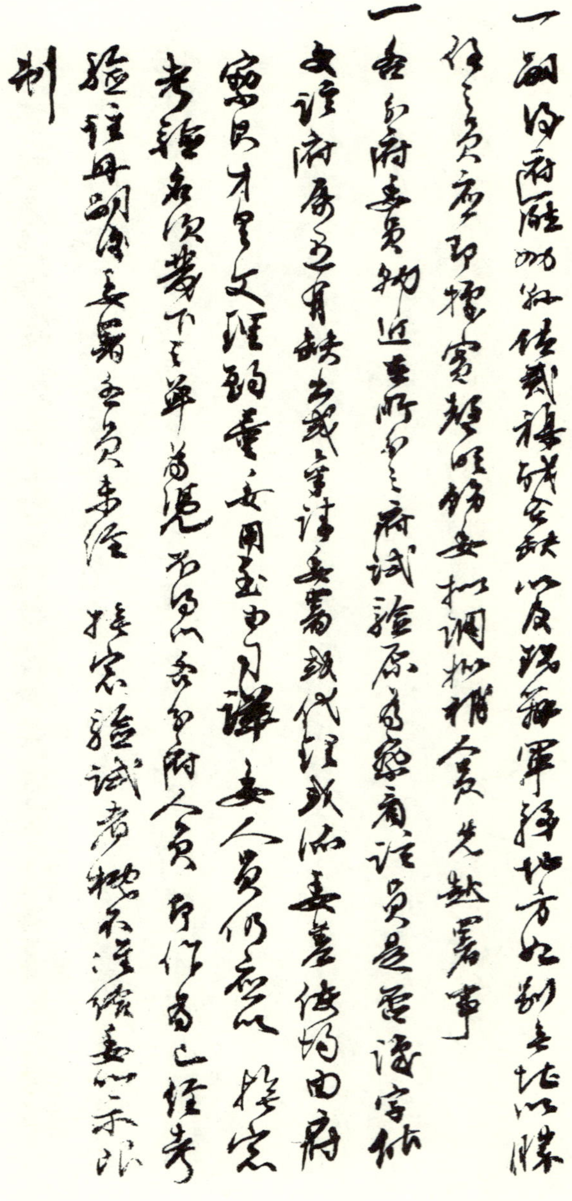

一吏部咨行各省知照一项缺分稍少以四序补之例酌量委署

知照一项缺分既多委用亦烦嗣后要缺并边疆要缺

缺仍照旧例酌量择委其部选遗缺统按出缺先后先委正途一人次

用劳绩一人再用委员试用一人以三缺为一轮统按出缺先后轮流委

署至裁缺拣发照拣任留省候题各员本系班次照列委署之班序补

之例酌量其在省候补即用委用试用各员有因差务勤劳另行酌委

者于本项到班时酌量先仍委署详阅部文于各班中何项酌委

之处宜格详审先宜尊守而各省身摄辛私见致乖部文纲目会

咨

繁為契溢甚仍應查照部文略加變通以歸簡便
兩分補外應實酌每輪十二缺輪用四缺雙缺皆按班補授仍照
照部文分班輪委之意每值補授缺出由司開列輪委班次五名請
明實在勞績隨候院示核定一員每月呈詳其酌委之缺先儘遊委
人員曾經最優者次則記功及半班人員曾經輔優者俾數可隨
在院核定一員每月呈詳外仍照遴選派委其酌委累缺人員均照此
辦理其有勞績即行調署優缺以昭公允無勞績者不准調署

查此補外調之缺或地當海疆烟瘴或民俗刁悍事務殷繁必須

因地宜人情形才识要缺之员方克胜任补缺既须拣选委署亦当酌

量变通将外调要缺仍归酌委以符部行并于选缺查察现在

情形择出优缺累缺两项亦归酌委其任累缺及烟瘴苦缺宵

旰续有调署优缺未经续有劳绩而不准调署酌宜增减庶称劳逸均平求

安定名瑶山为优缺惠来建平高明为累缺其余归原挨委

如私统归一班如挨委缺出仍按照选员劳绩要因识目知班轮委籍

到班前后名请以实在劳绩者

院察核定详委以其劳绩亦予列名以备参酌其酌委各缺先候

咨

趁委人员资格最优者准则记功及本班人员资格稍优者仍
留开列委缺之员不开裁缺撤回撤任回省巡历六员之核
其有委缺续多别列委量
院核定另详调缺中之东莞潮阳揭阳高要番禺仙罢缺
香山顺德新会海阳澄海电白化优缺其调马兴现定优罢
缺同

四

一 本省旧章有题委拣委趁委三项名目题委者为缺择人趁委者
奖励有功乃各项差使及巡河缉匪本系微劳亦录以后详请趁委

題委多歷歲月，至有題委二三次，經歷數年之久，尚未輪得一缺者，亦未足以激勵材能。今定尋常勞績僅準記功，其出差不無勞績者並不準循例記功。其實有出色勞績，或由司詳請核示註冊，或由院札飭，方予題委一次，以昭核實。所有前時註冊題委人員，何員係出色勞績，應予題委；何員係尋常題委，應改記功；何員僅止出差無勞績，應行撤銷註冊，並即分別刻冊詳籍，經此次甄定，以昭平允。嗣後政先儘題委，次儘記功，及平功可紀之員，庶人才知所勸勉，與部文本意仍相符合。

批

前咐该册题无人员似应由道衙门及各属详查移司刻册並非

将似本司衙门详查其中多有未将历案移知何员似出色劳绩

何员似寻常劳绩何员仅止出差无劳绩开案核夺详请

移查核定再行刊刻册全详

又

一题无候无面例並不找得甚有题无人员将应平常却任未人何

以候无者今一以历官政绩为定其经题无以缺並无政绩可纪常亦有

候无题班应先销经一次其署任军政大员久俸者缺例须调剂均照此

为式无政绩者应将应得之调剂销除

查定章题委署接委缺或调署题缺毋庸拟补题委等项

前所委代题委要缺而该员亦毋庸奖劳绩可销前将未卸

事而以卸事日起到委不计其原轮委名次其题委署题缺卸

事仍照接委事例原名次封册者则已注销题委等项劳绩之法

当属先应请定前题委署缺如补遗之接扣等项或访有

劳绩难案尚未完画接委到班销除一次照详明

院宪转行司道府州各衙门如有接收各员之案以新行衙

门查照缮具行移呈等事藩司衙门备查

此

题委署事已册

劳绩人员事批

仍以卸事日期

详册毋庸计原

接委名次

此保查院批

台

一向例州縣署缺卸事，後任代清楚，詢問即扶班輪委代，不清者
停委其調署回任及補缺赴任人員，一經札飭勒限清釐，歷年詳
定章程，分別交代委員，節部款完繳清楚，方准其給赴委，交代委員節
而部款未完及部款清完而緩其尚有忽欠者，並歷任應繳自最
交代其混墊挪軍需確有實據者，不准入班候委，此外延不交其交
代者，飭限將交代部款分晰清釐，方准委缺，有藉端買流動挪
此項，即日揭參，今十餘年，交代完結者無案屬無己，詳稱
實為舊任章程，先將新舊錢糧完繳結報，為所留自部款內查

無米及新墾有米係須清完無欠比較多年墊解之款有墨無虛
遵其入冊無論有一項不如式者應勒限補解取結註冊
查無米省米仍歸各衙門主政　部款懂銃藩一項但核其任內
日計算此外各項及征收新舊錢糧各員任內有無清完搭前
有無墊解虧缺侵挪情弊任內則得有遵未完分限
無案可稽查而須將應日入班無需之員核其歷也任所查一載
則查明其則多刻到無策各處辦造一應請後一律查齊
並照辦章程以免虧缺之待續而有卸事者文到限內查
明詳

此係應
查閱批

一向章部要缺先儘已任暫缺人員及由現署別缺人員遴選調署等經查近年各署要缺並未如章辦理致紛紛傳為索以各署繁缺為憑須于部要之中仍不出部文章意此條部文所不載應予刪除其餘各條均照以辦理其與現定章程參差者一律刪改更正

一各項出缺先儘別委限期一切悉照向章辦理其依據委署班次期有向章部要一項不出外緝例有實在出色勞績及留省備差者按照先委其仍照尋常勞績題委儘先等名目均照為新功抵準

接准委署不准牵混酌委要缺以示区别

一 署缺与补缺均以班次为衡而暸然从权酌理惟照部文亦以酌量委

署为考求人才之法每有牵掣甚且烦多高下从心事非例意今

时势事方艱而候补人员转之从前多至数倍自应遵照部文

考核政绩之优劣以铨勤惰部文令天下以四字之程式体要统

一省以求合式之人才其意本相微及其任经历遵照识纪纲以与

新法与门丁书差不能牵掣罢官备而后可予政绩未经署缺人

员则但视其人勤能朴实长者好官分别委用

恤

德禄邀匪讯结词讼与刑房契门丁书差不犯事均罢斥任一
二已有可取而于无全恐难甚从应请派门丁书差不犯事
均一款外其余三项有统一二而无新项劳续即可为结续

此條應查
院批

一卸事案有之员先饬本员自己于此将经手钱粮部款兵米
等项短数即日补缴清楚一面再行查伪查与本员所存不
符即将不符之处饬该管道府州子细推求你仍使得扶将你任
认真你本员少扶将本员停委本员已委他缺并即撤回兹飘委
署事及饬赴本任各员分给一札饬于到任十日内先借书吏查

接前任之任存不准以前任未送交代藉口亦不如待部事委查

一实在出色勤绩及资望最优之员专为繁要缺之用接署守常缺即应扣除其名

附

鹽務官員委署章程

西廣鹽運使司為造送各班候補人員年冊并將委署章程及各缺更換年限隨冊詳送事竊查鹽務委署章程向係分為一新一舊一超一補四班輪委以資鼓勵當未經委署者為新班以曾經委署卸事者為舊班以有勞績者為超班以奉到任未及三月卸事者委署不據小江鹵商甲以請陞升撥收多苦缺卸事者為補班新班以到省日期分先後舊班以卸事日期分先後超班以奉到憲札門批准之日分先後補班亦以卸事日期分先後又超班人員有本班名次在前超班名次在後者仍按本班先委一次再補入超委一次惟超班先後委用人員與本班如何委署從前未經議及新章二十年二月方前司會同鹽法道詳請將委署超委一次後本班尚未到班者每輪轉舊班人員

鹽務委署章程

俟准予參卸事後一體歸入補班並扣足卸事一年擬貲以銓參時本班原在
第幾名繞後先後換參如新班原在第一舊班原在第二例應先參新班如
舊班原在第四新班原在第五則應先參舊班照此類推挨順註冊其新
舊班兩人從前本班原次相同則應先新後舊毋庸計貲擬參卸事日
班以銓平先如新舊班人員皆曾署過班二次者歷署已多即可無需補
參擬貲卸事之日歸本舊班之後其署事未及三月之員本皆補參多係應列
在補班之首以免偏枯貲擬參卸事歸入補班各員均可皆得越前茲二十年
三月初七日奉　前宗批准錯道並於道光十一年正月經前署司李自蕃臬二
日詳請與原署司行歷房奉布政使批經兩司三缺列入酌參署理道光十一

年正月二十六日奉　督宪批准饬道于道光十三年五月详　督署以应补盐
知事沈文耀纪树馥周赞绩李淮捧班委署照司委勤班之员分别位补
详请以新旧挨补四班一轮后插委一次仍稽诸道由运司道光十三年五
月十二日奉　督宪批准饬道于道光十四年十一月奉前署司曾　详
请将从前一缺以应选用盐经历一班列入酌委署理十四年十二
月二十二日奉　督宪批准饬道于道光十五年二月奉前署司详请酌请
新旧轮补插委班仍旧挨次轮委用新班一人旧班一人依先题委一人补
委一人依先插委一人新班一人旧班一人题委一人补委一人插委一人各
班均不属委将来各员委署遇缺若李遇左介详经饬各李遇他省

本计分发各部，不论书差，係何项书使办者远近，即由校阅者饬令赴某部
往，如书差之数，计与各署地方相近，即将书吏照运发，令其就近履任，傳该
员见缺，若因书籍日即作为各署一项注册，俟本部归班补缺，由因差
守抄人员，如已逾班者，仍请遇缺即补；未逾班者，请补后仍归本班，照旧序
补。此后不准自请扣缺。查道光十五年三月初八日奉　前堂批准，饬遵。又道光
十九年四月准户部咨，以小江、直隶二缺均坏，请由藩司详请咨署派员为之差使
由司酌员录案定，此一条更换书差之人，傳至到班，补案，俟其书案额满
部事宜，署后再入本班，挨案并以陕甘、小清二场，请书署员之缺，补案
傳署事额满，如有作为更替者，由各员接署为日无几，经办公事，若累议续案

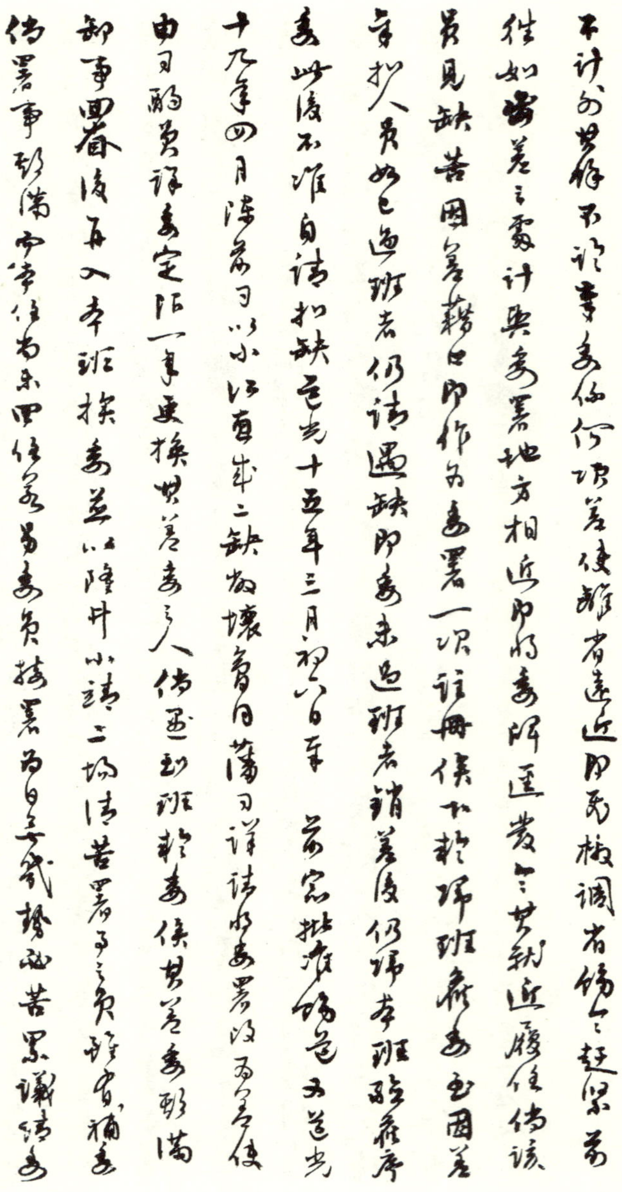

員代理或委辦近人員毋庸另署道光十九年四月二十七日奉　前憲批准
備查又道光二十三年十一月奉前司以嘗務新舊班擬補插班名目分班擬
班插班中又分儘先歸常之項是兩班分作四班補班中又分扣比不扣比
二項是一班又分作兩班統作八班輪委班次太繁群于於轉詳請仍照舊章
設立新舊題補四班何者現無插委人員請一律歸入題委併作一班儘先
題委並前儘先插委之項歸常題委又項之歸常插委在後無補班內扣比
不扣比二項最難分晰應請概行刪除查該員到省較早者已委署而新班
撫曾卿年自致以項列入舊班有倘委一差仍題補到班尚未委署而新班
本未到班者應請仍留新班之名不必扣除如新班到班仍准委署

卸事后仍准列入旧班册扣除石扣除之补班俸可册除并请嗣后遇署人员不
必论其缺之优瘠经代署至未及三月者方准列入补班应名义相符并以新立
俸先遇署优缺优缺俸先遇署名目遇人员请一律改作插班于新旧班
补回班之内间缺插遇一人不必计其缺之优瘠于道光二十二年十二月初六
日奉　督宪批准嗣后道光二十七年十二月截前日以前旧日前定章
程新旧两班人员有已在班插遇等班遇署不专班仍从留名者且旧班内
凡署缺一次即列名一次署缺愈多名次亦愈多有一人而得二三名次者似
尚未平允至插遇一班于四班内间缺即遇一人似亦太速详请嗣后新班人
员如扶遇到班遇署者将新班名次扣除归入旧班其新班及旧班人员

本班尚未到班，仍在短插等班先行委署者，将新旧各本班名次扣除归入補
班，以卸事差竣日期为先后，仍扣限一年，挨委。如補班本係委署未及三月
人员，本班無扣除新旧班名次归入者，仍随後附列应候本班人员用该再用
附列人员，以临平之先后。新旧班人员如在短插等班业经委署过两次者，
毋须再行補委，按其卸事之日归于旧班之末，仍旨記在新旧两班名次
并列之员，如係挨委未扣新班之名于卸事後，该列入旧班者应止留
其旧班之名次，即将新班原留之名註銷。如係短插等班委署未扣
新班之名于卸事後，该列入旧班者应留其旧班之名次，即将新班原
留之名註銷。如係短插等班委署已撥定新年，将其新旧各班名次概行註

请归以补班序补其现在旧班中之一人而以二三名次者如与保举御史列
入旧班顾因题插等班补署御史之后列入旧班者应将名次按照注销按其题
插等班补署御史之日归入补班仍与新班改归补班之员统计御史
日期分别先后序补如题插等班补署逾两次或三次叠列入旧班者其
第一次补署御史应注销旧班归入补班第二次应照两题不再补旧章
按其御史之日归于旧班之末若题插等班补署逾三次则应将第二次
所得旧班原名注销按其第三次御史之日列于旧班序补以免借端
插补一班原为劳绩出众之员而设惟于四班内间缺插补一人其统计各
班八缺为一轮他班多居其一而补班独得其四似觉未免挪移酌改

為間兩缺插委一人以免新班擁擠又酌委一班作備委前項委缺酌復新舊兩班人員年班尚未到班由酌委班委署者項委缺卻事照依超插等班一從班不補班統計卻事簽該日到分先後扣足一年換委于道光二十七年十二月二十五日奉前憲批准備案又道光二十八年九月相前署目詳覆轉飭分新舊超補插五班輪委至超班中之候先超委與現常超委補班中之候先補委與扣滿補委插班中之候先插委與現常插委向係相間輪委酌于道光二十三年前憲目詳改章程照舊分新舊超補兩班輪委所有常委名目業已停止惟是超插班中現有候先人員若照因候先班祗常超委未免向隅歷請仍照舊章將超班中之候先超委與現常超委插班

中三佛先插奏與頭甲插奏補班甲三佛先補奏與頭甲補奏均一體相間較
奏 以上略平允道光二十六年十月初八日奉 旨宗批准錫包又道光二十九年十二月擇
旨 以上奏署章程挑插兩班有佛先頭甲之別佛先優于頭甲相 旨署日詳定
佛先頭甲相等較奏似覺漫無區別請嗣後挑插兩班奏署各缺先盡佛先
二人次用頭甲一人如無佛先仍用頭甲于道光二十九年十一月十八日奉
旨宗批准錫包又咸豐元年六月擇定日會詳明甲柵海甲柵二缺均係
漢甚與小江東來二場柵甚缺相同請做照改為簽缺由日酌定委員定
限一年更換遇有缺出使前新舊兩班人員聽去者挈簽詳奏于咸豐元
年六月二十日奉 旨宗批據詳議覆海甲猪甲小江查東西場柵缺

出以新舊兩班候補各員撥棄挈簽署各等情為屬允協惟練務三字
以上者方准列名與釋卿即將揚並無雜已為推算用又咸豐元年六月趙
前署鹽經歷俞旭照前因插班名次未前先委署幾牌協節事
園以新班撥入補班後由補班委署協批節子未及三月回歷照章入
補班歷委于咸豐元年六月二十三日奉　前憲陳批查該員俞旭照先因
插委署經歷牌協以新班名次撥歸補班已屬從優今因補班署事不
及三月又准重複歷班補委未免過優據爭本屬二十五年陸命奎案仙
屬遠年舊案且因先署苦缺歸入補班與俞旭照之由新班撥入者不
同今自道光年間以來越三十餘年之久並未重給補委之案其而不

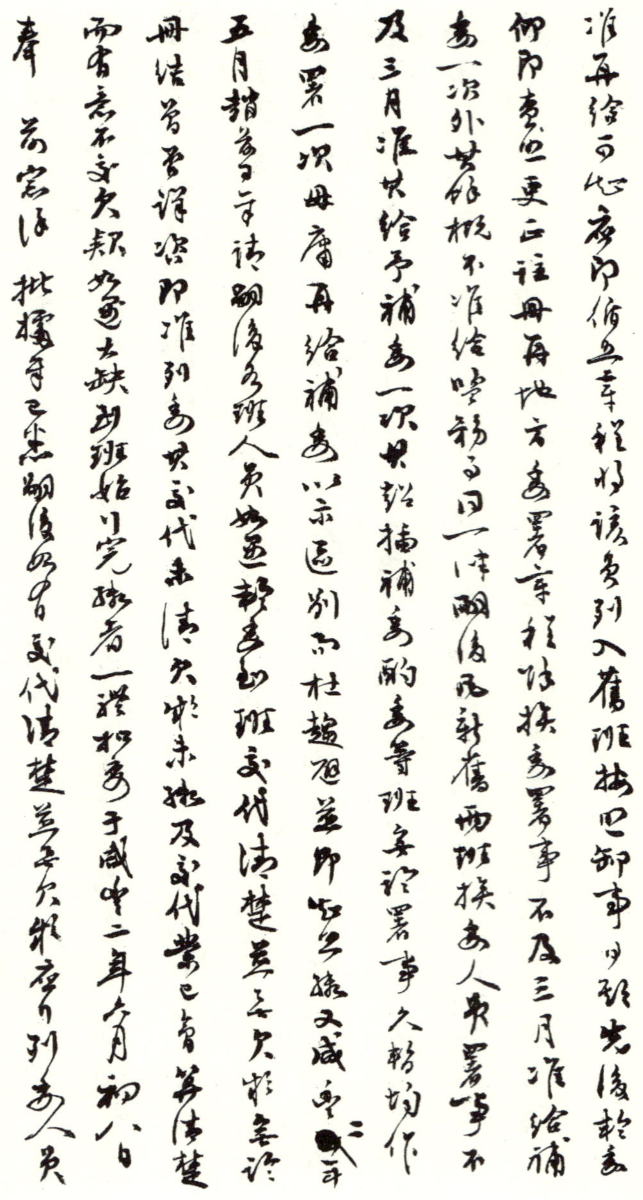
准再给四个月俟印信五年程限该员列入旧班按照部章照先后轮委
仰即查照更正注册再地方委署章程该旗委署事不及三月准给补
委一次外其余概不准给[illegible]自同一律嗣后凡新旧两班旗委人员署事不
及三月准其给予补委一次其抵插补委酌委旧班委员署事久暂均作
委署一次毋庸再给补委以示区别而杜趋避等因即照办在案又咸丰二年
五月据藩司详请嗣后各班人员如遇轮委抄班更代清楚并无欠款查该
册结籍贯详咨即准列委其更代未清欠款未缴及更代业已算清楚
而有意不交欠款如遇大缺抄班始行完缴者一经报委于咸丰二年六月初八日
奉　前宪谕　批饬嗣后如有更代清楚并无欠款应行列委人员

該司合集先後批飭以歸精核，至省城公事無多，意圖規避揀缺者，該司亦即確查
撤銷，詳請扣委冊，任聽混淆等因。又咸豐二年九月，趙前司會詳，嗣後如有告病
丁憂等項，仍赴原省所委人員，核其到省通限應足足七年十二月，歐前司及
先六年八月，黃前署司會詳定章程，以年到之日起扣滿一月後，方准註冊委署，如限
內到省，亦扣滿限期，方准註冊列委，以杜取巧。（註）咸豐二年十月十一日奉
前憲英 批如詳，扣滿限期註冊委用，並著永為定例，仰即遵照等因。又咸豐六
年九月，錢前司會詳，嗣後所有差缺，離滿並案先准核辦。委三年以上人員，暨
簽如此項人員不願掣簽，聽仍舊班，卸任回省二年以上，新班試用到省二年以上人
員，准其扣名掣簽，如此項人員亦不願掣，再仍舊班，卸任回省一年以上，新班試用

到省一年以上人員仍留相當差缺如此項人員仍不願解卸既以新舊班序委三年
以上至一年以上人員概行勒令入名以幫佐幫出之員託故延不赴任如係已有獎勵
之員即將該員從前所得獎勵請即撤銷如無獎勵之員即將該員停委三年一
切差使均不委派于咸豐六年九月二十八日奉　前憲葉　批准移咨又咸豐
九年十二月羅前署司以碧甲柵一缺章倫接班於委自咸豐元年盧前司詳明
差使空缺一年更換以後合形窒礙因省理者不能久于其任無從整頓當請
仍照舊章改為委署于咸豐十年委署一缺年限滿之日起歸入部委班內展
限三年以資整頓于咸豐十年正月初八日奉　前憲勞　批准移咨又咸豐十
一年十月王前司詳請將電茂場茂暉墩白大洲五缺仍照舊章任滿兩年

出差一次，澂水、來鳳、招收、白石四缺改為三年期滿再行出差，如無差委可任調者，即
差一年，或與石橋、隆井、小靖三黃缺互調署理一年，以换出差一次。至石橋、隆井、小靖三場
人員屆滿二年，免其出差，仍准與應出差之九場人員互相調署一年。至經歷司
庫大使、批驗所大使三缺人員，如有保舉著績保署之員，仍當酌予鼓勵，於
實任之員酌准免其出差，差不論署，則缺以杜取巧。至小澂水廠一缺改為一
年期滿，通省石橋、隆井、小靖三黃缺輪值調署之年，適當應調之缺，即以調
署小澂水廠一年，以資調劑。所遺石橋、隆井、小靖三黃缺改歸豐登委員
一年。同治十一年十月二十四日奉 岑宮保 批准飭遵。又同治十三年三月
十六日馮護司以委署招收場大使程培年延不赴署，據錄委札詳請仍為委署

一次。同治十三年三月二十三日奉 督宪瑞 批准销差。又同治十三年三月满镇
日，以碧甲栅缺近年更形疲敝，曾同满日择请仍设甲员，俟现署之员三
年期满由日委员接替，复设一年期满更换。于同治十二年四月初六日奉
督宪瑞 批准销差，委署各员年限向定，经历日广东批验所河下
四缺一年期满更换。上川司、白石场均委署二年期满更换。淡水场、大洲场、墩
白场、招收场、东界场、雷茂场、博茂场、茂晖场均委署一年期满更换。石桥场、
小靖场、隆井场委署一年期满更换。河西栅、双恩场仍委署一年半期满更换。碧甲
栅、直东栅、海甲栅、小江场、海山场均委署一年期满更换。小靖分厂、惠靖场大使
兼管白石[illegible]西场、归白石场大使兼管二场，不入于委历，经差由东奏案云云。

粤東鹽政雜録

上二

粤東塩政雜錄

一本年餉引於次年五月州縣造用奏銷又本年餉引於次年十月塩道奏銷造　部

一塩引課餉各有考成如塩未完則係開列督銷職名其課未完則開明經征之員查明報叅如額課雖完而引未銷完者仍將未完之数開叅

一帶征商欠分別不及一千及一千以上至五千兩并五千兩以上照承追虧空錢粮之例分別议叙议處

一各商積欠盐價塲羨埠羨數至二千兩分限二年帶征五千兩以上分限四年帶征自乾隆十一年五月二十四日准咨起計至十二年五月十三日一年限滿如限内拖欠未完將經征之員查叅該商革究未完之項着互保各商分賠

一行銷正引例應先完課餉後完盐價

一配盐之額以一百五十斤成色秋冬乾燥每包准一百六十三斤即生盐以三觔作滷耗熟盐以四斤作滷耗餘作子盐春夏濕熱每包准一百六十五斤生盐以四斤作滷耗熟盐以五斤

作滷耗餘作子鹽所餘子鹽歷年獲銷解充京餉是為子鹽
斤係潮上各埠獲運起埠銷售凡船户存前紫秤頭鹽斤給
價收買歸客積貯配商銷售所獲羨良解充公用是為花紅
羨良一正鹽之外有正額餘額外餘鹽子鹽耗鹽花紅餘鹽等項課餉
之外又有正鹽場羨餘鹽場羨埠羨額外餘鹽場羨八折埠
羨三封掛一鹽價子鹽京羨花紅額溢羨餘等項各色
一發帑收買正鹽給商運銷賣出價良除扣还灶價支發蒲
包水脚等項外一切良两名曰正鹽羨餘又收買餘鹽酌撥各

埠搭銷所得良羡名曰餘鹽羡餘又能多銷額外餘鹽者羡良、
八折交收是為額外餘鹽羡餘
一歲鹽斤除配充額外歷有餘鹽動帑收買配鹽行運
一額引三封者准其先折一封運貯埠倉限開倉兩個月完繳鹽
價一正鹽課價已完而額鹽尚未銷足者准其領運額外餘鹽行
銷可也一額外餘鹽原無正課除延鹽價外尚有左綱埠羡即
係正課一領銷額外餘鹽限到埠兩月內完繳鹽價
一正引及搭銷餘鹽之外如有急公認領者准其八折交羡次名

曰額外餘盐羨餘其從前所定各埠搭銷之餘盐又指為正
額餘盐在埠商領銷有此名色在各場總係偓出偓收悉屬帑
盐一額外餘盐查明各商埠貯盐倉飭令自备水脚領運餘
盐按其額引數目先運一半到埠俟該商完納餉價後令州縣
官點給發賣一運埠盐包責令州縣所在驗明封貯務捨開倉
時先收盐價方許發售其應納餘羨銀兩於盐斤賣畢之後即行
催繳完頂毋許各商捏报未賣遲緩納羨所有應解價羨銀兩
均由州縣驗批报解一額外餘盐埠羨銀兩照原奏八折之數再

减一成以七折交官其至乾隆十二年三月初九日奉
旨依議之前所發埠斤仍在此限
一項運商貯生盐起埠倉封貯俟完納餉價指配年分額引若
干道該銷盐若干行知到縣照数点交銷賣餘仍封貯
一告报正額餘盐未完納餉每封計盐一千四百八十八包五十斤
加配盐一百四十八包零一百二十五斤又帶銷育嬰堂生盐二十
包一每盐一封引九百五十道盐一千四百八十八包零五十斤
每盐一包額重一百五十斤過潮秤一百五十三斤半

司馬秤一百七十斤連包絡每引一道該鹽二百三十五斤
每一封該鹽二萬三千二百五十斤
為移付事二十四年閏六月二十六日准
戶部咨廣督李 咨稱粵省餘鹽初定章程准 部咨時
欽差部堂左粵酌定議立總商稽查火伏等各條及一切應行
咨部各款應令一併酌定議咨報所有議覆各款相應咨明等
因前來相應按款核議咨覆該督可也
一咨稱遵查奉行設立總商一款。查粵省各商辦餉及立總

商稽查督办之處該督既稱查有永安著埠商王昌龍等八
名身家殷实办事謹勤應准其永充總商互所設總商原為
督办一切公務自应配給膏火飯食等項以資办公應准其在於
額征公費艮兩每人酌給艮二百兩仍咨該督飭令各總商
上緊办理倘有怠玩即行斥退另選充補一咨稱稽查煎盐火
伏催收晒盐斤數一款查場産盐斤顆粒均應歸官應請責令場
員每遇潮汛親往各棚廒將各丁所收河滷驗明記數並飭起
煎凡起火之日向場官領簽煎畢繳簽場員即親往驗明並時

督令將煎出之鹽秤明斤數盡行交官收買而灶丁不行領簽擅起火及繳簽後仍復私煎一經察出即以私鹽治罪至生鹽亦令該晒丁於收鹽之際預行报明該場官親往驗明督收一次令將所晒鹽称明尽数归官其因廠棚繁多不能逐處分身前往總以親督晒收之數為准倘有缺少即嚴究該場官仍不時於各廠棚親身輪流巡察督收一有私鹽私晒隱匿盜賣等弊務即嚴加究處仍責成州府稽查倘場員怠惰偷安並不親身督察以及徇縱灶晒鬻私之弊

立即據实通禀揭參并语查煎盐火伏催收晒盐斤数該管
請責令場員前往驗明督收并責成縣府稽查丞於盐法有
益应如所議办理令該管飭令各場員上緊查办倘有怠
忽狥縱并嚴責成縣府稽查揭參
一咨称設东滙閔添秤制盐成規一款查东滙閔秤制盐斤請
於上下二閔南北河岸竖立旗杆自南至北繫以棕繩加以小舡令
水手上下分守巡查並各竈配盐之際責令东閔大使委員會
稽查均屬緝私应行事宜所有設立旗杆棕繩及整造小

船估需工料银二百八十八两零准其于奏留充公银内动
支办理应咨该督造报工部核销仍造入奏销充公册内
报部查核
一咨称酌定四季饷限期一款查雍正六年御史郑谏宝
条奏各省盐课钱粮商人并未定有处分治罪之条是以
奏销之时往
逋欠甚多今未完各商应照所分数指明题
参加责治罪果能岁内全完给以花红扁额以别优劣等因
经本部覆准通行在案今各埠饷银该督既经酌定分作

四季催輸应如所咨將前項应納餉於每季之底　核其完
欠分別功懲如於奏銷時仍有拖欠即照例治罪以示儆戒
一咨称酌定通河開行鹽船日期一款查兩淮總志内開淮商鹽
舡係十月一次開行所有一経開行即飭令迅速趲運倘有藉
端灣泊夾買鹽斤以及途中鹽賣等弊即嚴行究懲等語应如
該督所議办理定例鹽課逾限不完按所欠分数照商人欠課
之例弟以枷責杖徒從寛准其納贖所欠餉良勒令下季清完
一咨称各埠私設子埠店并鄉僻盈缸一款查私設子店

盆缸販私賺引深為課餉之害当嚴行查禁但州縣地方寮
濶或有離埠寫遠畸畛村落餉設小販赴埠買鹽擺設盆缸
零售者若概行禁止悉令赴埠買食則離埠一二百里及數
十里者不無跋涉之苦於民殊有未便應請嗣後一切子店盆
缸悉令赴埠驗明該埠商查明实係殷实留易之人不致籍引
販赴州縣呈明給与印照方許向總埠買鹽轉售若未报明給
照私行開設及籍引販私責令地方官不時留心稽查并許埠
商拿獲稟究及行州縣就近 督察等語查私設子店盆缸最

易販私賺引令該督議令州縣呈明給與印照方許向擋埠買鹽籽售並責令地方官稽查督察俾不致有碍官引於課餉民食有裨仍嚴飭各州縣毋許書役藉端需索致有累商如有踈縱即行報參一咨稱現在存食黑色鹽斤令其搭配行銷一款查現在食貯鹽斤以及舡貯各鹽該督既稱俱係潔白惟東莞一場向產鹽斤畧帶黃色應咨該督嗣後東莞場所出鹽斤飭令东関大使均搭配行銷以免偏枯其餘各場既非黑鹽務令一本潔白支收尚有黑鹽運回东関即行查明報參一

輓運不無折 耗所有各埠正引有加配加耗鹽斤及餘鹽改
引加配加耗應准其照 旧納價買運行銷 以培商力至配充
舡戶溢鹽原恐舡戶藉有花紅各包私行鹽買以是官為給價
收買無使顆粒透漏至有舞弊私賣并冀至所得花紅溢鹽不
敷加配耗之用及 場配向無花紅溢鹽者仍准於溢鹽內配
給行銷一咨稱奉鹽價係商人買運帑鹽之交納場之項一款
查分銷引數應征課艮無庸列入鹽價之處該督既稱現在
遵照部將改引課餉照依正額引鹽總課款開具摠撒數明

核造細冊另送等語應咨該督速飭將應征課造冊送部仍照應納鹽價按平造入塲羨奏銷冊内報部查核一咨稱稽查各舉私設子店并鄉盆缸等因查設子店令其呈報鹽道発給印示實貼舉前鄉僻盆缸由州縣給印照張掛並責成地方官稽查之处誠足以杜各販影射等弊應如所議办理仍嚴飭各州縣毋許衙役藉端需索致累商販如有疎縱即行報參 户部為遵

旨議奏事議覆滇督李 奏查鹽課錢糧祇宜定期以得實在不

必沿習虛名廣东盐課雖定於六月內奏銷而積習沿送
未能副六月之限期今兩廣盐課經待郎吉 奏定粵省
盐務案內請將應課完餉飭令按季陸續完交務於奏銷
前一月全完經軍机大臣 會同臣部覆准在案該署督既
称粵东課餉內於次年歲底造冊題銷遞相沿壓已歷有
年若勤令于六月奏報則為期甚迫商人力有未能勢必
懸欠愈多应如所奏將廣东盐課錢粮照依該銷引盐之例
統於次歲年底造冊报銷庶得從容办理不必仍沿開報

展限之積習仍令該督照軍机大臣覆准原奏將每年應完
課餉飭令商人務於奏銷前一月全完以副奏報乃也乾
隆二十四年正月十四日奉
旨依議

廣东盐政水程違限追罰

為請定商人違限議追之例等事乾隆二十年五月十二日
奉督憲楊　批盐道詳議定商人領運水程違限晝一追
罰一案查向來違限不及三月俱經詳定之例追罰贖良

四丙二錢不追堂餉至違限三月仍照旧追納罰贖免其
堂餉如違限三月以上除查明程內填註截角閘行日期果
係在場違限及確有違限因由实據詳明候奪外其有有
違限在途以及河乾水淺等項由縣詳請免赴一概不准
而臻畫一等因奉批如詳飭遵

埠中存鹽無幾預行申報飭商折運
乾隆二十四年六月鹽台范 詳請云云嗣後如遇埠內存鹽
無幾即務行申报 飭商折運 如該商不即赶折趁銷先行

詳請記過照水程違限定例追納罰贖艮四兩二錢再洗
遲悞定行詳革君舉鹽無幾該州縣不先行申請飭商
拆運缺銷仍奉行之例記過揭參等
因奉　督憲李　批　如詳通飭遵照
鹽運司范　為詳覈事查得各商稟陳鹽務四條奉
憲台批行移令妥議具詳祭奪等因卯見
憲台靈憓慱睞至意除新歸商办各埠官交精鹽請分年
完繳本秤头價羨次二条移令西鹽道詳查令議另詳外

其餘各條就本司曾見所覆逐一核議具詳是否有當祇
候　憲台批示遵行
一據稱請商運鹽包耗滷折量加優恤一條　每運船户
东塲運四省供配向有溢出秤頭鹽斤定例交官收買
商運涉水各舡赴闗配運而由东闗官監同海艙涉水各
舡户秤兑今據稱向來亦有秤頭以補滷耗近來厰驗皆
以有缺無多以致东闗配鹽不肯少留滷耗地步商運各
舡或秤觔折增添收脚每封加至七八両或百餘両不等

請每包有秤頭滷耗二三斤者先行查究等情本司伏查
鹽觔經過盤查閱廠而來點包放行奸猾船户多有灌包夾
私情弊本年業經
憲台屢飭各閱廠認真盤查而各閱廠始抽秤驗即多一
二斤者亦據實报明究擬今可否仰邀
憲恩俯如各商所請飭知盤鹽閱廠如商運各船每包有
秤頭滷耗一二斤者免其查究多則仍以私鹽究擬並飭
东閱官督令海艚埠運各船户照歷来成規公平搭配

不得因此多索秤頭苦累艚船而艚户亦不故有短少庶深水淺水各船户均得滷耗兩無偏枯而各商運鹽亦可少耗折之賠累矣緣由 乾隆二十四年十一月初七日奉督憲李 批查鹽斤自省配運各埠間來淺水舡户既有准其酌帶耗滷之例乃因各閘廠盤驗過嚴以致掣時亦過於苛刻短少秤頭船户商人交相賠累誠有未協仰即飭行各閘廠委員遵照嗣後盤驗引鹽每包僅多二斤者准即放行再有多斤明係夾私即行解交

吏部為恭奏鹽法事會議得准户部咨称署廣督班疏称云云前来查經征鹽課督銷鹽引云云應如該督所請嗣後場員收鹽每年按額分作十分如額外收從一二分者記功示獎三分以上者照官全完一年課引之例准其紀録一次其協办效力委員能以額外多收之分以上者准其遇缺題補至額少收各員責令知府確查如係縱容售私以致缺額即不論分數參處究審或因本年積雨連陰實較往歲為甚則三分以下姑准記過若至四分以上者即

行消斤一疏称灶丁酌加倍养云云等语查粤東灶丁煎晒
塩斤原係拨帑收買该督既称春季秋初雨水過多煎晒
之功倍加勞瘁請酌核加價收買等语應准其酌核加價
仍以截衣彙核成数造入塩羡案内声明具題一疏称
運舡量為優恤查溢出之塩云云等语查兩廣配充餘塩
完例每包生塩收價四木九分每包熟塩收價七木之
数舡户溢出塩斤该督既請照各埠餘塩之例分别生
熟給價收買以杜沿途盗賣之弊應准其以四木九分及七

数给发 收買其 配商收價亦准照餘盐原買值價配儎至
少收墕羡及應需包價统於歲底彙核成数造入墕羡
案内声明具题等因乾隆十九年六月二十四日奉
旨依議

盐船失水

一奉行盐船失水如遇正印公出倒壳移请僯邑代验盐
船在大江失水被風揑报治罪
一盐舡在大江失風失水查出揑报情弊照販私律治

罪杖一百徒三年

海運塩船遭風失水分别内河外洋文武各官確勘結報通

飭廣東塩運司 為飭行查議事乾隆二十五年二十三日奉

兩廣總督部堂李 批本署司呈詳查看得海運船戶

具报遭風失水奉

憲台行司 丞如何立法稽查使不致有塩賣捏报之弊剋日

確查妥議詳奪至船戶領運場塩是否量船隻大小定以

裝之多寡有無留多水脚塩行查載以致遭風卸去更或

有因重載而致失水之處亦即一并查議衆奪等因本司
伏查海運舡户洊歷内河外洋或因颶風一時撑駕不住或
過暗石撞拔以致失水勢所常有而不肖舡户沿途盗賣
處难交卸故意伯於危險之中將船鑿破捏报失水亦或
有之雖经前司屢檄衆飭各該地方文武会驗勘訊在案但
恐日久法弛诚宜立法稽查爰请嗣後凡有海運船户具报遭
風失水如在内河者飭令該地方文武務須親诣会勘果有撈
獲空包及擄破爛舡隻為憑方准出结其在外洋失之

往驗 舡隻塩包漂流無踪者傳齊舡戶水手人等細加究詰查對起風時日是否相符并移沿海汛弁有無撈獲破爛舡隻逐一確查如有形踪可疑立即直窮憲台 行司作何設法稽查不使扶同捏混之處悉心妥議具詳察奪等因本司伏查兩粵各商在省在橋在塲拆運引塩赴埠銷售中途遇有遭風失水向准其納價補運而海運舡戶沉失帑塩准其豁免脚價原屬格体恤經屢飭各商慎選船戶酌派妥實親丁督押并責成地方官加謹稽查以杜盜賣捏報

在案地方各官遇有呈報淹消鹽斤之案如果認真親詣
確勘細加詰訊則真偽自分若僅據船戶一紙呈報與訊
並移會即以查無捏飾率混具詳实难保無奸商船戶勾
引私梟任意盜賣之弊誠宜立結稽查應請嗣後凡有埠
運海運船戶具報遭风失水如在內河地方飭令該地方文武
務須親詣會勘明確果有撈救之人可據破爛船隻可憑
方准加結具詳如在外洋失水往驗船隻鹽包漂流無跡即將
船戶水手人等細加究結查对起风時日是否相符並移

沿海汛弁有無撈獲空包及破爛舡隻板片逐一查勘明
確如有形可跡疑立即直窮到底據实詳究追賠不得仍
前虛應故事草率詳結倘文武各員不細加查勘任由歸
混扶同結報別經查出即將查驗之員嚴揭請參並將舡
户舵水人等按律從重究擬追賠如此則各官不敢扶同
捏混而舡户沿途盜賣捏報之弊可除是否允協緣由奉批
如詳通飭遵照实力奉行毋得仍前草率致干未便繳等
因為此仰府行縣照依事理即便備移各營員弁一体遵

照实力奉行毋違
私塩舡隻武营拿獲者着武員將舡隻速行变價州縣拿獲
者州縣变價
廣東塩運司王　為飭速行估变私塩舡隻以重帑項事
乾隆二十六年正月二十六日奉
督部堂李　憲牌照得私塩变價例應截底
赴報如有遲延即干參議查所獲私塩向係發交埠商变
價一經秤交不難催令速行繳價惟載私舡隻一項地方收令

公務紛繁不能親身辦理獲解之日即發交地保看守或漫不經心任其雨淋日晒或私自租賃恣意漁利營私迨至飭催交解舡已朽爛不堪每至難於變售而所變銀両不值原舡價值十之一二其餘悉為吏役地保侵肥查私鹽案件惟武員拿獲者居多通省惟平海營獲舡隻向由營員變售將良移縣轉解不致稽遲今與其飭令文員查辦致為保役人等作賊侵漁有虧帑項不若即令拿獲之營員就近估變轉有責成合就通飭備牌行仰府即便移行各該文武遵

照嗣後凡係各營員弁以及閩廠武員拿獲私鹽案件除鹽斤照旧交商變解外所有舡隻即解交該管營員收管該地方官訊明現獲之犯果係販私屬实一面移赴該營印將載私舡隻確估變價將艮移縣轉解如有变多解少侵漁揑报以及变價遲延惟該營將備是問至文員獲私之案所有舡隻仍由地方官作变各該收令亦即須於訊明之日即行变售親身细加查察实解报如任吏役地保欺朦侵隐及遲延不报致干参咎毋違等因

大中號漁舡赴埠買鹽出海醃魚埠給印票填限三個月小號漁舡分別鹽之多寡定限半月十日各埠不得填給長限印票一件埠給長限引票有防官鹽懇　憲飭禁以便稽查以疏官引事奉　鹽運司范　憲牌乾隆二十二年二月二十日奉

兩廣總督部堂楊　批本司呈詳覆看得虎門廠委員具禀漁舡赴買香山東洲埠鹽填給長限引票一案先奉　憲台批查業經飭行該縣查議緣由轉詳奉批司覆飭確查明白據實妥議另詳察奪等因仰見　憲台明慎周詳至意依經轉飭該縣遵照去後

茲據該縣稟稱隨即移拘埠商司事人等稟加確訊據稱所設長
限之處因香山縣埠與新寧新会两埠毗連均屬配銷漁盐昔年填限
太速漁戶出海採捕無漁盐票逼限難以存留未免虧本悉赴寧
会两埠買銷以致本埠本埠之盐壅積課餉办納維艱始設法
招回漁戶長短計算如出海捕有漁蝦即行歸港票隨註銷惟被
風雨阻滞或因信未起方有稍延日月實無擅給空票情弊質之
漁戶異口同詞矢供如一請將埠商胡羽韶從寬免議並將票照
議定限期詳稟前來本司伏查禁止沿海各埠填給空票誠如

憲批所云原以杜漁之影射站洋販私之弊实未便任其久填程限致滋事端今查山漁舡赴埠買鹽票照既經該縣按舡隻大小酌定限期可否俯如該縣請所嗣後大中二號漁舡赴埠買鹽出海醃魚填給印照無論鹽斤多寡即令該商將埠票内程限三個月小號漁船不能遠出大洋如買鹽多者定以半月買鹽少者定以十日逾期俱不准為照仍行查究仍飭該縣不時留心稽查倘有漁户逾限站洋收私醃魚以致衝賺官引及埠商填給空票之弊立即詳究着該縣狥隠即行查參至該商胡羽韶司事余心載

雖據該縣稟汎並無私給空白標情弊但胃昧填註長限之票殊屬
不合該縣未能查覺亦屬疏忽乃否念其長限票照係昔年所立
並非新設姑寬既往槩免置議出自
憲恩本司未敢擅便緣奉批飭查議事理是否允協理合詳候
憲台察核批示飭遵緣由奉批如詳飭遵仍令該縣不時留心查
察倘有填給長限空票立即查究該縣如有狥隱該司亦即據
寔揭叅并通飭沿海各漁埠一体遵照繳

塲灶貧难老幼男婦挑負塩斤易米度日不許出二十里三
十里之外
廣東塩運司范　為飭行查議事乾隆二十三年月日奉　署廣
督託　批本司呈詳附近塲灶貧难老幼男婦議定程途里数許
其挑負塩四十斤以下沿途易米一案查看得粵東沿海地方概
多產塩之區其附近塲灶實在貧难老幼無可資生之人過五十
以外及五十以内並無依靠之䓔獨老婦許其挑負四十斤以下
在本境易米度日原不在禁捕之内奉

前憲鄂　於酌定私鹽條規案內奏准飭行欠經遵照在案惟是
離場若干里為近許其挑負易米若干里為遠不許越賣遵前
尚定未有章程若不該定遠近里數誠不免藉貧難老幼各色越
境賣私沖賺課引奉撤飭定以離場若干為率行令議覆等因并
據有場灶之廣肇高三府議覆附近場貧難老幼之人氣力衰
弱既負鹽沿村易換米糧每日奔走一二十里之遙按照各屬場
地情形均請定以離場二十里為近許貧難老幼挑負鹽四十斤
以下者在二十里之內易米度日如出二十里之外即為離場寫

遠如有籍貧老幼各色逾違所定里數希圖轉售私販者照犯私
本律拿究治罪又據惠潮嘉三府詳覆各屬場灶遠近睽絡村奸
間人如若定界太近人〻便於挑負貧難老幼亦無易采之處
如就各場逐處分別十里五里之界限不時參差一不難于稽查
抑恐轉啟地混籍端滋幔情弊酌核各屬場地情形應請統以三
搭里為率如離場三十里之内為近貧難老幼之人聽其在三十
里以内之村圩負來貿生若離場三十里之外為遠一不許越定里
數遠賣如違即以私盐獲究等情議覆前來本司覆查各屬產盐

灶場地勢情形原遠近不一凡有近場實在貧難老幼男婦並無依靠可以資生之人許其負挑四十斤以下在本境地方易米度日原為矜恤煢獨起見今奉飭定遠近里數並行負鹽易米境地不許越賣使各知分別遵守非附近場灶藉名貧難老幼希圖越販轉售者無從影射混冒之處更為周備今各府議以離場二十里三十里為近如逾二十里三十里之外即係離場為遠既據查明各按所屬場灶情形因地制宜核定酌辦應請俯如各該府所議廣肇高三府各場灶以二十里為近惠潮嘉三府各場灶以三

十里為近許令实在貧难老幼男婦挑負塩四十斤以下在二十里三十里以内易米度日如有逾于二十三十里以外遠越圖賣者即照把私治罪飭令該管員弁地保人役查拏解究如此明示遠近章程核定限制里数俾近場之貧难老幼窮黎奉法遵守得資籍塩養生之实惠即不近場灶不安分之奸徒亦知區别遠近里数禁令要明不敢影射售私而干引塩課餉無于冲賺貽累矣是否允協合詳要緣由奉批如詳通飭遵照

要飭暫銷引塩分别功過

為嚴督銷引鹽并定考成之法等事乾隆二十四年三月二十八
日奉
督憲李　憲牌照得鹽斤為民食所必需而課餉乃國帑所攸關
課從引辦引賴鹽銷此一定不易之章程也從前各就戶口之繁
間酌定額引之多寡夥餉之輕重迨後生齒日繁食口日衆果其
閭閻盡皆買食官鹽惟慮額引之不敷行銷則商力自必充裕何
至引鹽壅滯額引貽悞緣粵省地多濱海貼近灶塲各塲稽查不
力灶晒任意透私鹽梟漁利販運水陸沖賺里民食私地方官置

之膜外，既不能實力緝私，又不能劝民食買官鹽，以致額外積壓难銷，商力疲乏，課餉累年懸欠，蠹國病商，為害莫甚。上年，经本部堂會同欽差請查鹽務，洞悉弊端，分别定議章程，奏准部覆飭遵。如果場員之疏縱透漏，汎弁之緝私懈怠，均已嚴定考核查參條例，實力奉行，不容玩忽。惟行銷引鹽，端賴牧令督办，雖不便按户稽查，勤派買食，致滋擾累。然一村一堡，约畧計之，每月必有應銷之鹽。每該州縣向俱設有鹽快巡捕，分頭緝私，而各鄉堡練專事查緝，奸匪私梟亦在其中。如今官地方一月之中里民所買引鹽、甚屬有限、或全無赴買、各戶豈能淡食、明係各該人役得受梟徒賄囑、通共隻私、即當嚴行根究、按法重處、自必咸知炯戒、實力堵緝、不致復蹈賄縱故轍、并將引鹽為 國課所關、凡屬編民自應遵例買食、而違禁食私、有干法紀、何以置身局外、寧甘督受銷督徵不力之處分、並不少為留心查辦、令鹽務初定、餘鹽改引、既以 增于前額定餉價、又復不掛欠本部堂務在力除積玩、以期年清年額、斷不容復任該州縣悠忽從事、除通飭各府州即便轉飭各州縣遵照、檄內所指事理、出示曉諭、實力查辦、其未銷引盐餘以前姑不置論外，自奉文之日為始，查明埠內存盐數目，及本年應銷引盐，并或有上年積壓未銷之引，一并彙核，共盐若干計。至本年出庄每月應銷盐若干，先行报明存案，嗣後再將銷過盐斤數目，声明按額多銷盐若干，務于次月初五以前摺报該司彙同覈核。如能行銷足數，及逾于定額者，准于記功一次；銷不足數者，記過一次，未銷盐數，飭令下月帶銷。如已銷完，准其將記過銷除。倘上月業已多銷，下月雖銷不足數，合算並無缺少，亦將記功之案准其抵銷。如積至記過三案以上者，或一月之中並無銷引盐斤，明係縱容私梟充斥，玩視塩法，即行廣揭特疏糾參，以為因循玩忽者戒。至該州縣中有漁引一項，准其稟明酌派於魚販旺盛之月分別行銷，務必統於年內銷清額數。各該牧令果能實力整頓，將本年額引額餉概行銷完，固應照例議叙；如能將旧存積壓引盐一并銷清，或又領餘盐者，本部堂當於考核案內另題陞調補時酌量准予薦拔，以示獎勸。該府縣有督催之責，亦須以時留心督察，慎勿泄視，並干未便外，合并飭行。云云遵照議定功過條約，按月核明造册詳報察核。其有玩視塩法之員，即行廣揭請參、

盐舡捏報失水印官扶結叅处本商不准補運三丁照例治罪

廣東盐運憲 稟請嗣後如果遭風失水舡隻碰爛破爛不堪即

官視驗結報方准補運如係舡内底板綻裂尖圓洞孔即屬裝點

逢破捏報如印官委員不行確切查明妄与出結即照扶同捏報

例詳叅除戶運丁照例究追治罪外本商不准 補運等因于乾隆

十七年二月初六日奉

總督何 批盐舡捏报失水詢屬錮弊據稟嚴定官商处分寔屬

允協即照議飭遵可也

督憲李　為飭速行配運引盐以濟民食事照得粤東盐行界
銷東西兩省及江西南贛福建之汀州湖南之柳桂黔省之木州
等屬其間相去道里多者數千里少者數百里且多溪河一線灘
流而照更有踰山越嶺陸路盤駁在春夏河水漲發之時遥遠之
埠尚須輓運三四月之久若秋冬水涸僅容小舡盤運更必待半
年或八九月方能到埠額定引盐若不早行配給必致埠盐難以
濟接閭閻有設食之虞或不得已而食價封私販遂至盐已運到
勢不能剋期銷售商力難以輸轉一過奏銷期届必致懸欠難請

地方救仝　因掣配鹽斤非伊得以自主亦惟坐待考成莫之能輓
是以前咸清查鹽務案內經本部堂會同　吉本部堂奏請商人
領引之後即准其配鹽銷售餉價按季陸續交納經部覆准飭遵
照辦年又經本部堂節次咨催配掣引鹽乃運司並未遵照原行辦
理仍令商人納餉完楚准配給引鹽迨至屢次行催殷實之商或
准先行掣配而素非充裕之商必待摠商具有保結方准配運摠
商憲及賠累不為具結仍復不肯配給甚至商人已備餉價前赴
清運　如則扣底尚未屆限之旧欠繼又因商人欠課例有処分遂

將所備鹽價運腳概行令其繳納正課而引鹽仍不能配至如萍
頭鹽價原係隨正完納之項因運司例無考成亦一概任其懸欠
攙抵正課是以上年奏報時課餉雖屬全完而額引未經報銷纍
纍開叅至八十餘員之多夫餉從引辦賴鹽銷若將引鹽早行配
給地方官不能設法行銷以致久貯壅積或雖已銷售任聽商人
浪費花銷不行輸納餉價其咎在於州縣自應揭報叅今已蒙
奏准先鹽後課乃竟固執己見抗違定例仍必勒令繳清餉價方
准配給鹽斤粵東資本殷實者少焉得槩有餘力墊完一年額餉

艮然後運鹽行銷上年雖已勉強支特一載亦必有成應因力难
办課於粵省雖正大有妨碍况各該埠地銷鹽之戶口有定閭閻
之買食隨時若小民需買之際無鹽可售既不能沒食以追待至
鹽已運到仍此有定之民人戶口亦难令其併日而食似此引鹽
仍缺靡常從使私販梟徒逐其奸貪而商課安望其日漸充裕即且
原定鹽務章程案内尚有酌撥餘引五萬道以備接濟令額引鹽
尚且指勒不旨發銷焉能異蹠銷日而及於餘引如此办理豈不
於原奏大相違悖助即如上年五月儲昌縣以運道艱难鹽行恐

难接濟請將二十三年引盐數代為請領飭商迅速運埠督銷出賣盐價侭數批解該縣可為任怨勞急於趨公矣業經本部堂批令速飭領運川銷而該司仍復不遵配給及届奏銷仍將該縣銷引未完五分以上開參是不枉受參處又如修仁荔浦現已無盐可銷借銷平樂埠之盐接濟而奏銷時該司以未完九分十分開參迨經諭查始改為六分以上請參以謂該商疲乏不能運盐又何以力能全完額課此非指盐不發之明驗乎運司專理盐務豈宜出此挺之先盐後課既經奏定章程即应恪遵办理其八而銷餉

價仍歸責成州縣督銷完觧如庸另責總商保結致啟勒指之端
至於餉價均関　國帑自應一併輸納難容將止例有考成之額
課催完而置帑於價懸擱即稱頭鹽價係西省公用所需不容遲
緩況係次年二月奏報尤难懸期懸欠既係隨正配鹽即應隨正
並納亦當二十四年額引〃伊始除〃鹽運司即將二十四年額
設各引及各年未銷已銷已經納餉之旧引速行傳諭各商領程
造運該司速飭東滙関配給如到関鹽斤不敷掣配即將河南倉
所貯之鹽湊同分配其應行赴場領運者亦速給程前往配運均如

痛勒令先納餉價亦不必筋取總商保結盈逐納餉價以及帶銷
之稱頭育嬰等鹽價如未照細即以配鹽之日一併分別開明行
知各州縣令其分款批解不得長短參差免此欠被該司仍查明
各商如實係身家殷實餉價歷無掛欠令其自行立限按季完納
倘係疲乏之商向多懸欠不清令該州縣封櫃督銷於文到之
日先將存埠斤造冊報明同續經運到之鹽實力督銷每月將銷過鹽
斤若干收得鹽價若干以十分之三給与該商為工火及轉運腳
費餘存十分之七扣存貯庫於四月上旬造冊通報查核酌共艮

數多寡或一月或兩月或按季分別按款批解如鹽已配運到埠該州縣不行上緊設法疏銷以致堆積壅滯及雖已銷鹽任聽商人私行花銷鹽價無項批解者該司立即查明嚴行揭參先將何埠商人可以聽其立限按季完納何埠商人必須委櫃督之處分晰查明造册詳報查核至已經委櫃督銷之商果能將欠項請完仍准詳明聽其自行辦理停止委櫃督銷折配引鹽以及給程赴場配運日期該司五日一次列摺呈報查考並行潮州運同及高廉二府一體遵照辦理此番飭行後如仍復任聽吏書人等藉端

阻抑不行配運塩斤一經察出定以阻撓塩法嚴参不貸外合行

文武官員項充埠商出資漁利以及商頭把持分别糾參重究
為遵批呈明事本年八月十三日承准　鹽法道照会乾隆七年
八月初八日奉　署督慶　批本道呈詳審看得原四会埠商契
秉調呈控余學仁將埠轉頂肇慶繆前子詭报孟長盈商各令伊
婿惲姓官姪繆尔英在埠霸管一案緣秉調於雍正六年間承頂
鄧元雲四会埠業报各充商之後積有欠項於乾隆元年債人共
办隨有沈希賢余觀宸出本合夥串各沈觀貴承供至乾隆二十
年十二月內秉調砍扶母柩歸里即將埠業繳頂与沈余二姓得

回埠底艮四千七百兩摸交已明後沈又歸併於余換領余學仁
埠帖旋因掛欠餉價無力办納覓人承充當有朱善長與繆守之
婿惲孟植約為同夥朱善長出本艮三千兩惲孟植出本艮二千
兩各將本名摘取一字串名孟長盈朱善長出身承办與學仁接
項經商人沈宗玉沈書升馬經一在塲僉書新旧兩商公然退頂
呈詞經前道王　乾隆六年九月内詳奉批先准其承充四会埠
商在案至本年正月内朱長善本艮短少又捨以在佛山開張鉄
行之繆尔英本艮二千五百兩合半帮办乃樊承調察知惲姓係

繆守之婿而繆尔英又与 繆守同姓遂以余學仁貪利滅跡將埠轉頂繆等情赴控　憲轅奉批本道查报適經提到孟長盈繆尔英及見証沈宗玉等逐加研訊據各供訊前情不諱查揳大乘調頂埠与沈观賢已將回埠底艮四千七百两寫立新約已屬明白收单内並無載有業動歸原字樣乘調乃云當日有此語言而一時未經載入殊屬荒唐且此埠已數易其手乃猶妄思回讀并與找給埠底实属無賴應請毋庸置議外至繆守诡报各商令伊婿惲姓并伊姪繆尔英在埠頂當之処訊據繆尔英堅供只在佛山開

張缺行与謬守英姪不宗本年正月内朱善長本艮繼始与合夥
質之樊秉調亦不能確指其為繆守之親姪惲孟植雖未到案已
挫朱善長供明謬守之婿出本艮二千与之合夥此項本艮是否
繆守之物 應俟行提惲孟植到案審明定奪其繆守居官不謹縱
容親戚子婿在外項埠滋事已無疑議商人沈宗玉等見朱善長
等与余學仁承項埠業事出情願且明白田先与議其繆守之婿
与善長合夥項埠情節委實不知應先行摘釋其惲孟植現據朱
善長供称在繆守署内伏乞

憲台經檄廣州府將謬之婿惲孟植提解來省以便質訊理合先
行録供詳覆伏候
憲台察核施行緣由奉批降調謬守縱令婿姪影充鹽埠網利營
私業經本部堂特疏糾參在案矣仰即會同布按二司飭候
部覆察審并移行通飭文武官員如有似此項充埠商出資漁利
以及商頭把持者一經訪聞立即糾參重究毋得玩視此繳
有税官山聽業主開採務俟先賣給灶丁然後賣給本地居
民不許囤積高抬并禁外來客販無税官山聽民灶樵採土

豪不得霸踞

廣東鹽運司范　為檄飭查議事乾隆十九年十月初四日奉

總督兩廣部堂楊　批本司會同布政司呈詳看得執鹽煎煮全

賴薪是以柴薪足以　而後場鹽豈容商販壟積遠賣轉致本地

灶民難于採買等奉

憲台洞燭其弊弄訪有江縣民黄慶洪等佔踞該縣一帶山場不

容灶丁採取更不零星售賣仰司會同查明黄慶洪等是否業主

有無呈明開採抑係私自佔踞作何立法使柴薪足用確查妥議

仍通飭各場有無似此另議釁奪等因當經令檄陽山縣確查議
覆并通飭熟鹽各場查詳去後茲據陽山縣申稱查黃慶洪實無
其人係黃廣泓於六月初一日具呈承採大壠山場又有譚修文
開採山場另驗各文契果係有稅之山難任他人砍伐應聽灶丁隨
時赴買不能定以價值又不能限以分數定分數一定之勢必存留
以待灶買萬一灶丁無錢或灶丁自行採用必致堆積日久有擱
〇商本若官為收買在場官原屬公平而巡役人等不無短價滋
索之事惟須灶外販則柴薪自足價亦無慮高昂等因茲據各場

大使委員申稟並無商人佔踞山場煎鹽柴薪均係灶丁自行公
平採買惟茂暉場係赴海康縣採柴丹兜場間有一二灶丁前往
令諭遂溪採買雖無刁商昂價之事每有地方保練民人需索禁
阻柴舡赴買等由并據双恩場白石二場稟稱本廣山場應听民
灶就近自行採買砍用禁外來客販並不許土豪霸佔等由各前
來本司等稟查柴薪乃民間日用所必需自行應與本地之柴山
而供給本地之灶民乃據閘坡火溢山黃廣泓供稱自通山以來
所採柴薪本地無人來買賣與省城客人等語其平日並不零售

囤積居賣於此可見其譚修文等自不無相類誠為通弊自應立
法以便民用但擬稱營價由粮米增減不能預先定值並限以分
數恐灶丁別為採購持搁商本之處似屬实情至場官收買核縣
議明價值給發何慮巡役短價訴事應飭令各場員動支場帑差
人赴山酌買貯倉遇有灶丁急需量給發直於應交鹽價內扣還
歸項其灶丁自採買仍聽其便不必強其承領并通行一切無税
官山聽從民灶憑採不許土豪霸佔若有税山場仍聽業主開採
就地公平售賣一遇灶丁採買務須儘先賣給灶工不許囤積居

寄高抬值價并禁止外来容販刈山柴無出境之虞灶丁有奠鹽之資矣至黄慶洪擬請縣查明并無其人止有黄慶泓於本年六月初一日在縣呈明開採大嵫山塲係屬稅業並非强佔官山但不就近零賣藉以囤積給商販運省城為詞壟斷居寄殊為不合但念開採未久且屬商賈無知同譚文脩楊碧英一概免其深求飭令遵公剮後就地平賣倘敢仍蹈前轍即倍加究懲是否有当

緣奉檄飭查議理合令詳伏候

憲台察奪批示飭遵緣由奉批如詳通飭遵公至外来容販未便

概行禁止出竟有碍民間日用仰即分晰飭屬曉諭就近零賣不
許囤積居奇高抬壟斷餘姑徃寬免其查究仍候
撫部院批示繳奉此又奉
廣東巡撫部院鶴　批同前詳奉批仰候
督部堂批示具奉報繳
此通飭之後如新安縣將園縣柴办舡隻分別供民供灶其供灶
柴舡將船戶姓名住址舡號開移鹽場稽查其供民柴舡亦如
此行地方官稽查舡戶將開行回日報明

埠盐被水冲没地方官勘实结报准将场盐照数运埠销价
归还成本其运脚听自办倒塌盐仓於杂项内动支修葺册
报 工部查核
廣督碩 為飛報境内被水淹没盐斤事該臣看得江西贛府属
之寧都縣例食粤盐於乾隆十三年七月十三日十四日連天大
雨各处起蛟水高数丈淹没埽盐冲倒盐倉一案先據該縣及潮
州運同觧报前署督臣笛 批行廣東運司飛飭查明議詳去後
茲据廣東盐運司吉慶保詳称各埠倉貯盐斤陡遇洪水異常泛

人力所能防禦致被淹失委員勘明確實例得納價補運查寧都
縣淹沒帑鹽六千八百四十五包共該餉價水腳成本銀一千七
百二錢零經潮州運同行委該省寧都縣勘明被水沒淹確實並
無捏飾情弊出具印結詳送應將場埠照數補運赴埠銷出價銀
歸還前項成本其補運場鹽應需船價水腳銀七百四十二兩七
錢零查該前商林得榮虧缺帑餉奉革之商承充撥帑鹽交該縣
辦理出賣價鹽均須解充歸還餉價水腳前項補場鹽應需鹽價
水腳無從彌補應在潮屬羨銀一萬三千內動支銀六百四十二

兩七錢零以之補底至沖倒鹽倉二間在於雜項銀內動支修復
造冊報銷等因連印結詳繳請　題前來臣覆查無異所有淹沒
鹽斤沖倒倉房相應據詳題請動項補運與修廒餉本不致虧缺
而鹽斤亦得藉倉收貯除將繳到印結送部查核外謹題奏
旨該部議奏　戶部議覆查各処行運鹽斤如遇風水漂失查明准
其補運今寧都縣埠鹽九萬二百五十斤零該督既經查明補水
淹沒地方確勘並無捏飾出具印結送部相應准其照數補運以
脩民朔食其補運塲鹽並須鹽價水脚銀六百四十二兩七錢零

請在潮屬溓義良內動支 抵補之處查粤東各鹽運 銷鹽斤一切
鹽價水脚等項向听各埠自行办理並未有引鹽斤 漂失題請撥
補脚價之例今寧都縣淹没補鹽運斤所需鹽價水脚台丞仍听
該縣自行办理未便在於潮屬鹽義良內抵 補应令該督碩
將前項補運鹽斤價脚等良共六百四十二兩七錢零飭令該縣
日行補運報部查核至冲倒鹽倉二間頂既称於雜內項動支修
葺所需工料良两令飭確估詳報到日核給與修等語應令該督
轉飭作速造册估报工部查核可也等因於乾隆 四十 六年六月

日奉

旨依議

審理鹽案限期

廣東鹽運司范　為嚴催速行詳結事乾隆二十四年四月初七日奉

兩廣督部堂李　批本司呈詳查看得承審私鹽之案自應速為

訊明詳結以省拖延漸累緣向未定限期各州縣因循怠忽視為

無關緊要經年累月不行訊結不勝屈指前經本司詳奉

憲台批飭速審詳結業經通飭遵照在案詎各屬仍不尚緊速办

以致具报私盐之案日積月多而擬議詳結之案甚少以此積玩
成風若不申明考核例限実無以懲創儆戒薪奉
憲台檄行飭取承審起限如有違作何開叅議処等因本司覆查
州縣承審私盐之案如係為数無多並無夥党興販情事只就現
犯審明即可完結此若拿獲私盐数至千斤以上必須根追私盐
来歷究拘夥党之案定限該州縣于一月内審解本管府州該府
州定限半月核詳轉司本司衙門亦定限半月内覆核轉詳
憲台如該府州詳報到日之案或有情節疎漏或因擬議未協應

駁覆審者本司即將某案駁回該府州覆審。另詳緣由報明
憲台查考倘有人犯衆多現犯未齊寫頭隔屬儘封関提往者有
需時日必俟要證人犯到案質訊定議實在不能依限詳結之處
該州縣即詳通報文內声明案內情節以便察核限其加展一月
總限兩月內務須趕办詳結如其無故稽遲即或隔屬関提人犯
並非要証藉詞捏飾等弊本司飭查明確即將逾違之限一月承
審之州縣官詳請記過一次如逾一月以上至兩月者記過兩次
倘遲至三個月尚有未詳結者即記大過三次并開列該州縣怠

玩職名詳請

憲台核奪再如承審私塩之案該州縣本任内未曾審詳適值陞遷事故离任接任之員詳結亦必查明前官承審限期如有逾限之处仍請分别記過核奪不便因其已經离任肖為寛貸如未經一月之限不及審結者免其置議凡接之審員於到任之日限起盡一扣限办理如事立定限期章程申明通飭遵照庶各屬玩延之習俾所懲儆而犯人可免久拘拖累案牘得以速為清結矣至該管口府及直隸州有督催審轉之責所屬州縣未結私塩之案

或届限不速催審結或已經詳解該府該府州不即核轉審詳查
明如何遲延情由請將該府州職名一并開揭附參緣由奉批如
詳飭遵并移按察司知照

私鹽人犯分別應禁并保

乾隆二十三年十二月三十日奉
署督託　批詳云云嗣後如遇私鹽案件一經解到之日立即訊
明分別應禁應保務於通詳文內聲明速行訊結不得混行覊禁
以滋延累等因奉批如詳再行通飭遵照

内結私塩変價艮両即觧臬司投納聽候藩司移取庫收彙
繳咨

韶州府正堂劉　為通飭遵照事乾隆二十六年二月十八日奉
塩運司憲牌現准
按察司移開查二十五年分主政令詳私塩内結止有單開李亞
七周雲豪二案其私塩変價艮両俱照歷年造入賍贖冊四年啟
詳請　彙報合就移飛備移道司希即核飭各屬如係内結私塩
変價艮両仍候

藩司移取庫收彙繳咨
部施行等因准此合就飭行備牌到府行縣照依事理即便遵照
嗣後明係內結私鹽變價銀兩立即解赴
臬司投納聽候移解
藩憲移取庫收彙繳咨
部毋違等因
籍票夾帶私鹽照律擬徒
兩廣鹽運司咨 查看得新安縣舡戶陳美玉籍票帶私被獲一

案緣陳美玉置有醃魚料舡一隻執該縣票照赴香山新安各埠
買鹽鈎索各号舡買魚醃踏本年六月內僱水手羅永陞等五人
駕舡前往香山向東洲埠買鹽四十斤出洋醃魚適西海無魚遂
將所買之鹽越界帶回添僱張連要養良為大夫往新安東海地方買
醃又赴新安埠買鹽一千二百斤緣出海日久米飯不敷回棡討
取復將棡主充銷七門埠魚卜料鹽二包攙載湊醃詎陳美玉惟
利是嗜於七月二十六七兩日因風舡泊長洲又向不識姓名男
婦買鹽二千餘斤二十八早適有同鄉之馮良傑在長洲貿易聞

子惠病拾舡過九龍回家舡至長洲半海即被大鵬營兵舡盤查一
人盐与票不符當將人盐拿獲移解新安縣收審具文呈報稟
憲台檄行轉飭審擬詳報等因遵即轉飭新安縣審擬具詳去後
茲據該縣詳報審擬前來本司覆查陳美玉既已買盐越界又復
藉引夾私法难輕縱雖據供称有母七十二歲但該縣查不照例
取具印甘各結隨送殊难憑信陳美玉除越界輕罪不議外應照
犯私本律杖一百徒三年水手罗兆陞等均應照䞇載律各予杖
八十徒二年至配折責發落擺站徒限满日遞回原籍

交挨保取領約束張要养既據訊添催大頭馮良傑係房搭舡均
予免議飭獲鹽斤及鹽魚二百三十二斤一并照例飭準變價分
别充賞同鹽舡變解入官充餉食米六斗給送收領舡票一張準
票三張飭縣塗銷至人數爲舡照不符之処審係馮良傑搭船携
要养添催大頭情有可原賣鹽男婦不識姓名概免深究文武職
名并邀免開再查檄行查舡戶水手八名核計止有七名是否遺
漏先經移查呈覆
憲台在案再查陳黃玉等俱係新安縣人新安至惠州府之歸善

平正驛計程五百三十六里海豐到南豐驛五百四十六里河源
到寶江驛五百四十六里何榮貴鄭勝有係番禺縣人番禺至韶州
府屬之英德縣正陽驛五百七十里肇慶府之封川縣麟山驛五
百七十二里合并開列伏候
憲台察核　批示飭遵緣由於乾隆十三年十二月二十日奉
署兩廣總督碩
巡撫廣東都察院岳批仰飭將陳美玉羅兆陞押候平正驛馬穩
保曾汝貴押候寶保驛何榮貴鄭勝有候麟山驛各照徒年限折

責擺站取具收管報查飭照行繳

無論引醃私醃各鹽魚均入官充公再禁賣乾標

兩院無領　批司呈詳查得私鹽一項凡有夾帶即同私論而律載

凡有犯私鹽者不許贓之多寡杖一百徒三年鹽貨車船并入官

等語是犯私之犯除按律治罪外其鹽貨船隻并應入官也明矣

邇廣海營獲犯拖風各漁船人照俱各不符夾帶私鹽自一千數

百斤及七八十斤不等似此藉照夾私越洋醃捕恣意不法若如該

縣所擬鹽貨並不依律入官但照准價變追不特無以懲儆抑且

放縱作奸引鹽莫銷於鹽法固屬有違而與海洋舡政有碍如以為各該漁户以漁為命不過貪得賤鹽醃魚倍獲重利便稱曰與販有間殊不知與販之徒而不過圖獲重利而已寧有他圖耶豈必待獲帶軍器拒捕傷人而後將鹽貨入官乎況粵省沿海各埠不肖司事多有私賣乾標之弊但有銷引之名而無銷引之實雖經奉禁無明各該漁户又有因影射営私斷難杜絕而廣海営獲報各舡未必非私買乾標之輩与販私無異既被拿獲自亟依律問擬是以本司等照依歷办成案無論引醃私鹽各漁户魚鹽一体

按律擬請入官變觧充公現候　憲示实為飽私起見所有該縣稟請分别引醃私盐給还追價之处毋庸置議矣乾隆十四年三月初四日奉

督憲碩　批如詳飭遵

緝私事宜

廣東盐道　為遵批議衆事雍正十三年三月日稟

廣督鄂　批本道議詳嗣後凡緝拿私盐除文移與販以及雖小販而或持械拒捕傷人者仍行通報發審拒捕外其尋常小販私盐

餜供通報　憲台暨本道衙门侯　憲查核批行旋據屢獲私不
致隐匿而逐海貧民無知初犯亦有拖累之苦矣地方文武官弁
請再行申飭務期加緊巡緝以杜私販遇有拿獲立即申報如有
玩忽滋事並不實力緝拿以及獲私輕縱匿不報聞者照例參究
至於失察之咎亦應請量情從寬一州一縣之廣城鄉相距路經
多岐豈能寸寸堵截刻刻防範況小販私盐人散行盐係屬無多
忽尔經過該管地方文武失於覓察情有可原請嗣後拿獲人盐
訊供經由地方除大夥私梟查參外餘請予寬并將各弁兵役免

其查係究革再定獲私鹽從優獎賞之例俾獲私者可以邀功免過無所過慮自無不踴躍竭力緝拿也訊兵獲私及照現行通例獲鹽不獲人者以二分充賞人鹽并獲半賞半解倘有先後拿獲私鹽三次而鹽斤人數又多者又獲或私未及次數而臨行時不避艱險奮力追擒或鹽或人全數拿獲者無論兵丁人役俱於額賞之外再查充公項款酌量動支犒賞以獎勤勞而示鼓勵其該汛弁以及捕巡等官但能督率兵役拿獲私鹽至十次者即准記功一次再查廣東地方山海交錯陸路則林深遠水路則港汊錯雜

私梟凡遇堵緝棄鹽逃匿者多如鹽已追獲而人逃去若可搜追

則仍追捕倘時當黑夜地屬險危亦宜慎重毋傷性命至所獲之

私務令全數報解不許以多報少如違查出除革究外仍加倍追

賠等因奉批如詳通飭遵照

各埠巡船許帶器械其炮位等項永行禁止

鹽運司詳　為本埠巡舡遭風擊爛事乾隆十五年十二月初五

日奉總督陳　批本司呈祥查看得新安埠第一號巡舡沿泊石圍

室地方於本月八月十四夜被風擊爛漂大砲位二门子碗二门藤牌

二面長鎗四枝先據新安縣詳報奉　憲台批查巡船不准携帶
鳥鎗致滋事端久經嚴飭遵照在案今該巡船設帶子母砲位六
是否合例仰司查議詳奪等因依即准飭新安縣查案妥議詳覆
去後茲據該縣查案詳覆前來本司細加覆核粵東總子各埠私
鹽充斥因須設船巡查若令徒手則反受私梟之制又如各埠鮮
船隻裝載重貨漂流四面誠恐意外之虞是緝私護餉器械在所
必需雖經前司詳明　前憲准用在案但鳥鎗砲位与長鎗挑刀
等項不同是以歷奉飭禁今若仍聽一体帶用實与定例有違今

新安縣埠巡船隻風擊損沉失砲位等物除刀鎗籐牌等物應准
其設復所有砲位一項不得擅行攜帶永行禁止仍令該縣給与
印照同巡丁姓名年貌籍貫隨帶器械例冊送投查核再查各埠
現在緝私獲餉各船多有攜帶鳥鎗砲位者仍應一体飭查收解
銷燬免滋事端等由奉批如詳仍行飭遵查繳具報
為嚴飭緝私審定之規條等事乾隆二十三年十月初四日
署總督李　牌カ一水路私塩如係整船載運兆販自場灶即在洋
接買或由窩頓之家輾轉賣給均难飛越汛口若輩既載私塩則行

蹤詭秘更可一目而知乃各私鹽充斥總由守汛弁兵懈於稽查更
或受賄賣放而巡洋官兵亦具偷安懈怠擊舟島嶼不加巡緝以致
耳既定有賞罰明條務宜振刷精神無分風雨晝夜汛口則常川瞭
望舟師梭織巡查一遇行蹤可疑之船立即追捕務使人鹽并獲詳
究毋使免脫至於往來客貨官署船隻專責盤鹽關口查察若沿途
弁兵藉名查緝遂加盤驗以致阻滯商旅稽延差使者一經察出
定即斥革重懲督同之將備酌其情事重輕分別記過查參
一陸路私販類多成羣結隊恃党橫行固不准于蹤跡惟各該弁兵

見其人衆兇猛每多畏縮逡巡不敢向前或虛張聲勢使其棄鹽逃
遁故陸路獲私之案甚少而梟党挑鹽致處散賣阻滯官引悞課病
商職此之故夫身為弁兵臨陣破敵尚且不避兇鋒若夫梟徒經過
遂致束手不能拴獲何以整戎行肅軍伍嗣後凡私梟出没之地務
須多撥健勇目兵各挑器械實力巡查如遇私販不論人數多寡并
力拴捕務期盡獲如因梟党拒捕致被殺傷承審官訊有確據不得
復行加罪兵丁致有枉屈若弁兵因捕受傷從優給賞調治仍將梟
徒嚴審從重究擬毋許曲為開脱倘各弁兵仍敢怠忽疏縱或被別

處拿獲或經訪查確實除作草外定依故縱例與販私之犯一體
治罪該管上司參奏議處至小民買鹽挑運回家食用一概不許
藉端盤阻滋事並干參究

一北江之三水廠東關之觀音閣西江之黃江廠湘橋之上葛布
塘三阿埧樂昌縣屬之阿提而曲江縣屬之濛裡司乃專設盤查
私鹽之所凡遇上水舡隻自當加細查察如有夾私即應立拿解
究擬今查各埠運鹽船戶於額之外夾帶私鹽甚多各該廠得受
陋規漫不加謹盤驗即有查出私鹽則又受賄縱放無報獲之案

惟是委查為利藪置閑廠為虛設如覌图則將零星夹帶鹽一二
十餘斤及數十斤之船户混拿搪塞若非將多作少便嘱開脫即
係趂大拿小攫累無辜今緝私既已奏立程章所难復任仍蹈故
轍除規立審委詳員于上流各处不時抽盤外嗣後各該廠員務
宜痛改漏習实力盤查而于鹽盤尤当细核引与鹽包是否相符
倘有多帶私鹽立即拿究推其报以敢仍前賄縱另經盤獲定將
該委員奏恭治罪其立携帶食鹽四十斤以下者一概不許混拿
滋擾如違一併条究一海運船户夹私尤為最甚但寻到埸運鹽

多向灶晒收私運海面散賣艚船等相售販如有餘剩到關报作花紅鹽斤復邀給賞重價仍得獲利其弊無窮向於平海大鵬汕尾佛塘虎門等処特設巡運委員原以稽查收私（緝私）諸弊乃竟將受賄囑勾通一氣以致船戶之夾帶日甚隱匿敗露更有到関于滷耗鹽斤之外數倍多餘者尤為任意帶私之明徵嗣後海運船隻在場收私以及在于洋面等售等弊该処汛弁与外海舟師查知將收私售私实跡亦許一体拿獲審實將拿獲之員從優獎賞失察故縱之巡運委員分别參究该如得夾私实據不特藉

名盤阻致稽程限致干未便
一粵東各属水陸汛塘星羅棊布本屬繁多然地勢情形各有不
同如処於衝要或貼近鹽場私販來象多有則即當拿解不得因
每月有工起之例遂將餘犯概行故縱致干查究倘地雖偏僻離
場尚遠亦須一体勤加查察無得以向來私販經由稀少遂尔怠
忽懈緝轉致窺伺透越果其巡查罔懈不遺餘力一月中獲私不
及之起並非由於緩緝者查明該地果係歷來私鹽淮予充免処
分而或慮干考成妄拿無辜哉私誣陷更必倂加参究依例治罪

不稍寬假至捕獲數十斤之零星鹽以及獲鹽不獲人之案一概
不准作數記算功過一近各訊尤宜加意巡緝也查私鹽水陸販
運均必買自場灶若近場汛口堵緝拿獲私梟自可不禁而自絕
乃各該汛兵或与灶晒交通得受規礼聽其走私或因瞻顧場官
成任意縱私不行拿獲以致私徒窺伺公行載運挑賣全無顧忌
嗣後各該汛員務於水道配駕船隻疊密巡遊陸路分撥弁目四
路堵截一遇私販立即擒拿觧究倘敢仍前玩縱致被别員拿獲
查明經由河汛地方立即嚴参不在統計功過之例

一承審私鹽案件務須究明自何場 何灶拘提賣私灶晒到案一并嚴究按擬查開縱私場鹽戥名請參其前途經由何縣何汛地方亦必分晰查明並開失察戥名請參毋得以買自不識姓名之人及零星易換等語巧為開脫各員處分致縱蕩私灶晒自蹈戾參之咎至案內水手人等果非合夥與販正係聽從拘隱不報核其情罪止于杖責者立即先行取保候定擬批行與到蕤落如案情業已訊明定無庸行提訊之人即隨詳按擬聽候批司核詳飭遵以省久羈滋累一 各核場員宜自口奮勉稽查也查鹽斤必由

煎晒而出大使委員果能於火收晒之際勤加稽察務令顆粒歸
堆封貯又復嚴行防範則灶晒無從售私自可免于例議乃章時
於給價收鹽之外諉務置之不理灶晒有無餘鹽出售視為膜不
相關遂致私鹽散賣各處貽累地方若將誰諉今已章程一經究
实何場售私即應嚴參斷难復為寬假各員自顧功名其奮
勉实心設法嚴查毋使遺漏慎勿仍前泛視自丹暴可也

一件私鹽船変價事乾隆二十七年十二月二十九日奉
總督兩廣部堂蘇　批本司呈詳查看得私鹽船変價一案先奉

谕旨嗣后务宜实力查拿私贩其军船务须详验明确实估变如州
县官概胥役等或有变多报少与原获军船捏估私贩等弊即行
查明参地外钦此遵移行在案嗣本司因粤东地方海滨汪洋巨
浪即峻嶒崇山水陆程途远近不一难以一律驾运赴省验估若
不立定章程又恐文武各官估变不实酌议嗣后凡遇获私船将
坚固朽烂长宽高低尺寸篷桨数目并有无桅篷棕缆遵照新例
即于初报文内声明仍先印烙以杜隐换其估变船桅等项循照
乾隆二十四二十六等年先后详定成式如系营员拿获者由营

員收管委就近地方州縣会营勘估地方巡捕官拿獲盐由地方
官收管該管府所直隸州勘估府所遠隔委隣縣勘估瀾廠文員
及埠商巡役拿獲盐交該州縣收管勘估分晰列冊取具勘估官
印結詳送核明變觧如有估多报少將好作爛及捧售私梟查明
揭叅詳奉通飭遵照在案茲據海豐縣刘令禀稱載

一件稽查匯数事乾隆三十一年五月二十二日奉
惠潮嘉道批 憲牌乾隆三十一年四月二十日准
布政司咨乾隆三十一年三月二十七日奉

巡撫廣東部院王　批本司会同
按察司呈詳查看得潮陽縣議請約束船隻澳甲之外添設埠保
互相稽查一案奉
憲台批司会核查議詳奪等因當经飭行潮州府查議去後茲拠
該府查明议覆前来本司等覆查商漁船隻沿海出港動经数百
少亦百餘艮及不一從前以澳甲一人統管实难徧察若於每港
中額外添設埠保一人船多之港仍未免稽察难周船少之區多
一埠保各色恐又添一層滋擾今該府酌议大中澳船每百號设

立澳甲一名即僅止數十號亦立一澳甲查察若船至一百五十以外則分設澳甲二名按号分管至商船按双單桅分設澳甲小船蛋船亦各另立澳甲俱以一百號為准則澳甲所管為數甚少凡港內船戶船水之良歹既能熟習於平日即遇站洋爲匪亦可跟緝於臨時較之額外多添保練各役更為简便应如所请办理并飭令各属於沿海各港添設澳甲之処即行查照遴充將澳甲姓名年籍及所管船隻號數造冊繳查五年一換如有怠玩以及滋事不法等弊隨時革究補充毋庸再設埠保各色以歸畫一緣

鉄爐

奉查議事理是否有當相應擬由詳覆候　憲台察核批示以便
移行遵緣由奉批如詳移行遵照實力奉行　仍候　督部堂批示
繳等因奉批除行潮州府移飭遵照外合就咨會遇道煩照奉批
詳內事理希為一體移行遵照施行等因到道准此擬合就行牌
仰該府州照依移奉批詳內事理即便移行所屬一體遵照毋違
　開爐鉄炉不得匿税私販以大改小
布政司為詳明事乾隆十八年十月二十七日奉
署督班　批本司呈詳查粵东炉座各有大小原屬因地制宜以

為區別如山場廣闊礦砂採取不竭即設立大炉納餉開煽即有山場細小土浮礦軟水源短少輓運維艱設立大炉者准開小炉輪餉鑄造農具就近銷售無非使地無遺利貧民藉資工作于國計民生兩有裨益固未嘗初准開設大炉繼應改設小炉也況該州縣於商人呈承覆勘之始其應設大炉或小炉之處彼此已屬判然無如商人奸計百出希圖免納稅良往々以山殘礦盡改設小炉鎔鑄礦末抵餉各色以遂避重就輕之計該州縣顧惜考成不加親勘每多被其掩飾據呈代詳請改小炉勒限鎔鑄究其

实在依限停止者十不得一 此等情弊亟宜禁止應請嗣後炉座除新承者遵照定例查明炉座大小酌定餉银办理毋庸议外有处從前原制大炉改设小炉飭令该州縣会营親诣勘明如果山残礦尽不能供煽大炉令其于本州縣属内或附近鄰邑城方觅有出產礦炭茂盛山塲准其移置大炉照額輸餉開炉倘觅無産礦出炭之处即照例取結告停咨 部開除礦餉不得仍以鎔鑄礦末抵餉改设小致啟偷空瞞税之漸仍令该州縣于文到日会营查勘將勘過日期缘由先行具文报查限三個月將應停应移

取結詳稟轉奪如此立定章程總以原勘為准凡有續請設小炉者概行永遠禁止則避重就輕之弊可以杜絶矣再查粵東小炉商人類多赤貧光棍先則假以承商為名誆騙愚民錢財或設以股分或許其司事藉他人之資以作充商費用及其充商之後或即私債供商或又按座批爛歲勒炉租妄名充商坐享实利一切匿税私販之弊皆其包攬又地方需用農器原属有限奸商每藉農器名色假其形似將貨倍加厚數倍鑄成各器彷彿模樣指集之命私販運至佛山賣与鑄鍋炉户得以瞞匿税艮及上司门

查各炉米處告運鉄稅緣由奸商輒即將遍附近各小炉以一炉
商出名每次告運二分或三分不等相牽領運以為影藉護符遍
関上稅之後將旂久延不繳被則藉旂在手將附近各小炉産鉄
用船裝載扯其黃旂揚帆鼓棹運至佛山賣与炉户以致遍處皆
是私鉄而運庫鉄稅日見缺少应请嗣後上稅過関之後即押令
解繳往佛山鉄地起卸過関三日内立將原旂繳銷遲則革究以
杜藉旂私運之弊再責成廣州府于该府稅館嚴加查诘凡有並
無告運旂照即係私鉄立即拿解通詳并飭佛山同知多差幹役

于佛山地方不時巡查並取各鑄鍋炉户每月不許私買甘結繳
查倘巡役敢於受賄故縱及炉户敢于通同買私一經發覺並即
從重究処如于立法炭寮廠炉商不敢假形鑄造藉於影射奸徒
不敢通同私販云云奉 撫憲批如詳通飭遵照取結詳覆云云
山塲鉄廠止許商人開設大炉照額输餉不得開設土炉
廣撫王 為遵例承餉等事 批奉署司王呈詳查看得粤东省
開設土炉一案先経前司議会每設土炉一口認输餉艮五兩三
錢每炉十口方作大炉一座認足餉艮五十三兩列冊报部准緞

大炉之例給示开採如有課餉不足額數概不准承所有從前已
開之土炉飭令照依現議之例辦理等因詳奉 憲台批允通飭
遵照在案茲據嘉應州詳據興寧縣詳稱縣民龔逢玉呈承邑屬
大坑尾官山開設小炉五炉座情愿逓年輸餉五十三兩并令查
勘詳該山並無干碍民田廬墓亦無生產別礦等情出具印甘各
結由縣核轉前來本署司伏查開設鉄炉鑄造農具原以便民用
裕国餉也嗣經前署司于歙门縣商人然閻就杉呈開土炉案內議
令每設土炉一口課輸餉銀五兩三錢每炉十口作大炉一座輸

餉银五十三两詳奉
憲台批回准行在案，茲據該州詳稱吳寧鄉民龍英逢玉承大坑尾
官山開設小炉五座，原輸餉银五十三两，第思該商止開土炉五
口，愿輸餉银五十三两，較原數已多一倍，查民間趨利如鶩，若果
会既貪圖，焉肯加至一倍，誠恐借此承開土炉名色，得以影射私
煽，不能尽免，且現據商人紛紛許控私窑私煽不一而足，未有不
因土炉開其端也，況土炉与大炉名色虽有大小之分，其開煽鑄
造究难區别，盖以小炉一口止需银五两三錢，藉此為以多開爐

座而輸餉止以五十三兩為率是以商诀龔逢王開爐僅止五口
而歷輸餉銀五十三兩若不徹底清查將來辦理恐難盡一併署
司再四思維請嗣後除全書開載鐵爐原額已經逐年造入冊內
仍照舊額徵輸外至現在并前請開設土爐一口量輸餉銀五
兩三錢并十足十口總輸餉銀五十三兩似應通飭各屬會同營
員悉心徹底查明每山場止許商民開設大爐一座照額輸餉銀
五十三兩不得仍藉產礦無多各色設土爐以茲影射倘山無礦
盡地方官據實查報准其停止如此則民用有資而餉項無虧即

防範亦易於稽查矣是否允協相應詳請
憲台察核批示飭遵奉批如詳通飭仍候
督部堂批示繳
炉煽鐵斤領旗上稅方許售賣內地與販聽從便兵役不得
借端勒指倘炉商買客並不上稅私運照律科斷
為詳請申明鐵禁之條例并事竊惟鐵為五金之一凡農器與鍋鑊以及
菜刀釘條等項均為小民日用之所必須是以律例止禁下海出洋
及偷運苗地其餘內地商民與販於雍正九年奉刑尚屬[illegible]

奏定例概免查禁及乾隆九年四月又准工部議覆安徽按察使
刘柏條奏內稱陞任總督藹邁原奏赴楚商民販運鐵斤赴七一方官
轉詳督撫給照恐有司奉行不善措勒商民令各省嚴飭文武官
除近海沿邊等處鐵斤仍照舊例嚴禁并近苗產鐵處所呈明地
方官外嗣後在內地興販者聽商自便毋庸呈報有司轉詳給票
倘有借端措勒擾累商民者應令即行據實查參等因奉
旨依議通行欽遵在案卑府向任川省及沿邊地方止於各隘口查
緝私鐵并於所屬查禁軍器其餘內地商民貨賣鐵器惟無稅關

則依例報税若不過閑則聽民間鐵舖自行打造鐵器與人交易

等查拿私鐵之事及上年六月陞任粵東詳詳查粵東向例每鐵

廠大炉一座完納五十三兩每小炉一座完餉銀五兩三錢大炉

出產鉎板炉商赴鹽 憲衙門完納軍餉并税等項發白旗運至

省城聽候盤驗另給黃旗運至佛山貨賣至於小炉所出農具等

項熟鐵原聽本地商民就近貨賣交易既非出洋復運至省城似

不在頒旗另運之例故案查雍正十三年十二月間前任州憲龔

批結長寧縣炉商許秉義等運鐵至佛山貨賣一案內原議亦曾

凡廢鐵經過稅舘查驗形跡之新旧私則解究廢刘收稅放〻仍
於炉商名下追出鐵價給还買主並無内地商民與販零星廢鐵
在本境行銷者一併查拿治罪之例也又查雍正十二年十二月奉
前憲批結博羅知民刘洪連販賣銼鐵鍋头一案議以杖懲入官經
前任惠州府周天成议以一切廢鐵例不查禁刘洪連託販係屬
内地非[illegible]詳石比故議免罪給还在　各憲如詳檄〻在案是安
慶鼻憲未經係奏之前凡内地販鐵已遵例免查現有粵省審迭
成案彰〻可考者也今於乾隆八年三月間鹽道衙門承羞何錫

赴長寧縣催餉路過归善撞遇永安縣客人朱俊茂赴归善縣小炉
商陈协邦小炉商夥邹祥玉処買鉄二千三百八十九斤載歸善
本処打造農具器皿船經惠州即行拏交归善縣審详炉商照不
應重律杖贖追鉄價入官朱俊茂邹祥玉各責三十板朱俊茂所
買之鉄一併變價充公本年閏四月間有永安縣民唐王常赴陈协
邦商夥黄奕善処買熟鉄三斤運至惠城又被营中查获以致本
地商民紛紛呈称農具器皿皆為民間一日不可缺少之物鑄鑄舖
所需鉄斤向係俱赴小炉價買載回各処置造農具器皿少覓縴

頭今遇見即拿將來民間需用之鉄[illegible]仍購買等情又拠朱俊茂詹
玉常等訴稱民等原藉既無鉄炉一切鉄器不得不向归善邑炉價
買運回打造現拠商人給有運單为憑查炉商未经領旗此係商人
之过与出鉄者無涉今既鉄被拿獲僱又無着復受拘累刑責之苦
実属無辜等情卑府復查鉄器関係民生除出口下洋而外原無查
禁之例即粤东之領旗告運亦指鉎鉄剛板赴佛山貿易者而言今
朱俊茂等以惠属民人買惠属出産熟鉄運將本境貨賣既非出海
出関並未載出惠境若仍一概查拿似与定例有違盖恐民間無鉄

可买一切农具器皿每致缺乏深为未便况商人不可领旗其近在
商朱俊哉等用艮买铁又经商人给有炉单更非私铁可比一旦其
艮铁两空拘拿治罪似同借端指勒扰累商民殊非我
国家开设铸炉利济民生之盛意卑府至粤未久只查有乾隆元年奉
旨免查内地买贩毋庸转详给票之通可其粤内地商民在境买铁行
查于有案奏请更定查拿之成例未悉原委不敢擅专事属民瘼因
击小民呼吁之苦仰体　宪台恤下之仁用敢不辞冒昧缕揭成例
及本省结过旧案另摺附详伏乞　宪台府赐核明嗣后查出每各

口一切私鉄仍照查拏其有運至佛山者仍領獲告運外其餘内地
商民鋪户者赴炉價買熟鉄將存処打造農具器皿如以熟熟未燬鍊
之鉄買与惠属商民均应否概免查拏或不在禁止之例並应作何
立法使民间鉄器不致鉄之之処議詳定例給示飭遵庶奉行均有
所遵守而内地商民亦免無知悞犯之累均沐
皇恩憲澤于靡涯矣再朱俊茂唐玉常等現拏鉄斤应否念無知小民照
刘洪連成案將原鉄給还釋放或照許秉義成案於炉商名下追出
鉄價給還朱俊茂等具欵免其杖責之処統候

憲臺核奪批示遵行乾隆八年七月初五日奉
巡撫部院王　批本司會同鹽法通會看得惠州府詳請申明鐵禁
條例一案奉　憲批該司會同查例核議通詳等因本司遵查
販運鐵斤歷奉　部行在案查雍正九年三月內奉　部議覆尚書勵條
奏內開有偷運鐵斤潛出外境立即拿究照例定議如係內地商人
轉相貿買而地方官并兵役借端索詐計贓治罪等因在案又乾隆
元年五月內奉　部議覆安徽按察使劉柏條奏內開除近海沿邊并
近苗產鐵處所仍照舊例禁絕外嗣後內地興販聽從民便無庸

呈報有司轉詳給票倘有借端掯勒擾累商民擬實查參等因亦在案又乾隆三年八月內奉部議覆本省覆奏各屬應禁販運鐵斤一案內開廣東等九府及連羅嘉三州共五十州縣均屬內地毋庸禁止其廣府屬之南海縣八縣惠州府屬之歸善等三縣潮州府屬之海陽等五縣肇慶府屬之陽江縣雷州府屬之海康遂徐三縣高州府屬之茂名等四縣廉州府屬之合欽靈三州縣共二十九州縣出近海濱究屬內地農具等物仍聽民間于村庄市集自相交易[illegible]營汛關隘照旧稽查等因亦在案是內地販運鐵斤應聽[illegible]

交易毋庸呈报給照歷奉有案遵照已久似可毋庸另議等語查不[illegible]行
定例房均專指商販而言鐵炉煽出鐵斤自應呈明上稅領旗請運
万准售賣緣粵東原有鐵稅輸納逓年奏報均需四五千兩始免大
部查駁是鐵稅一項斷難鐵少分毫該府所詳以不禁內地與販之
例援引概免炉商之稅則將任其私相售賣必至額餉有虧憑何奏
報應將該府議請惠屬出產之鐵賣與惠房商民概免查拏之處毋
庸議蘇永安縣民朱俊茂與炉商陳協邦縣伴鄒祥玉運販[illegible]安
千三百八十九斤往惠售賣是在內地販運與奏行之例相符查照

呈報有司但陳協邦煽出鐵斤應遵定例呈明上稅領旗[illegible]
罪不在朱俊茂而在協邦今應將陳協邦鐵斤照依縣擬給還[illegible]
領賣扣本陳協邦之夥伴鄒祥玉不俟上稅私行售賣應照匿稅律
笞五十朱俊茂並不查明曾否上稅即行買運應照縣擬依違令律
笞五十仍于 云 云並該通飭各屬嗣後爐煽出鐵斤務遵定例投定
呈報欽頒上稅方許售賣仍照部[illegible]在內地興販[illegible]便毋庸
呈報有司轉詳給票兵役不得藉端勒指致擾亦累偹爐商煽請
斤並不領旗上稅買客未經查明輒運均應照律科斷以[illegible]則

年部〃不停而粤东鐵税亦無鐵少之需是否云云伏候[illegible]

憲台批示遵〃奉批如詳通飭遵照仍於陳協邦名下[illegible]

半解充公用云云

新開及停歇炉座查明分晰增除

大學士公溥 謹奏為遵

旨議奏事議得兩廣總督陳 等奏粤东鐵炉餉銀請分別增除一

摺奉

硃批軍機大臣議奏欽此據稱粤東今書附載鐵炉餉銀一項[illegible]按

年將完欠數目於奏銷冊內造報。歷年久遠，海陽大埔羅定、[illegible]
鎮平五州縣鐵炉十座，先後停歇，商人逃亡，應征餉銀三百[illegible]
月經地方官設法按抵，仍作商人完給造報，以副考成。迨乾隆五年
以後，長寧龍門等州縣續有商人承開炉座，遂以所收餉銀抵完舊
着之項。十二年以後，各處小炉漸增，除抵完舊項，每年餘銀一二百
月及三百兩不等，留于司庫為地方公用。臣等查炉[illegible]
宜豁至既增之炉餉，例應按年報部，未便留于司庫通融抵補[illegible]
長寧州縣現在開爐炉座及各商應納乾隆十五年餉銀[illegible]

六月奉諭令藩司石統均于該年奏銷冊內一併報部惟[illegible]飭
州縣無著餉銀三百一十三兩未便因循造報致難考核恩[illegible]
皇上大恩准予豁免候奉
旨之日取結咨部嗣後如有鐵爐查明爐座大小酌定餉額按年造報如
有停歇亦即報部開除等語查各省征收正雜錢粮絲毫皆關國帑
自應實征實報以清款項未便通融撥抵致弊混淆粵東鐵爐餉銀
一項每年額款征餉銀按其爐座大小每爐一座自十八兩七[illegible]
至四十四兩七錢五分不等俱係按年完納歸入該年奏銷內報部查[illegible]

核今擬該督訖奏是該省向來以新增爐商餉撥抵無着之項奚屬
因循办理莫副考成殊非實征實報之意該督等既將龍川長寧等
訖有新增爐座乾隆十五年應納餉銀七百三十六兩零於該年奏
鋪冊內一併報部應即于乾隆十五年為始按年將今完取欠數目
一体造報察核至新開坑既經報增則停歇坑自宜查豁但該督等
訖稱海陽大埔罗定東安鎮平五州縣鉄爐停歇之處並等查從乎
部奏銷冊內止載有潮州罗定東安加應等一府二州一縣及講彬
增城從化龍门翁源乳源曲江英德長寧东安歸善永安興寧

四州縣每年各有應征炉餉其海陽大埔鎮平三縣並有隸潮 然
海陽大埔係潮州府屬鎮平係加應州屬或即統載府總之內雲
不定而此稱海陽等五縣額征炉餉銀三百壹十三兩又係籠統開
寫案經逐一剛清臣等均難擬以議定應令該督等將此項停歇無
着炉餉詳查分晰另行取結咨部准其豁除其該督奏嗣後如有新
開及停歇炉座查明分晰增除之處應令據實辦理可也

內海販運鐵鍋五十連以上應官給照
會看得新安縣民陳恒可買運鐵鑊砒礵被獲飭審一案云應如
廣州府所請嗣後凡有商民在內海販運鐵鍋定以五十連為率如數
過五十連以上應令呈明地方官給予印照移行稽查運賣如不遵
請票照出無透越外洋情弊亦應比照將馬牛軍需鐵貨未成軍器
私行外境貨賣及下海律杖一百受僱之船戶不應重律杖八十船
有貨物照依稅例追半入官船隻給還以免失業等因一併詳請核
示飭遵

佛山買運鐵鍋農具往雷瓊通報

嘉慶十三年十一月 運使議詳查看得商民赴佛山買運鐵鍋農具往雷瓊二關飭令二郡州縣查明屬內額需鐵鍋口數農具斤兩通報查核遇有商民販運令其一起買足不准零星採買呈明地方官將商人姓名鐵數填明文內給商賫赴佛山同知查驗給照飭牙照數發售其餘不准夾帶并移知前途文武逐程稽查運至該地繳照截角遞回原給地方驗銷其餘照舊辦理等因

一件通飭遵照事 據鹽運司詳稱查看粵東餉鹽議炉商運鐵旗票應如何立法印截一案遵查粵东炉商承開大小炒爐出鉎鐵例應納稅由運司衙门征收彙報 憲台

奏報征餉惟恐各商違例漏稅向未定有章程每年由運司衙门刊刷清單呈送憲台用印發司轉發各州縣給商收領將炉座煽出鉎鐵多寡逐日填註單內按月繳州縣查明送司彙繳憲台查考此外东憲台頒發運照票炉商欲在炉場運鐵銷售先赴運司衙门報明運鐵數目上納稅艮然後將告運鐵斤納稅數目日期并商銷期限

填寫運照同白旗一面給商賫赴炉場照驗配鉄運至省城銷掣遞屬
經歷司至船盤掣除正耗之外如盤有多餘即飭補稅換給黃旗賫
票轉運儎銷售其赴炉運至省限期如廣州府屬之清遠龍门增
城花縣等炉限弍十八日從化炉縣限二十四日惠州府之長寧永
安河源歸善等炉限二十八日韶州府屬之翁源乳源英德曲江等
炉限三十八日羅定州並所屬之东安西寧等炉限三十四日廣西
懷集縣炉限四十五日由省轉運往佛山銷售則一律定限十五日
銷票如逾限五日免議十日以下向不應罰罰贖艮四兩二分十日

以上罰贖銀四兩二錢另追半堂賠銀二十兩並罰贖銀四兩二錢另追重堂餉銀二兩以上罰贖銀四兩二錢另追重堂餉銀載在志進呈并刊入運照經歷遵行在案至高州府屬之化州信宜加應州并嘉屬之興寧平遠長樂等六州縣炉座不通水次陸路窎省遥遠不能赴省告運于乾隆二十七年經前運議將旗票轉發各州縣收存俟炉鎬出鉄行查有成數赴該州縣照例納稅酌定限期填給旗票准其就近運銷依限銷票如無旗票即屬私鉄許諸色人等拏解訊究詳奏前憲蘇 批准通飭各州縣稽行文武一体稽查亦在案照司

伏查前定立法稽查運鐵章程已屬周密今再議印截恐爲杜弊起見但設炉爐鐵多在深山相离州縣衙門遠近不一往返守候既需時日且恐書役藉端滋擾于商不便請免印截仍循其舊但恐日久法弛應請再申憲令通飭各州縣移行文武一体留心稽查并出示曉諭各炉商客販遵照嗣後告運鐵斤務候飭到旗照赴炉照驗配鐵税運必須鐵相隨依限繳銷如有違限十日以下照依原例追罰免其查訊外若逾限十廿日以上者即飭縣訊明因何遲延有無藉照重運情事分別追罰究治倘有已經在司嘗運納税不候飭到旗

限期総制
刺字彙纂

十三

領

憑領咨赴任俸滿保送取結各限

一在籍府選人員限一月內領憑領憑後限十日內起程

一陞任官領憑後十日內起程赴任

一選授佐雜驗看給憑扣限四個月

一教職文憑到司限一個月考驗猜結該教官領憑後限一月內起程赴任

一部文調取在籍候選州判該督撫給咨距省近者一個月遠者五十日

一推陞人員於文到日兩月起程如有承辦事件不能完竣者於交代兩

月內聲明緣由咨部

一卓異人員接准部文後扣明交代之限即行給咨如事件未完一時难

以離卸者即呈明督撫咨部存案

一試奉人員年滿限六個月報部

一六年俸滿教職由巡道加考移司核實轉呈

一由京赴任之道府呈請順道省親省墓者准給假二十日同知以下官

亦照是例

一捐納官員本籍起文未奉知照之前本員將執照呈驗者即以驗照日

爲始統限一個月咨部若知照在前即以督撫准咨日起扣除程途轉

文日期州縣限半月取具族隣甘結赴送册結詳送督撫半月咨部統

以一月爲限 院司轉文六日府州核轉不過五日 卅九年

一部查捐納府送各官文到日起限兩個月查明具結送部

一保送提塘以部文到日起限四個月取結申送考驗咨部

傳齊送結

一部辦取結以文到日起至文至日止限四個月咨送如逾限一月即參
處知照
一報充京城各衙門書吏行知取結粵省限六個月送部
一應補應選捐納人員有遊幕外出者文憑到日該州縣傳知家屬之日
起于半年內催令該員回籍領憑赴任并先詳咨立案不准稍展限如
有逾違即照推陞人員半年不能領憑赴任之例將文憑送部查銷另
行開缺

降調事故歸籍各限

一現任各官父母在籍病故者該家屬于五日內取具旗隣甘結呈報本籍州知確查五日經詳督撫分別移咨知照

一在籍候補候選文武官丁憂病故州知里隣各限五日呈報詳督撫于一月內將送到各結核咨

一候補候選文武官服滿起復一月內取結詳司核轉並報府備查案

一降調官員三個月給咨

一歸旗回籍人員限三個月如寔在有故不能起程備叙緣由詳明展限

一縣丞教職等官回籍及休致革職暨侵挪重款力不能回籍者于一個月內由知查明詳府核轉酌給回鄉路費領銀汲本月起程詳司立案

一外官交代完日限三個月京官限一個月將起程日期報部到籍之日亦將回籍日期報部

一漢官革職交代完日限三個月起程京官革職問有罪名限一個月起程

查灾辦賑

一夏灾不出六月秋灾不出九月報勘被灾情形限四十日若報水灾在限內十五日以外後被灾較重者展限二十日扣除程途題报情形以題报之日起限四十五日將成灾分数造册具題又於具題日起限兩個月另題蠲免錢粮册

一查報水灾田畝多者加限一個月

一辦賑以散賑之日起扣限四個月報銷

交盤例限

一州縣交盤正限兩個月倉谷二萬五千石以上者展限半個月錢粮五萬兩以上展限半個月倉谷五萬石以上展限一個月錢粮十萬兩以上展限一个月錢粮十五萬兩展限四十五日司道府庫一體展限

一一官而有兩任交代者展限一個月

交代到任之日起准展限一個月如本不同時到任日期既先後相懸才展亦有先後不同毋庸再以兩任扣展

一州縣交代正限兩個月內舊任限二十日造冊新任限四十日查核轉造其例得展限者均照加展月日通算扣分

一交代不准扣公出查勘會審代驗日期惟奉調入闈准扣

一交代未清奉調入闈着仍扣入闈日期外若委員置理其任内経手倉庫錢粮並入外官交代限内一併盤查结報毋庸另行扣展

一存倉米石接任官務于一月内盤收採買米石以振明運到之日起限五日盤收统于交代正限截算

一府州交盤除本任兩個月交代外所轄州縣再限一個月造冊交代委各府互盤出结

一各省存倉米石新任督撫交代後限三個月盤查出结核寔奏明

一藩庫交代限兩個月粮道運司巡道同

一驛站錢粮限一個月

一舊御司疔限一個月

一駙馬交代限一個月

一場員交代限二個月

一教官交代限一個月

一教官在府州省送考不得赴本任交代者預行申报俟試竣回署日起

限一個月交代

日行限期

一刑部提人限三日查送

一上司批飭查議事件限十日如應行轉查及提人不在此限

一命案初報限十日

一隣封関提人犯限二十日

一州縣自理詞訟限二十日

一上司批審詞訟限一個月

一陽省関提犯証限兩個月

一盜犯関查口供限兩個月

一内外衙门公事小事五日中事十日大事二十日完結若外郡関追審

或踏勘田土不拘常限

一審結叛案有應解部流徒入官人口俱限兩個月起解

一恭遇

赦免人犯登時釋放遲悞十日者革職若有情罪可疑者於一月內詳明奏請

一文武官員及民人自下達上一切呈請案件如起文赴選赴補開復留養贖罪俱以呈報之日為始限三個月分別咨題完結

一無論外結內結關查案件如同隸一府者若止關供叅不拘年遠年近揔限往返五日回覆隔屬者專差守取以文到日起限五日交差回銷

一上司批審事件逾限一月以上催提不覆者即指名詳院移司咨叅

一錢糧拆封限咨即便傾鎔如數在三千兩以內者限十日每千兩加二日揔不得過二十日批解

緝捕提綱

總制

凡命盜等案要犯在逃于事發之日開明年貌事由一面差役察拏一面具

詳督撫據詳即徑檄隣省接壤州縣一体協緝

凡命案兇犯脫逃除承緝官初叅已經限滿接緝官始行到任者仍照向例

處分外限一年緝拏並無獲叅如承緝之員未滿初叅遇有升遷事故接

緝之員罰俸一年之外再限一年緝拏限滿不獲再罰俸一年逃犯照案緝拏

凡承緝官丁憂病故暫行代理之員無論一月上下總毋庸開叅以後任官

到任之日作接緝議處

凡接緝官未及一月離任者免其議處承緝者亦免議見罰俸门承督未完處分離任録結注

盜案竊案接緝官例無處分

凡承緝不力之案只參知縣

凡承緝官有離經四參本身不致離任者應仍入于彙題按年照例議處其接任代緝人員既經彙參一次之後即免續參

凡疏防限期四個月以失事之日起扣至巡撫具題之日為止不使以四個月之限悉歸州縣扣除程限

凡承緝盜案除奉 特旨陞調與迴避另補及另案革職降調丁憂治喪等事離任者俱照定例處分至另請病假及終養者如初參住俸亦照舊例辦理外二三參降級留任即議以補官日降一級留任三年無過准其開復四參降調者議以補官日降一級調用

凡盜案踈防其州縣印捕丞倅等官以及該管之各上司如係帶印公出初叅免其處分仍停陞勒限一年緝拏如限滿不獲仍照承緝不力例議處若係交印公出該督撫於疏內聲明到部免其承緝處分毋庸停陞限緝回任之後照接緝官查議丞倅及上司至接緝處分者免其議處其印官員照承緝官議處

凡官員任內有承緝未完案件除已至展叅之案處分與　赦款相符者應免其處分毋庸起限外其展叅案件如初叅二叅限內遇　赦准其另起初叅二叅限期如三叅四叅限內遇　赦准其另起三叅限期限滿照例議處

凡例有轉叅之案俱將離任官員因何事故離任之處于題文內隨案聲明以憑核議

凡盗案踪防失事地方係吏目典史管轄將吏目典史查參如係巡檢管轄

止將巡檢查參以專成

凡再接緝之員例無處分若承緝官先於初參二參限內卸任參過接緝官

而三四參限內承緝官回任後又卸任則接緝之員亦應照接緝開參不

可以再接緝論

凡各項承緝人犯于參限內被鄰境拏獲其配所之專兼各官仍應減等並

無不及一月免議

凡賊犯拒傷事主脫逃未據事主呈報之案後經緝獲究出即係拒捕之首

犯應補參蹤防難計立二參限內拏獲其初參處分不便開復仍照例將

印捕官罰俸一年完结 嘉慶四年章邱縣案咨部

凡年底汇题先首一年内二三名不获州县罚俸六个月四五名不获罚俸九个月六七名以上不获罚俸一年若接缉之员果能於照案缉拏之从年底汇题之先拏获先手者除承缉各员毋庸议叙外将接缉之知县按其拏获名数二三名以上者纪録一次六七名以上者纪録二次

凡盗案四个月限内全获武职未曾协缉仍应议处

凡拏获隣境军流逃犯随案声请议叙如拏获寻常逃犯例无专条议叙者年终列等汇奏一等者纪録二次二等者一次三等者毋庸议叙

凡接缉命案凶犯无论斩绞凌迟能于一年限内拏获首犯者纪録一次首从悉行拏获纪録二次

凡拏获隣境逃徒每二名纪録一次以次递加

凡到配決杖逃徒遇　赦免其緝拏所有疏脫應議處職名並免開參

凡流犯逃回本籍未及一月自行投首仍取失察職名並查明配所咨緝文
到之日該縣曾否具結詳報之處一併詳報

凡流犯甫經逃回原籍自行拏獲免其議處沿途逗遛并無一定住址並免
查參

凡軍流逃回原籍並未拏獲即軍流逃回僅止一月復逃他處地方官仍應
議處

凡承緝本官陞遷降調並因事離任任內不能緝獲者仍按限咨參照例議
處外接緝官以到任之日起限一年緝拏限滿不獲罰俸一年逃犯照案
緝拏如本官于六個月緝兇限內離任任內只承緝三個月俟六個月限

滿添咨內聲明限內官承緝幾月△官某接緝△官尚未滿限俟限滿另

叅等語

城盗 城内失事

限期

初叅 失事即行開報 二叅

處分

初叅專管印捕官同城府州捕盜廳官俱住俸同城道員罰俸一年不

同城府州督捕廳員兼轄道員罰俸六個月

鄉盗 道路村庄被刦庙庙被盗同

開叅疏防应嚴明失事地方雖營房若干里有無墩台

限期

初叅 失事起扣四個月 二叅 初叅限滿接扣一年

三參 二參限滿接扣一年　四參 三參限滿接扣一年

處分 道路村莊失事離汛五里以內作有墩鋪論五里以外作無墩鋪論武職有墩鋪專汛官初參住俸至四參降調 無墩鋪初參罰俸四參降留

初參專管印捕官住俸定陞兼轄官同城府州停陞罰俸六個月不同城府州道員罰俸六個月

二參專管印捕官降一級留任所府州道各罰俸一年

三參專管印捕官仍留任一年

四參專管印捕官降一級調用加級准抵無級可降出具考語咨部

連盜 道路村莊一家連夜被劫及一夜連劫數處

四個月限滿不獲地方官降二級調用九限內獲賊過半兼獲盜首者降二級留任該管上司照盜案議處

署盜官署衛所倉庫被劫及搶奪獄犯
失事沒即開報初參專管印捕官并同城捕盜廳員俱革職留任同
城府州降三級留任道員降一級留任勒限一年不獲印捕官及同
城捕盜廳員俱革職府州道員俱照所降之級調用被劫之本署官
俱照專管官例議處
洋盜（以事主報到三日內馳遞提督衙門行查各關口將稅簿賬單較核有貨物相符者將盜船夥黨姓名呈報關拟拏）
外洋失事者專責并兵文職免參
內洋失事文職初參停陞二參罰俸一年三參罰俸兩年四參降一級
留任　武職准此惟四參降調
閩浙江南廣東等省水師人員遇有盜案照陸路設有墩鋪之例參處新例

船盗 粮船经过被盗地方官照城内失事参处被窃之案照衙署被窃已未满贯例查议

初参 四個月住俸 二参 一年不獲降一级调用

失鞘

地方官未经接有知會照盗案疏防例参處僉差不慎之員降一级

限一年緝拏不獲调用

限期 護解餉鞘经由大路知會地方官弁護送致被刦失僉差兵役各官免議

初参 失事後即行開报 二参 失事日起扣限一年

處分 疏防限内获犯過半兼获盗首地方官及府所道員均免議處

初参革戕留任同城府廳住俸不同城知府及道員罰俸六個月二

参革任捕盗廳員同城知府降一级调用限内全獲革戕留任之

衆改照防範不嚴例降一級留任限内獲半無获盜首仍革職留任限
内獲不及半及過半而盜首無獲仍分別革任降調
僉差官議處此指雇被他賊窃去原編脚夫現在可審者若不能交出原夫僉差之文武各官照地方官一例議處
初叅失事即行開報降一級留任 二叅失事日起扣限一年降一級調用

賠鞘
地方官三分 知府一分 道員一分 護送官二分
該省差委之大員三分 如解員不能賠補亦着差委之大員賠補
武職照叅免賠潜行小路不執票掛號以致失事者解官全賠如不能
賠補亦着差委之大員賠補

解運司道各庫銀兩被失

知會而已撥護起解州知賠六分失事州知賠四分知會而不撥護起
解失事州知各分賠　潛行小路起解州知獨賠

首盜　盜首窩家窩線是也

限期處分

初參四個月限內不獲盜首或已獲盜首而窩家窩線尚未全獲雖獲
盜通半于免罪之外仍罰俸一年

二參罰俸二年　三參降一級留任

極先　畀幼拉殺期功尊長屬下人殴殺本管官奴婢殴殺家長并殺死三四命先犯脱逃

限期處分

初參住俸　報官日起扣限六個月　二參降一級留任

三叅即照所降之級調用

常兇 其受傷身死無名人毫無失物者一面緝拏一面開明年貌服色指認報官日起扣限六個月不獲照緝兇不力例議處

初叅 報官之日起扣限六個月住俸　二叅 罰俸一年

三叅 罰俸二年　四叅 降一級留任緝獲日開復

私盐 梟徒販私聚衆十人以上帶有軍器者拒捕殺傷兵役照此叅處　不拒捕者亦照此議處

查舊例大夥小夥私盐無論拒捕不拒捕俱一例議處現在小夥不拒捕改輕大夥並無明文自應仍依舊例照此議處

初叅 專管官降二級留任兼轄官罰俸一年俱限一年緝拏獲半以上開復　此例係由輕改重似不能扣叅疏防致盐法例照盜案勒緝一條似亦可刪除　二叅不獲專管官照所降之級調兼轄官降一級留任

照盜 應照盜案題叅疏防并叅年限者

窃盗纠夥十人以上

窃盗同夥臨時拒捕

兇徒放火延燒

倉庫錢粮被窃

白晝夥衆搶奪殺傷人

搶奪未傷人贓至滿貫

夥衆去邑誆取財物拒捕殺傷人

餉鞘潛行小路未經知會以致失事者

大夥盐梟持械拒捕殺傷巡役

受傷身死無名之案有失物情形者

兇棍結夥輪姦婦女幼孩

兇徒持衆闖鬧奪犯毆差

盗田野谷麦菜果及無人看守器物拒捕傷人致死者

免參疏防仍照盗案扣參年限 失事地方在城在鄉之處照例參明

一人停劫

一人臨時拒捕殺人

一人臨時拒捕

一人搶奪殺傷 若並無傷人贓在十兩以下例無處分

照命　應照命案緝兇例扣限參處等

發塚開棺見屍　私鑄私銷首犯匠人

案逸　命盜等項雜犯案內在逃之夥盜從犯夥黨除罪至軍流者仍照舊例辦理外其情罪重大罪該斬決者

以結咨題部覆文到日爲始勒限一年緝拏逾限不獲照承緝兇首

盜首例于年底彙題將承緝官核議一二名不獲罰俸六個月三

四名不獲罰俸九個月五六名以上罰俸一年二參照此按名議處

犯照案緝拏

署竊　行竊衙署服物

失事之日即行申報若不行申報別經發覺降一級留任

未貫

逾貫

初参六個月限滿不獲罰俸一年 本員防範不嚴戢名一併開参再罰俸一年

此窃贓未至壹百兩例系承緝案分不必聲叙

初参六個月不獲罰俸一年

二参接扣一年不獲罰俸二年

流窃

窃贓一百兩以上至百二十兩者賊案咨参接緝官例無處分 窃案報官之日起限六個月

承緝限滿開参

初参報官之日起扣至六個月照滿貫例減半議處罰俸六個月

二参罰俸一年

貫窃

窃贓一百二十兩以上者 初参限內承緝官離任接緝官声明例無處分承緝未滿一月離

任免議二参限內承緝官交印公出回任後除公出扣参

初参六個月罰俸一年限內全獲或拏獲首犯免其参處首犯未獲者

仍查参

二条罚俸二年

照窃

丢包顶窃如赃至满贯照窃盗满贯例扣参承缉

抢夺未伤人赃至十两以上照满贯例参处

郏城县杨浩被抢银九十两零案以被抢之日起扣六個月初参

一人强奸幼女幼童及妇女已成照逃窃满贯例参处

越狱

斩绞重犯凡问发新疆及由新疆改发内地越狱系例应正法之犯亦照此例参处

疏脱后即时题参将管狱官革职拿问有狱官革职留任如能于四個月限内拿获管狱官免其革拿问仍革职有狱官自拏获之日起扣限

一年無過將革職留任之案開復如四個月限內不能全獲有獄官仍
留任一年能全獲者亦自拿獲之日起扣限一年無過開復傷通限一
名不獲者降一級調用二名降三級調用三名不獲一名者革職并犯
交與接任官限一年緝拿不獲照例議處

軍流徒杖笞等犯 問發新疆及新疆改發內地遣犯越獄係倒不正法之犯照此參處
四個月限滿題參疏防管獄官革職留任一年無獲革任有獄官住俸
限一年督緝不獲一二名罰俸一年三四名降一級調用五六名不獲
降二級調用七八名不獲降三級調用九名十名降四級調用

未擬罪人犯
四個月題參疏防將應擬何罪聲明如監待質訊罪雖懸擬者照

軍流等犯議處

僉解

決不待時重犯脫逃僉差長解及添差護解之地方官文武俱革職留任自脫逃日起始扣限一年緝拏不獲革任改為

發遣新疆人犯脫逃發新疆及由新疆改發內地遣犯中途脫逃係從應正法之犯僉差護解各官及該管上司仍照此例辦理

少差解役未加肘鎖者該管官降一級留任一年內拏獲開復不獲照所降之級調用係多差解役已加肘鎖者該管官降一級一年內拏獲開復不獲照所降之級留任逃犯照案緝拏凡該管知府直隸州所屬州縣例應降留者府州罰俸一年司道罰俸六個月督撫免議州縣例應降職者府州罰俸六個月司道三個月督撫免議

斬絞人犯脫逃非決不待時者　此条應查處分則例

少差解役不加肘鎖者罰俸一年已加鎖肘多差解役者罰俸六個月

解役受賄縱逃管官亦于本例罰俸外再降一級留任

軍流以下人犯中途脫逃

凡發新疆及由新疆改發內地遣犯中途脫逃係例不正法者

僉差護解各官及該管上司悉照此辦理

少差解役未加肘鎖者該管官罰俸一年係多差解役已加肘鎖者罰俸六個月逃犯俱照案緝拏該管府州遇所屬州縣例應罰俸一年者府州罰俸三個月州知應罰俸六個月者府州罰俸一個月道員免議

逃徒

數案人犯同日脫逃併案查議一案人犯分日脫逃分案查議

參專管兼管各官有驛丞以知知爲兼管官驛丞爲專管官如無驛丞以捕官爲專管印官爲兼管如本有驛丞因公離任知縣兼管免開兼轄職名只開專管職名驛丞屬府轄以知府爲兼轄官不必開參知縣

緝捕官例無處分

限期

初叅 脫逃日起扣限百日　　二叅百日限滿扣展一年　新例無二叅

處分

一名初叅專管官罰俸六個月兼轄官罰俸三個月二叅專管官罰俸一年兼轄官罰俸六個月

五名以上初叅專管官罰俸一年兼轄官罰俸六個月二叅專管官降一級留任緝獲開復兼轄官罰俸一年

十名以上初叅二叅俱同前三叅專管官降一級調用兼轄官降一級留任

逃流軍犯同

初叅百日　二叅一年

處分接緝印捕等官例無處分

軍流單身脫逃初叅專管罰俸六個月兼轄罰俸三個月二叅專管罰俸一年兼轄罰俸六個月

軍流攜帶妻子脫逃初叅專管罰俸一年兼轄罰俸六個月二叅專管降一級留任兼轄罰俸一年

軍流人犯派撥各衙門充當夫役遇有脫逃事故止將本官查議叅處其兼統各官職名均免開送

軍流人犯同日脫逃三名以上者並同日脫逃一二名者扣限百日初

參該管官罰俸一年兼轄官罰俸六個月二參該管官降一級留任兼
轄官罰俸一年
逃遣 新疆改發內地者
乾隆五十年定例此等逃遣之案于正限滿後無級可降查詢現官當
任者再限一年緝拏不獲罰俸一年仍限一年緝拏不獲再罰俸一年
如前官已經離任即將接任之員照此按限參處
處分
攜帶妻子脫逃者初參專管官降二級留任兼轄官降一級留任獲犯
開復
二參專管官降二級調用兼轄官降二級留任不行查參之府廳罰俸

一年道員罰俸九個月
單身脱逃者初恭专管官降一級留任兼轄官罰俸一年二恭专管官
降一級調用兼轄官降一級留任不行查恭之府廳罰俸六個月道員
罰俸三個月
多逃新疆改發内地遣犯配所同逃至五六名者
限期
初恭脱逃後即行開報　二恭脱逃日起扣至一年
處分
初恭专管官俱革職留任戴罪督緝全獲開復
二恭专管官一名不獲降二級調用二名不獲降三級調用三名不獲即

行箄戳

重流以詐偽制書詐傳詔旨偽造印信謀反叛逆强盜私鹽及左道妖言惑衆商漁夾帶違禁物件謀殺出使官吏漏泄机密走透消息情乃採生折割毒藥殺人以藥迷人名来内流犯俱係情罪重大在配脱逃者

限期

初叅百日　二叅　三叅

處分

單身脱逃者初叅專管官罰俸六個月兼轄官罰俸三個月

二叅專管官罰俸一年兼轄官罰俸六個月

三叅專管官降一級留任兼轄官罰俸一年

携帶妻子脱逃者初叅專管官罰俸一年兼轄官罰俸六個月

二參專管官降一級留任兼轄官罰俸一年

三參專管官降一級調用兼轄官降一級留任

以上降級留任官員如丁憂及故離任者于補官日降一級留任扣滿

三年無過開復

拐逃

報官日起扣限六個月參處限滿不獲罰俸一年

逃兵

原籍原營文武專管官以接到軍營移咨之日起勒限一年緝拏限滿

不獲三名罰俸九個月五名以上罰俸一年十名以上罰俸二年每限

一年緝拏不獲三名以上降一級留任五名以上降一級調用十名以

上降二级调用其兼辖统辖各官照专管官处分递减一等原籍原管督抚藩臬无论接准军营咨文先后均俟年终计一年内所属获犯名数分别造册咨部听候部议

刨坟止见棺椁

报官日起扣限六个月参处限满不获罚俸一年

放火尚未延烧及故烧人空间房屋田场积聚之物者

报官日起扣限六个月参处不获罚俸一年

楼缉

应参三次者到任日起扣一年限满为一次

强盗惨杀事主及放火烧人房屋并污人妻女打劫仓库干系城池

衙门并積至百人以上盜首脱逃接緝官初叅罰俸一年二叅罰俸二年三叅降一級留任斬絞人犯越獄亦如此

應叅二次者 决不待時一条查係旧例現在提督门新疆改遣以上人犯中途脱逃
一条已包斬绞立决而言接緝官共罰俸二年並降留處分矣

卑幼殺期功尊長屬下人殺本管官奴婢殺家長并殺死三命以上承緝官未届三叅雜任接緝官初叅罰俸一年二叅罰俸二年

命盜案承緝官未满初叅雜任接緝官初叅罰俸一年二叅罰俸一年

一新疆改發以上人犯中途脱逃承緝官未满叅限雜任接緝官初叅罰俸一年二叅罰俸一年

應叅一次者

殺死三命以上承緝官已逾三叅未满四叅雜任者接緝官限满

不獲罰俸一年　查處分則例無此條議　此項人犯到三參即須降調未滿四參之說誤會

獲塚開棺見屍案件承緝官未滿四參離任接緝官限滿不獲罰俸一年

私鑄私銷首犯匠人承緝官未滿四參離任接緝官限滿不獲罰俸一年

軍流徒犯越獄接緝官限滿不獲一名至四名罰俸三個月五六名罰

俸六個月七八名罰俸九個月九名以上罰俸一年

再緝

應參一次者

卑幼殺期功尊長屬下人殺本管官奴婢殺家長并殺死三命以上

之案應參二次之接緝官未届二參離任者再接緝官限一年緝

拏限滿不獲罰俸一年

審限

凡一切命盗雜案俱以人犯到官之日起限事　部查審事件以州縣奉文之日起恭案以督撫咨准之日起

凡盗案果有虛實未分盗贓未確限内不能完結者詳報上司核實報部准其展限四個月　盗賊捕限條

凡盗犯已獲祇須國取隔省人证口供定案者准其扣除関供日期亦限四個月完結

凡照盗案例開參承緝處分者概以四個月扣限題結

凡盗案已經審定如有續獲盗犯在州縣分限以外不能併案審解者俱扣限四個月審結　盗賊捕限條

凡命案內有虛實未確要証未齊必待輾轉關提詳加質訊碍難速結者准照盜案之例聲明咨部仍不得逾至半年以上

凡承審案件如有查捕蝗蝻勘災監賑以及勘河防險等事以上概准其本限內扣除其隣封相驗及會審會勘公出概不准扣

凡承審未及一月離任者免議如一月以上離任或逾限不及一月者罰俸三個月逾限一月以上者罰俸一年即於限滿日起接起二參四個月合州知兩個月解府州府州二十日解司司二十解督撫如逾分限不結即照易結不結例革職承審極光重犯二參州知限二十日府司院各限十日

凡承審命盜重案州知於四個月六個月限滿查參之後至二參起限如在一月以上將行審解併計初參已逾至五月七月以上向例罰俸一

年者予以降一級留任其有逾違二参分限者似照舊例革職

凡命案詳請檢驗上司並無批駁情節者仍按限審解外其有屢經駁查方行批准寔屬遲延有因之案該督撫聲明報部准其開檢之日起限

凡寔係重大案件二限必不能完結者于二参限內題参时即將難結緣疏內聲明吏部將承審各官革職留任再限四個月審結如再不結題参革任

凡承審案件如有正犯要证患病只准扣展一月府州司道審轉时或遇犯证患病亦准其扣除揔不得過一月之限

凡應擬斬絞人犯患病督撫按报即先具文报部

凡承審官招解人犯按照道里遠近將解府解司程限日期于咨題內聲

准其扣除 按每日行五十里扣算

凡命盜等案已據地方官呈報到官驗看後未及通報至獲犯日起限詳報及准前官移交獲犯通詳者俱以此件違延例分別違延月日予以處分查此件違延一月以上者罰俸一年半年以上罰俸二年一年以上降一級留任

凡命盜案據報驗勘因未獲犯至卸事移交未經通報如在十日以內者免議其十日以外至一月者州縣官降一級留任該管府州罰俸六個月一月以上者州縣降二級留任府州罰俸九個月三月以上者州縣降一級調用府州罰俸一年四五月以上者州縣降二級調用府州降一級留任半年以上者州縣降三級調用府州降二級留任一年以上州縣即以諱命諱盜本例革職府州照以失察諱命諱盜議處其准前官移

交未即通詳溜卸事移交後任者亦照此例議處

以上二條嘉慶四年二月定例

承審

命案

統限六個月州縣限三個月解府州府州限一個月解司限司一個月解

院院限一個月具題。

命案罪應斬絞立決者

照盜案統限四個月具題

欽部事件 盜案 竊案 發塚 私鑄 搶奪 姦拐 略賣 私鹽 假印 獲逃 硝磺 燒鍋 賭博 一切雜案

統限四個月分限州縣兩個月府州司院各二十日

卑幼擅殺期功尊屬長下人毆殺本管官妻妾謀死本夫奴毆故殺家長殺死三命四命等案通振沒即親自押解各上司審詳不必候批統限兩個月分限州縣一個月府州司院各限十日

接審

前官承審未及一月接審過日期扣展一月以上離任展限一個月前官歷限過半離任者扣半加展　扣半加展及前次分限兩個月之案已過三十餘日并四十日以外止准分限之半以一個月加展分限三個月者准此

二參限內接任于到任日起無論四月六月事件俱限四個月完結逾限罰俸一年再限四個月不結照二參例四個月指統限也州縣例止分限兩個月

委審

委審一切案件原審尚未招解者無論六個月四個月之限委審官俱照接審官扣限之例如承審官未及一月經上司提省委審者委審官准其按審遇日期扣展歷限一月以上者委審官准其展限一個月歷限過半者委審官准其照承審官分限扣半加展承審官已逾分限委審官以委審之日起無論四個月六個月事件俱扣限四個月審結

叅審以准咨之日起　督叅摺審摺叅督審

總督兼管兩省者限四個月（旧限六個月）

專管一省之督撫限兩個月

雲貴川廣湖南甘肅福建等省道府以上俟接到部文限兩個月審結

同知以下題參沒即可提審接到部文較遲審題寬裕准咨沒限一個月題結

以上承審各官如新限內必不能完結督撫將情由預先摺奏請旨

例限內免議如逾舊限委員督撫俱照事件遲延例議處

刺字彙纂

命案

一命犯律應斬決以及斬絞監候之情重發宥者督撫于具題之日交按察司衙门先于左面刺兇犯二字監禁仍將已經刺字之處于本內聲明其戲殺誤殺鬬殺俱免刺

一子孫犯姦盜致縱容之父母自盡者殺一家三四命以上案內兇犯之子年十六歲以上者殺一家非死罪三人之妻女寔無同謀加功並其子年在十五歲以上者兇徒因口角爭執持兇器毆人至篤疾者閩省不法棍徒引誘偷渡之人包攬過臺中途謀害人未死爲從同謀者民人殺死奴僕非死罪三人者強姦犯姦婦女已成致令本婦羞忿自

盡者均面刺改發二字

一豫省南陽汝寧海州光州及安徽潁州府所屬各地方先徒十人以上執持兇器無論是否傷人者面刺外遣二字

強盜

一凡強盜案件督撫于具題之日交按察司衙門先於左面刺強盜二字其傷人不得財從犯及未得財又未傷人而首者起解時並于右面刺外遣二字其未得財又未傷人從犯毋庸先行刺字定案發配仍于左面刺強盜二字

一凡強盜窩主左面刺盜窩二字若造意不行又不分贓者起解並于右面刺改發二字其並未造意又不同行分贓但知情存留三人以上者起解

並于右面刺烟瘾改发四字

一未傷人盜首窩家盜線窩家投首並經傷人及行劫二次以上之夥盜窩家投首夥盜供出盜首逃匿地方一年限內家獲此四項于起解时並于右面刺改遣二字

一強盜免死減等响馬強盜傷人未得財為從及未得財又未傷人為從並洋盜案內被脅接贓一次並洋盜案內接贓二次投首老民賊內跟隨習学技藝未全同行者大逆緣坐男犯十六歲以上叛逆案內被脅入夥悔罪投首者臺灣游民積悍兇惡肆行不法犯該徒流以上情重並用藥迷人已經得財為從者各項邪教為從並造妖書妖言傳用惑人不及衆者前項人犯應刺事由者仍刺事由起解时並刺外遣二字

窃盗

一窃盗拒捕杀人者指于具题之日交按察司衙门先于左面刺先犯二字

一窃盗初犯罪已撤杖者右臂刺窃盗二字再犯刺左面若计赃至徒罪以上者不论初犯再犯均係左面

一窃盗初犯徒罪刺左面再犯三犯俱以窃盗二字刺左面　窃盗初犯罪至徒罪以上刺右面再犯刺左面三犯仍刺左面

一窃盗临时拒捕为首杀人者拟斩立决为从帮同下手有伤者拟绞监候均于左面刺先犯二字拒捕未经帮殴成伤者发极边足四千里充军左面刺先犯二字右面刺烟瘴改发四字伤人未死如刃伤及折伤以上者首犯拟绞监候为从发近边充军均于左面刺先犯二字若临时拒捕伤非金刃又伤

經年漫之首犯改發邊遠充軍左面刺竊盜二字右面刺改發二字拒捕不傷人之首犯發近边充軍左面刺竊盜二字為從者杖一百徒三年如已得財右面刺竊盜二字未得財免刺

一積匪猾賊左面刺積匪猾賊四字右面刺改發二字

一旂人犯竊例應刺字者照民人一體辦理

一竊盜拒捕及傷事主先於左面刺先犯二字後決減等起解時並于右面刺改發二字

一律稱以竊盜論之類與寔犯同刺字

一凡律稱准竊盜論之類並免刺字

一私入圍場人犯或打鎗放狗或採柴砍木不論首從已得贓者皆于左面刺

窃盗围場字樣未得賍者皆面刺私入围場字樣 嘉慶二十三年刑部奏准遵行

若盗木植至八百斤及一千斤以上牲畜至二十隻及三十隻以上者並于

右面刺外遣二字

一偷刨人参之犯計賍應擬滿杖者照窃盗例初犯刺臂再犯刺面如至徒流

以上仍照舊例初犯刺右面再犯刺左面 或云刺刨参或云刺窃盗似應刺盗官物三字為妥

一發雲貴兩廣烟瘴刨参人犯在配脱逃者右面刺外遣二字

一盛京旗人家奴為匪逃走至二次者窃盗滿貫擬絞秋審減等者窃盗三犯

賍至五十兩秋審減等者行窃軍犯在配復行窃至三次犯窃計賍五十兩以

下至三十兩並三十兩以下至十兩者窃賍較多罪應滿流者積匪猾賊窃

盗臨时拒捕傷非金刃傷輕平復者回民行窃結夥三人以上及執持

器械者以上各項人犯左面分别刺字由其右面均改發二字

一盗大祀神御祭器帷帳等物及饗薦玉帛牲牢饌具之屬并未進神御及營造未成若已祭訖之物同其餘官物並刺盗官物三字

一盗各衙门官文書者刺盗官物三字

一盗各衙门印信關防印記者刺盗官物三字

一盗城门鑰及倉庫门鑰并内外衙门等鑰者刺盗官物三字

一監守盗倉庫錢粮等物于右臂膊刺盗官[銀粮物]三字常人盗与監守同徒罪

以上例應刺面至則盗錢粮反輕于尋常窃盗矣

一領票上人偷窃領票商人之參面刺窃盗二字販參人犯免刺

一行窃流犯在配在逃復犯行窃一項定例止應調發雲貴兩廣並非由新

疆改發與行竊軍犯之在配在逃行竊由新疆改發雲貴兩廣者不同不得刺改發字樣應刺烟瘴改發四字

一 回民行竊分別初犯再犯于臂面刺竊賊二字 起除刺字條

一 丟色誆取財物照白晝搶奪律治罪刺字 竊盜例不指明字樣仍應刺搶奪二字

一 運鹽船戶偷竊整包貨鹽售賣照船戶行竊商民例科罪仍畫本法刺字條 鹽法

一 凡竊盜窩主左面刺竊窩二字初犯刺臂再犯刺面若初犯徒罪以上亦刺左面若窩主未經造意并不行又不分贓者免刺

一 窩留積匪之犯仍畫本法于左面刺積匪猾賊四字其有造意同行分贓代賣並于左面刺改發二字如脫逃被獲右面刺外遣二字

一 窩藏回民行竊犯至遣戍者亦照窩藏積匪例分別刺字

一窃盗自首不實不盡及知人欲告而自首者免刺

一盗田野谷麦菜果及無人看守之物者俱免刺

一各居本宗及外姻親属相盗俱免刺其外姻親属必須得圖載明者方免

此外不得濫引親属相盗条

一窃盗已行而不得財者免刺　窃盗条

一婦人犯窃盗等案俱免刺　工樂户及婦人犯罪条

一窃盗刺字後如有實係改過唯起除刺字　起除条

一文武官員犯侵盗免刺　监守盗倉庫条

一賊犯之係官吏後復行犯窃案係人知情故縱比照窩主不行又不分贓

為從論亦免刺字　窃盗条

一察哈尔等处牧丁偷窃牲畜宰食并作为私产并偷参为从人犯诬扳良民为财主及头目者均面刺改发二字

抢夺 附六

一白昼抢夺人财物并面刺抢夺二字初犯刺面

一抢夺金刃伤人及折伤为从之犯并下手为从 此首从并金刃折伤二项言

一伤非金刃伤轻平复之首犯各于左面刺兇犯二字

一抢夺伤非金刃及伤轻平复并抢夺金刃伤人及折伤下手为从均于右面刺改发二字

一因问拟极边烟瘴充军人犯在配在逃复犯抢夺并因抢问拟军流徒罪在配在逃复抢至三次并因抢问拟军流徒罪释回后抢至五次并抢夺初犯至八次者均于右面刺逃遣二字

一糧船水手聚衆滋事罪應徒流者均面刺不法水手四字如罪止杖笞人
犯遞回原籍交地方官嚴加管束毋庸刺字
一夥衆搶去良人子弟強行雞姦之餘犯問擬發遣鬨窩誘取婦人子女勒
賣爲從者夥衆強搶犯姦婦女已成爲首者輪其婦女未成爲首者輪其
犯其婦女已成爲首者論其案內仍犯同謀未經同姦者強姦十二歲以
下幼女幼童未成者奴及雇工人調姦家長之女未成者俱面刺改發二字

發塚

一開棺見屍及發塚見棺與發而未見棺者首從均面刺發塚二字其盜未
殯未埋屍棺者刺盜棺二字 罪在軍流以下者初犯刺左臂再犯刺右面
一發掘他人墳塚見棺槨爲首及開棺見屍爲從者右面刺改發二字

一盗期親尊長未殯未埋屍柩開棺見屍者發期親尊長故塚見棺槨為首
及發掘期功緦麻尊長故塚開棺見屍為從俱右面刺改發二字

一發掘故塚之先穿陷及止盜故上磚石飾物并無因移屍棄屍而竊取衣物并均免刺

●軍流遣犯

一發遣人犯如從前面上原刺之字與現犯罪由相同毋庸重複疊刺倘
現犯罪由各別仍在左面另行刺字

一凡由新疆改發內地人犯均刺改發二字

一凡由烟瘴改發極边人犯右面刺烟瘴改發四字

一軍流人犯在配脱逃于左面分别刺逃軍逃流字樣

一觸犯父母充軍釋回後復行觸犯并免死減等人犯三次逃走并極边烟

瘞充軍人犯脫逃者人命案內按律不應擬抵罪止軍流徒人犯如毆死三命以上按照致死人數由極邊烟瘴進加者均刺外遣二字

● 逃人

一京外營伍兵丁脫逃左面刺逃兵二字 起除刺字條

一旂丁中途棄船逃走左面刺逃丁二字 從征守禦官軍逃條

● 奴僕

一凡旗下家人初次逃走者左面刺逃人清漢二字鞭一百二次逃走者右面刺字枷號一個月鞭一百均交旂主領回如伊主不愿領回者免其刺字交縣與民人一律管束三次逃走者發各省駐防給官員兵丁為奴照例刺字 督捕則例

一旂人家奴吃酒行兇左面刺吃酒行兇四字

一旂下家人謊稱民人賣身逃走已至三次者旂下家人三次逃走者旂下家奴吃酒行兇者旂下家奴犯兇惡棍徒並旂下家奴偷竊進倉米石者旂下家奴用銅鐵錫鉛藥煮偽造假銀並隱匿奴僕逃走交田伊主不願領回者均于右面刺改發二字 應刺事由者仍刺事由

一漢人奴僕不遵約束傲慢頑梗兇酒生事者照滿洲家人吃酒行兇例左面刺字流二千里背主逃匿者亦照滿洲家人逃走例責四十板左面刺字 奴僕殺家長等

不刺清字例不言逃匿次數則二次不必刺右面三次不必發遣 只于責懲給主而已

犯贓

一長隨求索嚇詐得財舞弊刺犯贓二字初犯刺右臂再犯刺右面（官吏求索條）

一衙役犯贓無論首從徒罪以下右臂刺竊犯二字流罪以上刺左面白役有犯同私毀者照官盜銷毀刺字例治罪仍補刺

一白役詐贓逼命案內正役知情同行在場幫索及雖不同行而主使詐贓者面刺改發二字

雜犯

一苗人伏草捉人橫加時（枷）勒銀取贖如從之犯右臂刺字（恐嚇取財條例不指明字樣似應刺捉人苗匪四字）

一舉貢生監犯罪例應刺字除所犯係黨惡窩匪卑污下賤仍行刺字外若祇係尋常過犯不行止敗類者免其刺字

一臺灣無籍遊民除犯該徒流以上仍照例辦理外若犯止枷杖例應遞回

原籍营東等面刺逐水字樣

賭博

一駕船誘賭人犯不論初犯再犯左面刺誘賭匪犯四字

漏誤刺字

一竊盜等犯漏誤刺字者該管官罰俸一年

一竊盜等違例刺字該管官罰俸九個月

一竊盜應刺面誤刺臂等該管官罰俸一個月

一遺漏蠹役刺字者革職至偶出掛名掃差之役地方官以贓少情輕遺漏不刺如贓在十兩以下降一級留任十兩以上降二級留任

一竊贓應刺右臂誤刺左臂等該管官罰俸一個月

◉ 刺字

一凡刺字每字各方一寸五分每畫各濶一分五厘上不過肘下不過腕監

守条小註

又乾隆三十九年着例每字方直各五分

補刺

一竊盜等自行銷毁刺字者枷號三個月杖一百補刺

乾隆四十年部行外遣人犯起解时年已五十照舊例免刺外遣二字

承追承變

一命案內有贓等着配人犯應追埋葬銀奉到部文起監追于三个月分別力不能完一面將該犯着配叙具族隣甘結詳請咨豁

一埋葬銀兩監追一年以上分別彙免追 此指不必着配毋庸留養

一承追指賠銀兩兩個月全完

一工程核減報銷脚價及一切欠項三万兩以下段限一個月三万兩以上限一年追完 此指工程已經題銷奉 部核減者

一承變入官田房產業估價一千兩以內者限半年變完不完者罰俸六個月二限以後不完每限罰俸一年至僻小州縣一千兩以上之產及大邑通都田房價值至數千兩以上定限一年或分二年完解其定限

二年者如有售主先交價銀一半即令賣業其餘限两于次年交清給
予印照仍先將分年完納之處詳咨
限内完全一千两一案者紀録一次不及該年分數罰俸六个月二年以後
不完者每年罰俸一年

上四

一 ◎ 革退舊役冒差嚇詐擬滿徒西従減一等 縱子行竊分贓復説合過付杖赦後復犯 山東案
加等問擬滿徒 匿情代消贓 不應重律 均不准援赦減免

二 ◎ 訴稱迭次包攬訟棍 先聞失察職名 訟棍擬極邊足四千里充軍

三 ◎ 頂名入場鎗考

四 ◎ 誘騙文童雇倩入場代鎗

五 ◎ 送竊

六 ◎ 頂名入場換卷作文

七 ◎ 嚴禁唆訟示

八 ○ 嚴禁挖墳示

九 ◎ 學院嚴禁生員刁革示

十 ○ 通飭嚴究地保

十一 ◎ 河防告示

〇十二 [illegible]産日時　一産三男　孝廉方正　正賓介賓僎賓　節婦　未婚貞孝

各式看語　壯總節命　節孝　又未婚節孝　旌壽　旌孝

〇十三 議祀鄉賢　准入名宦鄉賢

〇十四 爭處墳地各情形　海河私二件　並申繳圖說

十五 祿件　催科乃力記功　緝捕記功　緝私記功　洋船駕駛不善致遭風損分別推辦

蜀唐被劫出都失延燒倒滅等賠償

革退書役冒差嚇詐

據山東撫部院咨移將商河縣革退書役犯嚇詐一案王觀成王清連白萬祥馬廷彪均係商河縣革退書役王觀成因探聞臨邑縣獲賊白可慶訊出在逃之夥賊商河縣民楊泳亮係臨邑縣移會緝拿輒起意邀同王清連詐稱官司差遣查拿楊泳亮希圖嚇詐分贓以致楊泳亮畏罪將財行求托劉富向王觀成等說合賄允縱放王觀成等詐得楊泳亮京錢一百伍十千折實贓銀七十三兩白萬祥亦因查拿王浩與在逃之樂芳等代賊楊桂仔等清贓起意邀允馬廷彪冒充差役查拿恐嚇詐得王浩等京錢五十五千折實贓銀廿七兩五錢查王觀成與白萬祥等各起意藉端冒差查一

拿圈诈分赃，即属有所求为，二案情事亦属相同，惟杨添亮与王洪等均系
有罪之人，究与妄拿平人吓取财物者不同，自应一併按例问拟。王观成、白万祥
均系为首，除计赃各准窃盗论轻罪不议外，均合依诈称官司差遣而捕人有
所求为者杖一百徒三年律，应各杖一百徒三年。王清连、马廷彪均合依为从减
一等律，以杖九十徒二年。刘富前因犯窃拟军，遇
赦充罪，纵其子刘五仔行窃分赃，既不能禁子为匪，又敢知情分赃，据供核与
临邑县拟结回贼向可庆等所供结伙持械行窃各案係悉属相符，将来拿
获刘五仔，例应拟军。刘富系同居知情，行窃分赃，虽讯无伙窃情事，例应
于刘五仔军罪上减二等拟杖九十徒二年。今刘富复于王观成等冒

恐嚇詐雖從送賊、楊泳亮說合過分賄求王觀成等縱放、若所計之贓與
受賄人同科、則無核人雖減二等、應于王觀成滿徒罪上減二等擬杖八十徒
二年、未免輕縱、自應從重仍照知情分贓之例問擬、劉富隆計贓輕罪不議外、
合依節竊同居父兄知情而又分贓者照本犯之罪減二等、應于劉五仔應得軍
罪上減二等擬杖九十徒二年半。係
赦後復犯、應加一等擬杖一百徒三年、與王觀成等各到置折責安置、均免刺
字、王浩知情轉為楊中超等代清贓帛、尚未發覺即被白爲祥等查知、嘗
恐嚇詐許給錢文、訊無以財行求情事、又係無贓可計、應請照不應重律杖
八十、折責發落、擬徒之王觀成等五犯、事犯到官均在

恩旨以前，惟係冒差詐贓，並將匪從子行劫分贓，情节較重，该犯等所得徒罪應

請與到官在後擬杖之王浩均不准減免，王觀成、王清建、白萬祥各供親老

丁單，業犯假差嚇詐，情殊可惡，亦不准其存留養親，王二訊非知情運送

贓錢，應請免議云云

道光十三年八月十四日准

山东撫部院移咨軍犯楊中海遞解来粤，发往陽春縣配所安置

迭次包攬詞訟

據廣東巡撫祁𡎴奏稱番禺縣訪獲東莞縣民徐恒心迭次包攬詞訟一案

緣徐恒心籍隸東莞縣，行醫度日，因窮苦難度，起意代人作詞獲利。道光

十二年閏九月初二日，有新安縣民歸賴陳氏向稱伊夫賴娘邦被陳亞重

並致傷身死，邀其代作呈詞赴縣控告陳恒心教唆添入挖牛起衅情節，可

以聳聽，作給呈詞一紙，索得銅錢三百文。經新安縣提訊，賴陳氏供明伊夫賴

娘邦本因牧牛失管，踐食陳亞田禾，被陳亞重斥索賠口角，致傷身死，並無搶

牛情事，伊誤聽教唆捏告。審虛詳差緝。又十四年五月日，有東莞縣人麦

誕奇向稱伊侄麦亞淙被傷身死，因查無凶手姓名下落，報縣緝日久未獲，

邀其代作呈詞赴縣具呈催緝，徐恒心即以情節作給催呈一紙，索得銅錢三百

二

文经东莞县比差勒缉史犯未获又是年正月内不记日期有新安县人尹桂英
向称佃户黄名辉拖欠租艮未还逸其代作呈词赴县呈追徐恒心即田依情
替作给呈词一纸索得铜钱三百文经新安县差拘黄名辉将所欠租谷重追
缴给领完案又是年二月内不记日期有新安县人许步礼向称伊女许氏嫁
与林亚胜为妻身死不明逸其代作呈词赴县呈控徐恒心即田依情替作给呈
词一纸索得铜钱四百文经新安县验差传集人证讯明林许氏实系因病身死报
知许氏之母眼同殓埋许步礼先经外出不及回家未经确查怀疑误告当将许
步礼责惩完案又是年六月二十三日有新安县民陈伏新向称伊堂兄陈惧义被苏
连进出致伤身死麦亚崖在场逸其代作呈词赴县呈控徐恒心稔知麦亚崖家
道殷实教唆捏告麦亚崖预谋什闹希图吓诈陈新伏覆允徐恒心作给呈词

一紙，索取銅錢二千文，經新安縣提訊，陳新沃供明伊兄陳冀被黄連進等共六毆致斃，麦
亞崖僅止在場並無糾毆情事，伊誤聽教唆控告，當經縣詳差緝。又是年九月内，不
記日期，有新安縣民黄登賢向稱伊侄黄仁澤情苦窮產，央其代作呈詞赴縣呈
控，徐恆心即照伊情節作給呈詞一紙，索取銅錢二千文，經前縣差傳黄仁澤到案
訊明，並無窮產情事，係原告黄登賢解還到府，將控案注銷。又十七年二月
内有東莞縣民李亞朱向稱伊族人李有盛被傅蔡新佑身死，並李觀添喝令李
海、李紅、李狄致傷蔡亞蝦、朱亞保身死，被叔到案，伊族人衆恐李觀添等罪重，
欲行上訴求情，懇其代作呈詞，徐恆心答稱此案呈懇無益，必須先赴府
親叔李氏麦、陳氏出名控，以兩造業已和息，呈請從寬，方能從輕，亦李亞朱應
允，徐恆心即照伊所控情節作給呈詞，索取番銀二元，李亞朱並托其覓人代遞，徐
二

恆心即來省覔雇同縣素識之麦廣淐頂冒抱告蔡幗姓名給与銅錢二百文赴巡撫
衙門投遞旋經該縣訪聞差拿並查閱蔡李氏並呈詞因蔡李氏並均係應訊詞內
代為包犯李覲添並開脫恐有唆訟之人札飭查拿經該縣會營拿獲徐恆心麦
廣淐二名詳解得審該縣以李世朱係得未獲將犯審解程司度詳按徐恆心
借課為情而備具案係恆心為賴陳氏並代作呈詞共索得番艮二元銅錢二千文
折實紋銀三兩一分零計贓照枉法科斷罪止擬杖該犯代人作狀至七次之多又迭次
為賴陳氏並增添情節教唆控告實係積慣訟棍自應照例問擬徐恆心除計贓
死止擬杖罪不致外合依積慣訟棍〇播弄鄉愚〇一經審實〇即依棍徒生事擾害
問發雲貴極邊烟瘴充軍例〇問發極邊烟瘴充軍〇仍照名例以極邊足四千里
為限〇出所枚面折責四十板〇照例刺字〇麦廣淐除止受雇頂名代遞呈詞其

于李亚朱等冒认庚秋求移光祀李観添等從輕办理並不知情惟不甚確实
冒認控告蔡帼姓名呈遞殊屬不合應請照不應重律杖八十折責發落赖
陈氏麦诞音等失令作词叢径來党新安等知照案審明分别發免相结应
毋庸议系憑心承受作词良才及麦广謂自受代遞才文出退入店李亚朱
錫綫萩日另傳李果訟棍叢径該知行阅公貲擬萩文民失察戒名庭
請免闻云云訪咨完结云云可也

道光十八年四月初五日准咨

冒頂名入場錄考

該廣西按察司使景文審看鬱林州聲兆隴央懇伊甥生蘇宗岐

代倩雷仲懷頂名錯考一案，緣蘇宗岐、聲兆隴係籍隸鬱林州

蘇宗岐於嘉慶十三年考取入學，後經補廩，聲兆隴向從蘇

書肄業，查試向係蘇宗岐認保，聲兆隴與廣東嘉

應州人雷仲懷先不認識，道光十年閏四月內雷仲懷前赴州

城，聲兆生理，與蘇宗岐書館往來，該文與蘇宗岐彼此投

洽，值學院按臨考試，聲兆隴自問文理平常，恐難入學

懇切趕妥叩懇蘇宗岐代倩霍中懷頂名鎗替許供
述蘇從將銀伍兩並鋪將蘇宗岐銀十兩蘇岐花用霍中懷
寄霍寫立字據我未先交潤筆錢文十七日霍中懷頂
蘇名字前往應點入場作文取進九日招覆助題蘇點被
攛自往覆試破案
作前蘇投對正場試卷文理迥殊不符飭令默寫正場文字不能記
憶，查出鎗替情弊學憲將蘇名字扣除並將蘇宗岐衣頂斥
革，並將妝差拘霍中懷，中先已逃匿，隨將蘇岐花許供

通详[illegible]批饬审[illegible]代[illegible]犯审撤由道移解到司覆审以案
情[illegible]未实饬发桂林府確审前提该县桂林府杨阿审
[illegible]详[illegible]案未可提犯[illegible]獨搜供前情不符當另有
[illegible]頂替之人矣此不移安道饬查例载代倩錯手已成者
[illegible]三月及口评虚姪俱照误骗已成例枷號三個月
[illegible]地面充軍又倩雇銃手之人及包攬之人[illegible]銃手同
罪[illegible]等語此案歐[illegible]地陇央懇蘇宗岐代倩錯手霍十[illegible]頂名銃
[illegible]入場取進已屬已成蘇宗岐身為業師又係認保[illegible]

[illegible]说合即与包揽之弊均应按例问拟。歇后陇苏定

岐询应如该委员所拟，令依代倩鎗手已成，枷三个月，发烟瘴

地面[illegible]雇倩鎗手之人及包揽之人并与鎗手罪例俱

同，发烟瘴地面充军例上名例以四千里为限，各到配

[illegible]安置，挨保[illegible]京华许不知情，应毋庸议，口许虚雇，请免议

张霍先[illegible]饰编[illegible]日另结[illegible]有查编鎗手不力之处，调官例有

处分[illegible]候吏部[illegible]名[illegible]文开送。是否允协，云

具[illegible]騙文童崔倩[illegible]代鎗

據廣東[illegible]　治下大埔縣民謝達吉誘騙香山縣文童崔倩

入場代鎗一案緣謝達吉籍隸大埔縣向在省籍肄讀，前[illegible]無人延請

來省覓館[illegible]寓番禺縣地方，道光十二年五月內學院開考廣州府屬

歲試有[illegible]縣文童程倧泉來省應考與謝達吉寓居鄰近相識來

往謝[illegible]謝達程倧泉看程倧泉文字見其尚未通順適學院示期六月初

七日考[illegible]謝達三水龍門文童謝達吉因負難度憶及[illegible]素好之

清遠縣[illegible]生鄭由新誤及認保清遠縣文童鄭占吉患病回籍[illegible]名考

[illegible]保[illegible]生鄭鍾裕現[illegible]患病程倧泉家道殷實起意自行頂冒鄭

与書辦[illegible]入場為穆潭泉代館得銀使用即于二月初六日至穆潭泉寓
所称说現將進場穆潭泉取文藝平庸恐難取進伊詩文頗佳現欲頂替清
遠[illegible]文書[illegible]代館一姓名入場如果僅令代館可包進學穆潭泉[illegible]朱應元
謝[illegible]代館取進僅須銀一百両出場後先交十両餘可随时付交鄭
占吉之[illegible]郭鍾裕現在患病恐係郭汝新係其相好央容隐不致敗露
之言[illegible]踰元從謝逢吉與穆潭泉約定彼此進場飲卷後即
在大堂後詹下会面將卷调換如坐号相近可以傳遞即不必[illegible]奏名自
歸生謝逢吉後往向郭汝[illegible]情由許俟將得謝銀兩[illegible]分給郭汝
新应完所許銀兩均未[illegible]之字[illegible]穆潭泉之認保廩生何[illegible]派保廩生

張訂、趙[?]均不知情。初十[?]……[?]發莞監系鄭占吉之派[?]家丁郭
鍾裕之[?]病，陳到認係郭[?]新[?]保，未獲，指認鄭逢吉即頂冒鄭占吉
之名與蘇𤁺泉先後[?]藏銀卷，進場謝逢吉坐東、郡秋字第一號，蘇𤁺
泉坐粟[?]字第二號，相離不遠，即各帶坐來，換卷謝逢吉代蘇𤁺
泉作就頭場文字，遞給蘇𤁺泉接收謄寫入卷，將稿毀棄。其答內尚未曉
稿[?]，經[?]州府知府胡方朔訪聞，于放牌時當場[?]遞飭拿
獲，蘇[?]文章[?]，並郭汝親先已逃逸，隨據何權、張訂、趙[?]鍾裕赴府投
到，訊詳[?]遞郭汝新、溥[?]未獲，將現犯審擬解司，犯供翻異，詳提郭鍾
裕質訊，始據謝逢吉供訊前情不諱，詰係畏罪狡翻，並無別故，又非積慣

……不移案無遁飾此案謝逢吉誘騙蘇滓泉雇仝代鎗案

經頂冒鄭占吉姓名入場事屬已成應將例問擬謝逢吉合依代倩鎗

手已成……並立約及口許虛贓供照誆騙已成枷號三個月發烟瘴

地面充軍枷號三個月發烟瘴地面充軍仍照名例以極邊足四千里為

限至配所杖一百折責四十板照例刺字蘇滓泉先經謝逢吉冬貝雇鎗

並未應允……因機誘始行允從雖止口許情節較輕蘇滓泉合依雇倩之

生童實係被人擅騙止口許情罪稍輕者照誆騙未成財未接受杖一百徒

三年例杖一百徒三年至配折責四十板該犯謝逢吉據供母老丁單業經湖

州府飭據府縣……屬係帰人等親明屬實取具族鄰保供

結由縣科房發訊加結詳送該犯蘇宗錄稱供伊母年逾七十有弟蘇宗
澤自幼出繼與胞伯穆月照為嗣家無以次成丁亦據原籍香山縣傳訊
犯屬族保鄰佑人等屬實取具甘結解府提訊無异均核與留養之例相符
應請將謝廷吉蘇宗錄准其存養親候部覆將伽責發落蘇宗錄係正
月進場其認保廩生何耀琨派保廩生張訂頑均不知舞弊情事應與同
病告假臨場並未認識派保鄭占吉之廩生郭鍾裕均免置議鄭占吉因
病回籍不知謝廷吉頂名入場情事免其提訊以省拖累口許虛賠照例免
追無干省釋送犯郭汝新饒甯獲日另結本案鎗手葉鍾洪提調廣州府訪
聞拿案學院當場拿獲究亦失察職名應請免開留養各結隨招附送所

前提解遲延一月以上職名除咨吏部察議暨咨明禮部相應咨達等因

前來據此謝鏞吉等均應如該撫所咨完結仍令照例彙題逸犯郭汝

新應令該撫飭緝務獲照例辦理至議處文職暨文職應否免開事隸

吏部該撫既咨吏部應聽吏部查議仍知照禮部可也

道光十三年十月初四日准

刑部咨

查係二前行竊勒贖各案計贓均在一兩上下惟迭竊十二次實屬積猾應照
例定擬係二前除行竊無服族人係訴發係敦義衣物二次律得減等免
行竊計贓並勒贖得贓各輕罪不議外合依初犯之賊迭竊至八次者照積匪猾
賊擬軍例改發雲貴極邊烟瘴充軍至配所杖一百折責四十板面刺積匪
猾賊四字并刺發二字係再但先因犯搶擬徒年
赦釋回籍迭竊一次被獲加等擬流今在配逃回後強綹行竊一次贓在一兩以下
應照例問擬係再但合依再犯竊盜問擬流罪到配後在逃行竊一次者
改發雲貴極邊烟瘴充軍例改發雲貴極邊烟瘴充軍仍照名例以極邊

五

逞四千里為限至配所杖一百折責四十板照例刺字該犯厚犯行竊在配

脫逃雖在道光十一年正月十二日

恩旨以前惟在官在後應不准其援減係無標先後行竊四次內起意勒贖得

贓一次計贓均在十兩以內係無標除行竊無服族人係從未係能贓二次律

得減等輕罪不議外合依匪徒逼令事主出錢贖贓但經得贓者不論多寡

即照強盜窩主律杖一百流三千里例杖一百流三千里至配所折責四十板遞

例刺字番另匪徒係二酌弟送去切勒贖一業

道光十三年八月十九日准

刑部咨

扶不入場換卷作文

據兩廣總督兼署廣東巡撫盧　咨稱茂名縣訪獲匪徒孫大申冒頂信宜縣童生李際时名字入場哄騙陸敦讓換卷作文一案緣孫大申籍隸興寧縣向在信宜縣地方教讀與李際时陸敦讓並其堂弟陸敦诰均相認識道光十三年孫大申因無人延請五月內來高州府城覓館適值李院按臨科考李際时偕陸敦讓陸敦诰各自來郡應試李際时與孫大申會遇同在客店居住旋奉李院牌示六月初九日開考信宜縣文童李際时已先期投卷忽于初八日傍晚接

六

到家信知李際时祿保育胞兄病故急欲回家料理不及告知禀保叙
即赶回孫大申因穷极無聊且查知李際时祿保訥亮现患目疾看
視不清起意冒顶李際时名字入場找人鈐代圖騙銀兩回籍隨於
次日五更走到考棚听候唱名該犯應点領卷入場查看卷戳坐號
係西曲豆十二號正欲走去號舍覓人鈐代適童生陈敦讓亦先來点進場
因昔冒氣旧疾疼痛異常隨在場内东边地方暂歇自料不能作
文正欲禀明出場適值孫大申走至看見亦知陈敦讓功名念切维
时点名未畢人多擁擠孫大申即上前向陈敦讓告知顶名入場

缘由並稱情愿與伊换卷代為作文倘得取進謝給花銀壹百元若果
不取佳分文預待（听酌）筆資陆敦讓初怕敗露不允因孫大申以伊現經冒
名入塲全人識破即咸換卷止須彼此秘密何致敗露之言向誘陆敦
讓悮听為允隨將原領东秋二十一號白卷付交孫大申而將西豊十二
號之卷交給各归號所時陆敦诰坐在东秋二十號與孫大申號合
相連陆敦诰即向孫大申查問替何人作給孫大申不能隐瞞告知
係代陆敦讓换卷作文嘱勿声張陆敦讓係其妻之恐致同罪
代為寫隐即經前茂名縣魏令珍因代為提調訪有孫大申冒名入

六

場作鈔之乃並准信宜如儒學訂稿前由已擬冢年字如間遺孫
大申因欺陆敦诰年幼疑其必無佳文向哄诱倩鈔陆敦诰不服
斥罵当经地後听闻字载年本學院費如審如比付題前全查詳
陆敦讓業已第稿繳白卷出場待評李際时認係誰真抄供孫
大申頂名入場时伊实因点名太早且患眼疾看視不清並不知
情恐有校卸情乃随即年本學院將誰真亮考生襍草一面分别
閱看查拘李際时及陆敦讓貲評賡嗣陆敦讓將稿塗告知本學
保 陆鐘務第因赴外拔貢並擬李際时之父李高祥因伊子李

際時生家染病未會名赴茂名縣代審陸經該前縣魏令提集詳
供詳批飭審將犯審解提犯質訊據孫大申供認前情不諱並
詰實係冒入場哄騙換卷並非預先雇倩鈴代名呈立約過錢情
事此案孫大申頂名入場哄騙陆敦讓換卷作文圖得謝資自應照
例問擬孫大申合依倩鈴手如已頂名入場不分有無立約及口許
虛贓均照誆騙已成枷號三個月發烟瘴地面充軍例枷號三個
月發烟瘴充軍剌配杖責陆敦讓手入場後因發旧病不能作文
誤听孫大申哄騙換卷並未預先雇倩代鈴贓止口許名應按情
六

罪稍轻之例，问拟陆敦让合依童生实系被人撞骗，姓名许情罪稍轻者照诓骗未成例，杖一百徒三年，系闻拿投首，应于本罪减二等，杖九十徒二年半，到配折责。庠保诸觉于孙大申冒顶李际时名字入场，虽不知情，第责司认保，未能认真查察，致被混进场内换卷，虽属疏忽，已革庠生，不准开复。派保林席珍失于觉察，照例降为附生。陆诰（敦）先向孙大申询知为伊业之陆敦让铨代换卷，因恐陆敦让获罪，是以代为容隐，迨后孙大申亦孔向其哄骗倩铨，即向斥骂，殴集尚无不合，应毋庸议。李际时于领卷后因事因家不及告知廪保並不知孫大申頂名入場之事，應毋庸致議。
敦讓所允孫大申詐資係出許虛妃，毋庸致返。本案匯經入場作
弊係代辦提調及前任茂名知縣魏行移與信宜知縣行學訪
聞，生光正在審年事亦聞，遺迴役將孫大申查獲，審實亦
失察職名邀免開送。所有承審遲逾及接審遲延各職名，除
咨吏禮二部外，相應咨達等因前來。據此，孫大申業已照詳辦
理，所咨完結，乃令照例彙題。至廪生許寬等降革之隸禮
部，失察職名應否免開，聽候更文職之隸吏部議覆，理合聲明。
六

应听吏礼二部查议可也

道光十四年十月廿四日奉准

刑部咨

唆讼示稿

为严禁唆讼串诈以安良懦事照得诬告应行反坐而唆讼尤当必惩故定例如系教唆之人起意主令者应以主唆之人为首听从控告之人为从即本人起意欲告而教唆之人从旁怂恿者各与犯人同罪其系积惯讼棍串通胥吏播弄乡愚恐吓诈财依棍徒生事扰害例发极边烟瘴充军如控生员代人扛帮作证写词虐诬例应斥革衣顶照教唆本罪上加一等治罪凡所以维护善良防闲士习者禁令本极严明而唆讼串诈之风仍然不免岂真悍不畏法欤或亦教之不先也本司访闻粤东地方有等刁徒棍徒教唆词讼惯以鸡豚细故捏成雀角之风巧弄鹬蚌相持坐获渔人之利或砌多名于案牍倏遭一网之凶残或阳助为阴欺兼作两家七

云谋主以刁健之人囊橐大竞破人身家为害闾阎实堪痛恨着即严行惩
办可往一日不除良民一日不安本司现在设告听讼之下随时随事加意
察访有犯必惩惟念下车伊始不忍不戒视成合行申明例禁剀切示
谕为此示仰阖省军民人等知悉如有前项不安本分者及早改过自新
洗心涤虑毋再视为得计自贻伊戚倘敢怙恶不悛一经访闻或被告发定即
立拿到案照例究办本司执法如山决不姑宽勿谓言之不预也各宜
遵照毋违特示　道光十四年七月十七日　东按察使王　存中自稿

廣東按察使司為嚴禁毀挖故塚以維風化而靖地方事照得匪徒發塚

據驗情最慘毒故起棺索贖例與強盜同科見棺見屍亦擬絞軍重

罪科條如此森嚴宜以為懲然乃粵東民風獷悍利之所在愍不畏

法民間屍棺又多先用浮厝甚後檢取骨殖用瓦罐盛殮於土崖之中既

未深埋又無堅槨匪徒易於覬覦近年仍有發塚之澆風歷經嚴拏

憲諭上年十二月內復欽奉

上諭敕部嚴拏業經前署司查明情形詳奉覆

憲劄並經本司移行文武實力緝查拏並緊總緝盜務有犯者

無不錢摺錢摺者無不重加尔等應有方家亦當自謀生計俾圖

蠶食爆烟之淫愚乎而亦圖家者殉物之者未可卜倘若為此凶惡殘

忍之事以求不可必得之資財而蹈斷絕刑膚之重罪本司為尔不值情尔等

知今特申明例禁告誡尔等應尚不革面革心仍蹈前轍斷不尔恕尔等庶其

各遵之尔等庶如有被人据掠索贖者可援寶赴該管州衙門呈告即為尔

詳勘并飭備該物勿不即嚴理或無理遲延及家丁書役稍有需索尔被害

之人可即赴該管道府衙門呈訐一經查實即將該物勿嚴揭參本司

嫉惡惟嚴斷不使強暴横行良民受害被害者毋須畏累隱忍也切切

特示

道光十七年七月廿八日 本按察司內稿

广东督学部院王

谕乡试诸生知悉士人读书首贵立品以孝弟忠信表率齐民方不负朝廷作养之德非仅以词章末艺弋获科名也粤东文风近来称盛然士习颇近虚诞每有不知爱者并废文词专工刀笔以才健为技制之才借为勒减为谋生之计遂致案牍繁滋良善拖累人心风俗受害日深此岂

国家乐育人才纳诸学校之意乎本部院莅任以来历试各郡深得校阅大抵人之道太上教诲其次警本院有校顽当痛法今此时秋闱伊迩多士咸集尔省垣互宜静安

九

寓室温習本業，以冀上進。邇得恃符妄作，遇事風生，或差
年故實，架空妄訴，或事非干己，圖利把持，或以私怨訐告，
傾陷之謀，或以小故逞刁，囂凌之氣，以及妄陳利弊，干
預官府，種種惡習，痛自洗除。倘有不顧行檢，多事
滋訟，跡類訟棍，或現已移文衙門，凡收到呈詞，即移知
會本部院，先將科舉扣除，令本生該廳傳審，情節支離，
即行斥革。所評本部院剴切諄諄之告誡，若再有三蹈犯不
戒，視此切勿自貽伊戚，凜之慎之，特示。

道光十五年七月　抄

通飭舉充地保

為通飭遵照事道光十六年三月十四日奉

廣東按部院祁　札開照得各屬地方市鎮鄉村設有地保原以與民地屬

近切情易周知無事則責在稽查有事則令其首報立法本屬周密不

寔稍有曠悞地方官果能隨時選充責令各地保于所管地方嚴行察

查察俾土匪無從托足外盜不敢覬覦搶竊強劫之風焉有不能少息

至于粵東命案交屬情偽百出往往兇匪則賄囑見証買人頂替虛

報則添揑情節牽扯混噬誘詐屬幻疑似難明惟地保于起衅根由

兇手名姓不難查知使其秉公呈報協同拘拏則真兇不能漏網案

十

情何至混淆且其初不過因口角微嫌錢土細故不能忍氣互肆强
梁苟有明白地保先為排解約束即可不至釀成巨案是地保之設
其有關于地方案牘者豈淺鮮哉本部院披閱各州縣詳報命
盜等案往稱該處向無地保即謂地保病故未充一經千篇幾同
印板文字可見各該州縣平日于保甲一事廢弛已久無怪盜賊公行
閭風日熾甚至報案最犯而良歹莫辨虛實難分案怨莫結要
皆地保不充有以致之也殊堪忿恨且各鄉地保如果遴充得人該州縣
辦公不較省力何不激發天良一為認真辦理耶合亟札飭札到即便通
飭各屬遵照立即查明屬內各鄉村市鎮如向無地保者剋日照例

選擇誠實良民公舉承充者向有地保現已物故或因事革退懸缺未充者名即作速另選充補務使認真稽察遇事首報庶匪類不敢潛蹤兇徒知所畏憚而命盜之案可冀日漸稀少亦轉移風氣之一端也廣州府屬予限一月惠州肇慶羅定各府州予限四十日其餘距省窵遠之各府州予限兩月均以奉到文移之日按限辦理具報倘通飭之後各屬仍狃于積習視為具文并不實力奉行以及報案仍有照前玩泄或任意捏飾了事以致兇盜不能就獲案情不能審定即從嚴查參決不姑寬仍飭將如何遵辦緣由先行稟察核毋違等因奉此除通飭遵照外合就錄札札

十

刊誤高云云國芳毋違此札

道光十六年三月哿札

南韶連道園防稿示

照得本道家傳閥閱、壯忝科名、濫蒙
北闕之殊施、歷掌東台之駁議、精勤自勵、公正爲懷、忝者恭荷
恩綸、畀巡斯土、愧無經濟可稍效於涓涘、惟有慎勤冀仰酬夫
高厚、倍切氷淵之凜、彌堅清白之操、凡鉅細之文移、悉由手校、遇疑難之案
牘、吏出親裁、友朋務擇端方、臧獲久嚴約束、署中胥吏玩法必
懲、鄉里親朋、浪遊絶少、至若山人墨客、相士星流、均屏隔而不交洵
防閑之惟密、但謹飭雖堪以自信、而鑽營難必於人心、且南韶連地
方、良莠不齊、民商雜處、保無譸張之輩、謬冀僥倖、鬼蜮之徒　十

妄思影射、或指名而撞騙、或托故以招搖、欲期弊絕風清、必須防微杜漸、現值下車之始、特申禁令之條、除密訪查拏外、合行出示曉諭、爲此示仰道屬紳士軍民人等知悉、自示之後、倘有奸民蠹棍、暗地潛藏、假冒親族、知交、公行煽惑、許即扭赴所在有司、嚴審解辦、決不寬貸、容隱者一體連坐、行求者與受同科、本道言出法隨、慎勿視爲紙上空談而忽之也。各宜凜遵毋違、特示

一產三男

直督方 題爲報明事臣竊惟 大德廣生廣彙應駢臻之瑞 聖仁亭育

比閭徵駢蕃之祥擬三秀以數榮 壽宇正宏開于戩甸仰 一人之保赤

恩波宜下逮于茅簷赤有衡水縣民王喜各之妻李氏于乾隆二十六年四

四月初十日一產三男據布政司三 查明現俱存育取具印甘各結等

情題报前來理合具 題伏乞

皇上睿鑒施行謹 題等

旨該部知道欽此

十三

孝廉方正

嘉慶元年五月三十日奉 署廣東潮州府云云計粘單一紙茲因到知奉

此已即移學訪查牽據去後嗣准 署知儒學牒覆監生員並無堪

膺是選之人業經具文申覆一面仍即悉心採訪去後茲據 署知事人許一松蘇

從元副貢生黃邦彥歲貢生杜季鴻監生陳邦瑞黃廷進庠生洪鳳集

余華蔡鶴鳴增生黃炳崑陳龍躍附生徐璂吳璸球吳大江族長黃子郁

左鄰黃廷清右鄰黃廷芳排甲黃秉盛等具呈赴 知縣奉

詔公舉乞准 特詳可詞稱窃照嘉慶元年正月初一日奉

恩詔內開每府州衛各舉孝廉方正暫賜以六品頂戴榮身以備詔用等因欽此

一松等伏讀

詔書竊惟潮郡為先賢敷化之地在昔治洽絃歌海邑尤名邦領袖之區

于今風傳鄒魯兆溥涵濡

聖澤自應誕育賢良恭逢

巍俊旁求宜副明揚

盛典茲有邑內舉人黃廷棟姿稟粹美品號端方幼侍庭幃讀書而得

事親之要長持風節正己而兼奉物之推探六經之淵源考期有

十二

用卯百家之扃鑰志存無邪品因能類手遍情行誼寔孚於衆論堪
膺採訪允協輿情理合臚陳事實備具冊結伏乞鈞詳去情到部據
此該海陽知縣余 查嘉得舉人黃廷棟行昭孝義長礪廉隅
端品槩于里閭稱人望樹風聲于庠序群尊師資早領秀名優
登行而賢書旋膺應符列宿登鐘錄而筮仕堪期乃勝宦篤桑
梓遭艱家而領司賑務抑且躬行正直急公事而先任賢勞立
身無愧於潔清勵俊先有光于
詔誥宜膺薦舉以副

旁求訪採名紳士族譜備具事實冊結前來早賜察核會票理合照造清
冊加具印結具文詳候
憲台察核轉詳爲此備由同冊結一樣八本具申伏乞
照詳施行
實緣上　粘連印結八本　事實冊八本
結式
廣東潮州府海陽知縣　今于
與印結處欽奉

十三

恩准予依本結援俾士爵人（許一枝、孫瞵、黄子静等結得爵人黄
廷株素性孝友，家處隅自勵之品，端方居心，正直并無過
犯違礙等項具結前來，呈請覆查無異，理合加具印結，所
結是實

查爵得生員〇〇學追先正行尚古人盡誠敬於家庭群推孝弟普施
惠於鄉黨頌滿宗親賑灸恤寡生平皆樂善之忱助資解囊萬事
悉秉公之舉一鄉善士六字堪揚卑職訪問既確復據合邑士民公舉擬
各將儒孝送到冊結加具印結具文詳請
憲台核轉爲此云云
查爵正貢生員〇〇詩禮傳家公忠接物推仁慕義作一邑之模範取
友隆師啟後人之矩矱舉以正貢允符典禮介賓〇〇孝義本諸天
十三

性施濟出手丕情拾遺金而恩及孤寡讓家財而義同一氣介賓之
選庶無愧焉僎賓○○賑貧恤寡生平皆善樂之忱助募解囊凡
事居奉公之舉培孤而家教克大不負丕友于九原訓多男而國瑞
是期洵屬秉義于一室僎賓之舉尤非謬也今據生員公舉前儒李
查例取具隣族甘印并事實清冊一併移送前來等因准此
之三人者輿論相推均為一邑之人望宜膺公舉堪膺祀典于賓筵

節婦批語

查原得已故縣民賈安之妻王氏性嫻淑慎節勁冰霜孝養
舅姑婦道無忝孝子職義方訓子完人無愧于亡人伉儷一十三年
雍雍因則守節卅九載孑孑全貞青年白首居然巾幗之儀型徵
顯闡幽堪膺褒嘉之令典用光史冊以樹風教今准儒孝查明乃
寔冊結牒送前來擬合加具印結具文詳請
憲台彙核題旌除詳孝憲外為此云云
查原得節婦王于氏賦性堅貞秉心純粹女流而具丈夫之志小
十三

星而從大義之歸李孀姑于烈終生死倫彝撫孤兒于襁褓教養
兼隆表一生之懿行微見閨幽式里黨之褒嘉清風勁節令唯儒孝
送到印甘各結（畢成）各加印結具文詳請
憲台察核　題旌實爲恩便爲此云云
查看得節婦于張氏心同金石志矢冰霜敦孝養于庭前歸道克
兼子職育遺孤于膝下全人無愧士人杜鵑啼血誰憐八載之調琴鴻雁
悲鳴堪羨古稀之勁節允符輿論用勵風敎合將仵宗送到各憫
冊結（畢成）復加切實出具印結具文詳請　憲台察核　題旌爲此云云

孫得生員戚同賅之母康氏青年破鏡白髮完貞教孤子而成人勤女工以拮

据辛苦備嘗冰淵之志從家徒立壁操潔金石之心巾幗儀型宜

揚彤管允符輿論敬達

宸衷今將什孝送到事實清冊并印甘各結用戚　加印結具文詳請

憲台核　題西寺云了

孫得節孝婦張王氏幼習女紅性安勤儉勵善節于青年甘矢志全芳名

于白首涕泣完貞孝奉舅姑婦道克盡子成義方訓子閨中儀若懸眉

雖艱苦備嘗不墮冰霜之志從家徒四壁益堅金石之心今將云云

十三

肴得節婦心同金石志切松筠敬理蘋蘩淑德不愆于菽水勤操井臼壺儀更
著夫宜家懿美堪風壁貞足式琴瑟調且方期百歲同歸痛折鴛鴦
頓失從夫仰望嘆良人之已逝原思瞻拜初從事姑命而撫孤由是毀
容矢志湯藥親嘗克盡子職然尤垂訓閨範世儀揭櫫芳名宜膺
褒象之令典詠歌巾幗有光閭里之風氣今特云云
旌得烈女范氏弱質而貞剛膽深閨而鍾英氣揚威破鏡璀琳璧焉玉碎之
志切松筠慶華壯冰清之色捐命隨志巍然堅持表人間攜手同歸羨
不芝蘭地下堪垂於帛允協芳名玩茲遺興情應題匾鉅典今特云云

未婚節孝

心堅從一，志矢靡他。夙締蔦蘿，未諧乘龍之喜；峯摧崑岳，遽興別鵠之悲。女也何從，誓甘同穴；夫兮既逝，離恨終天。遂辭父母以有行，乃奉翁姑而罔懈。勤操井臼，慣任苦雨淒風；撑繼延宗，責盡丸熊畫荻。艱辛四十六載，克體皆芳；苦節二十餘秋，貞心不二。詢稱節孝，宜膺 旌揚

又 上杭

查得已故儒童邱祖武未婚妻練氏，節比松筠，志堅金石。蔦蘿甫締，方幸宜家永偕；未姻旋聞寡鵠，乃念所天之無二，矢之死以靡他。遂過門成服，居

十三

然歸道自持宜室家祿允矣壼儀是式楷模於而勤鞠育既孝父慈母之兼
資事舅姑以奉旨甘而愉色撫家之政肅自一十五齡之薪勞甚勤
節不磨歷四十七載之苦雨淒風貞心如昨年例既符　旌揚宜及兹准儒
學云云

又

端莊自矢淑慎其儀方十齡而甫訂絲蘿雀屏中選逾八載而旋摧玉樹
鸞鏡分飛鶴袂臨喪痛白首之莫賭紅顏赴義誓一死以龐從殉銅棺
而注血泉名敦化望夫之石顧銘髮而傷心堂上誰為反哺之烏君淚徧

生侍疾彌勤菫餌承歡色養洗手以作羹湯相道恪遵識冰蘖持衷之

善人言無間照松筠秉節之堅緬彼芳型固已清操潔守閨宗懿行詢足

勵俗維風況貞節五十四年閱寒暑帷經無變志追壽臻七十二歲經

營表奠著育成芳節孝兼全宜荷

旌揚盛典年例符合蕭膏

褒寵光榮

雙節承語

承淳王心一妻郭氏證娘相陳氏性秉幽貞夙明大義早嫺姆訓承歡

十三

李室之年承佛女箴敦順有行之後逅爾天之不祿悲入地以無從亦皆
井水同清柏舟自矢艱辛而承菽水相順與孝恆無拮据而課熊丸母
慈與父嚴並撑一門双節挺生松柏爭奇而世業傳維繫祖孫一綫左鄰
氏已歸地下既完白首之貞而陳氏長享天年彌勵青筠之操不以存歿
異節轍大節克全同輝此皆閨閫之芳型宜荷　旌揚之盛典

又

操比霜凝行同水潔拮据獨居勵節彌彰婦比冬青貞心不改孀居而
世教孝門守志一生是繼是繩之緒生死奚既獨道之成教畫荻和

九六母儀之並美郭氏殁逾六年清操歷四十五年陳氏現届五旬苦節經
二十三載均擅閨閫之芳型合請表揚于 盛世
節孝采詩
志同冰潔節並松貞無馭彩鳥方調琴于十載操名別鶴忽破鏡于
崇朝織狂床邊愴懷明月女郎砧畔注淚秋風孝繼姑而送死養
生竟無子戕無遺孤而和丸畫荻儀作師資完貞八十一年忠丁兩
世守節五十五載銀書一門年例既符　褒揚宜及

又

範著青閨芳輝彤管王家淑媛方諧連理之枝陶氏賢姬忽感不雙之鵠調琴在御上計一週夢蘭入懷僅得九月嘆捨硯之無術遂失志而靡他乃二老寡逝死養生無慚婦德撫遺孤而擇鄰執信足奉母儀更幸夫弟云亡延陀危之一線尤見淑人令德堪媲美于千秋守節三十六年現年五十四歲院符典例宜荷旌揚

又

百年靜好甫及笄期五載分飛忽孤鳥影青青松柏歷歲寒以為心冥冥河山因亡人而依托奉堂前之垂老孝婦無慚撫膝下之遺孤成

人不忝懷貞楚之女未足喻其善心矢志共姜斯可方其令德孀居四十整歲現年六十五歲洵為巾幗芳型允沐 褒揚曠典

又

秉質冰清貞心玉潤幼嫻風範克諧比翼之歡忽墜鸞鏡永作分飛之恨繞夫綱之相負思入地相随念稚弱之無依仰憐指天明志奉慈幃而湯藥親供婦兼子職撫嗣子而義方是訓母代師資青年矢志任百鍊而彌堅白首完貞歷終身而不改孀居三十三年洵今五十九歲年例既符 褒揚宜逮

十三

又

斌性勤贞秉姿淑慎于归两载泣寡鹄于青年之死靡他泪如鸿而白

首事翁姑之甘旨竭力承欢抚弱息之恩勤悉心教训养生送死以礼以诚春

禴秋尝必丰必洁茹荼叔苦守历六十一年讯相咸坚殁时年八十岁

闻荷年例允给　旌奖

旧日金石操比松筠初咏桃夭正相庄于鸿案称鸾镜破遂矢志于柏舟事堂上之老

指稿以代子课膝前之遗孤毋以为师藜藿自甘毕生皆茹荼之日铅华不御终身

尽饮蘖之年历吾节三十一秋不让须眉男子计殁时年五十岁闻称巾帼完人

年例既符　旌揚宜錫

坤德特鍾貞風攸著矢靡他之志指天日以盟心堅不二之操儗松筠而勁節芳

年隻影勵皦節于青霜寒室孤燈注窮秋于夜月親辛以承菽水揚順

與子孝恬旨擇摭而課讀九母道與父嚴並勗與情允協年例悉符合請

旌揚以維風化

未婚節孝旌語

核旌蔣邠民蔡纘光未婚妻貞女義完持性堅冰霜心同金石蔦蘿絲

締未諧比翼之歡崑岳峯頹遽作分飛之泣聞訃而誓甘從死飲食 十三

俱捐服衰而计切奇衷哭哀戚绝潸离父母悲女子之有行孝事翁姑
羡狂我之克尽雍和妯娌庭之间言教育嗣男家以成立遇门方
一十以龄历尽夜冬日夏守贞计三十九载备尝苦雨凄风年例
允符　旌扬宜速东援请仔等云云

議祀鄉賢

禮部議得安撫托　疏稱已故原任吏部尚書加贈太子太師臣汪由敦名推邦國望重鄉閭　殊恩稠疊生前已備極儒者之榮操履純全身後尤足稱聲宗之祀又據蘇撫陳　疏稱已故翰林院編修王懋竑學溯淵源躬循規矩紹紫陽之正學核年譜而考訂異同教安定之教人課士子以經義科治化行一郡共達　九重既深秉彝之好宜速褒德之榮為此同具題前來臣等查冊開內實議為公平盛清白照以家由著勤宣之業文章榮世儀型為鄉國之宗均為仕學之完人允副崇祀之盛典

十三

名臣各准其入祀云云。乾隆二十六年十二月二十日奉

旨依议钦此

又

江总伊 题为昌和已故之总 督尚书谥恭毅李湖秉性廉隅之品端方莅

榜联登早蜚声于艺苑铜章初授即报最于花封自郡牧以拔监司肇

著才能之望由藩臬而任宣抚益昭敬历之劳廉债咸循黔滇均沾乐利

威仪是肃楚之粤共仰廉明凡此表行求献实为可传可法至于振兴文

教循岳林麓而课士稔殷搜捕萑苻携河茭而盗源绝迹治家克俭为

政惟勤是皆公志伟

國之誠寔由孝友持躬之本克樹千秋雅範共推一代完人

錫蔡毅之令名永彰臣鑑崇勝郡之祀典允協輿評之以 部覆查李

之荷蒙 聖主知遇之隆宣力有年其才猷品行端服官政績協在

聖明洞鑒之中應否准入鄉賢祠之處伏候 聖鑒之 李

晉李湖歷任封疆實力清勤樸素為在廣東巡撫任內亦理地方事務

尤為(誠)其實任督撫中不可多得之員李湖着照所請准入鄉賢祠

並著加恩入祀京師賢良祠以昭近念蓋勞風示有位之至

意欽此

十三

銓壽乘語

福格吳 題孩臣承溥郅治覃敷草野沐生成之福太和翔洽海濱
彰上壽之祥蘇詒安知有一百零七歲老民沈起龍居心朴茂賦質淳良
擊壤歌衢長享太平之歲月飲和食德久蒙 聖澤之涵濡識為
盛世之良民實屬 熙朝之人瑞蘇撫布政使云云題准 部覆奉
旨親製詩章並書匾額以賜仍着加工用緞五足以示寵異欽此
福蔭德 壹傳 聖澤涵濡率土咸登仁壽 皇恩浩蕩海隅疊
見休徵蘇有詒安知壽民沈凡生于順治十八年十二月十八日屆今乾
十三

陰二十四年現年一百一歲孝友性成朴勤世守服疇力穡稼收列之良

民食德飲和樂 熙朝之化日既多芝蘭繞膝更喜鴻案齊眉識

盛世之休徵洵 昇平之人瑞在昔年登耄耋頻邀粟帛 恩榮（殊恩）

於今歲逾（壽屆）期頤宜休（荷）旌揭曠（鉅）典之

漳州府余 乘得太和保合晨徵多壽之祥萬彙生成聿兆長年之

慶云諸多知之時逢泰運瑞叶休徵舉案齊眉聚一堂之介祉孫枝

繞膝歷五世而繁昌云云

又 蔡蓉根壽躋百齡請 旨旌表以昭人瑞事切惟上庠順壽

礼登尚齿之文里巷优游诗咏介眉之庆惟一人膺万年之福称斯觥

黎享百岁之遐龄臣寿查有昆明知寿昆耽越生于云南一百岁俄惟

淳良持躬端谨沐　三朝之雨露椿树长荣拄五代之元孙

枝茂在昔云南同治　雍搊能兴亦樱布政司福明安政其册结

详请核题前来缘值我

皇上七旬庆节　寿宇宏开所为寓指奏　闻用表边隅之人瑞以

彰　盛世之嘉徵除册结另行咨送外谨合词恭折具奏云云

十二

查看得畢邑現存孝子李滄秉性真純宅心和順事能竭力追蹤
負米之風奉養悅親竟踐山行之迹割葉而斂求身代父疾旋瘳
表明而吾邀旌療母眸復炯循之玉行實漢爲通承之孝思礼表
並盡友于兄弟推明發之有懷化感鄉人微旌及于不遠公祥
無間 盛典宜膺應請 旌揚以隆 孝治等據之

請入鄉賢

江蘇胡 議得先山西巳故禮部侍郎胡煦深經術根本倫常敦孝友於家庭悉出道人天性殫精微於闡奧共稱當代純修是以遠近從遊英才咸歸乎樂育用是清華特陟論思克佐手休明十載鄉班群服儒臣之雅望八旬耆碩更蒙 聖主之隆恩溫綸既賁於生前優賜復加于身後榮膺槐棘允爲邦國之光慕切枌榆永念詩書之澤信乎躬行純篤一方常奉楷模抑且著述沉潛百世宜登俎豆亦據布政使台 查明造具事實冊結詳報請祀鄉賢前來臣覆查

十三

今吳所當據實題請入祠以光盛典者也

准入名宦鄉賢

禮部議得蘇撫陳　疏稱已故松江府知府加太僕寺卿臣周中鋐

性秉忠勤才優匡濟循聲特著惠政常留軫恤民之患艱險

弗辭謀垂底定之功捐軀罔惜遺躬盡瘁久荷　恩綸以允勤民允符

祀典又據河撫胡　疏稱已故河南巡撫臣尹會一孝而入政以孝作忠首崇孝

校刊書普造士之方務重農桑樹木為設方之法立社學人皆向化置營

倉兵民共休輯粵東之賊而仍毋特遠　賜詩殊榮留江右之任而卒

官復荷　聖恩優卹宜光秩祀以協輿情又據河撫胡　疏稱光山知縣故
禮部侍郎胡煦湛深經術根本倫常遠近從遊英才咸歸樂育清
華特陟論思克佐休明十載卿班屢膺儒臣之雅望八旬耆碩又荷
聖主之隆恩温綸既賁于生前優賜復加於身後榮增槐棘慕切枌榆一
方常奉楷模百世宜登俎豆等因具
題前來查各省名宦鄉賢凡有題請入祀者奉
旨着原舉保之地方官會其確查出結保送在案今江蘇舉保名宦一
名已故松江府知府贈太僕寺卿周中鋐又河南舉保名宦一名已
十三

故河南巡按尹會一又河南舉保鄉賢一名光山縣已故禮部侍郎胡煦
經各該撫會同該督并該學政查明事實開具清冊援結保
題前來臣等查冊開事實議得公年所事各宜或精勤盡職
久留南闈之思勇往從公致蹈吳松之厄或求躬行以率屬德教
成學由經術以敷獻農桑永賴宜逮承勉于方岳可無愧於薦
處所舉鄉賢學有本原風著鄉班碩望年臻耄耋群推鄉國儀
型既存彝好之同宜附籍宗之列應如所請准其入祀俟
命下之日臣部行文各省撫遵照可也

禀覆諮詢地方情形

敬字者元年十二月二十二日接奉本府轉奉　藩憲札行轉奉

憲台鈞札以粵東山海交錯雜以黎猺且地廣人稠商舡雲集其間稽查整

飭利弊多端即將屬内山川形勢營制兵防以及商船漁船作何稽察

盗匪出沒作何備禦地方保甲是否編查得宜黎人猺獞是否撫綏

安靜此外有無應行損益變通之處各按地方實在情形詳晰字覆等

因奉此仰見

大人 念切民依勤求治化至意伏查界邑地臨濱海壤接通衢居民務農 十四

而外商賈航海者多，惟士俗競尚浮華，民風亦近强悍，鄉儒好閑訟
獄紛紛。卑職到任以來，時時敬體
憲台軫念地方盛心，惟有隨事勸懲，實心整飭，仰慰
慈懷。至一切應行變通事宜，或今昔情形不同，實在何利當興，何弊當
絕，自應詳加體察，因地制宜，寔隨時酌變章程辦理。外所有奉詢
各條，理合分晰條陳，伏乞
憲鑒
一、奉詢山川形勢一節。查卑縣東至秋溪五十里，與饒平縣交界；西至

萬里橋三十里與揭陽縣交界南至菴埠五十里與澄海縣交界北至登榮都五十里與豐順縣交界秋溪為赴閩通衢萬里橋為晋省大道苍皆平坦陸路惟西北則有鳳門山吳金嶺葫蘆田等處巍然聳立為通縣之竣險與豐揭兩縣接壤路屬偏僻外此若城北之金山城東之韓山與一切峯巒映帶之處均不高竣城東大河一道自北而南源發嘉應州及閩省汀州匯于大埔之三河壩通流至此名為韓江直瀉急水東南分流東田秋溪達澄海之東隴入海南由菴埠水吼橋連達澄海之塗𡉏入海此水每遇春夏之汛宣洩不及有时漲發每至閉城抵禦然一兩日間即能稍

十四

退惟田時較下溼浸堪虞是以向有南北二堤防範水潦永為捍蔽其各
鄉農田全藉河流分支灌溉以免旱乾

一奉詢營制兵防一節尊查丹縣地屬海疆防守尤有成例城內駐劄
總鎮及中營城守二營共設兵一千四百五十三名陸路設有永賴祠白雲
坊平福、鋪猴掩井白石嶺、英塘、鋪青蔴山、黌門山吳全嶺葫蘆田急水
菴埠十二汛水路設有鳳樓塘葛後坑曲灣松水烏石五汛分別派
撥各兵稽查奸宄擒拏盜賊凡於要隘口岸經文武會同酌劑情
形添撥兵役更為防範星羅碁布已無不犬牙交錯要之周密

無遺所有墻房墩台悉皆隨時修整完固以壯觀瞻

一 查詢商舶漁船作何設法稽察一節查甲縣係屬內海港汊如菴埠秋溪有商舶漁船灣泊然海口一帶皆澄邑所轄一切船隻向無給照但就進泊各船責成澳甲隨時稽察如有夾盜潛蹤易于察覈防範甚如周察至內河裝載人貨船隻及鄉民捕魚小艇向查編字號一切船戶姓氏登記稿冊給予印照并于船旁印烙責成地保船戶稽查守令商漁如知畏法惟其中奸刁之輩或恃川澤為利藪或欺商客而強索滋事生端亦間有之盖

卑職

訪拏所及並遇告呈悉皆從重創懲痛加究處現在中流穀為安戢

一、本詢盜匪出沒作何備拏一節，查卑屬水吼橋秩溪都兩處通連澄海所屬海口，本年搜捕海洋盜匪，卑職誠恐竄逸為患，浮洋四出，檢帶同幹役僱坐快船，移會營員往來查緝，至內河水陸要隘，屆冬序宵小更易竊發，一面曉諭商民，水程則泊塘房，陸地則自揆歇店，毋致匪人窺伺外，仍預行知會營弁，據率兵役上緊巡防，凡遇險要口岸，信嚴偵緝，並諭知各鄉村族保人等互相守望，一見賊匪蹤跡，立即會同捦拏解究，如有窩庇容留，連坐治罪，務期根株悉絕，畢戢民寧

一查詢地方保甲是否編查得宜一節查甲保為弭盜之良規辦理認真
不獨奸匪無從托足一應公事亦皆按冊可稽畢成從前歷任無不悉
心查辦出示於前現任該縣亦宜加緊辦理伏思牌甲之法皆當遴選而尤在
保正得人卑職現在諄諭各耆老擇殷實明白曉事者充當保正
一面分委兵役巡捕各屬帶同明白書分路查造將城鄉男婦
大小名口確切實數或係紳衿或係兵役或士農工商傭作手藝與同
居親屬僕婢工人並逐一註明其僑寓即流寓客居以及寺院僧道一
併查編完竣造具門牌十家牌並查禁條款散給每牌每保

正一名，分給循環印簿二本，遇有人戶遷移事故，隨時登註。按季繳換，循去環來。卑職因公下鄉，隨地抽查，務使牌冊相符，兩無互異。其刷印門牌、造冊紙張、委員盤費、書吏飯食，悉由卑職捐發，不許絲毫累民，以收實效。

一、查詢黎人猺獞是否推從安靜一節。查潮州一府，中間有割隸粵東，並無黎人猺獞。惟是卑邑接壤詔安、庵埠，通達外海，一切客民五方雜處，僑寓頗多，大抵有業者多，遊蕩者少，歷來尚稱安靜，並無滋事之人。

一查詢海洋未靖因地處於之東更多是因何故及何籌半可以使盜賊
斂戢等因蒙查畢　卑職統係因地現在海洋未靖凡於要隘口岸經文武
會同斟酌情形派撥兵役更嚴防範每一探聞某處洋面或經過口岸
劫於貨物隨即會同營轄文武實力查拿嚴密緝拿隨時盡法懲究
即可根株盡絕以使盜賊斂戢以上五條均就卑職地方實在情形及現在辦
理事宜明白登覆不敢稍有支飾合併禀明仰祈
慈鑒除　　接憲覽　　藩憲外　云云
右諮詢利弊以勸治理事　嘉慶元年十二月十一日奉　巡撫廣東部院張憲扎鹽灣地方
十四

風俗今昔間有異宜全在訪察情形隨時要亦粵東山水交錯襟以黎猺且地廣人稠
商船雲集其間稽查整飭利弊多端本部院欽奉
恩綸初來此地一切民風土俗未克周知合就檄飭札仰該府立依事理即便通飭各州縣
將屬内山川形勢營制防兵以及商船漁船作何稽察盗匪出没作何緝拏并地方保甲
是否編查得宜黎人猺獞是否撫綏安靜現在海洋未靖内地搶劫之案更多是因
何故如何緝拏始可使盗賊斂戢此外有無應行損益變通之事各按地方現
在情形詳晰妥議總期言归切當事可施行以憑採擇切勿意圖塞
責空託浮文致辜期望可也

奉　本府札即速查照　院飭指詢事理逐一妥議繪圖詳説分款條舉
赴府以憑核辦該知務須自加總訂悉心籌畫將應議各條確核所
見切實聲叙不得依様葫蘆有名無實致悞事機文到限三日内切
實聲叙切勿遲延本府查所有各營多撥木艇原為出海、捕盜而設
並飭以之守口岸現在除調撥巡洋外存營者有若干有無損壞遺
失另以別船充數之事確查據實聲覆核以憑轉詳等因
敬此者元年五月初四日奉

十四

憲扎特奉

按憲扎行飭即查照指詢事理逐一妥議繪圖註說分款條呈以憑核奪特呈等因下縣奉此具仰

大憲廑念瀛壖俯請綏寧之至意遵查卑縣地方為附郭首邑東至秋溪五十里與饒平縣交界西至萬里橋三十里與揭陽縣交界南至菴埠五十里與澄海縣交界北至登塘都五十里與豐順縣交界秋溪為赴閩通衢萬里橋係晉省大道皆平坦陸路城東韓江大河一道自北而南上通嘉應下達澄海之東隴及菴埠等處分流入海揆為均係內地並無隸轄海口要設炮臺應須防備盜舡分撥米艇之

事惟甲邑究係地處海濱毗連澄揭該二邑均有海口通達外洋或有
盗匪遇捕竄逃以及潛回經過均應隨時稽察稽查訪詢劣議如奉飭
查詢某海坐落某邑土名云云距若干里等因查甲邑並無海
口然与澄邑之東隴口相距止六十里蓬洲口距△十里揭邑之北炮
台相距△十里均与菴埠較為切近菴埠地方設有水汛橋汛
弁撥兵頗為阨要自府城下至菴埠沿江設有𨻶樓墩營汛
汛△△△△急水汛等五處分委營員撥目兵甲戌亦派軍役協同
稽察巡防洋匪大船不能徑達招板小舡亦並無進入形勢已
十四

屬周備又如奉詢何處可取淡水之徑云云協同防守等因查盜
船在海全藉淡水食用其汲取只在海边界各統領内地並未
取水徑跡至於澄揭兩縣其海口均有炮台其炮位分量及守
台兵丁是否足敷應否募雇鄉勇協防之處並已查議登
覆又如奉詢該處設外海拖風云云不致顧此失彼等因查界
縣屬内向無拖繒艚船等項船隻并分別嘈防名目惟各營設
有快船隻在於韓江一帶梭織巡查足資緝捕又如奉詢其沿
海漁船蛋艇云云如何安置查不等因查界縣河道止有鄉民柴

載客商貨物止有六篷三篷并小艇並無漢船出海採捕者無
蛋艇傍海爲家得以聚匪與賊通信並無定有稽察章程此
時亦無庸設立至於杉木艇舡多由大原處出海捕盜而設界
邑河水淺隘無從進入並無分配遺失情事以上各條俱查
詢海道情形非內地所能照設號界知地方形勢并安汛
稽察情由繪具圖說爲此
憲鑒伏乞察核彙覆早成○○謹呈
計呈繪圖說三紙

十四

條件

一委署人員兵事及代理不及三月者扣除不算仍于卸事後照
原輪名次委署

一署事人員一年期滿應行委員更換以均勞逸

○一試用錄補佐雜人員委往下鄉催征錢粮如果催科得力半年
以上者請記功一次一年以上者請給超委一次

一揭陽海陽二縣李厝港等處河道設立巡船二隻由該府于派委
在潮差遣各員內酌委一員就近督緝定以半年更換一次如該員督
緝期內河道安静並無失事即由該府詳請遇有潮屬佐雜缺出

十五

准其超委

一本省巡河委員核議功過章程内一月内並無失事記功一次積至三次者准予超委一次

○一緝捕章程内開拏獲斬絞人犯一名記功一次積至三名者以上者將徒流罪犯二名記功一次積至六名以上者均予超委一次

一詳定委署章程現任府經拏匪人員獲盜引見以知縣用者回省後無論有無例回本任亦归入知縣班内列冊委署

一文職公捐案内議定知縣以上知府以下等官遇有病故無力回籍者每千里給路費銀十兩棺具一框給扶櫬銀二十兩到任未及一年

帷同知通判人員病故無論到任三年內外給周卹銀一百二十兩餘倣此

者給周卹銀二百兩未及二年者給周卹銀一百卅三兩三錢三分三厘
未及三年者給周卹銀陸拾六兩六錢六分六厘三年以外照給路費毋庸
議給周卹如遇道路最遠家口衆多艱苦倍常之員臨時察看情形
另行酌請增給周卹佐雜微員棺柩一具給扶櫬銀八兩

一詳定緝私章程委員勤勞三月無過者記功一次人鹽並獲在五千斤以上
者記功一次積功三次並給予超委一次積功六次並給予揀委一次

一委署章程臨時寔指病假作爲委署一次傳委一年又接委後起程赴
任遲延一月以上記過一次兩月以上停委一次三月以上即照遲延揭參

一乾隆卅年六月間萬州告休吏目袁新清路費案內詳定嗣後僑萬欽

三州府佐雜各官与合浦珠場司灵山西鄉司二巡檢歸入烟瘴缺遇有亡故無力回籍照例按程給与路費之外再于文武公捐項下加給一倍如有親屬扶櫬每具給銀二十兩

○一詳定章程渡船駕駛不善致遭覆溺不能力為救護淹斃人命者革退船戶照原擬枷責水手人等各照不應重律杖八十船隻變價充公又渡船覆溺斃命渡夫枷号兩个月重責四十板每淹斃一人于渡夫名下追埋葬銀二兩給屍親收領

一粤省知縣以下等官遇有改教回籍無力起程者向例每千里給路費銀十兩如到任未及一年者加給周卹銀一百兩未及二年者減去三分之

一未及三年者减去三分之二三年以外毋庸议给如遇道路遥远家口众多艰苦倍常之员随时察看情形另行酌请增给又亲属扶榇一项嘉庆廿一年详定章程如有父母妻子随任病故方准照[illegible]例咨给其亲属及外戚家人概不准支给以杜冒滥

一详定章程大埔普宁镇平仁化连平河源长宁德庆封川开建始兴十一州县缺分瘠苦凡有实任人员历任两年以上仓库无亏地方安静由道府查明年报遇有大县缺出酌量调署又续详章程从城海丰新兴阳山兴宁化州六缺虽非大三阳而比但缺分较优向未列入酌委班内应请将此六缺如遇缺出先尽调剂大埔等十一州县人员酌量调署

十五

一徒犯留養犯父病故具詳臬憲奉札嗣後遇有此等案件務須查照向辦

一面詳司特請定地一面詳省核轉請咨以符律制

一嗣後凡有請咨人員概由接任出文代為領咨概准轉詳不得再以本

一面之詞遽行請咨 十五年接惠通行

一被誘之林賴氏奉犯在道光十四年十二月二十一日 恩詔以前即照徒犯

應准援免仍追伊夫○○領回聽其去留

一查當店被劫歷照隣失延燒之例減半倍償今除剝源當鋪被劫 道光十二年除剝源當被劫案

自應查照辦理仰即出示曉諭 毋違 請惠潮嘉道批行

上五

一　水师提督关天培出名较谕

二　武弁不准坐轿　谕旨

三　孝慎成皇后大事仪节　谕旨二道

四　幕友朱标被参　谕旨

五　拟定津贴奏请厘仓库四条　无款宜筹陆提解　捐款宜大加裁减　派拨宜严行禁革　仓项宜核实买补

六　挽欠官铜不交事后提案拒赖并罚缺库项奏案　贵州案

七　奏报西北两江潦水涨发广肇二属围基被溢冲缺查勘接办情形

八　奏报假期将满回任日期

九　奏请　陛见

十　奏报督臣因病出缺

◎十二　廣瓊二屬洋盜剿捕已飭文武堵捕其報情形

◎十三　京控咨交案件提解遲延請　旨交議來案　湖南案

◎十三　恭刊　聖訓行軍紀律等書通行頒發

皇帝勅諭提督水師總兵官關天培爾特命爾提督廣東水師並地方
駐劄東莞虎門寨城管轄標下中左右前後五營統轄順德香
山二協新會營大鵬營節制陽江碣石南澳瓊州四鎮官兵專管巡緝
海洋剿捕賊寇提調兵旅辛勤武職賢否一切軍務爾操練士卒振
揚威武申明紀律務期功過必嚴懂作堠防遏奸宄綏靖海港撫馭猺黎整飭
隊伍修治器械審度水路形勢控制險要要務責成該汛弁兵常川巡緝
凡所屬官員兵丁務加鈐束秋毫無犯使兵民相安各營額兵遇補精
强毋宥積習占籍老弱糜餉至兵馬實數仍照陸路舊制會同總督題報造
一

撫武將官員查點如有虛冒侵尅即会同督撫併参一应本折粮料會同撫道計处支給不得冒濫浮面寇盜竊發即統率該管將領盤駁協剿跟蹤追逃毋任推諉逗遛以致游奕蔓延至於賊衆投誠察其實心向化即与安撫或招撫事件重大移会督撫熟議定奪凡戰守机宜須与督撫同心籌画務出萬全但係鄰境有事互相應援總兵官聽尔節制副將以下果有實心任事廉能著效者据實奏薦或貪暴庸懦不能鈐束部下騷擾地方者隨時指参用兵之際有臨陣退縮殺良冒功等机於搶掠侵餉肥橐者五品以下許尔會同總督巡撫以軍法從事一应

錢粮詞訟民事皆係有司職掌不得干預文官遲悞粮餉及隱匿賊情不報
爾會同地方督撫奏參重治罪爾須聽兩廣總督節制敕中開載未
盡事宜與總督地方相機奏酌施行爾特膺茲重任整飭伊始
益當持廉秉公殫心奮勇俾靖海洋斯稱厥職如或偏執畏怯因
循怠忽苟且玩寇貽誤事機責有攸歸爾其慎之故諭

道光十四年十二月十九日

十五年十月廿一日　相廷抄

坐名敕書例有定式　此閱忠節公敕書亦係兩式如此　然物以人重　如忠節者可謂
不負倚畀矣

六月初五日奉
上谕国家设立营伍专以娴习弓马为事操防骑射是其本分总在平日习劳
不许稍耽安逸自将军付都统提督以至将备宜如何振刷精神无事则专尽
干城有事则人思敌忾方为无忝厥职从前乾隆加[illegible]年间因将弁偷安并
不习马步经额登
谕旨录行禁止煌煌
圣训自应永远恪遵朕临御以来谆谆告诫犹前志也即如前任福建提督
许松年身在行间乘坐肩舆特降旨革职结外不稍姑息例照日久生
懈名不可不防其渐总在督抚行查察有犯即参方期整饬戎行日臻
劲旅夫兵可百年不用不可一日无备身为武弁而惮于乘骑必致开诱

二

情之端，而启废弛之渐，安望其整军而经武乎？兹通谕各直省将军、督抚、提镇，以下等除高山峻岭、道路崎岖，或稻田水曲，不能乘骑者，准其乘坐竹兜外，其余概不准坐轿，喧耀街衢。倘违例坐，该督抚即行查参，无稍瞻徇。经此次训诫之后，仍敢阳奉阴违，以来科道条奏，或经朕别有访闻，除本员照例从重治罪外，定将该管督抚一并严惩不贷。钦此。

道光十三年八月廿九日抄

五月廿三日奉

上諭前因惇親王綿愷文蔆來園東見朕俱各見授惇親王綿愷面陳典禮

恩旨共前軍民人等雖髮傳止宴会之處於義未協引用百姓如喪考妣

四海遏密八音之說惇親王等幾有告說是以降旨再交大學士軍機大

臣會同禮部詳查例案悉心安議具奏茲據大學士長齡等會奏朕

詳加披閱內稱乾隆十三年五月二十三日奉

皇祖高宗純皇帝諭旨　孝賢皇后大事一切典禮朕皆斟酌古今務協其宜

蓋皇后體制原尊然以天子之禮視之則節文亦自有別儻令僭儗過隆

亦不可事事從而加厚以致失之太過即或情誼稍有未協亦不可宜

事事從而賠抑以致失之不及朕以孝賢皇后情隆誼重因天下治民

三

所共知而仅纪丧仪从不肯以一毫私意稍参曲常考明代奏请七年孝
洁陈皇后之丧阅占性颐援据古礼以丧服自期以下语候绝将为旁杀
言若妻丧本身三年杀为期年固未尝绝上宜为后服期之语其於中
叙为之者今据大学士等议定礼仪内称如升殿作乐一节凡庆大朝祀
典自当照例朕以今年内寻常升殿但鸣钟鼓乐悬而不作最为合
宜至来年正月将届期年一切典礼并照康熙十四年之例各常仪款
如所见
圣谕煌煌斟酌尽善後世子孙援为恪遵
成宪不敢以私意参曲常是以朕前降谕旨 皇后丧仪乾隆十三年
皇祖妣孝贤纯皇后大事固不敢躐加庆二年 皇妣孝淑睿皇后大事

乞不敢違慎

皇祖高宗純皇帝諭旨不致失之太過不致失之不及二語實相符合崇惶叩

王偉懂引用百姓如喪考妣四海遏密八音之語殊屬不倫蔡沈集傳

註云遏絕密靜也八音金石絲竹匏土革木乃言堯之聖德廣大恩

澤隆厚故四海之民思慕之深至于如此也儀禮畿內之民爲天子齊衰

三月圻外之民無服今應服三月者如喪考妣應無服者遏密八音

任義源切無比豈惶叩王曾全未寓目不加體察乎況虞書二語

係指帝堯而言并非指帝堯之后不孝無術信口亂談惟恭查乾

隆十三年六月初九日奉

旨付都統海昌奏熱河官兵接奉部文付都統以下官員以上俱着二十七日孝

三

服兵丁摘纓二十七日俱過百薙髮所辦甚是等因欽此此次既經長齡等
詳查例案妥議着仍遵前旨王以下有頂戴官員以上均着百日後薙
髮期年內停止宴會音樂軍民人等均着一月後薙髮百日內停
止宴會音樂其在京旗人着照乾隆十三年熱河兵丁之例俟百日後
薙髮其餘東三省暨各省駐防及京城外之寶坻縣滄州等處八
旗兵丁俱仍其一月後薙髮着毋庸更改至惇親王綿愷來園具奏時
痛流哭涕并奏稱四人共商意見相同妄加援引朕若將伊等照大不
敬律治罪伊曷自思能當此重咎乎惇親王綿愷禧恩文慶裕誠着
交宗人府吏部嚴加議處此係朕特從寬典僅予薄懲將此通諭
中外知之欽此

道光十三年七月十一抄

五月廿七日奉

上諭本日吏部会同宗人府嚴議惇親王綿愷等分别降调罚俸俱属宽所
應得前據惇親王綿愷面奏與禧恩等共商軍民人等薙髮停止宴会音
樂之處於義未協並未体察經義妄加援引不孝二字衔信口乱谈糊塗纰
谬已極朕若將伊等始大臣不敬律治罪伊等能當此重咎耶試想現在
大行皇后之事較之嘉慶二年儀文已有過當之处因时制宜实不得不然
耳朕心深覺不安而抱慟且朕孝養
皇太后時視無疆之慶即朕之春秋亦未甚衰乃綿愷等曉曉以天下庶百日不
薙髮爭辯是何肺腑豈出情理之外惇親王綿愷着革去内廷行走並革
去都统罚親王俸十年分作二十年坐扣每年仍賞給親王半俸禧恩着

三

草退御前大臣户部尚書所有總管内務府大臣印鑰交耆英佩帶並着
耆英管理奉宸苑事務禧恩毋庸管理文慶係翰林院出身處此二語謹
義深切着明若竟不知則奉問亦太淺薄若知而言大臣遇此等事不肯開誠
布公隨声附和尤屬非是文慶着革去侍郎都統降為三品頂戴裕誠着革去
護軍統領退出乾清門禧恩文慶裕誠议降二級調用之處着加恩改為
帶降四級留任六年無過方准開復此係朕格外從寬曲僅薄懲惇親王綿愷
等當知感知懼勉圖後効無負朕諄諄告誡之至意欽此

十三年八月廿九日抄

弟友宋禮祥奉 上諭

道光十六年五月十九日奉

上諭本日有人奏廣東候補道朱樑和本係廣東省呈日第內

多年致富並前增常例捐納道銜仍擊廣東建城拓地事時

該員並未上報隨營辦理軍需大功告蕆奏請賞戴花翎以

因先時用經部議駁仍帰本班候先並賞戴藍頂生廣東省

城狀元橋買地建置大宅贅揚其然又有其弟李廷泰楊為文

係該員弟弟子因此貪緣亦道復將該道銜新舉捐納府

四

經歷朱某（參贊罰之）翥入粵，請通術，當年朱名衙門辦理參贊案件，
內分兩比指摺本權致粵東一省皆場弟友見多參差請為之
門一時極有學精及朱七大王名目請通術自謂為之參贊粵
多年在廣東省恒為弟與半步興有所商榷慶府弟友朱樽
而其兄弟不敢分門徒本滿東粵不必謹慎遠避及使兄弟演說
粵弟請垓督將成禍自今已下概見請省現有瓊州府當爾崇
何弟友李本惠而所屬會同相如相請崇勤舊執怙不逆遇事
其衙以附請府郡互指一案提省各府李中惠思亦自當請通
術朱標承審百般恐嚇請為諸崇唯不輪承為本空學為喜語

臬司為通省刑名總匯豈可令該員兄弟餽送銀兩以致百弊叢
生該道於其弟朱某業以府經歷分發陝西其弟貪得該道豈肯
含混將弟更復加銜把府富有等語何以令同知銷差互相之案
何以久未完結該弟李弗惠是否因勒索乾館畏罪自處及通
判朱桂承審恐嚇等情均應徹底根究著恩 趙通即查明嚴
加徵辦以端弊實顯自邪毋使稍有不實欽此

四

礼科給事中奴才扈克精額跪

奏為敬陳管見仰祈

聖鑒事竊照倉庫錢糧攸関

國計各省倉庫虧缺者多清查一次續增一次凡遇交代無不遲延轇轕通融結

報以致旧虧未補新虧又起欲極其弊須嚴追旧欠力杜新虧庶倉庫可以

日漸清釐謹抒奴才見聞所及酌擬四条敬為我

皇上陳之

一各省州縣經欵宜勒限解（提）也查州縣錢糧原不容絲毫短缺惟賠累係屬

因公歷已遞相接受若追叅前任虧空每多人亡產绝于帑項終無実済

然從前歷次清查皆係统計闔省虧数由闔省攤派補還所補多非本缺

五

或心懷觀望有欠無交或藉口代賠轉留已累甚至取巧浮挪百弊叢生

是以屢奉

諭旨不准再有清查名目迩來各省虧款日積日多必須設法清釐查道光九年

欽差侍郎楊懌曾鍾昌至河南查办事件風聞查出前任藩司費丙章將睢州

襄城許州鹿邑等十二州縣虧款二十餘萬核明該州縣一年所入之數分作

八年歸款办理已有成效所办章程係以本缺補本缺則無可藉詞以實

解完實欠則無從浮冒覓其咎以責其賠分其限以紓其力不居清查之

名而可收彌補之實似于帑項有益可否

教下各省藩司將各州縣宦任虧缺虧款詳細查明免其開參照豫省办理章

程將該州縣一年所入核明節其浮費酌提羨餘分限分年提解歸款並詳

明該督撫于每年將彌補數目附尾具奏一次如此庶舊欠可以漸清而懸款
胥歸有着矣
一請嚴禁州縣流攤也查各州縣流攤如歲修工程及考棚緝匪及一切倒價
不敷各項往往禀求本管上司批准分年流攤或交代之際憑監盤說合
立議分攤或以抵款不敷將交項剔出數條歸入攤款或以前攤永定又
清厘攤又遇虧空之員恐於處分較重將虧數删除數款歸入流攤陳陳
相因愈積愈重此等名為攤款實即正項錢糧此致虧之一大端流攤一日
不止積弊一日不除可否請
敕下各省督撫嚴行禁革以後不准再有流攤名目倘仍蹈前轍即行嚴參所
攤銀兩分別着賠如此庶永絕漏卮而新虧亦漸少矣

五

一州縣捐款宜大加裁減也查捐款名目不一係辦公不可少之件其中亦有假公濟私者近時捐款日增多至數千少亦數百州縣養廉幾何勢不能不挪移虧空查從前辦理捐款核數總在養廉三成以內庶州縣可以辦公近年督臣陶澍在安徽藩司任內曾核定捐款撙節二三百內外隨同上忙錢糧解司如有未清即于耗羨內劃扣又缺苦差繁冊紛勢不能不有賠累原任督臣董教增奏准酌提優缺之羨以補衝途之不足最得調劑之法可否請

敕下各省督撫將所屬捐款秉公裁減不准過養廉三成以外令衝途苦缺酌提羨餘調劑如此庶州縣不致藉口賠累亦可杜絕新虧矣

一倉項宜核實買補也查倉儲原以備緩急之用如有動缺自應依時歸補

乃州縣平日署中食用往往動碾倉穀甚有藉出糶出借之时私行多糶漁利種種弊端不一而足蓋私糶可以苞利而交代只須每石作銀六錢是以相率效尤任意動缺名為作價流交又不以實足銀交出問其穀則曰有價問其價則在抵款銀穀兩空視為故習或奉行買補轉將價銀挪用虛出倉收並以例價不敷權行挪墊以致通省倉項大半空虛此亦致虧之一大端不可不嚴行禁革可否請

敕下各省督撫嚴飭所屬於倉貯米穀麥豆等項除奉文碾撥外其餘應實貯若干即行買補不准作價流交如仍蹈旧轍即據實嚴參如此庶賑恤有資而倉貯亦归核實矣

以上四条奴才管見所及是否有當伏乞

五

皇上訓示謹
奏 道光十二年七月初六日

抗欠官銅不交事後捏禀抵賴并虧缺庫項

貴州巡撫臣鄂雲布跪

奏為特參抗欠官銅不交事後捏禀抵賴并虧缺庫項之知縣請

旨革審以肅

功令事竊照州縣等官于奉委採運銅斤自應妥速辦理依限如數交清不容稍有虧短至委署地方經管庫項尤應寔貯寔交方為無負厥職今有前署甕安縣試用知縣陳大本係由捐納知縣分發來黔于嘉慶十一年奉委採買滇銅具領銅本運脚并本省津貼銀三千兩赴滇買運除先後交局外尚缺交省局二萬四千餘斤大定局銅七千九百餘斤總計缺交銅三萬二

六

千斤節經藩司催飭旋據該員自愿具限至本年五月內如數補交嗣因
該員丁憂未肯屢次飭催延不交清本年八月內藩司陳預護理撫篆任
內據陳大本稟稱嘉慶十年
欽差永巡撫來黔審案者中守令等具札向伊派帮因伊未即出銀遂委令赴
滇買銅伊買回交局時因員加收壓色以致虧缺伊請領運　貼等銀俱
有扣平迨至滇省銅廠又需索使費且稱伊前署婺　務任內曾代歷任彌
補虧短等情臣在查辦自隨即到任移交前來復據該員等控前情實
經批飭兩司嚴查究辦旋據該司等詳稱嘉慶十年
欽差雲南巡撫永赴黔審案係藩司衔監任內其派委該員運銅係上年藩

司事長森任内之事前後已屬隔任攜稱因派部不從委令　運銅顯屬虛
捏至近年委員運銅文局議給津貼銀三千兩原係貼補賠色運腳之用各
員均無短缺惟該員獨有虧缺自由辦理不善所致如果局員加收壓色何
以當時自願具限補交況該員虧短不交至三萬餘斤即加補賠色何至如
此之多顯為因虧欠官銅藉辭抵賴顯而易見惟所稱派部一層事關重
大詢據原任貴州貴陽府程卓樑等覆稱從前永巡撫來黔黨案因衙
司係永巡撫堂弟一切供給俱係衙署司攤辦其委員吏役及案內人證飯
食所用無多衙署司吩咐不許攤派係首府縣攤辦曾具公札向各處通知
並無科派之事現在各府州縣可以查詢並詢之曾經運銅之知州許雲

六

胥知縣李光轍等稱伊等先後運銅領銀並無扣平亦無給與滇省
銅廠使費之事各等語查該員所控各層如果真毫無影響何敢疊
次具稟固不能以該員一人事後之稟執以為有未便以程楳楳等數人
之語信以為無均須切實嚴究至虧欠官銅實係鼓鑄亦不能因其業
經拿控遂置不追正在查辦間又據現署甕安縣表申錄稟報陳大本
交代業已限滿尚有短交庫項共銀一千六百餘兩屢次移催延不交收等
情由該管道州揭報到司詳請參奏前來臣查該員陳大本奉委採運
銅斤說稱先領銅價運腳並津貼銀兩竟敢虧欠銅斤三萬餘斤之多
逾限不交已屬藐玩乃于事隔數年之後始有拿控題有別情且委署地

方又復虧缺庫項若不嚴行參究何以重
帑項而肅官方其所虧各情亦均應切實根究未便稍任顢頇相應據情參奏
請
旨將龔堯安林丁憂試用知縣陳大本革職拿問押追虧欠銅斤並提同庫書
人等研訊虧缺庫項是侵是挪並將虧空各實迹徹底嚴究務期水落石
出按例分別嚴辦除委員先將該員寓所資財嚴密查封並飛咨廣東撫
臣轉飭該員原籍地方官查明家產封貯備抵外理合會同撫臣伯恭摺
參
奏伏乞

六

皇上睿鑒施行謹奏

嘉慶十四年三月初二日奉

硃批另有旨欽此又奉

旨這所參抗欠銅斤虧短庫項之前署魏安縣試用知縣陳大本著革職拿

問押追交該撫提同庫書人等徹底嚴究務期水落石出所有該員寓所

資財及原籍家產一併查封備抵欽此

奏為遵

旨審明定擬具

奏仰祈

聖鑒事竊查貴州已革試用知縣陳大本之弟陳大林遣家丁汪升赴都察院

衙門具呈控訴陳大本办文滇銅局員壓匿歷年並藩司挾料派不遵之糧

詳委銅差又勒扣平頭等款一案奉

諭旨交臣秉公審訊經臣將查訊大概情形先行具

奏並請將知州王汝琛解任質審在案嗣續調貴陽府留省之署大定府孟

正笏先後到滇並據藩臬兩司轉據各屬查覆並無接過派指供應等銀

之印封公信派單出具印結由兩司覆查加結同各項卷冊一并申送前來

臣查呈詞內牽砌李秉焜等控告官局私鑄一款都察院原

奏以業經前來

六

欽差迭次訊明將案內各官分別虛實各處完結毋庸再行查辦等因自應遵
照毋庸訊究至陳大本在黔省原參五款京控呈內刪去二款另添三款今陳
大本之弟陳大林已故均應向陳大本跟究分晰原控續控各款以清眉目隨
提案親訊緣陳大本籍隸廣東化州捐納知縣分發貴州試用嘉慶八年委署
婺川縣事十一年委赴雲南採買銅斤十三年差竣回黔除交收過銅斤外尚
欠交貴陽局高銅二萬四千七百餘斤大定局低銅二萬一千一百餘斤經前
藩司李長森查係折耗賠貼尚無侵蝕勒令補交陳大本即稟認具限照
商價完銀買補是年十二月委署甕安縣事十四年正月陳大本交過大定
府孟正芴銀八百兩代為買補低銅八千九百餘斤五月陳大本詞訴丁憂自

知倉庫俱有虧缺適逢前藩司陳預催交銅一時情急輒印御款字控

意圖抵賴時接任之甕安縣吳甲錄以陳大本虧空稟揭由司道轉詳到

院經前撫臣鄂雲布參

奏革審尚未定案陳大本之弟陳大林由粵至黔知陳大本被參監禁起意

赴京控訴即帶家丁汪升起程途中就陳大本原控稟稿捏改混擄刪

條款另寫呈詞行抵常德患病不能前往僅令汪升携呈進京投遞此案

內原控續控之原委也臣復案款逐一質訊如原控司庫扣平一款陳大本

等稱先赴司庫請領運腳每百扣銀二兩後領帮費每百又扣銀二兩有

滇黔庫書原官可質等語訊據黔省司書蔣維琪供因黔省向有津貼

六

買銅委員銀三千兩亦由道府廳州縣幫原以市平發存司庫每百較庫平少銀二兩司庫即照原平發給各委員皆如此支領至陳大本所領運腳銀一萬二千一百餘兩實照庫平彈兑發給倘有短扣陳大本如何肯領　臣查黔省曾訊明前任藩庫大使現派運鉛之知縣鄧賢書取有供詞與該司書所供相同又訊據近年買銅之通判索隆額知縣李堯瓶知州榮昌壽李霈前領運腳銀兩並無短平等情存案在卷至滇省前署藩庫大使張槐業經回籍其時派令監兑之琅井提舉黃華同公在省傳令與陳大本質對黃華以前監兑時所有解到銅本運腳銀兩按封彈兑俱足庫平並無短少如有每百短平二兩之事安肯不禀

請查究等語詢問陳大本面結復傳滇省庫書朱正學質訊供亦相同陳大本遂供認因所領帮費係每百斤銀二兩是以爭內扣運脚銀兩並無短平是以款已屬從輕又如原控內局員收銅壓色壓秤及委員勒令折價等情一款陳大本亦稱貴陽局員無論何項銅色一律補足八六兑收大定局員一律補足八三兑收等語詢據局員貴陽府魯聲之署大定府孟正笏供係照省鼓鑄事例以高銅一百一十斤鎔成净銅一百斤計算是高銅合在九成根據而買回滇省銅斤成色不一高低牽算只有八二成色因滇省係將部有案不能加補是以自乾隆五十三年以後即經本省酌議貴陽局定以八六估收高銅其自八二以上至九成不敷之色買銅

六

委員與局員各半貼補大定局有本省陳家溝廠足色銅二萬斤足
資貼補又炉座較少必需滇銅五萬餘斤酌定爲八三估收廿餘年俱
係如此辦理臣檢查黔省歷年鼓鑄報銷案冊高銅合應九成計算是
寔並于嘉慶十五年請將金釵低銅全撥高銅案內聲明高銅成色不敷
局員委員賠貼緣由咨部在案又檢查兩局積年收銅印簿歷係以八
六八三爲色估收並非始于近年魯哲之盡心易寔無私自壓色陳大本
因不知原委以局員不協按滇省各廠原咨成色秤收疑爲壓色所控爲
有因至交局銅色向係高中低秤補收陳大本運交銅斤高于八六者貴陽
局中俱爲中出計收不足八六者所以應令補足大定局盡心易任內並無串

出之色讯同並無運到八三以上銅斤之故惟陈大本呈出孟正芳作銅印
文内有再加補銅一色半之语陈大本以孟正芳於八三之外再加一色半
心有不甘孟正芳則以陈大本運到廻龍厰銅实止七五色因貴陽局年
拣藩司委員验估准作七八色交收陈大本於大定局照办孟正芳以七五與
七八尚不敷三色自愿代為賠補一色半仍於令陈大本再補一色半以敷七
八之色並非于八三之外又令加補 査此項廻龍厰銅業經鑄錢文無
憑再验但貴陽局既经委員验明准作七八色則大定局未便兩歧卬或
以所到之銅不敷七八亦应稟請藩司再行委員確估乃于收銅配鑄後执以
不敷三色所令再補色半陈大本雖未補文亦無怪其藉口局員壓色又

六

陈大本等称贵阳局每百斤压秤一斤大定局每百斤压秤三斤等语现
据鲁昭之孟正笏及局书秤手人等佥以兑收铜斤供用砝码不能意为
轻重且有陈大本亲戚谭建常家丁伍升等眼同秤兑岂肯任令多收
况当时按砝秤收即有不足亦多寡不一安有每百斤概短一斤三斤之理
诘之陈大本亦未能指出实据及令反覆质对据陈大本供认当时在
滇将铜发交脚户运黔后据脚户回称局中兑收皆不足秤每百斤约短
一二斤不等所以疑有压收今查系沿途磕碰脚户遗失致有短折实非
局中压秤不敢诬执又等称黎平府沈荣等以　局压收铜斤改作低
潮适勒折价等语卷查嘉庆十二年陈大本先因欠交贵阳局铜以该局

不足八六加色秤收稟稱前藩司李長森批委沈岳善會同二面查驗該
伺候開來八六秤收所以買銅委員有通省捐封幫津貼銀兩陳大本實足
補交不足成色銅二萬四千七百餘斤彼時陳大本即稟求認限至十四年五
月如數買收又照臨時無銅議明每淨銅百斤情愿交價銀十六兩飭沈岳善
稟覆當經李長森批准依限繳交陳大本原稟認限現俱存卷亦質之
陳大本供亦與岳善相符並無改作低潮逼勒折價情事所控實屬牽砌又
如原控書役需索一款陳大本等稱該省司房庫書及各廠司事秤手人等
應需使費等語查原呈內未據指明何人得銀何人過付隨令陳大本將各
姓名逐一指出以憑就近提質據陳大本供因從前在滇買銅時長隨

六

陳升領去銀五百兩指爲馬腳張裕順長領及向明指裕順並未長領陳升遂改稱係開銷司房使費又向其究詰司房姓名陳升竟不能指出當即潛逃是陳升侵冒顯然又除大本赴庫兑收銅本運腳銀兩銀封系紙破碎需托庫書代買紙張並囑庫丁代爲雇夫擡揹又托銅房代繕報銷冊籍需用紙筆工價共用銀數十兩各廠領銅與廠上司事致送酒食及犒賞跟役拜手約用銀一百餘兩店租日用人役工食又去銀二百餘兩實在並無人勒索使費前次具禀不過將見銅差賠累　並不敢于指控前在貴州業已供明　亦不能指出姓名如果實被勒索豈可就近求請提質豈有又不指出之理實不敢混供捏報累原卷查照省寄

明填首毋庸查办有案後語以現在宗控呈内何以又無此款擄供想係伊
弟陈大林向知本省咒明並無勒索是以删去查陈大本既未指控今又供
寔無勒索尚屬可信应毋庸提質又如原控婺川縣任内冒代歷任彌補
虧缺一款訊係前縣貴承勳任内因銅仁軍需有支給鄉勇口粮動碾常
平倉谷二千七百餘石嗣奉駁不准报銷貴承勳已故無從追賠任该管
思南府詳明將前項缺谷歸府攤賠七分歸縣攤賠三分府中攤銀交存府
庫由縣領買而縣中之銀应後任刘元臣攤出刘元臣又被劾卸事無力賠
繳接任龍维祚後議详限五年分攤買補龍维祚卸事交與陈大本照
案攤銀後供買足统计该前後任分攤之数亦只八百餘石並無彌補一千

六

餘石之多又龍維祚先曾向陳大本借用銀二百兩立有借券龍維祚李
姜鉛差未還與交代並不相涉上年龍維祚已將前借銀兩等解司庫
存抵陳大本甕安虧缺經貴州兩司行據當日監盤委員候補知縣張宝
鑑查與情節相同是陳大本攤補婺川缺分雖多閱數月所權尚非全缺
又如續控平越州派捐學院考試供應門包等銀一款訊因黔省向無額
設考棚經貴各屬遇有考試凡內外執事官役飯食心紅紙張等項並
修理房屋添置桌櫈器具均係本管官府州率同所屬州縣公捐養廉辦
理嘉慶十四年平越州歲試知州王汝璪因公赴省委陳大本代辦提調事
務並委吏目高蔭穀言明一切用費考畢後令高蔭穀將用過銀兩細數造

冊分送該州與所屬渭澤縣廣覺安三縣查核並按照送考人數多寡分

攤銀兩覺安縣應攤銀二百四十七兩零王汝琛行文催取陳大本交過銀二

百廿五兩不敷之數王汝琛墊給查係該州與所屬攤處辦公並非王汝琛私

行科派惟呈出用銀冊內開有門包八十兩一節殊屬違禁訊據王汝琛供稱

從前高蔭穀呈冊時並未見有門包如果有此違禁之事高蔭穀何敢據

實直書於冊授人以柄況陳大本既係代辦提調彼時因何違例邀給禁求

訊自明據陳大本供從前代辦提調安肯令高蔭穀邀給門包且任其公

然開造入冊實不可解此次呈控實係胞弟陳大本所為求問家丁汪升

不知伊可曾知道隨訊汪升初供不知及反覆研鞫始據供出伊隨陳大林

六

自貴州省城起身至鎮遠下船見陈大林在船内供寫呈詞又用水將此
冊洗改伊不識字從旁詢問陈大林告以必須洗改門包字樣方能告准
蒯陈大林患病由常德回粤將此冊同呈詞交伊進京投控臣取冊細閱
擬澂有水洗痕跡惟陈大林回粤後業已身故高隆各亦丁母憂回籍無
可質對雖係非陈大本與汪升串供狡飾隨調到平越州及湄潭餘慶
二縣所存之冊與現呈之冊核对此冊内門包八十兩平越湄潭餘慶三
冊内本係修理考棚八十兩實非門包且第二行三小字四兩本係油刷
匾四兩亦屬洗改其為捏控無疑至係陈大本教令陈大林捏改今因陈
大林已故就此諉卸牿擄陈大本以伊被參監禁不能與陈大林見面

亦不知其京控且伊係代办提调豈有肯教令反告自己之理復以嚴鞫

汪升加以刑嚇矢口不移似非捏飾又如綏控綏陽縣民張思齊逆倫

之案幕友張比滇出首亦未認真詳办一款卷查綏陽縣民周仕壽挾

堂兄周仕任阻種公田之嫌值周仕任與伊媳周刘氏因割稗片爭鬧

伊毋余氏出護失跌受傷遂稱伊母勒死誣為周仕任毆斃旋據查出

实情始予訊送究周仕壽畏罪自行戳傷報任該縣驗訊後在監因

傷身死該管遵義府福寧縣提案親訊一面拿犯臬司批令押帶人証

赴省其時周刘氏生產不能到案解審該縣幕友張比滇先已辞館到省

不知周刘氏生產未到情由疑該府縣不行禀报以伊曾為縣處日後干涉

六

于已赴司具稟旋據該府押帶周刘氏等至省會同委員審明具詳時
周仕爵戳屍示衆由司詳奉前撫臣鄭　附片具
奏其張北溟具稟因周脫自已干係妄無扶捏情事亦詳奉批飭俟歷任
案不知陳大林因何指爲未經認真詳辦且誤以周仕爵爲張思爵正與陳
大林之案毫無干涉訊據陳大本稱係陳大林撫拾聲叫顯屬不實又如憶
控大定府孟正芳逼索勒交龔安公項銀八百兩一款訊因陳大本欠交
大定局低銅二萬一千一百餘斤自認照裔償每淨銅百斤合銀十六兩補
交代買並無勒折情事十四年正月內孟正芳專差至龔安向其催交
陳大本無處措銀遂于接收前任交存谷價內挪銀八百兩先後兩次交與

孟正笏代買淨銅五千斤作收低銅八千九百廿八斤零陳大本並未告
知挪餘谷價孟正笏係不知情並無不合令陳大林宗控詞內援以為
挪移之據又令陳大本與孟正笏質明亦無逼斥係屬混控又如原控
嘉慶十年
欽差前雲南巡撫永　至黔審案藩司令府縣壽會銜家信派出供應贐
儀銀兩伊不遵派遂挾嫌委令買銅有印票信單可憑一款事關科派
餽送情節更為重大尤應秉公查訊分別虛實辦理據陳大本爭稱藩
司挾抗派之嫌詳委銅差查前雲南撫臣永
旨赴黔審案在嘉慶十年九月係前藩司衛齡在任時事陳大本派銅差

六

係接任藩司李長森于十一年二月詳委前後隔任所稱扶擡殊非情理查
驗呈出信函二件一係貴陽府程岸樑遵義府趙遵律銅仁府郭善平
越州胡翹楨仁懷同知徐錯貴筑縣王汝璟六人聯名派幫賻儀之信
並有會印官封一係貴陽府程岸樑一人出名退還請領養廉印領之
信並派銀數目單二摺尚應有程岸樑王汝璟兩人聯名派出供應銀
兩之信未據呈出供稱遺失其六人公信內已故仁懷同知徐錯字誤寫
楷字卷查黔省兩司當隨大本堂控時程岸樑尚未回籍傳同公信
內有名之胡翹楨王汝璟取具親供僉稱從前撫臣永 赴黔時藩司
衡齡因永 係其堂兄一切供應俱自行備辦其委員人役及案內人証飯

係首府飭梢給亦不許攤派永 因曾任貴州面諭程卓樑王汝璪並同
公在省之府廳趙遵律鄭善任胡魁棣徐鍇等六員令會具公信傳知
外府廳州飭均不許來省謁見當時公同寫信令印分寄藩司衙齡並無
諭令寄信派捐供応贐儀之事等語又前藩司衙齡于護理廣東巡撫
任內接准黔省移咨查封陳大本原籍家產之文亦將永 赴黔時並未
諭令派捐等情咨覆歷歷在卷臣 現又訊據王汝璪供詞大概與衙齡相同
且稱陳大本所[illegible]會印官封印係公信傳諭不許來省謁見之印書
至陳大本呈出[illegible]樑單名信稱印領一紙係王汝璪轉交首府查彼時
首府飭如有派捐[illegible]応之公信陳大本說以養廉印結送請扣抵即可從呈

六

首府之何煩王汝球轉交若果有印領退還亦若首府轉公覆何以又係搓
草標單名此信顯係捏賴又只呈出六人聯名信內係錯錯字皆寫楷字
豈有聯名寫信反將自己名字寫錯印係他人代寫自己用印時豈有不行
看出旁印吏字且陳大本控稱首府轉先派供應銀五十兩後又會同四府雁
派贐儀銀壹百五十兩首府轉既能先自札派後又何必六員會札陳大本既
以六員印信書為據則首府轉先派五十兩之公信亦書何以又不能一併呈出
只求詳察等語剖辯甚力臣處袁體泰會印官書或可點對其派銀數
目清單豈能憑空捏撰復詰據王汝球以嘉慶十年在貴州銅仁縣任因添建
銅仁松桃兩處碉堡控前任楊臣福慶

奏明在外捐办維時松桃廳銅仁府會禀借支該廳府盡係興修伊與首府

程草橋以工係捍衛全黔地方理宜閤省公捐責成松桃銅仁二廳府經理

惟一切工程現由貴東道勘估需費不能預定當就府廳州縣缺分之煩

簡酌擬捐廉清單一紙一多一少稟請貴東道核奪後移商藩司辦理嗣奉

批駁以業經商定由督撫兩院暨司道籌辦毋庸議等因今陳大本

呈出派單二紙單查以擬呈貴東道之捐單相同當日省中擬派捐

單原係公事間有各處因公在省家人照抄寄署不知陳大本從何

處攄拾抵賴等

臣查添建碉堡係屬

奏案王汝琛所供酌以捐廉等呈東道之處必應取東道衙門卷宗查
核且據陳大本所控府縣等會印信單內不止陳大本一人接收陳大本亦
曾出銀即委銅者其餘各屬定必遵捐送必應通查各屬飭令將有無出
銀據實具覆如有印信單並印呈繳以憑核驗並王汝琛等所供從前轉
傳承　之諭院已公札會印分寄其各屬曾否接此公信與有無印信存
留一併飭行貴州糧臬兩司轉飭調查不可稍有諱飾旋據貴東道張曜
吉稟復嘉慶十年實有前府稟同添建碉堡酌擬通省捐廉開單稟呈
事並查送到卷宗尚有首府縣原案及批駁後屢派單二紙在卷核與陳
大本呈控無殊并糧臬兩司送到各府廳州縣　結稱從前並未接

有府縣等派捐供應餽儀之公信派單不敢扶捏貲費經接过不許進
省謁見之公印公信回非必應收存之公件事閱六七年無從檢查情愿
具結等情並據藩司齋布森呈司前　覆查明確加具印結前來
是王汝琛所供俱屬　據有證明係陳大本籍前項官封指單影射揑
寫公信指為攤供應餽儀之事又揑添不准以養廉扣抵退還印領各
情節以圖挾制誣賴　自將黠省各屬發釘印結文陳大本閲看令將如
何影射假飾之處據實供吐陳大本一味支吾以印封指單係實有之
何得印指為攤派餽儀之事又公信內將字寫錯使餘錯尚在更難責其承
認況酬擬應添建硐堡等據臨　能以尔一人無證之詞遽加各員以科派餽

六

送之罪反覆詰陳大本隨口混答均無情理甚至以前屬司衛齡于嘉慶
十年十月調任廣東李長森以本省臬司坐陞想必知其不肯出銀挾嫌委差
又稱若非挾嫌如何派伊試用人員買銅是以私心臆度之詞憑空傾陷刁狡已
極臣先以試用人員並無不派銅差之例若以派差為挾嫌則歷年買銅人員必
係均有嫌隙陳大本無可置辦即緘口不答忽又稱何不將各府廳州縣全行參
革提來質審似此翻詞更出情理之外臣查鞫訊眾證為憑陳大本所控派
銀情節雖並有印書公信派單任官書派單可以別項假借影射公信內又
將出名之人名字誤寫雜指為確據或有同時接此信單之人證明係實然足
以折服被控各員之心今行查通省各屬僉稱並無派銀情事願甘具結且據

藩司府布森臬司府　折加結申送計通省各府廳州縣不下四五十　王汝琛
堂總書行半屬洸現在藩臬兩司但係後來　黔無所用其迴護若果有其事
安肯加具印結是當日實無派銀情事較為可信且陳大本雖無服官於以遁詞
揀抵及臣以理折之即俯首無詞顯係情虛意圖狡展此款業已確鑿陳大本
實屬虛捏妄陳大本虧安縣虧缺庫銀一千二百餘兩一款訊係嘉慶十三年十
二月陳大本到寳安縣任接收前任移交未買歷任盤折氣頭廒底穀價銀
九百七十五兩又有應存未發倷工役食等銀五十四兩伏錢共銀一千二十九兩
五下同庫房墻壁坍塌將銀存內署十四年正月大定府五臣筋掌討銅價
陳大本無可設措在前項接收銀內挪動銀八百兩交五臣筋收去代為買銅又

六

在分捐平越州孝院考試任　本州行文催取亦在前項接收銀內挪銀二百
廿五兩送交又買內甕安雨水連遞卿倉廒滲漏蛊　谷八百六十三石倉書趙燮
揆等禀請詳報陳大本處平處分未允將挪剩前捐銀四兩五錢係用修倉天
晴燥風晒蛊碾谷試不能還倉出糶市變價計變獲銀二百八十八兩九錢擬至秋
成買補旋于五月間計丁憂閑廢缺乏將變存谷價銀私自使用後任乘申錄
盤收倉谷又盤折氣頭廒底谷二百二石總計挪用接收谷價及俸工役食等銀一
千廿九兩五錢又在賠蛊變谷八百十三石合銀四百卅一兩五錢盤折谷二百二石合
銀一百一兩共虧銀一千五百一十二兩其變存谷價銀二百五十八兩九分係屬侵用
陳大本動用公項銀兩庫書高德士審倉書趙燮揆并不知情至陳大本欠交倘

銅金釵廠銅成色本係除大本以為改煎高銅既可節省運腳尚中之可合
遂將金釵低銅全數改煎核計改煎　工以及折耗將節省運腳貼補外尚多
虧折伊職輝建帝岑丁伍升辦理不善不能稽查任令腳户沿途磕碰遺失又兩
廠須加補成色以致銅斤短少並無別項情弊現尚欠交貴陽府高銅二萬四千
七百四十餘斤大定府低銅一萬二千二百卅餘斤已勒限賠交以上原控情各
款均經臣隔別研鞫後又逐一質對供証明確並無遁飾情查律載倉庫財物
主守之人安置不如法晒晾不以時致有損壞者計所損壞之物坐贓論四百兩
杖九十徒二年未滿者均賠還官又例載挪移庫銀五千兩以下者仍照律擬
襍犯流總徒四年又監守盜倉庫粮自一百以上至三百卅兩杖一百流二千里

六

又律載官物當給付人已出倉庫而未給付但有人守掌在官者有侵欺者並盗贓以監守自盗論又監臨官吏求索所部內財物計贓從者准枉法論枉　贓八十兩絞監候稱准者罪止杖一百流三千里又誣告人流徒杖罪加所誣罪三等罪止杖一百流三千里又例載屬員已知上司訪揭題參誣揭部科者一事審虛即行反坐各等語此案陳大本之弟陳大林續控大定府查匠笏索銀八百兩一款訊係陳大本店賠銅價並非勒索又平越州承辦學院考棚致送門包一款訊係陳大林在逃洗改底冊架詞誣准並綏陽縣民周仕爵逆倫之案未能認真詳辦一款係陳大林不知辦理原委捏飾牽砌其時陳大本先經收禁不能與陳大林見面究無教唆情事陳大林與已在籍

病故毋庸置議外其餘均係陳大本原控之款自應將陳大本照例同擬查所
控局員(厭生)壓秤及委員勒令折價一款訊明局員係照報銷事例循依向
定章程估色兌收並非私自加增而陳大本格外賠貼尚非書控至局中秤收
銅斤係照部領法碼較兌且有陳大本親丁眼同交收局書秤手實無浮收
情事陳大本因未查明脚戶沿途耗折恐係局中壓秤短少懷疑具控今
自行查明據實供吐不敢誣執所控尚屬有因又黎平府沈崇善係因委驗
銅色議照向例估兌並劝令補交是以牽連具告亦尚非憑空捏累並所控書
役使費攤補前任短谷其意亦過陳訴賠累情形並非指名控究及虛誣變
叠各八百六十三石按照部價每石該銀五下共該銀四百卅餘兩坐贓計

六

罪律擬杖九十徒二年半。那動庫銀一千二十九兩五錢完交銅價及考棚
捐款修補倉廒，係屬挪移，罪擬徒。其盜變倉谷責存價銀二百五十八兩
九錢，並不即時買補，輒於丁丑之後私行花用，係屬侵欺，應照監守盜倉庫
錢糧入己一百兩至三百卅兩例杖一百流二千里，各輕罪不議外，惟告前藩司
李長森發給運腳銀一萬二千一百餘兩，每百兩扣銀二兩，計該銀二百四十餘
兩，如所控得實，李長森應照守掌官物若有侵欺，照監守自盜例杖一百流二
千里。今審屬虛誣，應照誣告人流罪加所誣罪三等，罪止杖一百流三千里。其
告前藩司衙齡李長森派令各省公捐
欽差供應賮儀一萬餘兩，因其不肯遵派，詳委銅差，專係任意捏控，現在陳大本雖

理屈詞窮支吾不認而衆証確鑿僉稱並無其事陳大本亦不能還出别項確據
未便任其捏飾致案久懸其具控藩司柏平一事業経自認虚誣即罪應滿流
陳大本合依誣告人流罪加所誣罪三等罪止杖一百流三千里律杖一百流
三千里查陳大本欠銅無完侵挪公項復敢架捏多款具稟混行控告計圖挾
制上司此等刁風斷不可長應遵

旨請從重發往新疆効力贖罪以示懲儆所有應完倉庫銀兩銅價銀兩現准
廣東省于陳大本原籍家属名下追變解交過黔有藩庫銀四千五十餘兩及
龍維祈完交借欠銀二百兩應令貴州藩臬兩司將陳大本下欠銅斤按照採
買例給價脚分晰核計併同挪移庫銀侵虧谷價及應賠盈餘盤折谷石

六

先于交存银内按款核收不敷若干，责令该管东莞县仍饬原籍于该家属名
下找追清款。陈大本着候部覆至日即行发配，毋须候追项交清后起解。仓书
赵铭文、核斗级萧锡元于仓贮谷石并不时加晒晾，致有潮湿，已属疏忽，追
出谷石霉变，又不力禀本官据实呈报，实属不合，均应照不应重律杖
八十，折责三十板。库书杜进士奎因库房坍塌，公项银两存贮内署，不知陈大本辞
挪情事。点书萧司、库书蒋维琪、陈敬廷、邮按照库平足给，毋须扣银刃，徐
照免属捐解厚平足发，并无就扣情事，应与讯无庇包压称之局书杨寿
赵文炳等均免置议。其致送各厂司事等饭食及犒赏人役，系属自用，并非藉
端勒索，亦毋庸议。家人汪升讯系陈大林令其赴京代呈，其陈大林既没底册

已據供証明白應免置議滇建帯等弋獲無期毋庸再行緝拿
無干宥釋貴陽府魯有之秤收銅斤係照向定成色估收且高申低補均屬公
允並無不合毋庸置議大定府孟臣另秤收銅斤雖亦係照向定八三成色估
驗但接收陳大本銀八百兩實係應支銅價且亦不知陳大本挪移情事惟陳大
本運到迴龍廠銅不照蕭司委員估驗七八之色秤收乃于銅斤配鑄後尚稱
不敷三色訛與委員合平分賠令陳大本再補一色半銅斤未據陳大本補
交實屬辦理錯謬應請
旨將署大定府候補知府孟臣交部議處黎平府沈壽君係本蕭司委令估
驗劝令陳大本補交並無短估勒折情事亦毋庸議平越州王汝琛承辦考

六

棚因例無公項開銷向由該州及所屬各縣捐墊承辦事屬因公且非該員

創始亦未會印為信派捐供應贐儀銀兩並無不合先經解任應令回供職

至貴陽大定兩局因鼓鑄事例爲銅應合九成報銷而採買銅斤在八成以上

者即准撥供採買不能換照九成加搭是以該省定議貴陽局以八六估收大定

局以八三估收凡不足八六八三之色令委員賠交自八六八三以致九成不敷之色

令局員賠補雖係爲籌辦鑄務起見但究非核實經久之道且恐局員與委

員均未免藉口賠累致滋別項情弊臣現飭貴州藩臬兩司另行妥議章程

具詳臣與撫臣　顏　分別定擬緣由理合恭摺具

奏並繕供單敬呈

御覽伏乞
皇上睿鑒
勅部核覆施行謹
奏

六

廣東巡撫部院祁 於道光十四年五月二十八日會同
兩廣揔督盧 恭摺具 奏
奏為西北兩江潦水節次漲發廣肇二府屬沿河村庄圍基間被漫溢冲決委員
查勘先行摺䘏緣由恭摺奏
聞仰祈
聖鑒事竊照廣東省上年被水之廣州肇慶二府屬地方冲決基圍經臣盧督同縣
府恊同紳民赶緊修築臣祁自廣西赴任來東經過該二府地方沿途查勘均
匀完固農民耕鑿如常早稻收成可期豐稔乃四月十六至廿一等日北江上
游水漲廣州府屬之清遠縣蒲基頭圍基冲決漫及花縣三水南海番禺等
縣低窪各村甫經消退而五月初一至初五西江上游水漲肇慶府屬之

四會高明高要廣州府屬之三水南海順德等縣沿河村庄圍基間被漫溢據各該縣勘報上年新築圍基尚屬穩固其餘旧基微有坍卸冲決易于修復早稻秀蕤于收成尚無大碍於料初十至十七日陰雨連綿西北兩江潦水同时並漲日漸加長節據廣州府屬之南海順德清遠三水花縣肇慶府屬之高要高明四会鶴山等縣具報潦水自五六尺至一丈六七尺不等比之上年水勢較大幸無暴風故人口損傷無多惟村庄圍基淹漫旬日之久始漸消退新築圍基漫溢坍卸決口共九十餘處沿河居民住屋僅見丸早稻未难免失收各等情臣等商飭藩司暫在司府各庫籌撥銀兩分飭督粮道鄭開禧肇羅道王雲錦帶赴被水地方買備米麵食物及蓆箔等物督同委員及該府縣查勘將迁徙之食貧民先為撫卹俾無失所需

費若干俟事竣由本省籌捐歸款并令疏消積水趕緊修補圍基墾復田
畝無悞秋耕臣等伏查被水地方核計通省係屬一隅中之一隅高阜田畝
現已陸續收割此外各府州縣漸次收獲亦尚豐稔故市賣米谷並無
缺乏價值亦不甚昂惟低窪處所早禾被淹失收亟應及時補種晚禾
藉補不足而佈種田禾必先修復圍基本年被淹各處大半皆上年被水
之區貧乏業户迭遭水患資產蕩然恐修基無力播種維艱若不妥速
查办必致補種不及臣等現飭藩司及該道等督同府縣確勘詳查如
有寔在無力者據寔具詳即當奏懇
天恩酌借修費籽種俾得及時播種不致有悞秋耕仰副
聖主軫念民生之至意所有本年西北兩江潦水節次漲發沿河各縣被

水情形、及勘办捎卹缘由、谨會同恭摺具奏

闻伏乞

皇上聖鑒訓示謹

奏

道光十四年七月初十日抄

奏为微臣假期将满恭报回任接印日期叩谢
天恩并缕陈下悃仰祈
圣鉴事窃臣前因胃痛旧疾复发绵延数月精力衰耗诚恐悮公奏请开缺回
籍调理钦奉
谕旨赏假三个月安心调理毋庸开缺其广东巡抚印务着芦 兼署钦此闻
命之下感激涕零当即缮折谢
恩遂于上年十月廿七日谨将巡抚印务移交督臣 麐 兼署是日自郡回寓迄今
两月有余并未敢稍懈专心赶紧延医调治精神渐复喘嗽亦止惟胃痛旧疾
业已三十余年一时未能除根日前见督臣政务殷繁又值整顿水陆营伍之
际加以巡抚衙门公事昕夕不遑臣静摄业经为日亦不敢再事耽延当与督

臣 明于本年正月二十日准精口恺

欽派廣東巡撫兼閩防並太平橋鹽務閩防各一欽隆

王命祈牌文卷等項派員齎送前來，臣謹即恭設香案望闕叩頭謝

恩任事訖。伏查廣東山海交錯，民氣浮囂，刑名錢穀在在均關緊要，而除暴

良尤為現今第一要務。非認真勤求吏治，慎擇人才，不能奏效。以臣之迂拙

有僭矢處慎勉竭駑駘以期仰報

高厚。生平于學之一端，及吏治諸事，窮問為政之道，貴乎君，但君一分精神，始有

一分效驗，否則終歲之來，行政事即為積久之靡弛。臣氣體素弱，常有

胃痛舊疾，時止時發。每至五六月即發，數月不止，飲食減少，精力

不振，此次叢

恩賞假至三月之久，間屬日子，不易覯之
鴻慈。臣雖捐糜頂踵不足圖報，何敢稍耽安逸。惟是地方緊要，責任匪輕，全賴精
神強固，始克兼顧。臣胃疾為患已久，定計今歲夏間仍必舉發，年
衰積弱之軀，斷難計其速痊，若俟屆期再行奏請
賞假，則是屢瀆
聖聰。臣實有所不敢，若竟諱疾不言，依違粉飾，勢將假手吏胥，於職業必
多所曠悞，殊非人臣効忠之義，辜負
聖恩，捫心滋疚。臣惟不敢有一日之因循，斯不得不為先期之陳奏。伏乞
聖上萬幾之暇，遴擇賢員
畀以廣東巡撫，計其自京赴粵，道路遥遠，亦必須數月之久方能抵

任日斷不敢因有此案，稍存踈懈，日實因地方關系匪輕，必須整飭起見，凡

為一身貪榮戀戚之計，葵藿私忱異常

天日之垂照，不勝感激屏營之至。所有回任接印日期，并微臣下忱，理合

繕摺恭謝

天恩，伏祈

皇上聖鑒，訓示謹奏。

道光十三年三月抄

兩廣總督盧　奏為瞻戀情殷先行陳懇候
旨遵行仰祈
聖鑒事竊臣自山西巡撫調任粵東趨覲
天顏跪聆
聖訓赴粵于道光九年三月抵任十年九月奉
命移撫江蘇旋蒙
聖恩擢授湖廣總督遵
旨即赴新任于十一年正月馳抵武昌任事計十二年三月已屆三年展
覲之期臣因督師湖南剿辦逆猺迨竣事办理善後事宜兼籌办廣西逆猺盤均華
要案不克具摺陳懇迨湖南諸務办竣正擬回至湖北料理地方事務即　九

行上請又奉
命調任兩廣馳赴連州會同
欽差禧恩等辦理剿捕排猺事宜經時大功已蕆禧　等進京善後諸務緊要
臣須駐連督辦迨至省城又值兼署撫篆且猺疆綏戢事宜雖大概僅妥
而諸務尚待經畫更有堵捕夷洋盜匪疆事緊要未敢以依戀宸衷結微忱瀆達
宸聰若連山善後一切全行辦竣控制咸宜民猺極為相安廉州等府屬與越南連界
盜巢亦已搗穴揵渠華夷交界洋面幸稱静謐其與江西湖南接壤陸路匪
徒前經會同撫臣朱　緝獲多名審辦之後亦稍形斂跡竊臣迭邀
寵命屢荷
隆施均以疆場事重未獲專摺懇請入

覲犬馬戀
主之誠日久補深依結且兩廣為海疆要區任重事繁臣時虞措置乖方有
辜委任抑衷刻深兢惕合無仰懇
皇上天恩俯准臣赴都叩覲
天顏俾可稍展葵忱面請
訓示庶於封疆重寄一切稍有持循如蒙
俞允現在撫臣朱　因旧恙復發業已具摺懇請開缺而廣州肇慶兩府所
屬於七月中旬猝被水災情形較重業已與撫臣會摺奏
聞督同藩司分別委查給卹並勸諭紳富捐輸助賑務使民沾寔惠不使一夫
失所臣恭候此摺奉到

九

諭旨俟賑務办妥可以料理起程时再行
奏明定期趋詣
闕廷跪聆
聖訓以申感戀微忱不勝瞻依巽望之至謹繕摺具
奏伏乞
皇上聖鑒恩准施行謹 奏
道光十三年九月三十日具
奏十月二十二十三日奉到
硃批暫緩來京俟十六年秋間奏請可也欽此
十二月初四日抄

廣東巡撫部院祁　奏爲督臣因病出缺恭摺由驛奏
聞請
旨迅賜簡放仰祈
聖鑒事竊督臣盧　舊有氣逆病症曾經延醫調治痊可本年
七月二十四日因感冒風寒觸發舊病氣逆中滿飲食少進臣
時與在省司道阿勒清阿等親赴盧　署省視慰問旬日
以來病勢有增無減連服疏解之劑未能見效盧　以精神
委頓不能支持與臣再三商酌擬
十

奏聞
聖恩賞假一月安心調理以冀速痊隨於八月初三日巳刻將督篆
及鹽政関防並一切文卷委員移交 臣暫行兼理臣不敢拘
泥推諉謹即望
闕叩頭祗領任事正在繕摺具
奏間詎是日午後盧 病勢陡然加劇竟於初四日子刻因病
出缺臣與各司道親往看視據家屬稟稱盧 臨終伏枕碰
頭泣呼辜負

皇上天恩並有遺摺令臣代為呈遞臣伏思盧清勤自守秉性公
正臣與共事年餘盧平日常以受
恩深重力圖報効即卧病數日臣每往看視猶惓惓以計議公事
閱其易簀之時仍有公事尚未辦妥並用筆札記載務以
未出之語並無一語言及家務盧有長子捐納員外郎盧
端黼已于今年春間赴都止有三齡少子端宣及幼孫六人
支吾呱呱之子衷榻之苦情形深堪憫惻所有身後一切臣與各
司道會同盧之親屬已妥為料理並經費即務先經盧務

交臣接收代理督统辖两省水陆营制及外夷贸易等项事务殷繁臣质本愚钝到任甫逾一年一切尚未熟谙惟有殚竭心力认真经理不敢稍涉懈弛致罹愆尤仰恳
圣恩迅赐简放总督来粤以重地方所有督臣因病出缺及臣暂行兼理缘由除恭疏
题报外谨恭折循例由驿驰
奏并将卢 遗折一件恭呈
御览伏乞
皇上圣鉴谨 奏

道光十五年八月初五日具奏 拜发

奏為廉州欽州二府所屬外洋毗連越南據報夷洋聚有盜船散出劫掠，先經委

飭沿海文武堵捕，並咨行水師提鎮督辦，殲擒盜匪多名，訊出未獲首要姓名

現在設法嚴拿，務清洋面，恭摺奏祈

聖鑒事。竊臣前駐連州，接據廉州府知府張堉春稟報，探得越南紅螺沙口白龍尾

洋面有匪船三十餘隻，盜匪數百人在洋面肆劫，該處與所屬欽州竹山洋面

毗連，探聞該國現有師船緝捕，難保不竄越南內地，若不早為堵剿，恐遺後患，

該府現已督屬會營防捕等情。臣當咨行水師提督李增階確查辦理，並飛飭

及該道等督率沿海州縣會營查拿，一面札委熟悉情形之署海口營參將鄧旋明

馳詣廉瓊各屬查明沿河舟師礮台是否齊全足額，傳諭各將領實力整頓，并

防去後。隨准李增階咨覆督率舟師親赴沿海巡察查辦，並據廉州府屬代理

十一

欽州知州候補同知胡燦廷于本年九月十七日會同思勒州判沈炳文石竹山洋面遇見盜船，遊擊張督帶水練兵勇漁船，拿獲盜匪阮亞登、羅庭桂、劉亞三等三名，格殺落海溺斃盜匪四名，有龍門營兵丁李登一名被匪拒傷，餘匪乘風竄逸。又據合浦知縣翁忠瀚先後三次稟报，該知縣捐廉召募雇勇四十名，另雇漁船二十隻，遴派縣差役多名，給以器械，親身帶領，乘坐民船，于本年九月二十八日由冠頭嶺一帶洋面巡至南灣外洋，遇見賊船一隻，當令漁船分開兩邊截擊，該匪施放鳥鎗抵禦，適龍門師船及廉州營并欽州兵差同風追至兜捕，該匪火藥已盡，各持鎗械格鬥，拒傷鄉勇三名，兵勇怒奮，當格斃盜匪張亞四一名，受傷落海及畏拿投海溺斃者六名，該知縣親上匪船，督率兵勇漁戶生擒盜匪李亞德、吳亞遭、吕亞晚、余中文、黄康生等五名，起獲鎗刀旗幟十七件正押人船回籍讯办、闰九月初一日遂溪乾体海口又闻有盗匪潜入劫掠、并欲登岸抢割沿边田禾该县先将现犯拨役解回、自由乾体口返至北海访询绅耆渔甲探得盗踪在孤悬外海之涠洲、即会同署廉州营游击区成达欲指北海之八字山冠头岭各炮台演放炮位以张声势使盗匪闻风不敢登岸一面督令各勇兵役渔船分帮散行、俱在涠洲左近徉作捕鱼、又另雇商船一只内藏差勇十名先赴涠洲诱偕谕令渔船以商船号炮为应面嘱区游击带领弁兵堵住附近海口、该县于初四日、乘坐民船随带委员、督率差兵偃旗息鼓次日行抵涠洲外洋果见有大蝦罟盗船、高竖旗帜排列铳炮在洋游弈该县挥令商船驶近盗艘各匪正在过船抢劫商船施放号炮各渔船并龙门水师钦州兵差闻声赶到、四面围拿区成达亦自海岸赶来堵捕、该匪等施放铳炮并持

十二

械拒捕，致伤御勇黄建利等五名，众勇愤激，夺获贼手顺刀，格杀盗匪三名，内二名因手重断头，又枪伤落海溺毙五贼，余匪窜投落海，该弁督令兵差将在船盗匪梁亚有、林东利、莫广秀、林亚二、赵必球、何亚七、陈老三、郑亚有全行拴获，并获盗船一只，在船底搜获佃傅四人，讯名薛老晚、沈广利、黄色亮、胡汝仓，因在洋捕鱼，被匪掳捉，逼令为盗，不从，傅禁船底，质问属实，当即释放，起出盗械枪炮等多件，连犯解回审办。又于二十九日接委员廉州经历候昕试用从九品陈仲岱报信，在斜阳探见渔船一只，有妇人出舱窥探，被一大汉喝进，形踪诡秘，该弁随带领练勇渔船驶抵该渔船，见捕舟驶近，扬帆疾走，并有数人在船头持械拒捕，该弁驶拢，即驶过匪船，督同委员差勇生擒盗匪蓝亚晚、陈仍受、朱茶扶、林亚四、钟汝斗、赖亚有六名，又获被劫难民渔户大小男妇郭新

利等六名口，許在新安縣平州海口灣泊，被現獲匪徒六人破劫開行，今幸蒙
拿獲得生等語，呈有新安縣印照，提匪庚訊屬實，并供出前在新安劫得李國
安及不識姓名船上花銀二次，隨一并押回。以上欽州獲盜三名，合浦縣三次
拿獲盜船兩隻，共生獲盜匪十九名，救出被禁平民四人，被劫漁船一隻，男婦
六名口，並據究出踞占夷洋匪黨約有四五百人，大頭目係楊就富、盍海老，秉
坐洋船，係六七月內在越南晴不港所劫，另有盜船三十餘隻，每船約有頭目
一二人，該犯梁亞有等僅能供出陳亞仁等十七人，其餘不能供指姓名，其盍
海老係越南花風村人，餘多內地人氏，其十七人內盜匪孫日強、陳亞音已被
擒殺，李亞德及該犯梁亞有現被拿獲等情，當經批司移行該管道府督提
審明解省究辦，一面飭該管文武會率師船上緊緝拏捕，正擬

十一

奏报间又准提臣李增阶咨会，该提督于十月十一日，驶抵琼州之海口洋面，即接
署镇惠昌耀、署崖州协副将李贤、崖州各州诸镇禀报，因闻英洋匪船远窜出
到该州协会督总巡署守备黄仕杨督带师船三只，添雇民船二只，巡至州属
三亚外洋玳瑁洲地方，该处与越南夷洋接壤，见有匪船三只，每船约有一二十
人，往来游弈，护兵官兵欲外逃者，即督率兵船奋力追捕，时有昌化感恩陵水各
知先经奉文，多差兵役，雇驾渔船，巡逻闻声驶至，围拿盗匪，情急持械拒捕，记
委陈鸣恩右肩被竹铳戳伤，目兵陈国崇、陈志刚被火药轰伤面目，各兵后奋
勇前放铳砲，登时打沉匪船一只，其两船贼匪仍抵死抗拒，民船水手黄瑞华
被戳咽喉倒毙，各兵愤怒，立将该匪用鸟铳击毙落海，余匪惊慌跳水溺死
不计其数，当将两船拿获生擒匪犯朱丑二、刘亚二、陈庭谟、陈记旺、陈益财

蔡朝伍吴朝荣周亚荣王亚四陈亚信陈成财杜亚生等十二名内有三名因
拒捕受有重伤并起获匪船炮械查讯各犯大概供词内有钦州合浦等处民
人向在越南贩米度日本年九月在钦州竹山洋面被盗船头目王亚吉掳截
逼胁入伙其跳水溺死者系老朱老陈等十五人俱不识姓名其王亚吉系
另坐一船先行走脱该匪等现在聚集夷洋甲洲山岛藏赃等语查甲洲夷洋
与龙门协所属竹山不远该署镇已严饬龙门舟师炮觅眼线侦探贼巢设法
诱出捕拿并将现犯解府审办等情由提督核报前来并据该提督函称询访
各协营夷洋匪船虽闻有三十余只但多小船其大者不过数只常在马洲老
晁山甲洲等处踞占时出游奕今被廉州文武拿获二只又被崖州文武获船
二只拒杀生擒盗匪多名匪已丧胆自不敢深入内地或闻有偷入感恩昌化

十二

洋面各该外沙你界連崖州沙港浅窄營中来船难行現商之道府等覓僱儋州之红鱼船十五隻其船堅固便捷毋論淺深洋面均可行駛配坐兵丁備足軍器与師船联帮或分或合以之诱緝最为得力亦与署鎮商派將備分兩路偵捕該署鎮惠昌耀酌帶海安口等營將備赴崖州感恩昌化等外洋面偵該提督倪帶大鵬等營將備受駕師船并該外營雇坐民船逐帶弁兵由雷州廉州海安三墩沙赴潿洲斜陽一帶巡查搜捕而至龍門俟到彼處洋面察看再為飛咨達等因并據雷瓊道王鑄瓊州府知府徐家森稟叙情形相同臣查迭後獲盗批訊供情未獲匪船夥黨俱稱在夷洋甲洲山島聚匿与内地欽州竹山洋面密邇時越內地行劫若不秉此殲搶醜類之際及其黨尚未盛設法誘緝兇渠剪党解散脅從則禍源不塞不特洋面遼闊防範難周華夷水陸

商民均难安枕且恐良民被劫胁从失利奸渔趋之如鹜势必日聚日多萌蘖
难图从前海氛之炽其始亦不过数百人祗因初不介意竟羽翼日众遂致
沿海为患闽浙粤东师船频年迎击虽仰伏
国威指归扑灭而办理已大费周章臣愚以为华夷洋面虽连而疆域攸分必须确
悉情形乃可计出万全内地师船遇有盗船由夷洋窜越行劫固应严密迎拦
而贼巢越在夷境似宜咨该国王饬夷官多拨师船厚集兵力订期知会
紧逼贼巢将其驱出而我境文武亦厚集师船兵力在于接壤交界处所待两面
夹击使逃党首尾牵掣腹背受敌必然人心震慑内溃离散空巢出窜该提镇
会同道府一面遴派文武干员多雇商渔船只分配师船在于往来必经洋面
及海口港汊分别堵捕设计诱缉自可捦渠剪党俾靖洋面提臣李增阶从前

十二

追捕大股洋盗積功洊膺閫寄于洋面捕盗最为熟諳廉琛現省寫遠欽崖二
州洋面与越洋交界其賊巢相距遠近情形臣未能深悉應如何办理得宜势
难懸定稽查旧案内地民人因壤地相接多有越境操捕难保不生事端該国
王间尝咨呈查办前任督臣亦尝焰会该国办理臣现容函咨致李瑞階將臣
计议与该道府及镇將等就近悉商究应如何相机兜捕勦散空巢務绝根
株迅速覆臣并会该国王並办据期事出万全早除禍根永清洋面以靖華夷
一俟接到提臣回信即一面奏
闻一面办理此时仍先严飭沿海文武督属稽查海口出入商渔船隻毋許以軍火
米谷濟匪兵營將備亦严察弁兵不得暗通消息得規私放倘有情弊一經訪
闻立予严参重懲如该管官能自行察出拏办均请免其處分查有高州府編

判陆向荣熟悉西路情形委令前往廉琼一带密查内地与夷洋交界盗踪实在情形并稽察各员是否勤惰及有无情弊据实密禀察办再据臣正在廉州巡缉洋盗督捕恐需经费臣已饬司于缉捕经费项下动拨银五千两委员迎即解交廉州府就近支济臣现至该署与朱　面商意见相同所有拿获盗匪及现在办理情形谨附驰恭摺

奏

闻伏乞

皇上圣鉴训示谨

奏

道光十二年十一月初七日两广督卢奏

十二月二十一日抄

十一

湖南巡撫臣吳榮光跪
奏為審擬咨文案件提解遲延請
旨交部議處仰祈
聖鑒事竊查湖南省承接咨文各案內除黃昌運馮啟亨等九案俱
依限審办外惟查湘陰縣監生高基旺京控一案于十四年二
月咨交嗣因人証未多行提需时咨部展限乃定五一年有
餘尚未构解到省自应將該縣查參以示惩儆據二司具詳
前來除迅飭甫經到任之該縣李蓉鏡將此案人証赶
緊提齊解審外相应請

三十三

旨將拘解遲延一月以上之湘陰知縣宗煥永明知縣劉
湄一并交部議處為此具
奏
旨已錄 道光十五年六月十八日錄抄

兩廣督盧　為恭刊

聖訓行軍紀律并録守禦行陣條約附刊通頒講習事照得兵以衛民即以衛
国太平之世兵可百年不用不可一日不練〻兵者何講習紀律曉暢臨戎也
紀律之制用在臨敵而紀律之嫺習在平时近日弁兵于弓箭技藝尚
不敢十分抛荒及问以守禦從戎臨陣制敵徃〻茫然无措良由將備不講
習于平时故也今本部堂恭録
聖訓行軍紀律并附守禦行軍條約刊刷彙釘成帙通頒講習除札發各
鎮標協営遵照即將發去行軍紀律分别大中小営分頒督飭備弁
每次操演畢後親率各兵明白講解務使人〻咸曉紀律敬悉
朝廷所以養兵之意及優恤疆埸効命之士俾忠勇奮發咸知尊

十三

君親
上廑期皆成有用之兵然必由主帥实心整饬乃能𨙻相傳習不至柬諸高閣
是則本部堂所愿与同志者共勉耳切切外查各该州縣均有專管民壮例
应演練晓習軍紀且有文事者应嫻武備合併札发為此札仰该縣
即便遵照將發来行軍紀律查照條款于所管兵書民壮当春秋兩
㨿时会同同城汛弁督率明白講解務使各曉紀律俾尊
君親
上感知守禦有方亦甚于地方有俾也均毋忽視切切此札
道光十三年五月初二日抄

上六

一 廣西巡撫會詳民間私用槍銃勒限收繳不准私造亦不准打造大炮等

刀矛舊存應用防獸等械抄由驗明編號

二 學政因事身故出缺查訊家屬所供情形奏稿

三 學政出缺藩司代辦巡試附片

四 必知請託童試學政難慮自奏奏稿 並上諭

五 訪聞私鑄不及十千攤拋遣軍

六 聽從私鑄鉛錢以匠人論受雇挑水打炭之犯予為從罪上減等問擬

七 道光十三年吏部酌改則例三條

八 粵東災務分別勸捐賑糶辦理緩徵尚無侵冒諸弊奏稿

九 奏報南海高要等縣水退及和平大埔二縣被水情形 附片 道光十三年

十 南海等州被風來春甚須接濟御稿

十二 籌撥災地民食酌請動項採買米石分運平糶並請容照經過關津巴

御免稅以廣招徠摺稿

十三 奏查南海等十一州大埔等七州縣被水來春無須另籌接濟

十三 廣東省城被水及廣肇二屬圍基沒被沖溢情形摺稿

◎十四 上諭二道 知府當經指稟違例科罰錢文革去頂戴嚴審究辦

吏目叶法孝契之命雖年逾七十不准收贖

廣西布拈會詳覆民间私用各鎗勒限收繳不准私造鎗銃亦不許打造大炮等刀具藏存在用等核其復驗明編號

為遵批會議詳覆事案據署百色同知事候補通判李天鈺稟稱竊照鳥鎗一項其性最猛為害甚烈是以例禁綦嚴不准民間私藏私造溯查乾隆年間因边地民稀少每患虎狼曾經
前憲朱　奏准民间施用以資捍衛原摺内以鳥鎗為軍械中之利器声明必須賞名編號方准施用若並無字號即屬私藏等因立法誠謂至周且備惟近年来編號之故久弛私造之人迭出边民繁衆固無猛獸之堪虞腹地强梁假作鬪爭之声勢甚有樹盟糾党籍以壯其刼搶之威蚁聚林间集以肆其抗拒之志此不惟早戢前在鎮安暨現在山地之实在情形即如楚南猺匪動以鎗炮对壘今東粤逆猺又藉此而成勁敵六月间蒼賀匪徒闹六大肆鎗炮難叨芘藏功迅速但火器為

本朝勁旅以之聽民違例藏用殊干軍政大有関係且查目前鎗炮非特粤省多有私
藏即各直省窮鄉僻壤亦在皆有私造責此之由非民间敢于故違实皆地方
官日久忽生視同文具所致古所称有治法無治人诚此之谓也卑職渥邀
知遇兩畀边繁　重任愧寸長之未著慚报称之維難茍偶得管窺奚敢擁于憲
聽第禁令之弛已非一日飭收之法亦宜從長應请嗣後除土兵粮兵及民壮
原習鳥鎗准其備造存于公所臨操取用外其餘毋論内地边隅漢土苗猺蛮
獞均毋許籍名禦獸私行藏用若有原存鳥鎗竹銃毋庸紛紛搜查致滋擾累
即飭地方官剴切出示勒限一年諭令民间自行呈繳每繳一桿地方官按照
本處鉄價酌量捐給將鎗銷燬免其沉罪仍于歲底將有無收繳暨共收若干
造册通报備查倘民间于一年限内不行繳案後經查出或被控發即行從嚴

拏究將鎗銃入官充賞如此庶立期限歸以原本小民惟利是趨或可致期于
收尽柳卑戢更有謂者粤西悪俗凡人出入城鄉必带佩刀或名大貨或名小
救駕種之名色不一而足名為防奸護体其实遇有小忿即將拔而相向更兼
宵小游棍途遇单身即行揚刀嚇搶此外為害甚多等难枚舉闻粤東亦然足
徵風成鴟獍查卑戢既已搜获多柄分别銷燬貯庫但每見人命案内应起兇
刀非称捺供丢棄即改為切烟小刀究其所以改之之故不過图避禁刀名目
為傷人者寬減罪名实属姑息養奸並請照前一併出示給假價飭繳以挽頹
風以上各情是否可採繞祈大人察核批示祗遵再地方官失察售鎗竹鉄銃
處分森庶可否于定限一年之内免其查议俾无顧躬逾限滿飭繳未盡或仍
有执持傷人之案即行加等嚴议以示儆戒之处併候衙奪示遵实为恩便肅
一

此其等情奉憲台批查民间私藏鳥鎗竹銃及佩帶大貨等刀例禁綦嚴而
籍口防獸防身違禁私藏明帶以恣其為匪狼恣奸宄者各處皆有粵西為最
擬稟請飭各属出示勒限飭繳酌給價值等情實為防奸杜患变通消弭之良
法足見精心圖治自属可行惟省例内前院奏准編號應留鳥之各州縣有
無今昔情形不同應否仍前办理及設议地方失察处分分别限收外免議嚴
议之處是否允協仰按察司会同布政司作速一併妥议詳奪毋違此繳等撫
蒙此因奉此本司等查鳥鎗為軍行利器民间常不應私藏而竹銃與鳥鎗均
干例禁大貨小鏉等刀各目亦非民间常用之物如有攜帶行走患皆兇悍之
徒况粵西边隅苗民猺獞雜处之地更当查繳炭禁以杜滋生事端查粵省
應用鳥鎗惟土兵狼兵以及民壮原習鳥銃雖其臨操取演平时不准施用此

外惟重峦疊嶂之區向多虎狼出没必需鳥鎗捍衛乾隆四十七年間曾奉
前院憲朱　將各州縣應留編號鳥鎗奏准通飭並照在案其餘概不准私藏私
用近因地方官禁令廢弛而民間私鑄私藏屢見迭出兼之年來民俗不淳遇
有口角爭毆即將鳥鎗竹銃施放釀命以防獸之械為殺人之具藉打雀之名
為爭鬬之用為害實匪淺鮮自應大該畀所有各屬無論內地邊隅以及土苗猺
獞槃令繳銷均毋許私行藏用但各州縣有今昔情形不同或從前山林叢
雜時多虎麋近今人烟稠密野獸稀少或密呈月之處仍多虎狼為患編號鳥
仍應循其舊全在該地方官確切查明辦理本司等酌請通飭各州縣出示曉
諭申明鳥鎗為軍火利器民間不應存留勒限一年着令保甲收繳共收若干
給價若干造冊通報並嚴禁鐵鋪工匠人等不准私造鳥鎗竹銃亦不許打造
一

大伙等刀違則立拿查究為此房内有必須應留鳥鎗以資防衛者即令將旧存編號鳥鎗呈送地方官驗明加以印烙年月姓氏給發防獸共應存留若干桿造冊報明存案並責成該地方保及該父兄人等慎收藏以免以之爭鬧打雀致釀人命即將該保甲及該父兄一并懲治倘該地方官視為具文不加查察一任私鑄私藏以致滋事釀案即將該地方官失察之處先行從嚴參處至身帶大伙等刀行走之人行蹤詭秘非係盜劫即係詐於一經拏獲究明來歷即照棍徒懲辦如此定章程勒限查繳庶歸地邊隅以及土番猺獞咸知例禁好勇鬥狠之徒亦不敢私藏明帶拉放殺人是亦正本清源之一法再地方官失察鳥鎗竹銃處分自有定例該署所議分別限内限外免議應議之處應毋庸議是否有當合將遵批核議緣由

憲台察核示遵除呈

撫憲外為此備抄冊具呈伏乞

照詳施行須至畫冊者

道光十二年十月初二日廣西布按会詳

十二月廿三日抄

奏为学臣因事身故出缺查讯家属所供情形据实由驿　奏
闻并请
旨迅赐
简放事窃照广东学臣李　居官廉谨植品端方历试各郡士论翕
服自上年十二月潮州等府属试竣回省各官往还接晤无异间尝论及
各处文风优劣惟言防弊虽周恐堕入术中自责不能胜任欲行引疾臣以
该学政渥受
圣恩正宜图效涓埃且有双亲在堂方当报　国显扬学政考校固在防弊而尤在
先端士习训诸生以读书立品通经致用端其趋向杜其非冀幸之心如当场查
出弊窦或访有枪揺凭据则当提调究办其于细微小节转不必操切烦苛将
心自展舒剀切劝勉该学臣深以为然闻岁以来僚属往还如常讵于本

二

年正月十八日巳刻伊家人奔报说该学臣于本日早间独至署内渔溪小廊
用绉纱衣带在廊上横桁自缢殒命经其弟李春芳寻见解救无及等情
臣闻信不胜骇愕当传谕在省司道驰往查验臣亦即前往公同验视闻罢大
小惊哭当询问伊父李镇瑾惟含泪言及伊子该事数心过重不能言其别故
当据其弟李春芳先呈出伊兄毕命处在地拾得遗笔字迹四件在庐
州写就未发信字二件又续呈遗笔一件幕友家人名单各一纸随公
同查阅该学政上年夏间在庐州写就未发信两件一系幕友与知县
何正机捏款入指一系幕友家丁与何正机通同一气臣查何正机并无
捏款控告学政之事其为何与幕友家丁通同一气字内并无指实缘
其语气多出怀疑无揣之词其遗笔四件文意向臣诉言考试多有关节

难防及自明其受　恩深重不敢不洁己尽职之意又该亲属续呈与其亦
之遗笔一件大意相类又幕友家人名字一纸指为通同作弊之人查其幕
友名字係师廷文许子松顾云就罗炳龢顾朝宗梅洲舟高振镁等七人内
惟高振镁係浙江附生余俱贵州举人及广附生查询该家属惟梅洲舟及
续请来粤之福建进士陈禹昌两人在其肘边文等自广州回省即经辞
出家人只止李抗岗陞范明三人其叔桂芳亦于广州回省後换行驱逐当
将现在此丧家可通情同南海知知贵定宜查讯据幕友梅洲舟陈禹
昌供明李泰之心性多疑防范极密伊等并无情弊亦不能作弊可访可
查其兄有亲供复提家人李抗岗陞别语讯问据供称皆自京都随来粤
家主向来性情拘谨关防严密上年正月十九日都随家主出棚考试高
二

盧雷孫先生四月初六考畢孫物坐海船內渡適值大風在海中飄泊

顛簸三晝夜始得靠岸家主因此受驚遂得心病性情與平時不同伊等夥

伴說話都要動輒斥罵後考廉州時不知因何與吳合浦知縣生氣何

知縣當責打失頭伊等因家主向來受東甚嚴不敢探向是以均不能知底

細至家主字跡上如何說幕友們串同作弊伊等不知情等語究詰不

移臣查李泰交于上年六月內曾寄臣及前撫臣朱 信函一次言及按試

以來競業自矢從無以私相干惟此次到廉合浦令有請託之事拒卻以後

並未再及學不必上瀆惟當請知同鄉而幕友家丁多半同鄉難保無招

搖旬通判下住知府晉省稍見 密詢知有端倪即將紛繁等語臣與朱 会

商該學政歷考各屬弊竇甚多其信內此言請託何乃未據指實當係

廉州府知府张培青面询野合浦知县何正机据李政来信有请托
之事究系请托何人该府近在同城必有所闻有无招摇令其实告据称李
政考试廉防廪留并未面谕考试以严查内外弊窦为先内开廉防极严
保无假借名色招摇撞骗如有见闻务须以实相告若有关涉院试之人
等辞尤谨主刻刻究谭嘱再三该府闻言钦服添派委员明查暗访
实系弊绝风清士林交称实未闻何正机关通舞弊情事 臣 谕以果无
招摇情弊即出具印结补呈察核陆续加结补呈伏又密饬各道
之高雷琼三府确查据高州知府王殆桂呈禀该学政于十三年
六月初三日由廉州回抵高郡因受暑热暂为调理于初六日开考十
七日竣事阅场规均极严肃时有石城县文童邹宇瑔等因广越

二

等倩謄文字等弊，接准巡捕督率巡役等蒐叢經該學政飭發茂名知
知縣錄行獲審明分別枷杖發落。此外并無情弊，其院內各府廳
各屬考試均極安靜，亦無弊竇。臣查以各該府等稟情節均屬切
實，并據該增生具有查討無弊印結，自屬可信。曾經函復該學政
在案。今接其遺幕詎言幕友家丁與何正机勾通一氣，現經督率司道
傳同幕友家丁陽別詰訊，僉供李泰文因渡海驚風，沾事惶惑，向幕
友極言該學政所疑考試關節，伊等實在不知，并云屢考名叟，該李
政之原本如泰等俱係陸行，傳有情弊究出屬甘結完。及查學政
考試如有幕友家丁與地方官有關通舞弊情事，即應徹底查明
究辦。今該學政上年訪致信函謂有勾通之事，業經臣 等查明該

今並無閡通情弊且廣州考試可居臣往何至因此自張其勢現核共送

等語言有過于惶惑將其語不當將何細詢了屬人等今稱該學政

自渡海遭風遂致心性改變遇事動生猜疑似係因此殊屬自來

便因其饒惚將憲及學生童每有閡节之詞按年飭查提究致原

結状且亦無以政体攸關查該親屬呈出廣州來寄信字既有無涉

何以机之變自應調查查詳是否別有情弊另行稽察具

奏除將呈出遺等及詳形蒼友家等供單密送軍機處查核外所有

學政去世縁由謹繕摺具 奏伏乞

皇上聖鑒現在尚有肇慶等府州應行歲科考試緊關緊要兩廣未距

京路遠仰乞 聖恩迅賜 簡員補放飭令馳赴粵省赶辦共 二

共百日行公了只讀明年改閱防暫行接收並轉合併陳明謹

奏

再学政日行事件 臣谨暂行代理外，现查肇庆、韶州两府罗定南
雄两州应行科试，连州一州应行岁科二考，二月内即应出棚按试。
臣兼巡抚事务殷繁，新授臣 初有无来东定期，不克分办，广东距
京较远，若俟新任学政来粤按考，恐赶办不及。查道光二年间前
学臣朱阶吉于三月内另放出，其经前抚臣兼署臣 写学
奏委藩司程国仁代办，俟未经考过府州科试，按临毕，俟新任学政入
境，就近交卸，偕到粤，稽核录遗，马务併委一手经理，在案。兹查藩司现
值奉拆兼办旗务，併于粮赶办奏销，究属政务繁，不如未便委兵差
政出有考试，查有兵按察使升任光禄寺少卿许现计新任
臬司不日到粤，即可交替，该员係 进士出身，曾任翰林科道 三

充廣西正考官今升任宗卿可否于二月初集篆務暫行留粵委令
代辦學政赶辦歲科考試俟新任學臣來粵精遵並令接辦錄遺
文宜俟新學臣入境交替接辦得免遲延臣未敢擅便謹附片具
奏伏乞
皇上聖鑒訓示謹　奏
道光十四年正月廿　奏　三月初十抄

知縣請託童試李政疑慮自縊奏案

為審明已革知縣向前任學政請託童試寔情從重定擬恭

摺奏祈

聖鑒事竊前任廣東學政臣李泰交在省署自縊殞命家屬呈

遞革信札經臣將遺筆信札所指在潮州等處考試關節雜

陳及幕友人等可疑情節傳集學署幕友家丁訊明寔係李

臣因病多疑並無弊竇惟其在廉州寓存信札內有字涉前任

合浦知事揀發知縣何正機之處應行調省查辦當即恭摺具 四

來，併將遺筆信札同供單咨送軍機處備查。奉
旨將何正機調省質訊後，搜李呂家屬，續行呈出李呂在廉州寫
就未發書信一封，內稱何正機曾在白沙埠請託伊私找信
內幕友許子松即何正機戚屬，聯給一氣，並稱有幕友
非廷文將聯呈保留，志名之童生劉之瀚取薦第一，家下受
賄，與何正機家丁蔣姓言語可疑等情，飭發兩司訊據幕友陳
禹昌供明，李呂寄省信函係伊與省署家屬一同閱看，並無被找
痕跡，惟何正機堅供李政按試廉州，伊僅止遠迎，並無請託與許

子松名未見面臣應回避考試舞弊情節既有可疑未便稍涉
顢頇覆經按實奏來並請
勅提許子松並解京將原信咨呈軍機處欽奉
上諭據奏知縣何正机著暫行革職並著貴州巡撫將廩生許桂
舉人張逢文速（迅）查提委員解粵交該督提同應訊人等嚴
訊確情徹底究辦欽此又准軍機大臣字寄奉
上諭此案閱係地方官考試舞弊情節既有可疑虛實均應確究
并交該督務將案情可疑之處詳細研鞫秉公審訊不得以 四

李泰家業經牙故輒存化大為小之見有意消弭必須推求確
據毋得令其任意狡卸致案情稍涉顢頇模糊水落石出
以成信讞毋稍含混諱飾致有不實不盡將此諭令知之欽
此旋准貴撫將臣先後將張建文問擬案并據該司行提
劉之翰到省飭委廣州府暨傳同李昌胞弟李秀泰及家丁人證
質訊何正機初猶狡展迨眾人供證確鑿無可置辯始據供
認請托屬實據廣州府知府潘尚楫暨審擬由臬署臬司
李振翥署藩司李恩繹覆審詳解前來臣親提研鞫

缘何正机籍隶贵州省开州，由议叙盐大使加捐知县，选授湖南石门县，调补泸溪县，丁艰起复，赴部签选，拣发来粤。与已故前任广东学政臣李泰交同乡素好，道光十二年十月间何正机因接取家眷，曾向学政借银二百两，旋即归偿。李泰幕友谭子松系何正机姻亲，何正机到省后曾往拜谒一次。十三年二月何正机委署合浦县，以该县岁科两考文童先经县考录。是年四月学政节间服阕，李泰第及幕友许子松携送文字考试，禄州府属因渡海遇风惊悸，感疾，遇又将悬榻按试廉州府，何正四

先遣家丁前赍书境候接後即赴钦城一日六十里之白沙埠

地方接迎正月初五日学政行抵该处何臣机谒见学政询问

合浦文风优劣何臣机将何御起意请託将该处各列文

三童多取数名以图後谢遂答以如试係前附考録取前

列各童文理並皆不通恳求多取数名学政当以考试凭文

宜实澂取峻詞拒绝何臣机不敢再言即行辞出学政当将其

其中李奉芳及幕友情廷文家丁張贵当告知其通後何臣

机查照扣擾学政行李人夫有護送夫頭黄應周以前途程站較长

李添人夫盖求培夫價何巳机尝向呵斥因該变切近口館又聲喧
嘩学政向爲何巳机在外查夫糧修因請託不遂有意挑饬心
怀忿怨令李泰芳自行雇夫發價不必由紳轉發李泰芳即取
銀交承差陳源開發夫價次早何正机進見自認出言冒昧懇求寬
宥并將夫價仍給該紳轉發以符舊制學政當即允從取有何正
机具領夫價領狀起程按試此該參員何正机違例請託之實情
也臣以何正机既向学政請託自必有婪贓串商之人必應將其
詳意求取童生完出姓名推求雖援以期水落石出其呵斥夫

四

頭即左讀託被推之後亦難保非意圖挾制莫常友許子松既係
何正机姻親又經拜訪是其信所稱聯絡一氣必非無因均應
切實根究復提該參員及許子松隔别究詰何正机供稱伊因
李學政詢問文風一時起意讀託因爲列童生文理較通易于
取進故懇求多取爲列並無注意之人名無先受賄囑情弊
果指名請托學政信內豈有不指出之理至何斥夫頭宣因其
李添夫價李學政用夫不多又係自發夫價亦無可挾制並捏
許子松供稱伊與何正机雖屬姻親實已疏遠何正机在省城拜

访维时李学政尚未出棚考试，以致没未往还。迨考试之廉，彼李学政阅卷严密，伊与何正机并未见面，且李学政取进童生均系自己作主，幕友不能舞弊。自何正机请托以後，李学政总心疑何正机挟嫌指摘，是以向询。及答以不知，李学政即将内外司事将伊辞去，伊一时无可栖止，并与何正机另图暂住，旋即回籍，委无联络情弊，并情愿推问，矢口不移。即李基芳告以何正机实止恶求多取前列，并未指名干求许子松，委无联络私弊。

供，訊甚力。其禀信所称幕友贿通文将童生刘之翰取在一节，讯据 四张揆文供称伊随学政阅卷不过凭文呈荐去取仍由学政自定且试卷均已弥封名不知荐卷有刘々瀚々之名其如何联名具呈伊更不知道质々刘々瀚々授徒家计贫窘々训蒙糊口道光十三年五月内有生童因伊知两颇勤赴学政投递公呈保留伊因众人递约随同列名并无有心结纳名不知有时廷文在学署阅卷々委的串情弊等语查刘々瀚々多々实々属实当查面试文理粗通且其如果嘱托知伊钻营势必由两掩饰断不出名保留自取交结形迹所供似属可信又系信所称家丁陵贵与何正机

家丁蔣姓言謹可將一節許授蔣貴供稱李學政按試廉州伊
往何李官署令出境併接迎至石城知境内按年謁見與學政
家人渡貴會晤蔚李學政廉潔如李罪何李官遣伊至白沙
埠候送双貴名隨學政同行因彼此熟識李鼎亨累叙家常過從
言固有再會不過隨口酬應之詞李鼎亨私囑廣之双貴供名照合李家
丁舜聚斷不于稠人廣衆之中通賄告語且學臣駐省中會晤
一語以謂渡貴已知何正機誣捏之情其實何正機並未詳悉其
急揣之詞不辯自明復將遺筆所載各條向幕友家丁嚴加
四

研審均與原審無異以上各情不特歷審數十次全案人證所供
僉同即貴州先後解到之張廷文等陸續審與粵人證供
情如出一口其為何正机請託關說幕友家丁等之勾串舞弊
已無疑義此案已故學政李泰交于十三年五月考試廉州是年
冬間考試潮州嘉應于十四年正月十八日在省署自縊距考廉州
已閱八月之久核其遺筆所載因考試潮州嘉應兩府州心緒過勞
試卷無能閱薦自以動輒得咎無可解免默念經生並無别故
其廉州所寫信札係為指何正机請托不遂因而將其捏控將其

拔信杖其与幕友家丁串通舞弊难保何正机并无推诿为
而请托属实即有应得之咎自应照例问拟查已革知县何正
机于学政前赴考试迎接至一百六十里之远已属违例复于谒
见时垂求多取前列童生更属玩法应请照违
制律杖一百该参员身任知县辄敢向学政请托阅卷迨调省
审讯又任意捏展实属诡谲妄为非寻常违法可比未
便以为事未成稍涉轻纵应从重发往新疆効力赎罪以
儆官方而肃法纪廪生许子松讯无与何正机句串舞弊情

四

丁應與本人將廷文童生劉之瀚等免置議備令各回原籍

安本省釋保供單咨部外所有審擬緣由謹會同廣東

巡撫臣祁貢合詞恭摺具

奏伏乞

皇上聖鑒敕部核覆施行謹

奏

道光十六年二月十五日奉行抄發

道光十五年二月十六日奉

上諭盧　奏審明已革知縣被訐實情從嚴定擬一摺此案廣東已革知縣何正機於該省前任學政李泰交考試廉州府屬撤被向該學政懇求多取該縣名列童生實屬玩法何正機著發往新疆效力贖罪以示懲儆餘著照所擬完結欽此

四月廿四日　柏森抄

四

訪聞私鑄不及十千擬極邊軍

雲南巡撫尹 咨稱羅平州民羅石保起意伙夥私鑄已戚羅保沙

工于取供後先後病故，羅緣已获病故之羅石保籍隸羅平州

小本貿易從不安分與已获之陳尚賓蔡丙茂相好道光十二年

十一月十五日陳尚賓蔡秉茂至羅石保家閑坐述及貧難羅石

保因知陳尚賓曾在東川[?]向尚玉[illegible]沙丁聽識錢法起意伙約

私鑄獲利均允陳尚賓應允羅石因附近村寮人烟稠密不敢私鑄稔

知羅平州與平彝交界之紅石岩地方僻靜可以到彼搭蓋棚爐 五

陀九出本色八千文陆续在不识姓名收荒担上买获破烂瓶皿铜铅五
十馀斤运至红石山岩搭盖草棚砌筑炉座并雇已获之施二邢桂有
邢桂沙二刘凤吴祥淋未获之李么石帮工议定每人每日给工本三
十文即于是月六日开炉陈高寅掌钳罗石保帮同倒罐蔡秉茂
李么石磨本施二邢桂有杨桂沙二刘凤刘祥淋打炭挑水因初次
试铸本文未能合式随铸随毁至三十日铸出本八千六百五十文陀经罗
年平冀两州物议闻会同营汛前往查拏一面亲报各院饬委冀
民州同姜侍桂会同督标把总刘勳、臣标标外委吴庆元前往

協拿該犯當向風畏懼即將私鑄錢文及鑄剩銅鉛器具運放
羅石保家藏放而逸經兵役當分路追捕陸續緝獲羅石保等
並起獲私錢銅鉛器具等件提省審辦當即詳飭審該犯
羅石保陳有賓先後在監患病醫治陳有賓一物已治痊羅石
保服藥罔效旋即病故復經該府驗詳通詳批飭歸案辦理
嗣據該府審擬解提犯親鞫據供前情不諱除私鑄頭
所鑄錢文尚止六數此外訊無另有合夥私鑄情弊姚成石令行
先不法及知情容留之人當將該犯等發回一面詳院從搜

五

该州详称沙二左罗手手州监患病提禁医治不愈病故该明委係
因病身死係属人无匪害凌虐及误用方药情弊批饬归入正
案办理详司覆核无异此案罗石保纠夥私铸计钱不及十千
係罗石保起意为首陈书实帮同铸造自应照例问拟罗石保
陈书实合依私铸之案不论沙壳铜钱枚其铸钱数不及十千
者首犯匠人俱发极边充军例俱发极边足四千里充军蔡
秉茂听从私铸合依私铸铜钱不及十千为从之犯照铸钱十千
以上从犯之罪递减一等例于私铸十千以上为从军罪上减一等杖一

百徒三年施之楊𡘾沙二則風吳祥淋僅止受雇挑水打炭應照鑄
錢十千以上受雇之犯照私鑄十千以上從犯之罪減一等例于鑄
錢十千以上受雇挑水打炭杖一百徒三年減一等杖九十徒二年半刑妻
育撥供親老丁單是否屬實飭令南寧知查明取結不理罪名保沙
二業已病故應毋庸議陳嘗慶等分別刺字定地發配於袁安置
失察誤匪之文武牌甲徒例徒例徒各米袁德罰不保查照無病
故首棋人等律毋庸議及誤用方藥情有可憐毋庸議云云

五

聽從私鑄鉛錢以匠人論受雇挑水打炭之犯于爲

從罪上減等問擬

刑部咨廣西司案呈據廣西巡撫祁 咨稱宣化縣民

馮蟮聽從在逃之雷雨湘起意私鑄鉛錢並案犯張馬

高患病提禁取保病故一案緣馮蟮籍隸廣東張馬高

籍隸宣化縣向多手藝營工度日道光十二年三月初一日馮蟮

會遇素識在逃之雷雨湘談及貧苦雷雨湘因在不識姓名

廣貨担上陸續買得白鉛三十餘斤往知馮蟮先年曾在廣

東錢局幫工粗知鑄法起意商同私鑄鉛錢不又買獲利分

六

用馮蠖允從雷雨即于是月十五日僦租與民莫振全出本
並買備爐罐器具一應備齊故令張馮高挑水打炭每日
議給工錢三百文馮蠖用木板二塊做成錢模于本年十日起炉日間
恐人撞破夜靜始行鎔鑄又因煤砂不淨錢多破爛回炉
復鑄鉛亦折耗甚多至五日初三日共止鑄成鉛錢八千四百文甫經
磨光一半尚未售賣經與訪聞飭委曲史会營緝獲馮蠖張
馬高二名並起獲私鑄錢具及私錢不到案評詳飭審闕據該
與以送犯雷雨溯弋獲無期將現犯審擬招解該司以案情未
實飭委桂林府研審前擬審擬詳解提犯研鞫據供前情不

諸無夥黨鑄首知情買使及鎖毀制不情罪此案、
馮幡聽信支燬之雷雨瀚起意私鑄銀不八千四百文即與匠
人無異自應按律問擬馮幡合依銷化然次銀斤鑄不及
十千文者為首及匠人俱發極邊足四千里充軍例發極邊足
四千里充軍照例刺字咪馮高僅受些須雇值帶同挑水打炭
尚未同不應予為首同徒例上減一等杖九十徒二年半業已病
故應毋庸議房主莫操全地係情華許不知情均應照失于
查察例各杖八十折責發落地保何華役私不及私鑄罪照案
結銷毀逸犯雷雨瀚飭緝獲日另結此案經該御訪聞會

六

营破获所有失察职名邀免开列。该犯吕马高在监患病
提禁外监病故，应毋庸议处狱官职名邀免开送。再本案
同影三人仅获二名，尚有首犯未获，仍应照例按限开参。所有
承审及审转迟延职名，除咨吏部外，相应咨达。等因前来。据此，凭
样等伤应如该抚所咨办理，仍令照例汇题，并饬缉逸犯雷
雨潮务获究办。吕马高病故，既据验讯刑禁人等并无凌虐情
弊，应毋庸议。其职名及失察并该狱职名，应免其开报，知照吏部。该
抚既咨吏部，应听吏部查议可也。

道光十二年闰九月初九日 谨咨

道光十三年吏部酌改则例三條

吏部謹
奏為奏明請
上旨事案查道光十年二月二十日欽奉
諭旨六部則例今昔異宜者固應隨時酌改不必定限十年重修如有因時制
宜必應更正之處隨時專摺奏明改定通行各省一體遵照等因欽此欽遵
當經臣等檢查應行酌改條例陸續奏准並奏明如有應行酌改者仍遵
旨隨時奏明辦理在案今將應行酌改則例三條謹繕清单恭呈
御覽伏候
欽定如蒙
俞允通行內外各衙门一體遵照臣部載入例冊永遠遵行是否有当伏乞

七

皇上聖鑒

訓示遵行謹　奏道光十二月十月二十日奏本日奉

旨依议欽此

原例内開　一官員失察各項處分除实係自行訪聞获犯究办无論本例内載有免议明文与否一概准其宽免外其有案經别处發覺或由隣境関查或由部氏據告而本員随即获犯究办者或实係訪聞在先因卸事而移交後任获犯者应各照隣境获犯之例减等究议

謹按此條官員失察各項處分自行訪聞获犯究办例准免议者各本條例内有注明免议者有案情較重本例内注明准其减等议處者亦有注明不准减议仍照本例议處者是失察處分雖經自行訪

閱薇叙究办六名核其案情輕重分别办理今此條例內有无論本例內載可免註明文与否一概准其寬免自係指案情較輕各本例內未經註明減议並仍照例议定者而言惟例文未經分晰恐引用易致牽混應請將此條內无論本例內載有免议明文与否一句並一概二字刪去以免混淆

原例內開一各衙门保送一等人員造冊封送後遇有特旨簡放及丁憂病故出缺者在未經封门考覈以前俱准其揀員補送

謹按條送

京察列有定額今例內載有丁憂出缺准其揀員補送自係指一等而言惟是漢員一經丁憂例應開缺該員既不入考察自應准其補送省

七

額缺如係新員丁憂例不開缺百日孝滿仍准其補行引
見今例文未能明晰辦理易致兩歧應請於例內註明漢官丁憂字樣以示
區別今擬定各衙門保送一等人員造冊封送以遵有
特旨簡放及本員病故並漢官丁憂出缺者若在未經封門考覈以前俱
准其揀員補送
原例內開　一地方奸民私鑄錢文州縣印捕官失于覺察者每一起降
一級調用
一甫經置炉做堆製造錢模尚未鑄成錢而印捕官自行查獲究辦
者免議別經發覺降一級留任
一私鑄之罪首犯与匠人同科地方官雖平時失于覺察但能訪查破

案全行拏獲不論年月遠近次數多寡俱免其失察處分若有該地方官武職拏獲文職亦准免議

一私鑄錢文地方官訪查破案能立時首犯及匠人全獲并無論本境隣境每一起准其加一級

謹按將民私鑄錢文地方官失于覺察例應降調如係甫經置爐尚未鑄成即能自行查獲及鑄成已經行用雖平時失于覺察而能訪查破案于限時首犯及匠人全獲并俱准免其失察處分自係指本境例應拘拏之犯而言例文極爲明晰惟第四條載有地方官于本境私鑄錢文能訪查破案立時首犯及匠人全獲又每一起准其加一級即第三條訪查破案全行拏獲僅止免議之例似覺前後

七

两歧臣等细绎例義第四條拏获每一起准其加一级应係指甫经
铸成尚未行用者而言雖係串境例应拘拏之犯能访查破案将
首犯及匠人全获自应每一起准其加一级应请于第四條私铸
铸部文之下添載甫经铸成尚未行用八字以清眉目庶引用不致
牽混

道光十三年三月初九日准　户部咨四月廿三日轄邑抄

東省吳煐尚無居冒

兩廣總督盧　奏為欽奉

那当是勅字

諭旨查明粵東災務分別那捐賑務辦理緩征並不假手吏胥現尚奈無侵冒諸弊

恭摺具　奏仰祈

聖鑒事竊臣　于道光十三年十一月二十日承准軍机大臣字寄十月二十九日奉

上諭朕惠愛黎元痌瘝在抱每值有偶遇水旱偏災一經該督撫等奏到無不

立沛恩膏不使一夫失所惟国家經費有常豈容以嗣後賑濟曠典視為相沿

年例一切弊端不加查覈竟至有名無實是以前經降旨令江蘇等省免巡

撫認真查核不准視為具文之任随吏胥舞弊以期皇惠及民亦據給

事中今應麟奏稱積貯之利無窮補救之利有限被災地方窮民最苦而鰥

棍最強富户最憂而吏胥最樂有挽和糴糶短缺升斗私飽已橐者有派累
商人抑勒鋪户令其幫助者有將鄉紳家丁佃户混入丁册希圖局者有將本
籍帖寫皂班列名影射者有將已故流民乞丐入册分肥者有將紙張飯食車
馬派累覊作為挪補者有將經紀貿易人等捏作飢民代為支領者甚至將
已經假荒之地水退不准耕種以待州縣履勘名曰指荒地畝百姓漸致逃亡
而奸後之徒以災荒為得計州縣到手猶復隨串报號本境已完旋即改居
他邑米船過境後卡截留典鋪未開匪人把換生監把持婦女喧嚷種種惡
習不可勝言州縣果加意吏胥即事必根究嚴辦上司處出端
予以撤任在是相習成風册籍付之粮吏銀米委之房於今來已販明貴
後然其已飢民全無實惠加以被指州縣扣販粮弥補虧空病困窮民

尤堪痛恨從前乾隆嘉慶年间控案日間照之案無不盡法變治今十數年來
各省積壓未有奏劾及此者豈今之州縣勝于前人乎抑緣各上司憚于參
故雖有弊叢生不破案宜為近來痼習嗣後各督撫府尹務當激
發天良力除積習于稔收處所積存者不准借例價于歉收處所
訪查各弊不得稍事姑容倘不能實心認真查辦再有前項弊端經朕派員
查出或別有訪聞定當從重治處決不寬貸勿謂言之不豫也懍之慎之欽此
仰見
聖主怀保小民軫念痌瘝惟恐一夫失所
歷指實賍諸弊
諄切訓誡期于除弊為民無微不至臣跪讀之下不勝惶感欽服臣查
八

地方遇有灾歉，惟在督抚藩司委任得人，始得饬属府县悉心办实
务，则实心爱民，与百姓之痛痒相关，自有一段恺恻慈祥真心实意，及
民一切胥吏地保包串影射侵渔弊端，劣衿把持，土棍牙押种种贻害之
自能稽察防杜。是以任法尤贵任人也。广东地方比年偶遇一隅偏灾，由
地方官与绅富等量为捐恤，或买米施济，或平粜仓谷，并请缓征田
赋，以抒民力。于该动库项给赈之事，不常经办，故该给事中金玉麟
所论诸弊，在粤东尚无此恶习。本年夏秋，广、肇二府所属被水较
重，臣与前抚臣朱桂桢当时率同司道府县倡捐廉银，将应抚被水
灾倒塌房间乏食无栖多民，分头委员查勘，当时散给米粮口食，或
煮粥施赈，并于　水退查勘倒塌房间，分别全倒半倒给与修费，以及

淹溺人口打撈浮屍給恤掩埋皆由官為捐廉辦理並由省城廣州府屬地
方遴選潤戶口殷實訪查素孚輿望公正紳士吏部主事區玉章兵
部主事何文綺雲南候補道鄧士憲及紳士張業南、黃迪光等分赴城
鄉廣為勸捐經臣剴切示諭總以拯民水火不假吏胥杜絕侵漁民沾
實惠為務申告大小官吏咸識自勵　至三復派誠實委員張錫蕃
協同該紳士區玉章等周歷災區善為勸導俾各村堡殷戶各賙恤其
鄰里鄉黨使之相依相保各該紳耆咸皆樂善好施具呈說帖承認施濟
之民貧民皆有倚賴省城內外紳富及洋鹽二商均樂輸賙恤並
出紳士自設公局互相勸勉盡心經畫議立章程有條不紊縣城市巨
鎮殷鋪亦踴躍興起願輸一月租金助恤肇慶屬被水各縣亦由官為八

捐廉捐恤其免紳富雖不及省城殷厚亦各知慕義急公量力輸
濟而前自七月被水以後天氣暢晴田畝涸復民間即赶為補種並
無水退過遲不能耕種之事惟補種究不及時難期結實飽綻秋收定多
歉薄自冬及春無業貧民粮食堪虞亦得急公殷富捐貲濟恤甚為
踴躍自可毋庸請動
帑項給賑祗以秋成米穀難于照常糶將先經飭委府廳勘報继飭藩
司吉恒飭親查均屬歉收雖實蓋無捏飾影混業經自行察無異將應
行緩征銀米仰懇
聖主恩施俯准分年帶征民情極為感悅現查省城暨府州協同紳士侯業
南等廣為勸捐截至十二月初十止洋商伍元薇等捐輸銀十

二萬鹽商李念德等捐輸銀四萬三千兩紳富黃鶴齡等共捐銀十五
萬二千餘兩通共捐銀二十一萬五千九百餘兩省城殷富鋪願輸助
賑鋪租銀四萬二千餘兩寄居廣西候選司務李憲堪捐運來東助賑
谷五千石現由先該公正紳士查定南海番禺二縣鄉村貧戶大小
丁口四十三萬二千五百名口有奇南番二縣城廂內外倒塌房屋，
千一百餘間查佃戶已定貧戶大小丁口八萬二千三百有奇皆由
委員協同紳士親自查明委屬無濫無遺並無鄉紳家丁佃戶已故
流民乞丐混入丁冊等弊臣與司道府縣各官隨時飭紳區畫辦公
同熟籌查出省城貧戶係無業者多按大小丁口先發給兩月
口糧俟再籌接濟其鄉村貧戶四十餘萬以今十二月計至來
八

春二麦早稻有收為期有四五月之久若就現捐之銀按口散放不特捐銀
一時難集不敷分散且恐貧民得錢到手花消轉難時濟度今擬秉保
甲賑濟法行之亦難理減價平糶更以糶米所收之減價轆轤買米循環
減糶每升較時價減少三分至一以銀盡為止即可使數十萬貧戶歷
數月而無虞等費現經酌定章程由大口准糶米一升小口減半計
分運四鄉設廠七處委各堡公正之紳耆張業南等按堡領米運
鄉俾貧民就近糶食每一月之米按十日一次分領濟糶遴派誠
妥委員馮溥等赴廠彈壓一切料倘有情弊由各廠紳士分別察稟
撤總其南海分之佛山鎮商貿輻輳該處紳士捐銀一萬二千七百
兩設廠煮賑並殷鋪捐租助賑銀八萬七千餘兩買米賑濟本堡

贫民即派署佛山同知吴濬等就近弹压稽查其各乡自七月被水浸迄至十
一月未经平粜以前经委员将锡蕃与绅士区玉章等周劝各乡堡殷户或将
祖祠公存米恤其子孙或出家资赒其邻里劝以济贫即可以保富皆不
经官吏之手又经议员崔光祖等倡捐广劝查得各乡先后呈报所
捐施恤银米合计已共用银十万五千七百余两米一万八千六百余石于
四千石其自行捐济未经呈报据劝捐绅士约略而计亦有八九万两又
三水新会顺德鹤山等县各官绅捐恤各乡受灾户有三万八千余两至
八万余石不等肇庆府属高要四会鹤山等县则贡生黄容驹等
亦先后捐资买米石自赈该乡族灾民且查系该殷富人等各多金
惠济桑梓实由感沐我

八

国家培养深仁，用是踊跃输将，共敦任恤，其急公向义，实属可嘉。此项赈恤
平粜出自官绅捐办，未经请动公帑，官吏既不经手，委无克扣弥补
亏空等事。至办理缓征，先经委员查勘，后又藩司周历亲查，而劝
捐赈恤，在乡庄则由绅富各捐，其比间殷实者；省城则指集多
资清查田乡各户买米运城价平粜；或市集巨镇则由绅士
自为设厂施粥，皆系实心为民，并无沿习弊端，不至有名无实。为春
间青黄不接，绅捐或有不敷，再行奏明请动仓谷接济
于粤东积贮仓谷出粜易新，既办既买，筹备为属充裕。臣惟有
督同司道　饬府各随时察禁，务期诸弊尽除，民沾实惠，以仰副我
皇上惠爱黎元，不使一夫失所至意。除俟办理事竣查明，汇案将各绅

商分别捐资多寡照例请奖并宣布劝捐官之任劳出力官绅之捐
实异请敕部外所有粤东赈粜民捐民办不假吏胥而无捏冒
缘由理合恭折
奏伏乞
皇上圣鉴谨 奏

道光十二年十二月二十四日奉
道光十四年二月十九日抄

八

兩廣總督部堂盧　于道光十三年八月二十八日附片具

奏廣肇二府屬之南海高要等縣水退情形及和平大埔二縣被水各緣由摺

奏爲廣肇二府屬南海高要等縣于七月中旬猝被水災經臣與撫臣朱將捐

廉督飭即委各員查勘撫恤並劝諭紳富捐輸施濟各情形于七月二十六日恭摺

奏報在案茲查月來天氣暢晴自七月底八月初間河水即形消落省城南海

縣西關外沿海被淹民房水俱退出各屬沖決圍基積潦已消田畝亦多涸出

其涸復較早之田民人間有補插禾苗並種植雜粮詢係自露節前所發之

禾于秋分節前趕蒔者尚有可望所有被水各屬現飭藩司于秋穫時照例

委員会同地方官履畝確勘是否成災及否分别蠲緩被灾申报核办其沖

決圍基名照向定章程由地方官查實詳請酌借察看情形予限分年帶徵

九

还款至城鄉内外伸富因出示劝前捐輸頗有誼篤桑梓向義急公之人臣等並因南因南海縣属之桑園圍地連三水順德番禺周圍百餘里地廣人稠灾黎户口衆多是臣实查貧乏非本地公正紳士断难济恚且办理賑恤務須實惠及民無濫無遺著

国家經費有常势难尽皆仰食予官随選訪在籍公正伸士吏部主事盧重兵部主事何文綺雲南候補道鄧士憲遴派妥員署番禺縣丞張錫蕃協同该伸等周歷各圍村庄劝谕殷户各赒恤其憐里御覚按各该村保伸耆咸皆樂善樂施各具说帖承认施济合计周圍百餘里之食貧民皆有倚賴將来其中或力有不逮以及青黄不接有須官為接济再為隨时筹办總期民無失所其有城内外伸富及洋盐二商情愿樂輸劝賑者俟集有成数再行

姓名銀數開單奏
聞請獎肇慶府屬災區該管知府珠爾杭阿督飭高要知縣承基等查勘給恤尚
屬認真惟城内商賈輻輳糧價日漸增昂民虞食貴臣與朱 熟商自秋
冬以及來春為日正長擬酌籌裕民食使糧價平減無虞食貴則人心
安定閭閻自可照常樂業除將應行籌項採買及廣招客販平價事宜另行具摺
奏請外謹將現在水勢消退情形理合附片具 奏伏乞
聖鑒再本年廣東省除廣肇二府所屬南海等縣被水外尚有惠州府屬之和平
縣潮州府屬之大埔縣或因山水下沖或上游建瓴並水田房屋人口亦有被水
損傷俱經各該道府縣隨時查勘給恤安撫祇係一隅中之一隅于通境
無礙其被水之處是否不致成災例能並府雖查另報其餘各處尚皆雨
九

澤时敷秋成可卜堪慰
宸廑合併陳明謹
奏
道光十三年捌月初四日折

總督兩廣部堂兼署廣東巡撫印務盧　奏爲遵
旨查明南海等縣被風來春無須接濟恭摺覆
奏仰祈
聖鑒事竊准軍機大臣字寄道光十二年十月初三日欽奉
上諭本年廣東南海等十縣被風已據該督撫等奏明查勘着迅速辦理并將來春
應否接濟之處一併查明于封印前奏到等因欽此仰見
皇上軫念民瘼痌瘝在抱之至意臣查本年七月初八九等日粵東廣州惠州肇慶
三府屬内南海番禺香山新會新寧新安歸善高要鶴山廣寧等十縣猝被颶
風疾雨吹壞民房城垣衙署倉廒監獄汛房船隻傷斃人口淋濕倉穀經撫臣
朱桂楨接據各屬稟報當即會同前督臣李鴻賓附片奏

十

聞并飭司移行該管道府逐一確查如須撫卹即就近由府庫動項酌給口粮修葺
整費無致失所并通飭各府州縣有無同時被風據實馳稟核办在案茲欽奉
諭旨查办復行據藩司吉恒会同兼署臬司許乃濟詳轉據廣州等府屬稱本年南
海等縣驟被風雨旋即止息原勘被風本輕所有吹塌城垣衙署倉廒監獄墊
台營汛均屬無多已由各該縣捐廉修葺淋濕穀石亦已晒晾還倉損壞瓦草
房屋商漁船隻經各業戶及船戶人等自行修復安居其無力之家及淹斃人
口亦經各該地方官捐廉撫卹不致失所并據各州縣陸續稟報屬內間有先
後被風查勘均不成災且被風時早稻業已收割晚禾甫經插蒔農田並未受
傷通省收成分數核與上年相同粮價中平體察情形來春青黃不接之時
閭閻不致拮据實可無須接濟等由詳請察奏前來臣察加体察無異所有

遵

旨查明缘由谨恭摺覆

奏伏乞

皇上聖鑒再两廣總督係臣本任毋庸会銜合併陳明謹

奏

道光十二年十二月廿六日抄

十

兩廣總督盧　奏為籌議災地民食請動項採買米石分運災區平糶循
照舊運並客販經過關津請照例免稅以廣招徠仰祈
聖鑒事竊照粵省商賈輻輳地濱大海耕三漁七素來產米無多近年生齒日
繁歲收不敷歲食向藉廣西米穀接濟並資夷洋貨船運米來粵糶售城
鄉民食方兒免稅今省城地方因五七兩月中旬迭被風雨為災目前糧價
已漸增昂自秋冬以及來春為日正長將來青黃不接必更昂貴雖被水
州縣現飭酌動倉穀碾米平糶但閱時計有半載穀數存糶又有限
制儲積未便多動亟須設法招徠販運庶民間食米無虞缺乏乃可有備無
患臣于未接准咨之前即與朱　及司道等公同熟商皆以籌議民食為第
一要務閭閻生計有關不可不預為經畫臣查本年廣西地方梧州潯州

十一

鎮安等府經今夏秋河水兩次陡漲臨河田房不無稍有損傷其當冲營署
兵房之有冲塌梧潯二府地方先後委經藩司道府查勘督飭地方官捐
廉給恤勘不成災其鎮安府被水之經委勘皆屬一隅中之一隅通省早稻
稔收晚禾暢茂賓州柳州等屬蝗蝻扑除殆淨間有嚙食旱地雜糧于水田
禾苗毫無損傷近接祁 及藩司鄭祖琛函稟均稱糧價平減臣与廣東藩司
吉恒公同查勘由臣函致祁 就近于梧州潯州等府酌借庫銀陸續採買
米四五萬石東省一面遴派妥員前往領運如西省恐驟行多買民間格價
居奇于本處民食有礙須不動聲色陸續動銀採買毋庸拘定數目俟買
有成數先行雇船運回災區濟糶並招客販由官給票分投前往產穀
之區採運一面再由東省藩庫于火耗盈餘內動銀五萬兩發交洋

商承領購運洋米以期米石雲集減價出糶市價必可大平民食自益充裕
仍將糶入錢文易銀作本往買循環轉運期無缺乏俟市價大減再行停
止將借動庫款銀兩合計糶折若干連運脚等項另行籌補足數歸款
借動廣西府庫銀兩西省即可就近作正開銷統歸東省藩庫分別存
貯報撥及歸還原款一轉移間可免沿途費解之煩如領運官商奮勉出力
轉運迅速並無遲誤俾能實惠及民俟事竣由藩司督同廣州府查明詳請
奏獎以昭激勵至採運米石專為平糶濟恤災民定例被災地方米船過關
係前往售賣免其徵稅給予印票責令於入境之日呈送該地方官鈐蓋印信
以憑回空查銷茲該令請分別借項給商赴西採運米石回東濟食經過關
津毋論官運商販係赴災地出糶者應請仰懇

十一

圣主恩施准予照例一体免其纳税由关员给予印票予运到灾地之日即呈该
地方官盖印以便二次回空过关时连呈核查销仍先出示晓谕俾客贩
闻风踊跃源源而至庶各属被水穷黎咸免食贵于閭阎生计大有裨益
感沐
皇仁无既所有筹裕民食缘由理合恭折具
奏伏乞
皇上圣鉴谨
奏
道光十三年八月二十八日奉 十月初九日转署抄

兼署廣東巡撫印務盧　奏爲遵

旨查明恭摺覆

奏事道光十三年十月二十三日接准軍机大臣字寄十月初三

日奉

上諭廣東南海等十一縣大埔等七州縣被水已據該督撫等奏明

隨時撫卹及委員查勘亦著迅速办理並將來春應否接濟之處

一併查明于封印前奏到等因欽此仰見我

聖上惠愛黎元有加無已之至意當經札飭藩司移行確查並據該

十三

司吉恒查明詳覆前來臣 伏查廣東省南海三水番禺清遠順
德增城高要高明四会鶴山德慶封川西寧大埔海陽饒平連
平和平等十八州縣并香山新會花縣新興四縣共二十二州
縣先後具報本年五六七月閒或因潦水漫溢或因山水陡發
沖塌圍基房屋損傷船隻人口当由各官捐廉并司道各庫籌
備銀兩委員分投卹給并借給業戶圍基修費均經臣與前撫
臣朱桂楨將被水情形節次
奏蒙

聖鑒嗣據藩司吉恒親歷勘明被水各縣內增城清遠西寧新興德慶封川大埔海陽饒平連平和平等十一州縣晚禾有收寔不成災惟南海番禺三水順德新会香山花縣高要高明四會鶴山等十一縣收成歉薄將各村堡未完本年新賦及順德高明二縣未完道光十二年分本色米石請一律展緩自道光十四年起分作二年帶征全完其借修圍基經費并南海縣未完道光九年分借給銀兩亦請統于道光十四年起分限五年免息征還以紓民力等由会同司道詳請具

奏復經臣　覈核據實恭摺奏懇
恩施展緩并陳明捐卹之食貧民已由臣　與前撫臣朱桂楨暨司道
并各府縣捐廉支應各鄉殷户又經捐資義賑各賙恤鄰里復
有商民捐輸銀兩招商採買米石循環運赴災區減價糶賣仍
動碾常平倉穀陸續平糶接濟務使早收以前民無食貴之虞
即可上邀
聖鑒現查通省晚禾收成尚在七分以上各州縣被水之區均係偏
隅業已奏懇

聖恩展緩钱粮漫先經請免米販関税以廣招徕並籌裕捐輸循環
買米減價糶濟于民修圍基察其情形拮据籌借興作以工代
賑再于来春青黄不接之時循照
奏定章程歉收之年額外多動倉谷碾米平糶俾裕民食仰体
聖主子惠元元寔已調劑多方察看情形毋庸另籌接濟所有遵
旨查明寔在情形臣謹恭摺瀝
奏伏乞
皇上聖鑒謹

十三

奏

道光十三年十一月初十日奏　　十二月十二日辁山良弼抄

奏為粤東省城于七月中旬被水倒塌官民房屋及廣州肇慶二府所屬各
縣圍基復被沖溢各情形恭摺奏
聞仰祈
聖鑒事竊照本年五月中西北兩江潦水盛漲沖決廣州肇慶二府所屬之南
海等縣圍基並坍塌房屋損傷人口業經臣等將籌備銀兩委員勘办緣
由附片具奏在案嗣六月下旬潦水漲發前決圍基未能全數涸出修復
所有被水遷避难民俱已撫卹回籍安業晚禾亦陸續栽種尚不致于成
災亦經臣朱　于敬陳六月内水情形另摺奏
聞滿擬次第修復圍基可望秋收詎意廣東省城於七月十一至十四日陰

十三

雨連綿十五十六兩日狂風大雨連宵達旦十七至十九日大小陣雨陸
續不止城廂內外街道均被淹侵番禺縣屬之東北兩门一帶最重水深
至三四尺不等倒塌官民房舍屋宇約計四千餘間而駐防滿漢旂人住
屋現由將軍臣哈　等派旂員詳查外不在此數綠營各處城墻營汛卡
房坍塌甚多人口亦間有傷斃被難災民俱暫避高處二十日以後天氣
晴霽城內水雖漸涸而河水日漸加長南海縣所屬之西關一帶沿海民
房俱被淹浸並據南海清遠三水順德高要四會高明鶴山等縣先後稟
报西北兩江于七月十五六等日潦水漲溢本年五六月間先後被水已
未修復各圍基又復淹浸沖決並有坍塌房屋傷斃人口情事情形較夏

閭吏重詢之地方紳耆誠數十年來未有之災臣等督同在省司道府縣
逐一勘办先將省城難民分赴各處廟宇暫住日給米粥以免露處飢餓
並確查損傷人口及倒塌房屋寔在數目分別有力無力照例撫卹
一面分委幹員馳赴被水各縣会同地方官確查圍基民房人口寔在情
形照省城章程分別办理俾殘者不致暴露生者可以安全臣等伏查本
年五六月間兩次被水各處圍基雖由司庫籌項借給修費赶緊修築栽
種晚禾今復遇大水所有已未築復圍基及已未栽插晚禾田畝又被淹
浸南海縣所屬之桑園等圍最重肇慶府所屬之高要縣情形亦重其餘
廣肇兩府所屬之順德三水清遠四会高明鶴山等縣稍次節届白露晚

禾未能補種倘潦水久停不退雜粮俱難一律有收勢已成災所有應行撫卹賑濟並蠲緩錢粮各事宜由藩司親詣查勘分別被災輕重照例妥議詳办再夏間兩次撫卹借給圍基修費各事除地方官捐廉外司道各庫已籌支銀二萬三千餘兩現在撫卹各項較前更鉅省城滿漢旂民房屋及各處城墻營汛卡房衙署均關緊要且同时被水數縣又係災後復災其餘距省較遠地方恐亦有同时被灾未據報到相距來年夏收為日甚長賑濟尤不可忽揆度情形需費甚属不貲不得不預為籌備臣等現已面同司道熟商先行各自捐廉其餘府縣及地方富户現在出示劝人捐輸並選举公正紳士帮同印委各員办理以期寔惠及民不使一夫失

所惟被災較重難民甚衆如捐資不足仍當照例奏懇
恩慈動撥帑項仰副
聖主軫念災黎有加無已至意除督同藩司查明成災地方办有端緒另行專
摺奏
聞外所有七月中旬省城及各縣被水情形暨現在籌办緣由謹合詞先行
恭摺具
奏伏乞
皇上聖鑒訓示謹
奏

道光十三年八月初四日黟邑抄

十三

道光十三年六月十五 六日奉

上諭楊遇春奏請將審理控案違例科罰錢文之知府解任質訊一摺此案甘肅寧夏府穆常阿于山西客民楊大義等在該府爭地控訟一案既據先出私墾地畝情弊自應勘辦乃因佃戶吳三等情愿罰錢充公賑濟輒違例擅准伏失書案役屢次受賄且科罰錢至三千五百千之多難保其無用強勒罰先吞後吐索詐情弊穆常阿革去頂戴交該督親提人証嚴審究辦務期水落石出毋稍徇縱欽此

道光十三年六月十五 六日奉

上諭伊里布奏審擬吏目非法責斃行竊軍犯二命一摺此案已革雲南新
西

興州吏目温順昌因軍犯趙亞長等前行竊被獲從供頂撞輒用竹
條吊打多傷因時斃命該督審擬杖徒聲請照例收贖温順昌非法
毆打致斃二命雖年逾七十着不准贖欽此

上七

一 審擬誘拐出洋匪犯請仍循例分別具題奏稿 季例已刊

二 劉坤一等奏前署臣奏陳粵省事宜 並 上諭

三 鮑源深奏禁栽種罌粟明定地方官考成 並 上諭 又附片請飭各省仿江南豐備倉之法令民間捐穀備荒以輔常平所不及

四 張觀准奏加鑄銅錢六條

提省羈留 勒掯交代 多攤捐款 委員需索 歷薦幕友 濫用長隨

五 吳其昌奏請行走四

六 孟傳經奏請圍練速行獎敘

七 胡家玉之孫中式舉人奏摺謝恩

八 越南國王貢表

九 老生三場完竣循例奏聞

十 江西省候補各員延當照辦辦法矣

十一 臬司李請將應改案辦理之札未經已經未經咨牌分別辦理通飭遵照

密擬誘拐出洋匪犯請仍循例解勘具題底稿

奏為粵東省審辦誘拐人口出洋匪犯請仍循例解勘具題毋
庸先行正法恭摺具陳仰祈
聖鑒事竊臣于光緒二年四月二十九日准刑部咨議奏前任兩廣
總督英翰片奏廣東拐騙人口罪名一摺廣東地方奸徒略
誘內地民人出洋牟利該前督英翰以現值遠人開亦招工奸
民勾結堪虞請仍照新定章程隨時就地懲辦事關變通成
例未便懸擬相應請

一

旨飭下新任兩廣督臣 俾察情形悉心酌核應如何定擬妥議章

程奏明辦理以昭慎重而免枉縱等因奉

旨依議欽此鈔錄原奏咨行前來仰見

聖主于懲創匪類之中仍寓矜卹民命之意寸心欽服莫可言

宣伏查同治五年前撫臣 奏准如有內地奸民設計誘騙愚民

雇與洋人承工受雇之人並非情甘出口但誘拐已成為首斬立決為

從絞立決地方官獲犯審實錄供解勘先行正法歷經遵辦

在案嗣因華民情甘出口由匪人和誘帶引出洋若照並非

情甘出口之例概擬駢誅未免情輕法重又經前督臣瑞 會同撫臣張
奏準
諭旨飭交部議照將人口出境律爲首擬絞監候爲從杖一百流三千里至同
治十三年十一月間張 因外洋停止招工畧誘出洋之案遂漸稀少
于議覆御史鄧慶麟原奏慎重民命摺內請將誘拐人口出洋
匪徒照尋常死罪人犯循例由司復審解勘具題聽候部覆辦理
毋庸先行正法並厘定章程在于省河黃埔兩處專派文武員
弁認真稽查遇有誘拐匪徒應拿解究辦理尚爲周詳現唯 一

部咨前督臣英　以秘魯國開辦招工奸人必將逞其故智藉端勾
結請將誘拐匪犯仍照前定章程隨時就地懲辦臣俾察情形
悉心酌核竊以立法貴因時地寬猛必求合宜用刑自有常
經損益須歸至當固不可失之拘執亦不宜涉于紛更除情
甘出口華民帶引出洋先經部議照將人口出境律分別首從
擬以絞徒滿流毋庸另議外所有內地匪徒略誘人口出洋被誘
之人並非情甘出口首從各犯例應斬絞立決原未嘗稍涉輕縱
從前因此等匪犯屢見迭出不得不另定科條于審明解勘後

即行正法俾奸徒触目警心知所懲戒隨以前項匪徒漸知歛
跡甫經復為定例現在秘魯國來華招工雖經議有條約粤
東尚未開辦亦不可無虞內地奸民藉端影射若遽改照定章
程于審明後即行正法轉不足以昭慎重相應請
旨嗣後拿獲誘拐人口出洋匪犯被誘之人訊非情甘出口罪應斬絞
立決者照例由司復審解勘具題聽候部覆辦理毋庸先行
正法仍由臣隨時察看情形如果日後匪徒膽敢肆行略誘再
當奏請從嚴辦理所有酌核緣由謹會同廣東巡撫臣張　恭

一

摺覆陳伏乞

皇太后

皇上聖鑒飭部議覆施行謹

奏

光緒貳年七月十四日　摺稿會奏　九月初一日奉到　初二日抄

劉坤一覆奏前督臣英陳粵省事宜

兩廣總督劉　奏為前督臣　奏陳粵省事宜遵

旨查酌辦理恭摺覆陳仰祈

聖鑒事竊臣於署理江督任內承准軍機大臣字寄光緒元年

九月二十九日奉

上諭英翰奏瀝陳粵省情形並現在應辦事宜一摺據稱粵

東海防練兵應赶緊办理並吏治民情亟宜整頓及變通

理財事宜等語着劉　到任後將英翰所陳各情悉心查

二

酌奏明办理原摺著抄給閱看將此由四百里諭令知之欽此遵
旨寄信前來臣伏查英翰所奏各情關係邊防兵制吏治民生
必須確知利弊之源方可徐議措施之序臣到粵後稽之案牘
徵之輿論逐一博訪詳查數月以來粗知大概原摺所陳事
理端緒繁多或應作速舉行或可暫從緩辦或竟無庸辦
理臣謹為我
皇上一詳陳之查原奏內稱粵省以海防為最亟自係未雨綢繆
之至計粵省除瓊州全府南澳一鎮均孤懸巨浸外餘如廣

肇高廉雷惠潮各府屬州縣多係濱海延袤幾三千里港
汊甚多無處不可通舟即無處不可登岸若欲沿边設守实
屬防不勝防偹多力分恐轉為敵所乘惟各屬以省會為
根本省城以虎門為門户該處天設之險原建砲台均已傾
頽經前督臣瑞　及前署督臣張　于虎門之威遠下横檔
兩處省城之大黃滘中流砥柱兩處慕酌中西之制重建
砲台各十数座臣于本年正月抄先後會同撫臣張　水師
提督臣翟國彦承加履勘地勢均屬扼要间有未盡合
二

法之处臣與張　翟國彥等詳悉籌商妥為改作一俟成
遠下横檔兩處砲台告竣再將虎門之沙角砲台接續興
脩並將原建之大角砲台移于浮舟山嘴以聯絡上下声
援英翰原奏謂砲台宜以鉄磚穿成次則用鉄板攙稱
需費已數百萬而臣所聞于中西熟習機器人員則
云鉄磚鉄板一受轟擊仍虞鬆散不若用鉄整鑄成
台方為堅固又不知需費幾何目前安能得此巨欵今
參酌中西之制以長大堅厚之石鑲砌基址以三合泥築

成砲台台頂則用斜坡以避開花彈子中用隔堆以防砲之炸裂下用活軌以便砲之轉動砲台外留餘地臨事則以沙包護之以期柔可制剛適有外國兵船頭目曾與南北花旗之戰者前往砲台察看對臣亦云得力而其所謂應行改作者與臣意見又復相同此外如潮州一府是當閩粵之衝且係通商口岸經前督臣檄飭潮州鎮方耀惠潮嘉道張銑于海口最為扼重之崎碌等处興脩砲台本年春間該鎮道等先後來省詢悉各处砲台因經

二

費為难或工僅得半或尚未興工臣諭飭該鎮道等迅
速籌办刻期告成其餘各处海口淺窄敵船尚难深入
不得不從緩圖新購前膛後膛大砲共百一十餘位內有
重二萬四五千斤及一萬七八千斤者十二位餘或六七斤
至三四千斤不等尚有旧存一百八十餘位堪以選用
尚有不敷購買亦甚易易夫台堅砲利亦在將勇
兵強方足以守以戰則選將練兵為尤亟廣東水
陸各營旧額兵丁六萬餘名同治九年間前督臣瑞

奏明裁撤三成尚存四萬二千餘名仍于其中酌抽二成加
給口粮就營操演各營多者二三百名少者百數十名甚
至僅六七十人畸零散漫不能成軍嗣因各处緝捕巡防
紛紛調撥以練兵為巡丁以練餉為捕費名寔益不相副
操演遂成具文且有以陸兵而派在巡船以水師而派在陸
汛更有一船一汛而兵勇各半因事補苴益形襍糅上年四
月间欽奉
諭旨飭將陸軍合營併操仰見

二

聖謨廣運具協機宜前督臣英翰擬于已練未練各兵之內挑
選十營旋因交卸中止臣抵任後會商撫臣先將原練撫
標四百名廣協原練四百數十名均酌足五百名俾成一營
並與臣標原練五百名各設營總以專責成其陸路提
標練兵之分撥各砲台汎及南韶連鎮潮州鎮練兵之分
撥各巡船者悉令編立營制改回陸軍多者損之少者益
之務足五百名以齊部伍此外則高州鎮添練五百名臣標
添練五百名除省城原練之營一千五百名勢成坐鎮無庸

撤換外所有新練督標提鎮各標兵共二千五百名畧倣照江
西輪練之法初調五百名立為正營一年練熟後撤归原營
再于本標調換五百名立為副營亦俟一年練熟後撤回復
調正營更番調練是以二千五百人之粮而得五千人之用
從此以漸推廣則數年後合省緑營必有可觀臣於春間
已裁勇丁一千名茲擬將輪拖巡扒各船改配經制水師
其勇尽数裁汰如水師兵有不堪駕駛者則開除名粮即
以擬裁之精壯勇丁拔補計裁一勇可養兩兵核計資

二

糧有盈無絀而目前未經調練之兵則通飭各營每月
按三六九日抽練既無誤於生計亦有補于戎行其弓箭
籐牌兵丁均令兼習鎗砲方為制勝之具顧廣東內河
外海則練兵必須水陸兼資水師與陸軍不同所恃全在
船隻查原設各項師船二百二十餘號久已朽壞無存近
年所造拖巡扒各船及大長龍艇等項多在內河巡緝
而出洋仍須添雇民船前經瑞麟張等先後購備輪
船及自行製造共二十餘號內有五號較大堪以巡緝外

洋然亦不足以支巨敵其餘皆係船身短小祇可以顧内河
英輪請用鐵甲兵輪未始無見而需款甚鉅非廣東目前
財力所能且中外形勢異宜並恐不適于用臣與撫臣提臣熟
商擬將現有各船分別裁減製造大号木殼兵輪分布沿海
無事則游巡有事則戰守計兵輪一衹師船十究竟以十師船
經費能否養一兵輪以及此項兵輪各寬長若干配兵若干並
當如何分撥以期周密應否仍佐以師船以便近岸追捕事屬
創始不得不博采周諮通盤籌畫俟有頭緒另案具陳此

籌辦海防及練兵造船之一切事宜也廣東夙稱富庶今則
迥異從前其庫欵之空虛幾不及東南一小省蓋由晨收暮
放入少出多綜計本省地丁鹽課厘金每年不及三百萬而京
協各餉本省兵餉勇餉以及雜支各項約須四百萬有竒已屬
不敷支解而目下籌办海防尚須于中隨時挹注雖近年有
進繳闈姓之欵並旧料茶絲等行捐助捕費仍屬杯水車薪
無濟于事是以英翰原奏有鹽斤抽厘洋葯加厘之議查粤
鹽本已抽厘第以滛汊紛岐鹽梟充斥正引不能暢銷厘金

遂無起色若徒加抽厘金則本益重官不敢私必至指干懸餉缺
所得不償所失臣與運司國英再三籌商據請添雇輪船先
嚴六門緝私之禁一面傚照康熙雍正年間成案籌款收買各
處餘鹽配為官引發商領運俾鹽梟有所出售不至挺險
埠商無虞侵占得以居奇壟斷一俟正引暢銷則課餉既增厘金
亦旺業飭該運司妥為試辦又查廣東洋藥厘金較輕于江
閩各省第此等奸販每借洋人為護符廣東省城及香澳兩
處華洋商人狼狽相倚茲忽加重厘金彼必從而掣肘似难

二

輕議更張惟原定洋葯厘金章程省城與新香及汕頭等处輕
重攸殊奸商符以趋避臣現飭督办厘金委員署粮道高從
望將各廠盡一抽收並于近年貿易較盛之區如廉州之北海
瓊州之海口等处照舊開抽貨厘或于經費不無裨補至
于沙田一項前于同治五年曾將廣府各属逐一丈量收繳花
息七十餘萬上年復經張設局衆査每畝捐銀二錢以助海
防之用臣于本年春間檄飭潮州鎮道府清丈潮属沙田
傚照廣属成案酌收花息脩築該处砲台該处沙田無多

尚未審有無成効各属所產煤斤本質過鬆尚苗易竭從
前曾經開办旋即飭停英翰請用機器開挖徒滋勞費
似可無庸置議夫理財之道除弊即以興利開源尤貴節
流廣東塩廠厘卡棋布星羅丁役之侵漁商販之走漏在所
不免而委員司事兵勇巡丁薪水口粮亦不無糜費之處
臣與撫臣督飭司道並密稽查力圖振頓如有留难賣放
一經訪聞即將該委員司巡分別撤換責革並將各局
卡人員兵丁归併裁減除中飽則涓滴归公去冗費則度

二

支有節此籌办餉糈及斟酌變通之各項事宜也若夫振飭吏治固在于考核之精用舍之當尤在于寔缺人員久於其任蓋州縣在本任則知責無旁貸不敢苟且因循即吏胥士民亦不敢涉于欺蒙久任則民情風土得以周知一切措施並可竟其心力否則互相調署即心地樸誠者亦不免有五日之見不時撤換即才具明幹者恐未必有期月之功臣與撫臣督飭藩司楊慶麟查明各寔缺人員飭赴本任如人地不宜則對缺另補或才力不稱則降革勒休此

後如有應行察看及應行更動之員亦必遵照部章不逾十
分之一庶各州縣得以久任地方盡其職守至算交代裁攤
捐臣與撫臣並當設法清釐也民情苦於多盜寔由於
賭博之多蓋賭未有不窮窮則未有不流為盜者臣與撫臣
嚴行查禁現雖未能淨盡而大致業已肅清禁賭之初適
盜案層出議者轉归咎于禁賭太急臣等不為所動廣
府各州縣原設有水陸緝捕各營而其弊在于無所專
屬臣與撫臣督飭臬司周恒祺將各起緝捕分定地段

二

嚴定功過俾知各有責成復分派委員在于省外办理
團巡徧查保甲絕兵差之勾串究土棍之窩藏近来破獲
頗多當可期其稍戢也此外地方事宜尚有英翰原奏所
未及者其間應興應革因地因時再當審度情形隨時
奏明办理臣仰蒙
恩遇忝任兼圻以迂拘譾陋之才處繁劇疲難之地驟圖振
作則迹涉紛更徐事轉移則慮成濡滯旰宵自省寢
饋不遑臣惟有勉竭愚誠勤求治吏固不敢過于操切貽

欲速不達之譏亦不敢涉于依違蹈畏难苟安之習行之以
漸持之以恒以期内修外攘日就月将仰副
聖主綏靖海疆之至意所有粤省情形並應行事宜現在遵
旨查酌办理各緣由臣謹恭摺具陳伏乞
皇太后
皇上聖鑒訓示謹
奏
光緒二年閏五月初一日由驛具奏 七月廿四日在高州府署抄

二

光緒二年閏五月二十五日奉

上諭劉　奏遵查辦理粤省事宜一摺粤東防海練兵均關緊要而察吏安民理財捕盜各節亦宜切寔講求劉　擬將虎門之威遠下横檔等處及潮州崎碌等處各炮台分別興修將原練及添練各兵更番調練輪拖各船之勇盡數裁汰水師各船分別裁減製造大號木殼兵輪船分布沿海以及籌辦餉糈整飭吏治查禁賭博緝捕盜匪各事宜所籌尚屬周妥該省近年以來諸事皆形廢弛劉　張身任地方責無旁貸即著

二

将擬辦各節悉心籌畫隨時隨事振作有為其餘未盡事
宜仍當酌度情形妥籌辦理至海防為目前要務而陸路
戰
兵寔以輔海防之不足粵東現在陸路兵力如何著該督
等力加整頓通飭各營汛按期操演統領尤貴得人技藝日
臻純熟總期一兵得一兵之用能戰能守緩急可恃庶不致有名
無寔徒糜餉需將此由四百里各諭令知之欽此遵
旨寄信前來　等因到本部堂承准此查摺稿先經抄錄咨行在案
茲欽奉前因除欽遵辦理外合就恭錄札遵札到　云

八月初八日奉
到抄出

鮑源深奏禁栽種罌粟以嚴定考成

山西巡撫臣鮑源深跪

奏為罌粟有妨民食請

敕認真查禁以定考成恭申禁令以杜弛縱而挽頹風

恭摺仰祈

聖鑒事竊維民以食為天自上古聖人興耒耜教稼穡後世帝王念

切民依莫不重農貴粟我 朝

列祖 列宗尤以農政為先務凡孟春 祈穀孟夏

三

常雩典礼所在胥必

親行凡以重民食耳大利必归三農至宝無如百穀豈容以他

物奪之不意時至今日竟有妨民之食如栽種罌粟一事者

腴田沃壤不殖養人之嘉禾遍種害人之毒苗使萬民自促其

生机天地难施夫美利此固自開田疇與耒耜以来未有之巨患

而創建于今日者也查民间偷種罌粟自道光年间已然至

近时而其風特盛虽欽奉 8 累朝

諭旨煌煌屡行申禁而積習驟难移易閲此風惟江浙兩湖差少

其他各省随在有之臣莅晋以來飭屬查禁劝戒兼施五年于兹
未敢一懈虽私種者十去八九總未能一律淨尽所以然者種罂
粟之利数倍今種五谷小民惟力是圖罔知其害地方官不肖
者收費弛禁藉以營私其稍賢者亦以為民利所在不忍拂違
否則以為世俗爭趋力难禁止大都于此一事視为故常肯于劳
怨不辞认真查禁者盖鲜矣以故私種之風日浸月盛若不如此
时力挽頹流極其勢之所至窃恐数十年以後種罂粟者十居
八九種五谷者十無二三民食將從何出甚非天下之小故也本年

春夏之交如秦省偶尔雨泽愆期谷價即时腾貴民無一年之蓄
可想而知自此以後若不將罌粟禁除一任有妨蓺谷歲當
豐稔蓋藏未裕民食犹艰設遇光荒民不能以烏烟代食道
殣相望属在意中此其患又不必遲之數十年以後矣只念及此
殊切殷憂除臣于晉省仍飭属嚴查不容稍懈外相應請
旨飭下各省大吏督飭所属于罌粟一事認真查禁勿視為具
文勿置為末務勿以為民利所归稍存姑息勿以為俗情难強
相率因循勉盡寔心徐收实效但使境内少栽一畝憑世即多

植一畝嘉禾民间多收数畝稻粱即多得数月蓄積偶遇
災荒不慮乏食並可出其贏餘以相賙濟全活必多此其惠
政及民功在無形視發倉賑粟于一时者其施仁為尤普矣至
例禁栽種罌粟本有專條惟日久不免生玩應請
敕部申明舊例通行各省使小民知所儆畏而愈民之種與不種
尤視地方官查禁之嚴与不嚴應明定地方官查禁考成出
力者如何示奬不力者如何示罰收費者如何议罰另立專
條以便遵守更請

三

旨嚴禁言利之臣永不准以徵收稅畝暫開禁令為請有妄陳者

嚴議加之俾天下臣民咸曉然于

朝廷之意禁除罌粟以裕民食令在必行庶小民並令者不敢存覬

望之心官司奉令者不敢弛防維之力自此田疇所植毒苗漸盡嘉

禾自滋裕萬民資養之大原還天地本然之美利譬諸洪水

猛獸道決驅放大患以平豈非

聖世政治之要圖不容緩置者歟臣于查禁罌粟一事幾竭心思

亦知力挽頹風良非易易惟念民生以食為重

國
計以食為先不忍坐視妨食之大端流毒無盡用敢敬芻
言是否有當謹專摺具奏伏乞
皇太后
皇上聖鑒訓示謹
奏光緒二年九月准　户部咨十二月初一日抄

三

光绪贰年八月十二日奉

上谕鲍源深奏罂粟明定考成一摺栽種罌粟例禁綦嚴乃近来私種之風各省所在多有於民食大有妨碍地方官查禁不力視為故常甚且有收費弛禁藉以營私者種種流弊不可勝言着各直省督撫嚴飭所屬認真查禁倘再仍積玩即行查明參奏並着該部申明舊例通行各省俾小民知所儆畏並明定地方官查禁考成出力者如何示獎不力者如何示罰收費者如何議罪以杜

三

弊端而裕民食將此通諭知之欽此

鮑源深片　奏爲足民之政以使民積穀爲第壹要務古人耕三餘一耕九餘三使民間常自有餘故雖偶遇凶荒不足爲患此數省地方素不講求治穀之法民間地畝栽種罌粟占去民食者固無論已種穀之家遇有豐收賽神演劇婚嫁應酬各費已耗其所入之半多者又以易錢市購不急需之物一歲口糧而外罕有餘存偶值災荒立形飢餒晉省民俗大概如此他省恐亦略同

竊思　國家立制各州縣原設有常平倉以備賑濟第監守在官出入必須詳報且必經手胥役于民究有未便之處應令民自行捐穀儲備飢荒以輔常平之所不及查前兩江督臣陶澍在江南時仿朱子社倉之法令民間積穀為豐備倉量力捐儲不限多寡出入由民自理不經官吏仿照江南豐備倉之法勸諭民間遵辦其向有由社倉者加意整頓毋使有名無實其未立社倉者赶緊捐輸用備荒歉事成報官官

三

但察其虛實不問其出入以杜擾累而免侵漁並擬
請旨飭下各督撫酌量各省情形飭屬一律辦理使
民間豐年恒有倉箱之蓄荒歲永無庚癸之呼似亦
足食裕民不可緩之要務也是否有當謹附片具陳
伏乞
聖鑒謹奏
旨已錄

光緒二年十月十三日高州府臣抄

此觀準奏州縣錮弊六條

掌河南道監察御史臣張觀準跪　奏為州縣之錮
弊日深州縣之疲頑有自請治其源以端吏治仰祈
聖鑒事竊方今　皇太后　皇上兢〻業〻時以吏治民
生為念即尤以因循怠玩揭中外臣工之積弊凡有
人心自應洗滌肺腸仰承　聖誨乃近年以來捐輸
太濫保舉太多州縣係親民之官所關非淺流品日
雜難保無刻剝小民貪酷任性之端即如虧空之案

四

甫經查辦新欵又有虧缺科派之案迭經懲創而外省猶多科派此固州縣之昧良而其源寔由上司之不能正己率下則不肖之州縣有所挾持恃以無恐而循良之州縣雖性情素為端方者亦有所牽制而不能前矣弊端不一　臣請摘其尤甚者敬陳之

一提省覊留也州縣各有職守不容曠廢即使因公進省亦當令其速歸乃或因細故而提省故令其覊留另委心腹他人前往署事名為調濟壹年半載後始

令回任以致無累者生累有累者增累不思州縣果不勝任即應叅劾徒令往返奔波是重其獘也

一勒接交代也一官纔蒞豈能即盤庫項柰前任虧空已多上司懼有失察之咎必欲新官接受少者數千多者數萬桃僵李代不接不能到任其有禀揭前任虧空者必致上司之隐怒或以才力不及而調簡或以辦事過拘而改教甚至別假事端劾而去之是甫登仕籍即入倩鄉始基不立而安望其廉乎

四

一多攤捐欵也州縣廉俸有數乃無端藉公科派名曰
貼賠曰使費總名曰捐欵因其出之自公故不甚愛
惜每由首府首縣墊出然後攤派各州縣每歲賠至千
兩數百兩不等如力不能應有時延緩上司即于其
征解錢粮時作某項捐欵而錢粮則批令另解是以國
家為正之供抵私欵也虧空之積由此深矣
一委員需索也州縣或有不肖委員豈皆可靠假以耳
目易致需索乃一紙文書可辦之事動即派委數員

在上司不過為調濟閑言起見不知一往一來盤費
不貲在委員所得無多而州縣之累已深甚至因餽
贈不遂而於上司前簸弄是非則掣肘之案尤多矣
一
壓荐幕友州縣事務浩繁刑名錢穀原不能不借助
為理乃一官尚未到任而幕友之舉荐已多其賢否
無從辨也但擇其情面較大者而受之道府所荐者
既受則（藩臬）所荐者不能不受督撫所荐者更不敢
不受且有既受之後勾結本地紳士私行納賄顛倒
四

案内之是非播弄翻騰前後任之欵目州縣若不慎擇其人而假以勢權則受害多而政令愈棼終必有不可收拾之勢矣

一濫用長隨也長隨不必皆上司之舊人而或夤緣上司之親串勾結上司之門丁邀求吹荐在上司不過泛然一語而州縣則以上司所荐而不敢辭長隨又以上司所荐而罔無所忌未離省會早已百十成羣及至抵任人浮于事既難人人飽慾必至事事生端

甚至不肖州縣因謀得好缺走上之門路專用能幹家人為之借貸以行餽献追好缺到手均靠此借貸之家丁為之布置抵任亦必派以管事外勾吏役內通劣幕招摇納賄名為帶肚門丁州縣中貪酷者往往用以行私則民間之受害無窮矣以上數條皆外省州縣之積習今之州縣疲精於奔走承應之中較過于紙札文書之上拾人而聚無語教化者焉其於百姓則魚肉也百姓視之亦幾虎狼也柳思果何由而

四

致此哉各省督撫藩臬洗心滌慮以身率下州縣中
觀感而自有畏心某州縣因攤捐被累之處查明立
予裁革使賢能者得以自立中材以下亦無所藉口
矣大法小廉吏治日有起色以厚民生以興民行胥
於此端其本焉臣愚昧之見是否有當伏乞
聖鑒謹奏奉
旨已錄 光緒二年八月初一二日具奏
十月初二日高州府署京報內抄出

吴其昌条陈请行屯田

掌四川道监察御史臣吴其昌跪

奏为边省军务未竣请行屯田以省征调恭摺具

奏仰祈

圣鉴事窃为征兵必须筹饷现在南省军务未竣不患兵无可拨

而患饷无可筹而云南贵州广西数省尤其远而难及者也考古

有屯田之法用之边省尤宜何者地远则转输维艰而民多则耕

作易力也屯田始于赵充国厥后诸葛亮出师汉中六已粮饷

五

不繼而行屯田、然猶巳客兵任其事、唐制府兵、甚得屯田遺意、明初沿海沿边設立軍屯、則以本處之兵、洪武年間、養兵百萬、不費民間一錢、此其驗也、其見于边省者、如雲南貴州廣西等省、皆有土官土兵者、廣西有狼田狼兵、我

朝因之、承平日久、規就廢弛、田或轉售別姓、兵則臨時雇覔、地方官皆以具文視之、爰是有名無實矣、復查屯田實古人寓兵于農之意、就今日雲南貴州廣西各边省而論、當才殫力痡之際、正攻剿棘手之時、且各有軍務、兵力餉糈、無能協濟、則屯田之法、誠不可

不講矣今擬每府照設立鎮標協標等營制令各屯兵一營以各府
所屬州縣多寡酌屯兵數目每大縣酌屯兵一百五十名中縣酌屯
兵一百二十名小縣屯兵百名或數十名合而計之每府可得屯兵千
餘名或數百名與今之鎮協叅遊各標營兵制相符令各地方
文武員弁協同本地素有品望為齊悅服紳士精選民壯酌量
各州縣可得地畝若干隨宜布置無事則耕有事則戰農隙訓
練計每名口粮穀七斗塩菜薪水倍之每兵每年共需粮穀二十四石
田每畝歲收糧五石每兵應占田五畝以大縣一百五十名計之共應

五

占田七百五十兵數者以次遞推又畧存公項以為犒賞之資每州縣
各為一小營擇中駐札屯田在附近一二里歸州縣各為一小營擇中駐
札屯田在附近一二里歸州縣令及佐貳協同千把總管轄訓練合
一府州縣屯田共為一大營歸郡守郡副協同鎮將叅遊統轄訓
練每年到府合操二次其餘各州縣自行操練府與佐貳巡行
查閱各州縣地方有警先令本地方屯兵防剿不足再調隣縣
屯兵防剿不足再會同府屯兵少則縣令縣佐及千百總分領管帶
探明賊匪多寡道路遠近疾趨應援各府州縣有團練守禦

有屯兵偹追剿、雖有積匪、不難廓清矣、或曰方今田畝、尺寸皆
有管業、地土無荒可墾、安所得田畝為屯粮、曰是可設法經營
也、查現在各省賊匪不靖、有業頑民、然其中有田畝亦不少、地方
官未經清查、奸民因而冒占、若令各州縣嚴為厘剔、誰敢隱
瞞、此田之出于逆産者、其一、又查各省書院多設有膏火之田、自賊
匪滋擾、各士子保守鄉閭、何暇在縣肄業、可暫抽作屯田之
用、又民間寺觀菴堂、各設有香火之資、其無關祀典者、令住
持僧道呈獻于官、化無用為有用、此田之于書院寺廟者、其一

五

若或不敷、勸諭殷富田多之戶、酌量助捐、每畝酌中定價、計其所
之值給予獎敘、有格外捐至若干畝者、從優議獎、及捐牛具耕
種器械場圃亦如之、必有急公好義之民、踴躍樂輸者、又況如
廣西舊有狼田一項、尤可清查而出乎、以上各項田畝、雖未必同
在一隅、而彼此互易、大段毗連、則屯兵易于耕作矣、或曰匪徒滋
擾之區、鄉民遷徙流離、原耕之田、猶且荒廢、今欲于本業之外、
設誰而令民屯耕、與田者恐辯理不易、此非敢為田事易辦也、
但方今賊盜肆擾、餉竭兵窮、民不聊生、人無固志、若不設法持危

伊于胡底、是故举行團練者、補救一法也、然團練解偹一時之冦也、兵可省經久之費、今于團練之外復置田以屯兵、使防剿相資、聲勢互應、民更有所恃以為捍衛、聞現在各边省被賊之處、皆知築堡結寨、自為守護、但未徧行于各州縣、再倘使地方官為之倡率勸導、使民結寨而守、自可屯地而耕、氣聚勢固、足以禦賊、誰肯遣妻努而棄田里、且乘此民苦于賊之時、因其勢而利導、未有不樂從者、從來經久之業、多出于艱難困苦之中、所謂危而慮患、畏阻也、或又曰、方今州縣深其志氣、穴於激昂、未可因

五

難殘破城池、多有不守、即欲興辦屯田、于何處駐足、何處措手、只求辦事有人、不患措施無術、計現在賊匪殘破者、城池耳、然往往旋破旋復、其餘四境村莊、未必盡被蹂躪、固有安然無恙者、而此未經擾害之民、仍須力耕而食、比閭而居、果有寔心辦事之員、即鄉鎮聚集之區、糾合紳耆、開誠布公、分條經理、一鄉如是、各處皆然、衆情聯則事勢合、心志一則謀慮周、事固有黽勉而可辦者、由是因利乘便、更可督率為收復計、且一省之中、殘破州縣為數無多、其完善者尚易為力、先其

易而後及其難事可次第舉矣惟事勢每難於圖始今日官吏
視地為傳舍鮮不以為迂濶之談然果能經畫于當境即可收
效于無窮有心

國

計者應不憚此煩重也俟辦有成效察其堪倫選用漸次將各
省綠營兵制裁汰即以各府屯兵補其缺歲可省經費甚鉅查各
邊省自軍興以來陣亡兵丁為數不少能否如數募補現在無可稽查聞
近日各省練勇打仗頗為得力足以助其聲威即使停其募補營伍尚
不致單弱且邇來各軍營兵丁因無粮而鼓譟者所在皆是與其多

五

一兵即多一番駕馭若少一兵即少一番籌維論語云必不得已而去兵
此謂也夫團練可備守禦屯兵可備攻剿又無庸多糜經費補救
之方何以愈此如雲貴等省行之有效四川甘肅等省均可仿照施行將
芻粟不必借資鄰封而士馬皆獲飽騰矣臣籍隸粵西知边省情形
概相類冀竭千慮之愚效用芻蕘之獻是否有當伏乞
皇上採擇焉謹　奏
硃批該部議奏欽此
咸豐七年四月初五日京抄

孟傳經奏請團練進入獎敘

江南道監察御史臣孟傳經跪

奏為直省團練日久未蒙獎敘請

旨飭下督臣速行奏報以作士氣而勵人心事竊自咸豐三年因逆

氛不靖欽奉

諭旨令各省舉行團練富者捐資貧者出力其尤為出力及捐資

較多者由該督撫隨時保奏仰見

皇上慎重防剿徵勞必錄之至意直隸為畿輔重地更宜加意防

老

範當經該督飭令府州縣屬一體遵照行咨紳民等均矢急
公之念倍深敵氣之心一切聯莊保甲修築操防事宜極為
認真辦理悉應從優保奏以示獎勵乃自連鎮凱撤以來
今已六年有餘如河間保定冀州等處均尚未經舉報在
該督或係公務紛煩無暇議及或係各州縣申詳未到積
叙無憑其未經奏報者不為無因然紳民何知輙設捐
錢若干各友無有意稽延不行奏請獎叙且多處劝捐
均奉督憲札飭按照捐例開載数目指捐功名小民常曰

思念而志切同仇名係情殷衣頂故捐輸奴行踴躍迄今引領
既久仰荷
恩施誠恐人心斯解臣現閱直省大名順德廣平河間保定等府
盜賊潛事搶竊無忌以致搶劫之案屢見疊出並間有土匪
肆擾之處倘或彼此相勾結勢不能不仍藉團練之力為剿
除防禦之患然前此未蒙鼓勵若再令其捐資出力必致
互相觀望又歎肯奮勉從公寔于防剿事宜大有關係以相
應請

旨、

飭下直隸督臣、將所屬各州縣捐辦團練之處、其已出詳

者、作速據實奏報、其未出詳者、迅催各州縣趕緊叙

詳、詳到時、即行奏報、固不可或有冒濫、亦不容稍有遺

漏、庶人心由此而固、士氣亦由此而興矣、臣愚昧之見、是

否有當、伏乞

聖鑒、謹　奏等

旨已錄

咸豐七年二月十一日錄抄

胡家玉以次孫中式舉人專摺謝恩

候補五品京堂臣胡家玉跪

奏為恭謝

天恩仰祈

聖鑒事竊臣昨接家信得悉臣孫承弼應光緒貳年丙子科

江西省鄉試中式第二十一名舉人伏念臣服官三

十載忝躋鄉貳之班訓子一經愧乏貽謀之善未効

涓埃於報國敢希科第之傳家迺

恩沛春闈臣子湘林甫登慶榜而典隆秋試臣孫承羲又

列賢書感榮幸之非常撫庸愚而增悚臣惟有倍加

策勵期副科名化漙華芩三世沐鈞陶之澤心傾葵

藿九天深瞻就之誠所有微臣感激下忱理合繕摺

叩謝

天恩伏乞

皇太后

皇上聖鑒謹奏

光緒二年十月初一日京抄　十二月初一日高府署抄

越南國王進貢表章

越南　　臣阮福時稽首頓首謹　上言茲仰見
萱階日煦桂甸風清暨南之　文命誕敷拱北之肫忱
冐達謹奉表　上進者伏以　皇疇建五庶邦翹
柔遠之仁使馹重三下國效依光之願　蓬萊紫
氣芹曝丹心欽惟　大皇帝陛下　乾御當陽晋明
出地中國有　聖四方之視聽維新天下為家二曜
之照臨無外波不揚于周海瑞畢輯于虞庭念　臣炎
八

邦世茲藩服久洽　同文之化夙敦述職之誠茲奉
貢儀式遵例進焚香展敬望　闕伸虔臣遥伏
寵靈恪修職貢　王道砥矢願率履以不違國券
山河永承休於無斁臣不勝瞻天仰　聖激切屏營
之至除另具歲貢品儀交陪　臣裴文禩林宏黎吉等
賫進上進外謹奉　表隨進以聞軍機大臣奉　旨覽
欽此
光緒弍年十月初叁日京抄　十一月廿九日高、州府署抄

老生三場完竣循例奏聞

大學士兩廣總督臣葉　跪

奏為老生三場完竣未經取中循例恭摺

奏祈

聖鑒事竊查嘉慶十九年准礼部咨奉

旨鄉會試老生着照舊例通加十歲方准列入欽此又道光十二年

准礼部咨嗣後具奏年老諸生務須預行具案詳細清冊

先行送部以便核對又咸豐二年八月初四日准礼部咨各省

九

辦理老生于錄科時將老生履歷如係生員何年入學如係
貢生何年報捐何年應試現年若干歲查明詳細登註
于榜發即一面具奏一面逐細造冊送部核覈等因飭行遵
照在案本年補行乙卯廣東鄉試經臣入闈監臨所有應試年
老除前蒙
欽賜副榜未屆九十之東莞縣副貢生劉啟瑚等五名均照例扣除
查有廣州學附生梁岱光等三十九名俱各三塲完竣未經中
式臣于揭曉後調閱原卷文理均尚明順復咨學臣查明該
生等捐監捐貢入學年分均屬相符據布政使江 雍查

洋霂前來臣伏維
太和翔洽海隅多季耆之英
文治光昌藝圃萃菁莪之秀沐
化成於九道慶
壽考之作人是以多士麕興耆年不減登雲之志人文蔚起白
首總思覲國之光久為
盛世麻徵宜荷
熙朝鉅典除册咨送部科查核外謹遵例会同代理廣東

奉朱筆自應優
異今照此何以見
天下人

九

學臣張百揆恭摺具
奏並將各老生姓名年歲另繕清單敬呈
御覽伏乞
皇上聖鑒謹　奏奉
硃批礼部議奏單併發欽此
咸豐七年閏五月廿七日抄　二月十六七日录抄

江西省續獲為首匪徒審明擬辦片底

光緒二年八月十四日奉

上諭沈葆楨奏安徽江蘇等處均有紙人剪辮等事以致訛言四起民情驚擾並有牽涉教堂等語此種邪術乃內地奸人所為殆即白蓮教之流竟敢到處肆其鬼蜮搖惑人心恐至釀成事端且該匪等一經獲案往往詭託天主教以圖倖免尤易啓中外之衅著嚴飭各該地方官認真盤查拏犯嚴懲毋任匪蹤溷跡並曉諭居民不得捕風捉影扳害妄拿其有牽涉教堂之事尤須妥爲剖

毋致因疑生事近聞江西等省均有邪術紛擾之事著劉
一體飭屬實力查拏從嚴經辦一面緩緝閭閻以消隱患等
因
欽此伏查江西省自本年六月間起有匪徒以邪術剪取人
髮雞毛即經臣嚴飭各屬查拏旋據都昌等縣拏獲教
匪方晉志等解省訊明正法業已附片　奏報在案當時
人情惶惑道路盤詰過嚴復經臣出示曉諭安定民心並
令查獲形跡可疑之人務須送官審實究辦期無枉縱並
據廣饒九南道沈保靖稟據法國教士聲稱民間傳言邪

術出自天主教堂恐滋事端臣當即通飭各屬明晰示諭地
方紳民此次拏辦邪術匪徒均係内地齋教會匪與天主
教毫無干涉羣疑始釋續據署高安縣知縣高廷楨拏
獲教匪朱烈官一名署瑞昌縣知縣朱潼拏獲教匪柯
永清一名東鄉縣知縣楊松兆拏獲哥老会匪戴金高
胡琮瑤張福發三名先後解省批飭臬司發委南昌府
知府蔣繼洙訊取確供開摺呈送朱烈官先經昔存今
教之冷性成傳授魘青邪術姦淫婦女嗣拜已正法之喻

學璟為師入天水教李習符咒剪辮柯永清拜在逃僧人柯顒靜為師李習白水符法放過紙人十三個剪取髮辮以為陰兵戴金鴬胡琮瑤張福發均在安徽銅陵縣荷葉洲地方戴金鴬拜在逃之王福為師胡琮瑤拜在逃之姚光第為師張福發拜在逃之胡老六為師均入仁義会即哥老会同飲鷄血酒分給紅布青錢為記功归小頭目王斌所管仍听大頭目蕭潮主謀令在湖北製造軍器送交王斌收藏該犯等冒充踹緝盗賊差役到

處誘人入會共謀叛逆又擄廣饒九南道沈保靖稟湖口縣知縣殷礼拏获教匪張作濵即張瞎子一名彭澤縣知縣陳友善拿获教匪張老六即張廣潮一名提郡委員会同德化縣訊明該犯等均拜溺斃之陳錫交為師入窑门教李習符咒剪取人髮雞毛陳錫交之師係九龍山頭目萬老大收取人髮雞毛練成陰兵神馬約期起事九龍山已封陳錫交先行僞職並擄袁明陳錫交在湖口縣殷家山地方畫符唸咒施放紙人被該縣兵

十

役踊至乘見邀同近地保甲紳民圍捕該犯無從逃遁
自投崖下池内赶緊撈起業已被溺身死各等情前來
且查該犯等或入邪教与閔逆謀或入哥老会勾結起事
均属罪不容誅未便稍稽顯戮当即檄飭臬司督同
南昌府縣將該犯朱烈官柯永清戴金鳶胡琮瑶張
福發並批飭廣饒九南道督同九江府德化孫將該犯
張作濱即張瞎子張老六即張廣潮均即綁赴市曹
處斬傳首懸竿示衆匪首陳錫交傳徒惑衆与九龍

山教匪同謀為逆且已得受偽職寔屬大惡極雖已溺
斃仍飭戮屍梟示以昭炯戒前擄新昌等縣附省匪
犯況明興李昌毛等迭經研訊僅認拜在逃之王桂牙
王福萬等為師學習邪術未成難保免狡供避就飭
縣牢固監禁勒緝王桂牙等到案質訊究办現在近
省各郡縣剪辮之風已熄居民與天主教亦各相安惟吉安
贛州一帶尚有邪術未盡除再督飭該管牧令寔力編
查保甲戶察緝捕一面分咨皖省協力查拏期絕根株

十

免貽後患外所有江西省續獲教會匪徒審明辦理

緣由理合附片密陳伏乞

聖鑒訓示謹 奏

光緒二年九月二十三日准 江西撫部院行咨

十二月初二日奉行到府抄出

臬司等請將應改發新疆之犯查明已未起咨解通飭各省分別辦理

敬稟者竊查咸豐六年十月十六日奉准
刑部咨本部議奏咸豐元二年奏准通行條款擬發黑龍江各
犯仍照舊例改發新疆給官兵為奴咸豐六年八月初五日奉
旨依議欽此又咸豐七年五月二十一日奉准
刑部咨發遣黑龍江人犯早經起解在途遞者若留禁中途改換咨文
勢必有需時日應即照常接遞若接到部復在咸豐六年八月初五日奉
旨以後者即由犯事省分遵照新例辦理各等因先後通行遵照在案至

十二

發遣黑龍江人犯接到部復在咸豐六年八月初五日奉

旨以前因路途梗塞尚未請給咨牌或已詳奉給發咨牌尚未起解者應否改發新疆部咨並未議及現在道路漸次疏通各屬尚未請給咨牌之案或請給咨牌改發新疆或以應否改發具禀請示其已詳奉給發咨牌之案或將咨牌繳銷另行請給咨牌改發新疆或以應否改換咨牌具禀請示伏查擬發黑龍江人犯改發新疆係為綏靖根本重地起見惟粵東各路獲犯繁多監獄擁擠正當設法清釐秉此路已可行人犯急須發配所有擬發黑龍江人犯業已詳奉

給發咨牌并奉咨明
黑龍江將軍因道阻尚未起解者若遂一請換咨牌并請咨
黑龍江將軍知照再行起解未免有需時日萬一道路仍有阻滯又
須截禁停留擬請將此項人犯即照原發咨牌迅速解赴黑龍江安
置若未奉文行先已將原發咨牌繳銷者亦即詳請換給咨牌
飭令迅速起解至本未請給咨牌人犯概令立即詳請給發咨牌
改發新羌其犯已起解中途截留者均令按照原發咨牌遞解
前進毋庸改換咨牌致滋周折是否有當理合具稟

十二

憲台察核批示以便通飭各属一体遵照辦理除禀

督撫憲衙门外

廣東按察司周禀　咸豐七年六月二十六日通行

六

署東安縣事即補知縣徐殿某謹

稟

大人閣下敬稟者竊照卑縣通年額征地丁正耗二萬二千餘兩民屯所收七千一百餘石溯自咸豐同治以來每歲征收本年新賦總多不過四五成之間其幾執契投稅者尤爲罕覯歷任相沿幾於牢不可破

卑職自上年接任後考之征冊証之輿論始能得其端倪蓋新賦短征之由固由於逃亡絕戶無一可催征而大半實由於賣田不賣糧之弊卑職察民情猶議每於賣田之時貪圖賣價略昂言明錢糧仍由本戶清完不干買主之事於是甲售於乙乙轉售於丙丁輾轉數人而係某知本年知原賣田而賣糧抵串收完竹完業戶推收過割也

本户丁粮仍不过割日积月累不特正赋不可考核即税款亦多为

之欺隐核其情罪比之诡寄飞洒尤为特甚职此犹指契业者

而言也又有一种典当田亩者按贯照无年限收赎只凭言一纸

披阅呈词往往所称典契皆系乾嘉年间旧物多或至于百载少

亦数十余年责其推收割户则诿曰业主尚须取赎而责之清完钱

粮则又诿曰应归业主清理也而穷诘业主住址并证姓名乃物

换星移无从追摄使狡黠者坐享无粮之业地方官催征不力徒难

受分赏无成事查律载典买田宅不税契者笞五十仍追契

内田宅价钱一半入官不过割者一亩至五亩笞四十每五亩加一等

罪止杖一百其田入官又定例民人典當田房契載年分統以十年為率
限滿聽贖如原業力不能回贖聽典主投稅過割執業倘於典契內多載
年分一經發覺追交契銀照例治罪并其該是置產之人不投稅過
割即和科罪分別追價入官而典業稅割亦有例定年限不容混行
欺隱惟是細民圖省借例錮習已深一旦因依法相繩未免有所藉口茲
昇撫擬即出示曉諭寬予限期凡係從前典買之業未經編戶過
割者予限一个月內責成該買主賫契赴縣投稅推收過戶才准管
業其典當之業已過十年例限者則予限兩个月責令當主嚴催
原業戶赶緊備價取贖如原業戶不願贖回者即作為斷業聽該

當主費契赴縣投稅，倘逾割永遠承管，倘逾一月之限，該
買主、當主延不遵示投稅割戶，則是有心抗玩，一經查出，或被他人
舉發，亦即照例分別追價治罪，並將田地查起入官，似此申明
律例，嚴禁示科條，實於整頓稅契錢糧兩端大有裨益。卑縣愚
之見，是否有當，理合據實禀陳。
大人察核，訓示祗遵。肅此，具稟，恭請
[illegible] 憲鑒
並分 [illegible] 謹稟
同治十年八月十二日 [illegible]

兩廣總督部堂瑞（兼署廣東巡撫）批：據 等詳稱：連年征收糧賦未能足額，大半由於賣田不過糧之弊。現擬申明定例，另予限期，令業戶賣契赴縣投税，推收過戶，管業自係核實。清釐之弊，惟當業已滿，倘限外原業力不能贖，例准憑中公估找貼一次，另立絶賣契紙，若買主不願找貼，聽其別賣歸還原價等因，未經叙及所定一月兩月之限是否允協，仰布政司會同按察司詳查例案，核覆詳奪，飭遵。仍候

閩浙部堂衙門批示繳。等批發

会详为会议详覆事。同治十二年十二月初三日奉

宪台

广东巡抚部院张 批据海丰知县禀遵照今年知粮钱壹

饱撒播田实粮免已户认田原田并准给照耕种，如粮未清

完不准割归别户，录请批示饬遵缘由。奉批查共实田定

不耕实者，似有吃修换年，该知粮钱委免皆由实田不实耕，买了割

主耕。核与上年归善知所禀情节相同。惟该知所拟以田实

粮免之户认田原田并吃给照耕种，如粮未清完不准割归别

户各节，将欠完者仰布政司会同按察司查照上年议覆

归善知成案，再行核明分别详覆饬遵。仍缴

一

会详议覆海丰知年田实粮免认田原田发粮未清完不准割归别户各节

閩督部堂批示孫文模本年十二月初十日奉

兩廣總閩督部堂瑞 批 據本年閏月由奉批買賣田畝不割

宗呈

錢糧實為粵東陋習兩造作何科罪律有明文地方官清

查賦課自應申明定制嚴禁應糧令民間遵照過割方為

正辦現年推收賣田過糧之戶先完錢糧後其過回原田呈

明給照耕種買田者收錄年執下條以寫糧之號算註推收係

為糧數錢糧按欠銷名知售田而不過割糧賣買者俱違定

律通同騰民弊冒推鹹訟紛急令賣田之家完糧後業向

田價一屢置之不議不特律例無此辦法即以民情而論賣者貪

以更價買者之出厚資，因其版籍混淆，繼以官法，兩無可爭。若一旦奪彼予此，彼受者出於非分，占者失之不甘，法攻不已，其平事將何以順衆情？從緩據處，歷記歸不足以言整頓之所年不得定，時對不可，則仰藩布政司會同集司穩急迅即轉行知照，飭之照律安辦，毋得妄行更張，致干咎戾，仍飭桂部院批示，據各屬因奉此，並據該知四年翻可本司遵查，伏查民之置買田產，定例應將糧賦載入契內，即令買主收立，親赴州縣對冊推收過割，如有定項，即予分別治罪，並將田歸還，據入官，請例多有所文，官民自當遵守。因須十年方據歸義和

二

以致民置買產業延不割收撥，請示諭民間，勒限税割，年季
當奉憲批司核議，由提司甘議，牒通限三个月，責成該買
主赴縣投税推收。倘過限延不税割，即照例拘究，割追價
給罰，並將田歛查斷入官，詳奉
憲批依飭遵照在案。今海豐縣知縣
宦戶買田之時，稍增其價，議收糧不過割，賣田之家圖得厚
值，自必允從延捱，歷經售賣多年，遂致糧税虛懸
追呼莫應，推諉田賣糧無之戶，先將錢糧清完，不拘年月
遠近，認回原田，立照價追，耕種買主，雖爭執，不凡糧未清

完不准割归别户，查廿经证为清丈粮税，把兑但氏写置
买税田，阳召买主卖主一同赴知推收，飞割，若串同欺隐，即
严拏经官，今该全推，任卖田之家完粮没业，则是卖了完
买主，买不问卖主，在买田者先已多出价值，犹又夺其所有
以与同业之人，在卖田者初本廿了欺瞒，乃竟不严拏
特以已售之业，按清则国之与法，揆情之殊失，其平，至所
议粮未清完不得割归别户，则各通时推割之定例又属不
符，意见皆偏，清弊且将百出，识如
宪批该知府推之亦 [illegible] 断不可将仇氏写买卖税田本

三

應從嚴勦，合行知照。有賣田遺糧之弊，自應逐一整頓，以
清版籍而重正供。查該知縣師善所見，係屬實，如有所屬地方情形
尚不相遠，擬請查照前與議覆師善知縣條飭之該知府，仍傳
諭曉諭城鄉，凡民間買賣田畝，不論年分遠近，統限三個月內齎
契赴知稅，勦才準管業。如有逾限不遵，一經勦獲，收糧是有息
抗延，一經查出，或被告發，即行嚴拘治罪，並將田畝查抄入官。如此
參酌宜予逐一整飭，稅籍妥實，清混糧賦，不致虧缺，即該知
府母任該自易於著力，是在有當。今將逐一檢議緣由，具
詳請示。

同治十三年正月十一日奉

兩廣總督瑞 批：所議極為透徹，仰即如詳，轉飭遵照。仍候
廣東巡撫張 批：如詳飭遵。仍候 督部堂批示。繳。

詳咨同治十一年分廣東省所報墾闢荒蕪稅畝再赴兩院

廣東甘受承宣布政使司為詳請

奏咨定例墾荒地畝奉准 嗣經兩廣總督毋紹廣東巡撫部院 奏經

為該疆地多磽瘠墾請量減科則等事 於同治八年三月廿五日准

戶部咨開 查先經該撫 疏稱查所現在所報各荒開墾實係荒蕪令

各州縣查勘磽實如多係夾沙帶鹵山條等窑磽瘠難墾之地照依

鹵田稅每畝科米四合二勺八抄征銀四厘六毫 題准部以前荒地於雍正九年

援案奏請 廣撫傳 將可墾之地督令荒熟並題報按該撫疏內均未分晰聲明

應令據查照報奉 欽定在案 又據兩廣總督部 疏稱會同撫臣

墾荒 一

蕉税皆属瘠土硗埆，请照合浦縣下則税数减半每畝征銀一分二厘起科，臣部
以示閒蕉税山原积難墾地畝，以其力將应令確查，果数目再議等因。題准
亦在案。今該督撫將應墾原荒田墾難墾税銀已未墾復多寡逐一較明，俾查
明難墾税畝，委係砂碛瘠土硗确，分晰彰明為數內，請照合浦縣下等知
之例，分别减則，應如所請。合浦縣既係多年未復數內難墾税畝，准其照
合浦縣下則税，减半每畝征銀一分二厘，數分難墾税畝，准其照原額，
山等知縣所屬田税每畝科米四合一勺，折征銀四分六毛，照其原額內
難墾荒地，如有原則輕於一分二厘者，准其照各縣知原則科，照例令該督
撫飭將所屬難墾之税逐一分晰造册報部，自核准年份起科。再未復查復田

墾稅銀，仍勒諭民户陸續墾種，其原例陞科外，有糧地混報輕
則起科者，即行按律治罪，地方官亦即詳查一併參處。此等田校，乾隆六年
七月十六日發，本月廿八日奉
旨依議。欽此。今據前去，欽遵移行，等因，咨院行司，奉此，依經轉飭在案。該廣東布政
使條達查核，以各州縣墾荒田地稅銀，奉旨核據，勸墾業經移行，遵照
明奏准，新墾各處零星內，劃分雜墾邊島稅銀，照等辦理，滿例減
則征收，等因，又經移行，遵照在案。茲內江十一年分核高要縣業户報墾
荒稅一頃八十九畝一分四厘六毫七絲二忽，科民米八斗零九合五勺四抄八撮，編
征糧若干，米七分七厘六毫，應照旱田例于同治辛巳年起征，造入該年奏
墾荒
七

計起征外額地丁項稅銀不入今次數征解及修充餉所有同治十一年分業已

抄出輕劃分兩年稅銀編征上忙枝米封上號令並無詳細詳冊造報詳覆

憲臺查核等因

覆奉批

憲台核詳 云云 同治十二年六月詳

核查討詳 云云

定奪蕃捕倚例十年起征再由查照此年詳明院憲核照下年造册詳請

題批外糧此案已于十年三月內詳奉兩院批准

營田改築稻田

廣東巡撫張 為

咨議覆事。內開十二年八月二十八日准 戶部咨山東司案呈，戶科抄出兩廣總

督楊 題，廣東歸善、和平等縣營田改築稻田仍照例陞科一案，同日十

年十月二十三日題，十二年二月初九日奉

旨：該部議奏。欽此。欽遵于本日科抄到部。該臣等查得兩廣總督楊 疏稱：

據兩廣鹽運使錢、調補今同廣東布政使鄭 通摘詳：據査雍正十

年前奉部議覆署理兩廣總督鄂 疏請將營田改築稻田應照民

使隨到隨報，不必拘以年限。于乾隆元年正月准部議覆兩廣總督陳

大学须归善知营田酬滨支衡不能築埽耗缅淮金改築福田與水田例
六年起征应请會编详议以與起科又乾隆二十三年大學士部議
覆两廣總督李侍尧題請查知營埽淤水浸荒淮予改築穆田其圍之在
案令接照甲柳冲员勘補營名事吴禎等状归善知民郎寿彭贾受
宗等请于蓄编內六编等请改蓄田照例澄科其圍崗经编接该县吴
桢勘得编内丈量松钦等家杉种並松以来明等对伤埽善知府礦勘接实详
两当该县接来明有知县刘谢年对校篡埽善知知府顾苇详据淮琼甲
柳冲员吴桢李勘归郭寿彭贾受宗等请蓄林西殿地方营鱼涌附蒂下
蓄编三十六编四子髻行管下蓄编七编其名雜亢牛角坑白鱼山石和黑

擴稿附田下該仍甘處地壕外連合為一處照方平一丈為一井核算可灌田者
三千六百九十七井另四千雜戶花下菜墻四墻共為高隔園子下計可灌田
者一萬六千七百井又稿戶雜戶花下菜墻一墻共為大段計可灌田者四百八十
七井以上通共菜墻四千八墻計可灌田者四千八百七十九井遵照康熙年
間舊例丈尺宜式方平一丈為一井六十井為一頃共計該田八十一頃三
分二厘不應補該處附近現無任何池塘之隄可以持換查墾田則例每墻
以評作一半不能因原計四十六墻早應悔下評定七頃八十七分二厘有由
稿物會協千年董郭壽劃量受宗章程甘之名難出稅甘受龍墻稿以
稿田文算得八十一頃三分二厘安頓照下則例征民米九合八勺一抄一撮

廿九陞科民米七斗九升七合九勺三撮七圭八粒应征粮银一两五钱四分
三厘四毫三忽七微一纤三沙九尘五埃一渺九漠六逡应照水田陞科例六
年起征于同治十五年入额征粮查照编详自同治十五年照额加
征廿两保李嘉保戚淡文卫兹庭已久未能修复耕种情形查例改作
稻田陞科照归善和下则税每亩征民米九合八勺一抄一撮九圭八粟应
陞科应纳民米七斗九升七合九勺三撮七圭八粒应征粮银一两五钱四分四厘
三毫四丝三忽七微一纤三沙九尘五埃一渺九漠六逡基已溢改为抄少
情形查与归善和下则六年限二十三年归善和下则照田获准改为稻
田照例陞科之案相符准予改筑稻田照依水田例六年陞科所起征

有陞科田糧，應征民米銀錢，並同治五年入額征糧，應修賦編諱下六年同治
十五年照數扣除，須會將逐條毋須詳核，卷載甘肅及有關等年
份丹徒通鄉查核分別廣東已據仰及並善丹徒會併陳明以請
並疏冥題，茲前來查，切竊隱田改築報由應納民役，遂到隨辦，予以
照數至扣除修蠲年墾，所有報田陞科年分並應造丹徒報撥具
核准奏疏移歸華和民部，奏請覆愛余二年歸甘肅編冊，編製改稻
田三甘肅，自甘肅乾隆十六、二十三、廿年屢部議覆，兩廣總督陳大受等
先後題請以歸善，諸暨兩都漢蘇總文奏陞田畝漢軍衛所能耕種
均經覆改前總田畝並陞請於廣東歸華和民部奏請覆愛余年

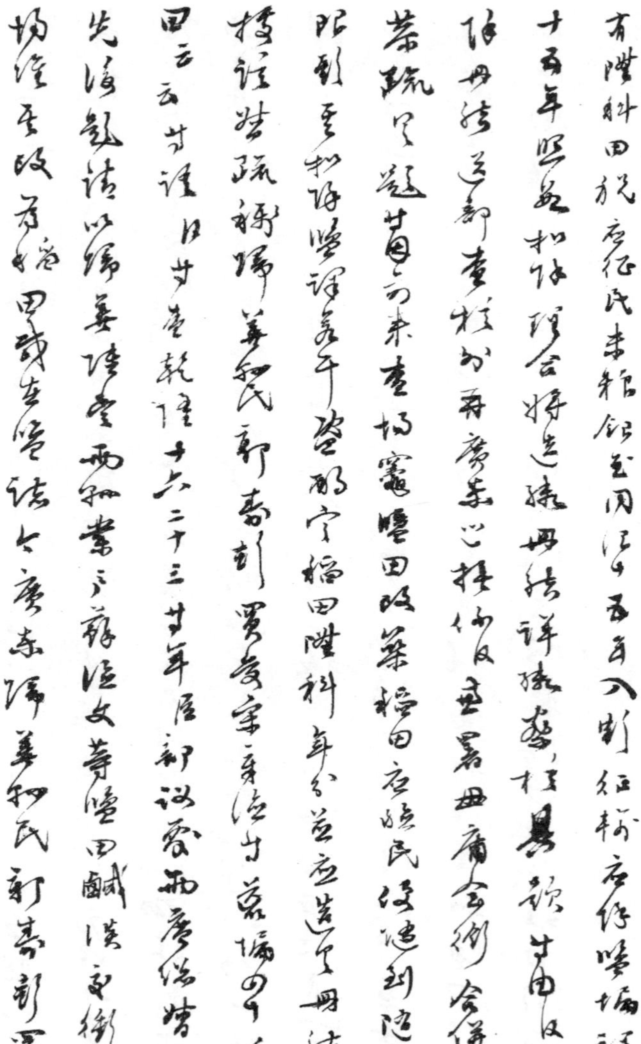

沿江諸田桐廬西鄉地方雖已坍沒其實墾田四十八畝均按請照造徵錢
糧銀令自本年為始遵照桐鄉按則勸令查淤衛是應不
能糧賦請業戶情願交納該管田畝即勸令詳請核定
等照水田例升科臣部查無遺漏相符應如該撫所請仍令印轉應
征應得完遵照造送該年應完錢糧俱自本年升科

閏四月二十四日題本月二十六日奉

旨依議欽此合咨前去欽遵施行此因到本部院准此合就擬行云云

文武攸傳知 同治八年 部文

廣東巡撫李 為奉付事 同治八年六月十七日准

户部咨，廣東司案呈，准則例館付開，據江南司付稱

據安徽巡撫吳咨稱，川營停先鄂省撥鎮川營以支銜兵額小

缺，其半係以何支給，又和州如何招玉理先奉營善後補實缺

營准部覆，未經敘明係屬起支全覆，又例案明文多係咨請

部示，等情，將原文一併付館核辦，前來，本館業將前件逐款核

明，現飭查原稿，付江南司等因，到遣即抄錄文，系該

省前因，奉此，相應抄錄，核明原文，咨行廣東巡撫查照辦

傳知 一

理可也等因到本部院，准此，查本年内开列件呈为咨请核覆事
准江南司付，据署岳州巴陵县咨叙川营户等情，将原文两件付
馆核办前来，职等核将前件奉部例汇覆，款核明呈堂酌定，如
蒙允议，即行付各司，照文各者查照，仍俟下届纂例时再酌
定例为无关，酌议修款呈请钧核施行
一 原咨额川营系先部司移镇川署理危钦差兼总，本缺李
逢春现在寿春镇之有巴，捕粮维，可称补游击蔡志刚，署
理安庆营守备本缺李崇，因人地未宜，请拟更调，仍留署，
协以大缺为小缺，至此仍照旧例可援，等语，查例载守

大衛署小缺
照衛給半俸
照缺給半薪

緣營內文武職例，營以下各署缺以下職衛，支給半俸，照缺給予半俸，照衛支給，以資辦公。

守備以上陞遷事故之缺，由試用官署理者，仍照署缺全支本例。

備彼土暫行辦理之缺，由試用官署任者，照衛給半俸，照缺給本薪，其裁曠項下支銷；至于從此以下，並原有項之官署理，概照此例辦理。例文于半俸一項，不云照缺而云照衛者，蓋為自接署任之員無論大小職衛，概給半俸可知。今擇錢則以補都司署理都司辦任把總之缺，應由裁曠項下照衛給予半俸，以符例意。至於補將擊志則署理標營缺，更調之與蒙營守備，仍於陞遷事故之缺，互停應接照署缺全支本例，給與署缺全俸，以符將擊仍支食本衛半俸之例，應暫將原俸扣除，再行起支署俸全俸，以昭核實。

同治十三年八月 日准咨移查

嗣後凡遇大衛暫行辦理小缺，係委署，以前在營當差之支食半俸者，仍照定例照衛支給……

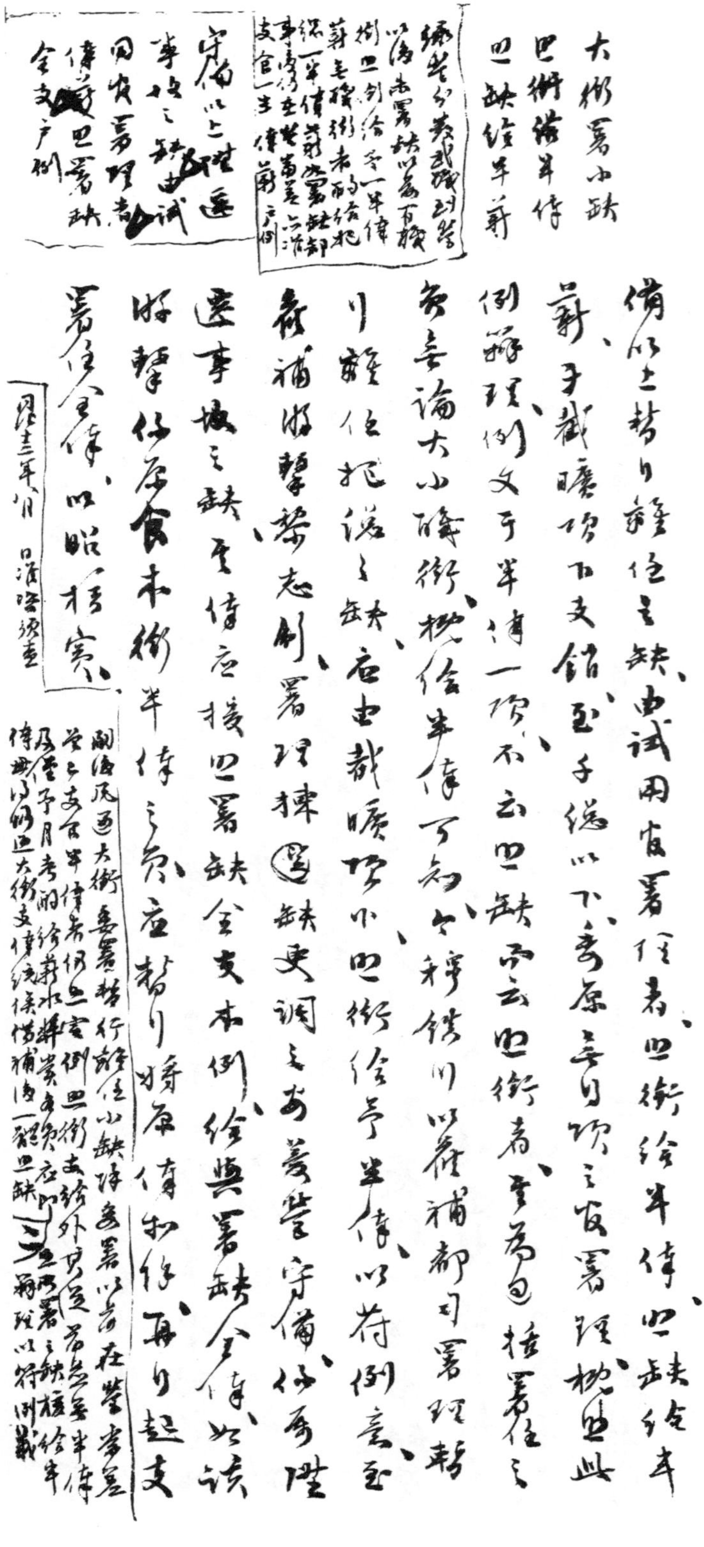

一咨照安徽撫標補用游擊程先修、署宿州營游擊李鼎榮未接
劄付員缺、援例放給署任馬乾一案，查實任李游擊前在壽營隨勦、
於本年十一月初七日接奉游擊劄付，例應以接劄日起支本任馬乾、
惟程先修應支署任馬乾，是否在于截曠項下開支，無從付一辦
壽張、查例載出師軍營人員外補別缺，未能赴任，以接到劄付日
起支新任馬乾，正與李鼎榮之案符合，惟署任馬乾無明文
例者等條、自應比照辦理，查咸豐七年粵捷營案，軍營
升缺員支給俸廉等項，外撥員缺，已經照到，其給俸以下營員
名遂按、未缺署員，有任者遲支，無任者補者照支，遂曠又

舊補人員署
已接劄付員
缺馬乾飯兩
在迭曠動支

因公之差，開缺期滿，管理補副將以下，按以積資日起支俸廉，
署任人員，分別日支，於此半支建曠，經部核准在案，今擬改為
以籍補人員署任遊擊，並無本任馬乾可支，自應于本缺
營隸舊例，付給收支建曠，功不勤支馬乾銀兩，以資辦公。

一、原照總理營務處和州知州，於道光五年辦理等，仍按照銷算事宜
將前同知銜，開案先在甘營幕差，續補實缺，並將事宜，未能赴
任，請自到部之日起支全俸，查例內所稱，先在甘營幕差，續經陞
補，係屬以積到部文之日起支，是否專指端由人員，抑係在營不論
何差，均可起支，例文未經指明，等語，查例載，文職人員，出差查其

此在甘營藩事係會補缺，無論在營何項差事，即以到部之日起支差畫。

三

營參處、續奉升補別缺、未能赴任、至新任僅限、以接到部文之日
起支、並無以須帶兵彈壓、如經起支之文卜移交、把總經章派
辦理營務等件事宜、即以署營參處、自應照例于接奉准補
部文後起支全廉、以歸劃一、
一原無陞補實缺人員、已經到
見回省、奉委尋常差使、未經到任、以前應照四成以下出差
例半支、本任養廉、尋請、其長員養廉、例應于到任之日起
支、出項陞補人員到
見回省、改奉到任、所委文係尋常差使、以及營參處、可比、自毋

實缺人員到
見回省奉委尋常差使
在本省支給養廉

章支給薪俸，以六區分。

一、原資實缺人員出差及調署，分別全半支俸，已有定例。惟艱名平常調有差委人員，卸事以後，應否准支半俸，薪俸章程載有人員因案卸事，離任到內薪俸不准支食。因案卸事人員，應以四任之日起支薪俸。其艱名平常調有差委，此因案卸事下比，應照例停給薪俸。

一、原資候補人員缺委試用，補人員署理，後委兼署他缺，薪俸已再半支署任，半支兼任，擬僅准支署任，不支兼署薪俸。章例載試用補人員委署出缺，均半支署任薪俸。試用補人員

艱名平常
調有差委
卸事以後
停給薪俸

四

试用新补人员署理员缺,并署他缺,不准支给另署半俸

並無本俸可支,所以酌给署任半俸,即不应再支兼任半俸,致有实任者无从别。惟黔省新补人员署理无员之缺,全支署任署理,有员之缺,支署任一半,其另有扣缺项下添给一半。如文员兼署他缺,原署兼署任内并支一半,均无全支养廉之异。查乾隆三十九年原奏,系因苗疆僻壤,一概从优,经黔抚酌议从优,原非通例,他省自应援引。所有各省新补人员署理员缺,并署他缺者,除本支署缺外,另兼署半俸,应不准支。

一 原奏另有衙备,不假经手管理地方事宜,经征钱粮,完纳武职,如有无缺之员署有员之缺,应留俸照依监武职养廉之例扶

方者衙門一項
似署事人員照
文職署缺之例
辦理

教職薪水係
按照二分例
全支半支

全支薪俸、查衙門一應陞任試用人員、究有能理地方之諮
兼三責、即例內所定薪金、亦較綠營為優，自不得援引綠營署
缺之例全支薪金、所有此等薪補人員署理員缺、應照文職
試用薪補委署員缺半支、署任薪金辦理、以示區別、
一原咨教職薪水、係屬二等，如署事人員不准開支、例無文
薪俸、查例教有挑選二等舉人委署教職、凡係陞選補
授員缺、署缺俸銀、薪水二分、准署全支、如特咐署理者、扣留
在任月日、正署各半分支、其署缺教職支領薪水之例款、已
有明文、查薪水為大宗、均係通缺開支之款、自應一律辦理、

五

凡佐雜署缺人員，如係陞遷事故員缺，應按他署任月日，准其全支馬工；如暫行署理員缺，亦按本任月日，正署各半分支，以昭公允。

本年文經廣東巡撫李于同治九年二月十六日咨准部覆：廣東新補人員署理員缺，並署他缺，不准兼支其任半廉，應以同治八年六月接到部文之日截數等因。

裁兵節存米石變價解司兵價 同治九年

會詳為核議詳覆事。現奉

憲台批：據瀘山縣申報，奉遵年裁減兵米，奉行裁汰三成，撥給先生應

撫憲批：所裁減之米，按照前子兵米，仍令扣存，請發倉，抑照從代，以民屯米減

則屯米三成，均歸扣存，分別發價解司存倉，照批令補缺，由奉批查減

則屯米一項，仍應各年間，同各屬照章辦理

兵額減征，可否仍撥補外，均由司衙價買米支放，現在兵額裁減，此項減則米

價，自應遵照裁存，司庫支給，毋庸解解，以省周折，與本邑米價比較低

昂，以昭公允。其本邑屯米，照征本色，應先儘屯米支放，屯米支完，再將民米升

峰為行

特杪核

憲批覆

備查

減則屯米

裁兵三成米

一

價及所餘民米仍存倉儲以免價值留抑戍駐存倉儲難控撫事關邊省大
局與其通盤核計仰布政司會同糧道妥議詳再行核明飭遵至倉
穀與兵米同係倉儲未能從長將征收糧米歸補倉穀之議應遵所奉民米
民米減糶民米三項均同報存糧情均毋庸議著飭該司知之仍候
督部堂批示繳奉抄蒙 又奉
督憲批據稟已悉所有請糶裁存三成兵米應如何辦理之處仰糧道會
同布政司核明詳奪飭遵仍候 撫部院批示繳奉此又蒙本司奉
伏查此項通省應留兵三成核計共應節存米七萬餘石業蒙
奏明酌照沙坵補升項下應價買米一款逐年裁存毋庸解部以備

闽省此项减征米价七千六百余石，其节省之银和本省米石，而兹尚多应请

付照前拨天津四镇裁兵之案，饬令变价解司充饷，俾归一律，免至有其

身批前因，陆将所请，仍于米价补官，敢及民米与减征米三项均和存

之情，因特颁由阁议札饬谨照，批札照分令将分拨修由详覆

宪台鉴核，批示修改，通饬遵照，随与详　云云　查

两广总督部堂　批　仰候　　　　　　　　抚部院批示，通饬遵照，缴批。又奉

广东巡抚部院李　批　据详裁兵之例，据米详减征存司，与广例解外，其余

民米等石，付照天津四镇裁兵成案，变价解司充饷，减属正论，惟前二成

尚存前饷，但收存处，而实欠在民之处，应行分别办理，另行核实，亦云

二

年緣賣存之屢之附為常地丁包米無歸征完者本屬十之一二而兵丁計口
授食多係按股從公苞完以為歷任責成即知無從入手籌墊須支每待次年
借撥歸款其遠年緣入至六萬以由為虧無識將現年米撥勻撥歸補此
前時節米寬餘之完者本缺糧有撥在民久之虧累也近歲身自賊擾
以後征收太絀則知墊完撥補均不能支用已歷六年　前部院昌岱不
客以久任完責成便征便解催征者授實閉案詢屬目前辦理弟令
營米在前時積久如何設法清釐日後短征如何責成補救概未議及
以後兵米挽近截成錮疾現值裁兵三成有贖米截存之時正可乘時
圖之一大機會授請爲價將目伸指實無征存者而言對於將民欠未定

黄藩预领发价之银,如征收之息,向系民欠之逮,照章分年支放七成。而其征存之三成自应黄藩解司征收。九成者祗能饬令发给七成;征收八成者祗能饬令发给一成。其征收之成,以下应黄藩将七成兵米价银算放。照此,不准再有带欠,亦不能再饬垫发。解其省米半系全完之处,并饬移给营县米先给省仓解省,有作有饬发价,如此办理,款目攸归,核实收支,亦无可起。此外递年应如何清查征收在官及实欠在民确数,不使侵亏之处,仰再会同该桂安议,另详。其同治八年米石如何清釐,并遵前批,注销旧粮,照旧价征收,另案议详。转饬遵照。仍缴。

特抄奉批而照抄呈

二

同治八年三月二十日奉

本府札開現奉

督糧道代府布政使司王 札開案照本局會同 藩司衙門暨 糧道擬詳

南昌二縣舉請優擬吾年墊完米石一案今於同治八年三月初十日奉

廣東巡撫部院李 批據詳民米未減價以前之民欠勁以兩年勻攤一年

每年攤賠王成等語核與豁免道光二十九年以前民欠勁定攤賠六

成辦法略同應如詳辦理其外經議減之地丁民米補解米谷項仍照舊章

年歸辦理及將來輪值攤賠減價民米之年亦照案每年攤賠一年統不遲

口滕混仰即通飭知照仍候

廣撫民欠民卷

督部堂批示缴又奉
两广总督部堂张 批据详已悉仰候
抚部院批示录报缴各等因奉此除抄详移会
本藩司衙门暨分别移行各道府州转饬所属遵照将理并行南番二县知
照外合併抄详札知札到立即转饬所属遵照办理并转移佛冈厅知照毋违
计粘抄详单一纸等因计粘抄详单一纸内开为详请示遵事现据南海县知县善
折会同番禺县知县杨光荣禀称窃查两年以来本门减征米价当遵停免捐减
摊前抚宪意在体恤民隐为[illegible]调剂[illegible]第捐摊停免减米价捐征实
多而尚未价减征之余又饬照拟旧欠米价行迴转禁于朝令夕更各属未

逊调刘鸿施宪已倍罹艰苦，卑职先荣曾任莞邑，受累尤钜，计所展缓摊
赔，未由补救。前经卑衔通宪，又与卑职姜善圻会衔渎陈，昨因筹计伍姑旧
粮一节，惟有援引吴粟核照旧章办理，或可缴完，而重催科，复与同寅之四
属联衔通禀，宪内尚有未尽之忱，又由卑职善圻、先荣接续禀陈，各在
案在案。宪台就卑职等两邑会议展缓摊赔，本因公事关通省，不厌
详慎，批行本府体察情形，悉心妥议，总期贫民两便于公事，无妨宪台将方为尽
善，等因，本府仍饬卑职等核议。卑职等查两便，原缓摊赔，偶于公事有碍，展缓摊赔似
为由贫筹办，宪示不便于民，且示谕展限，无庸请免摊赔，似于公事亦无宪
碍。说粤省如孙未减米折以前，逐年所得米羡，实为垫解本年兵米摊

赔往年民欠之罚與例歸有未協獨理完原意以追本
蒋苏扶宗先治灾減賦府及外府拨屬米價復本通飭各屬儘征儘解
不逢墊完等因兹查巴稻狸第民屯各米本不能依限全完而旗
緑餉營兵更難令枵腹從事旭不逢州縣墊放各營必將請大宗設法籌
支藩庫無款可籌仍不能不責之州縣若僅著落墊解而不准列抵
征收之術殊難免相率坐視無準列抵而無庸攤賠則抵款愈積
愈多庫項愈形短宕倘必依三抵一攤原議不爭少亦務全則無庫挪力
仍有萬不能措之勢應年職等願全大局不敢不熟籌審處
者也茲再四会核年職等第二次会章同治六七兩年停攤仍舊同治

八年起照攤一節與外府州縣情形未能盡合且米價依據逾值核算亦
代不復難行其平年成等不能因遽議在先稍思回護謹將查舊案首季
以勸免道光二十九年以前民欠銀米係以六成全歸本缺並任人員攤賠仍
留四成以待另籌歸補追咸豐十一年奉勸免咸豐九年以前民欠仍照前
屆奉提攤賠六成停抵四成祇因連年地方多事兩屆四成民欠迄今未議扣
攤奉飭核議前因卑職等連日會商悉心確核擬即援照咸豐九年以前
兩屆籌補勸免奏着民欠舊案量為變通除地丁錢糧平餘未奉核減及
運米向收折價補廿米價照舊征收之處仍照三抵一攤舊案分別辦理
毋庸置議外應請凡有前時未經減價之米值已經減價之年逕以

兩年勻攤一年爲率就原參一抵一攤論之同治二年分前任列抵民
欠民米歸于同治六七兩年分攤還同治三年分列抵民欠民米歸于同
治八九兩年攤還同治四年分列抵民欠民米歸于同治十年十一年攤
還同治五年分列抵民欠民米歸于同治十二十三兩年攤還同治六年
分列抵民欠係屬減價之米帶征每分現欠民米欠數漸少即歸同治十
四年分去任人員係一年勻攤照數同治柒年以後照此遞推原參改爲
七抵一攤年分殊多而款項仍歸有着前通有各收令請輕重累
即爲前代豐米難節責成且不致如兩屆觭角四成民欠三百餘萬
至今尚延緒補上屢憲意至補升米價有無民米減征之處即照原額
民欠民米一律展緩外有此原民米民欠有三抵半及四抵一攤者均照此類推辦

理是否有當理合將會同桂議緣由專摺密陳伏祈賜核明詳請
兩院憲通飭各府州廳一體遵照實為公便等由據此本司查此案
先據該番禺縣楊令以廣府同治六年分米價已奉減徵請將應攤同治二三
四五年墊完民欠急米丁耗按則易數展至改復米價之年再行接次籌
補等情通詳仰蒙　憲臺批飭會桂議覆當經本司已議以廣府減收米價已欽奉
諭旨允準該使米價驟難改復則前任墊數從何歸着所有應攤同治六年分
墊完銀米仍應照常攤賠未便照準詳覆
憲臺察核在案嗣又據楊令先宗會同南海縣呈請將同治二年墊完
丁耗仍歸六年起任人員攤補其應攤同治七年墊完民欠米石停攤兩年

展至同治八年犯擬等由，到局復經批飭廣州府，督同該二縣將情形悉心妥議去後，茲據該二縣詳稱，將廣府應擬同治二三四五等年前任列抵民欠米石，除以兩年自擬一年為率，計同治五年分民欠民米至同治十二十三兩年即可擬完，同治六年分民米即將同治十四年分本任人員僅一年自擬之數外，府州縣民欠民米無幾，照此類推等情，會詳前來，并據廣州府詳同前由，查同前等伏查各屬自奉裁米價後，辦公已屬竭蹶，現在應捐各款，既不能概予停免，而舊欠米價復須四數擬賠，量力實有未逮，令該府縣等詳請展緩擬賠年限，將廣屬改為十抵一擬，逐年分年豁消，遞但於前任墊抵之項既將有着，而無將擬補力，實精詳詢屬公私兩便，並表寓體恤……辦理，除將……

項銀糧及向收折價之屯米屯谷暨四舊征收之補征升米仍照擬抵舊年錢

理毋庸另議外所有廣府同治二年分前往到抵民欠民米應歸同治六七

兩年攤賠同治三年分到抵民米歸于同治八九兩年攤賠同治四年分到抵民

米歸于同治十年十一年攤賠同治五年分到抵民米歸于同治十二十三兩年

攤賠其同治六年民米已屬減價七年所有民欠米石即歸同治十四年並在

任人員值一年攤自攤足後來年以後均照依值一年攤完不得再行展緩至外

府如肇慶雷高廉瓊及潮州府屬之澄海大埔普甯饒平豐順之高要

嘉應州屬之鎮平平遠南雄州及所屬之始興並經同知等州縣均米

減征米價應仍照向章攤抵不在此列外其惠潮嘉及肇韶羅連各屬

民米均係七年起解入藏征所有六年分应摊赔各年民米仍照旧年摊
分又查外府州厅民只有三摊半一摊者四摊一摊者应当照本年原摊摊村
年分均无出额推究其理以臣之见是否有当理合详请
宪台察核俯赐批示以便移行查照辦理

鹽運使銜高州府知府瑞昌謹

肅

中堂大人閣下：敬肅者，竊照卑府遞年應征牛雜二稅，從前均係按年清完。嗣
因陳逆竄踞信宜，焚燬於全郡，被擾遂致各口稅餉短絀，本府雖亦
設法催征收，仍未足額。計自咸豐十一年起至同治三年底止，共短
征銀九千九百餘兩，歷經各前守稟於在案。卑府於四年二月到
任後，值化州、信宜各被逆匪江二大李亞娘等竄擾，陸起事未久，
旋即詳定。惟西省各商向由信化以至梅菉，該二處軍務甫定，餘
孽未清，兼以博白、容等處尚多伏莽，前據該商旅裹足不前，直至
只年梅菉雜稅連年短征，情形呈議，去水東陸設子廠，照請示覆中

夏秋之交始获一律丰登。伏思税钞蠲免缓征，应解正款，郡属连
年被扰，缓征钱及美金，先经前府蒋超伯等请于四年四月
起作带征，分年归补。
前桂宪以三年分为未足数，四年分仍照张桂是数之外，带
前宪
征多年，缓及批饬再行确查办理。当查四年新饷征收为属
察之旧欠驳议带征，实属力有未逮，惟值此库储支绌，饷需
浩繁，税项多入一分即多得一分之用，曷敢预存请却销涉。因
循且本地方留清，尤应力图整饬，应以本年于上年筹补
安庆之后，即经严查走漏，设法招徕，以冀渐收成效，距至本年

内載惠邑之梅子税及铜石二口雜税为無疑少外至西年梅叢
雜税專係守任内征收并經征銀一千三百餘兩然從以为額
況為平生理未張暢旺此後元氣漸復自當大有轉機乃今
岁以來又(缺)半歲梅叢一口經伊依然不振焦思難安寢饋因
念從前牛雜税内之口多有經征何以近年所虧專在梅叢雜
税撰至情理必有根由再三訪查知至經伊之梅蓋高郡税口
以梅叢為冠鉅梅叢贵貨以棉花為大宗次如竹木藥材生意
亦極繁盛竹木一項屢自信宜因陳逆踞擾三年焚燬殆盡
故至東赴梅者不及曩時十分之三至棉花向以梅叢為聚集

之區西商販運棻林土貨赴梅售賣收買棉花回籍自有年耳
興以後西值春江前匯肆擾內地不通凡仕宦商民之赴前番
寓瓊者多航海以至水東而火船遂以因以爲利所載貨物以
棉花爲最多於是水東開後花月日盛一月既避前稅之征
又省運腳之費上年隨將火船禁革而水東行户海船如林
仍復爭相裁運至西省棻林商販因棉花市在水東者聚之一
印競趨該處以圖貿易遂致梅菉棉花棻林兩埠生意並逐於前
與其貨物要道征稅頗爲多收前此赴省國因兵餉之供給而
現在雖征實由商販之繞越棻林於水東添設十廠急爲補救將

見寔貨之奇，往該處者愈趨愈多，梅菉一口幾集各路，不特舊
額無可彌補，新欠又將疊增，正款悉屬虛懸，無底止。奴才初
遲見聞未確，未敢遽以為言，現經周諮密訪，詳察情形，實有
不能不為之設通之勢，因敢援實參陳，合無仰懇
宸恩，准在水東設立子口一處，專稅棉花、菜、材兩項，以佐梅菉征收
所不及。如蒙
俞允，即由奴才先行出示曉諭，一面遴派幹練妥實之員，前往揮
地定期設口試辦，所有征收稅則，悉照梅菉章程辦理，如水東經
稅貨物販運至梅菉，查驗稅單相符，毋許重征擾累，以杜弊端

需索亟予主纂修将四年短征襍税列摺附陈并将四年并弓位
内征存應解 藩库
宪库朱襍之税前经耗费征而出外便面另文批解分所有梅菜襍税
历年短征情形及议出水来添设子口缘由理合并禀
宪台察核批示祗遵实为公便 须至
督 宪台查照示 恭请
崇安伏祈
钧鉴 卑府 瑞 谨禀
计呈清摺一扣

广州府宪为详请事
详为本月初拾日
奉宪台道由

会奉道批审讯船户刘丁桂告伍贾受伍宗周偏袒重折议
迪田原籍徽州卅年

卅年六月十三年十一月内奉 按察使批据本府呈称伍崇曜承充不能兼顾理事
伍崇曜船户刘丁桂等讯问议据由本批据本府呈称伍崇曜 另行
议将保由伍商事业船户刘丁桂承充各货概行验伍崇曜以图脱卸
查该商西洋情此等作伪犯科之事似非船户刘丁桂一人所能造意其中
尚有串同主使之人伺有原系案以查及细分不足勒戒按是否均系伪情应
再确查切实讯拟究以儆奸顽伺即查迪再行提讯确究并将伍崇曜取
等因奉此 遵即 等饬查案据船户刘丁桂研讯据供伍崇曜本年四十四岁自
贾受伍宗偏袒重折该犯迪田原籍徽州卅年

置買陸船一隻裝運客貨同治三年有新會江寶人葉以為即葉炳光
來佛山口和買得烟葉七十包又向陳村福昌買得烟葉一百包附裝伊船往
省陸交郵葉以為自應小艇先回並陸續將船價及洋銀全數為伊墊貲
伊因葉以為有貨在船放心應允隨將烟葉裝放船上適有郭亞然來船
探問伊所載烟葉應納釐金若干伊說每包約二分左右郭亞然說伊
有偽造釐票價甚便宜在釐廠可以驗票就可不用納釐伊因而上船
不往釐廠投報貪圖便宜信以為實遂用洋銀一元向郭亞然買得釐票三
張後因船上滿載白糖雜貨又載烟葉船身太重在省河另僱亞兜意
尾船致載烟葉講明每箱斤船價銀九角黃得釐票三張交與黃毓對亞

秀占远放船押货安到䑋厰呈验货票不用纳厘又将郭亚瑞接坐放船

开行伊自驾去阴船至去阴又卸货物仍回家中五月初一日带领黄和胜塞

将伊劫获解县提审等情诘以郭亚瑞籍隶何处投伙仙麽西塞桂和

人姓不知其住何乡村仅传闻他曾到系新成村兼家人兼所当质讯供

亦伪合并投放船之后伍亚帨系郭亚标供称伊等所见郭亚瑞船中

尚有之货票均是新埠河西郭亚瑞出具之情等语当即札行广西巡

桂和续获郭亚瑞解究之之后有未获获解后提到丁桂之黎能村等

再四隔别研讯矣伊不移本即先行撤结并声等伏查本案李阴船仁

刘丁桂受雇兼所当装钱烟兼所知郭亚瑞货票仍属何连概系用认罚

受西園備漏瑩重寶附賬玩現擇等被駁斥之云西洋傳稱其是郎世

寧箱中有帯多瑩石是係宗保郎世寧畫繪多種郎世寧十數卷頭應

請旨注兆劉丁桂過四庫館。陳奏和數楚由朕。以爲總攬向以日不整裘

檢查人等仍無敢作之不云西洋仍未云西標識之處備滿瑩重情節請免

賞識是否之處公仍有訊掛識原由了年 五 秋

道光年 增桂 藩呆 程 局

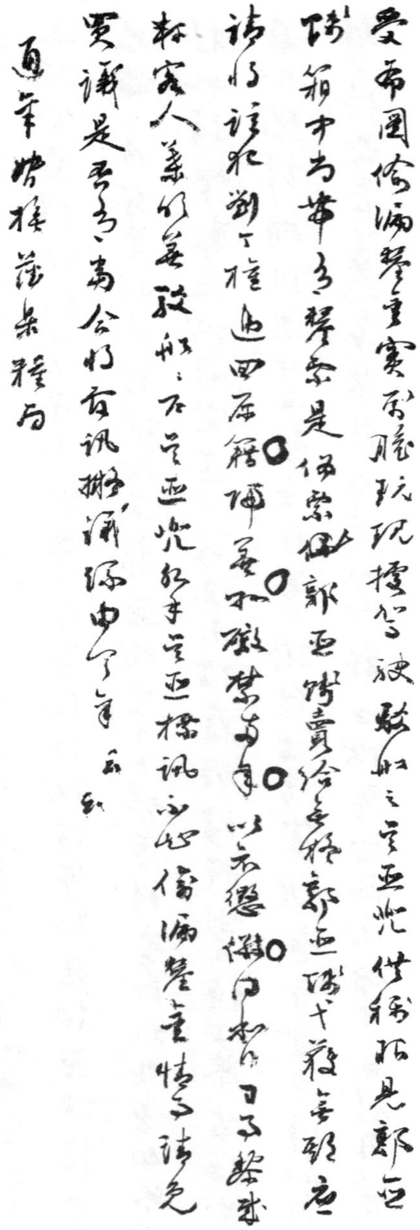

部颁 皇太后 皇上三大节庆贺表式

礼部谨奏为 开写事例内开 皇上登极后各省及朝鲜国每岁恭进庆贺表
文由内阁拟撰表式交臣部颁发等语本年正月二十日 皇上登极所有各省及
朝鲜国应进两宫 皇太后万寿圣节 元旦 长至令节 皇上万寿圣
节 元旦 长至令节庆贺表文应照例由内阁拟撰表式交臣部刊刻颁发并
钞又奉旨光绪元年 元旦表文经臣部奏准恭进并声明二十五月之内三大节
毋庸进表 去岁恭照光绪元年 元旦令节钦奉 懿旨毋庸表进庆贺至光绪
二年 元旦令节经臣部奏请援照同治元年 元旦之例 皇上升殿受贺仍应
照例进表其二十七月之内三大节均请俟照咸丰毋庸进表至两宫 皇太后万寿

庆贺三大节表式

圣节暨元旦长至节例应进表叙贺今将陆续拟就呈阅

庆贺表式○恭拟请王大臣叙贺

皇后三大节表式

臣 等等诚惶诚恐稽首 顿首

上

贺伏以

○○淑对肸蠁云蒸瑞霭万之颖 ○○紫登懋介禧昌万吉之基 钦惟 平抬

○懿友归福康庆金吉后陛下 ○德协坤元 ○芸佺瑶佩 ○椒闱式礼宏翼之

懿祉福佑康颐

德懿 ○荣敷贵化衍鸿龄而启运华天锡庆集俊膺钦臣等幸逢

熙頌欣逢

聖壽元正長至伏願 愈暉普德四時和而玉燭長調 壽寓延洪五福備而金甌永固

臣等無任瞻天仰聖懽忭之至謹奉表稱賀以聞

會上三大節表式

云云 伏以

聖謨集性理之業 隆基緝熙 至德布中和之化 風俗調之欣惟

皇帝陛下 泰運凝釐 乾符合撰 一人有慶祥呼開日月之華 萬福來同膏

渥壁雲霓之望 率土咸安於夏屋 普天同樂夫春臺 臣等才慚

熙頌欣逢

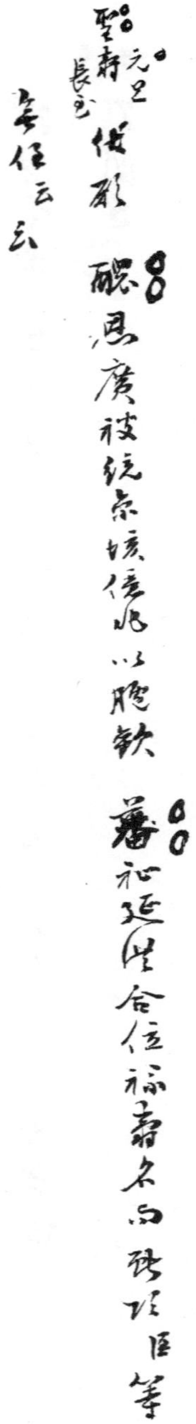

左宗棠片奏謝
天恩仰祈
聖鑒事竊臣於十一月初五日准兵部火票遞到同治十二年十月二十五日內
閣奉
上諭昨因肅州克復降旨將在事出力之徐占彪等分別優獎因思陝
甘逆回擾亂十有餘載糜爛披猖自簡任左宗棠總督陝甘數年以
來不辭艱苦次第剿辦此次親臨前敵督飭將士克復堅城關內一
律肅清朕心實深嘉悅自應特沛殊恩用昭懋賞左宗棠著以陝
甘總督協辦大學士該大臣前經賞給騎都尉世職著晉為一等

轻车都尉世职钦氏踪骑之下战洮渊零周堪所措伏念臣荷戈万里

授华十年受

文字射远之知蹤躍以貳條

聖主中興之運治理画圻榆撓移師縱筆玉關之檄花門致馘韋清黑

水之廛祗

天討以申威方愧戎馬之未敏乃

榮頒延綍

寵逾樞臺外僚兩內補之班参與政多乙橋並甲科之選佐理于章兰家

簽隨而家而勳階之檄綍

賁延於玉晉峻秩于樞桷閣

爲自天休褒無地荷

恩施之極涯圖報稱而彌難欽惟

皇上單心緝學

明目求賢者

璿陛之親睦覃瀛寰之大定邕邕

聖執式嚴百爾紀綱

昭仰

宸謨永奠千秋磐石臣惟有恃占鼎足吉寓師中竭薄效於駑駘

敢耽燕息接遺黎於氊毳同答
鴻施甲洗天河願種族以依
日下寅紀象
帝錄舍人文世起風雲所有微臣踐職紫宸不忱謹繕摺恭
天恩伏乞
皇上聖鑒謹
奏

壽民親見七代五世同堂給與匾額賞給緞疋銀兩
布政使司爲知照事同治十二年二月初七日奉
廣東巡撫部院張
憲 案驗同治十二年正月二十七日准
禮部咨儀制司案呈禮科抄出本部題覆廣東樂昌縣增貢生羅正大
現年九十三歲親見七代五世同堂請
旌一疏同治十一年十月二十七日題二十九日奉
旨依議欽此欽遵到部相應抄錄原題行文該撫可也等因查年到本部院
准此合就檄行備案仰司照依咨內事
旨及飭單事理即便轉飭欽遵查照將增貢生羅正大照例詳請給與匾額賞給
旌表親見七代五世同堂給與匾額緞疋銀兩

經工部將從前銷毀遺計數單一併齎回等因奉此合就飭行為此案

仰該府官吏照依奉准咨事

右仰移單即理即便飭將帶同知銷遺書並將執照齎呈羅布奉例詳請給予匾

額費給經工部冊遺計數單一併聲明識認實例壽民壽婦未屆百歲不在

同案者分該府按照歷年案給與匾額費給經工部冊又上年祖父祖母等送

元孫親見五代者給與七葉衍祥字樣取具冊結送部由部核實奉題等

經工廣東歷年稱揆度生羅西同治十年九十二歲知縣李年九十三歲

親見七代奉旨加賞等情與

旌表之例相符應請嗣後該按按照年歲給與匾額費給經工部照其費應

索阿物羅巴氏應得匾額即給七葉衍祥字樣等語
而今臣部遵奉諭旨將伊母現有七世者經行給與書匾銀兩交該省辦理在案
如申請給予格外旌奬給與匾額緞匹銀兩等由前來查定
例壽民年屆百歲以上者各該督撫分別年歲給與匾額緞匹
銀兩等語又壽民之家親見七代者給與七葉衍祥字
樣今索阿物羅巴氏年屆百歲親見七代子孫同堂應給與匾
額查給緞匹銀兩應請查給銀十兩緞一匹折銀六兩匾額銀五兩共銀二
十一兩均請在於存公項　部撥存留款項內動支並請
賞發給列壽衍堂給匾式下司備造同遵照繳辦理按年將匾額緞匹
二

初兩一冊系明袁給是否有當理合詳繳
憲臺察核示遵俾得
檢閱舊案以爲考備由呈伏乞
照詳施行

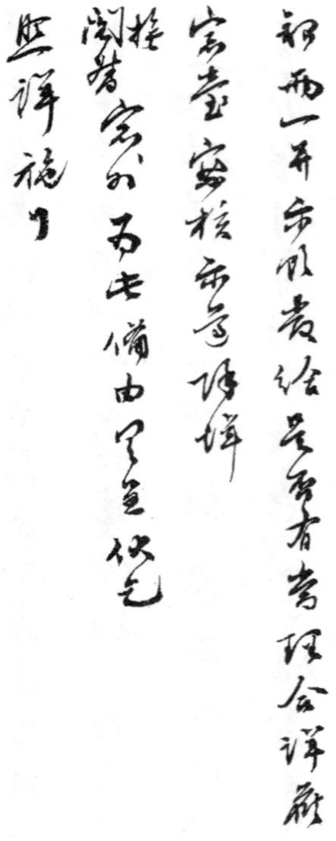

奏請增廣學額

署理兩江總督江蘇巡撫臣何璟署理江蘇巡撫江蘇布政使臣恩

錫跪

奏為查明阜寧縣實係地廣糧增人民日盛懇

恩准照中學設額取進以惠士林恭摺仰祈

聖鑒事竊照淮安府屬之阜寧縣于雍正九年以東北濱海新淤漲

地二百餘里並劃撥山陽鹽城二縣之地遂設縣治另立學額即

于山陽鹽城兩縣額內各撥六名歸阜寧縣取進嗣因應試人數不及百

名復經撥回山陽鹽城各二名僅存八名俟應試人滿三百名再復原額

增廣學額

曾经奏明有案。厥后考试人数渐增，忠义等学，故多拨府学取
进，以示鼓励。迨咸丰同治年间，人民蔚起，每届考试文童多至
六七百名，亦等于同治二年三月经前升任抚臣李鸿章会折具
请立中学设立十六名定额，仍广学进，奏
旨：礼部议奏。钦此。旋经部臣以其开窗稍地僻，西人刻分地，不加
广人数，加众仅以应试人多，未便加增学额，议令于文风较盛，多
以学内酌拨四名，或于府学中酌量多拨等因，于是年初十日具
奏，奉
旨：依议。钦此。钦遵在案。兹据江宁藩司梅启照详据该府转据

闔邑紳士呈稱阜甯遠設之始劃分山鹽原額等款田地一萬八千
四百餘頃歲征銀二萬三千八百餘兩嗣因濱海臨河地日坍漲歷
年清丈案內勘出復賦升科灘蕩籌餉等款及領佃未入額溢
地並台領河海衛三灘又廢灣場灶地內丈出古熟地畝加升
銀兩共計新升田地一萬一千八百餘兩頃加增賦銀六千三百
餘兩增收租錢八千二百餘千尚有坐落該邑之第蕩營二料
灘地淮安大河二衛安東蔣壩二營屯田地畝數千餘頃不在
此內該邑續增田糧雖未算入全書然細經加升均經其溢有
案即有未入正額田地亦係奉准台領征租並溢地加賦確有實數
增廣學額

可稽而该县建治之初应试人数不及百名现在与考者已有千
名之多其中不乏可取之才每届岁科二试于加额拨府学八名之
外往往以限额见遗仅由多取佾生近年乡会二试更多中式之
士科名鼎盛自是为人文日盛之征溯查淮安府属之山阳
坛埠而县学分拨阜宁县外往往额进文生二十一名清河桃源
安东三县均额进二十名该阜宁县考试人数仵于山桃多于
清安地数等于山安广于清桃而至今未立专学仅只拨进额
八名绝不得与山坛比拟并不得与安桃相埒情实向隅今蒙部
议查开原额续并田粮丁数仍请照其学定额

懷甯縣十六名取進其遴拔廩增貢生悉照中學定額辦理
以順輿情等情由司查核明確轉造賦清冊詳請具奏前來
臣等伏查學政全書內開陝西省之鎮番衛山西省之臨晉縣
或以人民最盛或以錢糧較多曾經加增學額照大學取進今
阜甯縣遠設已久升廣海濱地近千里應試文童人加數倍溢
增地賦人民日盛均有確數可稽若仍照原設八名學額取進
實不足以滿多士之所以興文教而廣造就合無仰懇
天恩俯准將阜甯學額中式定額十六名取進所有遴拔廩增
貢生均照中學之例辦理如蒙應試人衆必多見遺應請仍
增廣學額

由学政多拨府学取进以八名为限俾广东育婴堂士子永得
将原额续增田赋清册咨送礼部查核谨会同江苏学政
臣
彭元瑞恭摺具奏伏乞
皇上圣鉴训示谨奏军机大臣奉
旨礼部议奏钦此

江蘇巡撫臣何琛跪

奏為請增貢額以勵人材而廣登進恭摺仰祈

聖鑒事竊照太倉州係於雍正三年由衛改升直隸州應分設鎮洋縣又嘉定縣亦於雍正三年分設寶山縣各設各學歲貢太倉州取進文生十三名鎮洋縣十二名該州縣廩增各設十五名嘉定縣取進文生十三名寶山縣十二名每縣廩增各設十名又撥蘇州府學廩額五名在太倉州屬各學照文取進惟拔貢歷十二年之久於合四州縣只拔二名茲據該州縣學等以現在應試文生自壹百五十餘名至二百餘名不等其可堪膺選拔者均不

增廣學額

之人仰懇請分設拔貢等情前據詳由蘇州布政使恩錫核明詳
請奏前來臣伏查各省府廳州縣拔貢均設有定額其新設
及改設各學未設拔貢定額者例應俟人數日增文風日盛方
准奏請設額前於咸豐十年同治八九年四川新寧州新繁
彰明縣崇寧縣威遠新津雙流等縣均有分設以後人民蔚
起奏准每縣各設拔貢一名又江蘇松江府屬之華亭等六縣
常州府屬之武進等六縣並海門廳前據呈請分設拔貢定額
亦經前撫臣張之萬專摺具奏在案現在太倉等四州縣情形
相同核與添設例案亦均符合相應仰懇

天恩俯准將太倉、鎮洋、嘉定、寶山等四州縣各設拔貢一名，以廣崇

廷宣睠激勵之榮

奏允，即以下屆癸酉科爲始，令同東省遴選認真考校，以仰副

聖朝樂育人才之至意。謹會同江蘇學臣彭元瑞恭摺具奏，伏乞

聖鑒訓示。謹奏。奉

旨：禮部議奏。欽此。

查近年奉天之昌圖岫岩兩廳均以生齒日繁文風日盛先後
經該將軍等奏准興建學校並設訓導一員取進學額各四名
並設廩額各一名增額各二名又經 盛京戶部侍郎等奏准
昌圖岫岩兩廳均設拔貢額一名各等因

從宗室奕榕奏吉林省伯都訥長春兩廳請建 文廟學
署分設教官應添廩增拔貢各額摺內摘抄

文淵閣大學士兩廣總督兼署廣東巡撫 奴才瑞麟跪
奏為審明文闈傳遞人犯按律定擬恭摺仰祈
聖鑒事竊照同治九年庚午科廣東省文闈鄉試前據臣李福泰以
闈中經臨提調監試等官嚴查代倩等弊飭據巡綽各
官于頭場收卷畢後清查號舍見有號軍馬潤秋一名形
跡可疑搜出身帶文稿訊據供認為附貢生陳烺刪改文字等
情隨于二場將陳烺扣留並馬潤秋一併押發廣州府確審當
經恭摺具奏同治九年十月十九日奉
旨知道了欽此隨經札飭查明附貢生陳烺入學捐貢年分

事經道詳奉批嗣據委員廣州府將犯審擬解司提訊供詞
翻異司提供關巡役質訊並據番禺縣將巡役炭創解經臬司
務親會同臬司鄧廷楨提犯審供解勘前來臣親提研訊
緣陳焜雲澐狀均籍隸新會縣雲澐於自幼與陳焜同窗
讀書素相交好陳焜于道光二十七年歲考取入廣州府學●
附生加捐貢生同治九年庚午科本省鄉試雲澐於因屢應
童試未經入學貿首難度本省充當貢院號軍希冀與
人代館圖利陳焜先亦出情願是年八月初八日考試頭場陳焜
點名進場後坐東唐字號至初九日午刻將首藝次藝易

钱把稿作朱、三篇尚未作就，伴患感冒病症，适雪潭秋走
至，探见向陈娘告知充当军师帮办图馀，替获和无人应倩
情由，陈娘因值患病，又因所作首次两艺亦甚恬意，稿出雪
潭秋交理表优，甚赠改立代作三篇，许俟中式后酬谢洋
银若[圆]，雪潭秋贪利应允，即将首次两篇改就，并代作三篇
交陈娘阅看，陈娘自行作诗一首，誊写卷尚出场旋值提
调覆试，特自誊缮，会宣清查归舍，见雪潭秋形迹可疑，搂
出身带文稿，密调陈娘墨卷核对，文艺相符，拿出监临于
二场将陈娘扣留，连雪潭秋一併发交苏提审明，移勘提讯

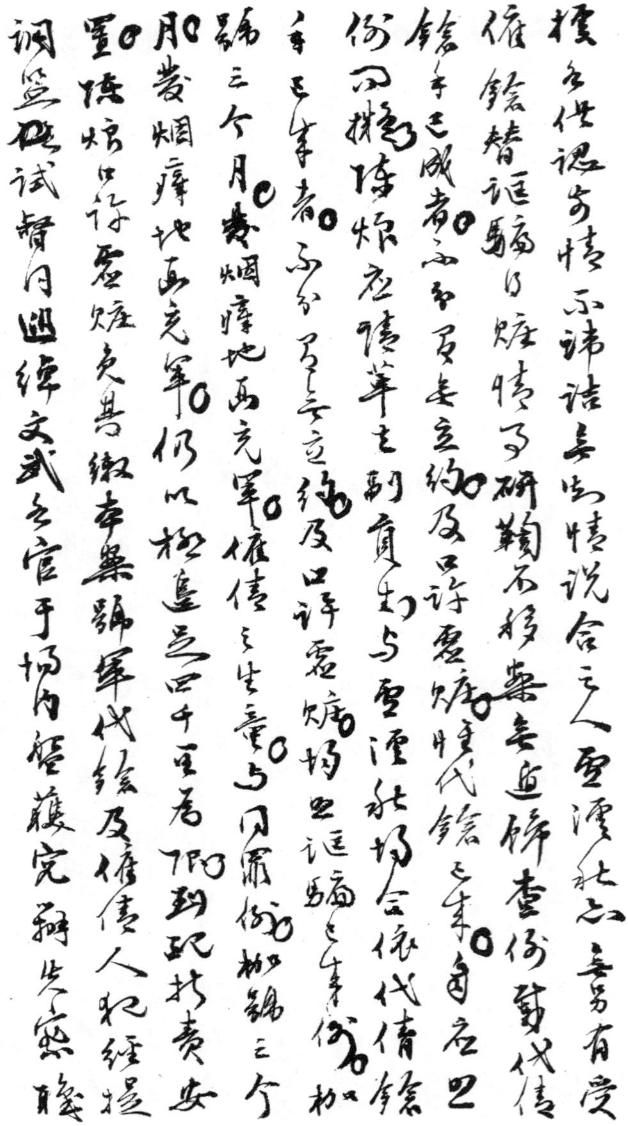
樸之供課寄情不諱詰無出情説合之人軍須紀之無另有受
催餘替誆騙煙情弊研鞫不移案無道停查係勤代傳
餘之手已成者不得再無立約及口詐處煙性代餘之事。自應已
係用挪陪煙應請準其剔責處與軍須紀場合依代傳餘
之手未有者不得另無立約及口詐處煙均照誆騙之事例加一
歸三個月。其煙癖地面充軍催傳之生童與同罪例加歸三個
月。其煙癖地面充軍。仍以極邊四千里為限。到配杖責安
置。煙煙行處煙免其繳本案歸罪代餘及催傳人犯經提
調覆試督同巡綽文武之官于場內盤獲究辦失察隱

名應請免開棟蘇雪溪於身帶文稿集結銷燬該炬指責執
出傷知道總送銷毀錄涂部分所存實所定燬錄由奴才謹恭摺
具奏伏乞

皇太后

皇上聖鑒

敕部核覆施行謹奏軍機大臣等

旨開部議奏欽此

李鸿章片

再，據署總兵譚勝達來稟，該員係湖南長沙縣人，於咸豐五年調入湖南永清營充當哨弁，隨剿髮逆，轉戰楚粵江皖等省，肢體迭受炮子刀傷，穿透要害，每遇陰雨時發痛楚，艱於馳射，雖仍奮力，未請具稟前來。臣查該員剿賊奮勇，迭受重傷，係屬實情，相應合仰懇

天恩，准免騎射，出自

逾格鴻施。除彙案咨送部科外，理合附片陳明，伏乞

武臣剿賊奮勇受傷准免騎射

聖訓示諸軍機大臣奉

旨著照所請兵部知道欽此

勘查　萬壽宮工程由 據請核發代墊內用款項十三年七月[illegible]惠平和義瑞峯等

據有現年總會奉　宗座批准撥惠平和義合分工程情形

萬壽宮房屋傾壞已將實在情形呈奉請示今按同治十二年八月二十五日奉

宮各批核准記和地方用兵辦事務

萬壽宮大工修理現經記和籌辦無信實不能謹安(?)工程受撥你等前往物料特備之

何辦云云　文書　應在已核之批　核准記和

萬壽宮年久傾圮現擬修造算錢價從此開工可承你等即須特備籌思與你定閱以

責大造何得與工程各自移交用過工料錢數分別開具清摺並聲明云云今奉內由日札

應將料知今奉有經通料核之據同治十三年九月十五日與工程結(?)役發給　批同治十三年正

月十八日完竣計用過工料錢一千一百三十六兩三千七百(?)與工之錢有明清用過工料錢兩細數清摺

上八

先行查照冊報來案藩司擬追之程銀兩實缺佐貳由原撥自行設法籌補惟現在並據未或即
行銷事可否妥為籌辦思 等查 實定各項貲典移所開有無主者循照字請與撥致之
以后其捐精廣德何以在[illegible]情或有弟實缺現撤將前項之程銀了一百三十六兩三錢七分佐實缺
自行認捐銀一百三十六兩三錢七分俟銀一千兩歸於[illegible]平加事缺追佐等論之需於捐作被追歉佐
會同照數高要如有俟佐於受代內於將外環全需年在於俟照之事實為之仗請由有批所
前查與出仰未有政司飭追[illegible]照作[illegible]捐批查擬將名目久經禁革現
年請將前項捐借 等查實之程銀兩佐自行認捐一百三十[illegible]兩外[illegible]
平加事缺追佐九於捐抽由便追佐[illegible]
即行飭遵[illegible]
向有[illegible]

修理衙署等工塑变工料银两〇由代造作折抵款目业经本局核算职员声明当事文
代章程内议请严行禁革并详列在案如有巧立折抵名目确查违章从严批准或职
者均于各代折内一律删除等因今该恩平知县请将前项菊寿宫工程银两饬自
行报拨银一万二千修两外仍银一千两归核恩平县缺垫作乃折拟抵款未便率准饬县认
拟完在于各代为一次提请除外合饬核查即修造并由恩等因奉此代查各代新章裁
革拟抵名目仍不得摊派胥役浮费款宗息高厚之处周饬县各代章程内有谓巧立
折抵名目照依各住人员间行和衙门设立名目须将冀销者亦似与牵强先经首年
宜查得核定批行兴工办理者有问以年牍核定批示内所用造工料银数存按奏
核议牵强内有更为案经费内常核销无特因数册核完未能委冀间销实银此窃思
事属宫内有无疑问之地难以保全报之核议之应即行核算该无指请一人独办未免偏枯年牍

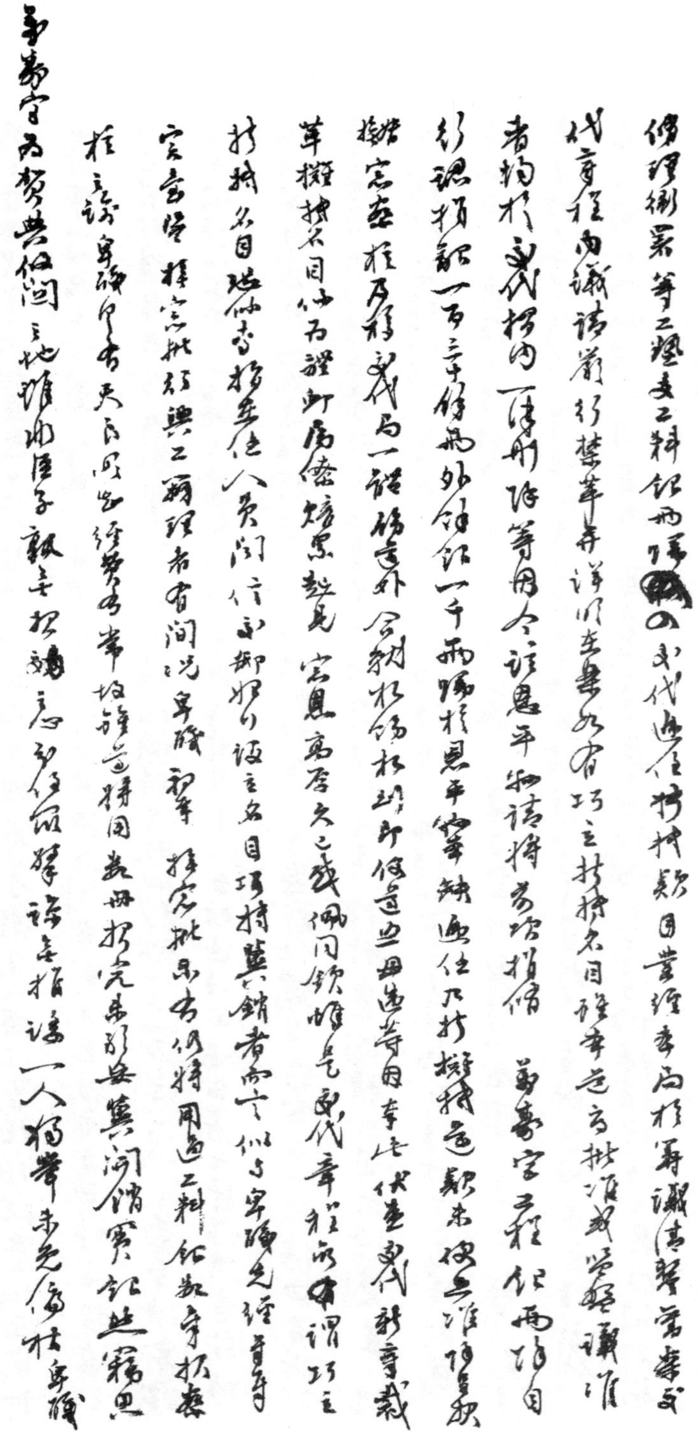

所以好為扶持和相之誼光緒之宗識 此次堅修吾族蕭 等將之程可比其承直年唯備彼門與之之義亦非俟御事時亦有意方拱稱者可同相提並 論因維自四合而再起 宗恩俾能帰識村詞不另例以昭宗識 皆之獨人抑或以傷 善傳而識修紀諸件宗機得以扶修歸於無斷劉扶更免後任勝來之紛累 凡此者論皆 望即查明 大人傳付局傳之極此籲 不勝迫切待命之至 此奉 云云

墊過各署工程由善後局經遞成卷

致寧省稿四本年七月二十日 刻省垣烈風驟雨震撼異常

宮署及

將軍
都督 宮暨
撫院
學院

藩臬糧 宮本府各署頭門儀門大堂二堂四牆等處廨宇均有倒壞

接宮署前旗杆二枝先後吹折亟應揭竪俾復以資棲止而壯觀

瞻經門協匠人前赴各局分別確估工料購買俾補一面刻期

興工去後茲據該匠役等稱前項工程現已一律工竣所有工

料脚價錢兩核實請計共需銀若干兩繕文給等情前來卑職

等覆查粵省歷將成案送司除要工程數在千兩以上者由南海工
知先行墊給俟由道省核擬捐還歸款同治十三年八月間
督轅旗杆被風吹折卑南海知縣張前署令琮卑番禺知縣朱前令昌
言估內墊造豎復旗杆工料銀兩因道省擬捐有需時日等事
善後局憲核明准由局給墊造工價銀數給領歸款在案此次
局憲
撫署旗杆被風吹折與同治十三年
督轅旗杆被風吹斷事同一律而
各憲衙署倒壞多需修葺粘補所費尤屬不貲且自米萬藏
減以來州縣擬捐名目多奉革除前項銀兩若必議由道省擬還

亦恐無稽初終之藉詞徒設有名無實早經籌商再四理宜據
實陳伏仰懇
恩施撥給造具細數清冊呈覈
憲台察核俯賜核明准照同治十三年修復
增築旗杆成案將此次第二批墊借
各憲衙署工程經費由
善後總局籌項照數給領俾資歸補而免虧挪如蒙俯
憲局
成全實無既極銜此云云

上九

禮部謹

奏爲遵

旨議奏事。同治十一年九月二十九日内閣抄出廣東學政何廷

謙奏援案請將廣州駐防生員貢額廣額以廣登進

而昭激勸一摺。本年九月二十六日軍機大臣奉

旨：禮部議奏。欽此。欽遵到部。據原奏内稱：該駐防生員自

欽讀書講藝之士日盛，而論生徒三年鄉試及恩歲二

貢則無進取之階。查康熙十八年禮部議覆御史趙本

明奏請爲有駐防官兵子弟一體遵援舉優一摺内開

請將廣州駐防生員貢額廣額部覆

直隸學生員共有一千二百餘名每次選拔二十四名
統計五十餘名選取一名現查各省駐防生員四十名以至
十餘名不等其直三十名以下者尚未設立廩增名額所
有選拔舉優應俟人數敷充裕文風日盛後再由該
將軍督學政等照章請奏明以後該駐防文風蒸蒸
日上該處設立廩增歷有年所上年歲考滿洲生員應試
者九十八名加以新進十五名共有一百一十三名人數已多
充裕文風亦屬日盛擬請與禮部原議係由將軍學政奏
請之案相符該駐防應照京旗每十餘名選取一

名之俗請比照各州學每届人數多少每届選拔年分
准拔一名又優貢三年一舉廣東全省每届僅取四
名以駐防人數相較尚不得一名之數嗣後選拔與舉優
並行該駐防中有經明行修之士不得舉拔似非所以
昭激勸擬請嗣後舉優年分擇有品有學者准取一
人又該駐防原設庠增生二名文武童均在庠生廩保
送前應考人數尚少近年每屆文童不下七八十名武童
不下三四百名額設庠生二名不敷應派請酌添庠額四名
以保各生子弟 臣等查各直省駐防自嘉慶四年奉准設立

二

應試按照人數每六名取進一名並未設有一定名額是
以乾隆十八年御批數御史趙禾彤奏請各省駐防
考選拔舉優經臣部查各駐防人數過少所有選拔
舉優應俟人文日盛後再行奏明辦理因奏准在案今該
學政奏請設立廣州駐防選拔舉優貢並查定例拔貢
府學二名其餘各學一名京旗二十四名惟查該駐防生
員學冊既有一百餘人與州學小學人數不甚懸殊該京
旗五十餘名選取一名之數亦屬有盈無絀擬請量為變通
准該學政所請准其設立廣州駐防拔貢一名屆選拔年

分照該撥取如不得文行並優之士仍照例任缺毋濫並優貢
一項查定例大省毋過五六名中省毋過三四名小省毋過一二
名又嘉慶十八年議准順天學政三年任滿八旗生員
如有文行兼優之士準其舉優一名如不得其人聽任缺
毋濫誠因優貢三年一舉爲期稍近與拔貢不同必
合通省經明行修之士嚴行選擇今該駐防生員雖有
一百餘名惟按其人數不惟與各省大相懸殊即較之京旗
生員亦尚不及十分之一今既按鄉試中額及恩歲貢分設
之拔貢一名遴取之途尚不爲不寬若再於三年內舉優

二

貢一名俾各人可舉所援遷就充數致廣登進之途特
懇恩冒瀆之漸該學政添設該駐防優貢之處應無庸
議又據稱該駐防應試人數日衆原設庠生二名不敷
選補自仰蒙查恤將惟查該駐防自嘉慶十五年設
立庠始至二名五年一貢今遞加四名之多未免浮於
原額擬請於原額二名外再添庠生二名共定為庠
額四名按額四名以示限制庠額既加倍其原定五
年一貢之處擬改為四年一貢新補庠生仍照例俟
食餼後十年方准出貢所有遵旨議緣由之
道光十二年四月廿四日廣東抄摘錄

为接领印押详请给照事切据刘安多称切蚁伊本知山都人（乡山和）
当人甲民籍身家殷实缘有胞伴刘恒专先于同治三年二月
内在知秀山县阳角芽埠材松街开张裕生炳押一间详奉给帖
历年俯纳完部无欠兹因刘恒专力弱无能完本不愿开张
情愿退与蚁接承指本还来村前龙陵仅出栖社内伯仙都
出收开为名义和进年意例应纳帖银等项为当本银一两照
例取息三分货物三年期满复安完本不敢短欠利至刘
恒专原领之款经费本银并历年月日息银业当存货物俱
已接收清楚并无短欠轶瞒捏情等理合据出刘恒专原
一
接承印押

劉裕生押帖暨歷年完糧執照所具退結懇備具訊供送
同保鄰具結並繳伏乞詳請將劉裕生押註銷換給劉以嵩
和新帖俾閤埠有憑等情並據劉嵩帖執照退結訊供甘結
到縣據此當即飭據地保劉永祥左鄰劉廣盛右鄰劉業興
結覆前來卷查同治三年二月內據劉恆吉等以東山縣角等
瑞材出帖閤總裕生押的一名當據詳李繪帖閤埠李興以致
據劉安年稟伊係劉恆吉力竭無銀完糧不應閤總情愿退與
伊接承捐米還本村當就隆燦生糧社內伯劉安改閤嵩
名藏和生理等情並據劉恆吉出具退結前來 奉批 伏查劉

安分心劉恆吉眼伴身家難實之情居積弗積承攸閣義
和飾當一習所有歷年飾租及所欠款難賞忘經劉恆吉完解
納情無異議援保備結呈無異言請准具照例援閣移飭令將
該劉當帖完納執照並將呈頂任毋再行如果即結存案銷
即詳銷
完查案核觀該將劉祖生押注銷換給劉義和當新帖實
為公便再查當押執照傳李川陳有內另詳詳覆核
四月初三日奉批劉知卑職核四月十三日具詳候查照內會
併韓明為此備由具劉祖生押帖一紙完納執照九張併結

二

云云具申伏乞
照詳施行須至本冊者

鍇報交代分扣駁改建延特移送延甚而連延之職名

再理本案交代詳署府戴肇原於同治六年十月初八日限內造具冊結出文申繳，並日到送審，據送查核，原冊款目不符，十三月駁回到府，詳署府戴肇辰查奉駁各款，係前署府段錫林所造，仰錫段錫林查……前有續委署新城府篆，尚將原冊移於七年七月初四日移送到，段錫林詳城府任所查改更新，未接冊移查，前案適柳語城府任隨接前冊赴有實改正，於同治八年七月初三日送回到，府現任戴城府馬端和查核前任交代，所具結于彼時戴署府之款，署府嚴城府篆，尚得允交代扣限 一

册於同治八年十二月十八日轉移到戴擎右處，所戴
擎右接册後，遂請將於同治九年八月初七日移交蓋印出
文。旋因到任實缺，遂於十日加給轉移九月十八
日到司，當同查核各册，列造數目多有未符，二十二日數回由
遂遞送到處，現值瓊郡府馮端本查係前任交代，就其經
手，彼時戴擎右適卸廣郡府，任續捐，遂多請咨赴京投
送，均屬查有。前將上册於同治十年二月初五日轉移到戴
擎右家屬，有家查改，詳覈擎右家屬，接册查看駁多款，
仍前署府段錫典原改未清，尚將各册於同治十年五月

二十三日送到段确估查改段飭妥接辦催造移查為
案續據署冊內為纂總據冊到冊內修所送一段合
於同治十一年正月十四日送四冊繕事不家存接冊繕造齊
全於同治十一年八月初八日移送壞冊為蓋印壞冊為知
為可清於同治十二年二月初五日代為蓋印出文據咨
到司查定例造送錢糧文冊外備經上司駁飭要即批查
初次據估往返其有次駁查以後往返程途及上司批轉日[?]
？據不涉其批准菁因本案交代造冊動估駁改違延以同
治六年十月十三日由道初次駁飭起續由司覆駁至同治

二

十二年二月初五日投遞到司前一日止連閏計歷過年零
七月零二十二日內係由道初次錫駁到府由府投遞到道
府道同城無程限可扣道距省一千八百一十里應扣程限三
十六日司前轉文一十日共一個月零一十六日道與扣除外計
分寬限冊遲延違五年四個月零六日內聲覆府投冊遲延以
同治六年十月十二日由道初次駁錫起至七年七月初五日將
冊移送錢錫林查投前一日止又自同治八年十二月十八日投錫
林投正由馮端木移回轉送起至九年八月初七日繳覆到道
前一日止又由司復駁自同治十年二月初五日由馮端木移回

家奴韩进起至五月二十三日将册移送到段锡林查收前
一日止又自段锡林遞迟一天在于同治十一年五月十四日送回
家奴韩进起至八月初八日送交蓋印前一日止计逢延逮
闰一年十一个月零二十三日又段锡林改册遞延以同治
七年七月初五日戴馨启将册移改起至同治八年七月初三
日送回到交前一日止又自同治十年五月二十三日再接准
戴馨启家奴将册送改起至十一年五月十四日改合移回戴
馨启家奴韩进前一日止计连延一年十一个月零一十九日
又冯端本自同治八年七月初三日接准段锡林将册改正核

三

回到司起至十二月十八日移送戴縣丞廣西司作所轄造
前一日止又由司復駁自同治九年九月二十二日到司起至十
年二月初五日移送戴縣丞家屬責實查路前一日止前
後併計遲閱計將移遲延十個月零二十七日又丁憂自同
治十一年八月初八日接准戴縣丞家屬將冊移回蓋印起至
十二年二月初五日出文移會到司前一日止計蓋印遲延五
個月零二十七日所有交代造冊外錯駁改遲延一年以上職名
係前署壤府司事龔積知司經歷林前署壤府司事前所
司已司戴縣丞轄移遲延半年以上職名係前任壤府司

续调补广州府知府冯端本著即速赴新任以上题名俱现
任广州府知府丁浩亨特旨名俱现任雷琼道王瑞相应
分咨闽抚详覆咨
部核议
此案俱仿照同治十年二月内代理督粤府郭式昌
接收解营生应代速赴三年八个月实将应接任
之年福之接任之数先后暂扣特旨速赴及四
接任之瑞思暂扣暂即速赴详咨缘案办理

四

前件户部復准尚书李吏部推议咨行推部
武官一条暂权补星差印延一月以上因出
专印到内咨结先议此记
又病故人员应转日期仍归病故之员暂权部
武官家代之条内之年称病故即作如此暂权

文、代吏籍損壞詳明立案文稿

為詳明事竊照 年 月 日奉准 按察司移知一切事到 上諭着另修吏籍恐
時遠失脫缺因置木櫃收貯以備合屆交卸開櫃查點不意被風漏破木櫃入
內將須黃搭散因一幅殘破僅存破紙殘黃 上諭二道亦被淋毀代查康熙
四十六年九月江西巡撫 咨稱江西都司任被一道被火焚燒兵部議覆定例內
員謹敕被水火淹殘毀失者供屬不測之事變無似此可憫聞風如有此等情事
均應免議等語將都司衙門趙德昌援例免議等 旨依議又雍正二年
曹按察道稽河南運判王會澤議理運司任內雍正元年四月廿六日欽頒運司
上諭亦未蒙收文代相應題參等 旨王會澤免議此不過朕之訓導諭旨等意

閩撫到後照之例皆式致遠失水大河梁毀壞該營接擬鎮守文內閣奏明
給予本地諸家註部印色鈐蓋立案原有舊項瑞郵閩廷　上諭被風吹
倘亦屬不測之事具呈並來查核又代本省閩任稱明爲請部理會詳請定奪
批示立案

禁女子结拜金兰[redacted]作

为照上结拜金兰以端风化事照得夫妇为人伦之始婚姻为
风化之原是以琴瑟好合家室之祥凤折鸾分永闺房之福
未有联朱采伴同载姊妹之花缔定红丝不绣鸳鸯之谱如称庚
之陋习者也粤簪缨华胄以及编户齐民有女长成每结金
兰之契及至迨嫁时乘玉镜之璧百结藏针锁屐之绢袴手缝
密线缝兰之罗衣合卺甘守讵有画眉之乐鸳鸯昧旦曾无
同梦之时三宿出桑七载黄鹄百年姻眷杳若青鸾扶孝寿
于姑嫜问心安否绝恩情于夫婿乎意云何泰称如然称仇
禁女子结拜金兰

簽同律分勝失同然女是此為尤進乎鬥草分花之信蕊撒驚
為鏡奩脂盡之蒻香消螢滅璧暮花而不見鬼篋玉以呈澂香
到斜陽安凄涼於光樓十二珠風露如寄聊於衾裯場上花開
待來年而不至盤中淚落織錦字以何言來好不懷昔日之冰
而心歸殘身之慢也能不悲矣豈非父母過於溺愛風俗積以相沿
哀女子之無正春冰之末泮冀補之天之化合中三人之條為與
示御知屬仲氏人等知悉嗣後有女之家無許於叔姊妹出嫁
之後無許仍回母家須知男婚女嫁綱常名教綱常他年夫妻
紫色為荊釵片錦戴父母不能約束使依男女婚姻如受女子

如子孀惯不通科以子孙远托座弍樣悖陋习悖豈

皇风允宜讲意毋遗时宗

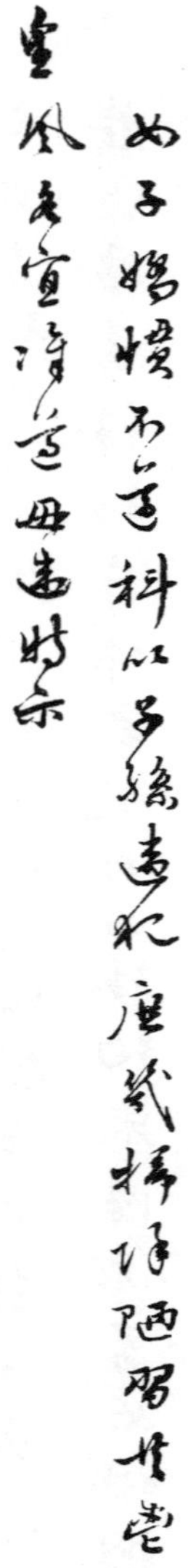

練兵三成

奏為遵
旨將練兵整頓營伍並將緝捕團練事宜次第籌辦恭摺馳陳仰祈
聖鑒事竊本年正月湘勇裁撤後擬將各營兵丁認真訓練以資巡防定于
具折撤勇摺內附陳二月二十九日承准軍機大臣字寄同治七年二月
初十日奉
上諭瑞 奏遵旨裁撤湘軍籌防情形一摺覽奏已悉粵東營伍廢
弛已非一日現經瑞 將湘軍裁撤勝出臣仍為本省練兵節便之需
不為無見惟該省積匪最多緝捕操防至關緊要該督務將挑選水
練兵三成 一

陕甘营加给口粮按日操练著即会商核实俾其先事预防并续送
营弁实力整顿从头一律精壮俾当归实用饷不虚靡毋得借词为
言一意塞责仍将文武等所部湘勇业经全数撤回分陕西军事
才毅著蒋益澧即将其所统带所部新兵一千名星速驰赴陕西
军营毋稍延缓钦此 查蒋益澧于本年正月二十七日自粤起程二月二
十日行抵桂林计程三月初旬可抵该省至楚 奴才已咨饬令
迅赴陕西襄办军务至粤省水陆营伍自咸丰四年军兴以后
急玩日久疲敝日形偶有土匪跳梁动辄募勇兵丁几成虚设
营务因而废弛议者谓近来战事专为大坏视营中技艺

為不知豈知勇可嘉而不可久恃勇力以策其後尤需練兵力以守重
常悅火器僅恃譁之一譯稍技藝實係廣奴才自到任四年於
安於接見操練演任詢以操練營務大半生疏彼時因無能遂
燈才張某遂計及至上年夏間軍務一律平定仰蒙
聖明洞鑒萬里飭將湘楚各軍先後撤裁節省大批之勞費以節地方之
善後當此興民聖恩之際正當國家大可久之計奴才前奉署任
路提臣李楊陞奴師提臣任星元先後飭商操練隊伍合撥練兵
固不可緩而兵實的撥兵太多營局再整頓飭知各將段固難
從事僅予何從接連新兵將[illegible]風[illegible]仍應善使兵[illegible]悉教調演之

二

勞有餘而絀奴才因毋庸遲回統帶出納以今年節省湘軍勇
餉田廣經費裁減分撥通隣毋致浩繁者及隨時撥濟廣西黔省者
力何能？海師船每月需費七八萬金所有分陸各營需費分新抽撥不
能一一普及惟有設法騰挪力求節省所有各營軍需由軍需
局分別撥補倘有不敷之處因再籌撥操演一事奴才與湘軍
元素相聯再四籌商即于每營馬步各兵內挑選精壯先挑三
成送[府]由[督]司日力精[備]逐月[分]操演毋許[間]一日惟現定每日早晨操演
鎗砲打靶一四七日操演刀矛二五八日操演槍技三六九日操演鎗砲
連環及洋鎗等件逐十日彙合操件武[庫]各藝可[冀]純熟而三成

也應將廣東水陸各標協營歸並陸洋移緩抄練不下伍陸路兵丁三萬五千四百九十二名水師兵丁三萬四千八百八十二名以自仲之盛計之統共可得練兵一萬八千一百一十二名水師即仍舊哨船配出洋巡緝而水勇之口糧可以省陸路即仍分派要隘偵捕盗賊而閭閻之財守自所須無事則橫行周流有事則調集一處此鄉而饗練整軍之一旅而各縣之軍助之援之其實勇雖正實費半而功倍練兵壽先列過日操練經須常川以財也身既而非營生食用又未皆昂貴自應于月餉錢糧之外酌爲加給口糧以足瞻其需而自不尋教篡經費每日每名加口糧五六

二

分拨月饷支道给发惟各营配搭军装多寡裁结计三四月
得无顷技艺断皆娴熟如才即抽调各驻对不取仅就本省粤
东闽浙内河中外商船征雇舵水才能结论水师尤重于陆
营分设外海师船设师船二万余号自咸丰四年停修以后广东
无存近年水师以杏洋西购雇募帆船乌艚船红单拖缯
署而外海战船如才计惟广海仲春减额诸师船由省承造之
拖外多伤缺船身又复笨重远不及拖罟之灵便如其现拖缯
连拖罟船数千号按给各营募民船相间以资加以上年
所赁英法两国火轮兵船六只现在又到四号安置各处要口

檢緝從前廣東拿獲洋匪頗著功效粵洋東抵閩省西繞高廉南迄
交趾計延袤三千餘里似此調兵財餉不致有大勢洋匪爲寇實屬
至內河捕務尤賴有緝捕總局承以船用行之年前署撫臣郭
嵩燾仿照設立請查已紛紛援案而以三江兩省華特難與能之
於辛亭湘人船式附禁者而廣輕至重勤撫例翻舊粵省內
河變遷潛通於洋如附近省門之警澳以及虎門左右支河曲港
皆係派募常風濤等例而船之與三湘情形迥殊必須本地
土著深悉水性諳練風潮方能駕駛得宜樓以法足以爲水
師先鋒要害由於頻年無遠缺不無廣遠避未有

四

先行究辦只有海口等亦要專用熟悉村手備緝探賊蹤易得端倪如承
現將統帶各帶各員詳加挑選此江南船之一幫有長龍舢板
舢板等船一百十五號以資補修協副將利輝等統之要江督
一幫有舢板舢板等船一百十五號以署督標協副將鄧紹忠等
統之專江有長龍舢板四百六號以蘇補參將鄧華等統之
有賊緝捕所能及中權之路亦有大小船四十號雙桅艇十號
板船二十五號以廣州協都司鄧安邦黃龍標外師守備鄧
聘奮黃保元等分投統帶扼要以重以上各員弁均屢在粵
年久熟悉情形自今年正月派委以來樂論商情均甚洽如

東莞等處著名劉學增續犯禽作以和鄉村俯據識比
憲諭積匪最多一則由兵燹之餘生計日絀迫爲盜賊一則由無關之從
强梁好鬭大半無鄉更續勝送徐良匪之一總回補救現在省識被
土匪律從而追討各匪伴去董理分别以和以至鄉族續塔約束
與省局聲勢相通近甚家失事甚至有匪即讓盜賊匪住址姓
名由卸局以達府局由府局以達省局省局即密陵飭補兵弁文武
鄉門支付投捕妣搭使習如網羅網以作局之兄可法收司之臻蔽
以爲可之藉乎楷營知之因循分良子以旅勤懲暖意近以通民
隱甚屬中本意一節實因經至現稭土民完積前增現據派加

五

物一人平素長於硯匠前往輝壓移置適有土窯構肆近時
挪解清理以備清禮中外專利艱難如其惟勇竭力整頓次
第圖維仰副我
皇上
深數後並之至意所有得捕之員併圖練之伸誇好歹實力
奉公其勤劬國事何若陳績維稱閣瀏懇免深為如其伕一年后
彰著箴叙名友伸賓在事積勤勞其無
天恩請予揮尤酌獎佑好勤獎意傷以憑和之旅之予創懸更操練支去
伕技藝精熟由如其酌予甄拔數員玩世斯飾糜餉誤公謹擇
簡理練兵得捕圖練華後大楷佳斯選擇陳伏乞

皇太后

皇上聖鑒訓示再廣東巡撫鶴如手業經無庸分擬令伊接閱讀

奏

六

户部等衙门谨
奏为遵
旨会议具奏事。两广总督瑞麟等奏为裁减兵节存饷以期制胜
圣鉴欠加饷练兵一折，同治九年八月十七日军机大臣奉
旨：该部议奏。钦此。钦遵由内阁抄出到部。查原奏内称：窃维治军
之道，必勤加训练而后兵精，必实给饷糈而后可以言练兵之与饷，固
相需相济而不可偏废者也。近年各省办理军务，大抵募勇
居多，所设兵丁饷糈无几，竟无足以责其训练，则为兵者藉口于库款
微薄，不得不营谋生，心志不专，技艺因而荒废，其材武出众之士

部覆裁减定兵节存饷以期制胜圣鉴欠加饷练兵一折

一

類多不受羈縻奸猾無籍之流甚或恃符滋事於是疆吏言官
多有裁兵之節仍就餉練兵之議同治七年李瀚章以練兵
三成為請維時議練而未議裁者因駐粵楚軍曾經撤去本省
兵數不能不稍從寬緩也伏查粵省額兵水陸六萬八千餘名較
各省為最多從前經費充足遞次增兵籌款周備成法所在
未可輕議更張弟思粵東額餉逾年部撥地丁鹽課關稅等銀
一百餘萬兩養兵之費不為不厚而兵丁得之仍不見為寬綽者人
數較多也且自咸豐初年軍興以來地丁絀於民欠鹽課絀於商
疲其完解到司之款又因京餉協餉及本省軍需移緩就急輾

餉挪借以致之豐銀放（餉支）衙期日累日多遂成鉅款庫有積年之
欠兵多守候之苦餉絀兵窮二者交困有不至為害案弊將
不可勝言夫經費支絀之時另當循名核實淘兵裁去不成
兵裁去三四成均無濟弊粵東本省淘汰成案裁減兵之三成
將所存七成加給月餉責成將弁換班輪流訓練遇有緝匪擒案
即將調練兵應用毋庸多給行糧實為變通辦法惟裁汰兵
應先籌給欠餉方免藉口滋事而推求積欠情形同治二年以
前係以現年新餉清還積年舊欠其弊在於新舊混淆是以
同治三四年至六七年兵餉奏銷僅有一年清款其查前時欠項急

二

切无可筹画而斗蓄纠缠不休不到清累防当经营饬藩司王凯
泰自同治八年起就现存之兵合数十旦斟酌而将所裁旷饷均
分成数陆续清厘积欠俟三四年后积欠数清再将此项旷饷匀给
练兵俾所留精壮专心练习以冀步步勤旅如此一转移间前之积
欠可以全清后之练兵可以加饷且仍在额定经费之中于国计亦无
所损而于营务大有裨益上年夏秋间臣等水师提臣瞿国彦
署陆路提臣李楷陞衔佐邦及在省司反复讨论意见相同
考拣饬令镇协各营各将所辖兵丁逐渐着按照规及一切各
事故者随时裁汰停其拔补作新设赤溪协中军都司先经臣

等兵改作左營轄兵四百六十一名及綏猺營額兵九十三名為數無多毋庸議裁外其餘九十九營各將裁兵數目陸續册報並據籌集兩司善後局司道會詳請奏前來臣等細加訪察衆情甚屬相安現飭籌局查明通省裁三存七兵丁積欠兵餉裁存曠餉洋項細數逐一造册並將先請營欠後加練餉及練兵餉撥濟各情通盤籌畫俟議章程另行奏咨所有粵東裁兵節費及所議請欠加餉以資訓練緣由臣等謹會同水師提督臣翟國彥署陸路提臣衛佐邦恭摺具奏並經臣部查廣東省歷年兵馬奏銷案內多營均有欠發餉兩迭經臣部覆請將該省每

三

年欠發餉兩飭令該督轉飭藩運兩司勒限趕緊清厘分別補
給并將款項扣部查核在案並據兩廣總督瑞麟等奏撥各項閑
款成案裁減完兵三成並稱粵東近年部撥兵餉地丁紕
於民欠鹽課從於商疲乏攤銷餉支放衝致日累月多遂成鉅
款欠項裁汰完兵各營等給欠餉撥將所裁曠餉分成陸續
清厘積欠俟積欠發清再將此項曠餉勻給練兵以冀成勁旅
等語查該省節年兵餉每年由部指撥餉兩藩運兩司均未能按年
清年款以致積欠頗多仍飭藩撫該督撫將所裁曠餉陸續清
厘積欠作為劃清款項整飭並飭起見惟自某年起至某年止尚清積

欠共有若干至鎮協各營一節存賸仍每年應存若干限定額
年舊欠可以清理自某某年起兵餉如何加增至已撥未撥詳
地丁等款將來餉催到日作何存儲應令該督等統籌全局立定
章程飭令該督造具各項細冊奏咨到日再行核辦至粵省額
兵水陸六萬八千餘名除赤溪綏猺二營經該督奏明毋庸議減
外其餘九十九營應否准其酌減三成之處兵部查該督所陳裁
減究兵三成係為加餉練兵起見應如所請准其酌量裁減除赤
溪協中軍都司專設左營轄兵四百六十一名綏猺營額兵九十
三名沉係為數無多毋庸議裁其餘九十九營應令該督體察

四

地方情形，並查應裁若干名，分別裁減，造冊報部，總期

留強壯得兵，訓練什伍成勁旅，而均勤有資，至內地各營汛之

一體抽調之成，遴派將備，分營教習，如有訓練不精、軍械不齊及

地方匪徒滋事、竊盜等案，未能武職各官不能即時捕獲者，應

之證據，開條報部議處。所有云云，再此摺係戶部主稿，云云，謹

奏請

旨。同治九年十月二十日具奏，本日奉

旨：依議。欽此。十一月二十日准戶部咨

原議清餉章程

廣東善後局承宣布政使司為詳請飭遵事現接署廣州府沈瑛鈐
善會所竊照本省地方頻年耗費無量遭蹂躪以致各物徵
解不前庫帑空虛兵餉維艱請飭各營標協將水陸之
營兵糧餉各款至多者且多欠款平日捐擬本章餉糧欠缺起見
賣累甚深甚現當聯方者已籌難于籌補在下辦事致人多灰氣
奉從設措從前攤籌之氣康後了以衡空餘緩則上年所有
憲臺前案之事并請裁減捐款之案又經函案飭以目下宮況而論實
屬萬難支持本藩憲臺洞悉粵省凋敝情形於中擬籌善屬

一

清餉章程

詢訪密衷詢訪輕重未能以補救之方再三籌思兩言抑去却事來
者每次達日會商均以為宗庫欠數多年係由各屆交代短絀
頻有積壓之勢惟事窮則變變則通更須設法挽回急查咸豐
年間查無出納應解地丁坐撥附近營餉未經掃清成案今擬請做照辦
理由各屆自向各營查明同治六年以前積欠係餉之數特開江寧年
以前應完宗庫部條指撥各款銀兩經行解交移營該營收到印文
即將著開列解數清摺暨移宗堂核明數目如果相符即于
制庫外收作支劃扣清款即擊銷四閏省案如是通融辦理則通挪情
減應解蕃庫分所可寬繳宗庫虛無出入何可代未完之款與積

大傳餉增可通融借存寔于庫儲并無營伍需索姻家借者
稱蓋峰同治七年起部款丁征存各年地丁正賦從不許各省動部
以資聯絡而杜般攤籌因到司撥出本司伏查廣東省撥支錯綜
各營發兵傳餉籌攤每年需銀一百二十餘萬者閱之年撥支
銀一十餘萬此項部撥傳餉向以地丁賸評之款為大宗乃自咸
豐四年軍興以來各屬地方大半被匪蹂躪民力凋敝元氣未
復錢糧或蠲或緩幾籌征收急難要之連年賸評一切公用前此無年
賸引備銷未銷展限其例撥傳餉之無措屢逾年積欠司庫入不
敷出已難照支錯加以本省頻年辦理財務軍需浩繁司庫

二

每年將存地丁等項支給陸續撥充兩用米穀之餘庫款爲之一六
以致支發備餉除八旗標營協等營業已撥月支清了餘未
發截至同治六年底尚欠發銀二百六十餘萬兩又籌備出貲以買
奉價等項尚欠發銀一百三十餘萬統共實欠發銀三百九十餘萬之
多本司履任之後考核此項欠餉實有積重之勢亟思稍節糜費
知鄉款補放每每庫藏匱乏異常通盤合計仍屬每從揮手時
欲清聲陳欠補前欠必須易籌閒款之方別資通融之策查
庫需積有餘備餉而係由司撥發各州地丁就近支放茲擬請
應籌議請將同治六年以前未收地丁完部複指撥之款由各收

六月間部咨各營按名傳飭即行付與高雷廉瓊等營捐攤支放之
威乘至所揣通挪情減一節係出自各員與各營伍情願並非抑勒
且各營和未完部捐指撥等款為數甚鉅若能先為設法歸款將先行
請將前項所有該員等議出之情實乎兵飭部桑兩省研并自行
與奉新程以形湖清飭款應請自同治六年實欠各營俸餉等項
准由各營今自向各營查明所欠俸餉若干將應完六年以前部
撥捐指撥之款經行部咨取另該營收到印文即行另備列解款單
批年銷款[illegible]按明款目觀數相符分別支持清款作部款內
扣除一項而省[illegible]存准征之行自應將實欠新收積欠區別另開

三

以年等以前各州縣衙門税銀不論征存短征之數造冊劃解交六年
分新收税銀并歷年征存地丁正項及七年正額等款以後一概不
准劃解以前所有理合將核議提解停止緣由詳請
憲臺鑒核批示并請通行各屬遵照辦理等情詳
撫憲衙門外爲此備由呈送伏乞
照詳施行
清摺章程十二條
一各營并各營弁以及武職補領養廉武員如有情願將積
欠各款照應解停扣馬乾等項撥與各州縣清理兼代者照舊

更即赴局报明离省较远者亦应通知本籍必须将多年分积欠饷
款及某处存在下应何年月日之款逐一开明呈交部备补入员
开报务自必须先行移询该管现任人员是否相符再行分别
办理以昭核实而杜弊混

一各州县如有积欠完缴无论清理就代者必须先行赴局报明以便知
会向各管商办

一凡有委员知完缴已警饷项取具印文印何者呈中或有商酌之处
由各局委员料理以到妥协

一清饷各局应为清理饷项而设一月内已经清理若干按月列摺报明

四

察核

一公所經用公文移查各件即就近借用南海縣印信

一各營備修善堂等項向以經征專款現是否收入辦理轉咨劃解之款均應先補發水以資體恤

一本代局前定章程凡各屬以準銷年需解部款在咸豐十一年以前者每百兩減定解費二兩如專管人員不能清理者準由現任代為備解仍將各任本代墊內除耗水費解費全數提銷並催存者包解應歸現任追收出次合按之劃解部款查在咸豐十二年以前者照本代局減定之兩數補撥解費其在咸豐十一年以後者仍照奏

所向定解費數目分別備擬至事故人員不論年分遠近未照核
減之至補繳解費俟由後任代為行解應由後任將原領並存
庫水費解費一併提銷追收查分收今雖為代墊現銀可予另代籌
由統何統算尚有盈餘也

一 各員解過各案俸餉等欵如到請本任應解各款之外尚有餘欵應
自行查明本缺事故各員未完司庫之款列批行解清楚毋庸由
司飭查

一 各屬攤款名目即係攤賠未完民欠鉄粮銀米之類如係由應攤解
司庫即準照至到解俟司庫如有收數仍應攤造前任墊解之
平

吴應由各收支自行另册内核算劃撥不必歸司仍另查應歸
之款照舊劃解以免轇轕
一撥款均係地丁正項現查既撥歸司庫完糧存之項無庸照舊
代為劃算程及並咸豐十一年以前舊欠歸款一項均減半備撥
其在同治元年以後之款仍照向章辦理
一各營赴公所請理營務等項即以各營營務歸併司庫劃
清各款仍由公所先將營餉送司驗明核發以免參差錯誤
一各營領應先清同治六年後六年劃撥清楚後再行次第清理三四五年並
發兩應歸司庫之款應令現任八旗先清捐撥之款其飭補八旗紀准免清部款

補放薪工給發印票

廣東善後局宣布政使司為議開同庫印票分案補放實發各營餉
詳請示遵事案照廣東省薪工用正六年以前各營勇兵餉等
項為數甚鉅前經奉議請飭章程噬由各稽核將應完司庫 部
核撥籌款新舊自行分次各營劃撥餉等經詳[illegible]
完查抄通飭遵照并經詳立清飭所有各員辦理在案計自開
辦以來已據該前委員將現議劃撥各營餉數并目先行呈擬請
支營距省遠近不等即應行飭部并目必須多寡難歸其難者
核近之營為首先款出所議請撥先之各季或另六季營餉以致

之数作借拨各款，无一时不敷匀拨，其杂省输者之营赴领稍迟，
速之领壁各付张而止以给之本月现查稿者，尚待的章程。仿
闽省库印票援放各营饷，兵饷遂于案内注明准其实纳捐
输，照税契之法，自当案援放之后，均已通行，通用新本省实营
饷，应请援照闽省办理等案，一体补放印票，亦于案内注明准予实
纳。自库捐拨部禄各款，仍按各营应得饷票报明截至年底给照，一年以内
按清楚之后，再行续发二季各营并行[illegible]饷案即予赴部[illegible]
应由部所发质文按清楚，将原多收之串解文批连印票一并核明，
随收随对，似毋庸补放印票，如本省营饷，则自本年起，[illegible]卫续总酌拿

放给印照暨兑收执照六合新格之契 其其印票一项应裁明部照于
旗之等以五两五两一两为式按照应行部照 分别给发各部照
寄来本一节所有格纸一切印票用之理即分发令收票据纸仍应照
仍部覆复行办理所有筹议补放印票备由理合详请
宪台鉴核批示饬遵 照请咨同前奉一件
奉部查 遵放印票式样应俟再到
批示后再行刊印合并声明 五 五字
核定批示遵照理合即将印票式样呈送刊印再行核明
奉部准 又三

左宗棠奏減兵加餉就餉練兵以節實濟

其為餉需宜變通辦理減兵加餉就餉練兵以節實
濟事竊自兵民分而不可復合於是歷代養兵之費最為繁
鉅來多百年養之不收一日之用者也
國朝綠營兵丁雖較前代為少然亦六十萬有奇與次軍興
東南各省增廣而金陵克復調用餉兵之事餘皆召募勇
丁以資戰守用兵十餘年轉戰十數省而綠營殊少調發
將以勇丁助兵繼且以勇丁代兵始以將弁領兵繼且以文臣
代將此兵事之窮也各省召募日繁餉兵名額未減籌餉
左宗棠奏減兵加餉就餉練兵以節實濟
一

者既須籌戰士之餉又須餉不戰之兵餉無可籌不得不節縮餉無之於是散俗積欠無所得倚坐號呼迫切又不得不少為點綴以昭聖心然按照點綴無兵給餉無餉無月即需耗部無兵而存兵月得無餉之餉不能半飽在夜月費此無兵之部之策虛擲此餉事之窮也夫五方風氣各殊民生自有強弱亦異故就各省而論有可為兵者有不可為兵者然亦未可概論也吳越秀良而淮徐潁亳壽春台處金華之民則稱勁健閩浙邊塞之兵素稱勁健而自捻回摺撇當事又議調南軍即以福建言之負山面海民情獷悍難馴宜至

可以為兵矣然臣自入閩組粵以來甫值強土歸附剿寇所
用者仍挺此舊部楚軍來甚藉閩兵之力而負嵎之土匪
伺隙之警戒尚須留楚軍數補不敷用閩兵崇安建陽
告警時臣所部尚留興化比延平請兵臣調標兵三百赴
之三日始克朱川一月撤歸則患病者竟有百人詢其故
曰水土不服也可笑如此語閩粵民之不可為兵然何以械鬭則
強為歷遠則強一隸伍符使怯弱至此夫有兵不練與無兵
同練之不勤與不練同今日之省兵陣則不知擊刺不能察
騎射則不習駕馭不能砲械精利惟習趨蹌應對稱名與路

二

蓋使平練之地演陣圖習架式所教皆是花法如演戲作劇
何裨實用看操者有大操小操之名屆時弁兵呼名應點合
隊列陣步箭鳥鎗籐牌擡砲次第走過畢散歸不復
相識與分各標營則久不操練併所學花法所演陣式
而亦忘之矣水師戰船失修朽腐殆甚將弁巡洋會哨但
虛文奏報而無實事遇需巡緝輒僱民船代之弁兵無船砲
無從練習名為水師實則就岸居住一望海船則暈嘔
不堪詳查不穩遑云熟習沙線慣歷風濤設遇有事異
望其有萬一之本乎是則練兵為救時之急務矣兵之

[illegible]

应練將弁知之，即兵丁亦自知之，彼見勇丁之積功得官，未嘗
不能羨也，無已之膽技法弱，未嘗不內愧也。將弁之有志者見
兵不可用，亦未嘗不思練兵以練手，究無如勢固有所不能
（旁注：所有者也，勢擡搓鎗，亦未嘗不思練兵）
營中馬兵月餉銀二兩，馬乾一兩，戰兵月餉一兩五錢，守兵月餉
一兩，米每三斗，有用折價。近因庫款告匱，有給銀欠米者，有
半銀半米者。將省標八營分在標協營分防者兵銀米章
算，每月僅獲半餉，而福建地方狹瘠，穀米豆麥綿麻絲糧
之類不足供本地食用，物價本即素仰海船販運接濟。近
自英船絡來，寇海洋之利，沿海船商歇業，物價更形翔

三

贵米一斗需钱七八百并价六七百文布一尺实者需钱六七十实者亦三四十文他物称是从前银贵钱贱兵饷易办尚多近则银价日低物价日贵兵情艰迫异常计每兵所得月饷不足供一人十日之食余二十日则恐塗待炊衣履无出更无父母妻子者无论也如是少壮者不愿入伍伍者多老羸疲弱穷无所归之人甚者市井之清或挂名册籍以小贸佣之为本业而以余暇应差操其有良人之辈尚兵支门户抗衣食宁穷隐遣名为兵而从不预差操者其志固并不在伺固不思论也夫以战伐之事如兵又从而减扣

之不能随兵之身家，不能禁兵之口体，既不能禁，则营生
理必不可少，兵既别营生理，不能按日演操，散居市廛，不能
一呼即集，训练有时，不能施禁，亦有所不能及，心志因之而
纷，精力因之而懈，技艺因之而生疏，草则无精壮应募，流动
则无骁锐可拔，如是，谓兵之究难恃，弱不可为兵，兵不任受；
如是，谓将之疏懈颟顸，不可为将，将亦不任受也。是则加饷
又为练兵之急务。窃谓通省每岁练兵之费一百七十余
万两，协饷入之款，拨放为难，二十余万两。频年兵事繁兴，协
饷不到，而款积欠相因，实难敷衍，与其因练兵而加饷，毋宁从

四

臣按方今各省綠營通病祇因循積不能練兵以致兵之
實由于兵之多耳與其大而虛糜兵與其大而無用莫無
無用之兵曷若練兵為保節此可惜之餉即以閩浙言之閩之
兵額六萬二千浙之兵額三萬七千二百合計已近十萬
豈不為多故第一兵得一兵之用剿賊自有餘力何以巨賊
入境所至皆墟不但不能收一戰之功並不能為一日之守也
然則
國家每歲所耗之餉不甚可惜乎假令事前有素練
之兵五萬以之援剿以之保境豈不綽然有餘何至事後聽其

多縻巨餉，惟重兵多故餉不能厚，惟重餉薄故兵尤不能精。與
國爭敵之可觀者，臣維兵之應汰者有四：老弱疲乏之
兵，吸食洋烟之兵，虛名占伍之兵，懶惰氾散之兵，此皆無
所用而不可練者也。所以標榜營務差使飾辭虛名領
不預操練之兵，實為軍政之蠹，亦應酌量裁減，以實行伍。約
計應汰之兵，至少亦不下四成。餘兵既少，則兵餉亦可酌
量裁併，所裁之餉，儘薪乾亦可留募練兵。大概每可練
之兵，不當即以裁兵四成之餉加給之餘六成計守
兵每月可得銀三兩，馬戰兵可得銀三兩五錢，日用足敷，豈

五

须别营生业自可驱使勤练而免散漫荒嬉之弊 塘汛零星
之兵有名无实甚或窝贼赌博扰害地方并归总汛聚
居勤练分派轮流巡缉声势较完计窃而编较之三年
错杂无人管束训练者自别是械兵之者往械无用不
可练之兵于兵少实无所换加饷之者即扣此裁兵之银于
饷事亦无所加也 臣自广东凯旋饬将标八营挑练兵丁
为校阅计操兵每日加饷银六分挑兵三千名分三起以次
赴 臣署前是学习长矛洋枪无壳抬枪署侍路提督罗大
春挑练尔时标兵一千二百名各协营特相效法 陆路渐有

起色。郭師泰暨浙江提臣李成謀、署海壇鎮黃聯開籌商
籌理，亦有端緒。大約水師以洋面為風地，以檣帆為營陣，以
砲械為技藝，弁丁必分兩班，更番上船出洋巡緝，熟知海
島形勢，習用砲械，乃能得力。至減兵加餉，參陸軍同，現因船
工停修，陸續赴粵東購造拖罾船式，俟船齊乃可定弁
兵名目也。浙江鄉知其後，時臣即將此次兵丁不准收併
各詳
奏明在案。此時議復事宜，祇須少募新兵，較閩之裁減舊兵
稍為省事。臣與浙江撫臣楊昌濬再三，至事

兩提臣黃少春趙商定議以彰國一如蒙
允行臣謹當與閩浙撫臣提臣細商一切事宜妥爲籌議應
行兵精餉實一換綠營積弊無負
國家養兵衛民之意謹據實縷陳伏乞
皇太后
皇上聖鑒訓示施行謹 奏
旨另有旨欽此同治五年九月二十七日奉
上諭左 奏籌議閩浙兵制一摺閩省綠營兵制廢弛
積弊相沿不訓練臨事不能收一戰之功並不能爲一日之守據左 所

陈积弊情形实属切中窾要该督所拟将无用之兵汰留而成
即以裁兵之饷加给存营之兵俾营伍律所筹甚为切当着即
照所议办理并着将饷项作速筹拨训练务为切实讲求不
可有名无实也 原摺奏即所有未尽事宜并着英 桂妥
悉心筹画俾臻妥善从前兵额虽同饷亦虚糜毋得仍蹈积习
浙省兵丁议从常制暂须少募新兵精练汰存旧兵即着在
英 吴 与马新贻等妥筹一切事宜妥为筹议务成劲
旅当务之急事实力办理水师船只尤宜讲求坚利闽省将
近粤东拖罾船只必当力求坚固不可以敷衍充数至左
七

前來閩省設廠製造輪船尤為水師要務即著吳棠 接辦
不可日久廢弛將此由五百里諭令知之欽此

户部奏为库储缺乏因款拟分别整顿一摺文多有关税务核实收支力加撙节

附片一件

敬

户部谨

奏为库储缺乏因款拟亟应分别整顿以裕度支恭摺仰祈

圣鉴事窃维为出而用之常经酌盈剂虚实理财之要务者谢相

谨税均有

国家岁征从前地丁漕商等款岁征四千余万两有常有分数征漕粮岁收

米四百余万石相当特辅缓分全数征收其时入浮于出仓库岁有余

所以固根本备缓急也军兴以后饷款愈巨近年军饷为每年常入例

多短缺现就各有财赋通盘核计惟关两项正课常税征收尚详

一

稅糧旺盛仕出兼相抵其地丁項惟四川一省向能年清年款此外一省
歷年短欠甚多此外各省撥解至七八成者征至五六成不等江蘇安徽
二省僅征至三四成雖短欠雖漸有江浙減緩除今計各省應征之數
尚有三百餘萬兩未完如豫皖江寧等省粗于積習廢弛行征江浙
二省通年辦運之項未及七成也
國家經正之供以丁滿為大宗今則丁滿之數似尚不足時奏報於數出
之數未有經制支應之項所撥討有費無除有費練兵造薦有費河防
填之有費凡此各省應支之費又不一而足枝之兩年用款尤覺繁難即如本年
八月間四川請匯奏案兵餉自撥協濟仍撥內帑撥四川省匯款二百

七十万两，而应支应拨之项计需七百余万，收支大数多寡悬殊，其待应者经纬
详细查核，溯查同治七八两年安徽等七省协拨筹措西饷，每拨同协济练俸饷
款多，除行不敷周转为虑，迩年情形亦大致相同，累入之款任其额欠而筹出
之款则屡有加增，此后续备日益经费日增，形势失彼，其何以支？但思生财之道不
外开源节流，所谓开源者，以旅别形增长之道，就天下固有之利，妥为经理，而财源自
裕；所谓节流者，以旅挽从节省也，就固有新增之费，量为裁省而撙节，已多方
之多设者之氣，渐次撙节，以渐除尽有用款项，亦必不可省而遽议何来，须滴归
口地丁不足，则田民欠，未定漕额常虑，则田田荒未垦，情樣遇而知之中，详以知
经理首之权者，绝假经流弊无穷，兼不分别整顿，何以期其远而维大局？相应请

二

右銘小者直省督撫將軍府尹等悉心妥籌認真考核飭將地丁正款仿照數征

解如有未墾田畝即趕緊勸墾開征係准藉詞短欠其有潛各省向解本色者力

求足額撙節軍餉者力籌趕運俾將從前舊有之財賦漸次規復以冀充盈

以付籌餉丁漕等不能之款仍將征收實數依限開報銷算再籌撥其難銷所

有河工各省征解之款者設法甄叙將傑不力者從嚴參處各該督撫認真經理

應天下之豐利疾財賦日見充裕矣至關稅各項均應由各該督撫詳

加覈察將捐輸及各項征收實在數目繁經費照數撥解并將防軍

月餉有無空額及一切雜項支款因可減則減可裁則裁務期歸實涓滴

不靡並將裁減各款隨時具摺報部備查各省任意濫支防款

項漫無稽考，如此積寳難剔除，庶天下無浮費而財賦日見節省矣。臣等綜理
度支，目擊庫帑支絀，各省匯兑之情形，不得不先事綢繆，通籌畫應請
特降諭旨，通飭各該督撫等一體遵照，各該督撫等均皆識膺疆寄，身受
國恩，必能共矢公忠，統籌全局，毋畏難避鉅而忘地方經久之圖，毋事因循而昧休
戚相關之義。所有籌出款項大宗，仍各按年結關單具報，一併以備稽核。臣
等愚見所及，謹恭摺具陳，伏乞　云云

此件奏稿作
擬韓耀之詞

之户部片

奏。再查各府閲帶說詳，核煙評隱，歷均係鉅款，凡京城以及各部衙署需以
及各該節善後事宜，並經經費，並上下各衙門津貼公用，皆取給焉。年來通

三

加整飭收斂滋之粮用於實多裨益惟系入境有厚價出販用而無浮濫之

不肖寵猾查我陵啓冒銷侵漁之弊應請

飭下各直省督撫轉飭州縣等務將各關稅銀零碎征收

委任實效之員考成一切應支稅款例及局卡關銷各員薪水等因均

須力求撙節毋得稍有虛糜庶之以為其有餘以備不虞而昭核實謹附

片具陳伏乞 云云 同治五年十月具奏本日奉

旨依議欽此 同治五年十二月初一日廣東巡撫接准咨

部議福建巡撫王 奏請停捐例候查倍帑字劄

大學士兩廣總督瑞 咨移會事同治十二年七月十九日准

兵部火票遞到 戶部咨捐納房案呈本部會議福建巡撫王

奏拆陳覆現一摺同治十二年閏六月十四日具奏本日奉

旨依議欽此相應抄錄原奏咨行兩廣總督一體遵照可也計原奏等因

到本閣部堂准此合就抄粘備案仰司照依 部咨事

合及抄單事理即便會同按察二司移行遵照並會同善後總局查明

廣東各案捐輸歷年所撥京餉及各省協餉之外有無作數可否除

補京銅局及陝甘等省指貸案內詳請察核仍由司遵照同治 一

部議福建巡撫王 奏請停捐例候查倍帑字劄

八年奏准查明每年征收錢糧耗羨若自詳細明核詳請蠲免
毋庸計糧草一併內閣户部尋部議
奏奉旨
會妥議具奏事福建巡撫王凱泰奏敬陳管見一摺同治十三年二月
二十八日奉
上諭王凱泰奏敬陳管見一摺所請停捐例清究虧空保舉後停廢重
實缺主練營兵各條均不為無見著該部妥議具奏欽此欽遵由內
閣抄出到部除原奏內稱請究虧空保舉主練營兵等之條應
由吏兵部另行議奏外至請停捐係重實缺後停廢之條臣

等謹就該摺原奏詳繹例案，分晰時宜，分別核議，恭呈

御覽

一、停捐例以肅吏治一條。據稱自捐輸減折以來，捐納多係局所

佐雜矣，捐納子係局員即為有例銜銀，第以上六

折算，再三四千兩矣，流品之雜，捐納尤甚，憂今日內外鑒叙皮

才，應以停捐為急。或謂漢陝籌餉未清，戶部度支未裕，停捐

例則經費何出。臣愚以為法久則廢，廢則通，通變之方，固不容緩

查同治八年戶部議覆江蘇糧臣丁日昌條陳一摺內開，京

外捐輸款項，歷年撥充各省餉需，應以撥補歷年虧欠，將十分之中以捐輸抽撥之

陳修正當銅局捐輸從中酌定每年以一百五十萬為準等語
近年捐輸迄咸豐末總尚不逾一百五十萬之數仿于處查核旺
之江蘇安徽浙江江西湖南湖北四川廣東福建九省每省酌
撥數萬兩于海關洋稅項下每關酌撥數萬以之歸補銅局
捐款或可相抵至各省籌捐自應局收支雖屬周知而關省現今辦
甘肅皖捐　自十年間辦理尚收銀不過數萬他省之不能旺
捐無可以類推以消姦之徵而害吏治之大弊得實不償所失可否請
旨飭部核議施行俾經費可以抵補而吏治庶望澄清等語　户
部查籌餉事例開自咸豐元年始因粵匪滋事籌餉需繼

六出奏各款既
捐之字無有錯
誤應檢擇從
前年核對

因各省军务烦兴，遂不分别减成，以致踊跃。近年铸钱等事，
各指拨已一概停止，惟京铜局及陕甘云贵暨省仍复海壖各指
局仍旧鼓铸。盖缘各省户部钱粮不能照例征解京师，帑藏其匮
分省财务、军务、善后事务又以一时所续藏事不得已为此补
苴之计。臣等悉心深知库金指拨两项均属一时权宜，同治八年前
江苏抚臣丁日昌条陈停止指拨，请将拨指之款饷由各省关税厘
金拨补部，经户部通盘筹画，京铜局指项从中酌定每年以
实银一百五十万两为准，其陕甘云贵暨各省局分局以及现办
海防之浙江并协拨项拨饷之湖北、山西、四川、安徽、广东、福建、河南

三

等七省每年所收捐款名计实银若干查明咨部再由户部
将铜局及各该省收捐局员核实开支之税厘较旺之江苏安
徽浙江江西湖南湖北四川福建广东等九省筹款弥补如江苏
等省能于现在李拨京饷及部款外存之内酌提税厘折银饷
以及各捐其宗案军饷新之江军饷并一切协饷之需以弥补
铜局及各该省所收捐项即将其分指捐停止其所有应行查
禁造之三四年江苏等九省所有应行详查厘金项下于
京协各饷之内酌留拨京各指款停筹补内来接济达到部
款提拨速已截来移近年捐输已求警业京铜局捐项总局

不足一百五十万之数，年例拨解之江苏、安徽、浙江、江西、湖南、湖
北、四川、广东、福建各省，每省酌提若干，海关洋税项下每关酌
提若干，以三项补铜局指款，或可相抵。至各省宜指分局收数，除经
费外，同知两关省现解甘肃饷指，自十年开解到今，收数不过五万，他省
西征指可以类推。若听自为整顿，吏治起见，臣等亦自酌核现在
元员甘肃等省军务渐次肃清，将来办理善后事宜，在在均关
紧要，岁办之者，每拨协饷亦属刻不容缓，京铜局指项比较数当
年以前指形减色，而库款支绌异常，必须预为筹画，所有历年
积欠各省奉旨应协之款，亟宜以指拨补京铜局，及各省指款应

四

中外停止指輸，方於政有所實濟，理財仍需廣請

飭

下現在收捐之處，責陝甘等省查明歷年量收捐項若干，咨報户部
再由户部並照同治八年奏案，月令統算報銷之江蘇、安徽、浙江、江
西、湖南、湖北、四川、福建、廣東等九省，公同籌畫，令該九省按年現在
奏撥屯墾等軍餉、新疆軍餉並一切協餉之外，每年有餘款，除補京
餉而及陝甘等因省所收捐項，不致積有延欠，即由户部將中外
指輸奏明一律停止，至未經奏明停止之先，所有中外收捐章程
仍請暫行照舊，其捐例未停以前，仍準[illegible]納官階，由該省匯齊[illegible]
[illegible]于籌餉，用人兩無妨礙之處，交部查京外指捐地款之户部議

前月寄税屋桥畔之江苏等九省公所寄函也张子琛堂奉派京师军饷及一切杂（捐）款再者顷补京铜局及陕甘等省所收捐项致违定案将来各指捐甚为一律停止其未经停止之先所有遗补指班章程自应仍请暂照旧办理惟查指班一途流品尤杂现在指例既未停止所有咨送部发照即请饬由各省督抚于之该员到省后详细察其人地是否相宜与例案是否谙熟列甄别其中才器优长堪以造就者准其饬赴新任及留省候补若有才具庸劣不职出身不正者立即据实参处庶于维持功名不相妨而吏治日有起色矣一俟奉命以励吏节一律捐输等

庚辰 諭 戶部議覆 敕字□

京員因當此物價昂貴之時酌籌津貼，俾資養贍，似應俟議再行一律
也。京員俸銀養廉，部庫動款不能遽出，至各省交部養廉，係由
糧耗節間，自八年以來，戶部議覆，歷經奏准，自十一月起，由關庫
俸餉劃歸各省錢糧耗羨征收，並無短少，扣支應令各該督撫將征
收稅銀加征放款，統歸於此項撥解耗羨等項，其各省已征者
各省撥解部庫，交部查明，各省文職劃歸十五萬餘兩內扣解養廉一
年。每年約需十二萬兩，核計現年征收耗羨
支撥尚屬有餘，該督撫等應各按照辦理，毋庸議，所有一切
各省俱照此劃分支領

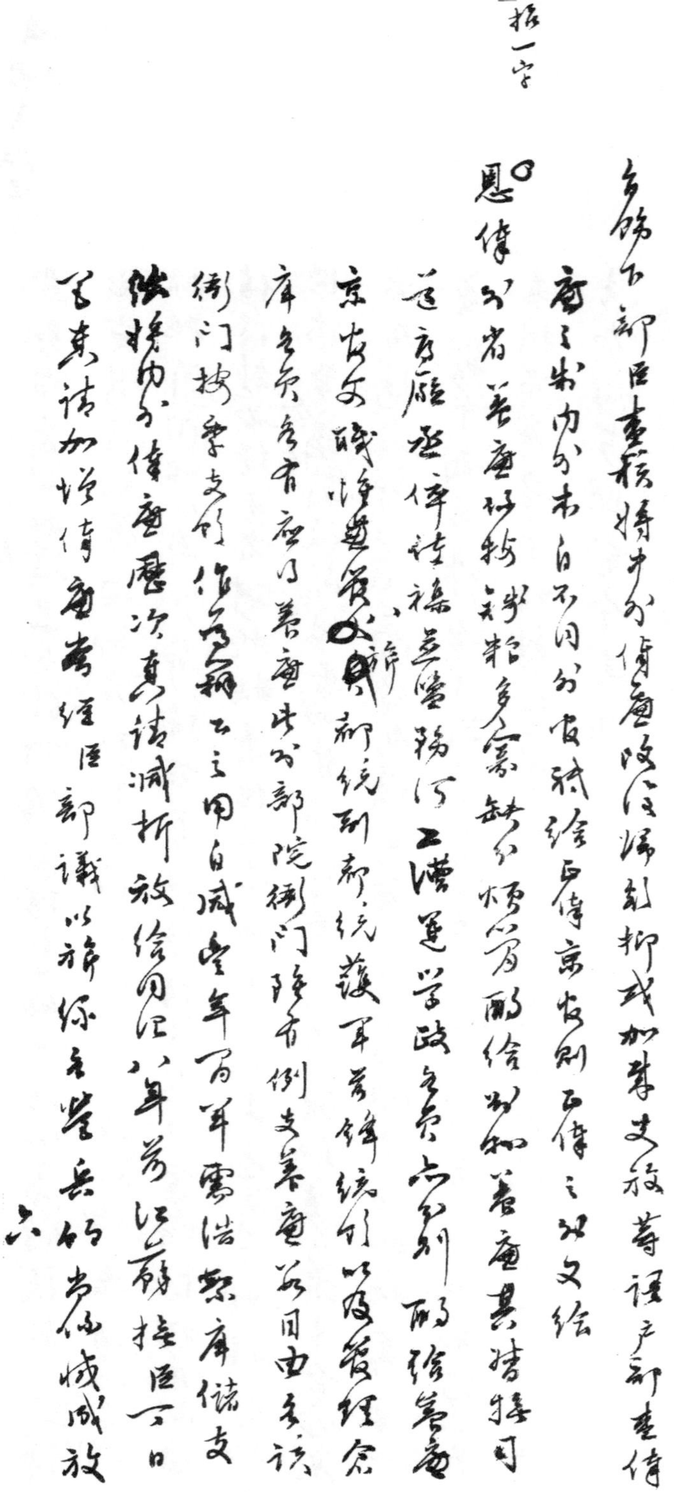

給養特由分局傳遵照辦加增未足以昭平允且查傳諭必
須各省鑄錢耗羨征收足額始可按支應令各督撫就各省每年收
支數目詳細酌核將征收銀兩加核發款銀兩加核實奏臣
部彙核議等因其餘仍如定照奉上諭換請將由分
傳局照舊劃撥如數支放前來查部庫及各省庫儲均
未充裕所有各省常年倉倉仍咸年閏支由分傳局自未便遵
照舊劃定便遵議加減支放且各直省鑄錢耗羨征收銀兩是
其放款能否加減現尚未據各該督撫奏報臣部亦無憑酌議令該
撫察其內暫行開具支請每年應支養廉銀十二萬兩核計

现年经费未有出款支拨者，当查情形不同，知会通融

核算，应选以照画一。应将原存者，督饬查照同治八年奏案，并将

每年经收缴解银钱数目，详细开核，按实发给，以便臣部会总

核议。至于办理一书学，创以厉士风一条，拟请自本年起，以后各

项费用，核销归款，从前鼓励人所有，加广中额学额之额

遇有三大八才众多三年一试，才额犹未宽，学额也至一额一名文

风素有未高，三年两试，学臣照额取进，数衍充数，所额至大秀

才者多士之身之始，乃以文理浅陋者，滥厕其间，八才因之不能观

人品尤为下贱，幸得一衿，包揽词讼，武断乡曲，流弊不堪指数

七

於今日之愈多今日之文風無競甚下者無以為學額並
不知道士風何由振作可否請
旨飭部核議明後各省捐輸各案請俟與寺請加中額永廣請加學
額以示限制並請
飭下各省學臣酌核各屬文風將捐輸加廣之額其原可以定額其原
不能如額分別開單奏明立案其不敷之額俟他日文風向上再
行照額酌定庶士子知所勉勵等語戶部查捐輸請加廣中
仲商士民捐輸集有成數即由該督撫彙案奏請加廣
額學額自咸豐三年定議捐輸廣額奏內均經照准
勵各省捐銀酌加中額學額一省捐十萬之數一府一州一縣

捐二千兩之區分別酌加一次一省捐銀三十萬兩加文武鄉試定額一名一廳一州一縣捐銀一萬兩加文武學定額一名又每縣一年暫指捐輸經費者請中額學額不請指生獎敘者亦經議准其作為在案議以軍興之始需餉孔急不得不量為從寬以示鼓勵同治七年議覆御史范熙溥請以學政限之間請定招徠捐資辦理捐輸經臣等奏明後指捐未集凡捐生已請獎敘者概不准再行請廣中額學額如有地方紳富捐輸鉅款及弁兵勇捐助餉仍不請獎敘者請加廣者仍准加廣中額學額並加額銀兩准加廣中額仍照咸豐四年所定銀數毋庸

八

議政所覆加廣學額部丞名照章程酌加一倍凡一廳一州一縣捐銀
至四千兩者准加文武學額各一名捐銀至二萬兩者准加文武
學定額一名並請將中額學額酌加以符從前廣中額之例
擬不准請加學額已加以學額之部擬不准請加中額其各省指捐
團練經費無論請給獎敘或請予加額均須分清界限于同治
十年議覆御史張景青條奏各省請加學額章程辦理請加一次
文武學額擬不准請加永遠定額至加廣一次文武學額部議改
為一廳一縣捐銀一萬兩准加一次文武學額一名至捐廣一次學額
大學每届不得過七名中學每届不得過五名小學每届不得過

三名俾實在人員不敷分由學臣鄭鑫伸所任缺出陸續經費
淮省常並臣等歷年辦理廣額之專案經送經前學臣劉
子鼓勵人才之中綠寬推廣名額之意並捐稍遲以後王凱泰
奏稱一省之大三年一試中額僅廣學一州二年兩試學
臣與劉驥進數任充為勞所致郭伯有指案核准請加中額
意廣請加學額以示河劫等語臣等查名直省現在辦理善後事
宜以及協濟餉需需用浩繁孔亟且江浙等省前請以後所有捐
輸銀款只作餉銀經多替換奏請加廣學額均經奏准辦理以廣
皇仁自不宜與陝甘等省軍務漸次肅清多請有捐輸之後再行

九

茲擬加廣學額章程通行後此雲貴等省尚未奏來究向何處俟
各該省奏到一律再請再由臣等會議其停以後籌款請按所
其請停廣學額係屬整頓士風起見惟是臣等願請加廣學
額之案限制已極嚴加前全額免學臣遵照奏案嚴加考覈
倘缺毋濫自無虞濫生流弊至捐輸銀兩較廣學額名數或已
川再加恩限制之處禮部查捐輸加額章程節經臣部會同
戶部核議所有各省捐輸暫廣學額臣
恩諭加額之例大學不得過七名中學不得過五名小學不得過三名
所餘廣額以次遞推等因奏准通行在案是限制業已加

前奉俞旨再議，匪該據案請[illegible]各省學臣轉飭加意甄校，務期
蓋以前此之案未曾數數剴切，倘他日文風再不能歸一，請論查
因思各省學臣自必考校，如文少通順，仍挨次照
應請
飭下各省學臣務當認真考校，如實在文少通順，才則劄飭
劄仍須臣部主案，俟文風向上時再行補還兵部查文武
事同一律，所有各省考取武生必由該學政查照考試文生之
奏請核以歸畫一。所有臣等會議緣由，理合恭摺具陳，伏乞
皇上聖鑒。再此摺係戶部主稿，會同吏部、禮部、兵部辦理，合併

十

部议福建巡抚王　奏请立练营以修武备

兵部谨

奏为遵

旨议奏事内阁抄出福建巡抚王凯泰奏敬抒管见一折于同治十二年三

月二十八日奉

上谕著该部妥议具奏等因钦此钦遵抄出到部查原奏内立练营以修

武备一条援稽营制生长本籍各有室家月饷仅足以养一身安不足

以赡八口势必另习手艺甚至负贩重力既各有所分专一人自不能专

聚于时抽调集营不独兵与将不相习即兵与兵亦不相识易则不延募

部议福建巡抚王　奏请立练营以修武备一条　一

自為轄勇無一身處置動而無待他謀。雖于營制稍相似，以實通之方，則可

化兵為勇之法，請

飭各省督撫以所屬之勇加于戰兵，計以戰兵若干，應設練營若干，仿照湘楚

營制，五百人為一營，以備弁為哨官，將弁為營官，提鎮統領之，擇要分

紮，隨時互調，俾卒伍哨弁雖原籍不至散處，而屢練一營之兵，即精一

營之勇，飭不另招，兵有實用等語。臣等查同治九年十一月十六日奉

上諭：軍興以來，舍兵用勇，本係權宜之計，而勇丁遣撤，易滋事端，若不將綠營

改弁整頓，致國家費千百萬帑項養之于平日，不能用之于臨時，身任封疆

閫帥，何以若著直省督撫將所管各營設法整頓，從實事整飭，廢弛弱

為精强 尋因欽此

聖訓煌煌允宜遵守 伏查練軍之議起于同治初年內則神機營外則直隸所練六軍閩浙江蘇廣東山西山東湖南河南甘肅陸續咨議行之各省情形互有同異神機營及直隸則另募練兵其閩浙江蘇廣東皆就所裁之餉加于所練之兵若山西山東湖南河南則按直隸練軍之法兵于額內抽練費于餉內籌撥甘肅則軍務甫定先于標兵抽練一千五百名無省之所以紛紛議抽練者亦謂綠營廢弛已久不得不及早整飭夫兵之有家而為勇勇之撤仍歸于兵此必然之勢也

國家經制之兵垂二百餘年 不能輕議紛更惟能實力整頓可行之練軍不

二

练则渐形疲弱，练则渐冀精强。该督所请减兵加饷，仿照闽浙江苏之案

择要分拨，俾付神机营查核练习之法，俾得仿办，务须兵归实用，于兵制无

大有更改，而于营伍可冀整饬。现在抽练之法，业经已备十分。省该督请饬直

隶自应准如所请一律先行试办。惟该督前练兵之营制，规模，稍据请化兵

为勇，臣等详兵论之，增补缺额，即改勇为兵。从已经抽练者分应云兵，酌

现筹情形，实力讲求，并须妥慎议练，先由实心减兵加饷之法，为裁勇练兵之

计。统筹现有之兵，先行抽拨裁减。然饬将兵将弁认真训练，并由省内财帑

兵饷地方情形，应仍酌留，不计多寡，并应即分别裁撤，以节靡费。此次裁撤

之勇，如营伍有缺额，即挑选年力精壮、愿入伍者补之。如缺额不敷，准

其存記以備挑選入營如此一轉移間勇皆練成節制之師兵經久練可
任干城之寄餉無須加兵皆可用整飭現在營規并可消弭積習精求勇者至餓
兵加餉成數各省兵額多寡不同廣東兵六萬有奇甘肅兵五萬有奇
江西河南陝西均祇一萬有奇此贏彼絀加減亦須酌量即以裁勇為兵而
論軍興以來最得力者湘勇居十之六七淮勇居十之二三皆有籍隸他省
客之為數無多改勇歸營在湖南安徽兩省措置較為得所相安轉近之省
省可斟酌營相雜過甚總亦難行因地制宜應由各該督撫相機布置
至練兵之法各省有可資采擇者亦當與籌理山西原議練併仍依
原數悉按練精強有餘則酌加稿賞一節固費有經費資鼓勵即可之

三

久远亦不实沿流弊何由其营练兵章程有更善之付出八月则为阵此刻
为整远意但仍求定能仍可等者而壮声威亦兰所法兹申前赏罚以杜
怠玩之前而无久远之计则饬提者尤重近来议立长江水师营辖地方
有处分加奏之议付照例之于练兵均有裨益更有请者应有抽拨之兵试
验不适原额十之二三至修竟置不问将如兰那疲弱结多勉强塞责更恐
但已练者有时归营休息未练者以次调赴更代是亦古人换防之意
练一营亦为营均练通有俾成劲卒矣总之标营之制度不免太曲整难
练卒之章程宜归直捷使易于查考军务甫定是可乃安由该督
抚酌量为之期于他省均可先行试办惟恬于不习难驰鱼一其故如何因时

上九

制宜之處統由吾兄精擅酌定章程 [illegible] 之 [illegible] 年 [illegible] [illegible] 得力者

無稽拜謁 [illegible]

至手此 [illegible] 查各集 [illegible] 延時日已以識 [illegible] 精選 [illegible] 所有 [illegible]

多安 [illegible] 緣由並 [illegible]

訓示遵行為禱

[illegible] 二年 [illegible] 二十 [illegible]

多 [illegible] 手同治二年八月初九日 [illegible] 到 [illegible]

四

湖北巡撫臣郭柏蔭跪

奏為勘明襄陽宜城二縣驛路倒坍文報繞遞加增里數恭摺仰祈

聖鑒事。竊據署湖北襄陽府知府宋㸑藩署宜城縣知縣陸祐勤會稟：

襄陽之漢江驛至宜城縣鄢城驛，係崇襄河往來文報向以大干

里核算。在從前驛路平直，依限達遞不致有遲誤。近年襄河沿

次泛漲，驛路節節倒坍，其最甚者襄陽府屬之石灰窯、楊樹

程、積滾，宜城縣屬之小河、吟石屋子、雷迎灘、沖潮段、由窩，欲行

走曲折灣蜀兩形，必須繞道三十餘里，方能接遞要文。然實

難依限遞送，請加增三十里，總一百二十里程限核算等情。當

辦轉

經批司飭，即委員確查，取結加結，詳報在案。茲據襄陽府知
府恩聯，奉檄委員知縣用候補縣丞張銘新，率孫道即馳往會
同襄陽縣知縣宋景瀚、宜城縣知縣陸祐勤查看，襄陽
之漢江鐵驛、宜城之鄂城驛，屬襄河漸為河水沖溢，驛
路節節坍塌，因襄陽屬之石灰窑、獨樹程、積渡，宜屬之小河
口等處，從前驛路本直，往來一切文報，原可依限遞送。
樁因年深，逐漸頹廢，沖河岸刷愈寬，應改由崗嶺行走，行
除周折，須繞道三十二里，並照舊案九十里扣算，實難
依限馳遞，請將該等總站加增三十里，程限委係實在情形，出結

賫咨加結由湖北按察使劉策先詳請具咨前來臣查襄
陽宜城兩縣驛路遞送文報及東撥木牌向有一定程限今
據合年驛路例限文報繞路遞請加增里數飭委會勘確
實似應俯如所請准其加增三十里照一百二十里程限扣算以重
郵傳而免貽誤除咨兵部外謹會同湖廣總督臣李鴻章恭
摺具奏伏乞
皇上聖鑒飭部施行謹奏　軍機大臣奉
旨兵部議奏欽此

奏为出省查阅镇远苗疆及筹布边防情形

王文韶片

奏再湖南西路苗疆处处与贵州接壤此次黔苗构衅十余年楚境苗民地近情亲绝无一人一户被其勾煽因由嘉庆初年平苗后立法之善亦具见该苗民归化之诚臣巡阅至镇筸留心体察各厅州所属民苗均甚相安惟边地山多田少且民田大半归公作计苗虽别无恒产从前屯沅芑及凤凰乾州永绥等厅均有积储银两数石以备荒歉及不时之需嗣因咸丰年间历次办理军务动用无存储备未足殊非绥边久计臣

一

新歷逆境間得乘勢見閑搜切攤俟援防軍需清理就緒款
項稍可騰挪即當設法籌補將銀數另行分途具(?)庸以資遣
俾至沅州為由楚入黔門戶該處地當(?)保歷屆協濟調赴經營
接閱自固黔疆初定楚邊防務尚須就近布置即留防黔
境之統將大半未經謀面亦須酌調察看以定將來撤留先
後是以按臨該郡小駐三日逐一料理並查勘被鐵遺之
處原民逃亡撫(?)復而墾耕已屆得種無資當即分別酌籌
籽八千兩交統帶楚軍誠字營(?)及署鎮遠府……具自數
核實借給俾兵燹遺黎藉謀生聚有分土無分民但使力

所能及。不敢妄存畛域也。所有微臣此番查阅就便察看苗
疆及筹办造材各情形理合附片具陈是否有当伏乞
皇上圣鉴训示谨
奏

二

奏請開復已故降調巡撫處分准予入祀名宦

湖南巡撫臣王文韶跪

奏為已故降調巡撫功德在民懇恩開復處分俯准　敕請入祀名

宦以順輿情恭摺仰祈

聖鑒事竊臣於上年八月間接湘省在籍紳士前湖北巡撫一等威毅

伯曾國荃前陝甘總督楊岳斌前陝西巡撫劉蓉二品頂戴前

署廣東巡撫郭嵩燾四品卿銜前補兵部郎中孫葆內閣中書

易堂僊等聯名呈開前原任湖南巡撫惲世臨政績事跡並

援祭法捍患之義呈懇奏請祠祀前來臣伏詠故撫惲世臨

奏請開復已故降調巡撫處分准予入祀名宦　一

係同治四年因案被劾奉
旨照部議降四級調用迄未開復是以未敢遽行陳請茲臣巡閱至
常德府該處紳耆士庶遮道攀轅紛紛呈訴該故員實
係功在地方再三懇請建祠藉申感慕臣伏查惲世臨於咸豐
九年守常德府時粵逆石達開竄圍寶慶該郡正當賊衝
兵餉兩缺惲世臨募勇勸捐苦心籌防布置嚴密卒使賊
不敢窺合省獲安郡傍沅江沿沅以花苗堤為保障咸豐十一年
水漲平堤惲世臨親督兵役徹夜搶護堤塌浪湧屹立不退
衆皆感奮拼築幸以保全由其身先薦升藩臬同治元年湘省

大旱米價騰踊劫掠四起惲世臨亟爲籌平糶免米厘廣招川
商運米入湘人心漸定遂以嘉事二年李幅鈌造陷會同綏甯寨
突苗騷擾湘省動惲世臨馳檄截剿賊衆敗走粤西後竄郴、
將統粤東窺湘派營亟扼要隘防禦俾賊衆遂獲李逆正法
邊患以靖綜歷年經畫實心實揮其功他如清訟獄以
安行旅勤積穀以備飢荒定詞訟剪稂莠以免延累修吏治
徽積習以杜侵牟一切整飭吏治禁暴安良事、爲民生所利於以
故湘中人士追懷遺澤久弗忘而守常時蒞涉親民政績最爲著臣
等未經詳覈編纂輿情感激證思尤爲其切臣伏思賞罰
嘉請閱後是以降調遲罷要分准予加入名宦

二

三撿。出於上者至信。而好惡之隱。存於民者至公。查當日吏議雖寬。
自不能因功而掩其過。查今日民情可見。亦不忍因過而沒其功。
竊見惲世臨降調以後經前陝甘總督臣楊岳斌保奏奉
旨發往甘肅差遣委用後經協辦大學士左文襄保奏奉
旨著吏部帶領引見。隨惲世臨因病迭請展緩。嗣稱未痊。而
曾國藩奏稱惲世臨病後附片內稱。其用人行政。事事綜核
宸眷多加。因未嘗不原其既往。繼因以十年前為江總督協大學士
右實亮節清風皭然不滓。是惲世臨立身本末之大者。在
聖明洞鑒之中。舊撫今省紳士遞次呈遞情詞懇切迫。臣何敢拘牽

循照舊擬，

上聞。今合仰懇

天恩俯念已故降調湖南巡撫楊某生前功德在民，准予開復處分，

准其造事實循例

題請

予祀名宦，以順輿情之處，出自

逾格鴻慈。所有擬合懇請緣由，理合恭摺具陳，伏乞

聖鑒訓示。謹奏。

硃批：著准其開復處分，餘依議。欽此。

來諮開復已故降調巡撫處分，准予入祀名宦

三

養廉報銷

地丁奏銷

開礦章程

上十

廣東等處承宣布政使司為遵

旨查明養廉事照得廣東省文職正雜官員養廉每年按額循

例開支入冊核銷欽遵於道光十三年正月二十九日準

戶部咨廣東省道光十一年文職各官支過養廉造冊咨送核

銷一案查前次廣西二省兵備雜職緩期同知承審通判等

官支食養廉本部核與例載銀數多寡不一擬查舊案雖

有縣自該年增減以自何時歷屆冊內俱未聲敘相應

核咨該撫轉飭查明有無浮冒及為數支銷抄列增減原案

專咨報部嗣後造報即於冊內指敘原案以便核對而免駁查

一

廣東省報銷養廉

其餘各款錄數目僅原符合應准開銷除於年終報銷
冊內彙案外仍令該經手人將原動各款冊內分別造報查核
可也等因當查高郵縣支發庫銀一千八百兩零如高郵
支發庫銀一千五百兩零銅圍高郵縣遵照於乾隆七年部議
裁汰其番晒各項事宜歸併高郵二縣兼理即於裁
存遵照卷查已內每年支食鹽務卷查每五百兩準
吏部議覆文四復於乾隆五十五年准
戶部議覆署兩粵東省鹽務事宜政綱案內以省河鹽
務停裁歸高郵二縣每支收之費所有該二縣向未添支鹽務

養廉銀五百兩毋庸支發扣留樁塲歲修工需以抵撥充高廉
二府從此裁舊額支領養廉銀兩又南雄府原額支養廉銀二
千兩請因南雄事務無多酌議於內議裁南雄州養廉歸其辦公
州原額通年支銀一千二百兩請將應裁減保昌知縣撥仍請將
屬衙署事務請將裁減保昌縣養廉銀內增給四百兩通年共銀
支養廉銀一千六百兩於嘉慶十二年十二月二十二日奉准
吏部咨復連州直隸一理猺同知一缺因裁減連山知縣併歸猺同
知所有據該同知本係
題缺請作為緊要原裁減養廉銀八百兩應照連州民猺政務繁
廣東撫代奏底

二

暨请将裁汰连山知参俸银内每岁拨支银二百两给该同

知养廉银一千两以资办公嘉庆二十一年六月初五日奉准

吏部文回准移来桌一件设南门长时同知由福石同知裁改

万承永宁通判改为福石通判应支给养廉仍资办公查福石

同知改设养廉银六百两永宁通判改设养廉银七百两七福石

同知移作南门同知请支给福石同知养廉银六百两其改设福

石通判应请支给永宁通判养廉银七百两以符原额览览

二十七年正月十八日奉准

吏部咨准文回又将裁汰三年五月初四日奉准

户部咨停给各省文武各官养廉以充军饷文职自一品至七品暂停给养廉二成武职三品以上停给养廉二成应将此项银两归于支本款内核收数目按照出另存由督抚专折奏报听候拨用一俟军需告竣仍复旧额等因文檄咸丰三年七月二十六日奉准

户部咨议覆河南省扣廉六成案内文职六七品之布政司经历都事按察司经历州同县丞等项养廉为数无多应准免扣以示体恤至署事等员分别半支并扣不支不扣又现任人员调赴军营当差带兵及军营效力各员免其核扣其捐

庚戌拟销养廉

三

堂辦事及辦理防堵一切善後人員仍照一體核扣以示區別
仍令將文武應扣廉俸按季扣存司庫造冊報部解撥等
因於咸豐三年十一月初六日奉准
戶部咨議覆陝西省停給文武養廉按月扣撥兵餉摺錄
減平以有停緩日期亦應以自咸豐三年二月十三日奉
旨之日爲始並因以粵東省文職六七品下布政司經歷按察司經
歷照磨司經歷州同州判及南雄嘉應二州同等項養廉
爲數無多均請免其扣扣業經歷年造冊報銷在案又核
咸豐六年四月二十四日奉准

户部咨酌借各直省文武养廉一案自咸丰六年夏季起文职一二品酌给七成三四品酌给八成五品以下及七品之正印官酌给九成其余文职六七品以下佐贰杂职以及军营带兵出力之员均照原数支给等因一载咨改归江苏为临江直隶同知查临江前设养廉银一千两于同治九年十月二十七日奉准
部咨改为临江直隶同知仍由绥宁同知一律减支养廉银一千两一并改赤溪直隶同知一缺仍划拨新宁协饷柏税银征收以备营经官民政务杂费所有应领养廉仍照绥宁同知
巴

广东报销养廉

號設數目截支養廉一千兩以資辦公於同治九年八月十九
日奉准
吏部文內准銷在案又於同治八年六月十六日奉准
户部覆本省委補人員兼理員缺無論他缺者概以支署
缺養廉以其兩署中廉應准支嗣又奉准
户部咨行廣東省委補人員署理員缺無署他缺不准再支
兩任半廉應以同治八年六月十六日札省奉到部文之日截支
原案檔寄案驗核八年六月十七日增注
等因

地丁奏銷

查地丁錢糧奏銷先事

前任廣東巡撫德 奏經爲敬請清釐等事乾隆三十七年二月二

十八日准

户部咨廣東司案呈本部具奏直隸等省一節年地丁奏銷案

咨案内未結各款照江蘇之例辦理一摺相應抄錄原文行廣

總督廣東巡撫欽遵辦理可也計粘單議覆蘇州藩司原摺

内開嗣後其銷案内向有未奉撥銷如接經採辦顏料紙張緞

布等款但據每年奏銷册内詳明應歸某案查核仍於撥銷

地丁奏銷 傷未詞訟 宜先查核 解未有未 已完各項 四款另立專案報部一

本案動款之方詳經傳勒某年地丁銀米字樣仍便查對本案題
核毋庸遽年豫擬仍舊案填某年奏案項下難結之款如傷支銷
請以及宮書共核銀兩查處部支省存米豆豐記已完各項銀兩
四款如以米糧歸款致未動用撥解賑糧途查勒理照載理報
全案題後將地丁奏銷案內此四款行令該藩司分爲專案
擬部仍憑核准銷如此則節年難結之款仍歸專案銷查而易
結之全案不致因此一併羈延矣至核銷例支給向奏案擬銷之
款並易遞一摘出另造細册分別核銷等因又奉
前任廣東巡撫德 奏請爲查

为奏事乾隆三十七年八月十三日奉

户部咨广东司案呈广东省题请将营兵丁红白事件赏项银两先经军机处核准停止生息银两案内议令查核裁汰将军标兵丁并省银两勤支查军标陆续裁兵饷银原系归入实存项下报拨并无另款存储三十六年广东省又系普免钱粮之年所有三十七年红白银两自应将其查核田房税羡项内动支照例造报核销俟广征收三十七年地丁银两即照裁兵饷银之数拨出以备动年赏项之用并令嗣后逐年照此拨给应用等因核实报销如有余剩即归款报部所拨仍令照兵部广东巡抚地丁奏销 题请将营红白赏项 [illegible]

二

菁園大人

前任兩廣總督巴 奏請將查

旨等事乾隆四十九年正月初六日准

戶部咨廣東司案呈先於乾隆四十七年本部會同兵部議覆

搭補實在案內各省公費名色概令一體刪除仍將應除公費作

兩查明實在應需銀數專案報部作正開銷等因奏准通

行查照在案今據兩廣總督將通省各標鎮協營每年實

需公費銀二萬六千一百七十七兩六錢四分請俟四十八年為始

查照查辦地丁正項銀兩動撥作正開銷查與本部奏准動撥

之例相符應准其在於四十八年地丁銀内動支仍令該督轉飭將
支存各款按年造冊報部核銷等因又準
前任廣東巡撫圖 奏總為奏明請
旨事乾隆五十四年二月十八日准
户部咨廣東司案呈各省耗羨銀兩已未完解數目應即隨
同正項錢糧統計分數分晰聲敘一疏只顧以定考成如正耗全
完方准議敘正耗欠數相符合計分數議處至於後仍未完解
者歸於正項年限案内按照偽正耗完欠按解不符即嚴參查
解并奏冊式内開各省司總正耗奏銷冊繳正項銀若干兩
地丁奏銷 耗羨銀兩統計分數 實存籌備造入下年播報 三

加耗分数应征耗羡银若干两已完正项若干两动拨分数核册
内声明加耗分数已完耗羡银若干两造入某年耗羡新收项下
未完正项银若干两加耗分数未完耗羡银若干两各分别缮册
照依司议清册开造奏闻 又奉
前任广东巡抚部院鄂 奏请为奏销乾隆十三年钱粮查
参未完各官乙乾隆十五年二月初九日准
户部咨广东司案呈查得前任广东巡抚图 将广东省各属
知乾隆十三年分实征地丁正杂钱粮银米收支存剩各数并
饬发部册造册具

題前未查多項造入季冊併經入季冊錢兩既經歸入實存項下列入下
年舊管項下報部如實存項下扣收糧價一款銀兩該有向例多款收
存不入舊管造報戶部核其案查聯舊管與上年實存數目不符
應令該撫轉飭嗣後一切實存銀兩俱造入下年舊管項下報部
以清款目應不致多數目不符往返駁查等因又奉
前任廣東巡撫部 奉經前未銷奏事乾隆五十七年二月十五日准
戶部咨廣東司案呈廣東巡撫部 將廣東省乾隆五十五年
分實征地丁正雜錢糧銀米經征將征存實數目造冊前來查該
將征存實未完正耗銀米將未完分數造報完屬含混難以稽程
地丁奏銷 未完正耗銀米分冊造報　　粘冊豐貴紅白備貴　　回

应令明后将未完考成册内将未完正耗银米分晰数目仍将未完考

成分数造状 奏闻 可 事

前任两广总督觉罗长麟 奏请 旨

旨等事 乾隆六十年四月初三日 准

户部咨广东司案呈查湖湖营新添兵丁自六十年为始应给

口粮银八千两 红白备赏银七千两 两三项一分两厘准 查在于

地丁项内动支例全在于本案内拟 部核销等 因 可 事

陛任广东按察使 奏缴 为请

旨事 嘉庆 年二月二十二日 准

户部咨广东司案呈准两广总督觉罗吉 奏准
户部咨开嘉庆四年五月初七日内阁奉
上谕从前所设养廉原为大小官员办公日用之资乃外省有因公一
切善后及各着款项借支议将通省官员养廉摊扣以致用度
未能宽裕上司藉此勒派属员而州县遂需索百姓此弊所深
知自当概行严禁仍清查以前各官未扣款即行停止摊扣廓
尔喀军需已特降谕旨勒停摊扣筹借各项借款及开销者应
办之项原有耗羡备公银两可动不得仍前摊扣各官养廉至州县钱
粮征收及火耗等项亦著仍照旧例即于各州县征收耗羡内
地丁奏销 总督衙门工役等一体于此内动支
奉

坐支用帑等項，查照仍照正項錢糧編數報司，以杜挪移之弊。欽此。
欽遵，相應行文各督撫欽遵辦理等因。行據司欽遵查照實力辦
理，分别妥議，按察理布政司具復。查得廣東省各州縣額徵佐雜各役工食銀兩，
舊例係在各州縣徵收地丁銀內就近在於州縣庫內扣留坐支，未有報
司支領。嗣於乾隆五十二年禁止州縣自行坐支，案內行令將徵收
各役工食銀兩一概起解司庫，由司核給，仍在部列各役工食本款銀兩
動支，是各役工食銀兩舊例原在徵收地丁銀內編支。茲應遵奉
文行，總以嘉慶五年奉查為始，照依舊例，在於各州縣徵收地
丁銀兩編坐存留，就近坐支各該州縣額徵佐雜各役工食銀兩之

用似毋庸另立耗羡銀內動支亟備支項下各官俸銀畢方陞任
罰俸及賠扶等項例應扣存其撥兵餉文各道府後合隨由州知
縣同地丁銀內征收赴司但（由）道府自行赴司另飭與州知後合自行
坐支者另行自後應留何由道府自行赴司另飭之處又備支項
下至州知均系祭祀廩膳等銀舊例均係由知坐支現奉文內未有
明將各應如何辦理之處應請咨部示覆以便遵照等由到部查
等仍查道府州知應支俸工役食等項向例各有均於地丁項下動
支其道府有耗羨銀兩撥作支文職養廉等款於所餘長餘不敷之
食之用所有各直省道府州知教職佐雜俸工役食及各州知廩膳
地丁奏銷　並有俸工役食一體由州知坐支

六

祭祀坊宇等项应请仍照旧例归于地丁项下动支其有应领余
物料设自后向无款征俸之如陕西之类仍动支司库款领取
其陕甘省祭祀领取由专于地丁耗羡领取无支者均应照旧分别
动支司库应支俸工后仓等项亦应钦遵
谕旨照依物生支之例一体坐支以归画一并令该督抚等将各属应
支细数于奏销册内分晰造部核销并将各属无运支切实
印结随同奏销报部查核其备支项下应俸工并造司俸任内俸
旷扣等项应令该督抚按照定例扣存于奏销册内分晰奏
销据兵饷之用以资营需

命下之日 臣部行文各省督撫一體欽遵辦理等因 本年閏三月十

二月十二日題 本月十四日奉

旨依議欽此相應行文廣東巡撫轉飭欽遵查照可也等因又本年

前任兩廣總督覺羅吉 奉准為知照事本年四月十九日准

吏部咨開例作奏為本部具奏事等因相應抄單知照

可也計抄單一紙內開嗣後錢糧全完之官按其所征銀兩議

敘者分別從優量加獎勵全完三千兩以上不及一萬兩紀錄一次一萬

兩以上者紀錄二次三萬兩以上者紀錄三次五萬兩以上者加一級

十萬兩以上者加二級並有不及五萬兩全完者紀錄一次五萬

地丁奏銷　全完之官從優議敘　七

两以上者纪録二次，十万两以上者纪録三次，二十万两以上者加一
级。以上经征各官，無論钱粮多寡，罣误三载全完，按每年照例議
敘。其有准加一级，如此則節候敘，地方官於催科之時，自必勤輸
迅，後而國家钱粮要务，亦得以功按迅矣。等因。又奉
前署廣東粮道張案詳為請
旨事。本年十一月二十六日准
户部咨，湖廣司案呈，本部會同兵部議覆湖北湖南等省
驛站錢糧除備支各項剩餘兩撥儲藩庫，擬撥充驛夫馬
工料等事，仍应按数目随时接發一摺，本年九月二十

旨寄來本日奉

旨依議欽此相應抄録原奏行文廣東巡撫欽遵查照可也計粘

單一紙内開爲請

旨事查嘉慶四年奏准内江蘇布政司岳起條奏驛站工料

請照如和等官坐支俸廉新例之準查核地丁銀内扣支

歸入存留項下核銷等因奉

旨允准在案又據浙江巡撫阮元及湖南巡撫祖之望請將驛站

正耗錢糧改歸糧司專管支劃銀兩全歸糧庫并請僅

完欠考成及交代奏銷盤查等事統歸糧司經理將庸

地丁奏銷　驛站錢糧支劃銀兩糧儲藩庫撥解　八

藩司會稱不慣，該臬司專管，名雖似更顧，而藩司為錢
糧總匯，特置之不可与小抹重財賦之邑，户部未便准1相
應核咨奏請
教交該糧將驛站征傳正耗錢糧，多之州縣內作夫馬工料
紅船水手工食馬價協濟等款，准之全數仍支，所餘剩銀
兩即行糧儲藩庫造冊報撥，備各驛站應數撥支及
向無應給驛站之各州縣所需夫馬工料等銀，並准查在地
丁銀內照數扣支，餘入存留項下造冊，臬司會同藩司核實題
銷，並正耗完欠數目並之該州縣地丁錢糧造冊，藩司會

计分如併疏另题毋庸另立专成而各谭站各属失马之
料及採買驛馬船隻歸船部造文报拨发动令等事应仍令
该抚督司随时稽察並饬各属查照定例按年造册报部
题销庶属县两司各专责成统归画一铁驿务均有
裨益等因又奉
前署两广总督印务兼理广东抚院班 奏请为照事款差
五年十二月初三日准
吏部咨开例館案呈准江西巡抚張 咨稱 江西省各府州县经
修经征向来奏销时如係一年内二三参僅征全完者毋庸開
地丁奏销 三年全完议叙其加一级係著为例任者俟四 九 任前後扣算三年

於奏明一年內一次經徵經征通完闕員職名送部議敘歷年
蒞辦在案茲奉新例三載全完再准加一級是否以四年宣
完錢糧奏銷起以後為三載全完者准其加級抑係本年奏
銷議敘案內即將前兩年經征全完已經議敘之案再行併算闕
於又一古在任三載雖征全完未離本任者自應遵照例請三
加級其為三年內因案委離任之員應否於四任後另行起算
三年全完再請加級抑或於後接算統以三載全完為準
部議內未奉分晰指明事關新定章程相應咨請部示要
以便遵照辦理相應咨達等因前來查本部議奏地丁錢

准三年全完於每年議敘之外再准加一級俟養廉四年
奏定之日即以養廉四年奏銷全完之案將前兩年全完併
算作一次全完者即行給予議敘至三年內有因養廉錢
作者應扣除養廉錢作年分俟次年四作前後接算三年一次
全完再行送部議敘相應照請將行查證接下已等因
又奏
前經廣東撫院班案稿為傳付事養廉六年七月二十三日准
戶部咨廣東司案呈准暈移交傳付內務府為本處前議驛
站章程傳付江西等司即行趕辦抄錄行文之後婧接一體
地丁奏銷　驛站事宜　十

並雍等因前來相應抄錄原奏外，文廣東巡撫特飭遵照辦
理可也計抄單一紙内開一、額征驛站較多之州縣除應需
夫馬工料經費扣支外餘剩銀兩撥歸藩庫扣撥一分征無
驛之州縣所征銀兩統入地丁併批撥歸藩庫扣撥無庸第十一
驛站名目一概征驛站不敷之款及向無額征驛站之州縣準照
在於地丁銀内坐支如應征地丁不敷補支應飭各屬將征收地丁
儘數扣支其餘不敷徑赴藩司請領　一、恭奉
恩諭著免年分應需夫馬工料無項坐支應飭令各屬造報臬司核
明按數徑赴藩司請領查照水旱偏災錢糧例分應飭應緩

所需夫馬工料銀兩係實在應征之款仍照坐支外其不敷銀兩飭令臬司核明確實經赴藩司請領均毋庸由臬司移領給發一面其驛站裁所經多隸提真請添設議覆准行者其新設驛之始初多無款征其原有款征銀兩者統入地丁毋庸仍立驛站名目以歸簡易一面各宜權便民紅船等項工料水手工食挑夫以及款銀備夫糧口者分由州縣經理者仍經以報支外多不敷報支者亦照前款經赴藩司請領等由臬司經稱者核實確函移咨藩司經行給發不必由臬司提銀領劃銀兩自行撥給之毋庸移備轉給以符原議仍令每年底分别會同藩司核實造

地丁奏銷　驛站事宜

十一

毋須銷一多驛站征地丁之歷和和歷典史等處應需支給之料
等項飾令各屬將應支確數造冊循舊存庫存儲應項
銀兩給發以資應用仍照前款題銷等因又奉
前任廣東巡撫董兼總督通行事嘉慶二十年九月二十六日准
吏部咨考功司案呈本部題前事等因相應抄單通行飭知
撫遵照可也計逮單一紙內開議得應戶部咨稱江西撫院
以江西省嘉慶十八年分地丁奏銷一案戶部咨查全未銷董
正揚何炳三負卸事日期是否在初參限內抑係初參限外查照
奴部再行核稱等因查定例內開經征地丁錢糧限二月

開征四月完半八月接征十一月全完又定例直省奏銷錢糧江
西省次年五月奏請題覆征收限定於十月全完次年五
月内奏銷則未完開參似應以經征之年即為初參一年之限
江西省向來五月辦理奏銷未完開參之後應以是年正月
起至十二月底止扣為初參年限查征收各任月日核計分數
造冊開參如有於次年五月奏銷前卸事者即於奏銷冊
内聲明卸事日期聽候嚴議覆奏
部覆查參令前任新知安參等無知會飭據征收
蒙十八年正耗錢糧自十八年正月初一日起至七月二十四日因
地丁奏銷 經征官卸事在初參限外奏銷限内應照本例議處 十二

科場調省卸事前一日止又自八月初十日事竣回任至年底
止前後在任十一个月零五日該員於嘉慶十九年四月二十六日
俸滿調取引
見卸事後因現代另案參革又前任大庾知縣丁憂知縣萍鄉經征
嘉慶十八年地丁等款錢糧自十八年正月初一日止至年底止
在任一年該員於嘉慶十九年二月十三日丁憂卸事又前署新
淦知縣事時江方經歷何炳經征嘉慶十八年丁耗錢糧自十八年
正月初一日起至年底止在任一年該員於嘉慶十九年二月十二
日卸事所有該參員卸事日期除詳咨初參外尚李某錯誤

内相应咨明查照详请咨会将原文咨送吏部核办等因前来

查此案江西省嘉庆十八年分地丁钱粮据该抚题称向来

办理奏销俱以是年正月起至十二月底止扣为初参年限等

语查定例钦奉上谕何炳三员部事日题均在初参限外未便

照限内难任之例罚俸完结仍照部例议处应将经征地

丁钱粮未完一分以上之前任李新和另案革职知金东钦照

例降俸一级戴罪征收未完四分以上之前署新淦知事陈江方

经历何炳照例降俸四级戴罪征收未完六分以上之前署大庾

知事丁夏知又经另案革职奉

地丁奏销　经征员弁部事在初参限外奏销限内应照本例议处　十三

旨送部引見董正揚照例革職註冊董正揚又以歉商稅銀兩未完應
照例再降俸二級戴罪督催查余東欽何炳董正揚三員抑事
日期係在初參限內未起復參以前應照議降職降俸各處分
應俟督催交續積全完或註銷等項完竣銀兩積部再行
辦理再查未完錢糧各項如有抑事自應分別限內限外凡
在限外抑事應照舊依例議結如限外抑事尚在未起復
參以前者自應照未完分數另本例議處向來各督催未
分時覺照部核雜糧積辦應令各督接酌後於各項錢糧盡銷
冊內將何月日限滿及註銷等抑事日期是否在限內限外詳

時勢照以憑分別核辦等議

命下。嘉慶二十年五月二十六日題，本月二十八日奉

旨：此案因經征地丁錢糧未完六分以上議以革職，該督董正楷著仍

照前旨係照閱歷，部議註部，帶領引見，再降諭旨。餘依議。

欽此。等因，又奉

調任兩廣總督兼署廣東巡撫部院蔣 案准，為通行事。嘉慶二十

二年正月十五日准

吏部咨考功司案呈所有前事一摺應刷單知照可也，計刷單

一紙內開吏部等謹

地丁奏銷 經征督征全完未完分別議敘

十四

奏爲遵
旨會議具奏事。内閣抄出山西道監察御史葉題雅奏：伏見近年以來
江蘇、山東、甘肅虧空之案，節次敗露，屢煩
聖心
欽派大臣前往，實力清查，嚴行懲辦，後經
廷議立定章程，責於追補舊虧、杜絕新虧之法，固已周詳無遺。
查惟是各省虧空之案，積重難返之勢，即加意整飭，難保
其再無續虧，不但錢糧延宕，惟重而務要一辦理虧空之於
政體多有關繫，以致堵塞虧空之員肆無忌憚，侵挪自應嚴立科

條例纖悉賤而授受無虛之員又㢮催科多術尤宜設法鼓舞俾知踴躍急公庶

帑項漸可充裕吏治自可澄清查例載征收錢糧在三百兩以上至及一千兩於奏銷前全完紀錄一次一千兩以上全完者紀錄二次三千兩以上全完者紀錄三次五千兩以上全完者加一級十千兩以上全完者加二級要張之載全完無論錢糧多寡於每年經常議敘之外再加一級等因是定例本是以獎勵無如不肖之員視紀錄加級為尋常之事無足重輕而暨私肥己廣積多資開例即可捐陞賄緣便可保薦以貪婪作苞苴以脂膏潤囊橐致

地丁奏銷 經征地丁全完未收分別議敘 十五

手撑之貪劣卑曲功名之念庶遂致國顧身家固位不顧

國帑也茲以力挽積風攸除錮習並著使其嗜利之心不勝其好名之情

可否獎清廉特加優異其所認捐錢糧銀在十萬兩以上者不過

五六萬其數在五六萬兩以上者在錢糧最多者分即係大挾應

請破格收議敘其照議擬名予賦懇祈和三年全完准其議

敘即照之例並爲從優辦理外在三百兩以上不及一萬兩仍

照例紀錄其數在一二萬兩以上於奏銷前全完者准予加一級

分其數在三四萬兩以上者三年奏銷前全完五六萬兩以上二年

奏銷前全完八九十萬兩以上者一年奏銷前全完均由戶部核

照依原經征即行知照吏部會疏
題請不論俸滿即升並應歸入何項班內即用之處查豫東新例
四新一條之分設多不積加班若無例所無本屬過優應請將
不積加班西有州知應升知缺核到班之日於生作為前項人員指升
者缺亦與銓法無礙如與核實優敘者則知名負冀圖升轉不稍懈
者益屬實係立圖報效即不有者多所觀感亦必倍發天良勉力
完徵以希上進如蒙俞允行日久照此其見之年之後可望大有
成效臣等愚昧所及是否有當伏乞
皇上睿鑒訓示遵行謹
地丁奏銷　經征接征全完各員分別議敘

十六

敕下吏部（户二）查照施行。謹

奏請

旨。嘉慶二十一年九月初三日奉

硃批：該部會議具奏。欽此。欽遵於嘉慶二十一年九月初九日抄出到

部。臣等查各省丁賦、場關、度支、經費，出納管收，果能實力催

征，定例按照錢數之多寡，分別給予記功、加級，要爲一收經征

三載全完者，於每年照常議敘之外，再准予加一級。歷經遵辦在

案。今該御史奏稱不肖之員，視前項紀錄加級不過抵銷尋常處

分，惟多賞獎（?），請特加優異，請將各省州縣經征錢糧照（?）辦

杜各屬賦款州縣三年全完准予議敘即稍壁之例畫為從優辦理
似為慎重
國課無裨人才起見查各省州縣推字僅科但閱官所如平庸
能之員於一應起運錢糧年清年款自當加以優敘惟征收錢
糧數目多寡不齊仍應照現行則例各按經征多寡量予
從優臣等悉心酌核應請嗣後以錢之杜常賦各屬賦款州縣為
各直省州縣經征一應起運本年分地丁錢糧不及三百兩者毋
庸議敘至五百兩以上不及一萬兩於奏銷前全完者仍照
舊例紀錄一次一萬兩以上全完者紀錄二次二萬兩以上全完者
地丁奏銷 經征協征全完各官分別議敘

十七

經解三次三萬兩以上全完者加一級，五萬兩以上全完者加二

級，八九十萬兩以上全完者准其不論俸滿即陞。如一次經征每

年奏銷前全完，於照常議敘之外，均於三萬兩以上及二萬

兩以上者，直省州縣一次經征三年奏銷前全完者，仍准其加一級；

蘇松等處賦繁州縣一次經征三載全完，仍准其不論俸滿即陞。

至知縣三萬兩以上一次經征三年奏銷前全完，五萬兩以上一次

經征二年奏銷前全完，俱准其不論俸滿即陞，不得以前後續完

之案概行援算。二三年內遇有事故年分，併差委離任之員

即將是年扣除，俟次年補足是年計算，其請議敘，其查催科錢糧

督催上司與經征州縣俱有考核之該部議僅請將經征州縣優敘未
足以昭平允所有督催之上司亦應畫定例則為甄敘俾請嗣
後督催知府直隸州知州所屬錢糧並不及五十萬兩全完者紀
録二次五十萬兩以上全完者紀録三次七十萬兩以上全完者加一級
一百二十萬兩以上全完者加二級督催布政使不及五十萬兩全完者
加紀録二次五十萬兩以上全完者加一級一百萬兩以上全完者
加二級至道員同知通判督催衙門所屬錢糧全完照督催之例議敘
經歷經征衙門所屬錢糧全完照經征州縣例議敘應請
敕下各直省督撫等於奏銷地丁錢糧時如實係一年經征如數全完
地丁奏銷　經征督征全完各官分別議敘　十八

请将捐输银两年分並照奏定新例分别题核由户部查核
令由吏部将经征协征各官额请议叙所有江苏赋额劝输叙
并照地丁钱粮议叙之各官征收四分全完应请一律办理至
铨补更不能无效人员应即入何项班内即用之处查豫东新
例四新一旧之分係指不积加班者之例所无本属周优应请不
积加班遇有此项应升之缺于新班之日扣出作为某项人员指
陞本缺之后铨法无碍等语臣等伏查上年奏准指例豫东
捐例时因有此项陞选班次甚多恐于捐输选人员未免壅滞是以奏
为调剂于正班铨选之外另加豫东不积班次係专为疏通豫东

捐纳人员而设，未便留。经停止捐例之后，即行改议。但该州知
既经三年奏销全完，自应量为甄别。应请嗣后该州知州奏销
全完，应议叙即升者，户部会题到部，臣部归于即升班内候
即升到班时，按注员缺题补。
旨之日与无碍即升人员统较补。
旨日到先后升用。再查直省嘉庆二十年地丁奏销均已到部，并
二十年以前各案查到部，均请仍照旧例办理。于嘉庆二十一
年起，令该督抚于奏销时将经征督征全完各员造册定新
例分别题请议叙。至三载全完各官，从前按年议叙者，仍照
地丁奏销　经征督征全完各员分别议叙　十九

准其寄後接扣所有臣等會議緣由理合恭摺具

奏伏乞

皇上睿鑒訓示施行謹

奏嘉慶二十一年十月十五日具奏本日奉

旨依議欽此等因又奉

寄任廣東撫院蔣　咨開

嘉慶二十五年七月初六日准

戶部咨廣東司案呈戶科抄出廣東巡撫康　題廣東省各屬

荒減屯糧請將坍塌年久成熟沙坦錢米撥抵無造冊題報

一案查丹關道屬屯田共稅五千三百九十頃三十畝一分零共額征本
米九萬二千九百七十一石一斗五升九合七勺零帶征屯丁銀一千
七百三十四兩八錢五分二厘零今據委員會同番目等十三次和勘
收並
實缺屯稅六十八頃二十五畝六分零共應豁米一千六百六十
六石一斗八升二合八勺零共缺屯丁銀三十兩四錢七分八厘零
內除吳川縣缺稅屯米一百九石二斗二升一合九勺屯丁銀二兩六
錢四厘零歸擬茂名縣十三坡地租易案撥抵外查存屯稅五十三
頃二十一畝七十七畝零存米九萬一千三百四石九斗七升六合九勺零
屯丁銀一千七百四兩三錢七分四厘零共應分別豁減則屯米一萬

地丁奏銷　寬減屯糧將成熟沙坦卸米撥抵各案　二十

二千六百八十五石三斗八合二勺零實在正米七萬八千六百一十九石六斗九升八合七勺零又真陽原於南海等十四州縣補墜年久沙坦及兵後續據勘墾沙田墾稅五千三百六十五頃三十五畝七分零比照上則民田補墜正耗銀一萬九千五百六十二兩六錢八分九厘補墜本色帶耗正米六千五百八十八石六斗五升九合二勺零內除撥補儋州應解等征正米連耗折價銀二百四十八兩六錢四分五厘零又等着丁銀二十八兩四錢一分四厘零又撥補仁化和平帶征正米協貼四縣等着各折價銀五百三十五兩二分六厘零出存正耗銀一萬八千七百五十兩六錢二厘七毫每

每銀二兩二錢折正米一石連另加一六耗米每石實共折銀二
兩五錢五分二厘共折米七千三百四十七石四斗一升四合三勺
零連補閏存留耗正米共一萬三千九百三十六石七升三合
六勺零內除撥補前項應豁荒缺及減則征税正耗米一萬三千
九百三十六石五升五合五勺零為餘米一升八合一勺零查係甸
劃零星應如數請節刪毋庸議并按該撫疏稱無辦溢實征
田內除原征正米每石折價五錢七錢及每畝正科米五升零及八
升八合零多税原辦科則本輕毋庸議減重科則較重之處所
著六十一畝科共征銀三千八百四兩二十畝五分零共米六萬九千
地丁奏銷　荒減正粮併未疏沙坦缺米撥抵無庸

二十一

四十四石二斗六升零均应分别减则以原额科则之粮查定酌减
米数之等差较为平允等语臣部逐加查核与该督等前
后奏准应减应豁及自拨拨补各案宜以第称保广安协所征
补征沙田饷米拨抵豁减各屯粮折册核算三处有盈无绌均应
如该督所题准其分别办理仍令该督转饬将补升粮赋入额编
征在地丁案销及耗羡耗米各册内分晰报部查核所有拨补外
所均应买米种子省垫以供兵粮之处并令该督转饬广粮按年
如数买足分省支放于年底专案造具细册送部核销等因又本年
前任广东督臣阮元 案据为核咨事道光八年二月二十九日准

户部咨广东司案呈查户部现行则例内载直隶州及州县卫
所并长征变分于直隶州下注云因有本州钱粮又载各省直隶
州特征变分于直隶州下注云因有所属县卫钱粮并直隶州于本
州钱粮为经征于所属各县钱粮为特征者盖有分属所隶直
隶州地丁奏销应照例分别如本州及所属钱粮均未全完者经
征特征两条变分首各属全完而本州未完者止等以经征变分
如本州全完而所属未完者止等以特征变分如此核实办
理庶足以昭平允而与例意相符相应行文广东巡抚查照
有无似此例案不符一律更正并知照吏部付知则例馆可
地丁奏销　直隶州未完变分分别经征特征

二十二

前任廣東督院部 案據藩詳請等事 道光十四年六月二十八日准
户部咨 廣東司案呈 吳川縣被水沖缺屯田税三頃八十八畝三分二厘
八毫 缺米一百九石二斗二升一合九勺 每石連耗共應攤補銀二百
七十八兩七錢三分四厘 又扶丁銀二兩六分四厘二毫 前據茂名縣詳
稱該縣居民名大至伍等十三戶 共積税七十九頃九十三畝二分零
每畝各佃認按租銀五分 每年共征收租銀三百九十九兩六錢六分
零 係與吳川縣坑泥堪以就近攤抵 更經該銀低數批解庫
歸入屯租項下 於嘉慶二十四年十一月内咨 部撥補 所有 部駁飭
如等因 又等

之易覓墾荒稅額撥抵不敷以十三墟撥抵最後之府陸續於墾鄙
分荒稅一百八十四頃五十畝三分四厘二絲二忽六微其編征粮銀
一百四十七兩一錢六厘零另征米八石五斗九升六合照撥補之屬應
照案內準准之數每米一石連耗變價銀二兩五錢五分二厘核計
該折價銀二十一兩九錢三分七厘二共銀一百六十九兩四錢三厘零除
係數撥抵外尚不敷撥補缺米價銀一百九兩六錢九分三毫缺丁
銀二兩六分四厘二毫仍請以茂名縣坡租暫行撥抵統俟平遠
開平二縣將前項已升入後尚未認墾之稅造具冊結詳請陞科
到日再行造冊詳咨照數撥補足額應如所咨准其撥補等因又奉
地丁奏銷　吳川縣撥補未撥　駐球女各赴任毋庸續與奉摺二十三

奏。任兩廣總督祁　奏請爲遵行事。道光二十三年閏七月十四日准
兵部火票遞到
兵部咨準戶部咨稱：本部具奏新放駐防將軍、都
統、副都統、總管、城守尉等攜眷屬赴任，向給車駕銀兩，俟思
旨。任文武均係自備資斧赴任，本年已將借支養廉一項具請停
止，而駐防官員仍行支給車駕銀兩，似屬濫廉，擬請嗣後新放駐
防將軍以下等官，除駐札西北兩路例應馳驛各員仍照例核給車駕
外，所有內地駐防各官新放赴任者，均毋庸給與車駕等因，具奏奉
旨依議。欽此。等因。又查廣東省同治四年分起解白蠟下手飭應追解領

合銀五万兩係在於耗羨銀內留存動支另冊具文批起解戶部寄項白
蠟應需價值給南粵之知詳批溶淨白蠟一萬觔應需價銀六千
六百九十兩計每觔實需銀六錢六分九厘內正價每觔銀三錢議
正價銀三千兩又每觔不敷價銀三錢六分九厘該不敷價銀三千
六百九十兩發給南粵之知收領採買又支解部員白蠟水脚銀九百
九十八兩三錢二分內正價水脚銀九十兩不敷水脚銀九百零八兩三錢
二分發給部員收領以為起解白蠟赴部水脚之用另寄項正價銀
兩在於同治二年地丁項內動支至不敷銀兩在於司庫耗羨銀內動支
造入冬季冊內核銷又查廣東省解部高錫三萬五千六百五十四觔
地丁奏銷　　白蠟高錫價脚　　二十四

八兩五錢，又自乾隆四十五年分，本年新起銀二萬兩，續於乾
隆五十九年奉旨停解，前道光七年奉旨起解二萬兩，停徵解京，錫一
萬五千六百六十兩，八兩，各處價腳飯食銀兩，陸續停解，向措積
攢二次價腳一起解，並分解廣東省同治二年分起解商欠
二萬兩，照依向來解部解。
二戶二部鼓鑄，照每兩正支錢二分五厘，共該價銀二千七百兩，
內每兩支正價銀九分，該下一千八百兩，又每兩不敷價銀四分五厘，該
銀九百兩，應請價由商二和，特令商人採買，齊足，又支銀，商欠銀
起運，水腳照依向來解部解。

戶工二部鼓鑄點錫之例每觔並給水腳銀一分八厘七毫並該水腳銀之
百七十四兩內正價銀一兩支水腳銀三分該正價水腳銀五十四兩不敷
水腳銀三百二十兩請給委員收領以為起解高錫赴　部水腳之用並
前項正價銀兩在於同治二年地丁銀內動支其不敷銀兩在於耗羨
銀內動支造入在案冊內報銷又查粵東省應運咸豐二年分點
觔赴百色及雲南省應運咸豐十一年分銅觔赴剝隘在滇省咸
豐二年分應買廣南寶甯二府知府點錫耗欠平頭蒲包水腳每
工盤費銀兩等項共需銀七千八百七十八兩二錢七分三厘均在粵
東省應運滇省銅本銀內分別移撥支給至粵東省同治二年分
地丁奏銷　　滇省銅觔水腳　　二十五

应採買萬實金鈔二廠正銅正餘薪包運脚匠夥外解飯食等
項共需銀二萬一千一百五十七兩八錢一分五釐請照同治二年分
地丁銀內動支內應造洪省銅本運脚銀二萬一百四千五兩一錢二分
六釐除將洪省嘆價薪包脚費飯食等銀七千八百七十八兩二錢七
分三釐攤足外尚應造洪省銅本運脚銀一萬二千二百六十六兩八
錢五分三釐儘照銅本案內移駁扣銷無有無找給另行核實移明
入季扣撥咨洪查照至餘剩東委員起剩運撥運銅觔應需脚費
匠夥飯食共銀一千一十二兩六錢八分九釐請俟洪省咨會銅觔運
抵剩陰支給委員接算之用理合註明

謹將長新廠開採礦砂就近設爐煉擬議章程開具清
摺恭呈
憲核
計開
一 在新作坊和楊窩達中之地設立總廠一所即取名長新廠督
辦委員驗札凡收驗礦砂發煉銀鉛支發銀錢經管文案
一切事宜悉歸該委員辦理如有辦理妥善由總理處分
別詳請酌予優敘量為調劑以示體卹鼓勵至應如何酌
定年分更換之處伏候
閱核章程
一

窯示祇芝

一新作壇和暢宮兩處擬另設委員一員專司收交礦砂巡
查修漏等事
一在長新廠就近擇地搭蓋爐房匠役安置爐座，另設委員
二員專管照料並煉並逐日發給爐匠礦砂、雄石、炭、灰等
事仍隨時查看如礦砂時多應增爐座添派委員照煉出脂稱
委員務宜專請經理妥協程
以上收發照煉各委員議請以一年為期更換如果始終勤慎
出脂稱委員點并經理妥協程限分別詳請獎勵倘不

副委但亦应由督办委员等请撤回另遴委接办，遇有患
病亦准给假回省医治，如有补授委到班实缺，待居回任，均
准其照督办委员辞差，仍归原班差委，总理遴员接应，将经
手事件交替清楚，由接办之员具会督办委员，转报后
方准离厂。月支薪水，即于接办之日起算，前项随后停止。
一、督办委员专经管银钱收支，矿砂炼解银钱之责，如遇更替，
须算明交代，由接办之员出具无亏印结，详送广司总
理处存核，仍照优缺照例咨处。
一、由广司给发督办委员钤记一颗，以便办公。所有按月应
阅矿章程

二

用鉛兩由該委員備具鈐領詳請藩司總理發給茲所領鉛
兩由該委員派人請領如有竊取脫逃應令將該委員賠繳
倘遇盜賊搶劫等事勒限地方官緝拿追賠繳報
拿獲報
一本省運煉鉛鐵及解省之中轉局委員派員押解如有遺失
短少等事著落解員賠繳倘遇盜賊搶劫勒限地方官緝
拿獲報
一廠中應用之器及所支等由轉局委員移知營派弁送如
有羞役舞弊工匠滋事以及棍徒在山場酗酒吵鬧滋擾
委員杖責等事情重大仍需知完報

一拜收矿砂如拜手人等高下其手以贿舞弊者即严究

从重杖责并事情重大仍交部究办

一拜收矿砂如拜手人等高下其手以贿舞弊者即严究从重

惩治俟委员察隐一并究惩

一收发矿砂查炼铅红由据形委员按句报总理处核转仍按

月将支用各项船及查炼铅红收发矿砂分册造册四套

申送

督核定照应衙门总理处查核程

一现开矿山附近如查有续开凿之处许该民人呈明

开矿章程

之

办委员移会地方官勘明实係官山並无碍民舍田园庐
墓纔准之民人自垦之本检集夫匠先行试採绘图呈明
仍委员查验如图内矿少砂微即行封禁如果旺盛饬将所
开矿砂交特办委员查炼所得之数核计每斤实有若
干年该委员照线厂所定章程办理呈明内所取之矿仍令该
民人呈缴特办委员验量给价以无不符者如有私
挖以及擅开奉准之后之家藉端扰村该委员核明地方官
按律惩办如地方官狗庇延搁一併参究
一挖矿工丁除土矿煤匠挑运矿砂夫役均须雇募该地土

著為令良民充當仍取具該工匠夫役保鄰切結備查以
杜冒混而示未盡斯民不得雇募以免滋生事端
以上各條係就本司管見所及舉其大概他如設廠多寡
開礦殷實須租地等項及負薪水一項須俟查定何員
按照大小分別等差夫役工資腳價船運盤費又
應按道路之遠近定用之多寡以資節[illegible]所難識而
尚有未盡各事宜統俟委員查勘明確查明情形再行安
議並
核詳並
閱礦章程

四

謹將長新廠開採石礦砂等省並煉挑識章程開呈清摺恭呈

憲核

計開

一查新化縣和暢窩適中之地設立總廠所即取名長新廠並擬委員住札凡收解石礦砂支發銀錢并文案一切事宜均歸該員經理如果辦理妥善由總理處分別詳咨酌予優敘並為調劑以示鼓勵至應如何酌定年分更換之處伏乞

憲示祗遵

一新化縣和暢窩兩處礦口分設委員各一員專司收發石礦砂與查係

開礦章程

五

濟等事另設總辦省廠委員一員專司稽查管解礦砂等事其委
員三員亦如何輪流司鑪掌收場務逐日由總辦委員酌量議請以
一年爲期更換如委員内有勤慎由總辦委員一年後經理更
換者核詳請酌予獎勵倘不副委任亦由總辦委員年終撤罷另遴
委接辦匪有患病除終假四省醫治如實缺情形罷任亦補輪委
到班均準一年後總辦委員特年後經理更換程凡有更換應將
經手事件交代清楚由總辦委員特於後方准離廠月支薪水
按撥郵之日起算不準重領
一長新廠總辦委員另經管印鈔收發礦砂之責如遇更替須其時定

代由接辦之員出具領印結詳送廣司並從理要核轉俾有依
挪移例參處

一由廣司傳集長新殿等辦委員鈐記一顆以便辦公所有按月支項
應用銀兩由該委員備具鈐領並請廣司並從理要核數所領銀
兩仍由委員派人請領如有侵蝕脫逃應令將辦委員賠繳俾通
案懲戒攬封等事勒限地方收緝嚴追從重辦

一廠中應用木簏及杉枝應由辦委員移知參派解送如杉
後工匠人等無聊游手以及棍徒在山場酗酒吵鬧准該參將
責令事情重大仍咨知究辦
聞候酌辦

六

一秤收礦砂如秤手人等高下其手以及舞弊立即嚴究從重處治仍委員實總照公情形從嚴例議處

一長新廠督辦委員按日將收歸礦砂核從理處並公照貴城從廠查核仍按月將收發礦砂支用各項銀兩分晰造具四柱年送督辦核定咨詳衙門從理處察核

一礦上委員逐日秤收礦砂送從廠督辦委員眼同解員後秤驗收權按批解省並將各解委員職名及各船裝載觔數申報從理處並公照貴城從廠驗填發四柱給解員四廠督辦委員銷差如有短少將解員究問

一裝載石礦砂應用船隻由長新廠會辦委員給發運票經過關卡查驗放行到省發銷如無運票即屬私礦當送地方官究辦

一起卸礦砂由長新廠挑至吉竹派河埠計程二十里應用挑夫責成夫頭就近招募由會辦委員給發小票派家丁[illegible]役管押下船點交卸委收貨給回收票註明包數勒令蓋用圖記以專責成

一長新廠附近如查有續開礦口應許該處民人呈明會辦委員移會地方官勘明實係官山荒無礙民舍田園廬墓始准民人自墊工本招集匠夫方可試採給限兩月仍委員查驗如限

開礦章程　七

滿礦砂，瀝存即行封禁。如果旺盛，飭將所開礦砂，呈繳總辦委員查煉，得銀若干兩，核計用項，實有盈餘，稟請委員，即照長新廠現定章程辦理。至作內所開之礦，仍令該民人呈繳總辦委員，酌量給價，以息之本。倘不報明，如有私挖以及扒取未准之後出票務端霸持，該委員移明地方官按律懲辦。如地方官徇庇延擱，一併參究。

一 省城北較場現在擇蓋爐房、匠房，並砌爐灶，應設總辦委員一名，凡收發礦砂、炭斤，傳同匠煉銀，銀兩收支，儲及一切事宜，悉歸該員辦理。

一此欵均從廠分設收發礦砂礦石委員一員收支炭灰委員一員監煉委員二員專監煉委員每日卯刻將礦砂礦石灰炭等項查照委員查照同時收煉匠秤見監視並煉既出銑鐵照收歸交總辦委員收儲

以上本省廠分委員悉照長新廠分委員一切章程辦理如承經理妥善的確勤慎一體請獎以示鼓勵

一省廠總辦委員專司監煉銑鐵經管銑鐵收發礦砂炭灰等項之責如過有替之照長新廠總辦委員章程辦理

一省廠總辦委員由籌司給發鈐記一顆以便辦公所有按月應用生煤銑兩由該委員備具鈐領並請籌司從優核發

開礦章程 八

一省厂将解委员拨回，将收发矿砂、炭灰，造炼铅锌数目，于总理处查核；仍按月将收发矿砂、锡石、炭灰、造炼铅锌支用铅两，分晰造四柱册，申送
督抚宪暨藩司、总理处查核。

一由长新厂解运矿砂、锡石至省城，由该厂解员会同省厂督收委员，即至河干雇夫挑至北较场总厂，眼同解员秤兑清楚，按照所解委员给发回照。其捆装矿砂蒲包、木桶、铁锁，由督收委员逐件点交解员带回，不得短少藏匿。一时未及腾出者，于下次解员回厂时将上次之桶锁、蒲包逐件点交带回，以便轮流装运，周而复始，不致抛废，以归节省。

谨将长新厂採取礦砂就地煎炼按每百觔约计工本價脚并水

伙合並出礦每日出依省中炼出銀鉛成数约计估数銀價逐款

開呈清摺恭呈

钧核

计開

礦砂每百觔工價銀八錢

礦砂一百觔應配出石一百斤十觔由月角岩挖取挑至长新厂二

十里共工本挑脚折耗约銀一錢一分五厘

煎炼礦砂一百觔大爐内需用炭一百一十觔分金爐内需用炭三

開礦章程

九

十觔共积炭一百五十觔约每觔银二厘共银三钱八分
礦砂一百觔熬煉所出銀兩後將所化鉛五十觔後四罏熬成白銀
約用炭二十五觔約價銀五分又工匠銀五分共銀一錢拔化鉛四
罏熬銀約可三百觔併爲一罏用炭才如前所吳拔熬礦百觔
分罏熬銀用炭較多理合登明
熬煉礦砂一百觔約摧用搭蓋罏做銀分
熬煉礦砂一百斤應用罏座一二計工食銀一錢四分
熬煉礦砂一百觔應用小工一工半每工銀一錢共計工食銀一錢
五分

礦砂每百觔鈎重爐內應用石炭十三觔每觔銀三厘約價腳
銀三分九厘
礦砂每百觔鈎重爐內應用牙炭四觔每觔銀五厘約價腳銀
二分
礦砂並煉每百觔搥爐應用炭屑三十觔約連舂工價腳共銀
一錢二分
並煉礦砂一百觔應用風箱爐器並爐等件共價約擬用銀三
分搭建爐一個工料銀三錢風箱一個熟地膽擬新做工料約
價銀八兩一錢爐器鐵火等六件并爐架約工料銀二兩五錢
開礦章程　十

查造时價理合計銀一十兩八錢前項爐罐等件以約用一年

爲度按三百六十日計算每日每百觔攤價銀三分理合聲明

煉成銀錢所有挑腳船價捆包查照只着後回轄廠覈實每

百觔礦砂約攤計銀一分二厘四毫

查廠爲員薪水養飯食紙張秤手更夫工食等項每百觔

礦砂約攤銀三錢按照每日出礦並煉二千三百觔攤算如係

礦旺豐並煉量盈隨後核實勻攤理合聲明

以上每百觔礦砂約需工本各項銀二兩一錢八分六厘五毫按

每百觔礦砂照依前次查看並煉銀紅多寡勻算約計煉

出效銀二兩煉出白鉛三十觔至白鉛每觔約需價銀五分計
價銀一兩五錢合計效銀鉛價共銀三兩五錢作為支銷之本
各項銀二兩八錢八分六厘五毫分計盈餘銀一兩三錢一分三
厘五毫此就出省煉見銀鉛觔兩數目約計白鉛價值核算
將此後每日觔兩煉銀鉛多寡並白鉛變價張本依擬議
之數姑難預定必須試辦數月之後方可作準合併聲明
現在長新廠各夫及工匠人等每月需用各項
長新銀廠每月伙食銀四十兩 現在三十兩
書辦一名每月飯食銀三兩
閘榜首鍾

十一

差役四名每月每名饭食银二两共银八两

秤手捆装硐砂夫役三名每名每月饭食银二两共银六两

更夫要挑水夫一名每月银一两五钱

线缝油烛等银五两

新作炉坐二躯收发员一员和炼写坐二躯收发员一员每员每月薪

水银二十一两共银四十二两现按月每员支银十五两

差役四名每处二名每名每月饭食银二两共银八两

秤手二名每处一名每名每月二食银二两共银四两

更夫要挑水夫二名每处一名每名每月二食银一两五钱共银三两

每處每月支油燭委員銀一兩五錢共銀三兩

運礦砂運省解員一員每月薪水銀二十一兩現擬月支銀十五

兩

差役一名每月飯食銀二兩

北京至長新厰就地查煉該處員差役即按爲維運銀伙

礦長二名每月每名工食銀二兩共銀四兩

桃礦砂夫頭一名每月工食銀一兩

汛兵四名每名每月津貼口糧銀五錢共銀二兩

古竹派家丁一名每月飯食銀三兩專司收發礦砂到省并文報往來各禄差

閩礦章程

十二

武生郭大斌每月飯食銀五兩
以上攻生每月銀支薪飯等銀一百六十一兩五錢每日應支銀五兩三
錢八分三厘零
然管吾長新廠就地並煉應添監爐匠二名每月加薪水銀四十二兩
並按二名飯食銀四兩
以上統共每月應支薪飯等項銀二百零七兩五錢每日支銀六兩
九錢六分六厘零按每月出礦七千觔每日二千三百餘觔每礦
百觔攤銀三錢零如日後礦砂旺盛並煉量盈再按實勻攤
理合聲明

谨将長新厰採取礦砂運省並煉按每百觔约计工本脚價薪水飯食並生礦數目照依省中前經煉生銀鉛约计估數銀價逐款開呈簡明清楚呈

钧核

计開

礦砂一百觔開挖工價已八錢

裝礦砂一百觔運省應用木桶二個半按次匀攤计價已一分五厘六毫

按現在用篾包裝礦將來攤路用木桶计礦砂四十觔裝一桶以

開礦章程

十三

係肩挑一百觔計用桶二個半每桶一個大錢三十文共錢一百

二十五文併銀七分八厘八毫每個桶仍用五次每次攤銀一分五厘

六毫

礦砂每百觔應用鍬鏟抬次自攤計價銀一厘五毫

抬木桶一個裝砂四十觔用鏟一把價銀三分每百觔共用二把

半合計銀七分五厘約用五十次抬次分攤理合登明

礦砂每百觔由山廠挑至苦竹派河邊計塘路二十五里由苦竹派運

至省城計水路五百五十里共水陸運腳銀一錢

礦砂每百觔由省城東門外挑至北教場從廠約計路八里約挑腳

銀六分

礦砂一百斤應配雄砂一百五十斤由月角嶺挖取挑至芦竹派

公所計陸路三十八里共工本挑腳約錢二錢一分

雄砂一百五十斤由芦竹派公所挑下船並運至省城計水路五百五

十里船價每百斤四分共銀六分

雄砂一百五十斤由省城東門外挑至北教場從廠約路七八里每百

斤六分約挑腳銀九分

並煉礦砂一百斤大鑪內需用淨松炭一百一十斤分座鑪內需用淨

松炭三十斤共松炭一百四十斤每百斤約銀四錢共銀五錢六

湖礦每担

十四

分查省城净杠炭平时市價每百觔銀七錢上下今擬於產炭
之處購辦每百觔約銀四錢但路程雖計算寬然恐實價並干
且炭多搬運折耗不少須俟買定運到用見確數方能核實
亦姑照每百觔四錢作算理合聲明

礦砂一百觔並煉取出銀鉛兩後約得僅乾平十觔四錢並成色
鉛約用炭二十五觔價銀一錢又匠工銀五分共銀一錢五分核僅乾
四錢並礦百觔分煉並鉛用炭較多理合聲明

礦砂每百觔分拿煉內需用石灰十三觔每觔約銀四厘三毫零共
約價銀五分六厘

礦砂每百觔約重爐內應用石灰四觔每觔五釐約價銀二分

礦砂一百觔煎煉據爐應用炭屑三十觔每觔連春工約銀五釐約

共價銀一錢五分

煎煉礦砂一萬觔應用風箱爐具並土爐等件按年約攤用銀

三分 按建爐一座工料銀三錢 風箱一個就地購辦新做工料

約價銀八兩一錢 爐具錢又等件並爐架約工料銀二兩四錢合

計銀十兩八錢 前項爐箱等件以約用一年為度 按三百六十日計

算每日每百觔攤價銀三分理合聲明

礦砂每百觔用木桶二個半由省運赴廠約船運支桃價銀三

附礦章程

十五

分二厘五毫

按去桶回廠每個由北鼓鍋挑至河岸脚價銀四厘由省裝回苦竹派船價銀五厘再挑回長新廠脚價銀四厘共銀一分三厘計桶二個半合計銀三分二厘五毫理合聲明

益煉磺砂一百觔應用熔匠一工計工食銀一錢四分

益煉磺砂一百觔應用小工一工半每工銀一錢共計工食銀一錢五分

磺砂每百觔解貢差後回廠盤費約攤計銀五分

按計批解二萬觔一次遴省每次往後回廠盤費銀十兩每百觔

摊银五分理合登明
碳砂每百觔山厰夫马费薪水并兵差委役口粮工食房租棚厂油
烛纸张等项每碳百觔约摊银二钱五分又查省总理处书办
纸张并总厰书差纸张灯火茶炭棚厂约摊银二钱二分
共约银四钱五分
按每月约出碳二千三百觔约开炉二十三座摊算应俟办有
成效方能计算现在初办难以作准理合登明
以上每百觔碳砂连有无煉约需工本脚费银三两一钱二分五厘
六毫查前奉有熬煉银锭多寡匀算约计每碳百觔煉出纹
银计碳章程

十六

銀二兩煎成白鉛三十觔　其白鉛每觔約照價五分計價銀一兩
五錢　合共約銀錢價共銀三兩五錢　除支銷工本公費銀三兩
一錢二分五厘六毫外　尚盈餘銀三錢七分四厘四毫　此就礦內
有中道煉見銀鉛觔兩數目及約計白鉛價值核算　惟此後
每月觔煎煉銀鉛有無盈絀　白鉛價值張無定　仍依攤議之數
均難預定　必須試辦數月之後方可作准　合併聲明
省廠煎煉攤派委員處管選後八等及每月需用各項
總理委員一名　每月薪飯銀四兩
廠中伙食每月銀三十兩　連茶葉油燭在內

收發礦砂委員一員每月薪水銀二十一兩

收支松炭石灰委員一員每名薪水銀二十一兩

管爐委員二員每員薪水銀四十二兩

差役六名每名每月一兩五錢共銀九兩

書辦一名每月工食銀三兩

紙張每月銀一兩

更夫一名每月工食銀三兩

茶夫水夫二名每名每月工食銀二兩共銀四兩

以上每月共需用銀一百三十八兩每日應支銀四兩六錢三分

附礦章程

十七

三厘零核每月出礦七萬觔每日二千三百餘觔每礦一百觔
攤銀二錢如不在廠煎煉除總理處查稱六分零餘多攤銀兩均
應酌除

主要参考文献

1. 陈建华、曹淳亮主编、广州大典编纂委员会编：《广州大典》第一辑第一册至三十册《广雅丛书》，广州出版社，二〇〇八年。
2. 《广州大典》第二辑第三十一册至三十九册《海山仙馆丛书》。
3. 《广州大典》第三辑第四十册至五十八册《粤雅堂丛书》。
4. 《广州大典》第四辑第五十九册至六十四册《岭南遗书》。
5. 《广州大典》第五辑第六十五册至六十七册《守约篇丛书》。
6. 《广州大典》第六辑第六十八册《如不及斋会钞 晋石厂丛书》。
7. 《广州大典》第七辑第六十九册《咫进斋丛书》。
8. 《广州大典》第八辑第七十册至七十五册《碧琳琅馆丛书》。
9. 《广州大典》第九辑第七十六册至七十八册《藏修堂丛书》。
10. 《广州大典》第十辑第七十九册《学海堂丛刻》。
11. 《广州大典》第十一辑第八十册至八十一册《翠琅玕馆丛书》。
12. 《广州大典》第十二辑第八十二册《知服斋丛书》。
13. 《广州大典》第十三辑第八十三册《螺树山房丛书》。
14. 《清代稿抄本》第一辑第三十五册《丙戌余录》，广东人民出版社。
15. （清）朱启连著：《棣垞集》四卷和《棣垞外集》三卷。
16. 谢晖：《馆藏新收清儒朱启连稿本〈丙戌余录〉述》，载《图书馆论坛》二〇〇一年三期。
17. 林子雄：《入粤浙江山阴汪氏及其族谱》，《广东史志》二〇〇三年三期。
18. 张求会：《义宁陈氏与广东关系考辨》，刊《广东社会科学》二〇〇八年六期。
19. 汪叔子、张求会编：《陈宝箴集》，中华书局，一九九五年。
20. 郑骏捷、陈业东校：《汪兆镛诗词集》，广东人民出版社，二〇一二年八月。
21. 何乐萍著：《云起轩词笺注》，岳麓书社，二〇一一年十一月。

后记

本课题研究始于二〇〇九年。那时，为迎接辛亥革命一百周年纪念，我们与香港历史博物馆、香港孙中山纪念馆，后又与新加坡晚晴园纪念馆，联合筹办《革命·再革命——从兴中会到广州政权》展览。为了使展览在新材料和新观念上能有较大突破，我查访了档案馆、图书馆及相关单位，获得一些新材料，并在本馆找到一本《孙中山先生与其同志有关筹备革命军饷的来往信件的照片》影集和数十册晚清人士撰写的手写稿本。前者经整理和研究，已集结成《南洋筹饷——广州博物馆藏孙中山及其同志有关筹饷手札集》一书，并于二〇一一年九月在文物出版社出版；后者经初步整理和研究，可确认是晚清番禺人士朱启连撰写的诗词杂文、日记，编辑的文学名篇目录和手抄的官府文书、广东地方经济文书。

朱启连是中国近代资产阶级革命家和思想家朱执信的父亲。有关朱启连的研究，限于资料，以往学术界较少。二〇〇一年广东省立中山图书馆公布的新藏朱启连手稿本《丙戌余录》和广州博物馆馆藏杨晓风先生捐赠《朱启连行书〈送陶子政（邵学）汪莘伯（兆铨）憬吾（兆镛）兄弟入都〉扇面》，为辨认朱启连的书写笔迹提供了实例，也为进一步了解他的学术交往和学术贡献提供了素材。特别是《广州大典》的编纂和出版，为我完成本课题的研究提供了极为宝贵的历史材料。

这批手稿本不仅丰富了朱执信的家族历史，而且为进一步了解朱启连的学术贡献和晚清广州社会的变迁及士人心态和价值取向提供了重要材料，是一批十分稀见的清代地方史料。朱启连的残本日记充分展示了朱启连的生活情趣和价值取向多属于中国传统士人，也由此反映出朱执信的进步思想，不可能来自家庭，更多的可能是来自新式学校的教育和他的留洋生涯。

我在整理和研究这批手稿本时，遇到了许多困难，其中最大的困难来自两方面，一方面是手稿的释读，由于手稿本是手写体，辨认难度大，致使整理和研究的进度十分缓慢；另一方面是研究经费不足，好在本课题后被获准二〇一三年度《广州大典》与广州历史文化研究资助专项，使我得以完成此项整理和研究工作。

这批朱启连稿本数量大、内容多，目前我所做的还只能算是『浅尝初探』，还有许多问题留待日后深入研究。

初稿完成后，有幸得到著名考古学家麦英豪老师和中山大学刘志伟教授的指导，并在他们的推荐下，荣幸地成为二〇一四年度『广州市宣传文化出版资金』资助项目。在书稿即将付梓之际，我谨向广州市委宣传部的领导和二〇一四年度广州市宣传文化出版资金资助项目评审委员会各位专家以及麦英豪老师、刘志伟老师表示衷心的感谢，向热情支持拙稿出版的文物出版社的领导和责任编辑致谢！

二〇一四年八月二十八日于镇海楼

责任编辑：李　睿
装帧设计：刘颖颖
责任印制：梁秋卉

图书在版编目（CIP）数据

朱启连稿本初探 / 程存洁编著. -- 北京：文物出版社，2014.10
ISBN 978-7-5010-4104-6
Ⅰ. ①朱… Ⅱ. ①程… Ⅲ. ①广东省—地方史—清后期—文集 Ⅳ. ①K296.5—53
中国版本图书馆CIP数据核字（2014）第225241号

朱启连稿本初探

程存洁　编著

*

文物出版社出版发行
（北京市东直门内北小街2号楼）
http://www.wenwu.com
E-mail:web@wenwu.com
广州市艺彩印务有限公司
新华书店经销
889mm×1194mm　1/24　印张：81
2014年10月第1版　2014年10月第1次印刷
ISBN 978-7-5010-4104-6　定价：350.00元（上、下）